특별한 교육적 지원 요구 학생을 위한

전환교육 실행 방략

특별한 교육적 지원 요구 학생을 위한

전환교육 실행 방략

GROWING UP

Transition to Adult Life for Students with Disabilities

Daniel E. Steere · Ernest Rose · Domemco Cavaiuolo 지음

조인수 · 이응훈 옮김

PEARSON 박학사

GROWING UP: Transition to Adult Life for Students with Disabilities

Authorized Translation from the English language edition, entitled GROWING UP: TRANSITION TO ADULT LIFE FOR STUDENTS WITH DISABILITIES, 1st Edition by STEERE, DANIEL E.; ROSE, ERNEST; CAVAIUOLO, DOMENICO, published by Pearson Education, Inc, publishing as Merrill, Copyright © 2007

KOREAN language edition published by PEARSON EDUCATION KOREA and PAK HAK SA, Copyright © 2011

Allyn & Bacon
is an imprint of

PEARSON www.personhighered.com

역자 서문

책의 번역을 마친 것은 4월 하얀 목련이 흐드러지게 핀 오후였다. 주변에 장애인 자녀를 둔 부모들의 하얀 슬픔처럼 하얀 목련꽃이 느껴지기도 했다. 장애인으로 태어난 후 일생 동안에 걸친 그들의 전환에 우리가 관심을 갖고 배려를 아끼지 말아야 한다는 것은 우리 정상인들의 무언의 의무와 책무라고 생각된다.

태어남과 동시에 죽음을 맞이하는 순간까지 정상인들보다도 도전적인 삶을 살아야만 하는 그들에게 삶의 주요과정에 알맞은 전환은 과연 무엇일까라는 화두를 가지고 지난 1년간 나름대로는 심혈을 기울여 옮긴다고 노력은 했지만 결과를 두고 보면 어딘지 미흡하고 완벽하지 못한 것 같아 많은 아쉬움이 남는다.

그래도 유년기부터 학령기에 맞춘 전환에 대한 안목과 지식을 우리에게 전해주는 책이라고 생각되고 번역을 마무리하게 되어 한편으로는 마음이 뿌듯함을 느끼기도 한다. 다만 부족한 많은 부분은 차후에 계속 수정·보완해 나갈 생각이다.

원제는 *Growing up: Transition to Adult Life for Students with Disabilities*이고 Daniel E. Steere, Ernest Rose, Domenico Cavaiuolo 등이 저술한 것으로, 특히 2명의 학생을 예로 들어가면서 일생에 걸친 그들의 전환을 추적해볼 수 있는 전망을 제공해주기에 나름대로 의미 있는 작업이었다고 생각된다. 일생에 걸친 전환교육에 아직도 확고한 인식이 부족한 우리에게 이 책은 학령기에 맞춘 전환의 인식을 제공해주고 있다. 더구나 전환교육에 문외한인 사람들조차도 이 책을 통해 전환교육 전반에 관한 인식을 높일 수 있고 전환교육과정 단계에서 어떤 준비를 시켜야 하는지,

전환과정의 실천적 과제란 무엇인지를 깨닫도록 많은 도움을 주고 있다고 생각되어 이 책을 우리말로 옮기는 데 전력을 다하게 되었다. 또한 책 전반을 통해 전환교육에 대한 다양한 분야와 이론을 망라해 다루고 있을 뿐만 아니라 전환교육을 실제 적용함에 따른 연령별, 학교별로 많은 실천적인 예들을 수록하고 있어 책의 제목을 원제와는 조금 거리감이 있긴 하지만 "전환교육 실행방략"으로 설정했다.

특히 'mild'를 경도, 'moderate'를 중등도, 'severe'를 중도, 'profound'를 최중도라는 용어로 사용했음을 밝혀둔다. 또한 예전에 정신지체라고 불렸던 장애를 지적장애라는 용어로 통일하여 사용하였다. 그리고 본문에 등장하는 인물인 Sue Anne은 영희로, Mike는 철수라는 친숙한 우리말로 바꾸어 번역하여 독자들이 읽기에 편리하도록 했음을 밝혀둔다.

우리 교육의 현실에서는 고등학교를 졸업하고 2년간의 전공과를 마치면 학교교육이 제공하는 의미의 전환서비스는 끝나고 만다. 다음은 장애인 스스로 아니면 장애인을 둔 가족들의 노력으로 직업으로 전환을 이루어야 한다는 것이 현실이기에 더 나은 제도와 지원을 완비한 진정한 의미의 전환교육이 이루어지는 우리의 미래를 손꼽아 기다려 본다.

이에 본 책이 조금이나마 우리의 현실에 도움이 되고 미래 전환교육에 대한 예언서의 역할이라도 하기를 바라는 작은 소망을 가져본다. 특히 장애인 자녀를 둔 학부모들, 전환교육에 임하고 있는 교사들, 전환교육을 공부하고 있는 대학원 학생들 및 전환교육에 관심을 가진 모든 사람들의 이해를 돕는데 작은 보탬이 되었으면 하는 것이 역자의 소망이다. 특히 이 책이 출간될 수 있도록 해주신 박학사 구본하 사장님께 감사를 드린다.

2011년 2월

역자

추천사

추수감사절 날 아침 Nick이 제일 먼저 집에 전화를 했다. 다른 많은 젊은 성인들처럼 그는 이번 추수감사절을 보내기 위해 집에 와서 우리와 함께 할 수가 없었다. 올해는 자기 자신의 집에서 추수감사절을 축하하면서, 추수감사절의 즐거움을 우리와 함께 하기를 원했고 자신만의 축하 계획에도 우리가 함께 하기를 원했다. 추수감사절에 아들이 부모에게 전화를 하는 이 단순한 행동이 아마 많은 부모들에게는 특별한 일이 아닐지도 모른다. 하지만 우리에게 이것은 결코 작은 기적이 아니다. 3살 때, Nick은 자폐증 및 중등도 지적장애라는 진단을 받았다. 그가 성장함에 따라 우리는 그가 가진 장애라는 현실에 직면했고, 우리는 그가 자기 가정을 가질 것이고, 그는 우리를 떠나 먼 도시에서 살아갈 것이고, 자기를 지원해줄 일련의 지원 인력 망을 가질 것이라고는 상상조차도 할 수가 없었다. 우리의 대부분 날들은 현재 생활에 초점을 맞춘 것처럼 보였고, 그날 하루를 무사히 보내는 것만도 우리에게는 충분한 도전이었다. 그리고 현재 35세인 Nick은 그가 살고 있는 지역사회 구성원의 일부가 되었다. 그는 다른 사람들의 지원을 받으면서 시간제로 일하고, 자신의 집에서 살아가기 위해 타인들의 도움을 받고 있다. 우리의 꿈을 훨씬 넘어서 Nick은 자신만의 아메리칸드림(American dream)을 지니고 살아가고 있다.

지역사회에서 Nick의 삶, 우리들의 희망 및 그의 부모들의 열망 성취는 우연히 일어나지는 않았다. 사실, Nick이 학교에 재학 중일 때로 되돌아가 생각해보면, 전환에 대해 말해준 사람은 아무도 없었다. 즉각적인 개별화교육계획 이후에는 거의 아무도 관심이 없었다. 그를 가르치는 교사들은 숙련되고, 선의를 가지고 그의 성공에 헌신을 했지만, 그의 미래는 너무 암담해보여서 학교 졸업 후 그의 삶에 초점을 맞추지 못할만한 이유들이 많았다.

그때 놀라운 변화가 일어났다. 많은 교육자들과 재활상담원들이 전환의 이런 문제들에 주목하기 시작했다. 숙련된 젊은 장애 성인들이 사회의 성공적인 구성원이 못 된다는 좌절감 때문에 대부분 장애인들의 문제가 발생했다. 조용하지만 열정적으로 전환교육 운동이 전개되기 시작했다. 학교와 가족생활로부터 지역사회생활이라는 현실로 교량역할을 하도록 장애인들을 돕기 위한 새로운 프로그램들과 서비스 조정을 위해 전문가들이 우리와 같은 장애인을 둔 가족들과 함께 일하기 시작했다.

전망, 철저한 계획, 수많은 특수교육 교사들의 옹호, 재활상담원들, 사회복지사들, 여러 해에 걸친 지역사회로 그의 성공적인 전환교육을 계획한 서비스 전문가들 등의 덕분에 오늘날 Nick은 지역사회에서 생활하고 있다. 이들 전문가들은 좋은 실천을 행했을 뿐만 아니라 그들은 또한 전환교육이 힘든 일이고 전환교육은 성실함, 끈기 및 많은 옹호가 요구된다는 것을 이해했다. 그들 대부분은 Nick의 말과 그의 요구에 귀를 기울이고 그의 형과 누나뿐만 아니라 그의 부모들의 관심사를 우리들의 관심사처럼 고려하는 것이 얼마나 중요한 것인가를 이해했다.

모든 젊은 성인들의 전환처럼, Nick의 독립생활로의 전환은 원만하지도 않았고 예측 가능한 것도 아니었다. 그는 독립적인 사람이 되기 위해서는 자기 자신의 요구를 표현해야 했고, 새로운 기술을 배워야만 했다. 우리 모두가 성장하는 것처럼, Nick도 변화하는 현실에 직면해야 했고 자기의 삶을 조정해야 했다. 몇 가지 조정은 아주 쉬웠지만, 다른 조정들은 매우 힘들었다. 왜냐하면 전환은 깔끔하게 계획되는 일이 아니라 오히려 계속해서 펼쳐지는 삶의 과정이라는 것을 그가 이해하도록 도와준 사람들 때문에 그는 자신의 전환에는 성공했다.

Nick의 이야기가 독특한 것은 아니다. 해마다 고등학교를 졸업하는 수 천 명의 젊은 장애 청소년들이 그들이 살고 있는 지역사회 일원이 되길 원한다. 그들은 일을 하면서 살고 다른 사람들과 휴식을 취하길 원한다. 그들은 자신들 몫의 아메리칸드림을 원한다. 불행하게도 너무 많은 이들 젊은 성인들의 전환프로그램들이 너무 지리멸렬하고 체계적인 계획 및 성공하기 위해 필요한 전문가들의 도움이 부족하다는 것이다.

이제 Dan Steere, Ernie Rose, Domenico Cavaiuolo 등이 새 책을 냈는데, 이 책은 장애인이 가치 있는 사람이 되고 우리가 살고 있는 사회에 완전하게 기능하는 구성원이 되게 도와주는 우리 전문가들의 집단책임과 전환교육 과정에 새로운 빛을 밝혀주었다. Nick이 10대였을 때 나는 그가 오직 이 책을 활용할 수 있기를 바랐었다. 우리는 그의 교육 팀이 그의 미래에 대비한 준비를 더욱 잘 시킬 수도 있었을 것이다. Nick과 상호작용을 한 모든 전문가들이 준비 프로그램에 이 교재를 사용했었더라면, 아마도 그의 전환은 보다 진지했을 것이고 아마도 그는 오늘날 보다 더 큰 성공을 거두었을지도 모른다.

Steere, Rose, Cavaiuolo 등은 효율적이고 이해하기 쉬운 방식으로 종합적으로 전환 관련 핵심문제들을 제시하기 위해 장애를 가진 십대들 및 성인들과의 많은 경험을 활용했다. 그들은 종합적인 전환계획 작성 실제에 대해 전문가들이 준비해줄 전환과정과 실제에 새로운 통찰력을 가지게 해줄 자신들의 풍부한 경험을 공유한다.

이 책은 동시대의 전문가들이 십대들 및 청소년들이 그들이 살고 있는 지역사회에서 성공을 배우도록 돕고 성공하는데 요구되는 정보와 제안들로 가득 차 있다. 나는 이 책을 읽으면서 다음과 같은 것들에 감명을 받았다.

- 전환에 관한 풍부한 연구와 최상의 실천들에 관한 종합-연구는 이 분야에 최상의 아이디어들을 종합할 뿐만 아니라 또한 다른 장애의 관점에서 찾아낸 연구 발견들을 통합해서 제시한다.
- 전문가들에게 많은 실용적인 제안들-어떤 전문가들에게도 중요한 이 교재는 전문가들에게 단순히 도전에 대한 묘사를 넘어서 실질적인 제안들을 제공한다. 이 책은 방법에 관한 것이 아니라 이 책을 읽은 후에 사람들은 성공적인 전환프로그램을 수행하는데 필요한 기술로 무장하게 된다.
- 자기결정에 대한 강조-Steere, Rose, Cavaiuolo 등은 단순한 진실을 알고 있다. 우리 모두들처럼 장애인들은 자신들의 요구를 구성해서 자신들만의 삶을 살아

갈 필요가 있다. 가족 구성원들과 전문가 집단을 구성하는 한 구성원으로서 우리는 장애인들을 위해 무엇이 최상일까에 관한 우리 나름대로의 생각을 가질지도 모르지만, 현실적으로 그것은 우리 자신들의 삶이 아니라 장애인 개인들의 삶인 것이다. 본 교재 전반을 통해서 이 책은 우리들이 도와주기를 원하는 사람들의 말에 귀를 기울이는 것이 우리들이 가져야 할 가장 중요한 실천기술임을 상기시켜 준다.

- 전환과정에 가족구성원의 중요성–Nick의 아버지로서 나는 전환과정과 활동에서 가족구성원들의 중요성을 아무리 강조해도 결코 지나친 것이 아니다. 매우 강조해서 제시되었듯이, 부모들, 형제들, 자매들, 조부모들, 숙모들, 아저씨들을 포함해 가족구성원들이 참여할 수 있고 참여해야만 한다. Steere, Rose, Cavaiuolo 등은 가족구성원들이 도와줄 수 있는 능력을 갖출 필요가 있고 전문가들이 성공적인 전환프로그램을 만드는데 가족들의 도움이 소중한 것이 될 수도 있다.
- 전환계획과 활동에 친구들과 지역사회구성원들 활용 가치–만약 Nick의 친구들과 다른 지역사회구성원들이 없었더라면, 그가 그의 가정과 직장에서 성공했을지 의문시 된다. 전문가들을 넘어서 장애인들을 위한 지원인력 망을 만드는 것이 힘이 된다. 지적했듯이 우리는 항상 너무 즐거운 기쁜 마음으로 친구들과 지역사회구성원들의 질문받기를 좋아하고 그들이 제공하는 도움을 즐긴다. 너무 자주 우리는 Nick의 삶, 고용 및 오락계획을 도와주는 것이 지역사회구성원들의 삶을 풍족하게 했다는 말을 듣는다.
- 역사적인 기록–책 전반을 통해, Steere, Rose, Cavaiuolo 등은 그들의 연구업적이 전환계획뿐만 아니라 우리사회의 직업의식을 향상시킨 수많은 장애인 옹호자들을 조망한다. 이들 선구자들은 우리에게 장애인들의 성공보장을 위한 그들 연구에 헌신한 수많은 연구자들의 소중함을 우리에게 상기시켜 준다.

그래서 지금 나는 여러분들의 전문기술을 향상시킬 방법 중 하나로 여러분들이 이 책속으로 기꺼이 들어오길 바란다. 여러분들이 그렇게 하는 동안에 전환은 실제로 미래에 초점을 맞추고 있다는 것을 기억하기 바란다. 훌륭한 전환프로그램들은 단순히 장애인들이 긍정적인 미래를 갖도록 돕는 것 그 이상이다. 우리는 우리가 살고 있는 지역사회 장애인의 친구가 되고 그들 장애인들로부터 배우도록 하십시오, 그러면 우리 모두는 서로 잘살게 될 것입니다.

Nick의 아버지인 Thomas H. Powell

(Emmitsburg, Maryland의 Mount Saint Mary University 총장)

저자 서문

성장하면서, 모든 사람들은 학교에서 성인생활로 전환을 하지만, 장애 청소년들에게 이 전환기간은 엄청난 도전들이 제시된다. 이런 부가적인 도전들 때문에 미래에 대한 계획과 준비과정은 보다 더 효율적일 필요가 있다. 이 책은 장애 청소년들이 행복하고 만족한 성인생활로 성공적인 전환을 이루도록 여러분들이 그들을 도울 준비를 하도록 설계되었다.

이 책은 장애인들이 그들이 살고 있는 지역사회의 일상생활에 참여할 기회를 가져야 한다는 우리의 신념을 반영한다. 장애 청소년들이 특수교육서비스를 떠나서는 결국 그들이 거의 살아가지 못하는 분리된 성인서비스 프로그램으로 들어가고 마는 일이 너무나 자주 있다. 이런 프로그램에 장애인들을 "배치"하는 결정은 미래에 대한 그들 개인적인 선택은 전혀 고려하지도 않은 채 주로 그들이 가진 장애의 정도에 토대를 두고 행해진다. 유사하게 경도 장애에서 중등도의 장애인들은 중등교육 이후 훈련 혹은 대학교육을 받음으로써 많은 이익을 얻을 수 있다. 만약 그들이 그런 프로그램에 접근할 수 없다면, 그들은 종종 불완전하게 고용되거나 소득에서 셀 수 없는 수천달러를 잃고 더 나은 직업으로 나아갈 기회를 잃게 된다. 대신에, 우리는 이들 청소년들이 지역사회에서 봉급을 받으면서 일할 기회를 가져야 하고 계속 적절한 교육을 받고 직업생활을 시작해야 한다고 생각한다. 그들은 또 그들 자신이 선택한 가정 혹은 아파트에서 살기 위한 선택을 해야 하고 친구들과의 관계 망을 가져야 한다. 간단히 말하면, 장애 청소년들은 우리 대부분의 사람들이 추구하는 것과 동일한 삶의 유형을 추구할 선택권을 가져야만 한다.

이 책은 학교에서 성인생활로의 전환을 위한 토픽에 관한 소개서로 작성되었다. 우리는 훈련 중인 특수교육 교사들(대학원과 학부과정의 학생들); 재활상담, 학교상담, 중등교육 등 관련 분야에서 공부하고 있는 사람들; 장애 청소년들과 그들 가족들을 위해 이 책을 집필하게 되었다. 이 책을 저술함에 있어, 우리는 이 책을 읽는 독자들 중 일부는 전환계획 과정에 능동적으로 직접 참여할 수도 있지만 반면에 일부 사람들은 그렇게 하지 않을 지도 모른다. 이 토픽에 여러분의 구체적인 역할 혹은 관련 여부에 관계없이, 우리는 장애인들과 여러분의 일이 이후 장애인들이 하게 될 성공에 실질적인 효과를 가질 수 있다고 생각한다. 심지어 학생들과 함께 일하는 사람들조차도 이후 그들의 진로교육에 좋은 도움이 될 행동패턴과 기술을 장애인들에게 가르침으로써 그들의 미래성공에 공헌할 수 있다.

전환계획 과정에 영향을 주는 법들이 최근에 개정되었고, 그 법들은 앞으로도 다시 바뀔 것이다. 이들 법들이 요구하는 것이 무엇인지와 그에 맞는 서비스 실천을 우리가 아는 것이 확실히 중요하다. 하지만, 청소년들이 지역사회에서 만족한 성인생활 달성을 위한 합리적인 기회를 갖도록 진정으로 도움에 있어, 우리의 위치는 그런 법에 단순히 순응하는 것을 넘어서 우리가 미래로 나아가야 하고 그 대신에 각각의 청소년들이 필요로 하는 것을 제공하기 위해 우리의 에너지와 창의력을 활용해야 한다. 실제로, 비록 전환서비스를 강제한 법이 없더라도 이 책에 기술된 실천들을 우리는 옹호할 것인데 왜냐하면 우리가 젊은이들을 진정으로 돕기 위해서는 전환서비스야말로 궁극적이고 올바른 접근 방법이기 때문이다.

분명히, 오로지 법에 따르는 것을 넘어서려는 노력은, 보다 많은 시간, 노력과 창의적인 협력이 요구되지만, 얻는 이익은 많다. 장애 청소년들이 성인생활로 성공적인 전환(예를 들면, 유급직장으로, 지역대학 혹은 대학교에서 학위과정 공부로, 가정 혹은 아파트로, 혹은 지역사회생활로 능동적인 참여로)을 할 때, 우리가 살고 있는 지역사회는 전체적으로 이익을 얻는다. 이들 학생들은 생산적인 피고용인(혹은 고용주들)들, 세금 납세자들, 가정을 가진 사람들, 혹은 지역사회구성원으로 공헌하는 사람들이 된다. 성공적인 전환을 하지 못한 사람들은 그들이 살고 있는 지역사회에 다시 공헌할 기회를 갖지 못한 체 지나치게 타인들에게 의존하게 된다.

그러면 효율적인 전환서비스를 제공하는 동안에 여러분이 행하는 일은 장애를 가진 특정 청소년들의 삶에, 그들 가족들의 삶 및 여러분이 살고 있는 지역사회생활에 직접적인 영향력을 미치게 될 것이다. 장애인들이 성장하고 성공적인 성인생활로 전환을 하도록 돕는 데 필요한 기술과 전략을 여러분들이 개발하도록, 이 책이 조금이라도 도와주길 바라는 것이 바로 순수한 우리들의 희망이다.

감사의 말

이 책을 저술하기 위한 구상과 열망은 몇 년 동안 함께 일해 온 많은 학생들과 동료들 그리고 우리들에게 너무나 많은 것을 가르쳐준 우리 친구들인 장애인들로부터 나왔다. 이들 동료들에는 Maryland에 있는 Mount St. Mary University의 총장인 Thomas H. Powell, Central Connecticut State University의 Ernest Pancsfar, Boston에 있는 지역사회통합 연구소의 John Butterworth, Montana State University-Billings의 Susan Gregory, Virginia Commonwealth University의 Paul Wehman, Utah University의 Michael Hardman, North Carolina-Greensboro University의 William Bursuck, Indianapolis의 Indiana University의 Babara Wilcox(지금은 은퇴한), Lynchburg College의 Ed Polloway, University of Montana의 Rural Institute 장애인연구소에 근무하는 Tim Vogel 등이 있다. 우리는 East Stroudsburg University, Loyola Marymount University, Binghamton University, Montana State University-Billings 등에 근무하는 우리의 많은 학생들과 동료들로부터의 피드백(feedback)에 진심으로 감사를 보냅니다. 우리는 또한 Pennsylvania, New York, California, New Jersey, Connecticut 및 Montana를 포함해 몇몇 주의 학교들과 성인서비스 기관들에 근무하는 많은 헌신적인 전문가들로부터도 배웠다. 우리에게 너무 많은 것을 가르쳐 준 많은 학생들과 그들 가족들에게도 우리의 특별한 감사를 전한다. 우리는 특별히 Serena Bhavnani Castelda와 Crystal Reed의 연구도움에도 많은 감사를 보낸다. 우리는 Southwestern Oklahoma State University의 Debbie Case, North Central University의 Kimberly Fatata-Hall, Illinois State University의 Margret Hutchins, University of Alabama의 Kagendo Mutua, University of Louisville의 Yvonne Kelley Niemann, Southwestern Oklahoma State University의 Susan Severson, Kent State University의 Darlene Unger 등의 통찰력 있고 유용한 비평으로부터도 많은 도움을 받았다. 이 프로젝트를 처음부터 신임하고 저술과 출판의 전 과정에서 우리가 어려울 때마다 우리를 지원해준 Allyn & Bacon에 근무하는 Virginia Lanigan에게 심심한 감사를 드린다. 우리는 이 프로젝트의 개발에 처음부터 끝까지 지원해준 Virginia의 동료인 Scott Blaszak에게도 감사를 드립니다.

물론 이 엄청난 프로젝트는 우리들의 배우자들과 아이들의 지원과 협력이 없었다면 절대로 완성될 수가 없었기에, 특별히 Brendan Steere와 Kathy, Zach; Linda Rose; Domenico의 아내 Barbara Kling과 아이들인 Mimmo, Kathryn 및 Carlo Cavaiuolo, 용기와 헌신하도록 격려해준 부모들인 Vittorio와 Maria Cavaiuolo 등에게 특별한 감사를 드립니다.

차 례

프롤로그

장애 학생들의 성인생활로의 전환에 관한 개관

이 책을 읽는 여러분은 특수교육, 재활상담을 전공하고 있는 학생들이거나 혹은 학교에 재학 중인 장애 학생들 혹은 졸업 후 장애 학생들의 생활과 관련된 어떤 분야에 종사하고 있는 사람이 대부분일 것이다. 여러분은 전문가가 되고자 공부를 하고 있고, 전문가가 되면 봉급을 받는 사람, 즉 세금을 내는 사람이 되고 지역사회에 참여자가 될 것인데 왜냐하면 여러분은 사용할 돈이 있기 때문이다. 그 돈으로 집세, 주택 상환금을 지불하고, 음식과 옷을 사고, 교통비를 내고 아마 자동차도 사고, 돈의 일부를 오락에도 사용할 것이다. 어디에 살든지 간에 여러분은 지역사회에 자신을 통합시킬 것인데 왜냐하면 그렇게 하는 것이 자연스럽기 때문이다. 하지만 장애인들에게는 학교에서 성인생활로의 전환인 이런 통합과정이 자동적인 과정이 아니다. 이 과정에는 계획 작성, 교수 및 학습, 장기간의 실천, 가족, 친구들 및 지역사회의 지원, 장애인 본인들에게 훨씬 더 쉬워 보이는 것들을 감당해 나갈 수 있는 약간의 행운들과 더불어 요구들이 필요하다. 만약 여러분에게 장애가 있다면, 성인생활로의 전환에 그런 도전들이 자리를 잡게 될 것이다.

이 책의 목적은 장애 학생들이 학교에서 성인생활로 전환을 준비하도록 해주는 데 있다. 우리는 최상의 실천에 관한 연구를 논의하고, 효과가 있는 전환 실천들을 설계하고, 이들을 실천해 온 선구자들의 특징을 탐색하고 여러분의 학습을 용이하게 해주는 실천을 시도할 것이다. 그리고 선천적으로 매우 다른 장애를 가진 두 사람을 소개할 것이다. 책을 통해서 논의를 활발하게 하고 현실감이 있도록 하기 위해 그 두 사람들 삶의 예를 제시한다. 여러분들도 개인적으로 이들의 이야기와 함께 하길 바란다. 지금부터 영희와 철수를 만나보도록 하자.

영 희

영희는 평생 조용한 젊은 학생이었다. 하지만 그녀는 꿈이 있었다. 그녀의 친구들 중 그녀는 책 읽기를 배우려고 하지 않은 가장 마지막 사람이었다는 사실은 놀라운 일이었다. 책 읽기를 배우려고 했을 때조차도 그녀는 다른 친구들보다는 더 느린 속도로 책을 읽었고 가끔은 교과서 내용을 이해하고 이야기를 따라가기 위해서는 다시 책을 읽어야만 했다. 수학도 마찬가지였다. 교과서에 나오는 숫자와 심지어는 교과서에 그녀가 쓴 숫자조차도 조잡해보였고 깔끔하게 정돈이 안 되어 있는 것처럼 보였다. 계산이 복잡해지면 그녀는 숫자를 이해하는데 더 많은 어려움을 느꼈다. 그녀의 첫 번째 꿈 가운데 하나는 교실에 있는 다른 학생들처럼 머리가 좋아지는 것이었다. 그녀는 열심히 공부했지만 열심히 공부한 효과가 없을 때 좌절감을 느꼈다. 다행이도 그녀의 부모와 선생님들 대부분도 역시 매우 열성적인 지원자들이다.

읽기와 수학에서 영희가 교실의 다른 친구들보다 더 뒤진다는 것을 깨달은 사람은 바로 그녀 2학년 때 교사였다. 교사가 영희에게 여러 가지 방법으로 접근을 시도했지만 교사의 지도성과는 빈약했다. 교사는 영희의 부모께 이 사실을 말하고는 그녀가 왜 다른 학생들과 같은 속도로 배우질 못하는지 그 이유를 알아보기 위해 영희에게 검사를 해보는 것이 좋겠다고 제안했다. 이 일에 영희의 부모들이 동의했고, 부모들은 영희가 좌절감을 표현하는 것과 그녀가 스스로 이야기를 읽는 것 및 다른 사람들이 그녀에게 읽어주는 이야기에도 흥미를 잃기 시작했다는 것을 알게 되었다.

지역 심리학자와 학교 특수교사가 2일간에 걸쳐 영희에게 몇 가지 검사를 실시했다. 검사는 영희의 일반적인 학습능력, 특히 읽기와 수학의 구체적인 능력을 판별하기 위함이었다. 2일 후에 그들은 영희가 학습장애라는 결론을 내렸다. 검사결과에 따르면, 영희는 학습에 강한 잠재력을 가지고 있지만, 읽기와 수학에 확실한 미성취가 있는데, 이것이 그녀의 다른 과목들 수행에 영향을 미치고 있었다. 만약 그녀의 학습욕구를 만족시켜 주는 그녀 개인에게 맞는 교수모델이 없다면, 영희는 자기 반의 다른 학생들보다 계속해서 더욱 학습이 뒤떨어지게 될 지도 몰랐다.

영희는 초등학교부터 계속해서 자신의 학습장애에 대한 교수적인 지원을 받아 왔다. 그녀의 중학교 마지막 학년인 8학년 말에 특별서비스계획 팀(Special Services Planning Team: SSPT)은 내년에 진학하게 될 고등학교에서 영희가 받을 교육을 고려하기 위해 영희 및 그녀 부모와 함께 만나길 요청했고, 고등학교의 진로상담원도 참석했다. 영희와 부모는 영희가 대학에 진학하기를 원한다는 것을 명확히 했다. 그녀 언니는 사립대학 3학년이고 남동생은 올해 고등학교를 졸업하고 주립대학으로 진학을 할 예정이었다. 영희는 다른 형제들에게 뒤처지는 것을 원하지 않았다. SSPT는 IEP의 일환으로 영희와 그녀 부모에게 고등학교 졸업 후 그녀의 삶을 준비하기 위한 목적과 함께 고등학교 과정에 서비스를 계획하는 것이 중요하다고 말해주었다. 팀은 진로상담원에게 학생이 대학진학 자격을 갖추게 해줄 전형적인 4년간의 고등학교 프로그램을 작성해달라고 요구했다. 그런 다음 그들은 중요한 도전을 제시해줄 과정을 찾았다. 수학과 과학과목의 고등학교 과정은 영희에게는 분명히 도전적인 과정이라서 SSPT는 그런 과목에서 영희를 지원할 방안들을 논의했다. 국어와 역사과정은 많은 양의 독서와 쓰기를 의미한다. 그래서 그런 과정을 위해 SSPT는 특별한 교수 제공 없이 예를 들면 교수 시간을 확장하고 많은 시험을 보도록 권장했다. 진로상담원은 영희가 학습장애 학생들의 특별한 도전에 대해 이야기하고 또 그들의 도전을 극복하는 전략을 공유하기 위해 학습장애 학생들을 지원하는 집단에 참가를 권장했다. 진로상담원은 영희의 고등학교 4년을 통해 대학진학이라는 꿈을 계속해서 성취하기 위해서는 자기결정기술을 발전시키는 것이 중요하다고 말했다. 비록 여전히 대학이 요원해보이기는 했지만, 영희와 부모는 미래에 대한 계획을 가지게 되어 기뻤다.

영희가 고등학교 3학년이 되자, 그녀의 진로상담원과 SSPT는 대학에 지원할 계획준비를 어떻게 세우고 학습장애 학생이 이용할 수 있는 서비스 지원과 그녀의 흥미에 토대를 두고 어떤 대학이 적합한 대학인지 선택하기 위한 논의를 위해 영희와 부모를 회의에 초대했다. 물론 표준화된 시험(예를 들면, SAT 혹은 ACT), 에세이, 영희의 일상생활의 일부가 되어 왔던 특별활동을 포함해서 대학지원 과정 등이 논의된 문제들이었다. 가장 큰 도전적인 문제는 표준화된 시험이었다. 영희는 시간을 연장해서 그 시험을 칠 필요가 있었고 그래서 시험 제공자는 고등학교로부터 이런 요구 수용을 입증할 적합한 문서가 필요했다. 팀은 또한 영희가 지역의 전문대학에서 1년 혹은 2년간 공부를 한 다음에 4년제 대학으로 전학을 가는 선택에 대해 논의했다. 그녀가 대학생활을 성공적으로 수행하는데 필요한 지원을 알아보기 위해 영희와 부모는 봄에 몇 곳의 대학들을 방문할 계획을 세웠다.

철 수

뇌성마비 및 지적장애와 같은 발달장애를 가지고 태어났기 때문에 그는 자기 가족들로부터 강력한 지원이 필요하고 궁극적으로는 지역사회에서 성인으로 살아가기 위해서는 그를 가르치는 교사들, 치료사들, 상담원들, 특수교육자들의 강력한 지원이 확실히 요구되었다. 학교에 다니기 전에도, 철수는 언어치료사, 물리치료사, 작업치료사와 함께 생활했다. 그의 부모는 집과 지역사회에서 철수가 어떻게 일해야 하는가를 배우는 특수학급에 함께 출석했다. 그들은 언젠가 철수가 한사람의 성인으로 잘 적응하도록 해줄 선택을 하는데 전념했다. 그들은 철수를 그의 누나와 함께 양육하면서 자신이 원하는 삶을 살아갈 기회를 제공해주는데 있어 두 자녀에게 골고루 균형 맞는 양육이 되도록 해야만 했다.

철수는 아주 초기부터 특수교육 서비스가 요구되었다. 그의 부모는 그런 서비스들이 철수가 성인이 되었을 때 가능한 한 독립적인 생활이 되도록 미래의 서비스에 초점을 맞추기로 결심했다. 영희처럼 철수도 꿈을 가지고 있지만 그의 심한 장애 때문에 철수의 장래 꿈에 대한 목소리를 내는 사람은 바로 그의 부모였다.

철수는 이제 16세가 된 전형적인 청소년이고, 계속해서 많은 복잡한 도전들을 맞이하게 될 것이다. 그는 East Area High School에 다니고 있으며 그 학교의 생활기술 반(Life Skills Classroom)에 참여하고 있다. 그 반에는 철수와 다른 4명의 학생들을 위해 1명의 교사와 1명의 전문가가 있고 모든 학생들은 중도(severe)의 장애와 중복장애를 가지고 있다. 철수는 지역의 언어치료사가 1주일에 1회 약 2시간 반 치료를 했고, 작업치료사는 1주일에 1회 3시간 치료했다. 그는 보행에 어려움이 있어서 다양한 방법을 이용했다. 보통 그는 학교와 가정의 물리적인 지원으로 걷지만 또한 휠체어와 바퀴가 달린 보행기(그로 하여금 걷는 동안에 보다 더 똑바로 서도록 하기 위해 상체와 팔다리를 지지케 해주는)를 이용한다. 바퀴 달린 보행기는 주로 학교에서 사용한다. 그는 점심시간과 합동 조례시간과 같은 일부 학교행사, 또한 식당에서 외식하기와 식료품 가게에 쇼핑 등과 같은 지역사회에서의 외출에도 참여한다. 늘 똑같은 사람이 아닌 1대1의 도움으로 식당에서 음식을 주문할 카드를 이용하는 일은 보통 1개월에 2회 행해진다. 식료품 가게 쇼핑에서는 쇼핑목록의 보기와 일치시키는 방법이 사용된다(즉, 올바른 선택을 하기 위해 식료품 물품의 상표와 일치시키기). 식료품 가게 쇼핑을 할 때는 그가 카트기를 밀면서, 물품을 담고, 물품을 계산대 위에 내려놓고 물품을 담은 가방을 버스로 운반한다.

철수는 잠잘 때 수면장애 때문에 약을 복용하고 있다. 지난 세월 동안 가족이 그의 발달에 가장 중요한 공헌을 한 사람들이다. 그의 부모는 두 사람 다 직장을 다니고 있고, 철수의 누나는 집을 떠나 다른 곳의 대학에 재학 중이었다. 그의 집은 집안의 모든 방으로 이동할 수 있도록 허용해주는 완전한 접근성을 갖추고 있다. 철수는 그가 원할 때 언제라도 접근할 수 있는 개인영역도 가지고 있다. 철수의 집 환경은 자신의 독립 및 그 자신과 자신의 흥미 거리를 배울 수 있도록 고무시켜 주는 환경이다.

철수는 이웃들과 많은 관계를 맺고 있고 지역사회의 집단 오락 활동을 통해서도 많은 사람들과 관계를 유지하고 있다. 그에게는 숙모들, 삼촌들, 사촌들과 같은 많은 친척들이 있고 이들과 함께 상호작용을 하는데 이들이 모두 철수를 지원한다. 숙모 중 한사람은 가정에 긴급사태가 발생할 경우에 그를 위한 법적인 보호자로 지명되었다. 철수는 그가 사는 지역사회에서 매우 활동적이고, 자주 백화점, 지역의 공원, 맥도날드 가게, 지역사회 바자회 등에도 가고, 가족들과 함께 산책도 한다. 철수는 교회에도 참석하고, 치료를 위한 승마, 장애인 소프트볼 경기에 개인적으로 출전하기와 같은 다른 활동에도 참여한다.

일부 전문가들은 철수와 함께 일하면 철수가 매우 도전적인 사람이라고 생각한다. 하지만 진정으로 도전적인 일은 그들이 철수와 함께 효율적으로 일할 만큼 충분히 그를 알고 있지 못하다는 것이다. 즉, 사람들이 직업선택과 다른 활동에 그를 참여시킬 때 철수의 동기와 흥미를 알아내는 것이 어려웠다는 것이다. 이 문제를 어렵게 만드는 하나의 요인은 철수가 자기 지역사회에서 가질 수도 있는 잠재적인 직업을 반영하는 직업관련 경험이 제한적이라는 것이다. 다소간의 직업적인 요소를 포함하는 다른 활동인 치료를 위한 승마 프로그램에서 철수는 승마가 끝났을 때, 마구간을 빗자루로 쓸고 깨끗이 청소하도록 요구했다. 이 활동은 그에게는 도전적일 뿐만 아니라 다소간은 즐거운 일처럼 보였다. 비록 그가 청소활동을 즐기기는 했지만, 자기 과제를 완수하는데 많은 촉진방안과 신체적인 도움이 여전히 요구되었다.

직업과 관련된 활동을 수행하기 위한 신체적 능력이란 관점에서 보면 철수는 이동에 제한이 있고 오랜 시간 서 있을 수가 없어서 그의 선호에 따라 앉거나 서 있을 수 있는 융통성을 허용해주는 환경이 그에게는 필요하다. 또한 그가 행하는 활동과 과제에 다양한 변화가 요구되는데 왜냐하면 그가 과제에 임하는 시간이 약 20~25분이기 때문이다. 과제 몰입 시간의 양이 진정한 좌절감 수준(그가 과제에 흥미를 잃어버리거나 혹은 일이 지루하다고 느끼는 시점)인지 아닌지 혹은 다른 활동을 하기 전에 그의 학교수업 혹은 활동이 약 20~25분 정도 지속되었기 때문에 그것이 학습된 행동인지 아닌지는 명확하지 않다. 철수는 물건을 집어 들거나 물체나 작은 작업 물체를 붙잡는데 약간의 어려움이 있었다. 그는 자기 손 위에 물건을 올려놓고 물건이 자기 손가락 끝에 닿을 때까지 그 물건을 손바닥 위로 굴리고 그런 다음에 손가락을 구부려서 그 물건을 붙잡는다. 조그만 물건을 집어 들려고 할 때에 시간이 많이 소요되지만 이런 기술은 대체로 성공적이다. 철수는 왼손잡이인 것 같지만, 양손을 다 동일한 수준으로 사용한다.

철수의 중증장애가 야기하는 많은 도전에도 불구하고, 그의 가족과 학교관계자들 모두는 그가 성공적이고 만족한 성인생활을 성취하고 계획하도록 돕는 일에 헌신하고 있다. 명확히 철수의 능력과 흥미 및 그를 위해 이들 능력을 미래에 어떻게 형성할지에 관해 더 많은 것이 발견될 필요가 있다. 비록 그의 가족은 철수의 미래가 어떻게 될지 확신할 수 없기는 하지만, 그의 가족은 직업과 봉사활동을 통해 그가 자기 지역사회의 일원이 되고 자기 가정을 떠나서 새로운 가정을 찾을 수 있길 원한다는 것을 알고 있다. 대체로 가족은 철수가 행복하고 만족한 성인생활을 살길 원한다.

분명히 영희와 철수가 매우 다른 능력을 지니고 있고 학교와 지역사회 환경에서 서로 다른 수준의 지원을 필요로 한다. 그럼에도 불구하고, 두 사람 다 학교와 지역사회의 통합 환경에서 그들의 친구들 및 또래들과의 학문적 및 사회적 경험을 공유할 기회가 필요하다.

1. 광범위한 전환학급(extended classroom)

만약 오직 전통적인 학교 교실에서만 아동들의 요구가 강조된다면 아동들과 장애 청소년들의 교육적 요구가 충분히 충족되지 않을 것이라고 생각한다(Rose, Rainforth, & Steere, 2002; Steere, Rose, & Fishbaugh, 1999). 통합교육 과정에서는 학교, 가정, 지역사회 등이 필수적인 교육 영역들이고 이들이 교육과 학습에 좋은 환경이 되어 왔다(Brown, Branston, Hamre-Nietupski, Pumpian, Certo, & Gruenewald, 1979; Cross & Villa, 1992; Steere, 1997; Wilcox & Bellamy, 1987). 광범위한 전환학급 모델에서 교사의 책무는 광범위한 전환학급 교사가 학생의 부모들과 다른 가족 구성원들의 활동들, 친구들, 학교 행정가들, 관련서비스 인력, 공공 기관의 서비스 제공자들과 고용주들의 활동을 조직화하는 조정자로서의 역할을 함에 있어서 훨씬 더 많은 노력이 필요하다. 교실을 지역사회로 확장함으로써 영희와 철수 같은 학생들은 학교 또래들과의 관계망보다도 더 안정된 많은 친구들과 지지자들과의 관계망을 발전시키고 유지할 수가 있다(Rose et al., 2002; Steere et al., 1999).

2. 자기옹호와 자기결정의 중요성

장애 학생들이 학교에 재학 중 그들이 받는 교육, 지원제도, 학습경험과 가족, 친구들, 옹호자들을 포함해서 이들로부터 최고로 이점을 얻어내기 위한 방법에 대한 계획이 수립되어야 한다. 이 계획의 한 가지 중요한 특성은 자기옹호와 자기결정에 대한 준비를 가능한 한 많이 하는 것이다(Martin, Mithaug, Cox, Peterson, Van Dyke, & Cash, 2003; Wehmeyer, 1996; Wehmeyer & Schwartz, 1997). 1998년과 1992년에 제정된 재활법 수정안은 자기결정과 관련된 정책을 구체화했다(West, Kregel, & Revell, 1994). 수정안은 개별화고용계획안(Individualized Plans for Employment:

IPE)이 고객들과 개인의 고용목표와 직업선택을 고려한 직업재활 상담원의 요청으로 문서화되길 요구했다(West et al., 1994). 그래서 재학에서부터 성인이 되어서까지 자기 자신들의 옹호에 이바지할 개인들에 대한 학습의 중요성은 현재는 아주 잘 인식된 실천이 되었다(Steere et al., 1999; Wehmeyer & Schwartz, 1997).

3. 전환과 광범위한 전환학급

장애 학생들을 위한 연간 전환교육 계획은 2004년의 개정된 장애인개별화교육법(IDEA 2004)(H. R. 1350)의 요청대로 아동이 16세가 될 때 최초로 IEP의 효력발휘가 시작된다. 이것은 경도 장애에서 중등도 장애 학생들에게는 예를 들면 영희에게는 좋은 정책으로 인정되지만, 중도와 중복장애를 가진 철수와 같은 학생은 집에서 학교로, 학교에서 다른 학교수준(예들 들면, 중학교에서 고등학교로)으로, 학교에서 지역사회로, 학교에서 고용으로 전환을 수행하고 계획하는데 더 많은 시간이 필요하다(Steere et al., 1999). 개인과 지역사회 생활, 학습, 노동을 하기 위한 장을 구성할 때의 공간은 일반적으로 장애가 없는 일반인들이 일할 수 있는 공간이고 경도 장애에서 중등도 장애인들을 위한 공간을 구성하지는 않고 그것은 중도에서 중복장애인들에게는 엄청난 장애를 창출한다. 같은 사회의 일원으로 우리는 그런 장애를 가진 아동이나 청소년들을 돌보아야 하고 그들이 다양한 환경에서 어떻게 상호작용하는지를 관찰해야 한다. 그래서 전환계획에 거시수준의 활동들(예를 들면, 직장에 도착하기 위해 거대한 도시의 교통체계 이용하기)뿐만 아니라 미시수준의 활동들(예를 들면, 차에서 내려 학교건물 안으로 이동하기)이 포함되는 것이 특히 중요하다(Rose et al., 2002).

이제 여러분은 전환의 배경에 대한 기본적인 지식을 알고 있는데, 이것이 규칙 및 개념적 정의 모두를 다루는 1장에 잘 논의될 것이다. 여러분은 또한 영희와 철수라는 두 학생도 만났다. 이후의 장에서 여러분들은 그들과 함께 일하고 있는 많은 다양한 전문가들과 전환 및 상호작용을 경험하게 될 것이다. 언젠가는 여러분들이 그런 전문가들 중에 한사람이 되길 희망한다.

참고 문헌

Brown, L., Branston, M., Hamre-Nietupski, S., Pumpian, I., Certo, N., & Gruenewald, L. (1979). A strategy for developing chronological age-appropriate and functional curricular content for severely handicapped adolescents and young adults. *Journal of Special Education*, *13*, 81-90.

Cross, G., & Villa, R. (1992). The Winooski school system: An evolutionary perspective of a school restructuring for diversity. In R. Villa, J. Thousand, WI Stainback, & S. Stainback (Eds.), *Restructuring for caring and effective education: An administrative guide to creating heterogeneous schools* (pp. 2 19-237). Baltimore, MD: Paul H. Brookes.

Individuals with Disabilities Education Improvement Act of 2004, H.R. 1350-162.

Martin, J., Mithaug, D., Cox, P., Peterson, L., Van Dyke, J., & Cash, M. (2003). Increasing self-determination: Teaching students to plan, work, evaluate, and adjust. *Exceptional Children*, *69*, 431-446.

Rose, E., Rainforth, B., & Steere, D. (2002). Guiding principles for the education of children and youth with severe and multiple disabilities. In F. Obiakor, C. Utley, & A. Rotatori (Eds.), *Advances in special education: Psychology of effective education for learners with exceptionalities*. Staford, CT: JAI Press, Inc.

Steere, D. (1997). *Increasing variety in adult life: A general-case approach*. (Innovations, #10). Washington, DC: American Association on Mental Retardation.

Steere, D. E., Rose, E., & Fishbaugh, M. S. E. (1999). Integration in the secondary school for students with severe disabilities. In M. Coutinho & A. C. Repp (Eds.), *Inclusion: The integration of students with disabilities*. Belmont, CA: Wadsworth Publishing Company.

West, M., Kregel, J., & Revell, W. (1993-1994, Winter). A new era of self-determination, *Impact*, *6*.

Wehmeyer, M. (1996). Self-determination as an educational outcome: Why is it important to children, youth, and adults with disabilities? In D. Sands & M. Wehmeyer (Eds.), *Self-determination across the lifespan: Independence and choice for people with disabilities* (pp. 17-3 6). Baltimore, MD: Paul H. Brookes.

Wehmeyer, M., & Schwartz, M. (1997). Self-determination and positive adult outcomes: A follow-up study of youth with mental retardation and learning disabilities. *Exceptional Children*, *63*, 245-255.

Wilcox, B., & Bellamy, G. T (Eds.). (1987). *A comprehensive guide to the Activities Catalog: An alternative curriculum for youth and adults with severe disabilities*. Baltimore, MD: Paul H. Brookes.

1

장애 학생의 성인생활로의 전환: 기초, 정의 및 법률

〈 장의 목표 〉

1. 개정된 장애인개별화교육법(IDEA 2004)(2004)의 정의와 진로발달 및 전환 분과(Division on Career Development and Transition: DCDT)의 진술에서 나온 핵심적인 용어를 이용해서 전환을 정의한다.
2. 장애인들의 생활 전반을 통해 어떻게 학교에서 성인생활로의 전환을 다른 전환의 핵심 내용들과 관련시키는가를 기술한다.
3. 장애 청소년들을 위해 그들이 미래에 원하는 생활을 정의하도록 돕는 전환 성과의 중요한 영역을 기술한다.
4. 전환 과정의 본질과 중요성에 관한 배경지식을 가진다. 이런 지식은 뒤에 나올 모든 장에 기초 역할을 할 것이다.

장의 핵심 주제

- 법률적인 용어; 개정된 장애인개별화교육법(2004)은 청소년들이 성인생활로 성공적인 전환을 하도록 도와주는 우리의 노력을 안내해줄 핵심적인 용어들을 포함하고 있다. 특히 이 법이 학생들로 하여금 능동적으로 자신들의 전환계획 과정에 참여하도록 어떻게 권한을 부여하는가에 초점을 맞추고 있다는 것에 주목하라.

- 성공에 대한 기대감; 여러분이 이 장을 읽는 동안에, 전환계획은 청소년들이 자신들의 성인생활에 대한 긍정적인 기대감을 명확히 하고 그 방향으로 매진하도록 돕게 설계된 장기적인 과정이다.

학교에서 성인생활로의 전환은 체계적인 계획과정에 초점을 맞추고 이런 과정을 뒤에 나올 장에서 기술하겠지만 청소년들과 그들 가족들의 삶에 강력한 변화가 있을 때에도 기술될 수 있을 것이다. 청소년들이 성공적인 전환을 하도록 도울 가능성이 높은데 왜냐하면 이 기간에 우리가 행한 노력의 성과는 청소년들의 성인생활에 영향을 미칠 것이기 때문이다.

1. 공교육의 목적은 무엇인가?

머리말에서 소개된 두 청소년인 영희와 철수의 미래에 다가올 일을 고려해볼 때에, 우리는 먼저 광의의 교육목적이 무엇인지를 우리 자신에게 물어 볼 필요가 있다. 시민으로서 우리가 공교육으로부터 원하는 것이 무엇인가? 이 물음에 나올만한 응답은 아래와 같다.

모든 아동들이 사회에 공헌할 시민이 되도록 준비를 시키는 것
모든 아동들로 하여금 가치 있는 지식과 기술을 배우도록 돕는 것
모든 아동들이 노동인구에 참여하고 주(state)나 국가경제에 공헌하도록 준비시키는 것
우리 지역사회와 국가에 투자를 하는 것
모든 사람들이 더 나은 삶을 살 수 있는 기회를 갖도록 허용하는 것

분명히, 개인들이 지향하는 바에 따라서 이 질문에 대한 많은 잠재적인 대답들이 있다. 논의를 위해, 우리는 중요한 교육제도의 성과 중 하나로 긍정적인 성인생활 양식(positive adult lifestyle) 성취에 초점을 맞추고 싶다. 달리 말하자면, 만약 우리가 특수교육제도 안에서 우리의 직분을 잘 수행한다면, 교육을 받은 졸업생들은 성인으로

서 향상된 삶의 질을 누리게 될 것이다. 그들은 만족한 직장과 직업, 안락한 가정, 그들이 살고 있는 지역사회에 의미 있는 참여와 친구들 및 가족들과 만족한 관계를 가지게 될 것이다. 대부분의 사람들이 자신의 성인생활에서 바라는 것과 똑같은 것들을 성취하게 될 것이다. 영희와 철수가 장애인이라는 사실이 그들이 성인으로서 행복과 만족한 삶을 원한다는 그들의 소망을 결코 바꾸지는 못할 것이다. 장애인들이 이런 성과를 성취하도록 돕는 전문가로서 우리는 어떻게 해야 잘하는 것일까? 우리는 다음 질문에 초점을 맞출 필요가 있다.

2. 우리는 어떻게 이런 성과를 잘 성취할까?

대체로 미국에서 학교를 졸업한 장애 학생들의 성과는 빈약했다(Houtenville, 2000; La Plante, Kennedy, Kaye, & Wenger, 1996). 학교를 떠나는 장애 학생들의 성과를 논의함에 있어, 고용이 종종 주된 초점이 된다. 비록 특수교육제도를 떠나는 학생들의 긍정적인 성과 중 하나로 돈을 벌게 되는 고용여부가 주된 고려사항이고 주된 고려사항이 되어야 함에도 불구하고, 학생들의 흥미와 선호라는 전체를 고려할 때 장애 학생들이 학교에서 받는 서비스가 광범위해야 한다고 인식되어 왔다. 이후에 나올 장들에서 우리가 논의를 진행함에 따라 개정된 장애인개별화교육법(IDEA, 2004)이 중등학교 이후의 교육, 지역사회 참여, 지역사회 생활 및 오락과 여가 등을 포함하는 몇 가지 영역의 성과에 초점을 맞추고 있다. 하지만, 특수교육을 받고 학교를 떠난 학생들의 사회적 지위를 추적한 지속적인 연구결과는 비장애 학생들보다도 장애 학생들의 성과가 훨씬 더 빈약하다는 기록이었다. 이들의 더욱 빈약한 성과에는 다음이 포함된다.

- 높은 실업률
- 불완전고용(개인이 지닌 능력 이하로 일하도록 요구하는 직업 및 개인의 수익능력보다 돈을 적게 받는 직업에서 일하기)
- 중등학교 교육에 참여하는 비율이 낮고, 더욱 낮은 중등학교 졸업 비율

■ 광범위하지 못한 사회적 지원 네트워크

이런 빈약한 성과가 나오는 이유는 학생들의 성인생활 준비에서 학교가 직면하는 도전적인 문제들로부터 전환을 도울 수 있는 성인서비스 프로그램에 대한 빈약한 재정지원에 이르기까지 광범위하게 펼쳐질지도 모른다. 우리는 개별 학교들의 비효율성을 강조하겠지만, 현재로서는 자금이 성인서비스 프로그램에 영향을 줄 때 자금이 장애 학생들의 전환에 파문처럼 큰 영향력을 가지는 경향이 있다는 것에 주목해야 한다. 몇몇 주의 발달장애 부서들은 지난 몇 년간에 걸쳐 성인서비스 자금지원에 단지 최소한의 자금만을 제공했다. 이것이 특수교육 프로그램을 마친 졸업생들을 위해 봉사하는 성인서비스 기관들에게 어려움을 더 가중시켰다. 즉, 많은 장애인들은 몇 가지 지속적인 지원체제를 요구할 것이고, 이들 지원은 성인서비스 프로그램들로부터 나오기 때문이고, 이들 프로그램들은 학생들에게 "한결같은 전환(seamless transition)"을 제공할 수 없고 학생들 마음이 내키지 않는 프로그램들이다(Sax, Noyes, & Fisher, 2001). 이 문제는 장애인들이 직업을 갖지 못하거나 혹은 학교를 졸업하자마자 다녀야 할 프로그램이 없는 여러 주들에서는 문제가 되고, 그래서 그런 주들에서는 서비스를 위해 "대기하고 있는 목록"에 놓이게 되었다. 미국 전역을 통해서 많은 주들은 광범위한 문제들의 목록을 경험하고 있고 이들 대기 목록에는 성인서비스 기관으로부터 서비스를 받을 것이라고 기대하면서 학교를 졸업하고 떠나는 사람들도 포함된다(Pennsylvania Waiting List Campaign, 2002).

1990년의 IDEA에 첨가된 전환 수정안은 대체로 장애 학생들의 학교에서의 빈약한 성과 성취 때문이었다. 장애인들의 전반적인 실업률은 계속해서 50~75%의 범위이다(Louis Harris & Associates, 2000). 다양한 장애 유형을 가진 장애 학생들의 전환성과는 엄청나게 다양하다는 것에 주목해야 한다. 예를 들면, 중복장애 학생보다도 특정 학습장애 학생의 전환성과가 훨씬 더 좋다. 특정 학습장애를 가지고 경쟁고용이 된 학생의 비율은 대략 63%인데 반해 중복장애 학생의 비율은 대략 15%이다. La Plante, Kennedy, Kaye 및 Wenger(1996) 등은 중도장애를 가졌다고 분류된 성인의 75%가 고용되지 않았고 최중도 장애로 분류된 성인의 92%도 고용되지 않았다고 보고했다. 그들은 또한 장애 학생들이 더욱 높은 학교 중도 탈락률을 가지고 있고, 더 낮은 월급을 받는 직장을 가지고 같이 졸업한 정상인들보다도 경찰에 체포된 비율이 더 높다고 보고했다. 국가장기전환연구2(National Longitudinal Study 2)에서 나온 최근 자료는 학생들이 학교 교육을 마치는 비율이 증가된 것과 중등학교 교육에 종사 비율이 더 높아진 것을 포함해서 학교에서 중도 탈락한 학생들의 성과에서 약간 고무적인 추세를 보여준다는 것에 주목해야 한다(Wagner, Newman, Cameto, & Levine, 2005). 이런 성과에도 불구하고 장애 학생들은 여전히 학교를 마칠 확률, 대학에 진학할 확률 혹은 다른 중등학교에 진학할 확률, 혹은 고용될 확률이 일반인에 비해 훨씬 낮다. 이것은 학교를 졸업하자마자 성인생활을 할 준비를 하고 있는 재학 중인 장애 학생들에게는 주요한 도전임을 의미한다. 이 문제에 대한 잠재적인 해결책으로 학교에서 성인생활로 빈틈없는 전환을 만들어내는 것의 중요성을 몇몇 연구자들이 제기했다(Certo, Pumpian, Fisher, Storey, & Smalley, 1997; Fisher & Sax, 1999).

3. 전환의 정의

법적인 정의

1975년 전장애아교육법(PL 94-142, Education for All Handicapped Children Act: EAHCA)이 처음 통과된 이래, 전환의 개념은 엄청나게 확대되어 왔다(Neubert, 2000; Wehman, 2001). EAHCA는 장애 아동과 청년들은 활용 가능한 어떤 직업교육 프로그램을 포함한 프로그램에 비장애 학생들과 똑같은 접근을 할 수 있다는 것을 의미했다. 하지만, 전환 혹은 전환서비스와 명백하게 관련된 말은 없었다. 법률이 시행된 후 첫 10년이 끝나갈 때쯤에 부모들과 연구자들은 이전 특수교육 학생들과 이 법이 만들어낸 문제들에 대한 선택사항이 매우 부족하다는 것을 잘 인식하게 되었다(Hasazi, Gordon, & Roe, 1985; Mithaug, Horiuchi, & Fanning, 1985; Wagner, 1989).

1983년과 1986년의 전장애아교육법 수정안은 학교들이 모델 프로그램을 수행하게 해줄 재정상의 불일치를 가져왔지만 장애 아동들과 청년들을 위한 전환서비스를 요구하지는 않았다. 하지만, 1990년에 그 법률은 장애인개별화교육법(PL 101-476)으로 다시 재 공인을 받게 되었고 16세 또는 만약 필요할 경우는 그 이전에 개별화교육계획(IEP)안에 필요한 전환서비스의 명기를 포함했다. 1990년의 정의는 아래와 같다.

a. 여기 사용된 것처럼, 전환서비스는 아래와 같은 장애 학생을 위한 일련의 조정된 활동들을 의미한다.
   1. 중등학교 교육, 직업훈련, 통합고용(지원고용을 포함한), 계속교육과 성인교육, 성인 서비스, 독립생활 혹은 지역사회 참여를 포함해 학교에서 학교 후 활동으로 촉진시켜 주는 성과중심 과정으로 고안 되는가(Section 300.29). 이 정의는 또한 계획과정에 학생참여를 포함했다.
   2. 학생의 선호와 흥미를 고려해서 개별학생의 요구에 기초하고 있는가.
   3. 아래를 포함한다.
      (i) 교수;
      (ii) 관련 서비스들;
      (iii) 지역사회 경험들;
      (iv) 고용과 다른 학교 이후 성인생활 목표들의 개발 및
      (v) 적절하다면, 일상생활기술과 기능적인 직업평가의 획득(Section 300.29).

원래 EAHCA(PL 94-142)에서 IDEA까지 법률은 장애의 범위 혹은 정도에 관계없이 구체적인 활동과 구체적으로 개별학생들에게 적절한 전환계획과 서비스를 보장해주어야 한다는 사실을 인정하는데 전통적인 교육프로그램에 충분한 접근이라는 전제로부터 출발했다. 이것은 1997년의 장애아개별화교육법 수정안에서 더욱 확대되었다(PL 105-17). 이 수정안은 중등학교 교육기관에 참여를 원하는 학생들에게 부가적인 교육계획과 완전한 지역사회 통합교육이 이루어지도록 허용하는 필요한 서비스의 나이를 16세에서 14세로, 서비스 시작 학교는 고등학교에서 중학교로 바뀌었다. 하지만, 2004년의 개정된 장애인개별화교육법(H.R. 1350)의 재공인은 "첫

번째 IEP가 효력을 발휘하는 서비스 시작 아동의 나이가 16세 이전 일 때 및 그 이후로는 해마다 갱신되어야 한다."로 바뀌었다(Section 614, Ⅷ). 이 말은 계획 팀에게 서비스 시작의 상위 나이를 제시해주지만 만약 필요할 경우는 더 어린 나이에 전환계획과 서비스가 시작되어도 좋다는 것을 말해준다.

2004년 IDEA에 명시된 전환서비스에 대한 공식적인 정의가 실행 중이기 때문에 몇 가지 다른 용어들을 고려하는 것이 중요하다(**표 1.1** 참조). 첫째는 "조정된 일련의 활동들"이다. 이것은 전환서비스가 교사들, 학교가 소재한 지역으로부터 특별한 서비스를 제공하는 사람들, 많은 경우에 학교 소재 지역사회 밖의 성인서비스 제공자들, 아동 및 아동의 부모들을 포함해 서비스 제공과 계획에 책임 있는 많은 사람들을 포함한다는 것을 의미한다. 필요할 경우 해마다 학생의 활동을 개선시킬 책임이 있는 사람 및 아동 IEP의 일부인 전환 활동을 결정하는 책임을 맡고 있는 사람들은 바로 이런 사람들이다.

또 중요한 말은 "성과중심과정"이다. 이 말은 연방과 주정부의 재정지원을 받는 학교들이 기대되는 보다 더 큰 성과에 대한 책임 쪽으로의 이동을 나타낸다. 즉, 학교가 제공한 전환 서비스는 장애 학생의 학습과 기능에 긍정적인 성과를 기대하고 있다는 것이다. 개인의 성공적인 고용에 대한 전망 혹은 성공적인 중등학교 이후의 교육 혹은 두 가지 모두이다, 지역사회활동에 참여, 가정생활(후원자와 함께 혹은 후원자 없이) 밖에서의 독립생활 등이 전환계획과 전환서비스에 의해 유의미하게 개선되어야 한다.

마지막으로 "아동의 장점, 선호 및 흥미 등을 고려하기"라는 말은 개인 삶에 대

표 1.1 2004년 IDEA의 전환 정의의 중요한 용어들

"조정된 일련의 활동들"은 학교들 간 다양한 기관들 간 및 다른 지원체제들 간의 협력을 의미한다.

"결과중심 과정"은 전환이 직업, 중등학교 이후의 교육, 지역사회 생활, 오락과 여가, 지역사회 참여 등과 같은 영역에서 아동이 향상된 성인생활의 성과를 가져오는 것을 의미하고 이것들은 더 큰 학습 및 기능적인 성취에 의해 이루어진다.

"아동의 장점, 선호 및 흥미 고려하기"는 계획에 학생이 능동적인 참여자가 되고 자신의 성취와 선택이 계획과정을 이끌어야 한다는 것을 의미한다.

한 선택에 개인이 중요한 투자를 할 개인적 권리를 인정하는 말이다. 이것은 아동의 전환계획 및 서비스 전달에 어떤 외부기관(공립 혹은 사립학교)이 소재한 지역사회처럼 전환서비스를 제공하거나 돈을 지원하는 주관자 및 상호작용을 하게 될 참여하는 기타 기관들의 대표자들과 아동을 반드시 참여시켜야 한다는 고려사항을 의미한다.

현장의 정의

비록 전환의 공식적인 정의가 1990년에 제시되긴 했지만 1997년에 수정되고 다시 2004년 수정안은 전환계획과 전달이 IEP의 일부가 되게 했지만 많은 전문가들에게는 용어와 그 범위가 너무 좁았다. Halpern(1994)은 특수아동위원회(Council for Exceptional Children: CEC)의 진로발달 및 전환분과(Division on Career Development and Transition: DCDT)에서 연설을 했다. Halpern은 자신의 전환 정의에서 전환을 "이 영역의 미래직업을 안내하기 위한 토대"라고 말했다(p. 117).

> 전환은 한 사람의 학생으로서 주도적으로 행동하는 것에서부터 지역사회에서 두드러진 성인 역할의 출현 상태로의 변화를 말한다. 이런 역할들은 고용, 중등교육 이후의 교육에 참여하기, 가정을 유지하기, 지역사회에 적절하게 통합되기, 만족할만한 개인 및 사회적인 관계 경험하기 등을 포함한다. 전환 촉진과정은 학교프로그램에 참여 및 조정, 성인서비스 기관과 지역사회 내에서 자연적 지원 등을 포함한다. 전환의 기초는 초등 및 중학교에서 다져져야 하고 광범위한 진로발달이라는 개념에 의해 이끌어져야 한다. 전환계획은 14세 이전에 시작되어야 하고, 그런 계획 작성에 학생들의 능력이 최대로 발휘되도록 최대한의 책임을 떠맡도록 고무되어져야 한다(p. 117).

Halpern(1994)은 이 정의를 전환계획과 전환서비스의 전달 두 부분으로 구분해서 설명했다(**표 1.2** 참조). 계획 단계에서 그는 먼저 전환계획 과정에서 자기결정을 촉진시킬 수 있는 학생의 역량을 발전시켜야 한다고 강조한다. 그래서 DCDT는 학생의 흥미 및 선호와 전환계획 개발에 학생들의 주도적인 역할의 중요성을 강조하고

표 1.2 특수아동위원회의 진로발달 및 전환분과 진술의 핵심 내용

전환계획

- 학생들은 자기결정을 발달시켜야 한다.
- 학생들의 자기평가가 강조된다.
- 학교 후 성과 혹은 목표는 이전의 자기평가와 일치해야 한다.
- 학생들은 원하는 전환성과에 적합한 교육경험을 선택해야 한다.

전환서비스의 전달체계

- 서비스와 프로그램은 미래를 지향하면서 학생의 흥미, 선호 및 기능에 바탕을 두어야 한다.
- 일반 학교프로그램의 통합이 강조된다.
- 지역사회에 기반을 둔 프로그램이 학습 환경으로서 강조된다.
- 필요할 경우 연결망이 촉진되어야 한다.
- 지역사회의 기관들이 참여해야 한다.

출처: A. S. Halpern(1994). The transition of youth with disabilities to adult life: A position statement of the Division on Career Development and Transition, The Council for Exceptional Children. *Career Development for Exceptional Individuals*, *17*, 115-124.

있다. 둘째, 학생의 자기평가가 강조된다. 모든 특수교육에 표준화된 검사와 서비스의 적절성에 대한 논쟁이 있어 왔다. DCDT는 학생의 자기탐사(self-exploration)가 평가 과정의 중요한 일부분이 되어야 하고 가능하면 언제라도 학생들은 자신들 전환계획의 목표를 자신들이 이끌어야 한다고 주창한다. 셋째 측면은 학생들의 학교 후 전환목표가 그들의 자기평가 결과와 시종일관되어야 한다는 것을 강조한다. 예를 들면, 만약 목표가 고용이라면 전문가들은 가능한 많은 재정적인 안정 촉진과 같은 다소의 이점이 있는 경쟁고용(필요할 경우 지원을 받아서)을 학생들에게 보장해주도록 학생들과 함께 일해야만 한다. 마지막으로 학생들은 그들의 지역사회와 학교에서 전환목표에 적합한 교육경험을 선택하도록 고무되어야 한다. 여기서 강조할 것은 완전한 통합교육 경험을 하도록 지역사회를 활용하고 교실과 학교의 통합을 촉진시키는 것인데, 이것은 학생들이 학교를 떠나자마자 학생들이 성공하도록 그들을 보다 잘 준비하도록 해줄 것이기 때문이다(Rose, Rainforth, & Streere, 2002; Streere, Rose, & Fishbaugh, 1999).

후반부에서 Halpern(1994)은 계획에 맞게 설정된 기준을 따르는 전환서비스의

전달을 기술하는데 이것은 위에서 말한 네 가지 척도를 따른다. 그는 DCDT는 서비스전달 전달에 구체적인 접근을 옹호하지는 않지만 선택된 접근법들은 네 가지 계획하기의 척도를 따라야 한다. Halpern은 전환서비스의 전달을 이끌 다섯 가지 논점을 찾아냈다. 논점 1은 서비스와 프로그램이 미래를 지향하면서 학생의 흥미, 선호 및 기능에 바탕을 두어야 한다고 강조한다. 논점 2는 일반 학교프로그램의 통합을 다시 강조한다. 논점 3은 필요할 경우 교통체계를 포함해서 학습 환경으로 지역사회에 기반을 둔 프로그램을 강조한다. 논점 4는 특별히 학교 후 서비스 제공자로 필요할 경우 성인서비스 제공기관들의 연결망을 촉진한다. 논점 5는 서비스 제공기관(예를 들면, 재활서비스 부, 정신건강 서비스 부, 기타) 이외에도 지역사회기관(예를 들면, 서비스클럽, 지역사회 오락센터, 기타)들의 포함 필요성을 강조한다. 그래서 Halpern/DCDT(1994)의 전환 정의는 개인이 전환계획과 서비스전달에 가장 중요한 관리자라는 것을 강조하면서 개혁과 창의성을 요구한다. 이 책의 기틀을 제공하는데 도움을 주는 것은 바로 전환의 이 정의이다.

1980년대 Madeleine Will의 연구업적은 실질적으로 전환계획의 목적과 범위를 이해하도록 하는 발전에 공헌했다. Will의 "교량"모델을 **보조 도표 1.1**에 간략하게 제시했다.

4. 언제인지 기억하라: 전환에 대한 인간적 측면

지금까지 우리는 전환이 무엇인가와 전환이 왜 필요한가를 논의했다. 우리는 또한 개정된 장애인개별화교육법(2004)(IDEA 2004)과 진로발달 및 전환분과(DCDT)의 핵심적인 정의를 소개했다. 이후의 장들에서 실질적인 전환계획 과정과 과정에 연관된 사람들의 역할을 상세하게 언급한다. 우리 모두는 전환을 경험했고 장애 청소년들뿐만 아니라 모든 청소년들이 전환을 경험할 것이라는 것을 상기해야 한다. 사실 이 주제가 그렇게 관심을 끄는 이유 중 하나가 우리 모두는 청소년들이 직면하게 될 도전과 연관이 있기 때문이다.

보조 도표 1.1

Madeleine Will에 관한 역사적 조망

1980년대 중반, 장애 청소년의 부모 중 한사람인 Madeleine Will은 그녀의 "학교에서 직장생활로 교량" 모델을 통해서 전환서비스 발전에 공헌을 했다. Will은 미국 연방교육부의 일부인 특수교육 및 재활서비스국(OSERS)의 서기관이었다. 특수교육서비스를 받은 학생들에 대한 추수연구에서 나온 실망스러운 성과에 관심이 많았던 그녀는 세 가지 유형의 서비스 혹은 "교량"을 포함하는 학교에서 직장생활로의 전환모델을 개발했다. 그녀가 기술했던 세 가지 교량은 다음과 같다.

- 특별한 서비스 없음: 이 "교량"모델은 직업시장에 성공적으로 진입하기 위해서 어떤 형식적 혹은 특별한 성인서비스를 필요로 하지 않을 장애 학생들에게 적합할 것이다.
- 제한적 서비스: 이 "교량"모델은 연방과 주의 직업재활원(Vocational Rehabilitation)의 서비스를 포함하는데, 이것은 장애인들이 고용되도록 도와둔다. 직업재활원은 확장된 기간 동안 고용지원을 제공할 수 없는 제한적인 서비스 체제이다. 이 교량모델은 고용이 될 때까지는 특별한 성인 직업서비스를 필요로 하지만 그들의 고용 기간 내내 그런 서비스 지원을 받을 필요가 없는 학생들에게 적합할 것이다. 직업재활원 체제는 5장에서 상세하게 논의된다.
- 지속적인 서비스: 이 "교량"모델은 지원고용을 포함하는데 지원고용은 중도 장애인들을 위해 고안된 서비스 방법이기 때문이고 이들 중도 장애인들은 지역사회에서 늘 고용을 유지하기 위해서는 어떤 수준의 지원을 항상 필요로 하는 사람들이다. 지원고용은 9장에서 상세하게 논의된다.

비록 교량모델이 좁게는 학교에서 고용으로의 전환에 초점을 맞추고 있기는 하지만, 이 모델은 다양한 장애 학생들의 요구를 충족시킬 수 있는 조정된 전환서비스의 필요성을 기술하는 데는 중요하다.

이것을 고려하라! 여러분 자신의 전환경험으로 되돌아가 보세요. 여러분들이 14살에서 18살이었을 때 삶은 어떠했습니까? (이런 문제 논의를 위해서 여러분은 위로 21살까지의 나이를 포함할 수도 있다.) 다음으로 되돌아가도록 하라...

여러분의 최초 자동차 혹은 다른 탈 것

여러분 최초의 데이트
여러분이 최초로 집을 떠나 멀리 갔던 일
여러분 최초의 직업선택
여러분이 최초로 정서적인 독립이란 감정을 가졌던 때
여러분이 최초로 적어도 약간의 재정적인 독립을 인식했을 때
여러분이 최초로 능력 있는 성인으로서 자긍심과 자기정의라는 감정을 가졌을 때

전환에 대해 위에서 언급된 측면으로 되돌아가는 것은 초라할지도 모르지만 교훈적인 훈련이다. 첫째, 우리는 이 시기가 매우 혼란스러울 수 있고 얼마나 많은 실수를 우리가 했는지를 기억할 수 있다. 우리는 또한 자동차 운전 배우기, 난생 처음 혼자 가게에 간 일, 최초의 성적인 경험, 최초의 직업에 대한 깨달음, 처음으로 멀리 집을 떠난 경험 등과 같은 최초 조처들의 중요함을 기억한다. 이들 경험들이 모두 전환과정의 일부이다. 장애 학생들에게도 이와 같은 도전들이 존재하지만 그들이 지니고 있는 특정한 장애조건이 만들어내는 독특한 도전들에 의해 더욱 문제가 복잡해진다. 장애가 있음에도 불구하고 중요한 것은 전환기에 있는 청소년들이라는 것이다.

5. 전환에 대한 광의의 관점

학교에서 성인생활로 전환은 전형적으로 16세에서부터 18세 혹은 21세에 특수교육을 마치는 학생들에게 초점을 맞춘다. 이것이 2004년 IDEA가 위임한 전환이 적용되는 나이이고 이후의 장들에서 전환계획 과정에 대해 상세히 논의할 것이다. 하지만 학교에서 성인생활로의 전환은 어떤 개인의 삶에 존재하는 여러 번의 전환 가운데 하나다. 예를 들면, 아동들은 가정에서 예비학교로 혹은 주간 탁아(daycare) 환경으로 전환을 행한다. 나중에, 아동들은 자신의 최초 학교경험을 하기 위해 유치원으로 전환한다. 이런 전환들은 한 학년에서 다른 학년으로 한 선생님에게서 다른 선생님에게로 전환된다. 성장은 신체적인 변화, 기능발달, 자아상에서의 변화 등과 같은 관

점이란 부가적인 전환을 가져온다. 이전에 소개된 영희의 약력은 이들 삶의 장기적인 전환 특성을 상술한다.

이전에 재활상담원이었고 현재는 메릴랜드 종합대학교의 사범대학 학장인 Edna Szymanski는 *Exceptional Children*(1994)이란 잡지에 실린 한 논문에서 이런 관점을 아주 잘 표현했다. 그녀의 "생애(life-span and life-space)"에 걸친 전환이란 관점에서 이후 성공적인 전환에 초기 아동기 경험의 중요성을 강조했다. 예를 들면, 가정의 자질구레한 일에 책임완수는 이후의 성인역할 수행을 위한 토대를 제공한다. 직업인식, 성인역할과 책임 및 직장윤리의 발달 등에 대한 초기의 경험은 누가적인 것이고 이후의 계획에 필수적인 토대다. Szymanski는 또한 진로발달을 장기적인 과정으로 여기고 또 진로발달이 대체로 21세 때 완성되지 않는다고 지적했다. 간단히, 그녀가 말하는 핵심은 성인생활로의 전환에 관해 생각하기 위해서 우리는 16세 혹은 심지어 14세가 될 때까지 기다릴 수 없다는 것인데 왜냐하면 많은 기본적인 기능, 습관, 태도가 훨씬 이전에 발달될 필요가 있기 때문이고, 우리의 전환 노력을 학생이 21세가 되었을 때에도 절대로 멈출 수가 없기 때문이다. 이런 권장사항은 우리가 다른 전문가들과의 협력, 전환에서 가족의 역할, 초기와 중간 단계에서의 교육자들 역할의 중요성 등에 대해 중요한 함의를 지닌다.

이것을 고려하라! 이후 성인기의 성공과 관련되는 초기 아동기와 초등학교에서 아동들은 어떤 기능, 지식, 습관과 태도를 배워야 하는가? 이 질문에 대한 대답과 관련된 기능, 지식, 습관 및 태도를 고려하라:

진로인식과 직업
가정생활
성인역할과 책임
성공적인 사회적 상호작용
오락과 여가
자아상과 자아존중

6. 전환에 대한 다른 관점

자격부여에서 적합성으로 이동

장애 학생과 그의 가족이 졸업을 준비하고 학교를 떠날 때 그로 하여금 도전하게 만드는 한 가지 요인은 자격부여 프로그램(특수교육제도)에서부터 성인서비스 체제에서 요구하는 적합성으로의 이동이다. 도전은 서비스를 받을 자격이 있는 학생을 찾아내는 특수교육과는 달리 성인서비스 프로그램은 일반적으로 성인서비스에 접근하기 위한 적합성 규준을 충족시켜야 한다. 더욱, 서비스의 수용(즉, 적합성 규준 만족시키기)은 즉각적인 서비스 수혜를 보장하지는 않고 기다려야 하는 것이 일반적이다. 이것은 장애 학생 가족이 전환 기간에 최고로 준비가 안 되어 있는 것처럼 보이게 한다는 것이 사실이다. 이것은 또한 특수교육 교사 및 학교 행정가가 가장 이해하지 못하는 사실 중 하나처럼 보인다. 즉, 일단 학생이 특수교육제도를 떠나게 되면 그 학생은 자동적으로 성인서비스 제도에 의해 "선발" 될 것이라 생각하는 경향이 있다는 것이다. 일단 학생이 특수교육 프로그램을 떠나게 되면 학교는 일반적으로 자기 학교 졸업생의 성과 및 배치를 더 이상 추적하지 않는다. "한결같은 전환"이라는 개념은 장애 학생의 성과에 영향을 끼칠 수 있는 서비스 전달체제에 필요한 유의미한 변화 중 하나라고 생각되어 왔다(Sax et al., 2001). 이 한결같은 전환은 학생의 긍정적인 성과를 보장해주기 위해서는 학생의 전환계획에 학교 졸업 후의 제도들이 협력하고 참여하기를 요구한다.

자격부여에서 적합성 요구로의 변화는 장애 학생과 그 가족에 따라 서로 다르다. 가족은 일반적으로 복잡한 교육제도와 어떻게 협상하는가를 이해하고 배우기 위해 여러 해 동안 몸부림친다. 하지만 이런 자격부여가 끝나면 그들은 성인서비스 제도라는 동일하게 복잡한 적합성이라는 새로운 문제를 이해하고 배워야 한다. 적합성으로 이끌어진 제도 안에서는 필요한 서비스 혹은 프로그램을 위한 재정적인 보장은 하나도 없다. 종종 명백한 장애 또는 서비스에 대한 요구에도 불구하고 사람들이 계속해서 자기의 요구를 입증해내야만 하는 것이 바로 제도이다. 가족들은 이런 과정이 좌절감을 느끼게 하고 시간을 낭비케 하는 것이고 장애 학생이 재학 중에 이룩한 어떤 발전으로부터 퇴보하여 가정에서 가만히 포기하고 앉아 있게 만든다.

성인생활의 영역

이미 언급했듯이 경쟁고용은 성공적인 성인생활의 단지 한 가지 측면일 뿐이다. 다른 측면들은 지역사회에서 자기 스스로 살아가는 생활 혹은 가능한 독립적으로 살아가기, 오락과 여가활동에 참여하기 및 자기 지역사회에 한 사람의 구성원으로 참여하기 등을 포함한다. 전환프로그램을 설계하는데 고려되어야 할 매우 중요한 두 가지 핵심 고려사항이 있다: 첫째, 학생들에게 지역사회에 토대를 둔 환경에서 자신의 기능을 훈련할 많은 기회창출, 둘째, 학습의 토대로 다양한 생활영역 강조하기 등이다. 하지만 모든 학생들이 동일한 유형의 프로그램을 필요로 하지는 않는다. 일반적으로 학생들은 서로 다른 방식으로 생활영역을 강조할 필요가 있다. 예를 들면, 학습장애 학생들은 심각한 장애를 가진 학생들처럼 광범위한 생활영역을 경험할 필요가 없다. 모든 학생들에게 중요하고 필요한 것은 그들로 하여금 성인생활의 서로 다른 측면들을 준비하도록 도와줄 학교 교육과정에 접근할 권리를 가지는 것이다.

7. 성공에 대한 비전

성공적이고 만족스러운 성인생활을 위한 효과적인 전환계획은 가족들과 전문가들이 학생들로 하여금 미래에 대한 긍정적인 목표를 세우고 그런 다음에 그 목표를 향해 매진하도록 도와주기를 요구한다. 이것은 학생들이 자신들의 선택사항을 알고 재학 중 직업에 대한 경험과 다른 성인 활동을 경험하고 원하는 목표를 설정한 다음에 그런 목표 추구와 관련해 위험 무릅쓰기에 지원을 얻기가 요구된다. 본 책에서 상세히 설명하겠지만, 전환계획에는 서로 다른 많은 측면들이 있지만, 성공에 대한 비전을 명확히 하는 것을 목적으로 삼는다. 머리말에서 소개된 두 젊은이들의 성공비전을 생각해보라.

영 희

고등학교 3학년 가을 학기에 영희는 지방 전문대학을 포함해 4개 대학에 지원하기로 결정했다. 그녀는 시간 연장을 허락 받아서 SAT시험을 보았고 대학에 입학될 만한 점수를 받았다. 그녀는 에세이를 작성하는데 열심히 노력했고 그녀의 진로상담원, 선발된 교사들 및 자원 봉사자가 일하는 주간 탁아소 센터의 감독관 등 모든 분들이 그녀를 강력하게 지지하는 추천장을 써주었다. 그녀의 지원서가 대학에 보내졌고 다른 학급의 모든 친구들처럼 영희도 대학에서 입학 허가서가 오길 기다렸다. 그녀의 대학선택은 초기 아동기 때 교사가 되겠다는 그녀의 소망에 바탕을 두었다. 그녀는 주간 탁아소 센터의 자원봉사 일과 교회의 학교 입학 전 프로그램도 좋아했다. 그녀는 어린 아동들과 일하는 요령을 터득했고 사람들은 아기를 돌보는 사람으로 계속 그녀를 찾았다.

많은 시간이 흐른 후에 대학들로부터 편지들이 도착했다. 영희는 그녀가 지원했던 2개의 3년제 대학과 한 곳의 전문대학 중 2개의 대학으로부터 입학이 허가 되었다. 한 곳은 주립대학이었고, 다른 한 곳은 사립대학이었다. 2개의 대학들이 다 환영을 했고 2개의 대학이 다 장애 학생들에게 좋은 서비스를 제공했다. 영희는 자기가 원하는 것을 얻을 수 있었지만 그녀가 고등학교 재학 중 열심히 공부했던 자기결정기술을 사용할 필요가 있었다. 그녀는 또한 많은 자기훈련을 스스로 실천해야만 했는데 왜냐하면 그녀의 부모들이 한 사람의 학생으로서 공부하고 친구들과 극장에 가는 것과 같은 결정을 해야 할 때 자기가 행한 선택들을 모니터하기 위해 그곳에 부모들이 없었기 때문이다. 영희는 사립대학교 졸업생인 언니 및 주립대학교 4학년인 오빠와 여러 시간 동안 이야기를 했다. 마침내 그녀는 학생 수가 훨씬 적고 더 많은 인간적인 접촉을 할 수 있는 사립대학을 선택했다. 이 대학은 대부분의 대학에서 장애 학생들을 위한 사무실을 만들기도 전에 장애 학생들에게 서비스제공 사무실을 만들었고 그 대학은 장애 학생들에게 우수한 서비스를 제공해주는 대학으로 이름이 나 있었다. 그 외에도 그 대학은 학생들이 대학 입학 전 및 초기 아동기를 실습할 수 있는 우수한 프로그램을 지니고 있었다. 특별서비스계획 팀(Special Services Planning Team: SSPT)의 구성원들은 영희의 입학을 환영했다. 그들은 이런 목표를 달성할 전환계획을 설계하기 위해 영희와 그녀의 부모와 함께 협력하며 계획이 만들어졌다.

이제 영희의 성인생활 성공에 대한 비전달성의 영향을 고려해보라. 그녀가 처음 자기 미래계획을 세운 어린 고등학생이었던 이래로 여러 해가 지나갔다. 이제 그녀는 교사가 되기 위해 출발한다. 영희는 교실을 둘러보았다. 모든 것이 준비가 되었다. 교실 벽에는 밝게 빛나는 포스터들이 붙어 있었고 학교에는 아주 잘 갖추어진 학습 도우미실이 그녀를 반기고 있었다. 부모들이 학교 주차장에 차들을 세우고 자신들의 어린 아동들을 학교로 데리고 들어올 것이다. 15명의 학부모들이 자기 아동들을 영희의 교실로 데리고 들어 올 것이다. 그녀는 자부심을 느꼈다. 그녀의 대학 프로그램은 많은 노력을 요구하는 것이었지만 그녀는 평균 B학점으로 졸업을 했고 대학교수들과 예비학교 교장의 추천서 및 면접에 토대를 두고 직장을 구했다. 비록 그녀가 다니는 대학은 전환계획을 요구하지는 않았지만 영희는 장애 학생을 위한 사무소에 근무하는 상담원과 함께 노력했고 대학에서 그녀는 자기 이력서 작성을 배우고 구직 면접훈련을 위해 대학에 있는 진로개발센터의 상담원와 함께 일하도록 권장되었다. 그녀 고향 가까이 예비학교에 자리가 생겼을 때, 영희는 자격을 갖추고 있었고 그 일자리 획득 면접을 볼 준비가 아주 잘 되어 있었다. 그래서 그녀는 물론 면접을 보러 갔다. 큰 꿈을 가지고 읽기와 수학을 배우려고 열심히 노력했던 조용하고 키 작은 소녀는 이제는 어린 아동들에게 그런 필수적인 기능을 가르칠 준비가 되어 있었다. 그녀의 그런 능력이 현재는 모두가 중요하게 생각되었다.

철 수

장애가 심하기 때문에 철수는 미래 성공비전을 표현하는데 어려움이 있었다. 그를 지원하기 위해 그의 가족과 그를 돌보는 다른 사람들이 그를 위한 개인의 미래계획을 개발하기 위한 지원 네트워크를 구성했다(Mount & Zwernik, 1988). 이런 형식적인 계획에는 장애인 당사자를 돌보는 사람들의 책임감, 창의성, 열정 등이 활용된다. 이전에 기술했듯이 철수는 가족, 친구들 및 지역사회 구성원들로 이루어진 광범위한 지원체제를 가지고 있고 이런 사람들이 그의 강력한 장점이다. 그를 지원하는 사람들에 의해 개발된 미래에 초점을 맞춘 그가 원하는 미래계획은 **표 1.3**과 같다.

표 1.3 후원자들의 도움으로 개발된 철수의 성공비전

미래 희망
집에서 가까운 그룹 홈(group home)에 살기
직업, 봉사활동 및 오락 활동과 같은 지역사회에 기반을 둔 기능 완성하기
만족하고 행복해 하기
좋은 삶의 질 향유하기
꿈
독자적으로 걷기
의사소통 능력 발달시키기
친구 사귀기
만족하고 행복해지기
두려움
전체 시간 집에서만 살기
활용할 자금이 없음
이용할 프로그램이 없음
분리된 성인 주간 탁아 프로그램에 임하기
돌봄에 대한 전체 책임을 자기 누나에게 맡기기
그의 부모들이 그들의 직장을 그만두기
그의 어머니가 집에 머물러야 하기 때문에 돈을 벌지 못함

대체로 미래에 대한 철수의 비전은 일정수준의 행복을 성취하고 자기 삶에 만족하기로 요약될 수 있을 것이다. 이것은 지역사회 거주지에서 자기가 좋아서 선택한 사람들과 함께 살 만큼 충분히 자급자족할 수 있는 사람이 되고 지역사회에 이바지하고 자기 흥미와 관련 있는 지역사회활동에 참여를 말한다. 이것은 돈을 받는 직업 혹은 자원봉사 일을 포함한다. 마침내 그를 지원하는 사람들은 철수로 하여금 상호만족감을 주는 일을 그와 함께 하면서 보낼 수 있는 친구를 가질 계획을 세우도록 해준다. 그의 성공비전에 중요한 핵심은 분리된 주간 활동센터에 배치되는 것을 피하는 것이다. 그를 지원하는 사람들은 다음 몇 년간에 걸쳐 그의 성공비전을 더욱 명확히 할 필요가 있겠지만 그들은 철수의 긍정적이고 완성된 미래가 어떤 모습일지를 계속 기술할 것이다.

요 약

이 장은 여러분들에게 전환의 주제와 특수교육 연구에서 전환의 중요성을 소개했다. 또 특수교육에서의 성공은 아마도 장애인들의 성공적인 성인성과의 달성에 의해 가장 잘 측정된다는 것을 소개했다. 전환은 개정된 장애인개별화교육법(2004)(IDEA 2004)과 특수아동위원회(Council for Exceptional Children: CEC)의 진로발달 및 전환분과(Division on Career Development and Transition: DCDT)의 진술을 이용해 정의했다. 또 광범위한 생애라는 맥락에서 전환을 기술했고 직업과 진로발달, 지역사회 참여, 자신의 가정에서 생활하기, 오락과 여가를 포함해 성인생활이라는 특별한 영역에 초점을 맞추었다. 전환계획 과정 안내를 위해 청소년들이 자신들의 성인생활에 대한 성공비전을 개발하도록 돕는 것이 중요하다고 강조함으로써 논의를 끝맺었다.

응용활동

아래 제시된 응용활동은 여러분 전환의 기능 발달과 지속적인 학습을 위해 필수적인 것들이다. 이들 활동의 각각은 여러분의 시간과 에너지를 필요로 하겠지만 이 분야에 여러분이 전문적인 기능을 개발하도록 도와줄 것이다.

훈련과 이해력 증진을 위해

14에서 18세 나이가 되는 2명의 젊은이를 면접하라. 2명 중 1명은 장애가 있어야 한다. 이 장에서 소개한 성인생활 영역에 관한 질문으로 설계하는데 예를 들면, 직업과 진로개발, 지역사회 참여, 자신의 집에서 살기, 오락과 여가 등이다. 이들 질문들이 여러분에게 삶의 각 단계에서 그들의 어떤 생각을 여러분에게 말해줄까요? 그들이 어떻게 해야 다음 단계에 대한 준비를 잘 할까요? 미래를 위해 지금 어떤 조처를 취해야 할까요? (만약 있다면) 두 청소년 사이에 가장 놀랄만한 차이는 무엇일까요?

6세와 9세 사이에 있는 3명 내지 4명의 아동들을 관찰하라. 여러분은 이후 성인역할과 책임의식의 발달이라는 인식이 시작된다고 암시하는 어떤 흔적을 발견합니까? 최종적으로 성인기의 성공을 위해 공헌할 학교와 가정에서 그들이 경험하고 배우는 것이 무엇인가? 여러분 자신의 진로발달 유형을 추적해보라. 여러분은 어떤 단계들을 거쳤습니까? 여러분은 방향을 바꾸었습니까, 그렇다면 왜 바꾸었습니까? 여러분은 언제 특별한 진로책임과 진로 방향을 바꾸었습니까? 누가 어떻게 여러분을 도와주었고 누가 여러분에게 영향을 끼쳤습니까?

여러분의 포트폴리오를 위해

만약 여러분들이 현재 중등학교 수준의 학생을 가르치고 있거나 가르칠 계획이라면 여러분과 함께 상호작용을 하고 있는 나이가 16세 혹은 그 이상인 최소한 6명의 학생들을 나열하라. 이들 학생들은 지정된 전환 나이이고 뒷장에서 기술될 전환계획 수립에 참여해야 한다. 현재 각 학생들은 여러분이 생각하는 직업을 찾아내고 생활 배치를 성취할 수 있을 것이다. 후에 우리가 이 책을 통해 알게 되겠지만 전환계획은 학생들이 14세 때 시작될 수 있고 시작되어야 한다고 강력하게 생각하고 그래서 권장되는 활동 또한 학생들이 14세가 되면 성취될 수 있다.

만약 여러분들이 중간 혹은 초등단계에서 가르치고 있거나 가르칠 계획이라면, 성인기 아동의 미래 활동과 관련된 각 내용(예를 들면, 직업, 독립생활, 오락과 여가)을 어떻게 가르칠 것인가 및 여러분들이 가르치는 실험 대상자 학생들을 나열하라.

만약 여러분들이 부모 중 한 사람이거나 가족구성원이라면, 여러분들의 딸 혹은 아들의 미래에 여러분들이 원하는 것이 무엇인지 기술하라. 주목: 우리는 이 일을 행하도록 여러분들에게 부가적인 양식지를 이후의 장에서 제공할 것이다. 현재는 여러분 아동과 미래에 관한 여러분의 생각을 나열하라.

참고 문헌

Certo, N.J., Pumpian, I., Fisher, D., Storey, K., & Smalley, K. (1997). Focusing on the point of transition. *Education and Treatment of Children, 20*, 68–84.

Education for All Handicapped Children Act of 1975, Public Law 94–142, 20 U.S.C. 1410.

Education for the Handicapped Act Amendments of 1983, Public Law 98–199, 97 STAT., 1357–1377.

Fisher, D., & Sax, C. (1999). Noticing differences between secondary and postsecondary education: Extending Agran, Snow, and Swaner's discussion. *Journal of the Association for Persons with Severe Handicaps, 24*, 303–305.

Flexer, R. (2005). History and transition legislation. In R. Flexer, T. Simmons, P. Luft, & R. Baer (Eds.), *Transition planning for secondary students with disabilities*, 2nd ed. (pp. 20–52). Upper Saddle River, NJ: Merrill Prentice Hall.

Halpern, A. S. (1994). The transition of youth with disabilities to adult life: A position statement of the Division on Career Development and Transition, The Council for Exceptional

Children. *Career Development for Exceptional Individuals, 17*, 115-124.

Hasazi, S., Gordon, L., & Roe, C. (1985). Factors associated with the employment status of handicapped youth exiting from high school for 1979-1983. *Exceptional Children, 51*, 455-469.

Houtenville, A. (2002). *Estimates of employment rates for persons with disabilities in the U.S.* Ithaca, NY: RRCT for Economic Research on Employment Policy for Persons with Disabilities, Cornell University.

Individuals with Disabilities Education Act of 1990 (IDEA), Public Law 101-476, 20 U.S.C. 1401.

Individuals with Disabilities Education Act Amendments of 1997, Public Law 105-17, 20 U.S.C. 1400.

Individuals with Disabilities Education Improvement Act of 2004 (IDEA 2004), Public Law 108-446, 20 U.S.C. 1400 *et seq.*

LaPlante, M. P, Kennedy, J., Kaye, S. H., & Wenger, B. (1996). Disability statistics abstract, No. 11. Washington, DC: U.S. Department of Education, National Institute on Disability and Rehabilitation Research.

Louis Harris & Associates (2000). The N.O.D./Harris survey program on participants and attitudes: Survey of Americans with disabilities. New York: Author.

Mithaug, D., Horiuchi, C., & Fanning, P (1985). A report on the Colorado statewide follow-up survey of special education students. *Exceptional Children, 51*, 397-404.

Mount, B., & Zwernik, K. (1988). It's never too early, it's never too late: An overview of personal futures planning. St. Paul, MN: Governor's Planning Council on Developmental Disabilities.

Neubert, D. (2000). Transition education and services guidelines. In P L. Sitlington, G. M. Clark, & O. P. Kolstoe, *Transition education and services for adolescents with disabilities* (pp. 39-69). Needham Heights, MA: Allyn & Bacon.

Pennsylvania Waiting List Campaign (2002). A guide for transition to adult services: What you need to ensure that a waiting list is not in your future.

Rose, E., Rainforth, B., & Steere, D. (2002). Guiding principles for the education of children and youth with severe and multiple disabilities. In F Obiakor, C. Utley, & A. Rotatori (Eds.), *Advances in special education: Psychology of effective education for learners with exceptionalities.* Stamford, CT: JAI Press, Inc.

Sax, C., Noyes, D., & Fisher, F. (2001). High school inclusion + seamless transition = desired outcomes. *TASH Connections, 27*, 17-20.

Steere, D. E., Rose, E., & Fishbaugh, M. S. E. (1999). Integration in the secondary school for students with severe disabilities. In M. Coutinho & A. C. Repp (Eds.), *Inclusion: The integration of students with disabilities.* Belmont, CA: Wadsworth Publishing Company.

Szymanski, E. M. (1994). Transition: Life span and life space considerations for empowerment.

Exceptional Children, *60*, 402-410.

Wagner, M. (1989). Youth with disabilities during transition: An overview of descriptive findings from the national longitudinal transition study. *Project Director's Fourth Annual Meeting*, Champaign, IL: The Secondary Transition Effectiveness Institute.

Wagner, M., Newman, L., Cameto, R., & Levine, P. (2005). *Changes over time in early post-school outcomes of youth with disabilities: A report of findings from the National Longitudinal Transition Study (NLTS) and the National Longitudinal Transition Study-2 (NLTS2), executive summary*. Retrieved from website of the National Longitudinal Transition Study 2 (www.nlts2.org/reports/str6_execsum.html).

Wehman, P. (2001). *Life beyond the classroom* (3rd ed.). Baltimore: Paul H. Brookes Publishing Company.

Will, M. (1983). *OSERS programming for the transition of youth with disabilities: Bridges from school to working life*. Washington, DC: U.S. Department of Education, Office of Special Education and Rehabilitative Services. (ERIC Document Reproduction Service No. ED 256 132).

2

전환과정의 학생 참여

장의 목표

1. 자기결정을 정의하고 자기결정이 증가되고 있음을 보여주는 학생의 구체적인 행동과 행위를 기술할 수 있다. 여러분은 또한 가르치는 학생들의 자기결정을 증가시키는 조치를 취할 수 있을 것이다.
2. 학생 자신의 전환 IEP개발에 학생이 능동적이고 유의미하게 참여하게 보다 준비가 잘 될 수 있는 구체적인 조치를 취할 수 있다.
3. 자신의 전환에 능동적인 역할을 취하도록 장애 학생을 도와줄 능력을 가질 수 있다.

장의 핵심 주제

- 자기결정: 청소년들이 전환계획 과정에 능동적인 역할을 취하도록 돕는 것이 필수적이다. 이 장에서는 학생들의 자기결정을 증가시키는 광범위한 방법들을 논의한다.
- 인간중심계획: 인간중심계획은 장애인들과 그들의 가족들이 전환계획과정에서 더 큰 통제력을 가지도록 도움을 주는 계획에 다가가는 대용방안 가운데 하나이다. 인간중심계획이 전환계획의 성공에 어떤 작용을 하고 그것이 어떻게 작용하는가를 알아보라.

전환계획이 성공이냐 실패냐에 가장 영향을 받는 것은 아마도 계획에서 가장 핵심이 되는 장애 청소년들일 것이다. 장애 청소년들이 가진 장애 본질에 관계없이 이들 학생들은 성장하고 있는 청소년들이고 청년기에서부터 젊은 성인으로 변화하고 있다는 것이다. 이때는 또래압력, 미래에 대한 불확실성, 자신의 능력과 강점에 대한 이해부족을 포함해 대부분의 청소년들에게 많은 도전이 제시되는 때이다. 장애 학생들도 똑같은 도전에 직면하지만 또한 자신들의 장애 때문에 야기되는 부가적인 문제들에 또한 직면하게 된다.

1장에서 소개했듯이, 개정된 장애인개별화교육법(2004)(IDEA 2004)에서 전환서비스는 "학생의 장점, 선호 및 홍미를 고려해 학생의 개별적인 요구에 바탕을 두고..."라고 구체적으로 진술한다〔Section 602(34)(B), PL 108-446〕. 이것은 학생들이 모든 전환계획에 능동적이고 핵심적인 참여자가 되어야 한다는 것을 의미한다. 만약 학생의 능동적인 참여가 없다면, 전환계획 과정에 우리는 절대로 효율적으로 일할 수 없다. 그래서 우리가 직면하는 도전은 장애 학생들의 미래계획에 그들이 적절한 역할을 맡을 수 있도록 하는데 필요한 지식, 기술, 태도를 가지도록 어떻게 그들을 도와줄 것인가라는 것이다. 이 장은 미래계획에 학생의 관점을 기술하고 그런 다음에는 계획 작성에 학생의 능동적인 참여를 지원하기 위한 전문가들과 가족들의 지원 방안들을 논의한다.

1. 전형적인 청년들의 관심과 흥미

전환계획에 참여하는 장애 학생들이 직면하는 도전을 논의하기에 앞서, 10대들의 전형적인 관점, 관심과 홍미 등 몇 가지에 초점을 맞추는 것이 유용할 것이다(Wehman, 2001). 비록 모든 청소년들이 다 이런 관심과 홍미를 공유한다고 말할 수는 없지만, 많은 청소년들에게 이런 문제들이 주요한 관심사이다. **표 2.1**은 전형적인 10대들이 가지는 관심의 몇 가지 영역들이다.

첫째, 고등학교 수준의 청소년들에게, 또래라는 집단구성원 의식은 중요한 하나의 관심이 된다. 일반적으로 10대는 사회적으로 그들이 어떤 곳에 적합한 사람인지

표 2.1 전형적인 10대들의 관심 영역

- 외모와 매력
- 자아상과 자존감
- 이동과 교통
- 오락과 여가에 대한 흥미
- 가족으로부터 독립과 더 많은 사생활의 자유
- 학교공부와 숙제
- 학교와 지역사회 기관들이 후원하는 과외활동

출처: Wehman(2001).

를 알아내고 친구로 누굴 믿을 수 있는지 알아내려고 노력한다. 이것은 종종 집단구성원이라는 의식과 동일시를 통해 표현된다. 고등학교 시절에 어떤 학생이 속한 또래집단의 의견과 피드백의 중요성이 증가함에 따라 또래들의 압력도 증가한다.

둘째, 청소년들은 종종 자신들의 외모와 그들의 자존감에 관심을 가진다. 청년기는 분명히 신체적인 성장과 변화의 시기이고, 자기 나이대의 다른 학생들에게 자신이 어떤 모습으로 보이는지를 의식하는 것이 아주 일반적이다. 많은 청소년들이 더 어른스럽게 보이고, 타인들에게 더욱 매력적으로 보이고 단순하게 더욱 유행을 따르는 것처럼 보이도록 옷을 입고 몸치장도 스스로 한다. 많은 청소년들에게는 처음으로 진정한 데이트가 이루어지는 때이고 첫 번째 성적인 경험이 발생할 수도 있는 시기이다.

고등학교 수준의 많은 청소년들은 학교 안팎의 매일 매일의 활동들에 초점을 맞추고 있다. 교실공부와 숙제가 그들 하루의 상당한 부분을 차지하고 있고, 과외활동 또한 아주 많은 시간을 필요로 한다. 스포츠, 음악, 비디오게임과 TV를 포함해 학교밖의 여가에 대한 관심 또한 시간을 보내는데 선호된다. 마지막으로 많은 학생들이 고등학교 재학 중 직업에 대해 최초로 경험한다. 이들 매일 매일의 요구와 활동들은 학생들로 하여금 보다 먼 미래가 아니라 "지금 이곳"에 계속해서 초점을 맞추게 하는 경향이 있다.

고등학교 시절의 이동에 대한 독립성 증가는 더 큰 중요성을 가진다. 많은 10대들은 자동차를 타는데 부모들의 도움에 의존한다. 하지만, 청소년들의 삶에 또래의 중요성이 증가하기 때문에 이런 교통수단에 대한 부모의존을 청년들은 선호하지 않을 수도 있다. 대신에 자전거 혹은 걷기 등을 통한 독립적인 이동을 더 좋아할 수도 있다. 일단 그들이 법적인 나이에 이르게 되면 더 큰 이동의 자유를 허락받기 위해 자신의 운전면허나 운전 허락을 얻어내기 시작한다.

또래의 집단의식과 압력, 외모 및 자존감, 이동 및 학교 안팎의 매일 매일의 활동참여 등에 관심과 초점을 맞추면서 고등학생들은 실제로 고등학교 시절을 넘어 그들의 미래에 대해서는 생각하지 않는다. 많은 청소년들에게는 그들이 친숙한 삶과 다른 형태의 삶을 상상하기는 더 어렵다. 그들에게는 미래가 불확실해보이고 예언적인 것으로 보일 수도 있고 그래서 그들은 그런 미래에 대해 생각해보려고 하지 않을지도 모른다.

Nicole은 지역 공립 고등학교 10학년이다. 그녀는 장애는 없다. Nicole이 학교에서 가장 좋아하는 과목은 영어이고 그녀 스스로 글을 제법 잘 쓴다고 생각한다. 그녀가 가장 싫어하는 과목은 수학과 과학이고 이 두 과목에서 낮은 성적인 평균 B를 유지하려고 노력하고 있다. Nicole은 쇼핑을 가거나 점심 외식하기 등과 같은 가끔은 주말에 또는 방과 후에 학교에서 가까이 지내는 3명의 좋은 여자 친구들이 있다. Nicole은 필드하키 팀에 속하고 그녀는 경쟁을 즐긴다. 연습과 게임이 그녀의 많은 시간을 차지하기 때문에 그녀는 또한 학교 숙제에도 신경을 써야 한다. 그녀에게 숙제는 어렵고 특히 수학 숙제는 매일 밤 많은 시간이 걸린다. 그녀는 가끔 숙제를 제출해야 할 시간이 되기 바로 전까지는 중요한 숙제를 잊어버린다. 이전에도 그녀 계획성 부족에 대해 부모님들은 화를 냈기 때문에 이 문제에 관심을 기울이려고 노력하고 있다. Nicole은 대체로 자기 외모를 좋아하지만 가끔은 수줍어하고 자신이 잘 알지 못하는 사람들과 함께 있으면 불안해한다. 그녀는 친한 친구들과 함께 있을 때 더욱 편안하다. 그녀는 데이트를 하지 않았고 남자 친구가 없다. Nicole은 16살이 되어 운전면허를 갖길 학수고대하고 있다. Nicole은 대학진학을 생각하고 있는데 왜냐하면 그녀 부모님들이 항상 그녀에게 학교에서 공부를 잘 하도록 촉구하기 때문이다. 그런 것 이외에 그녀는 실제로 미래에 대해서는 많은 생각을 하지 않았다.

이것을 고려하라! 1장에서 나이가 14에서 18세 사이가 되는 2명의 청소년들을 여러분이 인터뷰를 해보라고 제안했다. 그 두 명의 청소년들이 여러분에게 무엇을 말했습니까? 그들은 미래에 대해 어떤 수준으로 생각하고 있습니까?

이제 같은 나이대의 청소년들에 대해 여러분이 알고 있는 것과 2명의 인터뷰로부터 나온 것을 비교해보세요. 미래를 계획하는데 여러분이 더 능동적인 역할을 하도록 무엇을 도와주었습니까? 고등학교 졸업 후 언제 여러분의 삶에 대해 진정으로 생각하기 시작했습니까?

2. 전환계획 작성에 학생참여 연구

이 절에서는 장애 학생들의 자기결정과 관련해 행해진 연구 및 자신들의 전환계획 작성에 학생들이 능동적으로 참여하고 이해할 수 있는 그들의 능력에 관해 토론할 것이다. 여기에서 제시하는 연구결과는 전환계획 작성에 학생참여 증대 목적으로 이 장의 나머지 부분에서 권장사항으로 제공할 것이다.

전환계획 작성에 학생참여 범위와 그들의 자기결정의 정도를 기록한 몇몇 연구들로 Martin, Greene 및 Borland(2004) 등은 학교 행정가들의 IEP모임에 학생준비와 학생참여 지각에 관해 웹에 기반을 둔 조사연구를 수행했다. 단위 건물 행정가 역할을 수행하고 있는 132명의 교장, 63명의 특수교육 지도자들 및 20명의 특수교육 교사들이 연구에 참여했다. 결과는 행정가들은 학생들이 실제 관련연구에서 관찰되는 것 이상으로 학생들이 더 많이 참여했다고 생각한다는 것을 보여주었다. 그 외에도 응답자들은 대체로 학생들이 자신들의 모임을 이끈다고는 기대하지 않았고 그들은 비록 학생들이 항상 그들 모임에 초대를 받기는 했지만, 그들은 단지 가끔 참석만 했다고 느꼈다. 응답자들은 이런 발견이 능동적인 학생참여가 완전히 확립되지 못한 문화 때문이라는 것을 보여준다고 생각한다. Mason, Field 및 Sawilowsky(2004) 등은 CEC(Council for Exceptional Children) 온라인을 통해 교사들, 행정가들 및 관련서비스 전문가들을 웹에 기반을 둔 조사연구를 수행했다. 비록 응답자들은 대체로 IEP모임에 학생참여가 가치 있다고 생각하긴 했지만 단지 34%만이 그런 계획 작성에서 학생참여 수준에 만족했고 단지 8%만이 학생들에게 직접 자기결정기술을 가르치는데 행해진 접근방법에 만족해했다. Grigal, Neubert, Moon 및 Graham(2003) 등은 장애 발병률을 가진 학생들을 교육하는 특수교육 교사들 및 일반교육 교사들, 부모들의 학생 자기결정에 관한 견해에 대한 조사연구를 수행했다. 연구결과는 IEP

모임과 자기결정기술 교육에 학생참여를 강하게 지지하고 있는 부모들의 특징을 보여주었다. 교사들은 자기결정기술에 자신들이 친숙하다는 것과 학생들이 이들 기술들을 배우고 응용할 기회를 가진다는데 약간 동의했다. 부모들과 교사들은 학생들이 자기결정기술을 배울 기회가 부족하다고 응답했다. 이 연구의 중요한 함의는 자기결정과 연관된 행동과 기술의 발달에 부모들의 강력한 지원이 요구된다는 것이다. Martin, Marshall 및 Sale(2004) 등은 3년간에 걸쳐 중학교, 고등학교 IEP모임에 관한 연구를 수행했다. 이 연구에는 393번의 IEP모임에 참석한 1,638명의 인식이 기록됐다. 결과는 IEP모임에 참석하는 다른 구성원들에게 IEP모임에 학생참여가 중요하다는 것을 보여주었다. 가족들은 모임 이유를 더욱 잘 이해했고, 그들이 생각하는 것을 이야기하는데 더 편안해 했고 다른 사람들이 말하는 것을 더욱 잘 이해했다고 보고했다. 행정가들은 학생들의 장점, 요구, 흥미에 관해 더 많은 이야기를 하는 경향이 있고, 일반 교육자들은 그 모임에 대해 그들이 보다 잘 느끼고 그들이 생각하는 것을 말하는데 더욱 편안하다고 느꼈다. 반어적으로 이런 모임 동안에 학생들은 무엇을 해야 하는지를 알고 IEP모임을 하는 이유에 대해 가장 낮은 점수를 나타냈다. 학생들은 편안하다고 느끼는 것, 솔직하게 말하는 자신감 및 그들이 생각하는 것을 말하고 결정하는 것 등과 관련되어 가장 낮은 점수를 보여주었다. 이 연구의 중요한 함의는 학생들이 IEP개발 과정과 IEP의 내용 및 형태에 관한 훈련이 필요하다는 것이다. 이 연구의 부가적인 함의는 IEP팀의 모든 구성원들이 계획과정에서 학생들을 유의미하게 보다 잘 참여시키도록 하기 위해 IEP모임 이전에 학생의 흥미와 선호에 대해 더욱 잘 파악할 필요가 있다는 것이다. Cooney(2002)는 전환과 전환계획 작성에 그들의 경험과 관련해서 고등학교 최종 학년에 다니는 9명의 청소년들, 그들의 부모들 및 전문가들을 면접했다. 면접을 한 학생들은 미래에 대한 명확한 열망을 지니고 있었지만 그들에게는 열망을 성취할 몇 번의 기회만 주어졌다. 부가적인 발견은 개인들의 열망 성취를 위한 계획보다는 오히려 현존하는 프로그램에 학생선택을 일치시킴으로써 전문가들은 학생의 전환계획을 작성하는 경향이 있다는 것이다.

몇몇 연구자들은 장애 학생들을 IEP에 더욱 완전하게 참여시키기 위한 훈련을 시도했고 보다 더 큰 자기결정과 연관된 학생들의 기능과 능력을 증가시키려고 시도했다. Wehmeyer와 Lawrence(1995)는 다양한 영역의 장애를 가진 53명의 고등학생들을 대상으로 「아무튼 누구의 미래인가?(Whose future is it anyway?)」라는 자기결정 교육과정 자료를 가지고 현장실험을 수행했고 그 교육과정의 활용을 통해 학생들이 자기 자신의 계획 작성모임에 참여할 수 있고 성공적인 성인성과를 성취할 수 있다는 기대감에 대한 학생들의 믿음이 증가하는 결과를 가져온다는 것을 발견하게 되었다. Whitney-Thomas, Shaw, Honey와 Butterworth(1998) 등은 18세에서 21세에 속하는 아동들을 대상으로 전체인생계획하기(Whole Life Planning, 인간중심계획; Butterworth, Hagner, Heikkinen, Faris, DeMello, & McDonough, 1993)에서 학생참여에 대한 질적 연구를 수행했다. 연구자들은 학생들의 대화유형이 밝혀지고 대화유형이 모임의 크기 및 구조와 일치될 때 학생참여가 증가하는 것처럼 보인다는 것을 발견했다. 특히, 모임 촉진자가 대상학생들에게 직접 말하거나 혹은 직접 관련된 질문을 할 때 혹은 학생들이 질문에 사용되는 말을 이해할 때 학생참여가 증가되었다. 이들 발견들은 인간중심계획 작성에서 촉진자들의 행위와 기술이 모임에서 학생의 능동적인 참여에 핵심요인이라는 것을 보여준다. (인간중심계획 작성은 이 장의 후반부에서 상세하게 논의된다.) Mason, McGahee-Kovac, Johnson 및 Stillerman(2002) 등은 IEP모임 참석에 불참하는 비율이 높은 43명의 학생들을 훈련시키기 위해 그들의 교육과정 자료로 「학생 스스로 주도하는 IEP: 학생참여 안내서(Student-led IEP's: A Guide for Student Involvement)」를 사용했다. 학생들이 원하는 것, 법률 및 IEP구성요소들에 대한 준비가 제공되었다. 결과는 학생들 스스로 주도하는 모임들이 그들의 사회적 및 자기옹호기술 발전을 돕고 학생들은 자신감, 자기옹호 증가 및 자신의 목표설정 참여를 가치 있는 것으로 생각한다는 것을 보여주었다. 일반교사와 특수교육 교사들은 또한 법률에 대한 학생들의 지식과 IEP모임에 참여하는 학생들의 능력과 그들의 선호에 긍정적인 지각을 보여주었다. 연구는 또한 학생들 스스로 주도하는 모임을 학생들이 이끄는 것은 부모참여와 학생들 및 부모들과의 의사소통을 증진시킬 수도 있다는 것을 보여준다. Allen, Smith, Test, Flowers 및 Wood(2001) 등은 중등도 지적장애인 4명의 학생들에게 스스로 주도하는 IEP(Self-Directed IEP)의 수정판을 가르친 효과를 연구했다. 스스로 주도하는 IEP는 「선택결정자 자기결정 교육과정(ChoiceMaker Self-Determination Curriculum)」(Martin & Marshall, 1995)을 구성하는 3개 교육과정 중 하나다. 모의 및 실제

IEP모임 동안에 학생의 기능들(모임 이끌기, 흥미 말하기, 기능 말하기 및 선택사항 말하기)이 관찰되었고 모든 네 가지 기능 영역들에 향상된 변화를 보였다. 그래서 학생 자신들의 IEP모임에 학생참여와 훈련 간의 기능적인 관련성이 있다고 보고되었다. 연구자들은 학생들이 전환계획 시작 전에 그런 과정을 더 많이 경험하도록 학생 자신들의 IEP모임에 참여가 14세 이전에 시작되길 권장했다. Test, Mason, Hughes, Konrad, Neale 및 Wood(2004) 등은 IEP모임에 학생참여를 증가시키도록 설계된 중재를 살펴보는 문헌연구를 수행했다. 16개의 연구들이 분석되었고 결과는 다양한 장애 학생들이 IEP모임에 참여하도록 가르칠 수 있고 출판된 교육과정 자료들과 인간중심계획 작성은 모임참여와 관련된 학생기능을 증가시키는데 효과적인 전략이 될 수 있다는 것을 보여주었다. Karvonen, Test, Wood, Browder 및 Algozzine(2004) 등은 전환기 학생들의 자기결정기술을 매우 강조하는 미국 전역에서 6개의 프로그램에 대한 질적 연구를 수행했다. 전망 있는 공통된 실천들은 ① 자기결정기술을 가르치기 위해 사용하는 교육과정; ② 모임 동안에 학생들의 참여를 증가시킬 수 있도록 학생들을 가르치고 현장지도하기; ③ 결정을 증진시키기 위한 비 교수적인 실천들(예를 들면, 학생들이 정보를 제공받은 후에 명확히 선택하게 하기, 결정의 결과와 이익의 경중을 비교하기, 자신들의 결정을 행하기 위한 책임감 받아들이기); ④ "영향력 있는 사람" 즉 자기결정이 실천되는 것을 살피기 위한 철학과 동기를 가진 사람의 지도력; ⑤ 멘토, 가르치는 사람, 사례관리자 및 상담원 역할을 행하는 교사; ⑥ 부모들의 안내자 역할, 역할모델 및 옹호자 역할 등이 포함된다. 연구자들이 그들의 연구로부터 이끌어낸 하나의 함의는 학생들이 처음에는 자신들의 장애에 대해 배우고 말하기, 책임지기에 저항을 할지도 모른다는 것이다. 부가적으로 연구자들은 그들이 연구한 프로그램들이 자기결정훈련에 광범위한 실천을 요구한다는 것을 보여주고 중도 장애인들에게 자기결정기술을 증진시킬 필요가 있다는 것을 보여준다. 다른 연구에서, Martin, Mithaug, Cox, Peterson, Van Dycke 및 Cash(2003) 등은 중도 정서적/행동문제를 가진 8명의 학생들이 자신들의 계획, 자신들의 일, 자기평가 및 학습 적응력 등에 대한 일치 여부를 조절하기 위해 자기결정 계약을 활용하도록 가르쳤다. 이들 요소들에 대한 보다 높은 일치 여부를 성취하기 위해 학생들의 능력을 증가시키기 위한 이 계약의 활용은 성공이었다. Konard와 Test(2004)는 경도장애를 가진 7명의 중학생들의 능력에 관한 IEP 판을 사용해서 IEP의 쓰기교수 결과를 연구했고 그런 교수의 결과로 참여자들 모두의 능력이 증가되었다고 보고했다. Lehman, Basset, Sands, Spencer 및 Gliner(1999) 등은 3개 학교에서 학생들의 자기결정 증가를 도모하기 위한 3년 반 동안의 체제를 변화시키는 계획을 보고했다. 참여 학교들은 자기결정을 강조하기 위한 팀 구성과 교육과정을 개발했고 그 교육과정을 현존하는 과정에 투입하고 IEP모임에 학생참여를 증대시키고, 고문단이 상담을 수행하게 하고, 서비스 학습에 학생참여를 증대시켰다. 이 연구가 주는 주요한 함의는 자기결정을 증대시키기 위한 학교수준의 체제변화는 계획을 세워야 하고 노력과 시간을 집중시켜야 한다는 것이다. Zhang(2001)은 학습장애 고등학생들의 자기결정 발달에 관해 「*Next S.T.E.P*(학생 전환교육과 교육계획 작성)」 교육과정(Halpern, Herr, Wolf, Doren, Johnson, & Lawson, 1997) 활용결과를 조사했다. *Next S.T.E.P* 교육과정은 ① 전환교육에 필요한 자기평가 기술; ② 개인생활, 교육과 훈련, 직업 및 자기 생활 등의 영역에 목표 선택과 활동들; ③ 개인의 전환교육 모임에 책임지기; ④ 선택 추적하기 및 진보를 계속해서 기록하기 등에 관한 19가지 수업을 포함한다. 무선처치 통제집단을 이용해서, 연구자는 Arc의 자기결정능력검사(Wehmeyer & Kelchner, 1995)를 이용해 측정된 자기결정능력에서 처치집단의 학생들이 더 많은 변화가 있다는 것을 발견했다.

마지막으로 몇몇 연구자들은 장애 학생들의 성공적인 성인성과 달성에 증가된 자기결정의 효과와 진로발달 과정을 연구했다. Lindstrom과 Benz(2002) 등은 학습장애를 가진 6명의 젊은 여성들에 대한 사례연구를 실시하고는 진로발달에서 구분되는 3단계인 미결정, 탐색 및 집중의 단계들이 있다는 것을 알아냈다. 이 연구의 함의는 ① 정보를 제공받은 후에 선택을 행하기 위해서 학생들은 다양한 경험이 필요하고; ② 기능발달과 진보를 위한 직업훈련을 위해 학생들은 기회를 잡아야 하고; ③ 학생들은 믿을만한 성인 역할모델이 필요하고; ④ 목표설정과 자기옹호 및 자기결정 기술이 진로발달과 긍정적인 성인성과 획득에 공헌한다는 것 등이다. Webster(2004)는 장애를 가진 22명 모두 대학으로 성공적인 전환을 한 학생들에 대한 질적 연구를 수행했다. 이들 학생들의 반응으로부터 다섯 가지 주제가 나타났는데 ① 장애 대학생들은 자신들의 전환과 중등교육 이후 요구사항에 대해 통찰력이 있고 사려가 깊었고; ② 장애 학생들이 다른 무엇보다도 대학생들이었고; ③ 학생들은 장애와 관련된 지식이 필요하고 그런 지식에 접근이 요구되고; ④ 학생들은 자기결정력을 갖춘 성인이 되는데 필요한 기능을 발전시킬 기회들이 필요하고; ⑤ 학생들은 자신들의 독립영역을 탐색하는데 필요한 기회들이 필요하다는 것 등이다. Rojewski (2002)는 경도 장애 학생들의 진로사정에 관한 연구를 조망하고 진로사정은 14세에 시작되어야 하고 진로인식, 탐색 및 수립이라는 단계를 통해 학생이 발달함에 따라 정규적으로 조정되고 다시 새롭게 개정되어야 한다는 결론을 내렸다. Wehmeyer와 Palmer(2003)는 1년에서 3년까지 특수교육 서비스 받기를 중단했던 지적장애 학생들과 학습장애 학생들을 연구했다. 그들의 고등학교 마지막 학년도에 Arc 자기결정능력검사를 이용해 점수가 얻어졌다. 높은 자기결정능력 점수를 얻은 학생들은 고용, 건강과 다른 이점에 대한 접근, 재정적인 독립과 독립생활 등을 포함해서 몇 가지 학교 후 성과 영역에서 타 학생들보다 더 잘 수행하는 경향이 있었다. OYTP(Oregon Youth Transition Project)에 포함되어 있는 학생들의 자료를 이용해서, Benz, Lindstrom 및 Yovanoff(2000) 등은 진로관련 직업경험과 학생이 스스로 찾아낸 진로목표의 완성은 성인의 졸업 후 성과 및 고용성과와 밀접한 관련이 있다는 것을 알아냈다.

이와 함께, 비록 학생들이 자신의 전환교육 계획 작성에 능동적인 참여가 많은 이점이 있기는 하지만, 여기서 조망한 연구들은 그런 능동적인 참여가 충분히 일어나고 있지는 않다는 것을 보여준다. 이 연구는 또한 학생들이 어떻게 왜 전환교육 계획 작성에 참여해야 하는가에 대한 구체적인 훈련과 정보로부터 학생들이 이익을 얻고 그런 훈련프로그램은 더 큰 자기결정으로 이끈다는 것을 보여준다.

3. 자기결정: 자기 자신의 삶에 책임지기

이전에 이미 이야기했듯이, IDEA 2004는 전환계획은 학생의 요구, 장점, 선호와 흥미에 바탕을 둘 필요성을 확립했다. 하지만, 만약 학생들에게 이런 정보가 제공되지 않으면, 학생들의 참여가 편안하지 않거나 자신들의 미래에 관해 고려하지 않고,

IDEA 위임사항의 제 측면을 만족시키기가 매우 어렵다. 그래서 가능하면 청소년들이 자신들의 전환계획 작성에 능동적인 역할을 하도록 많이 돕는데 관심을 기울여야 한다.

자기결정은 개인이 자신의 삶과 결정에 더 큰 통제력을 가지는 능력을 말하는 것으로 점점 더 많이 사용되고 있는 용어다. Field, Martin, Miller, Ward 및 Wehmeyer(1998) 등은 자기결정을 "...개인으로 하여금 목표 지향적이고, 자기 규칙적이고 자율적인 행동을 하게 해주는 기능, 지식과 신념의 통합체..."(p. 115)라고 정의했다. 이 정의는 자기결정이 지식, 기능 및 태도 또는 신념의 통합체라는 사실을 강조한다. 학생들이 성인생활에 필요한 기능을 개발하고, 자기 자신의 잠재력에 관한 긍정적인 태도를 개발하도록 성인생활의 요구와 선택에 관한 지식을 학생들이 개발하게 돕기 위해서 자기결정은 성공적인 전환에 필수적이다(Wehmeyer & Palmer, 2003). 전환계획 작성에 학생들이 개발할 필요가 있는 중요한 정보(지식), 기능 혹은 능력 및 태도 또는 신념을 나열한다.

표 2.2처럼, 전환기의 학생들은 자신들의 자기결정을 증가시키기 위해 몇 가지 영역의 기능과 지식을 개발할 필요가 있다. 그들은 또한 자신에 대한 자신감과 신념을 개발할 필요가 있다. 분명히, 모든 학생들이 동일한 정도로 이런 속성을 성취하는 것은 아니다. 하지만, 만약 우리가 학생들이 더 큰 자기결정을 개발하도록 돕지 않으면, 학생들은 학교에서 성인생활로의 전환과정을 통해서나 전환을 넘어서 더 큰 위험에 놓이게 될 것이다.

자기결정과 관련된 더 큰 기능, 지식과 태도는 장기적으로 개발되어야 하며 공식적으로 전환이 강조되어야 할 때인 16세 훨씬 이전에 시작되어야 한다는 것을 주목하는 것 또한 중요하다. 1장에서 논의했듯이, 성공적인 전환을 위한 기본적인 많은 기능들이 초등학교와 중학교 시절에 발달되기 시작되고 이런 기능들은 특히 자기결정 형성에 공헌한다는 것이 사실이다. 만약 학생들이 열심히 노력하면 자신이 문제를 해결할 능력을 가진다는 것을 조기에 배운 학생들, 혹은 학생들이 어떤 것을 잘하는지 대 어떤 것을 못하는지를 배운 학생들을 생각해보라. 초등학교와 중학교에 다니는 학생들은 이런 흥미와 관련되어 자신의 흥미와 지식을 점점 더 많이 알아가게 된다. 그래서 공식적인 전환계획이 시작되기 이전에 자기결정 개발이 시작되어

표 2.2 자기결정: 중요한 지식, 기능 및 태도

지식: 전환기 학생은 ...를 배울 필요가 있다.

- 자기 스스로: 자신의 능력, 기능, 흥미 및 요구사항 영역
- 미래의 선택사항: 대학, 진로, 삶의 조정, 교통수단
- 지원 출처: 가족, 친구, 장애인을 도우는 기관들
- 자신의 권리: 교육, 고용 및 지역사회 접근 등에 관한 권리

기능: 전환기의 학생은 ...와 관련된 기능을 개발할 필요가 있다.

- 자기옹호: 자신을 옹호하는 말하기, 자신의 요구사항과 선호 진술하기
- 생활 기능: 돈 관리, 일상생활 기능과 같은 영역에 성인생활 영위를 위해 필요한 기능들
- 자기관리: 자신을 위한 목표설정과 관련된 기능, 설정한 목표로 나아가는 과정을 모니터 하기 및 설정된 목표성취를 위해 행동 취하기
- 학업 및 다른 기능: 고용, 중등교육 이후 교육과 지역사회 생활 등에서 자신이 원하는 학교 졸업 후 성과와 직접 관련된 기능들
- 문제해결과 결정하기 기능: 도전에 직면해 합리적인 행동과정을 결정하기

태도 또는 신념: 전환기의 학생은...를 보여주는 태도를 발전시킬 필요가 있다.

- 자신감: 자신의 능력에 관한 믿음, 자신을 위한 일이 일어나도록 하겠다는 결심
- 자아 효능감: 자기 행동이 영향을 미칠 것이라는 것과 자기 행동이 자신의 미래에 긍정적인 영향을 미칠 것이라는 믿음
- 내적 통제소재: 변화에 영향을 주는 힘이 자기 자신의 내부에서 나온다는 믿음

야 한다.

영희와 철수

1장의 머리말에서 소개한 2명의 학생들에게로 되돌아 가보자. 영희는 자기결정기술 발달에 장기적인 지원을 받았다. 그녀는 자기 스스로 성공—대학진학과 초기 유년기 교육에서 받은 직업경험—에 대한 명확한 확신을 가졌다. 그리고 그녀는 원하는 미래 목표를 성취하기 위해 작성된 일련의 구체적인 행동계획을 따랐다. 그녀는 또한 자신이 대학입학을 하는데 필요한 학업 기능도 발달시켰다. 그녀는 교사들 및 안내 상담원 등과 같은 가족과 전문가들로부터 관련된 정보(예를 들면, 정보를 제공하는 대학들 및 서비스에 관한)를 배웠다. 마지막으로, 그녀는 자신의 꿈을 실현시키

겠다는 자신감과 결심을 발전시켰고, 이것들이 고등학교 재학 중 자신으로 하여금 도전과 장해물을 처리하도록 도와주었다.

이와 반대로 철수는 다소 분투를 하고 있는 중이다. 그는 실제 지역사회 안의 직업에 대한 경험부족 때문에 직업에 대한 정보가 부족하다. 이것이 그를 힘들게 하고 그를 지원하는 사람들로 하여금 그가 무엇을 좋아하고 그가 무엇을 잘하는지 결정내리기를 어렵게 한다. 그의 가족들은 철수가 언젠가는 자신의 아파트에 살고 직업을 가질 것이라고 상상을 하지만, 그들은 이들 목표를 어떻게 성취할 것인가에 대한 정보가 부족하다. 철수는 쇼핑하기, 지역사회 환경에 접근과 같은 자기 삶에 대한 더 큰 통제력을 가지기 위해 그에게 필요한 몇 가지 기능을 배우고 있는 중이다. 그는 또한 전환과정에서 그를 도와주려는 즉각적이고 강한 네트워크와 확장된 가족구성원들을 가질 만큼 운이 좋다.

자기결정에 관한 영희와 철수에 대한 비교는 철수가 가진 어려움은 자기 장애의 심각한 기능성보다 중도 장애인들은 자기결정에 관한 지식, 기능과 태도를 발전시킬 수 없다는 것이다. 철수의 경우는 그런 경우가 아니다. 비록 의사소통과 학습장애가 분명히 도전을 제기하기는 하지만, 중도 장애 학생들이 자기결정을 더욱 발전시키도록 돕는데 우리가 할 수 있는 것들이 많이 있다는 것이다. 예를 들면 우리는 다음과 같은 일들을 할 수 있다.

- 이들 학생들이 결정할 수 있는 정보의 토대가 되도록 학생들을 더 많은 경험에 노출시킨다.
- 학생들의 의사소통 능력을 향상시키고 확대한다.
- 학생들이 선택하고 결정하도록 더 많은 경험을 학생들에게 제공한다.
- 학생들이 자신의 능력에 대한 믿음을 증진시키도록 학생들의 선택과 결정을 승인한다.
- 학생들의 장점, 선천적 능력, 재능 및 후천적 능력을 명확히 하도록 하기 위해 학생들의 종합적인 프로파일을 개발한다(주목: 인간중심계획 작성을 통한 종합적인 프로파일의 개발은 이 장 후반부에서 논의된다).
- 학생들이 자신의 미래목표를 추구함에 있어 자기결정을 증진시킬 수 있도록 학

보조 도표 2.1

Michael Wehmeyer에 관한 역사적 조망

Michael Wehmeyer는 Beach Center장애연구소의 부소장이며 Kansas종합대학교의 부교수이다. Wehmeyer박사는 장애 학생을 위한 자기결정에 관해 국제적으로 인정받는 전문가이다. Beach Center연구소에 연구원이 되기 전에 Wehmeyer박사는 지적장애인들에게 자기결정을 가르치는 자료개발에 선구자였던 ARC-US에서 연구했다. 그의 관심은 또한 중도 장애 학생들이 일반교육과정에 접근을 증대시키는 것과 공학의 이용을 포함시켰다. 그는 150개 이상의 잡지와 책에 원고를 기고한 사람이고, 또한 자기결정과 장애인의 일반교육과정 접근에 관한 15권이나 되는 책의 공동 저자이고 편집인이다.

출처: www.beachcenter.org

생들에게 높은 기대감을 전달한다.

자기결정과 관련된 더 큰 지식, 기능과 태도의 발달은 명확히 장애 학생들이 자기 삶에 책임을 지도록 돕는 것이 핵심 문제다. **보조 도표 2.1**, **2.2**, **2.3**은 자기결정 발달과 관련된 역사적 조망을 제공한다. **보조 도표 2.1**의 역사적 조망은 자기결정을 더욱 발달시키도록 장애 청소년들을 돕는데 핵심적인 지도력을 제공해 온 Michael Wehmeyer의 연구업적을 기술한다. **보조 도표 2.2**와 **2.3**은 자기결정을 구성하는 구성요소들을 실제로 증명한 업적을 가진 사람들인 Roland Johnson과 Bernard Carabello의 업적을 기술한다.

4. 전환계획에 학생참여

지금까지, 우리는 학생들이 성인이 될 때까지 그들의 전환계획 작성에 자신들을 참여시키는 것이 중요하다는 것을 논의했다. 또한 전환계획 작성과정에 더 큰 통제력을 가지도록 젊은이들을 발달시킬 필요가 있고 그런 전환계획 작성과정에서 나타날

보조 도표 2.2

Roland Johnson에 관한 역사적 조망

오늘 우리는 다음 이야길 하려고 한다. 어떻게 통제를 받는가? 누가 통제하는가? 나는 알고 싶다—누가 사람들을 양육하는가?—누가 양육을 통제하는가?

당신이 통제하고 있는가?

관련 인사들이 통제하는가?

글쎄, 당신이 통제를 받을 필요가 있다는 것은 이해합니다. 그리고 그것들 중 몇 가지는 통제를 받지 않는데, 왜냐하면 관련 인사들이 당신에게 무엇을 할 것인지 말해 주기 때문이고 충고를 해 주는 사람들과 관련 인사들이 당신에게 무엇을 할 것인지 말해 주기 때문이다. 나는 당신이 당신 삶을 통제하고 있다고는 생각하지 않는다.

통제는 자기통제를 하고 있다는 것을 의미한다....누가 당신을 책임지고 있는가?

당신이 책임지고 있는가?

관련 인사들이 책임지고 있는가?

아니면 누가 책임을 지고 있는가?

글쎄, 누군가가 내게 가끔은 관련 인사가 통제하고 있다고 말할 것이고, 누군가가 내게 당신은 당신 삶을 통제 하고 있지 않다고 말하고—관련 인사들이 통제하고 있다고 말할 것이다.

나는 누가 당신에게 무엇을 하라고 말하는지를 알고 싶다. 만약 당신이 자신에게 무엇을 하라고 말하거나 혹은 관련 인사들이 당신에게 무엇을 하라고 말하게 한다면,

나는 당신의 목소리를 들을 수 없다!

당신은 타인의 통제를 받고 있는 것이다, 그렇지요?

나는 당신의 목소리를 들을 수 없다!

1993년 6월 캐나다 토론토에서 개최된 제3차 국제 People First 학술대회에서 Roland Johnson의 구두발표 글에서(Johnson & Williams, 1994, p. 98).

Roland Johnson(1945-1994)은 1986년에서 1990년까지 Pennsylvania에 있는 자기옹호단체인 우리 자신 옹호하기 위원회(Board of Directors for Speaking for Ourselves)의 회장을 역임한 영향력 있는 자기옹호자였다. 자신이 살았던 시대의 많은 지적장애인들이 그랬듯이, Johnson은 어린나이에 시설에 수용되었다. 그는 1958년부터 1971년

보조 도표 2.2

까지 필라델피아 외곽에 있는 Pennhurst State School에 배치되었다.

Pennhurst에 재학 중, 다른 시설 수용자들이 그랬듯이, 그는 반복적으로 성폭행을 당했고, 아무런 보상도 없는 수많은 일을 강제로 수행해야 했다. 13년 동안, 그는 자기통제가 없는 두려움만 있는 의존적인 삶을 살았다.

이런 경험에도 불구하고, Johnson은 Pennsylvania에서 자기옹호운동의 지도자로 등장했고 더 넓게는 미국의 자기옹호운동 지도자로 등장했다. 우리 자신을 위한 옹호에서 그가 지도자 역할을 한 것 외에도, Johnson은 미국과 캐나다 전역에 걸쳐 자기옹호 회의에서 수많은 구두연설을 계속했다. 1991년 워싱턴에서 개최된 25차 지적장애에 관한 대통령 자문위원회에서 기조 연설자였고, 1993년 미국장애인법과 관련되어 George H. W. Bush 대통령으로부터 상을 받았고 이 행사는 또한 "Nightline"이란 ABC TV 프로그램에서 방영도 했다.

일생 동안, Roland Johnson은 수용시설에서의 악몽 같은 경험을 극복하고 자기결정의 기본적인 구성요소에 관해 타인들에게 수많은 것들을 가르친 강력한 자기옹호자로 등장했다.

출처: Johnson & Williams(1994).

기능, 지식 및 태도 혹은 믿음을 논의했다. 이 절에서는 전환계획 작성과정에 학생참여를 촉진시키고 증진시키기 위한 중요하고 창조적인 전략들을 논의할 것이다. 책의 후반부 제4장은 특히 성인생활로의 전환을 강조하는 관련 부분들과 IEP개발을 통해 발생하는 전환계획 작성 과정을 기술한다. 비록 전환계획 작성과정이 그때 더욱 상세하게 기술되기는 하겠지만, 이 장은 전환에서 학생역할에 초점을 맞춘다.

학생들을 자신들의 전환계획 작성에 참여시키는 방법들을 기술하기 전에, 학생들의 전환계획 작성을 위한 IEP모임에 학생들을 반드시 초대해야 한다는 것은 2004년의 IDEA에 명확히 명시되어 있는 사항이라는 것을 아는 것이 중요하다. 그 외에도, 학교는 학생이 참석하도록 초대하는 학교의 행위를 반드시 문서로 기록해야 한다. 그래서 학생참여는 반드시 행해져야 할 일이지 일어날 수도 있는 일이라고 해석해서는 안 된다. 법이 기대하고 있는 것은 분명하다. 학생들이 반드시 참여해야 한다는 것이다. 또한, 4장에서 더 상세히 기술되겠지만, 학생들의 졸업이 다가옴에 따

보조 도표 2.3

Bernard Carabello에 관한 역사적 조망

Bernard Carabello는 자기결정 발전에 있어 또 한 사람의 전국적인 지도자다. 그는 "자기옹호란 말은 생겨나지 않았어야 하는 말이다. 하지만, 사회에는 자기옹호란 말이 반드시 존재하게 해야만 한다."라는 말을 한 사람으로 인용되어 오고 있다. 한때 시설에 수용되었었지만, Carabello는 사회로부터 특권을 박탈당한 모든 사람들을 위한 권리를 얻어내기 위한 투쟁자로 그리고 진정한 지도자로 등장했다.

Carabello는 뇌성마비를 가지고 태어났다. 그는 지적장애로 오진을 받았고 Staten Island에 있는 Willowbrook State School로 수감되었다. 그는 그곳에 18년간 머물렀다. 1972년에 국가시설에서 행해진 남용에 관해 Gerald River의 폭로에 내부 정보제공자 역할을 했다. 이것이 그들을 자유롭게 풀려나게 했고 궁극적으로는 그 시설의 문을 닫도록 만들었다. Carabello는 Willowbrook가 공식적으로 문을 닫을 때에 Mario Cuomo주지사와 함께 특별 연설자 역할을 했다.

Carabello는 일반 대중들의 교육 필요성에 초점을 맞추고 다양한 TV 프로그램에 모습을 나타냈다. 그는 미국 전역을 돌면서 이야기를 하겠다는 약속을 했다. 그는 1991년에는 New York과 Washington, D.C. 승리상의 수여자였고, 그는 New York주의 자기권리주장협회의 창시자이고 협회장이고 Bernard J. Carabello & Company의 창시자다. 그는 ARC-US의 자기권리 옹호협회 지도자와 또한 New York시의 자기권리 보호 및 권리옹호단체의 지도자로 일해 오고 있다. Carabello씨는 One to One Foundation 위원회의 지도자 역할을 하고 있으며 Staten Island 발달센터의 소비자자문회의 회원으로 또 One to One Foundation재단의 일반인 교육자로 일하고 있다.

라 학생들은 특정 권리와 책임의 수혜자들이 된다. 2004년 IDEA는 현재 졸업 혹은 나이 초과 때문에 더 이상 특수교육 서비스 수혜 권한이 주어지지 않는 학생들에게 다음과 같은 것들이 제공된다고 했다; ① 학업성취에 대한 일람표, ② 중등교육 이후 목표설정을 위한 모임에서 학생들에게 도움을 줄 권장사항(Johnson, 2005) 등이다. 이런 요구사항은 자신들의 마지막 IEP모임에 참석하고 있는 학생들을 도와줄 것이다. 또한 학생이 최상의 나이에 도달하자마자 학생에게로 이동될 권리에 대해서도 학생들과 그 가족들에게 반드시 알려주어야 한다고 법은 진술한다. 이와 함께, 이들 다양한 요구사항들은 전환계획 작성 과정에 학생을 참여시키기 위한 위임사항과 기본적인 틀을 제공한다.

전환계획 작성 과정에 학생참여라는 우리의 논지를 주장하기 위한 구성 체계로써, 학생을 더 잘 참여시킬 수 있는 전략들을 논의한다; ① 실제 계획 작성(IEP)모임 이전, ② 계획 작성모임 동안, ③ 계획 작성모임 후 등이다.

전환계획 작성 모임 이전

전환계획 작성 과정에 청소년 참여를 증진시키고 IEP모임 발생 이전에 교육자들과 가족들이 취해야 하는 많은 조처들이 있다.

해야 할 중요한 첫째 조처는 교사들, 안내 상담원들, 혹은 가족구성원들이 학생들의 현재 생활과 그들의 미래열망에 관해 그들을 인터뷰하는 것이다. 이 과제를 수행하기 위한 수많은 체제들이 있다. 단순히 얼굴을 맞대는 일대일 면접이 행해질 수 있거나 이 체제가 글쓰기 과제 혹은 학생들에게 구두발표 과제로 구성될 수도 있다. 창의적인 교사들은 개별 학습자들의 나이 및 능력과 일치되는 글쓰기 자료 양식을 구성할 수 있다. 그런 양식에도 불구하고, 수집되는 정보는 단순히 자료수집만 해서는 안 되고 오히려 학생들과 그들의 가족들과 함께 논의할 수 있는 기초 자료가 되어야 한다. 그런 인터뷰는 학생들의 현재 흥미와 일상적인 활동에 관한 질문들을 포함해야 하고 뒤이어 그들의 계획과 미래흥미에 관한 사항들이 포함되어야 한다. 시범 인터뷰 질문들은 **표 2.3**에 제시되고, 이 정보를 얻기 위한 문서화된 양식의 보기는 **표 2.4**에 제시된다.

IEP모임 이전에 취해져야 할 둘째 조처는 학생으로 하여금 전환계획 작성 과정에 도움을 줄 수 있는 정보를 수집하게 하는 것이다. 예를 들면, 학생들은 그들이 흥미를 가질 수도 있는 잠재적인 직업들을 탐색할 수 있다. 직업예측안내서(Occupational Outlook Handbook) 혹은 ONet과 같은 직업안내에 관한 데이터베이스(database)를 이용함으로써 이일을 수행할 수 있다. 이 데이트베이스는 전문가들, 가족들, 학생들에게 직업시장, 직업의 유형들, 훈련 요구사항들과 미국에서 실제로 가능한 모든 직업들에 관한 일반적인 봉급 수준 등에 관한 풍부한 정보를 제공한다. 이들 데이터베이스는 직업개발 전문가들과 직업재활 상담원들이 널리 사용하고 있지만

표 2.3 인터뷰 질문의 예

프로파일과 가족력

- 여러분 자신에 관해 내게 말하라(나이, 어디서 살고 있는지, 기타 등등).
- 여러분 가족에 대해 내게 말하라.
- 부모님은 두 분 모두 직업이 있습니까?
- 여러분의 아버지/어머니는 어떤 직업을 가지고 있습니까?
- 여러분은 직업을 가진 남자 형제 혹은 여자 자매가 있습니까?
- 남자 형제 혹은 여자 자매는 어떤 직업을 가지고 있습니까?
- 여러분은 늘 이곳에 살고 있나요 아니면 다른 곳에서 이곳으로 이사를 왔나요?
- 여러분과 함께 살고 있는 이웃에 대해 내게 말해주세요.

흥미 및 취미

- 여러분은 자유시간에 무엇을 하기를 좋아합니까?
- 여러분의 취미와 흥미는 무엇입니까?
- 주말에 여러분은 무엇을 하기를 좋아합니까?
- 여러분이 지금까지 가졌던 즐거운 몇 번의 휴가에 대해 내게 말해주세요.

학 교

- 학교에서 여러분이 가장 좋아하는 과목은 무엇입니까?
- 학교에서 여러분이 가장 싫어하는 과목은 무엇입니까?
- 학교에서 여러분의 친구들은 누구입니까?
- 학교에서 여러분이 가장 좋아하는 것은 무엇입니까? 가장 싫어하는 것은 무엇입니까?
- 여러분은 교외활동에 참여하고 있습니까?

재 정

- 여러분은 은행 계좌가 있습니까?
- 여러분은 용돈을 벌고 있습니까?
- 여러분은 수표책을 어떻게 기재하는가를 알고 있습니까?
- 여러분은 신용카드/직불카드를 어떻게 사용하는지를 알고 있습니까?
- 여러분은 전기료, 전화료 및 가스요금 등에 관해 알고 있습니까?

이 동

- 여러분은 살고 있는 주변의 지역사회에 어떻게 도달합니까?
- 여러분은 어딜 가고 싶습니까?
- 여러분은 운전면허증이 있습니까? 혹은 운전면허증을 소지할 계획입니까?

표 2.3 인터뷰 질문의 예 (계속)

고 용

- 직업을 가져 본 적이 있습니까?
- 만약 여러분이 여름에 직업을 구하려고 한다면, 여러분은 어떤 직업을 구할 예정입니까?
- 장래 직업을 갖기 위해 여러분은 어떤 기술이 필요하다고 느낍니까?
- 고용에 여러분이 가진 흥미는 무엇입니까?

중등교육 이후 교육

- 여러분은 대학에 진학할 계획입니까?
- 만약 그렇다면, 대학의 전공은 고려했습니까?
- 여러분 가족 중 누가 대학에 진학했습니까?
- 여러분은 대학 캠퍼스를 방문한 적이 있습니까?

지역사회 생활

- 여러분은 요리법을 알고 있습니까?
- 여러분은 집안의 자질구레한 일을 합니까? 만약 그렇다면, 어떤 자질구레한 일을 합니까?
- 여러분은 아파트를 임대하는데 비용이 얼마인지 알고 있습니까?
- 여러분은 다른 사람들과 함께 살아가기를 좋아합니까?
- 여러분은 개인 사생활(privacy)을 좋아합니까?
- 여러분은 집에서 응급상황이 발생하면 어떻게 해야 하는지를 알고 있습니까?

미래열망

- 5년 후에 여러분 자신은 무슨 일을 하고 있을까요?
- 여러분은 어떤 직업을 탐색할 계획입니까? 그 이유는 무엇입니까?
- 여러분의 미래직업을 준비하는데 도움을 주기 위해 여러분이 지금 취해야 할 필요한 조처는 무엇이라고 생각합니까?
- 이전 질문에서 여러분이 기술한 취해야 할 조처를 여러분이 행하도록 누가 여러분을 도울 수 있나요? 그리고 그들이 여러분을 어떻게 도울 수 있나요?

또한 학생들과 그들의 가족들도 그것을 활용할 수 있다. 학생들은 또한 그들이 살고 있는 곳에서 가장 가까운 One Step Center(주: One Step Center는 1998년 노동력투자법에 따라 개발되었고, 직업을 구하는 사람들이 고용조건에 관한 정보를 얻을 수 있는 지역의 자료 센터)의 방문을 통해 잠재적인 직업들을 탐색할 수 있다.

One Step Centers에서 일하는 전문가들은 앞서 말한 고용과 관련된 직업 데이

표 2.4 학생들로부터 정보획득을 위한 설문지의 예

자신에 관해 알기

이름: ______________________________

학년: ______________________________

연도: ______________________________

지시사항: 아래 나열된 많은 질문들은 여러분 자신에 관해 여러분들이 더 잘 알게 돕고 여러분의 미래목표에 관해 여러분이 생각해보게 합니다. 비록 여러분이 모든 질문에 대한 대답을 다 모를 수도 있지만, 질문에 답하려고 최선을 다하세요.

1. 자유 시간에 여러분은 무엇을 하길 좋아합니까?
2. 공부 이외에 여러분이 잘하는 것이 무엇이라고 생각합니까?
3. 학교에서 여러분이 가장 좋아하는 과목은 무엇입니까? 그 이유는 무엇입니까?
4. 학교에서 여러분이 가장 싫어하는 과목은 무엇입니까? 그 이유는 무엇입니까?
5. 여러분 친구들이 여러분에게서 가장 좋아하는 점은 무엇입니까?
6. 집에서 여러분은 가족을 돕기 위해 무엇을 합니까?
7. 여러분은 일을 해본 적이 있습니까?
8. 이번 여름에 일자리를 구한다면, 무슨 일자리를 구하고 싶습니까?
9. 여러분은 대학진학을 생각해본 적이 있습니까?
10. 만약 그렇다면, 무엇을 전공하고 싶습니까? 그 이유는 무엇입니까?
11. 여러분이 나이가 들면 어디서 살기를 원합니까?
12. 여러분은 자신이 미래에 어떤 일을 하고 있을 것이라고 생각합니까?
13. 여러분은 편안하게 살아가기 위해 얼마나 많은 돈이 필요하다고 생각합니까?
14. 여러분은 미래에 무엇을 학수고대하고 있습니까?
15. 여러분은 자기 미래에 대해 무엇을 걱정하고 있고 무엇에 관심을 가지고 있습니까?

터베이스 혹은 다른 자원을 이용해 학생들을 안내할 수 있다. 중등교육 이후 교육을 받으려고 하는 학생들은 2년에서 4년간에 걸친 단과대학 혹은 종합대학교에 대한 정보 및 그런 대학들이 학생들에게 제공하는 전공 및 장애가 있는 또는 장애가 없는 학생들을 지원하는 서비스에 관한 정보를 수집할 수 있다. 이들 중 많은 정보는 인터넷을 통해 수집할 수도 있다.

특히 가치 있는 조처는 학생들로 하여금 이들 환경에서의 삶에 관해 직접 배우기 위해 고용현장 혹은 중등교육 이후 교육기관들을 그들이 방문하도록 하는 것이

다. 학생들은 특정한 직업에 현재 고용된 노동자들의 행동을 조심스럽게 관찰하고 따를 수 있고 그들이 관찰한 것에 대한 그들의 질문과 반응을 기록할 수 있다. 그들은 지역의 대학들을 방문해서 인터뷰를 할 수 있다. 가족구성원들, 교사들, 혹은 이런 관찰에 그들이 가지는 반응과 그들이 본 것을 청소년들과 토론하는 안내 상담원과 함께 체계화하거나 누적되어 추적이 행해지면 이런 활동들은 매우 가치가 있을 것이다.

부가적인 전략은 성인생활의 요구사항에 관해 다른 사람들과 학생들이 인터뷰하도록 하는 것이다. 예를 들면, 학생들은 그들이 좋아하는 일에 고용된, 그들이 도전할 가치가 있는 일이라는 것을 발견한, 혹은 그들이 고용됨으로써 보상을 받고 있는 가족구성원, 혹은 친구들을 인터뷰할 수 있다. 같은 전략이 재정적인 책임, 혼자의 힘으로 살아가는 것, 혹은 지역사회 자원 활용과 같은 성인생활의 다른 측면에 관한 정보도 학생들이 찾아내도록 돕는데 사용될 수 있다. 이런 유형의 인터뷰는 개인별로 행해질 수도 있고 글쓰기로 완성될 수도 있다. 예를 들면, 교육자는 질문지를 고안하고 대가족과 친구들에게 배부하는데 신체적인 어려움을 가진 학생들을 도와주었다. 질문지에 답하면서, 질문지를 받은 사람들은 학생의 장점, 능력과 잠재력에 대한 그들의 지각을 묻는 질문들에 대답했다. 완성된 설문지의 결과는 학생이 그의 IEP모임에 발표할 수 있도록 큰 차트에 요약되었다. 이것이 학생이 자기 IEP모임을 위한 사전준비를 하도록 도와주었고 그에게 전환계획 작성 과정에 능동적인 역할을 하게 했다. 그것은 또한 모임이 학생의 장애와 결함에 초점을 맞추지 않고 학생의 장점과 긍정적인 인과소재에 초점을 맞추면서 시작하게 했다.

마지막으로, 다가오고 있는 IEP모임을 할 동안에 학생들이 무엇을 말할 것인지 미리 역할을 행하도록 많은 도움을 주는 것이 된다. 이 장 이전에서 미리 기술된 연구에 제시되었듯이 그런 실천의 제공은 다가오고 있는 모임에 대해 학생들의 불확실성과 불안감을 감소시키도록 도와줄 것이다.

계획 작성모임 동안

청소년들에게 IEP모임 참석은 두려운 일이 될 수도 있다. 14세부터 21세까지 학생들의 대부분이 미래에 초점을 맞추고 있고 교사들과 부모들이 참석하는 전환계획 작성 모임을 회피하기를 원할지도 모른다는 가정을 가지고 출발할 수도 있다. 하지만, IDEA의 의도는 명확하다. 학생들이 자신들의 성인생활로의 전환계획을 설계하는데 능동적인 참여자들이라는 가정이다. 그래서 전환계획 작성과정에 학생참여가 어떻게 도움이 되게 하는가라는 것이 도전이다.

취해야 할 한 가지 중요한 조처는 전환계획 작성과정에 학생들에게 능동적인 역할을 부여하는 것이다(Mason et al., 2002). 학생들은 자신들의 모임을 위해 사람들을 초대하거나, 이름표 혹은 가벼운 다과를 준비하거나 계획서를 글로 쓰기를 도울 수도 있다(Field et al., 1998). 학생들은 또한 소개를 함으로써 혹은 논의될 내용을 말함으로써 IEP모임을 이끄는 역할을 할 수도 있다(Field et al., 1998). 분명히, 이것은 개별 학생들의 요구사항과 능력에 따라 다양할 것이다. 핵심문제는 학생들이 모임에 반드시 참석해야 한다는 것이다. 16세의 한 학생이 진술했듯이, “학생들을 위한 모임에서 학생들은 자신들을 위한 목소리를 내도록 허용될 필요가 있거나 혹은 학생들이 발언권을 가질 필요가 있을지도 모른다.” 이 말은 다른 참석자들이 학생에 관한 발언권이 아니라 학생들 자신들이 자신들을 위한 발언권을 가져야 한다는 것을 의미한다.

학생들이 그들의 전환계획 작성모임에서 능동적인 역할을 하도록 돕는 중요한 원인은 학생들이 무엇을 기대하고 그런 모임이 어떻게 진행될 것인가를 아는 것이다. 명확한 계획을 가지는 것이 이런 과정을 도와줄 수 있다. 문서화된 혹은 그림으로 된 계획 이전에 미리 학생에게 이 계획을 제시할 수 있다. 또한, 학생은 각각의 참석자가 누구인지, 왜 그 사람이 모임에 참석하는지를 알아야 하고, 학생이 성인생활로 성공적인 전환을 이루기 위해 각각의 참석자들이 공헌한다는 것을 알아야 한다.

마지막으로 전환계획 작성모임에 뒤이을 조처들을 명확히 하기 위한 행동계획 작성이 도움이 된다. 이것은 전환계획 작성모임에 뒤따를 어떤 조처들이 취해져야 하는지, 각 조처의 완성과 시간계획에 대한 책임은 누가 맡을 것인지 등의 항목들을 포함해야 한다. **표 2.5**와 **2.6**에 행동계획 양식의 예와 완성된 부분의 예가 제시된다.

표 2.5 행동계획 양식의 예

행동계획 양식

학생 이름: ______________________________

모임 날짜: ______________________________

아래 조처들은 학생 ____________(이)가 미래에 무엇을 할 것인가 결정하게 돕기 위해 취해질 필요가 있다. 이들 조처들은 이 학생이 직업으로 무엇을 할 것인가, 어디서 살 것인가와 더 많은 훈련과 교육을 계속 받을 것인지 아닌지 등을 알아내도록 도울 것이다.

초점 영역(고용, 중등교육 이후의 교육, 주거, 오락/여가, 지역사회 참여): ____________

취해져야 할 조처들 **책임자** **시간계획**

초점 영역(고용, 중등교육 이후의 교육, 주거, 오락/여가, 지역사회 참여): ____________

취해져야 할 조처들 **책임자** **시간계획**

전환계획 작성모임 이후

성인생활로의 전환이 논의되는 IEP모임 이후에 뒤이어 의사소통이 행해지는 것이 필수적이다. 뒤를 잇는 의사소통은 이미 먼저 기술된 행동계획에서 작성된 조처들과 연계되어야 한다. 가능하면 언제라도, 학생은 그런 의사소통에 중심역할을 해야 한다. 예를 들면, 학생은 바라는 미래성과를 명확히 하도록 돕기 위해 취해진 조처들을 다시 보고할 수 있다. 물론, 학생들은 완성된 행동조처에 대한 진보사항을 보고함에 있어 지원을 요구할 수도 있지만, 학생들은 가능한 최대한으로 참여해야 한다. **표 2.7**은 취해진 행동진보를 보고하는 양식의 예이고, **표 2.8**은 완성된 예를 제시하였다.

표 2.6 학습장애 학생을 위한 행동계획 양식 작성의 예

행동계획 양식

학생 이름: Lianne Beilson
나이/학년: 15세, 중3
모임 날짜: 2008년 9월 16일

아래는 Lianne가 미래에 무엇을 할 것인지를 결정하도록 돕기 위해 취해질 필요가 있는 조처들이다. 이들 조처들은 어떤 직업을 가질 것인지, 어디서 살 것인지, 미래의 훈련 혹은 교육을 계속해서 행할 것인지 등을 이 학생이 찾아내도록 도울 것이다.

초점 영역(고용, 중등교육 이후의 교육, 주거, 오락/여가, 지역사회 참여): 중등교육 이후의 교육

취해져야 할 조처들	책임자	시간계획
입학요건, 지원과정 및 전공분야를 포함해 지역사회 내의 지역 대학들에 관한 정보를 수집하라	Lianne, 그녀의 부모님들, 학교의 안내 상담원	2008년 12월 1일

초점 영역(고용, 중등교육 이후의 교육, 주거, 오락/여가, 지역사회 참여): 고용과 주거

취해져야 할 조처들	책임자	시간계획
Lianne가 매일 Lianne의 집에서 자질구레한 일들을 완성하게 할 필요가 있다.	그녀의 부모님들	2008년 9월 15일

이것을 고려하라! 기술된 각각의 조처는 학생들이 자신들의 미래를 고려하는데 필요하다는 것을 알게 해준다. 학생들이 자신들의 미래생활에 대해 많은 고려를 하지 않았고 자신들의 미래생활을 선택하려고도 하지 않았다는 가정을 가지고 시작한다. 미래에 관한 생각을 해보질 못한 학생들에게 미래 전환계획 작성과정에 참여를 요구하는 것은 불합리하다. 대신에, 우리는 학생들에게 자신들의 미래생활을 고려하도록 그들에게 다양한 기회를 제공해야 한다. 이것은 장기적이고 점진적인 과정이다. 1장에서 언급했듯이 이것은 효과적인 전환이 왜 14세 이전에 시작되어야 하는가라는 근거가 되는 중요한 이유 중 하나이다. 대화는 아무리 빨리 시작해도 결코 지나친 것이 아니다!

표 2.7 보고서 양식의 예

행동계획 과정 보고서

학생 이름: ______________________________

보고 날짜: ______________________________

취해진 행동 조처들

-
-
-
-

필요한 다음 조처들

-
-
-
-

5. 학생들과 그들의 가족을 포함시키는 창의적인 접근들

이 부분에서, 우리는 전환계획 작성에 학생들과 그들 가족들을 더욱 잘 참여시킬 수 있도록 개발되어 온 접근들을 기술한다. 먼저, 교육계획을 작성하는데 학생들의 자기결정을 증가시키고 학생들의 참여를 촉진시키도록 개발된 교육과정 자료들과 프로그램들을 기술한다. 그런 다음 장애인들의 삶을 계획하는 과정에 장애인들이 중심이 되게 해주는 인간중심계획 작성 전략들을 기술한다.

학생참여를 증진시키는 교육과정 자료와 프로그램들

지난 수십 년에 걸쳐서 전환계획 작성에 학생을 참여시키기 위한 자기결정 교수와 자기결정기술에 초점을 맞추는 것 이상의 많은 혁신적인 교육과정 자료와 프로그램들이 등장했다(Baer, 2005; Sale & Martin, 2004). 다른 사람들이 증대된 자기결정의

표 2.8 학습장애 학생을 위한 보고서 양식의 예

행동계획 과정 보고서

학생 이름: Lianne Neilson
보고 날짜: 2008년 12월 15일
그녀 부모님의 도움을 받아 Lianne에 의해 완성된 보고서

취해진 행동 조처들

- 지역사회 대학으로부터 안내서와 안내책자를 보내달라고 요청했다.
- 안내 상담원의 도움으로, 나는 안내서와 안내책자를 조망하고 내가 선택하고 싶은 몇 가지 전공과정을 찾아냈다. 이들 전공들은; 초등교육, 환경교육, 언론 분야 등이다.
- 나는 매일 집안의 자질구레한 일을 행하기 시작했다. 식탁을 치우고 설거지를 하는 여동생과 교대하면서 설거지도 했다. 용돈을 받았고 그 용돈 중 반은 은행계좌에 입금시켰다.

필요한 다음 조처들

- 나는 내가 흥미를 가질 지도 모르는 각각의 전공에 관한 구체적인 더 많은 정보를 찾아낼 필요가 있다. 나는 지역사회 대학의 홈페이지에서 이들에 관한 더 많은 정보를 찾아볼 필요가 있다.
- 나의 안내 상담원은 지역사회에 있는 4년제 대학에 대해서도 더 많은 탐색을 해야 한다고 말한다. 나의 부모들은 내가 지역대학에 입학을 해서 다른 대학으로 전학하는 것도 역시 좋은 생각이라고 말한다. 나의 부모들과 안내 상담원의 도움으로 나는 전공 안내책자를 얻기 위해 종합대학들과도 연락을 할 것이다.

발달에 초점을 맞추는 동안 이들 교육과정 자료 중 몇 가지는 광범위한 직업인식과 직업개발에 초점을 맞추고 있다. 이들 자료들은 아래에서 간략하게 기술된다. 전환기 학생들의 구체적인 요구를 가장 잘 만족시키는 것이 무엇일까를 결정하기 위한 보다 더 많은 정보를 얻도록 독자들은 이들 생산품들 혹은 자료들의 각각을 검토해 보도록 촉구한다.

몇 가지 교육과정 자료들은 직업탐색 과정에 학생들을 참여시키도록 개발되어 왔고, 이들 중 선택된 한 가지가 여기서 기술된다. Brolin의 「생활중심진로교육(Life-Centered Career Education: LCCE)」 모델(Brolin, 1997)은 일상생활기술, 대인-사회적 기술, 직업안내와 준비 등의 영역에서 생활기술 개발을 위한 22가지 주요 핵심 능력들을 기술한다. 능력은 더 작은 하위영역으로 세분화되고 이런 영역들은 다소간 진보된 기술들이다. 「내 낙하산은 무슨 색인가?(What Color Is My Parachute?)」

(Bolles, 1995)는 직업개발 과정에 대한 조망을 제공하고 독자가 학생들의 흥미와 그런 흥미를 추구할 수 있는 조처들을 명확히 하기 위한 활동을 통한 안내에 관한 조망을 제공한다. 「SDS(The Self-Directed Search)」(Holland, 1995)는 성격유형에 맞는 직업결정이라는 Holland이론에 근거를 둔 이 이론은 학생들의 성격유형 사정을 제공하고 그런 다음에는 파악된 학생들의 성격유형과 가장 일치하는 잠재적 직업을 선택하도록 학생들을 이끈다.

자기결정 교육과정들은 「선택결정자 자기결정 교육과정(ChoicMaker)」(Martin, Marshall, Maxson, & Jerman, 1996), 「하여튼 누구의 미래인가?(Whose future is it anyway?)」(Wehmeyer & Kelchner, 1995), 「*Next S.T.E.P.*」(Halpern, Herr, Wolf, Doren, Johnson, & Lawson, 1997), 「스스로 자신의 전문가가 되도록 하라!(Become Your Own Expert!)」(Carpenter, 1995), 「자기결정 단계들(Steps to Self-determination)」(Field & Hoffman, 1995) 등을 포함한다. 비교적 경도 장애 학생들에게 특히 유용한 이 자료들은 학생들이 자기옹호를 하고, 결정하고, 목표를 정하고, 지도력을 발휘하고, 자신의 전환교육 IEP모임에 능동적으로 참여하는 능력을 개발하는데 초점을 맞춘다(Baer, 2005). 독자들은 이들 서로 다른 교육과정 자료들에 대해 더욱 완성된 기술을 위해서는 Baer(2005)와 Sale과 Martin(2004)을 참고해야 한다.

전환계획 작성에 영희의 참여

서두에서 기술했듯이, 영희는 중학교 마지막 학년 이래로 가족의 도움으로 전환계획 작성에 적극적으로 참가해 오고 있었다. 그때 이래로 전환계획 작성 팀은 영희와 그녀 가족들과 함께 대학입학으로 이끌어줄 그녀의 고등학교 공부계획을 작성하기 위해 노력했다. 고등학교 안내 상담원인 Mrs, Reid-Meyer는 영희의 고등학교에서의 성공뿐만 아니라 대학생활을 위해서도 자기결정 개발이 필요하다고 강조했다. 영희의 대학 1학년 재학 중에 Mrs, Reid-Meyer는 영희가 전환계획 작성과정에 더욱 적극적으로 어떻게 참여하는가를 배워야 한다고 권장했다. 그렇게 하기 위해서 그녀는 「선택결정자 자기결정 전환 교육과정(ChoiceMaker Self-Determination Transition Curriculum)」(Martin & Marshall, 1996))을 영희에게 소개했다. 그녀는 영희에게 이 교육과정 패키지가 자아인식, 자기옹호, 자아 효능감, 결정하기, 독립수행, 자기평가와 IEP과정 운영과 지도력을 통한 조정 등과 같은 자기결정의 일곱 가지 측면에 관해 학생들을 가르친다고 설명했다. 특히, Mrs, Reid-Meyer는 영희에게 자기 스스로 이끄는 IEP를 소개했고 이 교육과정 패키지의 구성요소 중 하나는 학생들에게 자신들의 흥미를 논의하고 명확히 할 필요가 있다는 것을 가르치고 학생들이 IEP모임에서 적극적인 지도력을 발휘하도록 가르친다. 비록 영희 자신이 그녀 학교와 가족으로부터 훌륭한 지원을 받고 있다고 느꼈지만, 그녀는 실제 IEP모임이 다소간 혼란스럽고 두렵다는 것을 Mrs, Reid-Meyer에게 인정했고, 그래서 그녀는 「선택결정자(ChoiceMaker)」 교육과정의 이 부분을 공부하는데 동의했다.

첫째, 영희는 관심의 초점이 되고 있는 교육과정을 보다 잘 알기 위해서 실행중인 스스로 이끄는 IEP(〈Self-Directed IEP in Action〉)라 불리는 비디오 도입 부분을 간략하게 시청했다. 다음에 Mrs, Reid-Meyer는 스스로 이끄는 IEP과정의 11개 과정을 영희에게 가르쳤다(Martin, Huber, Marshall, Maxson, & Jerman, 1996):

1. 목적을 진술함으로써 모임을 시작한다.
2. 모든 사람을 소개한다.
3. 지나간 목표들과 수행을 회고한다.
4. 다른 사람들의 피드백(feedback)을 요구한다.
5. 여러분의 학교목표와 전환목표를 진술한다.
6. 여러분이 이해 못하는 것을 질문한다.
7. 서로 다른 의견을 개진한다.
8. 여러분이 어떤 지원이 필요한지 진술한다.
9. 여러분의 목표를 개괄한다.
10. 모든 사람들에게 감사하면서 모임을 마친다.
11. IEP목표를 위해 연중 내내 계속 매진한다.

영희는 이들 11개 단계들을 실제로 보여주는 긴 비디오 프로그램을 시청했고, 그런 다음에 Mrs, Reid-Meyer는 그녀에게 그녀 자신의 IEP모임에 11개 단계들의 각각을 어떻게 수행할 것인가 계획 작성에 사용할 학습장을 주었다. Mrs, Reid-Meyer는 그녀 부모들에게 보여주기 위해서 영희가 비디오와 학습장을 집에 가져가게 했다.

그녀의 대학 1학년이 끝날 무렵, 그녀의 다음 IEP모임으로 이끌어주는 다음 몇 주 동안에 영희는 학습장을 통해 계속 공부했고 다음 다가오는 모임에서 11개 단계들을 그녀가 어떻게 수행했는가를 논의했다. 그녀 부모들과 Mrs, Reid-Meyer는 그녀가 계획을 세우고 실천함에 따라 그녀에게 격려와 지원을 제공했다. IEP모임 날짜가 되었을 때, 영희는 초조했지만 계획 작성모임에서 자신이 능동적인 역할을 행한 것 때문에 흥분되었다. IEP모임을 위해 사람들이 회의실로 들어 올 때, 영희는 Mrs, Reid-Meyer의 제안대로 그녀는 테이블 제일 위쪽에 자리를 잡았다. 여러 번 연습을 했기 때문에, 그녀는 "제 IEP모임에 와 주셔서 감사하고, 그리고 제 미래에 대한 계획을 제 스스로 세우는 것을 도와주기 위해 와 주신 모든 분들께 감사합니다."라고 말하면서 모임을 시작했다. 그런 후에, 그녀는 회의가 진행됨에 따라 훨씬 덜 초조해졌다. 그녀는 모인 사람들이 각자 자신들을 소개하도록 이끌었고 이것이 그녀를 도와주었는데, 왜냐하면 그녀는 이제 참석한 사람이 누구인지와 그들이 왜 여기에 왔는가를 훨씬 더 잘 이해할 수가 있었기 때문이다. 지난 수년간에 걸친 그녀의 발전을 팀이 논의하고 난 후에 그녀가 고등학교를 마친 후의 장기적인 열망으로 논의가 바뀌었다. 다시, 이미 연습했듯이, 영희는 얼마나 대학을 가고 싶은지 교사가 되기 위하여 초등교육을 어떻게 공부하기를 원하는지를 말했다. 그녀의 열망이 실현 불가능한 일이라고 말하는 사람은 아무도 없었다. 대신에, 팀 구성원들은 모두 그녀를 지원했다. 모임 참석자들은 내년에 영희에게 필요한 과정과 계속해서 공부하는데 필요한 기술을 논의하는데 몰두했다. 모임이 끝나갈 무렵에 그들의 도움과 지원 때문에 영희는 모든 사람들에게 고맙다고 말하면서 활짝 미소를 짓지 않을 수가 없었다. 그녀는 지금부터는 자신이 IEP팀 구성원들과 자신이 동등하고 능동적인 팀 구성원의 한사람이라는 것을 알았고 궁극적으로는 이 모든 일이 그녀 자신을 위한 계획이라는 것을 알게 되었다.

인간중심계획

1980년대에 장애인들과 그들 가족들이 장애인을 위한 서비스계획 작성에 장애인들이 능동적인 역할을 보다 용이하게 만들어주는 대체 계획 작성법이 등장했다. 전형적인 서비스계획 작성모임의 단점 때문에 특히 중도 장애인들을 위해 이런 전략들이 개발되었다. 특히, 장애인들과 그들 가족들에게는 서비스계획 작성모임이 그들의 적극적인 참여를 이끌어내는데 도움이 안 되고 오히려 혼란스럽고 두려운 것으로 종종 인식되었다. 또한, 이런 인식은 종종 장애인의 장점과 능력은 간과되고 결함과 무능력이 강조되었다. 개발된 대체 계획 작성과정은 총체적으로 인간중심계획(person centered planning)이라고 불려졌다. 이 용어는 계획 작성과정에 개인들이 행하는 중심적인 역할을 강조하는데 사용된 말이다. 그래서 계획 작성은 개인에 관해서가 아니라 개인과 더불어 행해진다(Butterworth, Steere, & Whitney-Thomas, 1997; Steere, Gregory, Heiny, & Butterworth, 1995).

표 2.9는 인간중심계획의 유형이라고 생각되는 몇 가지 구체적인 계획 작성법을 기술한다. 비록 이들 계획 작성법의 각각이 서로 다른 일련의 단계들 혹은 요소들을 포함하고 있기는 하지만, 그들은 몇 가지 공통점을 지니고 있다:

- 전환계획 작성과정에 있는 장애인들을 지원하기 위해 가족, 친구 및 관련 지역사회 구성원들로 구성된 지원 팀 혹은 지원단체가 만들어진다. 이런 지원 팀은 개인 미래에 대한 일상생활에 관한 개인적인 결정을 행하도록 돕는 "개인을 위한 내각"이라 할 수 있는 지원 팀이다. 지원 팀은 개인이 선택하고 신임하는 사람들로 구성되는 것이 필수적이다.
- 지원 팀은 관심의 대상이 되는 사람(장애인)의 종합적이고 개인적인 프로파일의 개발에 공헌한다. 이 프로파일은 해당 개인이 가진 장점, 능력과 역량, 재능을 강조한다. 그 외에도 개인이 행하는 선택과 바라는 소망을 명확히 한다. 이 프로파일이 종합적이고 철저해야 한다는 것은 필수적이다. 사실 프로파일의 개발은 전형적으로 최소한 2시간 혹은 그 이상이 요구된다.
- 모임에 참가하는 참여자들의 언급과 생각을 광범위하게 기록하는데 그래픽이 사용된다. 이들은 모든 사람들이 볼 수 있도록 큰 종이 위에 차트로 기록된다.

표 2.9 인간중심계획 양식

과정 이름들	개발자들	용도
개인 미래계획 작성 (Personal Futures Planning)	Mount & Zwernik, 1988	주의 기관들로부터 지역사회로 전환계획 작성; 지역사회 생활에서 개선된 생활유형 계획 작성
삶의 유형 계획 작성 (Lifestyle Planning)	O'Brien, 1987	주의 기관들로부터 지역사회로 전환계획 작성; 지역사회 생활에서 개선된 생활유형 계획 작성
필수적인 삶의 유형 계획 작성(Essential Lifestyles Planning)	Smull & Harrison, 1992	지역사회 환경에서 도전적인 행동을 하는 개인을 위한 서비스 계획 작성
MAPS	Forest & Pearpoint, 1992	장애 학생들을 위한 통합적인 교육 서비스 계획 작성
진로 계획 작성 (Career Planning)	Powell et al., 1990	지원고용 프로그램 안에서 진로발달과 직업 발달 계획 작성
성과중심 계획 작성 (Outcomes-Based Planning)	Steere et al., 1990	장애 학생들을 위한 학교에서 성인생활로 전환계획 작성
전 생애 계획 작성 (Whole Life Planning)	Butterworth et al., 1993	통합적 지역 환경 안에서 장애인들을 위한 서비스 계획 작성; 학교에서 성인생활로 전환계획 작성

그래픽과 색의 사용은 읽기 능력에 제한이 있을 수도 있는 장애인들의 참여를 격려하는데 도움이 된다. 그들은 또한 언급할 가치가 있고 그것이 기록되는 지 여부에 관심 있는 지원 팀 구성원들에 의한 참여를 고무시킨다.

- 장애인은 계획 작성과정에 핵심적인 구성원이다. 장애인은 자신이 가진 능력을 최대한 발휘토록 각 계획 작성모임에 참여한다. 개인에 대한 언급이 강조된다. 개인이 능동적인 참여자라는 것을 확신시키기 위한 노력이 행해진다.
- 관심의 대상이 되는 장애인을 위한 계획 작성은 전형적으로 안락하고 익숙한 환경에서 행해진다. 예를 들면, 모임은 도서관의 모임방과 같은 지역사회에 위치한 장소 혹은 관심의 대상이 되는 장애인의 집안에서 행해질지도 모른다.

- 촉진자는 일반적으로 모든 사람들이 계획 작성모임에 집중하도록 모임을 이끈다. 이들 개인은 지원팀의 구성원들로부터 신임을 얻고 있는 사람이어야 하고 편안하고 생산적인 계획 작성 분위기를 만들어내기를 도울 수 있는 사람이어야 한다. 촉진자는 "사회자"의 역할과 비슷하고 팀의 모든 구성원들이 다 참석하는지를 확인한다. 촉진자는 전형적으로 위에서 이미 말한 것처럼 모임에서 행해진 말을 기록한다.
- 일단 프로파일이 작성되면, 지원 팀은 관심의 대상이 되는 장애인을 위해 긍정적이고 바라는 미래를 마음속으로 그리도록 관심을 그 쪽으로 돌린다. 이때 참가자들은 개인이 미래에 원할 수도 있다고 그들이 생각하는 것을 진술하도록 격려한다. 실제 말하기 어려운 것처럼 보이는 부정적인 말도 반드시 이 논의에서 행해져야 한다. 대신에 지원 팀은 개인의 미래생활에 대한 긍정적인 안목으로 좋은 아이디어를 생각해내도록 큰 소리로 격려되어야 한다.
- 개인의 프로파일 및 마음속으로 성공하길 바라는 안목으로, 팀은 개인이 바라는 미래를 성취하도록 개인을 돕기 위해 현존하는 도전들과 방해물을 나열한다. 개인이 이들 도전들을 극복하도록 돕는 행동조처들에 우선순위를 부여하고, 개인 구성원들은 구체적인 행동조처들을 수행할 책임을 진다.
- 위에서 밝혀진 행동조처들을 수행함에 있어 진보를 가져오기 위해 종종 필요하면 지원팀을 다시 소집한다. 행동조처들은 진보가 행해짐에 따라 변경한다. 계획 작성은 반복되는 계속과정이 된다.

인간중심계획은 장애인들에게 서비스를 제공함에 있어 구체적인 많은 문제들을 강조하는데 이용되어 왔다. 특히, 인간중심계획은 사람들이 주 정부가 운영하는 시설들로부터 지역사회 생활로 이동해 가고 있는 사람들을 돕는데(Mount & Zwenik, 1988), 장애 아동들을 전형적인 학교교실로 통합을 촉진시키는데(Forest & Pearpoint, 1992), 도전적인 행동을 하는 사람들을 위한 긍정적인 행동지원을 계획하는데(Luchshyn, Olson, & Horner, 1995; Smull & Harrison, 1992), 적절한 주거지원을 계획하는데(Racino, Walker, O'Connor, & Taylor, 1992), 그리고 지원고용에서 직업발달을 위한 계획 작성(Powell, Pancsofar, Streew, Butterworth, Itzkwitz, &

표 2.10 전환계획 작성에 학생과 가족 참여를 강조하는 인간중심계획의 방법

학생들과 가족들의 도전	인간중심계획의 관련 특징
■ 학생참여에 학생마음의 편안함 부족	■ 계획이 친숙하고 편안한 환경에서 발생케 함 ■ 계획이 친숙하고 신임하는 사람들을 참여시킴
■ 학생의 선택에 관한 지식 부족	■ 지원 팀은 잠재적인 선택에 관한 자료와 아이디어가 나오는 곳이다. ■ 지속적인 행동계획은 선택에 관한 적극적인 탐색과 토론을 허용한다.
■ 바라는 미래성과에 대한 일반적인 명료함 부족	■ 계획은 바라는 미래생활의 유형을 기술하고 명확히 하도록 고안된다.
■ 학생의 장점, 능력 및 제한점에 대한 자아인식이 부족	■ 미래 행동계획에 바탕을 두고 종합적이고, 긍정적인 프로파일이 개발된다.
■ 바라는 미래성과를 얻고 명확히 하는 조처를 취하는 데 일반 지식부족	■ 모든 팀 구성원들에 의한 지속적인 행동계획은 지속적이고 정규적인 토대에 바탕을 두고 행해진다. ■ 행동계획은 구체적인 도전을 찾아내고 이를 극복하는 조치가 행해지도록 고안된다.

Rainforth, 1991) 등에 이용되어 오고 있다. 이들 각각의 구체적인 도전들을 위해 인간중심계획은 계획 작성과정에 개인과 그의 가족이 보다 더 큰 중심적이고, 생산적이고 유의미한 역할을 선택하도록 돕는다.

인간중심계획은 장애 학생들이 학교로부터 성인생활로의 전환교육 계획 작성을 지원하는데 도 이용되어 왔다(Hagner, Helm, & Butterworth, 1996; Everson, 1995; Miner & Bates, 1997; Streere, Wood, Pancsofar, & Butterworth, 1990; Wehman, 2001). 청소년들의 학교에서 성인생활로의 전환계획을 돕는 인간중심계획의 유용성은 인간중심계획의 특성을 고려해볼 때 명확하다. **표 2.10**은 이러한 도전들 강조를 돕는 인간중심계획의 관련 특성과 전환계획 작성에 학생들 참여과정에서 만나는 도전들을 나열한다.

철수의 인간중심계획

서두에서 소개된 철수는 자기 미래가 불분명하다. 이것을 걱정해서 철수의 부모들은 철수의 결정을 도와주기 위해 지원단을 구성하기로 결정했다. 부모들은 주 정부가 운영하는 전환계획 작성에 관한 회의의 회기에 참석하는 동안 이런 전략에 관해 배웠고, 그들은 그때 이래로 인간중심계획에 관한 자료를 읽어 왔다. 철수와 그의 부모들 이외에도 아래와 같은 사람들이 철수지원단에 초대를 받았다.

- 그의 누나
- 그의 숙모들, 삼촌들과 사촌들
- 그가 다니는 교회의 목사
- 그가 다니는 학교 교사
- 그의 건강 치료를 위한 승마 교사

이들 각각의 개인들은 특별한 집단의 일원으로 초대를 받아서 기뻐했다.

첫 번째 모임은 방과 후 철수의 집 거실에서 행해진다. 철수의 부모들이 모임 동안에 먹을 간단한 다과를 철수가 준비하도록 돕는다. 응급상황에서 후견인 역할을 하기로 되어 있는 그의 숙모인 Sharon은 첫 번째 모임을 순조롭게 진행하기로 동의했다. 그녀는 외향적인 성격을 지니고 있기에 집단 앞에서 일어서는 것을 개의치 않는다. 그녀는 또한 철수와 아주 가까이 있고 그 성공적인 성인생활을 갖도록 돕는 것은 무엇이든지 기꺼이 하려고 한다.

사람들이 도착한 첫 번째 모임이 있는 날, 철수는 무슨 일이 일어나는지를 이해하질 못하고 그는 사람들이 자기 집에 오는 것 때문에 흥분된다. 각자는 자신의 이름이 적힌 명찰 착용에 동의한다. 사람들은 비공식적으로 거실에 모여서, 다과를 먹고 커피와 다른 음료수를 마신다. 서 있는 화판위에 빈 차트 종이가 준비되고 형광펜과 테이프가 준비된다. 약 15분 정도의 비공식적인 친교의 시간이 지나고, Sharon은 모임을 시작하기 위해 모든 사람들을 다 불러 모은다. 그녀는 철수가 자기 미래를 계획하도록 돕기 위함이라는 모임의 목적을 말한다. 철수는 미소를 띠고 자신을 위로하면서 모임에서 말해지는 모든 것을 다 이해는 못하지만 그는 모든 것이 자신을 위하는 것이라고 이해하고, 그는 모든 사람들의 관심이 좋다. Sharon은 긍정적인 프로파일을 작성하기 위해 일련의 질문들을 물으면서 논의를 시작하고, 사람들은 각자의 대답을 한다.

- 철수는 무엇을 좋아합니까?
- 철수는 무엇을 싫어합니까?
- 철수가 잘하는 것은 무엇입니까?
- 철수가 전형적으로 필요로 하는 것은 어떤 지원과 도움입니까?
- 철수는 전형적으로 어떤 선택결정을 합니까?
- 철수의 특별한 재능, 역량과 공헌은 무엇입니까?
- 철수는 어떻게 가장 잘 배웁니까?
- 과거에 일어난 사건 중 긍정적이든 부정적이든 철수에게 가장 중요한 사건 몇 가지는 무엇입니까?
- 철수는 어떤 사람인가?(철수를 기술한 팀 구성원)

더 많은 정보가 차트에 기록되고, 완성된 각각의 차트를 벽에 건다. 철수가 이 과정을 돕는다. 프로파일에 대한 논의가 진척됨에 따라, 철수에 관한 기술을 한 차트들이 거실 방의 각 벽을 뒤덮을 때까지 차트의 수는 증가된다.

집단은 간단히 휴식을 취하고, 그런 다음에 두 번째 모임으로 돌아온다. 비록 오후 한나절에 이것을 다 성취하기엔 무리가 있긴 하지만, 철수의 부모들은 계속해서 여세를 몰아가는 것이 최상이라고 생각한다. 두 번째 모임은 철수를 위한 브레인스토밍(brainstorming)과 긍정적인 미래를 고안해내는데 사용되었다. 이것은 쉬운 과정은 아니고, 무슨 말을 해야 할지 알고 있는 사람은 아무도 없었다. 철수의 아버지는 자기 아들이 지역사회에서 월급을 받으면서, 최소한 시간제로라도 일할 기회를 갖기를 원한다고 말하지만 어떤 유형의 일인지는 확신하지 못하겠다고 말한다. 논의가 진행됨에 따라, 사람들이 철수의 미래에 대한 아이디어를 생각해내는 것이 명확해졌다. 그들은 철수를 위한 다음 계획을 한다.

- 가능하면 승마장 같은 환경에서 시간제로 일하기

- 그가 하루 종일 일할 계획을 갖기 위해, 하루 중 다른 시간대에 시간제 일하기에 지원하기
- 아파트 혹은 소집단 가정에 살면서, 그가 좋아하는 사람들과 함께 사이좋게 지내기
- 주말과 휴일에 집에 오고 자기 부모들을 방문할 시간 내기
- 비용이 들지 않으면서 자신과 함께 할 친구 몇 명 갖기
- 전반적으로 안전하고 행복하기

다음에는 장애물을 파악한다. 이쯤에서 중요한 문제는 선택사항에 관한 정보부족이다. 특히, 그들은 이들 장애물을 아래처럼 나열한다.

- 우리는 철수에게 적합하거나 그가 좋아할 종류의 직업이 무엇인지 모른다.
- 우리는 철수가 직업을 구하도록 돕거나 계속 그 직업을 유지하도록 도와줄 기관과 단체가 있는지 없는지를 모른다.
- 우리는 그룹 홈(group home) 혹은 지원아파트(supported apartment)를 위한 선택사항들을 모른다.
- 철수에게는 그와 함께 일할 능동적인 친구들 집단이 없다.

마지막으로, 먼저 취해야 할 행동조처들이 파악되고, 사람들은 그것을 완성시키는 책임을 지겠다고 동의한다.

- 철수의 선생님은 철수에게 직업훈련 혹은 지원을 제공할 수 있는 지역사회의 성인직업 관련기관들과 접촉하고 탐색하겠다고 동의한다. 그녀는 이미 직업재활 사무실을 포함해 몇몇 기관들을 알고 있지만 더 많은 정보를 얻어내기 위해 그들과 접촉한 후에 그 정보를 다음 모임에 가져오겠다고 한다.
- 철수의 교회는 그를 잠재적인 친교로 이끌 수 있다는 희망을 가지고 교회에서의 약간의 부가적인 오락 활동에 철수를 참여시키도록 노력하겠다고 한다.
- 철수의 부모는 그가 그룹 홈(group home) 혹은 아파트로 이사를 가게 되면 필요한 더 많은 기술을 철수에게 가르치겠다고 한다. 특히, 그들은 가정에서 간단한 요리와 청소기술을 가르치는데 초점을 맞출 것이다. 그들은 철수에게 용돈

주기를 시작할 것이고 그는 가정에서 자질구레한 일을 완성함으로써 용돈을 벌게 될 것이다.

- 그들이 인식할 수 있는 직업을 구할 가능성이 있는 기회를 생각해내기 위해 철수의 친척들이 모임에 참석하기로 했다. 그들은 시간제 직업경험을 할 직업을 찾아내는데 있어 그들이 알고 있는 특히 도움을 줄 수 있는 사람들에 대해 생각해보기로 했다.
- 철수의 선생님과 부모는 지역사회에서 철수의 직업경험을 증가시키는 것과 관련된 구체적인 목적과 목표를 가능한 빨리 첨가시키기 위해 IEP모임을 다시 소집하기로 한다. 이것은 구체적으로 그의 이전 IEP목록에는 들어 있지 않고 지금 첨가해 기록되어야 한다.

집단은 이 기간 동안에 일어난 일을 논의하기 위해 1개월 이내에 다시 회의를 소집하기로 한다. 그들은 또한 직업배치 전문가들과 직업 지도원(coach)들을 고용하는 성인서비스기관과 접촉하기로 한다. 이들 전문가들은 철수의 미래성공과 고용에 절대 필요한 사람들이 될 것이다.

철수의 선생님이 모임을 떠날 때, 그녀는 이 모임이 얼마나 특별했는가를 생각하고 있었다. 처음 그녀는 걱정을 했지만, 지금은 이 비공식적인 집단이 철수에게는 엄청나게 소중한 팀이 될 것이라는 것을 안다. 또한 그녀는 철수의 교사로서 그를 최상으로 돕는 일에 그녀의 역할이 무엇인가를 스스로 깨닫도록 돕고 있다.

요 약

이 장은 자기 자신의 전환계획 작성과정에 장애 학생들의 중심적인 역할에 초점을 맞추었다. 2004년의 IDEA는 계획 작성은 학생들의 요구, 선호 및 흥미에 토대를 두어야 한다고 한 법적인 위임사항이 확고하고, 전환계획 작성과정에 학생들이 능동적으로 참여해야 한다는 것도 확고하다. 이것은 선택사항에 관한 정보부족과 선택사항 인식부족, 성인성과 지향 모임에 참석하는 불편함과 그 과정에서 행하는 의미 있는 역할의 부족 등을 포함한 다양한 이유 때문에 그 동안 어려운 일이었다. 우리는 전환교육을 받고 있는 모든 학생들의 잠재적인 요구는 더 큰 자기결정, 즉 다시 말하면, 자신들의 삶에 대한 더 큰 통제력을 가질 필요가 있는 기술과 태도의 개발이라는 것을 인식할 필요가 있다. 창의적인 교육자들과 다른 사람들이 IEP모임 이전, IEP모임 동안, IEP모임 후에 학생들의 참여를 증가시키고 촉진시키기 위해 할 수 있는 수많은 활동들이 있다. 그 외에도 일부 학생들을 위해서는 성공에 대한 명확한 전망을 학생들이 갖도록 하는데 요구되는 행동조처를 취하고 계획하도록 돕는 더 확실한 방향제공에 아주 많은 도움을 주는 인간중심계획 전략들이 있다.

응용활동

전환계획 작성에 여러분들의 지속적인 학습과 기술 발달을 위해 아래 나열된 응용활동들이 필수적이다. 이들 활동들 각각은 여러분의 시간과 에너지를 필요로 할 것이지만 이 분야에 전문적인 기술을 개발하도록 여러분들을 도와줄 것이다.

실천과 이해력 향상을 위해

학생들의 능력, 흥미 및 요구에 초점을 맞춘 간단한 설문을 개발하라. 이것은 여러 형태를 취할 수 있을 것이고 여러분은 서로 다른 연령과 학생들의 능력특성에 이것을 맞추어야 한다. 중도 장애 학생들을 위해서는 그림과 다른 시각적인 자료들의 사용을 고려하라.

인간중심계획 작성을 기술한 기사 혹은 책자 혹은 비디오를 선택하고 읽고 시청하라. 가능하면, 인간중심계획 작성모임에 참석하라. 여러분들은 인간중심계획 작성의 어떤 측면을 여러분의 장애 학생들로부터 짜낼 수 있습니까? 예를 들면, 보다 종합적이고 긍정적인 프로파일을 개발하기 위해 학생 가족들과 함께 협력할 수 있습니까?

학생들이 지닌 자기결정 강도라는 관점에서 각 학생들을 기술하라. 각각의 학생들을 위해 여러분 자신에게 질문하라.

- 자기 자신의 삶을 보다 잘 통제하는데 공헌할 수 있는 현재 학생이 지니고 있는 기술, 지식과 귀인은 무엇인가?
- 학생을 자기 능력껏 완전히 발달시키기 위해 어떤 기술, 지식과 귀인을 필요로 하는가?

여러분 자신의 포트폴리오를 위해

만약 여러분이 현재 중등교육 체제에서 학생을 가르치고 있거나 가르칠 계획이면, 학생들의 전환교육 IEP모임에 학생들의 참여 증가를 보다 더 잘 준비시킬 수 있는 방법들을 나열하라. 이것은 역할놀이, 논의, 혹은 학생들에게 부가적인 정보제공이 포함될 수도 있다.

만약 여러분이 초등학교, 혹은 중학교 수준에서 학생들을 가르치고 있거나 가르칠 계획이면, 학생 자신들의 장점, 능력과 요구에 관한 인식과 지식을 증가시킬 수 있는 방법들을 고려하라.

학생들의 현재 흥미, 취미 및 기타 등등을 학생들이 기술할 수 있도록 돕는 일련의 자료를 만들어내도록 하라. 매 학년도가 시작될 때와 끝날 때에 이들 자료를 사용하고 배분하고, 학생들에게 결과물을 주고 이 결과를 가족들과 공유하도록 격려하라.

만약 여러분이 부모이거나 가족구성원이면 여러분 아들 혹은 딸을 기술한 상세한 프로파일을 만들도록 하라. 인간중심계획에 관해 기술한 부분을 논의한 질문으로 되돌아가서 글로써 그 질문에 대답을 하려고 시도하라. 만약 필요하다면, 그 논의에 여러분의 아들 혹은 딸을 포함시켜라.

관련 자료와 웹사이트

아래 자료와 웹사이트는 여러분들로 하여금 전환기의 학생을 둔 가족들과 함께 어떻게 효율적으로 협력할 수 있는지에 관해 여러분의 지식을 확장시켜 줄 것이다. 여러분의 전문적인 프로파일에 이들 자료 포함을 고려하라.

Beach Center on Disabilities

장애인을 가족으로 둔 가족들을 위한 정보. 미국 전역에 있는 부모-대-부모(Parent to Parent) 및 다른 단체들에 관한 전국적인 목록을 포함.

www.beachcenter.org

AAMR

지적장애인들에 관한 자기옹호 및 정보. 지역 분회들과의 연결망을 포함.

www.aamr.org

ARC of the United States

지적 및 발달장애인들에 관한 자기옹호 및 정보. 지역 분회들과의 연결망을 포함.

www.thearc.org

Council for Exceptional Children

모든 영역의 특수학생들을 위한 교육서비스에 관한 정보. 지역 분회들과의 연결망을 포함. 또한 진로발달 및 전환분과(Division on Career Development and Transition)를 포함해 특수한 장애와 특수한 문제를 지닌 학생들에 초점을 맞추고 있는 분회들을 포함.
www. cec.sped.org

Learning Disabilities Association of America

학습장애를 가진 시민들을 위한 자기옹호 및 정보.
www.ldanatl.org

National Alliance for the Mentally Ill

정신병을 가진 시민들을 위한 자기옹호 및 정보.
www.nami.org

TASH

특히 중도장애 및 중복장애들을 위한 자기옹호 및 정보. 지역 분회들과의 연결망을 포함.
www.tash.org

Self-Advocacy Organizations

지적장애 및 다른 장애인들을 위해 여러분이 살고 있는 주(state)의 자기옹호 단체들을 탐색하라. 그런 단체로는 사람이 먼저(People First)라는 단체가 예다. 이들 단체들이 포함된 전국적인 조직을 찾아보기 위해 Beach Center 사이트를 참고하라.

Self-Directed Search

www.self-directed-search.com
Copyright © 2001Psychological Assessment Resources, Inc.

New Freedom Initiative Resource

연방정부의 관계부처들이 장애인에 관한 자료와 정보탐색을 위해 웹사이트에 접근 허용함.

참고 문헌

Allen, S., Smith, A., Test, D., Flowers, C., & Wood, WI (2001). The effects of self-directed IEP on student participation in IEP meetings. *Career Development for Exceptional Individuals, 24*, 107-120.

Baer, R. (2005). Transition planning. In R. Flexer, T. Simmons, P Luft, & R. Baer (Eds.), *Transition planning for secondary students with disabilities* (2nd ed.) (pp. 305-335). Upper Saddle River, NJ: Pearson Merrill Prentice Hall.

Benz, M., Lindstrom, L., & Yovanoff, P (2000). Improving graduation and employment outcomes of students with disabilities: Predictive factors and student perspectives. *Exceptional Children, 66*, 509-529.

Bolles, R. (1995). *What color is my parachute? A practical manual for job hunters and career changers.* Berkeley, CA: Ten Speed Press.

Brolin, D. (1997). *Life-centered career education: A competency-based approach.* Reston, VA: The Council for Exceptional Children.

Butterworth, J., Hagner, D., Heikkinen, B., Fans, S., DeMello, S., & McDonough, K. (1993). *Whole life planning: A guide for organizers and facilitators.* Boston: Children's Hospital, Institute for Community Inclusion.

Butterworth, J., Steere, D., & Whitney-Thomas, J. (1997). Person-centered planning. In R. Shalock (Ed.), *Quality of life: Applications with persons with mental retardation, Volume II*(pp. 5-23). Washington, DC: AAIvIR.

Carpenter, W. (1995). *Become your own expert! Self-advocacy curriculum for individuals with learning disabilities.* Minneapolis: Minnesota Educational Services.

Cooney, B. (2002). Exploring perspectives on transition of youth with disabilities: Voices of young adults, parents, and professionals. *Mental Retardation*, 40, 425-435.

Everson, J. (1995). *Supporting young adults who are deaf-blind in their communities: A transition planning guide for service providers, families, and friends.* Baltimore: Paul H. Brookes.

Field, S., & Hoffman, A. (1995). *Steps to self-determination.* Austin, TX: Pro-Ed.

Field, S., Martin, J., Miller, R., Ward, M., & Wehmeyer, M. (1998). Self-determination for persons with disabilities: A position statement of the Division on Career Development and Transition. *Career Development for Exceptional Individuals*, 21, 113-128.

Forest, M., & Pearpoint, J. (1992). Putting all kids on the MAP. *Educational Leadership, 50*, 26-31.

Grigal, M., Neubert, D., Moon, M. S., & Graham, 5. (2003). Self-determination for students with disabilities: Views of parents and teachers. *Exceptional Children, 70*, 97-112.

Hagner, D., Helm, D., Butterworth, J. (1996). "This is your meeting": A qualitative study of person-centered planning. *Mental Retardation, 34*, 159-171.

Halpern, A., Herr, C., Wolf, N., Doren, B., Johnson, M., & Lawson, J. (1997). *The Next S.T.E.P: Student transition and educational planning.* Austin, TX: Pro-Ed.

Holland, J. (1985). *The self-directed search professional manual.* Odessa, FL: Psychological Assessment Resources.

Johnson, D. (2005). Key provisions on transition: A comparison of IDEA 1997 and IDEA 2004. *Career Development for Exceptional Individuals, 28*, 60-63.

Johnson, R., & Williams, K. (1994). *Lost in a desert world: The autobiography of Roland Johnson.* Plymouth Meeting, PA: Speaking for Ourselves.

Karvonen, M., Test, D., Wood, WI, Browder, D., & Algozzine, B. (2004). Putting self-determination into practice. *Exceptional Children, 71*, 23-41.

Konrad, M., & Test, D. (2004). Teaching middle school students with disabilities to use an IEP template. *Career Development of Exceptional Individuals, 27*, 101-124.

Lehmann, J., Bassett, D., Sands, D., Spencer, K., & Gliner, J. (1999). Research translated into practice for increasing student involvement in transition related activities. *Career Development for Exceptional Individuals, 22*, 3-19.

Lindstrom, L., & Benz, M. (2002). Phases of career development: Case studies of young women with learning disabilities. *Exceptional Children, 69*, 67-83.

Lucyshyn, J., Olson, D., & Homer, R. (1995). Building an ecology of support: A case study of one young woman with severe problem behaviors living in the community. *Journal of the Association for Persons with Severe Handicaps, 20*, 16-30.

Martin, J., Greene, B., & Borland, B. (2004). Secondary students' involvement in their IEP meetings: Administrators' perceptions. *Career Development for Exceptional Individuals, 27*, 177-188.

Martin, J., & Marshall, L. (1995). ChoiceMaker: A comprehensive self-determination transition program. *Intervention in School and Clinic, 30*, 147-156.

Martin, J., Marshall, L., Maxson, L., & Jerman, P (1996). *Self-directed IEP.* Longmont, CO: Sopris West, Inc.

Martin, J., Marshall, L., & Sale, P (2004). A 3-year study of middle, junior high, and high school IEP meetings. *Exceptional Children, 70*, 285-297.

Martin, J., Mithaug, D., Cox, F, Peterson, L., Van Dycke, J., & Cash, M. (2003). Increasing self-determination: Teaching students to plan, work, evaluate, and adjust. *Exceptional Children, 69*, 431-447.

Mason, C., Field, S., & Sawilowsky, S. (2004). Implementation of self-determination activities and student participation in IEPs. *Exceptional Children, 70*, 441-451.

Mason, C., McGahee-Kovac, M., Johnson, L., & Stillemman, S. (2002). Implementing student-led IEPs: Student participation and student and teacher reactions. *Career Development for Exceptional Individuals, 25*, 171-192.

Miner, C., & Bates, P. (1997). The effect of person-centered planning activities on the IEP/transition planning process. *Education and Training in Mental Retardation and Developmental Disabilities, 32*, 105-112.

Mount, B., & Zwemnik, K. (1988). *It's never too early, it's never too late: A booklet about personal futures planning.* Meats Park Center, MN: Metropolitan Council.

O'Brien, J. (1987). A guide to lifestyle planning: Using the Activities Catalog to integrate services and natural support systems. In B. Wilcox and G. I Bellamy (Eds.), *The Activities Catalog: An alternative curriculum design for youth and adults with severe disabilities* (pp. 104-110). Baltimore: Paul H. Brookes.

Powell, T., Pancsofar, E., Steere, D., Butterworth, J., Itzkowitz, J., & Rainforth, B. (1991). *Supported employment: Development integrated employment opportunities for people with disabilities.* White Plains, NY: Longman.

Racino, J., Walker, P., O'Connor, S., & Taylor, S. (1992). *Housing, support, and the community.* Baltimore, Paul H. Brookes.

Rojewski, J. (2002). Career assessment for adolescents with mild disabilities: Critical concerns for transition planning. *Career Development of Exceptional Individuals, 25,* 73-95.

Sale, F, & Martin, J. (2004). Self-determination. In P Wehman & J. Kmegel (Eds.), *Functional curriculum for elementary, middle, & secondary age students with special needs* (2nd ed.) (pp. 67-93). Austin, TX: Pro-Ed.

Smull, M., & Harrison, S. (1992). *Supporting people with severe reputations in the community.* Alexandria, VA: National Association of State Mental Retardation Program Directors.

Steere, D., Gregory, S., Heiny, R., & Butterworth, J. (1995). Lifestyle planning: Considerations for use with people with disabilities. *Rehabilitation Counseling Bulletin, 38,* 207-223.

Steere, D., Wood, R., Pancsofar, E., & Butterworth, J. (1990). Outcomes-based school-to-wotk tranplanning for students with severe disabilities. *Career Development for Exceptional Individuals, 13,* 57-69.

Test, D., Mason, C., Hughes, C., Konrad, M., Neale, M., & Wood, WI (2004). Student involvement in individualized education program meetings. *Exceptional Children, 70,* 391-412.

Webster, D. (2004). Giving voice to students with disabilities who have successfully transitioned to college. *Career Development for Exceptional Individuals, 27,* 151-175.

Wehman, P. (2001). *Life beyond the classroom: Transition strategies for young people with disabilities* (3rd edition). Baltimore: Paul H. Brookes.

Wehmeyer, M., & Kelchner, K. (1995). *The Arc's self-determination scale (adolescent version).* Arlington, TX: The Arc National Headquarters.

Wehmeyer, M., & Kelchner, K. (1995). *Whose future is it anyway?* Arlington, TX: ARC.

Wehmeyer, M., & Lawrence, M. (1995). Whose future is it anyway? Promoting student involvement in transition planning. *Career Development of Exceptional Individuals, 18,* 69-83.

Wehmeyer, M., & Palmer, S. (2003). Adult outcomes for students with cognitive disabilities three years after high school: The impact of self-determination. *Education and Training in Developmental Disabilities, 38,* 131-144.

Whitney-Thomas, J., Shaw, D., Honey, K., & Butterworth, J. (1998). Building a future: A study of student participation in person-centered planning. *Journal of the Association for Persons with Severe Handicaps, 23,* 119-133.

Zhang, D. (2001). The effect of Next S.T.E.P. instruction on the self-determination skills of high school students with learning disabilities. *Career Development for Exceptional Individuals, 24,* 121-132.

3

전환과정에 가족참여와 조망

장의 목표

1. 장애 학생이 있는 가족들을 위한 전환교육을 창안해낼 수 있는 구체적인 도전들을 기술할 수 있다.
2. 가족구성원들이 전환계획 작성에 더 나은 준비를 하고 전환계획 작성에 가족구성원들을 참여시킬 수 있는 구체적인 조처를 취할 수 있다.
3. 자기 아들과 딸이 전환계획 작성에 능동적인 역할을 하도록 장애 학생을 둔 가족을 도울 수 있다.

장의 핵심 주제

- 가족구성원들에게 역량부여: 이 장에서 전환계획 작성시 가족구성원들에게 정확하고 시기적절한 정보를 제공함으로써 가족구성원들이 능동적인 참여자가 되고 정보를 제공받는 참여자가 되도록 가족구성원들에게 역량부여를 위해 학교 및 성인서비스 기관들이 협력할 수 있는 일련의 방법들을 찾아보라.
- 가족구성원들이 경험한 도전 극복하기: 이 장에서 논의되겠지만, 청소년들의 성인생활로의 전환은 매일 매일의 가족들의 생활에 수많은 도전을 제시할 뿐만 아니라 가족들의 생활에도 영향을 준다. 이들 가족구성원들을 돕는데 여러분의 잠재적인 역할과 이들 도전을 극복하는 창의적인 방법을 찾아보라.

가족구성원 중 한사람에게 어떤 일이 발생하게 되면, 가족구성원 전체가 영향을 받는다. 이것은 장애 학생을 특수교육제도로부터 성인생활 및 성인서비스 체제로 전환하려고 할 때도 전형적인 사실이다(Blacher, 2001). 장애 청소년 전환의 결과로 가족구성원에게서 발생하는 변화는 가족구성원에게는 긍정적인 것이 될 수도 있고 부정적인 것이 될 수도 있다. 또한 그런 전환이 서로 다른 가족구성원들에게 서로 다른 방식으로 영향을 줄지도 모른다. 전환기 학생들과 함께 일할 책임이 있는 교육자 및 다른 전문가의 역할은 전반적인 전환의 영향이 가족구성원에게 긍정적인 영향이 되도록 필요한 지원과 정보에 가족구성원이 접근할 수 있도록 돕는 것이다.

이 장에서 언급하겠지만, 장애 학생의 가족구성원은 전형적으로 전환이 가져올 변화에 준비를 잘하지 못하는 것과 성인서비스 체제에 관한 정보를 충분하게 제공받지 못하는 것이다. 이것은 잠재적으로 현재생활을 힘들게 만들고 가족구성원은 스트레스를 받게 되는 것이다. 주목할 만한 것으로 전환은 특수교육제도에 대한 의존에서 성인서비스 체제로 변화를 해야 할 때이고, 이때는 전형적으로 적합성 기준을 만족시키기 위한 요구사항에 토대를 둔다. 그 외에도, 비록 적합성 기준을 만족시킨다고는 하더라도, 많은 종류의 서비스를 받기 위해 오랜 시간 기다리는 것이 일반적이고, 이것이 학교의 교육제도를 떠나게 될 젊은이들에게는 학교서비스와 성인서비스 제공 간에 공백기를 가져온다.

이러한 도전에도 불구하고, 우리는 전환기의 대다수 청소년들에게는 그들의 인생 전반을 통해 그들 가족구성원들이 가장 중요하고 지속적인 안내자가 될 것이라는 것을 인정해야만 한다. 학교의 특수 교육자들과 기타 사람들도 성공적인 전환에 매우 중요하지만, 그들의 능동적인 참여는 전형적으로 학생들이 특수교육제도를 떠나면 멈추고 만다는 것이다. 성인서비스 제공자들이 이처럼 매우 중요하지만 그들의 즉각적인 영향력은 그 범위가 제한되며 종종 시간 제한적이라는 것이다. 그러나 가족구성원은 일반적으로 가장 지속적인 지원자다.

이 장에서 장애인들의 학교에서 성인생활로의 전환에 가족구성원들의 잠재적인 영향력을 기술할 것이다. 또한 전환에서의 도전을 충족시키기 위해 교육자들과 기타 전문가들로부터 가족구성원들이 무엇을 필요로 하는지를 논의할 것이다. 또한 전환을 위해 교육자들과 기타 전문가들이 가족구성원들을 보다 잘 준비시킬 수 있는 방법들, 그리고 교육자들과 기타 전문가들이 전환계획 작성에 가족구성원을 더욱 완전히 참여시킬 수 있는 방법들을 논의할 것이다.

1. 가족구성원들의 삶을 변화시킬 시간

모든 가족들이 변화와 적응시간을 경험한다. 이들 변화 중 몇 가지는 긍정적이고 즐거운 것이고 몇 가지는 슬프고 힘이 드는 것이다. 왜냐하면 장애 학생을 둔 가족들도 이와 비슷한 변화에 직면하기 때문에, 전형적인 가족들의 삶에서의 이런 변화를 간략히 살펴볼 필요가 있다.

첫째, 아이의 출생은 큰 즐거움을 주는 때이지만, 또한 가족들 삶에 변화의 때이기도 하다. 이 일은 가족구성원들의 책임과 역할에 변화를 가져오고, 가족구성원들 간의 상호작용이 조정되어야 할지도 모른다. 나이가 많은 가족구성원은 새로운 책임을 맡아야 하고 가족의 재정이 긴축될 수도 있다. 간략히 말하면, 전 가족은 이 경험으로부터 영향을 받게 된다.

전형적인 가족들은 아동의 학교입학, 아동의 청년기 도달, 학년에서 다른 학년으로의 변화, 마지막으로 아동의 고등학교 졸업 등을 포함하는 기타 변화의 시간을 경험한다. 몇몇 학생들에게는 대학입학 혹은 대학졸업이 가족들에게는 부가적인 변화가 발생한다. 이들 각각의 변화들이 가족들에게 스트레스를 가져올 수도 있지만 그 변화들은 잠재적으로 가족구성원들의 성취를 축하하는 시간이 되기도 한다. 실제로, 공식적인 축하와 의식은 많은 변화를 동반하는데, 예를 들면, 신앙 고백의식(confirmation), 바르미츠바(Bar Mitzvah)(유대교의 13세 남자 성인식), 바스미츠바(Bas Mitzvah)(유대교 12~13세 소녀의 성인식), 졸업, 입학 등과 같은 의식들이다.

Juan은 고등학교 3학년이다—드디어 그는 고등학교 과정을 마쳤다! 마지막 학기인 봄이 그의 눈에 보인다. 그는 주립 대학교에 입학을 허락받았고, 그 대학에서는 경영학을 공부할 것이다. 그는 매우 즐겁고 그의 가족 특히 그의 부모들이 그의 고등학교 성취를 무척이나 자랑스럽게 여긴다는 것을 알고 있다. 그는 캠퍼스의 기숙사에서 살아갈 일이 걱정되지만 그 대학은 그의 집에서 3시간 거리이고 현재 그는 이것을 크게 걱정하지 않으려고 노력하고 있다. 그는 단지 고등학교 마지막 해와 여름을 즐기고 싶을 뿐이다. 그의 전 가족이 졸업식에 오기로 되어 있고 그는 졸업식에 착용할 모자와 가운을 이미 예약해두었다. 그는 대학입학 전에 가족들과 함께 서부로 여행을 갈 예정인데 그는 또 그 일에 흥분되어 있다. Juan의 할 일이 바뀌고 있다는 것을 알고 있고 너무 좋은 일이 많이 일어나고 있지만 그의 삶이 앞으로는 그렇게 좋은 일만 일어나지는 않을 것이라는 것도 알고 있다.

이것을 고려하라! 만약 여러분이 현재 학생들을 가르치고 있다면, 여러분이 가르치는 학생들의 가족들에게 일어나고 있는 의식과 축하를 고려하라. 만약 여러분 자신의 자녀들이 있다면, 미래에 발생할 변화들뿐만 아니라 여러분 자신의 가족들에게서 일어날 변화들을 다시 생각해보라. 비록 긍정적인 그런 변화들조차도 가족들에게는 스트레스를 줄 수 있다. 여러분 가족들은 이런 변화 혹은 전환으로부터 어떤 영향을 받았는가?

2. 조직체로서의 가족

Turnbull, Turnbull, Erwin과 Soodak(2006) 등은 전문가들이 장애인을 둔 가족들을 어떻게 지원하고 그들과 어떻게 효과적으로 협력하는가에 초점을 맞춘 채 장애인을 둔 가족들을 광범위하게 연구해 왔다. 그들의 연구는 생활 속에서 가족들이 어떻게 기능하고 사건이 가족체제에 어떻게 영향을 주는가를 기술하는 "가족체제모델"의 활용과 기술을 포함했다. 그들의 기본적인 가족체제모델은 **그림 3.1**에 제시된다.

Turnbull, Turnbull, Erwin과 Soodak(2006) 등의 가족체제모델은 가족이 몇 가지 구성요소 혹은 서로 연관되는 "하위체제"를 가진 하나의 체제란 개념을 확립한다. 가족양상 혹은 하위체제의 특징은 가족구성원, 그들의 문화, 그들의 교육수준, 사회 경제적인 지위, 이웃 기타 등등으로 구성된다. 여기서의 핵심은 "전형적" 가족이란 개념은 지난 몇 십 년 동안에 엄청나게 변화해 왔고 현재 많은 서로 다른 가족양상들이 존재한다. 상호작용 하위체제는 가족 내 가족들의 상호관계로 구성되고, 예를 들면, 어머니-대-아버지의 상호작용 유형, 부모-대-아동의 상호작용 유형, 친

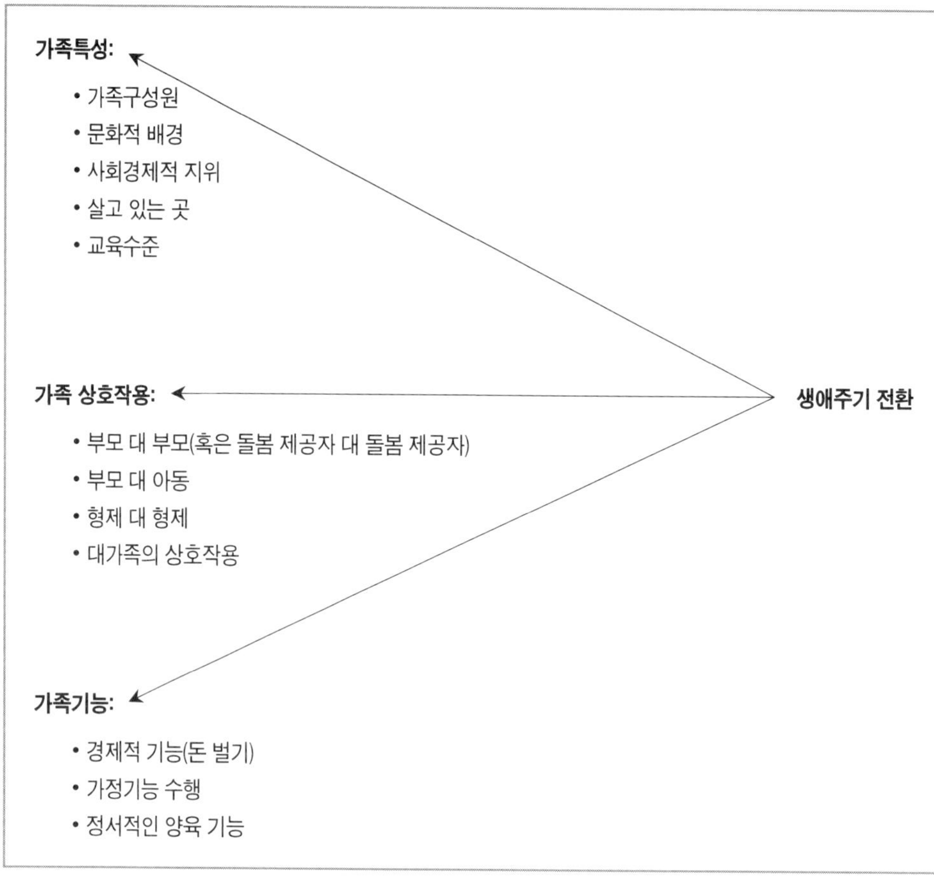

그림 3.1 Turnbull, Turnbull, Erwin과 Soodak(2006)의 가족체계모델

출처: Turnbull, Turnbull, Erwin과 Soodak(2006).

척-대-친척의 상호작용 유형, 기타 등등으로 구성된다. 이들 상호작용의 유형은 실제 가족들 간에 다양할 수 있다. 기능상 하위체제는 가족구성원에 의한 가족을 위해 행해져야만 하는 활동으로 구성된다. 예를 들면, 누군가는 가족을 위해 돈을 벌어야만 한다(경제적인 기능). 누군가는 가정을 꾸려나가야만 한다. 누군가는 가족 내 아동을 돌보아야만 한다, 기타 등등. 가족체제모델의 마지막 요소는 생명주기(life cycle)에 맞는 전환으로 구성된다. 이들은 가족체제 내의 다른 모든 요소들 혹은 하위체제에 영향을 줄 수 있는 것들이다. 예를 들면, 아동의 탄생이다. 이 행복한 일은 분명히 가족의 양상을 바꾼다. 부모-대-부모 상호작용이 본질적으로는 기간을 변화시킬 지도 모르는 새로운 상호작용(부모-대-아동)이 지금 실제 상호작용이란 유형은 실제로 많은 시간을 요구하게 될 것이다. 이제 가족을 위한 새로운 기능들(예를 들면, 아동 돌보기 및 양육)을 요구할 것이고 반면에 다른 기능들이 영향을 줄지도 모른다(예: 이 기간에 부모 중 한 사람의 수익이 잠재적인 비용으로 들어간다). 이런 보기는 비록 축복받은 혹은 즐거운 일이라도 전체 가족체제에 영향을 준다는 사실을 돋보이게 한다.

비록 Turnbull, Turnbull, Erwin과 Soodak(2006) 등의 가족체제모델이 피상적(독자들은 이들의 우수한 연구를 참고해야 한다)이기는 하지만, 젊은이를 학교에서 성인생활로의 전환을 포함해서 주요한 인생사들이 전체 가족구성원들에게 영향을 미칠 수 있다는 것을 우리가 이해하도록 돕는다.

이것을 고려하라! 아래 한 학생과 그녀 가족에 대한 기술을 살펴보라. 여러분이 이 기술을 읽어 가면서 두 가지 발생가능한 일이 어떻게 가족체제에 영향을 주는 지 생각해보라.

Lisa는 20살이고 특수교육을 마지막으로 받는 해다. 그녀는 중도 지적장애이고 자폐증이란 진단을 받고 있다. Lisa는 지역 공립 고등학교에 있는 자폐아동을 위한 시설이 완비된 교실에서 서비스를 받는다. 교사는 그녀에게 기능적인 기술을 가르치는데 전념하고 있다. 이것을 성취하기 위해 그는 오전 중에 지역사회에 기반을 둔 지역의 사업체에서 1주일에 2일씩 작업기술을 훈련받고 있다. 그는 또한 학교 안(건물 안에서 우편물 배달하기)에서 그녀가 작업기술을 훈련하도록 지도하고 있다. Lisa의 교육과정은 또한 쇼핑하기, 다른 지역사회활동들 및 돈 사용하기, 시간 말하기와 완성해야 할 간단한 과제의 목록 읽기 등과 같은 몇 가지 기능적인 학습기술을 포함하고 있다. 비록 그녀가 일하면서 살고 잘 발전하고 있기는 하지만, 그녀가 살고 있는 지역사회에서 오락을 즐기기 위해서는 몇 가지 유형의 지속적인 지원이 아마 늘 필요할 것이다.

Lisa는 그녀 어머니와 함께 살고 있는데, 그녀 어머니는 이혼했다. Lisa의 어머니인 Amanda는 월요일부터 금요일까지 낮에 전일제로 일한다. Amanda는 남자 친구와 진지한 관계를 유지하고 있고 그녀의 "남자 친구"는 그녀 가족과 실제 많은 시간을 함께 보낸다. Lisa의 여동생인 Amy는 7학년인데 여전히 같은 집에서 산다.

Lisa와 그녀 가족을 위한 두 가지 가능한 전환 시나리오를 고려하라. Lisa 가족에게 이 두 가지 가능한 전환 시나리오의 각각의 사건들이 어떤 영향을 미칠까?

시나리오#1: Lisa는 지역의 재활기관으로부터 지원고용 서비스를 받도록 허용된다. 그 기관은 그녀가 직업을 구하도록 도울 것이고 그리고 직업안내 서비스를 제공해줄 것이다. 그녀의 일정표는 그녀의 현재 학교일정표를 살펴볼 것이다(즉 다시 말하면, 월요일부터 금요일까지 대체로 비슷한 시간대).

시나리오#2: Lisa에게는 아무런 서비스제공이 약속되지 않고, 그녀는 자기의 전체 시간을 집에서만 보내야 할 것이다. 누군가가 그녀를 모니터하고 감독할 필요가 있을 것이다.

가족체제모델은 Ann Turnbull과 Rud Turnbull이 장애인들의 삶에서 가족의 중요성 및 전문가들이 가족들과 어떻게 협력하고 가족들을 어떻게 지원하는가를 우리가 이해하도록 해준 공헌 중 하나이다(**보조 도표 3.1** 참조).

3. 전환기 가족에 관한 연구

위 예에서 보았듯이, 학교에서 성인기로의 전환은 장애 학생을 둔 가족들에게는 잠재적으로 스트레스가 증가될 수 있는 시기이다. 스트레스가 증가되는 다른 시기는 아마 아동의 장애발견, 아동의 학교입학, 다른 교실과 다른 교사에게로 전환 및 청년기의 시작 등이 포함될 수도 있다(Featherstone, 1981; Wehmeyer, Morningstar, & Husted, 1999). 그들이 병약해서 죽은 후에 자신들의 장애 아동의 행복, 돌봄 및 안전을 걱정하고 있는 자신들이 노화과정에 있는 나이 많은 부모들에게는 이 시기가 부가적인 걱정과 불안의 시기이다. 그래서 학교에서 성인기로의 전환은 장애 청소년이 가지게 되는 많은 삶의 주기 중 하나의 전환에 불과하다.

몇 가지 연구들은 학교에서 성인기로의 전환은 특히 장애인을 둔 가족들의 삶에서는 어려운 시기일지도 모른다는 것을 보여준다. Ferguson, Ferguson과 Jones (1988)는 전환과정에 대한 가족들의 인식과 가족들의 반응을 인터뷰했는데 이것은 가족들이 세 가지 양상의 전환을 경험했다는 것을 가리켰다. 절차상의 전환(학교에서 다른 기관으로 전환), 가족생활에서의 전환 및 아동이라는 지위에서 성인으로의 전환 등이다. 이들 각 단계들은 가족들에게 스트레스를 주었다(하지만 이 연구는

보조 도표 3.1

Ann Turnbull과 Rud Turnbull에 관한 역사적 조망

역사적 조망

> 가족들과 의사소통하면서, 여러분은 자신을 알게 되고, 가족들을 알고, 그들의 문화적인 다양성을 존중하고, 그들의 장점을 확인하고, 그들의 선택을 촉진시키고, 더 큰 기대감을 계획하고, 적극적으로 의사소통하고, 믿음과 존중을 보장한다. 여러분의 의사소통은 역량부여 맥락을 창조할 수 있는 수단이다. 그리고 그 이상으로 의사소통은 여러분이 가족의 동기화 및 지식/기술에 영향을 줄 수 있는 방법 중 하나이다. 여러분이 효과적으로 의사소통을 할 때, 가족들이 그들 자신을 믿게 함으로써 혹은 더 큰 통제력을 획득하게 함으로써 가족의 동기화에 영향을 줄 수도 있다. 이처럼, 여러분은 가족들에게 유용한 정보를 제공하거나 그들의 문제해결, 문제대처 혹은 의사소통기술을 증진시킴으로써 가족들의 지식과 기술을 증가시킬 수도 있다(Turnbull & Turnbull, 1997, p. 156).

Ann Turnbull과 Rud Turnbull은 장애인을 둔 가족들과 전문가들이 어떻게 협력할 것인가라는 구체적인 방안을 형성하는데 국가적인 지도자 역할을 해 왔다. 첫째, 그들은 부모들이었고 그 중 한사람은 자기 아들 1명이 인지 및 정신적 건강장애를 지니고 있었다. 복잡한 도전적인 문제를 가진 아동 부모로서의 경험은 그들에게 장애인을 둔 가족들이 직면하는 많은 도전과 전문가들이 어떻게 진정한 도움이 되는가에 관한 감정이입적인 관점을 그들에게 제공해준다. 둘째, 그들은 하는 일이 다양한 엄청난 영향력을 가진 연구자, 교사 및 상담원이다. 캔자스종합대학교의 Beach Center장애인연구소의 공동 설립자이고 공동회장인 Ann과 Rud는 장애분야의 최첨단 연구자들이다. 그들의 연구는 너무 엄청난 영향력을 지니고 있어서 그래서 지적장애 분야에서 7명의 전문가와 가족 단체들로 구성된 컨소시엄으로부터 그들 두 사람은 지난 100년 동안에 지적장애 분야에서 "발전과정을 역사적으로 바꾼" 36명 중 2명으로 인식되어 오고 있다. 그들은 또한 동료들로부터 지난 100년간 가장 영향력 있는 특수교육자들 중 2명으로 인식되어 오고 있다(캔자스종합대학교의 Beach Center, www.beachcenter.org). 그들은 아마도 우리 시대 장애인을 둔 가족들을 위한 가장 명백하고 역동적인 옹호자들 일 것이다.

1990년 IDEA법 통과와 함께 시행된 연방정부의 전환계획 작성 위임보다 앞섰다는 것에 주목하라). Thorin과 Irvin(1992)은 장애 학생을 둔 가족들에게는 특히 자기 아동들을 위한 주거선택에 다양한 스트레스 요인들이 있다는 것을 알아냈다. Galli-van-Felon(1994) 등도 또한 부모들이 전환계획 작성 선택사항에 대한 지식이 부족하다는 것을 알아냈다. Hanley-Maxwell, Whitney-Thomas 및 Pogoloff(1995) 등은 부모에게 첫 번째 충격은 자기 아동의 장애발견이고 전환은 "두 번째 충격"에 속한다고 말했다. 그들의 연구는 장애 학생을 둔 가족들은 자기 아동의 성공에 대한 전망을 가지고는 있지만 여전히 서비스 지원을 많이 기다려야 한다는 것, 자기 아동을 위한 사회적인 연결망의 부족, 부모 자신의 요구와 아동 요구의 차이, 아동의 미래를 결정해야 한다는 순수한 어려움 등을 포함해 수많은 장애물이 존재한다. Whitney-Thomas 및 Hanley-Maxwell(1996) 등은 장애 학생을 둔 가족들과 장애 학생이 없는 가족들의 반응을 비교하고는 장애 학생을 둔 가족들이 전환과정에서 유의미하게 훨씬 힘이 든다는 것과 자기 아동의 미래 성공에 대해서도 훨씬 더 비관적인 전망을 가진다는 것을 발견했다. Lehmann과 Roberto(1996)는 장애 청소년을 둔 부모들과 직업교육을 받고 있는 장애가 없는 청소년을 둔 부모들의 인터뷰를 비교했다. 흥미롭게도, 비록 그들이 자기 아동을 지원하기 위한 성인서비스 체제의 제한점들(예를 들면, 서비스의 지원을 오래 기다려야 한다는 것과 교통수단의 부족 등)을 토로하기는 했지만, 장애 아동을 둔 부모들이 자기 아동을 훨씬 긍정적으로 기술했다. Thorin, Yovanoff 및 Irvin(1996) 등은 발달장애를 가진 젊은 성인들의 가족들이 직면하는 여섯 가지 딜레마를 기술했다. 이들 딜레마는 그 기간 아동의 삶에 지속적이고 철저한 가족참여가 필요하다고 강조했는데 왜냐하면 그 기간에 전형적인 가족에 의한 가족참여는 종종 청소년들의 보다 더 큰 독립 획득을 감소시키기 때문이다. Kraemer와 Blacher(2001)는 그들이 인터뷰한 가족들은 열심히 전환계획 작성에 참여했지만 주로 성인서비스 체계에서의 선택 부족 때문에 여전히 자기 아동의 미래 직업 환경에 관해서는 비관적인 전망을 지닌다는 것을 알아냈다. 이 연구에서 주목할 만한 발견은 이상적인 서비스 체계에서 부모들이 자기 아동을 위해 해주기를 원하는 것과 실제로 아동에게 일어나기를 기대하고 있는 것 사이에 불일치가 존재한다는 것이다. 가족들이 희망하고 있는 것과 제한된 실용적인 선택간의 이런 불일치는 Cooney(2002)의 연구에서도 논의되었다. Cooney의 연구는 또 자기 아동을 위한 부모들의 목표가 재능과 능력을 활용할 기회, 지역사회에 공헌할 기회, 손해로부터 안전하게 될 기회 등에 초점을 맞추고 있다는 것을 발견했다. Chambers, Hughes 및 Carter(2004) 등은 중도 장애 학생들 부모들과 형제자매들을 인터뷰하고는 부모들과 형제자매들 모두 다 장애를 가진 자신들의 가족구성원을 위한 학교졸업 후 선택에 관한 지식부족을 느낀다는 것을 알아냈다. 마지막으로, Timmons, Whitney-thomas, McIntyre, Butterworth 및 Allen(2004) 등은 장애 청소년을 둔 부모들에 대한 포커스 그룹(focus group: 테스트할 상품에 대해서 논의하는 소비자 그룹)과 심층면접을 수행하고는 응답자들이 성인서비스 전달체제를 변덕스럽고, 복잡하고, 반응할 수 없는 것으로 인식한다는 것을 알아냈다. 이들 부모들은 또한 일상생활과 미래에 대한 일반적인 불확실성이 성인기로의 전환을 위한 계획 작성을 어렵게 만드는 도전이라고 말했다. 이들 연구자들은 또한 가족들 주거지의 위치(도시지역 대 시골지역)가 특히 교통수단과 보다 더 먼 변두리 시골지역 환경에서의 실용적인 선택부족에 대해서는 부가적인 도전을 제시한다는 것을 발견했다.

이들 연구들은 장애 학생이 없는 가족들의 경험과 유사하지만 장애 학생을 둔 가족들의 스트레스 강도가 훨씬 크다고 기술한다. 예를 들면, 대부분의 가족들은 자기 아동이 대학에서 혹은 그의 첫 직장에서 어떻게 할까 걱정하겠지만, 장애 아동을 둔 가족들은 이 걱정을 훨씬 더 크게 경험할지도 모른다. 또한 장애 아동을 둔 가족들은 다른 가족들과 공유할 수 없는 성인서비스 체제의 복잡함을 처리하는 것과 같은 독특한 스트레스를 경험할지도 모른다. **표 3.1**은 전환기에 가족들이 직면하는 평범한 도전들의 요약이다.

전환이 영희와 철수의 가족들에게 어떻게 영향을 주는 지를 고려해보자.

전환과 영희 및 철수의 가족

영희는 대학으로 전환하려고 하고 있다. 그녀 가족들, 안내 상담원 및 교사들의 지원과 노력 덕분에 교육자가 되기 위한 훈련을 시작함으로써 그녀의 꿈이 막 실현되려고 한다. 이것은 그녀 삶에서 행복하고 흥분되는 시간이다. 이것은 또한 변화의 시

표 3.1 전환기에 가족들이 직면하는 도전

- 자기 아동의 미래에 투자를 하겠다는 생각부족
- 학교가 자기 아동에게 계속 서비스를 제공할 것이라는 가정
- 미래에 대한 두려움
- 성인서비스기관에 대한 지식부족
- 부모열망과 아동열망에 대한 갈등
- 가장 잘 알고 있는 전문가가 계획 작성을 이끌어야 한다는 가정
- 전환계획 작성과정에 수반될 정보의 부족
- 학생이 (너무 낮게)수행하지 않을 만큼 충분히 도전적이어야 한다는 기대감
- 계획 작성에 바칠 에너지와 시간부족
- 장기적인 미래가 아니라 매일 매일의 관심사에 초점 맞추기

간이다. 영희가 집에서 대학교 기숙사로 출발하는 것 때문에 가족구조가 영향을 받게 될 것이고, 비록 그녀가 무척 행복하기는 했지만, 부모들은 그녀가 무척 보고 싶어질 것이다. 그녀가 없는 것이 가족들 간의 상호작용에 변화를 줄 것이고, 그녀 부모들은 서로 더 많은 시간을 가질 것이다. 대학교에 들어가는 비용은 가족의 경제적 욕구만족이라는 관점에서는 부가적인 부담이 될 것이다. 영희의 부모들은 당연히 그녀가 대학에서 어떻게 지낼지를 걱정한다. 특히, 그녀가 학업에서 성공하기 위해 필요로 하는 것들을 지원받을 수 있을 지 궁금하고 그녀가 필요로 하는 편의시설을 요구하고 자신을 옹호할 수 있을지 궁금해 하고 있다. 그들은 그녀가 고등학교 졸업 때까지 늘 그녀를 지원해 왔지만 이제 그녀는 더욱 자기 자신의 의지만으로 임하게 될 것이다.

1장에서 언급했듯이, 철수의 가족은 철수의 미래를 극도로 확신하지 못한다. 특수교육 서비스에서 성인생활로의 변화는 여전히 몇 년간 더 있어야 하는데 왜냐하면 철수는 21세가 될 때까지는 계속해서 서비스를 받아야 하기 때문이다. 하지만, 그들은 월요일부터 금요일까지 그를 위해 활용할 수 있는 선택이 무엇인가에 관심을 가지고 있다. 철수의 부모들은 모두 주간 직업을 가지고 있기 때문에 철수가 특수학교에 다니는 동안에 계속 그 직업을 가졌었다. 철수의 성인기 계획의 변화는 그의 가족들의 계획에 변화를 요구하게 되었고 그래서 누군가 집에서 그를 감독해줄 사람이 필요하게 되었다. 이것은 벌써부터 문제인데 철수가 아프거나 학교에 안 가고 집에

머물 때가 문제인데 왜냐하면 전형적인 16세 소년과는 달리 아주 짧은 시간을 제외하고는 감독 없이는 그를 혼자 절대로 내버려둘 수가 없기 때문이다. 마지막 장에서 언급했듯이, 그의 가족들은 철수가 미래계획을 세우도록 돕기 위한 지원단을 조직했고, 그의 남은 일생을 위해 그가 시간제로 일하고 자원봉사 활동을 하거나 지역사회 생활에 참여하도록 그들이 계획을 작성하고 있는 중이다. 가능하다면 그가 21세가 될 때까지 이 모든 것이 다 준비될 필요가 있다. 철수의 부모들은 또한 교통수단에 관심이 있다. 학교 버스가 늘 그를 학교로 실어다 주었지만, 그가 시간제 직장 혹은 기타 활동에는 어떻게 이동할 수 있단 말인가? 비록 그들이 그것을 공개적으로 논의하지는 않았지만, 철수의 어머니와 아버지는 만약 그들이 철수를 그룹 홈(group home)이나 타인의 지원을 받는 생활공간을 마련하지 못한다면 미래에 그를 어떻게 수용할 것인가라고 계속해서 걱정하고 있는 중이다.

문화적인 차이와 가족

앞에서 기술했듯이, 가족체제모델에서 하위체제의 가족특성 가운데 한 양상은 가족문화다(Turnbull, Turnbull, Erwin과 Soodak, 2006). Turnbull, Turnbull, Erwin과 Soodak(2006) 등은 인종, 민족성, 종교, 지리적인 위치, 소득수준, 성, 성적인 지향, 장애수준, 직업 등 때문에 문화를 집단 동일시(identification)라고 말한다. 그리고 이들 요인들 중에서 어떤 요인이 성공, 젊은 가족구성원을 돕는 대가족의 역할, 교육 전문가 혹은 서비스 전문가들과 상호작용할 때 편안함의 수준, 혹은 미래계획 작성의 중요성 등에 무엇이 공헌할 수 있는가에 대한 가족구성원의 지각에 이바지 할 수 있다. 왜냐하면 문화적인 차이가 결정에 실질적인 영향력을 지닐 수 있기 때문에, 교육자들과 전문가들이 전환과정 및 그런 과정이 단위가족에 미치는 영향력에 대한 각 가족들의 지각력을 이해하는데 시간이 걸린다(Luft, 2005). 특히, 교육자들은 귀인이라는 올가미, 다시 말하자면, 문화적인 차이만을 보여주는 행동에 대한 잘못된 해석에 빠지지 말아야만 한다(Rubin, Chung, & Huang, 1998). 예를 들면, 어느 한 가족이 IEP모임에 참석하지 않기로 한 결정은 그들 아동교육 프로그램에 가족의 관심부족이라고 해석될 수도 있지만 실제로 그것은 가족들이 가지는 학교라는 다른 분위기

표 3.2	문화적인 차이를 가져오기 쉬운 행동

- 눈 맞춤
- 신체적인 접근
- 구어(verbal) 및 비 구어적(nonverbal)인 상호작용 유형
- 문어 읽기자료의 편안함
- 중등교육 이후 교육의 가치
- 교육전문가의 언어, 옷 기타 등에서 느끼는 편안함
- 권한 있는 사람에 대한 지각
- 계획 작성에 실제가족 및 대가족의 역할에 대한 지각
- 성공에 공헌하는 것들에 대한 지각
- 지역사회 성공에 공헌하는 것들에 대한 지각

에 대한 어색함이라는 부모들이 학교에 대해 갖는 불편함을 나타내는 것일지도 모른다. 유사하게, 물음에 대답을 하지 않는 것은 말없는 의견차이라고 오해될 수도 있는데, 실제는 부모 혹은 가족구성원이 물음에 대해 단순히 곰곰이 생각하고 있는 중일지도 모른다. 전문가들은 "그들은 상관하지 않는 답니다.", "그들은 과잉보호되고 있어요.", "그들은 비현실적입니다.", "그들은 비협조적입니다." 등과 같은 가족들에게 부정적인 태도를 보여주는 말을 피하도록 조심을 해야 한다. **표 3.2**는 문화적인 차이를 가져올 수 있는 행동 및 문화적으로 다양한 서로 다른 배경을 가진 가족들과 함께 일하는 전문가들이 고려해야 하는 문화적인 차이를 나열한다.

Letitia Myers는 지방 고등학교의 전환교육 조정자다. 그녀는 자기가 가르치고 있는 학생 중 한 명인 Donnell의 가족들과 어떻게 최상으로 함께 일할 것인가를 걱정하고 있다. Donnell Anderson은 서민 아파트에서 가족들과 함께 살고 있는 15세 된 흑인 학생이다. Donnell은 지적장애이고 제한적인 지원이 필요하다. 비록 그는 대학에 갈만큼 훌륭한 대학 지원자가 아닐지는 몰라도, 지역사회가 그의 고용을 허용해주는데 필요한 계속 발달시켜야 할 많은 기술을 지니고 있다. Letitia는 또한 가까운 장래에 자신의 아파트에서 살아갈 수 있을 것이라고 생각한다. 문제는 Donnell의 가족들이 Donnell의 잠재력에 관한 그녀의 관점에 동의할지 여부를 모른다는 것이다. 그녀는 단지 Donnell의 어머니(부모가 어머니 혼자인 결손가정)를 학교의 공식적인 장소에서 한번 만났을 뿐이고 그녀와는 그것도 제한적인 의사소통만 있었다.

Letitia는 Donnell의 미래에 대한 이야기를 나누기 위해 Donnell과 함께 만나달라고 부탁하기

위해 연락했다. 그녀는 공식적인 IEP모임 이전에 정보 수집을 위해 비공식적인 만남을 원한다. Donnell의 어머니는 방과 후에 만나는데 억지로 동의한다. Letitia는 3명이 이야기하기에 다소 편안한 모임 장소를 구하기로 계획한다. 그녀는 이 모임에 문서화된 정보를 이용하지 않기로 하는데 왜냐하면, 그것이 편안하게 이야기하는데 방해가 될지도 모르기 때문인데, 특히 Donnell이 읽기에 어려움이 있기 때문이다.

모임 날, Letitia는 Anderson과 Donnell을 따뜻하게 맞이하지만, Donnell의 어머니는 약간 차가운 얼굴을 하고 미소를 짓지 않고 있다는 것을 알아차린다. Letitia는 자신에게 이것은 아마도 학교환경에 그녀가 느끼는 불편함이거나 혹은 학교직원에 대해 있을법한 불신일지도 모른다고 생각한다. 이야기가 시작되자, Letitia는 Donnell의 미래계획 작성을 그들이 도와주길 원한다고 말한다. 그녀는 특히 자신이 가족들의 관점을 들을 때까지는 Anderson가족들에게 그녀 자신의 생각을 강요하지 않기로 한다. 그녀는 Anderson부인과 Donnell이 말하는 것을 정중하게 귀 기울여 듣는다. 곧, 아들과 어머니는 미래에 관해 이야기하기 시작하고 두 사람 모두 무슨 일을 해야 할 지 확신은 못하지만 매우 관심을 가지고 있다는 것이 분명했다. 더욱 독립적인 사람이 되기 위해, Donnell은 자기 마음대로 사용할 수 있는 돈을 더 벌기를 원한다. 그는 아직 자기 가족으로부터 밖으로 빠져나가길 원하지는 않지만 미래 언젠가는 자기 자신의 아파트를 갖길 원한다. Anderson부인은 성인기에 Donnell이 재정적으로 스스로를 부양할 능력을 갖출 것인가에 대해 회의적이지만 그녀는 학교가 그를 성인이 될 준비가 되도록 도와준다고는 생각하지 않는다. 그녀는 사람들을 이웃으로 만드는데 누구든지 얼마나 열심히 노력해야 하는가를 알고 있고, 그녀는 Donnell이 마약이라는 하위문화 속으로 빠져들지 않기를 원한다고 말한다. Letitia는 귀를 기울이고, Anderson의 말에 토를 달지 않으려고 특별히 노력한다. Letitia는 비록 문화와 경험에 차이가 있음에도 불구하고, 그녀가 이들 가족들과 신뢰를 쌓을 필요가 있다는 것을 안다. 그녀는 이야기를 듣는 것이 가장 중요한 첫 번째 단계라는 것을 안다.

우리 자신의 문화적인 편견을 아는 것은 전환기 장애 학생을 둔 가족들과 효율적으로 일하려는 노력에 매우 중요한 구성요소다. 무엇보다도, 비록 전문가들이 합의에 이르지는 못하더라도 그들은 가족들의 관점을 존중하기 위한 모든 노력을 해야만 한다.

이것을 고려하라! 여러분 자신의 문화적인 배경과 정체성은 무엇입니까? 특별한 축하, 의식, 음식, 공휴일 혹은 여러분 가족에게서 일어나고 여러분의 문화적인 유산을 반영하는 가족의 사건 등에 관해 생각해보라. 여러분의 문화적인 배경에 친숙하지 못한 사람은 이런 일들을 어떻게 생각할까요? 가족구성원의 어떤 행동이 여러분의 문화적인 유산에 친숙하지 못한 사람들에 의해서 잘못 해석될 수 있을까요? 여러분의 문화적인 유산을 어떻게 다른 사람들에게 교육할 수 있는가?

4. 전환계획 작성시 가족참여를 방해하는 요인

전환계획 작성에 성공적이고 생산적인 가족참여에 대한 다양한 방해 요인들이 있다. 여기서는 가족들이 직면할 구체적인 몇 가지 방해요인들에 대해 논의한다.

변화 일정표

가족들이 직면하는 가장 긴급한 문제들 중 한 가지는 그 기간에 그들 아동의 일정표에 대한 잠재적인 변화다. 돌봄 제공자가 일하는 동안에 가족들에게는 중요한 문제를 제기할 수 있다. 종종, 바라는 성인서비스에 관한 가족들의 선택은 주로 이런 문제에 바탕을 두고 있고, 그들은 분리된 혹은 지역사회 서비스의 기반을 넘어서 센터에 기반을 둔 프로그램을 선택할지도 모르는데 왜냐하면 이들 프로그램이 더 많은 안정과 안전을 제공해주는 것이라고 잘못 지각할 수도 있기 때문이다.

Roberto의 부모들은 모두 도시에서 일한다. Roberto가 학교에 다니는 동안 그들은 Roberto가 어디에 있는지 그리고 그에게 아무 문제가 없다는 것을 알고 있어서 마음이 편안했다. 이웃 중 한사람이 Roberto 부모들이 집에 도착하기 전 매일 1시간 30분씩 계속해서 그를 지켜보았다. 지금은 낮에 행할 프로그램이 필요하다. 그의 부모들은 집에서 그와 함께 머물러 줄 사람에게 돈을 지불할 수가 없고, 그래서 그를 감독해주는 사람 없이 그렇게 오랫동안 그를 혼자 남겨 놓을 수가 없다. 비록 Roberto의 선생님은 지원을 받고 있는 지역사회에서 그가 일할 수 없다고 생각하고는 있지만, 부모들은 그를 보호작업장(sheltered workshop)에 배치를 신청했다. Roberto의 부모들은 지역사회에서 그가 일할 수 있도록 허용을 안 하는 것이 나쁜 것이라고 생각하지만, 무엇보다도 부모들은 그가 다른 사람들과 함께 일하고 있는 동안은 Roberto가 안전하다는 것을 알고 있고, 부모들은 보호 작업장은 이러한 부모들의 요구를 가장 잘 충족시켜 줄 것이라고 생각한다.

관심의 초점이 되는 프로그램의 변화

점점 더 많은 장애 학생들이 통합환경에서 교육을 받고 있는 중이지만(Steere, Rose, & Fishbaugh, 1999), 분리된 성인서비스 선택이 계속 우세하다. 일부 가족들에게는 이것이 딜레마를 제시한다. 비록 그 프로그램이 분리된 것이고 그래서 통합의 가치와 부합되지 않는다고는 하더라고, 청소년들이 어떤 성인서비스 프로그램을 수용하는 것이 더 나을까? 가족들은 그런 배치를 받아들여야 하거나, 가족들은 그 대신에 지원고용 같은 통합서비스를 옹호하려고 해야 할까?

Eliza의 부모들은 Eliza가 교육을 받아오는 동안 줄곧 통합교육을 받도록 강요 받아왔다. 지금 지역기관들에서 온 대표들은 그들이 현재 활용할 수 있는 유일한 성인서비스는 센터에 토대를 둔 그리고 분리된 프로그램이라고 말하고 있는 중이다. 그들은 그 분야에 대부분 지원고용 서비스를 제공하는 서비스 제공기관이 개방되어 있지 않다는 정보를 제공받는다. Eliza의 부모들은 집으로 가서 이 문제를 논의한다. 그들은 단순히 보호 작업장 배치를 받아들이고, 이것은 낮에 Eliza를 위한 돌봄과 감독을 어떻게 제공할까라는 그들의 딜레마를 분명히 처리하도록 도와줄 것이다. 하지만 부모들이 그 문제를 더 논의할수록 그들은 이것이 그녀의 최고 관심거리가 아니라는 것을 알게 되고, 그녀는 확실히 지역사회에서 일하기를 원한다. 부모들은 또한 미국장애인법과 같은 법에서 제공되는 보호에 관해서도 알고 있고, 그들은 이런 보호는 Eliza가 지역사회에서 일할 수 있는 기회 증진을 돕는다는 것을 알고 있다. 그들은 물러나기를 거절하고 자기 딸을 위해 지원고용 서비스를 더욱 강력하게 옹호하게 될 것이다.

누굴 믿어야 하는가?

성인생활로의 전환에서 제기되는 한 가지 장해요소는 학교 및 가족들과의 제휴가 끝난다는 것이다. 새로운 제도를 다루는 이런 전환(Ferguson et al., 1988)은 가족들이 새로운 믿음이 가는 관계망을 발전시켜야 된다는 것을 의미한다. 이것은 학교를 신임했던 가족들에게는 도전이 될 수 있다.

Leanna는 학습장애를 지니고 있다. 그녀는 고등학교에서 매우 공부를 잘했고, 현재 그녀는 지방에 있는 지방대학에 입학할 예정이다. 그녀의 부모들은 매우 행복하고 그녀의 학업성취와 다음번 도전에 즐거워하고 있다. 그러나 그들은 누구도 그들의 딸 문제에 관해 이야기하지 않길 바란다. 그녀의 전환 조정자는 그들과 늘 이야기를 할 수 있었고, 부모들은 그녀에게 무척이나 기대를 해 왔다. 현재 지방대학에서는 부모들이 누구와 접촉을 해야 할 지 분명하지가 않다. 누가 이런 역할을 대신 해줄까요? 부모들은 불안하고 그녀가 믿을 수 있는 자신을 돌보아줄 사람도 없이 Leanna가 잘 해낼 수 있을 지 걱정하고 있다.

축하장소는 어디인가?

대부분의 청소년들과 그들 가족들에게 고등학교 졸업은 그들의 성취를 축하하는 때다. 학생들과 그들 가족들은 졸업을 열심히 학수고대하며, 많은 청소년들은 자신들의 무도회(고교 · 대학 등에서 학년말에 공식적으로 여는 댄스파티)를 준비한다. 장애 학생을 둔 일부 가족들에게는 그런 축하는 무엇인가가 부족해보일지도 모른다. 분명히, 그들 학생들은 졸업식에 참가할 권리가 있지만, 가족들에게는 졸업식 참석은 마치 졸업 그 자체만큼이나 불분명한 미래같이 보일지도 모른다.

Rashid는 자폐증과 지적장애를 지니고 있는 21세다. 이번이 그가 특수교육을 받는 마지막 해 봄이다. 그의 가족은 Rashid가 지역사회에서 약간의 직업경험을 하도록 보장해주기 위해 학교와 함께 협력해 오고 있는 중이고, 그들은 그가 지원고용 서비스를 제공하는 지역 재활기관으로부터 서비스를 받을 수 있도록 조처를 해주고 있는 중이다. 이런 긍정적인 조처에도 불구하고, Rashid의 부모들은 이번 졸업은 그들 친구들의 졸업과는 다르다고 생각한다. 그들 친구들은 자식들이 어느 대학에 갈 예정인지와 그들이 얼마나 잘하고 있는지를 자랑스럽게 이야기 한다. Rashid의 부모들은 아들을 매우 자랑스럽게 생각하고 있고 아들이 지원고용을 통해 봉급을 받는 직장을 구하길 학수고대하고 있는 중이다. 하지만, 부모들은 자기 친구들과 Rashid의 전환에 대해 이야기하기가 어렵다는 것을 발견하고, 그들은 여러 가지 면에서 Rashid와의 이런 경험은 부모 친구들의 아동들에게서 일어나고 있는 일과는 전혀 다른 경험이라고 생각한다.

우리 아이와 우리 가족을 위해서 무엇이 최고인가?

일부 가족들이 직면하는 장해 요인은 자기 아동과 나머지 가족을 위해 행하는 최상이 무엇인가 균형을 맞추기 위한 긴장과 압력이다. 종종, 전환기 아동에게 최상으로 보이는 것이 다른 가족구성원들에게는 최고가 아닐 수도 있다는 것이다. 예를 들면,

학생은 자신의 가정 밖으로 이동해 가길 원하지 않을 지도 모르지만 그의 어머니와 아버지는 아들을 지속적으로 돌보는 책임으로부터 일시적인 휴식을 필요로 할지도 모르고, 그래서 자기 아동이 수용 프로그램으로 이동해 가길 환영할지도 모른다. 유사하게도, 가족들은 장애가 없는 자기 아동의 요구를 충족시키는데도 힘이 들 뿐 아니라 장애 아동에게 서비스를 제공하는 데는 더 많은 노력이 따른다.

외상성 뇌손상(traumatic brain injury)이라는 중도 장애에도 불구하고 Ken의 가족은 늘 그에게 서비스를 제공해 오고 있다. 그의 신체 및 인지장애는 그의 부모들에게 실질적인 어려움을 제기하지만 그의 부모들은 Ken의 여동생에게 충분한 시간을 투자하지 못하고 있다고 생각한다. 그래서 그들은 집에서 그를 데려가서 그에게 감독과 훈련을 제공해줄 Ken의 성인생활을 위한 서비스 선택을 생각해 보기 시작했다. 부모들은 Ken이 하길 원하는 것이 부모들이 Ken에게 최상이라고 생각하는 것과 자기 딸을 위해 최상이라고 생각하는 자신들의 결정에 의한 것보다도 훨씬 동기화가 많이 된다는 것을 알고 있다.

이전의 보기들은 전환계획 작성에 능동적이고 생산적인 가족참여를 방해할지도 모르는 많은 미묘하고 분명한 장해 요인들을 강조한다. 다음은 전환에 가족들을 훨씬 더 잘 참여시키기 위해 전문가들이 강조할 수 있는 몇 가지 전략들을 논의한다.

5. 전환계획 작성에 적극적인 가족참여를 위한 창조적인 전략

지금까지 기술해 온 장해 요인들이 전환계획 작성에 가족들의 참여를 방해해서는 안 된다는 것이다. 능동적으로 창의적이고 지원적인 전문가들은 그런 과정에 일부인 어려움을 가족들이 극복하도록 도와줌으로써 성공적인 전환에 가족들이 주요한 공헌자가 될 수 있다. 다음 장에서는 전환계획 작성을 촉진시키기 위한 구체적인 전략들이 기술되겠지만, 이 부분은 전환에 더 많은 가족들이 참여할 수 있는 방법들에 대한 조망을 제공할 것이다. 특히, 아래와 같은 중요한 방안들에 대해 논의한다.

- 믿음 쌓기

- 인식증대
- 안내하는 질문 묻기
- 정보제공
- 지원과 확신제공
- 가족자원 파악 돕기
- 지원자원과 연결

여러분은 이런 조처들이 전환에서 IEP모임-이전, IEP모임 동안 및 IEP모임 이후-언제라도 발생할 수 있다는 것에 주목해야 한다. 중요한 것은 전환에 관한 더 많은 논의를 위해 "문을 계속해서 열어 놓고 있는" 가족들과 함께 지속적이고 협력적인 관계망을 유지하는 것이다.

믿음 쌓기

만약 가족들이 여러분을 믿는다면, 전환에서 가족들을 돕는 것은 매우 쉬운 일이다. 그래서 첫 번째 취해야 할 조처는 믿음을 쌓는 것이다. 가족들과 광범위하게 함께 일하는 교육자들은 믿음이 가족들과의 지속적인 대화 및 그들과의 약속이행을 통해 형성된다는 것을 알고 있다. 장애 학생들의 가족들과 빈번한 의사소통이 첫 번째 단계다. 전화 접촉을 시도하기보다는 쪽지 편지나 이메일을 통한 메시지 전달이 훨씬 효율적인 것이 될 지도 모른다. 또한 가족들에게 자주 "좋은 소식"을 전해주는 것이 그들이 학교 교직원들과 접촉하려는 동기를 더욱 많이 쉽게 부여해주기가 쉬운 것 같다. 전문가들이 항상 가족들에게 그들이 더 좋아하는 의사소통 방법이 무엇인지, 그들이 얼마나 자주 접촉하기를 좋아하는지, 그들에게 어떤 정보가 매우 유용한지를 물어보는 것이 중요하다.

인식증대

일단 믿음이 형성되면, 교육자들과 기타 전문가들이 전환계획 작성과 관련된 문제들에 가족들의 인식증대를 도울 수 있다. 이것은 전문가들이 가족들에게 너무 많은 정보를 너무나 재빨리 제공해야 한다는 것을 의미하지는 않는다. 오히려, 가족들이 전환문제를 생각해보도록 문제를 꺼내야만 한다. 미래에 관한 질문을 포함하고 있는 설문지는 전환에 관한 논의를 시작하기에 아주 좋은 방법이다(Hutchins & Renzaglia, 1998). 학교 교직원들과 보다 친밀한 관계를 유지하고 있는 일부 가족들에게는 직접 얼굴을 맞대고 만나는 모임은 성인생활로의 전환에 대한 논의를 시작할 적절한 시기다. 가능하다면, 교직원들을 만나기 위해 학교 건물로 가족구성원들이 항상 올 것이라고 기대하기보다는 오히려 종종 가족구성원들의 집에서 그들을 만나기로 조정하라.

안내하는 질문 묻기

왜냐하면 많은 가족들에게 전환은 매우 위압적인 장해 요인이기 때문에, 그들의 긴급한 질문을 강조함으로써 시작한다면 그것이 최상의 방법이 될 것이다. 이미 말한 것처럼, 설문지 혹은 모임을 통해서 이 일이 행해질 수 있다. 예를 들면, "내 아들이 잘하는 것은 무엇인가?" 혹은 "그가 어떤 관심을 보였는가?" 등과 같은 질문들을 해야 할 최상의 장소에 관한 정보를 제공할지도 모른다. 가족과 함께 일하고 있는 교사와 기타 전문가들은 가족구성원들로 하여금 전환, 가족의 희망, 두려움, 관심사가 무엇인가에 대해 생각해보게 해주는 많은 질문들을 물을 수 있다. 부가적인 질문들은 아래와 같다.

- 여러분 아동은 집에서 어떤 자질구레한 일을 하는가?
- 여러분 아동이 어떻게 가장 효율적으로 배우는가?
- 여러분 아동은 어떤 직업경험을 갖고 있는가?
- 여러분 아동은 학교에서 어떤 과목이나 활동을 즐기는가?

이들 질문들은 전환기 청소년들과 연관된 전 분야의 토픽이 포함됨을 확신시켜주는 성인생활(직업, 가정생활, 지역사회 생활, 여가 및 오락)의 영역에 따라 구체화될 수 있다. Hutchins와 Renzaglia(1998)은 가족이 자기 아동의 미래 고용선택에 대해 생각해보기 시작하도록 돕는 우수한 방법을 제공하는 설문지를 개발했다.

정보제공

가족은 전형적으로 핵심정보가 부족하다. 이런 정보를 제공하는데 전문가들이 핵심적인 역할을 한다. 하지만 성인기관에 관한 수많은 안내책자만 단순히 보내는 것으로 이것이 성취되지는 않는데 왜냐하면, 이 정보는 양이 너무 많을 수도 있고 실용적인 것이 안 될 수도 있기 때문이다. 대신에 전문가들은 성인서비스 체계를 기술하기 위해 그 다음에 접촉해야 할 기관에 관한 정보를 제공하기 위해 가족과 상호작용 시간을 활용해야 한다. 이 일은 개별적인 모임 및 가족들과의 상호작용을 통해 일어날 수 있거나 혹은 가족에게 정보를 제공하기 위해 고안된 학교가 지원하는 훈련을 통해서 일어날 수 있다. 또한 일부 학교와 성인서비스기관과 합동으로 안내책자를 개발했고 그리고 지역에 살고 있는 가족이 전환교육 서비스에 친숙하도록 고안된 책자들을 조망한다. 이런 자료들은 전형적으로 읽기 쉽고, 보다 편리한 방식으로 만들어지기 때문에 지역의 전환교육 서비스를 망라해 보여준다는 장점을 가진다.

지원과 확신제공

가족들이 올바른 방향으로 나아가고 있다는 것을 가족들에게 확신시켜 줄 필요가 있다. 전환은 전문가들의 의견에 의해서만이 아니라 학생 본인과 가족들에 의해 안내되어야 한다. 하지만, 가족들은 취해질 예정인 그런 조처들이 그들 아동들을 도와줄 것이라는 것을 알기 위해서는 전문가들의 도움이 절실히 필요하다. 특정 가족들과 믿음직한 관계망을 발전시킨 전문가들에게는 열린 의사소통 통로가 가족들에게 정보뿐만 아니라 정서적인 지원제공을 훨씬 더 쉽게 해준다는 것을 알게 될 것이다. 전문가들은 전환계획 작성과정에서 자기 아동을 도와주는 쪽으로 능동적인 조처를 취하도록 가족들의 인식을 개선해야 한다.

가족자원 파악 돕기

가족은 전형적으로 전환에 도움이 될 자원을 지니고 있지만 그들은 이들 자원을 가지고 있다는 것을 알지 못할 수도 있다. 예를 들면, 친구들과 대가족 구성원들은 전환기에 있는 청소년을 위한 잠재적 지원자원이다. 이것은 특히 중요한데 왜냐하면 대부분의 사람들은 자신들이 알고 있는 타인을 통해 직업을 구하기 때문이다. 또한 가족은 지원과 도움을 제공하는데 매우 중요한 협력자인 지역사회와 아무런 관련이 없을 수도 있다. 예를 들면, 많은 가족들에게는 그들의 작업장은 지역사회와 연관 및 지역사회의 지원과 중요한 관계가 있기 때문이다. 전문가들은 전환계획 작성과정에 도움이 될 수 있고 이미 존재하고 있는 자원을 가족들에게 알리고, 가족들도 이미 존재하는 자원에 맞출 수 있도록 도와주어야 한다.

지원자원과 연결

마지막으로 전문가들은 정보제공 그 이상의 일을 해야 하고 가족들이 지원자원과 연결되도록 돕는 역할을 해야 한다. 이것은 가족들이 찾고 있는 구체적인 사람과의 접촉을 포함하거나 도움을 줄 수 있는 다른 전문가를 가족들에게 소개하기를 포함한다. 일부 가족들에게는 전환과정을 경험할 혹은 더 나은 경험을 한 다른 부모들이 최상의 지원자들이다. 일부 학교들은 전환기 가족들을 위한 지원 및 정보제공을 이미 시작했고, 만약 이것이 사실이라면, 전문가들은 새로운 가족들이 이런 모임에 참석하도록 격려할 수 있다. 또한 가족들에게는 기타 가족구성원들의 정보 혹은 성인서비스 기관에 의한 훈련과 모임에 관한 정보가 제공되어야 한다.

요 약

이 장은 전환계획 작성과정에서 가족들이 행하는 핵심적인 역할을 소개했다. 가족들은 학생들의 전 생애를 통해서 가장 전형적이고 지속적인 지원 망이다. 학생들뿐만 아니라 가족들은 전환과정에서 새로운 경험을 하고 그 영향을 받는다. Turnbull, Turnbull, Erwin 및 Soodak의 연구(2006)에서 살펴보았듯이, 가족들은 그들 아동의 특수교육제도의 통과 경험을 포함해 주요한 인생 사건들에 의해 전형적으로 영향을 받는 가족기능 체제로 개념화 될 수도 있다. 장애 학생들의 가족은 그들 아동의 일생 동안에 수많은 실질적인 장해 요인들에 직면한다. 특히, 그들 아동이 성공적인 전환을 하도록 돕기 위해 필요한 성인서비스 체제 및 조처에 관해 종종 빈약한 정보를 제공받는다. 가족이 중요한 정보에 접근할 수 있는 방법을 찾아내고 전환계획 작성과정에서 더욱 능동적인 역할을 하기 위해 가족의 동정심과 창의력을 사용함으로써 전환과정을 통해 가족을 돕는데 학교 교직원 및 기타 전문가들이 선구적인 역할을 할 필요가 있다.

응용활동

아래 나열된 응용활동은 전환에서 여러분의 지속적인 학습 및 기술 발전에 필수적인 것들이다. 이들 활동의 각각은 여러분의 시간과 에너지를 요구하겠지만 이 분야에서 여러분이 전문적인 기술을 개발하도록 여러분을 도울 것이다.

실천과 이해를 위해

여러분 자신의 고등학교 전환을 돌이켜 보고, 여러분 가족이 여러분을 도왔던 많은 방법들을 고려하라. 아래 나열된 성인생활의 각 영역 바로 옆에, 여러분 가족들이 제공한 도움의 종류를 써보라(주의: 이들 범주화는 Wehman이 2001년에 기술하고 확장시킨 일련의 범주화에 토대를 둔 것임).

- 고용
- 중등교육 이후의 교육과 훈련
- 독립생활
- 지역사회 참여
- 오락과 여가
- 사회적인 관계망
- 재정계획 및 돈 관리
- 교통과 이동성
- 건강과 안전

지금까지 여러분 가족들은 여러분을 위해 무엇을 했습니까? 예를 들면, 일부 가족은 청소년들이 첫 직장을 찾도록 돕는데 조력을 제공하거나 혹은 지역사회 행사에 참석하도록 차로 태워주었다. 가족은 종종 자기 아동이 돈에 관해 배우도록 안내를 해주고, 은행계좌 개설을 어떻게 하는지, 재정적으로 어떻게 책임지는 가 등을 돕는다. 또한, 일부 가족은 청소년들이 처음으로 기숙사 생활과 아파트 생활을 시작하도록 돕는다. 가족들은 여러분을 돕기 위해 무엇을 했습니까?

Turnbull, Turnbull, Erwin 및 Soodak(1997)의 가족체제모델을 이용해서, 삶에서의 중요

한 일들이 여러분 가족들에게 미친 영향을 기술하라. 이들 일들은 새 아기의 탄생, 결혼, 혹은 승진 등과 같은 긍정적인 것 혹은 이혼, 직장을 잃음, 가족구성원의 죽음 등과 같은 부정적인 것들이 될 수도 있을 것이다. 여러분이 기술한 사건이 어떻게 여러분 가족체제에 영향을 미쳤는가? 상호작용 유형이 영향을 받았는가? 그 일의 영향으로 그들이 바뀌도록 한 사람이 누구이고 어떤 기능이 그들을 바뀌도록 했는가?

여러분의 포트폴리오를 위해

여러분이 개발한 일련의 자료 혹은 가족이 전환기에 있는 아동을 도와주기 위해 우연히 만난 일련의 자료들로부터 시작하라. 이들 자료들은 아래와 같다.

- 가족 설문지 혹은 질문지
- 성인서비스 프로그램의 영역 기술하기
- 여러분이 가르친 것과 교육과정이 성인기 성공과 어떤 관련이 있는가라는 기술들
- 가족지원 망 혹은 정보망에 대한 기술들

기사거리에 대한 자료파일을 개발하고 서로 다른 문화적인 배경에 관한 정보를 제공하라. 가족에 대한 여러분의 지식 및 그들이 표출하는 많은 서로 다른 문화적인 배경을 확장시키는데 이 자료파일을 활용하라.

만약 여러분이 꿈을 지니고 있다면, 여러분의 지역학교에서 가족지원 및 정보의 집단화를 고려하라. 전환기 가족들에게는 이 집단이 자원이 되어야 한다. 동기화되고 지식이 있는 가족구성원의 핵심이 되는 사람 및 기타 가족구성원들에게 감화를 제공할 수 있는 사람과 함께 시작하는 것이 최상이다.

관련 자료와 웹사이트

아래 자료와 웹사이트들은 여러분으로 하여금 전환기에 있는 학생을 둔 가족들과 함께 어떻게 효율적으로 일할 수 있는지에 관한 여러분의 지식을 확장시켜 줄 것이다. 왜냐하면 미국의 각 주들은 가족들을 지원하고 정보를 제공할 수 있는 수많은 조직을 가지고 있기 때문이고, 여러분은 구체적인 영역에서 그들을 위한 조직을 찾아내야 한다. 전형적으로 여러분의 전문적인 프로파일에 이들 자료를 포함시키도록 하라.

Beach Center on Disabilities

장애인을 가족으로 둔 가족들을 위한 정보. 미국 전역에 있는 부모 대 부모(Parent to Parent) 및 기타 단체들에 관한 전국적인 목록을 포함.

www.beachcenter.org

Partners in Policymaking

대부분의 주들에서 활용할 수 있는 장애인 및 그들 가족들을 위한 훈련 프로그램들.
www.partnersinpolicymaking.com

AAMR

지적장애인에 관한 자기옹호 및 정보. 지역 분회들과의 연결망을 포함.
www.aamr.org

ARC of the United States

지적 및 발달장애인에 관한 자기옹호 및 정보. 지역 분회들과의 연결망을 포함.
www.thearc.org

Council for Exceptional Children

모든 영역의 특수학생을 위한 교육서비스에 관한 정보. 지역 분회들과의 연결망을 포함. 또 진로발달 및 전환분과(Division on Career Development and Transition: DCDT)를 포함해 특수한 장애와 특수한 문제를 지닌 학생들에 초점을 맞추고 있는 분회들을 포함.
www. cec.sped.org

Learning Disabilities Association of America

학습장애를 가진 시민들을 위한 자기옹호 및 정보.
www.ldanatl.org

National Alliance for the Mentally Ill

정신병을 가진 시민들을 위한 자기옹호 및 정보.
www.nami.org

TASH

특히 중도장애 및 중복장애인들을 위한 자기옹호 및 정보. 지역 분회들과의 연결망을 포함.
www.tash.org

New Freedom Initiative Resource

연방정부의 관계부처들이 장애인에 관한 자료와 정보를 찾기 위해 웹사이트에 접근을 허용함.
www.disabilityinfo.gov

참고 문헌

Blacher, J. (2001). Transition to adulthood: Mental retardation, families, and culture. *American Journal on Mental Retardation, 106*, 173-188.

Chambers, C., Hughes, C., & Carter, E. (2004). Parent and sibling perspectives on the transition to adulthood. *Education and Training in Developmental Disabilities, 39*, 79-94.

Cooney, B. (2002). Exploring perspectives on transition of youth with disabilities: Voices of young adults, parents, and professionals. *Mental Retardation, 40*, 425-435.

Featherstone, H. (1981). *A difference in the family: Living with a disabled child.* New York: Penguin Books.

Ferguson, P, Ferguson, D., & Jones, D. (1988). Generations of hope: Parental perspectives on the transition of their children with severe retardation from school to adult life. *Journal of the Association for Persons with Severe Disabilities, 13*, 177-187.

Gallivan-Felon, A. (1994). "Their Senior Year": Family and service provider perspectives on the transition from school to adult life for young adults with disabilities. *Journal of the Association for Persons with Severe Disabilities, 19*, 11-23.

Hanley-Maxwell, C., Whitney-Thomas, J., & Pogoloff, S. (1995). The second shock: Parental perspectives on their child's transition from school to adult life. *Journal of the Association for Persons with Severe Disabilities, 20*, 3-16.

Hutchins, M., & Renzaglia, A. (1998). Interviewing families for effective transition to employment. *Teaching Exceptional Children, 30*, 72-78.

Kraemer, B., & Blacher, J. (2001). Transition for young adults with severe mental retardation: School preparation, parent expectations, and family involvement. *Mental Retardation, 39*, 423-435.

Lehmann, J., & Roberto, K. (1996). Comparison of factors influencing mothers' perceptions about the futures of their adolescent children with and without disabilities. *Mental Retardation, 34*, 27-38.

Luft, P (2005). Multicultural competence for working with families. In R. Flexer, I Simmons, P Luft, and R. Baer (Eds.), *Transition planning for secondary students with disabilities* (2nd ed.) (pp. 276-304). Upper Saddle River, NJ: Pearson-Merrill/Prentice Hall.

Rubin, S., Chung, WI, & Huang, WI (1998). Multicultural consideratio

ns in the rehabilitation counseling process. In R. Roessler & S. Rubin (Eds.), *Case management and rehabilitation counseling: Procedures and techniques* (3rd ed.) (pp. 185-2 30). Austin, TX: Pro-Ed.

Steere, D., Rose, F., & Fishbaugh, M. S. (1999). Integration in the secondary school for students with severe disabilities. In M. Coutinho & A. Repp (Eds.), *Inclusion: The integration of children with disabilities* (pp. 333-365). Atlanta, GA: Wadsworth Publishing Co.

Thorin, E., Yovanoff, P, & Irvin, L. (1996). Dilemmas faced by families during their young adults' transitions to adulthood: A brief report. *Mental Retardation, 34*, 117-120.

Thorin, G., & Irvin, L. (1992). Family stress associated with the transition to adulthood of young people with severe disabilities. *Journal of the Association for Persons with Severe Handicaps, 17*, 31-39.

Timmons, J., Whitney-Thomas, J., McIntyre, J., Butterworth, J., & Allen, D. (2004). Managing service delivery systems and the role of parents during their children~s transitions. *Journal of Rehabilitation, 70*, 19-26.

Turnbull, A., Turnbull, H. R., Erwin, F., & Soodak, L. (2006). *Families, professionals, and exceptionality: Positive outcomes through partnerships and trust* (5th ed.). Upper Saddle River, NJ: Merrill/Prentice Hall.

Wehman, P (2001). *Life beyond the classroom* (3rd ed.). Baltimore: Paul H. Brookes.

Wehmeyer, M., Morningstar, M., & Husted, D. (1999). *Family involvement in transition planning and implementation*. Austin, TX: Pro-Ed.

Whitney-Thomas, J., & Hanley-Maxwell, C. (1996). Packing the parachute: Parents' experiences as their children prepare to leave high school. *Exceptional Children, 63*, 75-88.

4

전환계획 과정

장의 목표

1. 전환계획 활동을 수행하고 실행할 수 있다.
2. 졸업 후 학생이 바라는 성과를 만족시키는데 전환계획이 효과적임을 보장할 수 있다.
3. 전환계획 작성과정에 팀 구성원들의 역할과 책임을 알 수 있다.
4. 학생, 가족 및 전문가의 협력으로 질 높은 IEP/질 높은 전환을 계획하고 문서화할 수 있다.

장의 핵심 주제

- 효율적인 계획 작성전략: 이 장에서는 효율적인 전환교육 IEP의 체제 및 창의적인 계획고안을 위한 계획 팀 구성방법을 찾아보라.
- "결과중심과정(results-oriented process)": 만약 바르게 수행된다면, 학생들이 바라는 전환성과가 계획 작성과정을 어떻게 이끌어가는 가를 주목해보라.

장애 학생을 위한 모든 특수교육 프로그램의 목적은 IDEA 정신을 충족시키고 연방정부 법을 따르는 효율적인 계획을 만들어내는 것이다. 학군과 특수교육 프로그램은 이런 성과를 성취하려고 온갖 노력을 다하고 있다(Grigal, Test, Beattie, & Wood,

1997; Powers, Gil-Kashiwabara, Geenen, Powers, Balandran, & Palmer, 2005). 아마 학교 교직원, 성인서비스 종사자, 장애 학생, 장애인을 둔 가족들이 전환계획이 갖는 핵심적인 중요성을 완전히 이해하지 못하고 있는지도 모른다. 또 이들은 특수교육을 받고 떠난 학생들의 빈약한 성과달성을 완전히 이해하지 못하고 있다. 다른 요인은 아마도 학생들에게 "멋진 성인생활"을 할 수 있는 기회를 제공해주고는 학생들이 성과를 획득하도록 도움을 주는 유일한 책임이 학교라고 생각하기 때문이다.

위에서 말한 빈약한 성과에도 불구하고, 효율적인 전환계획 및 질 높은 교육서비스의 전달이 결정적인 차이를 가져온다는 것을 잘 알고 있다. 만약 학교가 학생의 교육 프로그램에 직업탐색과 직업획득 훈련의 구성요소를 제공하면, 한 연구는 장애학생들의 87% 이상이 고용되기가 쉽다는 것을 보여주었다(Rabren, Dunn, & Chambers, 2002). Carter와 Wehby(2003)는 만약 학생들에게 훈련과 학생들이 수용할 수 있는 직업수행에 중요한 기술이 무엇인가를 학생들이 알게 되면, 정서 및 행동장애 학생들이 더 나은 성과를 가진다는 것을 알아냈다. 부가적으로 Durlak과 Rose(1999)는 만약 학생들이 자신들에게 더 큰 경제적인 성공과 개인적인 행복추구를 가능하게 해주는 자기결정기술을 배운다면, 학습장애 학생들이 더 많은 가능성을 갖는다고 말했다(Milson & Hartley, 2005). 일반적으로 효율적인 전환 프로그램이 제공된 고등학교를 졸업한 학생들은 졸업 후 성과 및 전반적으로 질 높은 좋은 삶을 누릴 수 있는 더 큰 잠재력을 가진다(Kraemer, McIntyre, & Blacher, 2003). 이들 연구들은 이 장 후반부에서 더욱 자세히 논의된다.

IEP모임에 참가할 준비가 되고 자신의 전환과정에 능동적인 역할을 할 가족들과 학생들에게 이들 연구들은 그 중요성을 입증해준다. 협력과 일련의 조정된 활동이 핵심요소라는 사실은 학교가 어느 한 가지만으로는 학생을 위한 "모든 일을" 다 할 수는 없다는 것을 깨닫도록 도와준다. 여러분이 협력하는 분위기를 만들어내는데 필요한 지식을 제공하는 것이 바로 이 장의 의도인데, 왜냐하면 이것이 IEP계획 작성, 효율적인 전환교육 IEP를 개발하고 문서화하는데 모든 팀 구성원들이 동등한 자격으로 참여하도록 허용해주기 때문이다.

1. 단계설정: James의 전환계획

James는 가을에 9학년이 되는 15세의 경도 지적장애 학생이다. 현재는 4월이고 그의 다음해 연간 IEP가 수행되고 있는 중이었다. James의 어머니인 Mrs. Rose는 그의 IEP모임에 참석해달라는 초청장을 방금 받았다. 초청장에는 이 모임에서 전환교육이 논의될 것이고 다른 기관들도 이 과정에 참석해달라는 초대를 받았다는 것을 알려주었다. 자기 아들의 IEP모임에 왜 다른 기관들이 참석해달라는 초대를 받았는지 그리고 전환교육이 무엇인지 확실히 알지 못했기 때문에 Mrs. Rose는 혼란스러웠다. 그래서 그녀는 James의 선생님인 Mrs. Neff에게 전화를 했다. Mrs. Neff는 그녀에게 고등학교 졸업 후 성인생활을 James가 준비하도록 도와주는 것이 전환교육이라고 설명했다. Mrs. Rose의 심장이 더욱 빨리 뛰기 시작했다. 그녀는 James가 학교 밖으로 나가는 것과 그가 학교졸업 후에 무엇을 할 것인지를 생각해보질 못했다. 사실, 그녀는 그가 학교에 오랫동안 머물러 있기를 바랐고 그 외에도 현재까지 그를 위한 졸업 후 준비를 못했던 것이다. 그녀는 초대받은 다른 기관의 사람들이 누구인지를 물어보았다. 그들은 주정부의 직업재활담당관, 지역의 발달장애담당자, 성인서비스 제공자들이라는 말을 들었다. 그녀는 이들 기관들이 무엇인지 몰랐고 어떻게 이들이 자기 아들을 도와줄 것인지도 몰랐다.

전화를 끊고는 실제로 자신이 결코 생각해본 적이 없었던 James를 이제는 성인으로 생각하기 시작했다. James는 항상 많은 미소를 보내고 많은 질문을 묻는 귀여운 소년이었다. 사람들은 그가 성장해서 성인역할을 할 것이라고 생각할까? 그녀는 그가 일할 수 있고 직업을 유지할 수 있을 지가 궁금했다. 그는 혼자서 살아갈 수 있을 지 혹은 자신과 비슷한 사람들과 함께 살아가야 할까? 그녀는 늘 James가 자신과 살아갈 것이고 남편이 죽은 이래로 그와 언제나 함께 생활할 것이라고 예상해 왔다. 아마 그는 자기 형이나 누나와 함께 살아갈 수도 있을 것이다. 그녀는 그의 미래가 불확실하다는 것을 생각하면 소름이 끼쳤다. 타인들이 James의 학교졸업 후의 삶에 대해 언급한 것은 이번이 처음이었다.

모임이 있던 날, Mrs. Rose는 초조했다. 그녀는 어떤 질문을 받을 지 궁금했다.

James에 관한 중요한 물음들에 그녀 자신이 대답할 준비가 되어 있다는 확신이 없었다. 그녀가 도착했을 때, James는 선생님과 그녀가 결코 만난 적이 없는 몇 명의 낯선 사람들과 함께 테이블에 앉아 있었다. 그녀는 James를 보고 약간 놀랐는데 왜냐하면 이번이 그가 지금까지 자기 IEP모임에 처음 참석하는 것이기 때문이다. 학교 행정가인 Mrs. Peak가 그녀를 환영했고 참석자들이 자신들을 소개하길 요구했다. 이전에 결코 그녀가 만난 적이 없는 두 사람이 있었는데, 한사람은 직업재활담당관이고 다른 한 사람은 발달장애담당자였다. Mrs. Rose는 이 사람들이 누구를 대표하는지 그리고 그들이 어떻게 James를 도울 것인지 확신하지 못했다. 참석자들이 자기소개를 한 후에, Mrs. Peak는 테이블 주변의 새로운 사람들이 온 이유와 모임목적 및 James의 전환계획 작성을 논의하게 될 것이라고 설명했다.

모임에 참석한 모든 사람들이 출석을 체크하는 출석부가 돌았다. 그런 다음에 Mrs. Peak는 IEP를 펼치고는, 비록 James가 이제 15살이기는 하지만, 전환계획 작성을 논의할 때라고 말했다. 이번 모임은 Mrs. Rose가 참석했던 이전의 IEP모임과는 달랐고, 그녀의 스트레스 수준이 올라갔고, 자신의 얼굴이 화끈거렸고 초조함이 그녀 얼굴에 나타났다. Mrs. Peak는 Mrs. Rose에게 이것이 무엇을 의미하는지를 물었다. Mrs. Rose는 초조하게 물었다 "이 모임이 James의 미래에 관한 것입니까?" "예" "이 모임의 목적이 바로 그것입니다."라고 Mrs. Peak이 대답했다. James의 선생님인 Mrs. Peak는 James가 졸업하고 나면, 그가 하고 싶은 일이 무엇인가에 관한 그의 생각을 묻는 많은 질문들을 시작했다. 그녀는 James에게 그가 어떤 유형의 일을 하고 싶은지, 그가 어디서 살고 싶은지 및 자유 시간에 재미와 오락으로 하고 싶은 일이 어떤 종류인지를 물었다. Mrs. Rose가 놀라게도, James는 이들 모든 질문들에 대답하기 시작했다. 그녀는 James가 여태껏 직업 및 어머니와 집에서 사는 것 이외에 그가 어디서 살고 싶은지에 대해 생각을 해보지를 않았다.

James의 현재 학교에서의 수행과 그의 과목별 수행비율을 논의하면서 나머지 IEP모임은 평범하게 진행되었지만, James의 미래 열망이 논의되었다. 그해 그의 학습목표뿐 아니라 다양한 학습영역에서 그의 장점과 요구사항들이 논의되었다. 목표는 어떤 조건에서 James가 수행해야 하는 구체적인 행동 및 그 목표가 성공하기 위해서 그가 성취해야 하는 수준을 파악해냈다. 비록 이전에 그녀가 참석했던 다른 모임들과 이 부분에서는 비슷하기는 했지만 현재 논의된 모든 것들은 James의 미래에 관한 이전의 논의 내용들과 연관이 있었다.

모임이 끝났을 때, Mrs. Rose는 James가 미래에 할 수 있는 직업이 무엇일까를 생각했다. 그는 정말로 자기 아파트에서 살아갈 수 있을까? 그는 빨래를 어떻게 하는지, 자신을 위해 요리를 어떻게 하는지, 자기 몸을 깨끗이 씻는 법을 알까? 이것이 실현가능한 일일까? 다른 사람들이 그가 이런 일들을 행하도록 도울 수 있을까? 그는 학교 졸업 후 진정으로 자기 미래를 가질 수 있을 것인가?

2. 장애 학생들의 전환계획 작성에 관한 연구

전환계획 작성과정에 사용될 전환계획 및 효율적인 전략의 중요성을 논의하기 전에, 이 분야 최근의 관련연구 몇 가지를 조망할 것이다. 2, 3장에서 전환계획 작성에 학생참여와 가족참여를 이미 논의했기 때문에, 이 장에서 전환계획 작성을 좀 더 자세하게 논의할 때에, 2, 3장의 자료를 참조해야 한다. 이전 장에서 소개했듯이, 학생들의 장점, 흥미 및 선호에 초점을 맞춘 전환계획이 법의 의도와 정신을 만족시키고 고등학교 졸업 후에 학생이 성공을 성취하도록 도울 수 있는 보다 많은 가능성을 가진다는 것이 명확하다(Benz & Doren, 1997; Furney & Hasazi, 1997).

중요한 고려사항은 전환계획 작성에 참석자들이 계획 작성 과정을 어떻게 받아들이는가와 그 계획으로부터 나올 성과를 참석자들이 어떻게 생각하는가이다. Chambers, Hughes와 Carter(2004) 등은 심한 인지장애를 가진 8명 학생들의 부모와 형제자매들의 관점을 설문조사했다. 일반적으로 부모들과 형제자매들이 갖는 기대감은 그들 가족구성원이 보호 작업장에서 일하면서 집에서 함께 살아가야 한다는 것이었다. 이런 기대감은 두 가지가 다 다소간은 낙담시키는 것이고 여러 주들에서는 서비스 수혜를 기다리는 많은 사람들이 대기하고 있고 전국적인 전환프로그램이 있음에도 불구하고 성과가 빈약하다는 관점에서 보면 매우 놀랄 일은 아니다(Katsiyannis, Zhang, Woodruff, & Dixion, 2005)(이들 문제들은 5장에서 상세하게 논의될 것이다). 정서장애와 행동장애를 가진 학생들의 빈약한 성과 또는 낮은 기대감에 관해서도 비슷한 관심이 제기되었고(Carter & Wehby, 2003) 그리고 학습장애 학생들에게도 비슷한 관심이 제기되었다(Dickinson & Verbeek, 2002; Durlak & Rose, 1999). 전문가들이 전환계획 작성의 잠재적인 성과를 논의할 때 가족들의 배경을 반드시 고려해야 한다. 예를 들면, Rueda, Monzo, Shapiro, Gomez와 Blacher (2005) 등은 전환계획 작성과정에서 학교 교직원들은 가족들의 문화적인 배경에 초점을 맞추어야 하고 자신들이 세상을 보는 관점을 학생들이나 가족들에게 강요해서는 절대 안 된다고 지적한다.

학교 교직원들이 직면하는 주요한 도전은 학생의 흥미와 선호를 결정하는 것이다. 비록 학생의 흥미를 사정하는 많은 표준화된 검사가 있기는 하지만, 입증된 한 가지 방안은 인간중심계획(Mount & Zwernik, 1988)이었다. Menchetti와 Garcia (2003)는 인간중심 진로계획과 진로선택이 93명의 고용성과에 미친 영향을 연구했다. 선택은 진술된 선호와 실제고용과의 일치여부 정도에 의해 측정되었다. 93명 중 72명(83%)이 선호도 일치에서 높은 수준에서부터 중간 수준의 일치가 있었다. 이 연구는 개인의 표출된 선호와 결정하기 참여와 관련해 인간중심계획이 개인의 성공에 영향을 미칠 수 있다는 것을 강조한다.

또 다른 연구에서 Rojewski(2002)는 경도장애를 가진 청년들의 진로사정에 관한 문헌들을 조망했다. 학생 나이가 14세가 될 때 학생을 위한 개인별 사정계획 및 진로인식, 진로탐색 및 진로확립과 같은 진로 발달단계들을 통해 학생의 생애주기별로 정규적으로 그 계획이 새롭게 갱신되길 권장한다. 2004년의 IDEA가 14세에 전환교육 시작을 제외시켰고 요구되는 전환교육의 시작을 14세에서 15세로 상향조정했기 때문에 이 권장사항은 전환계획에 중요한 함의를 지니고 있다. Rojewski는 또 전환사정은 아래 질문에 의해 이끌어져야 한다고 제안했다: ① 중등교육 이후 성과를 향상시키는데 도움이 되는 것으로 이 학생에 관해 내가 이미 알고 있는 것은 무엇인가? ② 중등교육 이후 성과를 결정하기 위해 이 학생에 관해 내가 알아야 할 필요가 있는 정보는 무엇인가? ③ 이런 정보를 가장 잘 제공해줄 방법은 무엇인가? ④ IEP과정에서 사정자료가 어떻게 수집되고 사용될 수 있는가?

우리가 학생의 성과성취에 초점을 맞추었기 때문에, 우리는 또 어떤 프로그램/서비스 모델이 장애 학생에게 가장 큰 이익을 성취하게 하는 지를 고려해야 한다. 서로 정도가 다른 장애를 가진 학생들은 분명히 서로 다른 중재방법을 요구할지도 모른다. 만약 자기결정기술 훈련이 제공된다면(Durlak & Rose, 1999) 그리고 중등교육 이후의 성공을 성취하는데 그들을 돕는 효과적인 조정 전략이 제공된다면(Milson & Hartley, 2005) 학습장애 학생들이 훨씬 더 성공적인 것 같다. 모두 서로 다른 도시에서 일하고 있는 47명의 정서 및 행동장애 학생들과 그들의 감독자들을 대상으로 한 Carter와 Wehby(2003)의 연구에서는, ① 과제와 관련된 사회적 행동; ② 과제와 관련이 없는 사회적 행동; ③ 직업수행 행동 및 ④ 일반적 직업행동 등에 관해 설문조사가 실시되었다. 이들 네 가지 모든 영역들에 걸쳐서, 고용주들은 학생들의 수행수준이 학생들 스스로 평가한 수행수준보다 낮다고 평가했다. 고용주들은 또 모든 네 가지 영역들에 학생들이 직접 그들 영역들에 등급을 매긴 것보다도 더 중요한 등급을 매겼다. 이 연구의 함의는 정서 및 행동장애인들은 받아들일 수 없을 정도의 높은 수준으로 중간에서 그만두는 경향이 있고 고용획득에서도 어려움을 겪는 경향이 있어서 직업에 성공하기 위해서는 어떤 기술이 중요하고 받아들일 수 있는 것인지에 대한 인식과 더 많은 훈련이 요구되고, 사회적 기술, 정서/행동지원 교수를 포함하는 프로그램으로부터 이익을 얻을 것이다. 지적장애 학생들에게는 지역사회에 바탕을 둔 교수가 성공하기 위해서는 가장 적절한 선택사항일 수도 있다. Kraemer와 동료들(2003)은 188명의 중등도 장애에서 중도 지적장애 젊은 성인들의 삶의 질을 조사했다. 고등학교 및 고용훈련이 제공된 지역사회에 기반을 둔 학습 환경을 경험한 학생들이 성인기를 위해 보호 작업장에서 일하고 있는 사람들보다도 대체로 더 나은 "삶의 질"을 누렸다. Rabren과 동료들(2002)은 이전에 특수교육을 받은 1960년부터 2000년까지 Alabama의 37개 교육지역을 대표하는 1,393명의 고용상태를 조사했다. 연구자들은 학생들이 학교를 졸업할 때 그들이 직업을 가지고 있다면, 고등학교 졸업 후 1년 동안에 학생들이 고용될 가능성이 87%라는 것을 발견했다. Sitlington, Neubert와 Leconte(1997) 등은 14세 이후에 시작되는 전환계획 작성을 지원하기 위해서는 지속적인 사정과정의 중요성을 기술하고, 사정과정은 특히 자연적 환경에서 수행되는 다양한 전략들과 통합되어야 한다고 기술한다. Held, Thomas와 Thomas(2004)는 자폐학생을 위한 전환계획 과정에 관한 참여행동 연구를 보고했다. 그들의 전략은 개작된 Next S.T.E.P. 교육과정, 교수를 위한 자기결정학습

모델 및 PATH 계획과정을 통합했는데, 이것이 인간중심계획이다. 이 연구는 개작의 필요성과 학생들의 독특한 요구를 만족시키기 위해 계획을 개별화할 필요가 있다는 것을 보여주는 좋은 예다.

몇 가지 연구들이 전환교육 IEP의 질을 사정하려고 했다. Grigal과 동료들1997)은 97편의 전환교육 IEP를 조망하고는, 비록 그것들이 대체로 전환계획의 위임사항들과 일치하기는 하지만(달리 말하자면, IEP에서 요구하는 사항들이 다 갖춰져 있음), 그 계획들은 구체성이 부족했고 학생이 최소로 참여하고 있다는 것을 보여주었다. 연구자들은 전환교육 목표 진술(성과에 대한 진술)이 너무 애매하고, 전환계획에 변화 가능성이 거의 없다는 것을 발견했다. 이것은 청소년들이 경험을 함에 따라 미래 흥미에 대한 그들의 마음이 바뀔 수도 있다는 것을 고려할 때 특별한 관심이다. Katsiyannis와 동료들(2005)은 전환계획 작성에 지적장애 학생들의 참여를 분석하고는 그들의 참여를 학습장애 학생들과 정서/행동장애 학생들의 참여와 비교했다. 이 연구는 다른 두 집단의 학생들보다도 지적장애 학생들이 자신들의 전환에 덜 참여하고 얻은 성과를 전혀 보고하지 않는 것 같다는 발견이 포함되어 관심을 불러 일으켰다. 또한 중등교육 이후 교육을 목표로(바라는 성과) 삼은 비율은 훨씬 더 적었고 대부분은 전환성과로 보호 작업장 또는 지원고용을 목표로 정했다. McMahan과 Baer(2001)는 부모들, 안내자들, 교육자들과 성인서비스 전문가들을 포함해 전환계획 작성에 참여한 186명의 사람들을 설문조사했다. 필요한 만큼 전환서비스가 제공될 수 없을 때, IEP팀 재 소집 요구가 있을 때 학교들은 일반적으로 그 요구에 따른다고 보고했다. 비록 계획들이 요구에 응한다고 보고되긴 했지만, 이 연구의 한 가지 중요한 발견은 학생들이 자기들의 모임을 이끄는 것 혹은 인간중심계획을 포함해 많은 최상의 실천들이 자주 발생하지 않는다는 보고다. 최상의 실천들에 관한 순응과 이행에 대한 가장 강한 예측변수는 학교에 토대를 둔 관련부처들 간의 협력하는 계획 작성 팀이 있는가라는 것이다. Kraemer와 Blacher(2001)는 전환계획 작성과정에 관해 중등도 지적장애 학생들을 둔 52명 가족들의 지각에 대한 연구를 수행했다. 고등학교 재학 중 그들 아동들을 위한 전환계획이 있었는지를 물었을 때, 반이 약간 넘는(57.7%) 사람들이 그렇다고 대답했고, 반면에 13.5%는 아니라고 대답했고 28.8%는 확실히 모르겠다고 대답했다. 연구자들은 이런 발견은 관심사라고 말하는데 왜냐하면 계획이 제자리에 자리를 잡지 못했거나 아니면 부모들이 그런 계획이 있다는 것을 몰랐기 때문이다. Zhang, Ivester, Chen과 Katsyannis(2005)는 전환계획 작성 과정에 관해 105명의 중·고등학교 교사들, South Carolina에 살고 있는 37명의 전환 관련인사들을 설문조사했다. 연구자들은 몇 가지 관심 영역들을 제시했다:

- 특수교육자들은 요구되는 100% 참여비율에 훨씬 못 미치는 89%의 응답자 참여 비율을 보여주었다.
- 부모 및 학생참여는 연방정부의 요구사항과 최상의 실천 권장사항보다 훨씬 못 미치는 82% 참여비율을 보여주었다.
- 63%에 속하는 지역들에서, 전환조정자 혹은 특수교육 담당자가 전환계획 작성을 조정하는 대체적인 책임을 진다. 하지만 설문조사에서 대표되는 나머지 지역들에서는 효율적인 조정계획 작성에 대한 지식 혹은 권위가 부족할 수도 있는 교사들 혹은 다른 관련인사들에게 이 책임이 부여되었다.
- 약 절반의 전환조정자들이 학생의 사정과정을 촉진시키는 책임을 지고 있다고 말했다.
- 지역사회 및 학교에 기반을 둔 직업경험이 발생하는 것으로 보고되었지만 가장 적게 보고된 직업서비스는 지원고용이다.
- 94%의 학생들이 16세까지는 전환계획을 가졌고 단지 54%의 학생들이 14세까지 전환계획을 가졌다고 보고했다.

연구자들은 지원고용의 이용 증대, 옹호와 법적인 서비스 증대, 향상된 의료서비스 관리, 지역 주거생활로의 전환에 관심 증대, 주정부가 권한을 위임한 표준 교육과정의 맥락 안에서 기능적/생활기술을 가르치기 위한 더 나은 연구법 개발 등을 포함해 강화시켜야 할 필요가 있는 몇 가지 프로그램 영역들을 찾아냈다.

Powers와 동료들(2005)은 전환교육 구성요소들의 질을 분석하기 위해 미국 서부에 있는 2개 주의 399개 IEP들을 조망했다. 그들은 1997년 IDEA가 위임한 전환목표 영역들(성과에 대한 진술)이 종종 강조되질 않았거나 혹은 부적절하게 상세하게 나열되었다는 것을 발견했다. 또한 자기결정과 진로계획이 대부분의 계획에 통합되질 않았고 종종 그들의 계획 작성모임에서 논의되었던 행동조처들을 이행하기 위한 책임을 유일하게 학생들이 진다는 것을 알아냈다. 그 외에도 단지 75%의 계획에만 학생들이 서명했다는 것을 보여주었는데 이것은 학생참여 정도에 의문을 제기하는 것이다. 전환목적들(성과에 대한 진술)의 33%는 그것을 성취하기 위한 행동조처들과는 아무 관련이 없었다. 학생의 흥미 혹은 욕구는 성과에 대한 진술 중 단지 19%만이 주목할 만한 것이었다. 일반 교육자들과 전환 전문가들의 모임 참석 비율이 낮았고, 직업재활 상담원들의 모임 참석비율이 단지 1%였다. 마지막으로 직업경험에 참여한 학생들의 56%, 자기결정훈련을 보여준 IEP 중에서 단지 7% 그리고 발달장애 학생들이 다른 학생들보다도 훨씬 덜 참여했고, 학생들의 흥미, 고용목적이 대체로 그들의 전환교육 IEP에 나타나 있지 않았다. 비록 학생들이 일반적으로 자신들의 미래 열망을 위한 행동 조처들을 계속 따르는 것이 요구됨에도 불구하고, 연구자들은 학생들이 자기결정 훈련을 거의 받질 않는다는 모순을 지적한다. 비록 이런 결과가 정신이 들게 하기는 하지만, 연구자들은 2004년 IDEA가 위임한 더 큰 책무성이 이런 관심사를 어느 정도는 강조할지도 모른다는 결론을 내린다.

이와 함께, 이들 연구들은 중요한 문제 하나를 강조한다. 전환계획 작성에 책임이 있는 사람들은 최상의 실천들에 나타난 것처럼 법률을 따르는 것 이상으로 더 앞으로 나아가도록 열심히 노력해야 하고 그리고 법의 정신을 충족시키도록 많은 노력을 해야 한다. 이것은 학생들의 요구, 장점, 선호 및 흥미에 토대를 둔 그리고 역동적이고 잘 조정된 전환계획 작성과정 수행과 관련된 모든 사람들의 창의성과 헌신을 요구한다. 적절한 서비스 전달계획이 최고의 성과 및 학생 이익을 가져 올 것이라는 것은 명확하다. 전환은 학교에서부터 성인생활로 한결같이 이동되어야 한다. 이전에 기술했던 연구들은 최상의 실천에 토대를 둔 프로그램을 제공하는 학교들의 학생들이 학교에서 성인생활 혹은 중등교육 이후의 교육으로 전환을 해 가는 동안에 학생들의 성공에 주요한 영향력을 가질 것이라는 것이 명확한 반면에, 최상의 실천을 수행하지 않는 학교들은 빈약한 성과를 영속화할 것이다.

3. 효율적인 전환계획 작성의 중요성

장 시작 무렵에서 여러분이 읽은 사례연구는 1년에도 수 백 번이나 장애 학생 부모들의 마음에 재연되는 일이다. 성인기에 대한 학수고대는 항상 부모와 학생 모두에게 흥미롭고 스트레스를 주는 일이 되고 있다. 자기 아들 혹은 딸이 자라서 대학에 진학하거나 직장을 갖는 것, 자신의 아파트에서 살아가는 것, 지역사회 생활을 즐기고 상호작용을 하는 것 등을 생각하고 있는 대부분의 부모들에게는 부모-자식의 관계가 즐거움이 되기도 하고 또한 스트레스를 주는 일이 되기도 한다. 하지만 장애 아동을 둔 많은 부모들에게는 이것이 흥미롭기보다는 이것을 생각하는 것이 더 많은 스트레스를 줄지도 모른다.

미국의 많은 학생들은 고등학교 이후의 생활을 학수고대하고 있는데 이것은 대학진학을 하거나 혹은 직장을 갖는 것을 의미하기 때문이다. 장애 학생들에게는 이것을 생각하기가 더 어려운 일이 될 것이고 항상 확실한 일이 아닐 수도 있다. 계획하기는 종종 성공적인 시작에 핵심이고 어떤 여행의 목적이기도 하다. 모든 학생들에게 개인생활의 계획은 중요하고 핵심이 되지만 장애가 장해가 되고 있는 학생에게는 더욱 중요한 일이 될 것이다. 부모, 교사, 안내 상담원 및 친구들에 의한 준비과정을 통해서 종종 학생들이 안내된다. 하지만 너무 많은 장애 학생들이 적절한 삶의 질을 향유하기 위해 필요한 몇 가지 기본적인 학습 및 기능적 기술이 부족한 채 학교를 떠난다(Turnbull & Luckasson, 2001). 장애 학생들이 대학준비 및 학습과정은 성취하는 데는 수년간이 걸릴지도 모른다. 비록 모든 학생들이 미래에 대비한 자기 계획을 펼치고 이행하는데 도움이 필요하다는 것을 알고는 있지만, 장애 학생들은 동일한 과정을 성취하는데도 더 많은 지원과 시간이 필요하다. 장애 학생들을 위한 조기 계획수립이 필수적이다. 학생들의 장애의 정도가 심하면 심할수록, 계획 수립과정은 더욱 더 중요해진다. 장애 학생들의 전환계획 수립은 학교졸업 후의 성과를 개선시키고 강조하도록 설계되고, 그래서 전환계획 수립은 학생들의 미래성공에 공헌하는 가장 중요한 교육적인 공헌 중 하나다.

의사, 변호사, 가게 주인, 수리공 및 자영업을 하는 사람을 포함해 우리 지역사회에서 성공한 사람들이라고 생각되는 모든 사람들을 고려해보라. 만약 선택한 자기 직업에서 사람들이 어떻게 개인목적을 성취했는가를 묻는다면, 여러분들은 아마 그들이 직면했던 도전들 및 선택한 직업에서 그들이 성취를 이루기 위해 기울인 힘들었던 일들을 생각할 것이다. 그들의 이야기는 내내 그들을 도와주었던 모든 사람들 및 성공적인 직업을 갖는 자신들의 꿈을 이루기 위해 장기계획을 어떻게 만들었는가를 말해줄 지도 모른다. 우리가 소중하게 생각하고 또 지역사회에 성공한 구성원들이라고 생각하는 많은 이들은 힘든 일, 계획 및 개인생활의 목표에 계속 맞추어 행동하기 등에 대한 이들의 이야기를 들을 것이다. 장애인들은 꿈을 성취하기 위해 요구되는 지원과 안내가 일반인들보다 더 많이 필요할 것이라는 것을 제외하면 나머지는 장애인들에게도 똑같다. 이 장의 남은 부분에서 개별학생의 삶의 목표 찾아내기, 이들 목표를 성취하기 위해 어떤 인력을 지원해야 하는지, 팀 구성원은 누구이고 전환과정에 그들이 가지는 역할과 책임은 무엇인지, 전환과정에 참여할 학생과 부모는 어떤 준비를 해야 하는 지, IEP를 통해 전환계획이 어떻게 개발되어야 하는지, 그리고 진술된 성과를 성취하기 위해 전환계획이 효율적인지 아닌지를 어떻게 보증 하는가 등을 포함하는 전환과정을 탐색한다.

1장에서 소개된 Edna Mora Szymanski 박사는 전환계획 작성에서 그것을 개념화하는데 선구자이다. Szymanski 박사의 공헌은 **보조 도표 4.1**에 제시되었다.

4. 전환에 더욱 자세히 초점 맞추기

1장에 소개했듯이, 전환은 학생이 졸업하자마자(학생이 학교를 졸업할 나이인 21세 이상이 되면) 학교로부터 성인생활로의 이동이다. 전환은 학교에서 학교 아닌 곳으로의 이동만은 아니다. 전환은 학생들이 일단 학교를 떠나면 그들이 어디로 갈 것인가에 대한 구체적인 생각을 갖게 된다. 전환은 계획, 준비, 졸업 후 성과에 대한 명확한 파악 등이 요구된다(Flexer, Simmons, Luft & Baer, 2005; Wehman, 2004).

비록 2004년 IDEA가 전환을 언제 시작해야 하는지 요구사항(즉, 16세 혹은 그 이상의 나이가 된 학생들)을 바꾸기는 했지만, 전환계획 작성은 더 빨리 즉, 적어도

보조 도표 4.1

Edna Mora Szymanski에 관한 역사적 조망

Dr. Edna Mora Szymanski는 현재 College Park에 있는 Maryland종합대학교의 교육대학 학장이다. 현재 직위에 임명되기 전에 Dr. Szymanski는 Wisconsin종합대학교의 재활 심리학 및 특수교육부의 교수였다. Wisconsin종합대학교의 Madison-Wisconsin에 근무 중 학과장과, 부총장을 역임하고 진로개발 및 진보에 관한 재활연구 및 훈련센터의 책임자였고, 캠퍼스의 은퇴 및 장애위원회 의장이었다. Dr. Szymanski는 장애인들을 위한 진로개발 문제에 관해 광범위한 문제를 제기했고 책을 저술해 왔다. 주 정부의 직업재활 체제에 관해 직접경험을 했기 때문에 그녀는 중도 장애인들을 위한 서비스의 질을 옹호하는데 선구자 역할을 해 왔다. 진로개발 이론과 전환계획 작성을 위한 그들의 함의에 관한 그녀의 연구는 전환계획을 더 광범위하게 더 장기적인 개념화에 공헌해 왔다. 특히, 그녀는 고등학교에서부터 성인기로 전환기간에 초기 아동기, 초등학교 및 중학교의 경험과 뒤이을 성공과의 연관성을 볼 수 있도록 도와주었다. 유사하게, 그녀의 연구는 계획과정에 가족문화에 대한 고려의 중요성을 강조했다. Dr. Szymanski의 연구는 수많은 재활 및 특수교육 출판물에 실렸고, 연구업적으로 수차례 국가로부터 상을 받았다. 미국 카운슬링협회로부터 3회, 미국 재활카운슬링협회에서 3회, 미국 카운슬러 교육 및 감독협회에서 1회 그리고 재활교육에 관한 미국전국위원회로부터 1회 수상했다.

출처: Maryland University의 웹사이트 정보로부터; www.education.umd.edu

14세에 시작되어야 한다고 권장한다. 2004년 IDEA는 전환계획 작성이 14세에서 16세로 나이를 상향시켰고 전환계획은 훈련, 교육, 고용 및 독립생활기술 등과 연관되어야 한다는 것을 강조한다(Johnson, 2005). 이 변화는 "장애 아동들이 동등한 기회, 완전참여, 독립생활과 경제적인 충족 등을 성취하도록 돕기" 및 장애 아동들이 "생산적인 독립생활"을 준비하도록 돕기로 IDEA의 성과에 대한 정책을 직접 바꾼다〔Section 1400ⓒ(1), IDEA 2004〕. 2004년 IDEA는 첫 번째 IEP작성은 늦지 않게 아동이 16세가 되었을 때 시작하는 것이 효율적이고 첫 번째 IEP에서는 "훈련, 교육, 고용 및 적합한 장소, 독립생활기술 등과 관련된 나이에 맞는 전환사정에 토대한 적절하고 측정 가능한 중등교육 이후의 목표" 및 "그 아동이 그런 목표에 도달하도록 돕는데 필요한 (공부과정을 포함해)전환교육 서비스" 등이 포함되어야 한다고 진술한다(Johnson, 2005). 이런 규정변화에도 불구하고, 대부분 학생들의 전환계획 작성과정이 14세에는 시작되어야 한다고 우리는 지속적으로 생각한다. 14세에 IEP는 학생의 학업과 학생의 학교졸업 후 목표와의 관계를 보여주어야 한다(즉, 학생이 바라는 성인성과). 진술된 성과에 대한 계획과 준비가 전환계획 작성과정에는 핵심적인 특성임이 분명하다.

전환계획은 고등학교 이후 학생의 삶을 위한 과정을 준비한다. 그것은 학생의 선택, 선호 및 교육, 훈련, 고용, 성인생활 준비 및 지역사회 경험 등의 영역에 필요한 것들을 반영해야만 한다(Patton & Dunn, 1998; Wehman, 1995, 1998). 부모들과 학생들은 계획 작성 및 결정의 모든 전 과정에 반드시 참여해야만 한다. 부모들과 학생들을 완전히 참여시키기 위해서 그들은 전환 요구사항에 친숙해야만 하고 그 과정에서 그들의 역할을 반드시 이해해야만 한다. 교사들과 전문가들 역시 교육, 훈련, 고용, 성인생활 조절 및 지역사회 경험 등의 영역에서 학생의 선택 및 선호를 지원하기 위한 자신의 역할과 책임, 요구사항 등을 완전히 이해해야만 한다. 부모, 학생, 교육자 및 지역사회 서비스제공자는 학생의 개인적인 성인생활 목표를 성취하도록 이끄는 학생의 계획 작성 및 활동을 지원하기 위해 반드시 협력해야만 한다. **표 4.1**은 전환에 관한 2004년 개정된 IDEA 부분들을 말해준다.

IDEA의 이 부분에서 말하듯이, 전환계획은 특수교육을 받아야 할 학생에게 필

표 4.1 전환에 관한 2004년 IDEA의 용어

개정된 장애인개별화교육법의 Section 1401(34)이 요구하는 전환을 진술한다.

정의: Section 1401(34)은 "전환교육 서비스"는 아래와 같은 장애 아동을 위한 "일련의 조정된 활동들"이라고 정의한다.

1) 전환은 "결과중심과정에서 고안"되고 그리고 "중등교육 이후 교육, 직업교육, (지원고용을 포함한)통합고용, 지속적인 성인교육, 성인서비스, 독립생활 혹은 지역사회 참여 등을 포함해 (학생의) 학교에서 졸업 후 활동으로의 이동을 촉진"시키기 위한 학생의 "학업 및 기능적인 성취"를 "향상시킴"에 초점을 맞춘다.
2) 전환은 개별학생의 요구, 학생의 장점, 선호 및 흥미 고려에 기초해야 한다.
3) 전환은–(i) 교수; (ii) 관련서비스; (iii) 지역사회 경험; (iv) 고용과 다른 졸업 후 성인생활 목표의 발전; 및 (v) 적절한 일상생활기술과 기능적인 직업평가 등을 포함한다.

요한 서비스다. 1장에서 상세하게 논의했듯이, 2004년 IDEA 규정은 몇 가지 매우 중요한 핵심 내용을 지니고 있다.

- 전환은 "**일련의 조정된 활동들**"이다.
- 전환활동들은 "**성과중심과정**" 안에서 설계되어야 한다.
- 전환과정은 학생의 "**중등교육 이후 교육**, **직업교육**, **통합고용**, **지속적인 성인교육**, **성인 서비스**, **독립생활 혹은 지역사회 참여**" 등을 촉진시키기 위한 학생의 "학업과 기능적인 성취"의 "향상"에 초점을 맞춘다.
- 전환활동들은 **학생의 요구**, **학생의 장점**, **선호 및 흥미 고려**에 토대를 둔다.

IDEA의 이 Section과 논의된 핵심이 성인생활에 대한 빈약한 준비 때문에 생기는 문제 및 학교를 졸업하는 장애 학생들의 비고용 비율을 줄이도록 돕기 위해서 첨가되어져 왔다(LaPlante, Kennedy, Kaye, & Wenger, 1996). 예를 들면, "성과중심과정"이란 말은 "결과중심과정"으로 변화되어져 왔다. 이 변화는 학교들이 더욱 전환계획에 책임을 지도록 하기 위해 첨가되었다(Turnbull, Huerta, & Stowe, 2005). 이 말의 첨가는 장애인들에 대한 책임 측정의 한 가지 도구로 성공적인 학교졸업 후 고용 혹은 교육의 중요성을 나타낸다. 그래서 이 규정의 효과는 장애 학생들을 우리가 "부러워하는 삶"으로 혹은 학교를 넘어 질 높은 삶으로 이끌기 위해 준비를 시키는 것이 핵심적이다(Turnbull & Luckasson, 2001). 1990년부터 현재 2004년 개정안까지 IDEA의 이런 측면은 아마 특수교육을 받고 있는 학생들이 성인생활을 기능적으로 준비하게 하는 단 하나의 가장 중요한 요구사항이다.

5. 전환계획 작성과정

효율적인 전환계획 작성 프로그램은 파악된 졸업 후 성과의 성취를 위한 준비활동과 함께 계획 작성과정이라는 두 가지 중요한 기능으로 구성된다. 이들 두 가지 기능이 전환서비스의 질에 토대가 된다. 만약 이 두 가지 기능에 관심을 기울이지 않으면, 그 과정은 절대로 완성될 수 없을 것이다. 준비와 훈련이 없는 계획 작성은 성과중심과정과 준비로 이끌지 못할 것이고 학생의 요구도 지원하지 못할 것이고 학생의 선호와 흥미도 고려하지 못할 것이다. 학생을 위해 특별히 고안된 교수 혹은 관련서비스 요구뿐만 아니라 법의 정신을 만족시키는데 두 가지가 다 중요하고 핵심적이다. 이 두 가지를 기능적으로 각각 분리시켜서 논의한다.

전환계획 작성

전환계획 작성은 개인의 고등학교 시절에서부터 성인생활로 미래를 위한 단순한 계획 작성과정이다. 일반적으로, 전환은 계획 작성과정과 함께 시작되는데 이것은 학생의 희망, 꿈, 요구와 직업선택 등에 대한 고려를 의미한다. 이들은 학생준비의 초점이 되고 궁극적으로는 학생의 학습과정이 된다. 종종, 개인의 흥미, 선호, 요구와 장점은 개인이 일상생활의 활동들을 성취하기 위한 강한 동기를 부여하는 것들이다. 우리가 전환계획 작성과정을 고찰해야 하는 관점은 바로 이런 기본적인 관점에서부터다. 개인의 요구는 계획 작성과정을 이끌어가는 힘이 되어야 한다. 그래서 학생의 미래 계획 작성은 개인생활의 어떤 단 하나의 영역에 의해 제한되어서는 안 된다. 비록 직업이 전환계획 작성을 위한 여러 목표 가운데 하나이기는 하지만, 그것은 오직 하나일 뿐이다. 달리 진술하자면, 대부분의 사람들은 "일하기 위해 사는" 것이 아니라 오히려 그들은 "살기 위해 일한다." 그런 관점에서 사람들은 오로지 고용만이 아니라 "멋진 삶"을 획득하기 위해서는 삶의 모든 영역들이 다 중요하다. 그래서 전환과정은 삶의 준비에 필요한 것으로 본인과 본인 가족이 파악한 다양한 삶의 영역들을 포함하는 전체적인 접근 방법이다. 이들 삶의 영역들 가운데 몇 가지는 고용, 중등교육 이후 교육과 훈련, 주거, 의료적인 돌봄, 교통, 오락과 여가 및 지역사회 참여 등을 위해 고려되고 계획되어야 한다. 이들 삶의 영역들은 개인의 나이와 준비 요구에 토대를 두고 광범위할 수도 있고 협소할 수도 있다. 본 책에서 IDEA의 주장과 보조를 맞추기 위해, 우리는 "성과"라는 서로 다른 삶의 영역들에서 학생들의 장기적인 목표를 언급할 것이다. 우리는 특별히 이들의 장기적인 열망과 연간 학습목표와 구분하기 위해 이 말을 사용할 것이다. 이 장 이후에서 논의하겠지만, 전환기에 속하는 학생들의 고용, 중등교육 이후의 교육, 주거 혹은 지역사회 생활, 오락과 여가 및 지역사회 참여 등의 범주화를 위한 성과 진술은 명확해야 한다.

대부분의 청소년들에게 그들이 하고 싶은 것이 무엇인지와 학교졸업 후 그들의 진로를 파악하기는 어렵지만, 2004년 IDEA는 전환계획 작성에 학생의 능동적인 참여를 위임한다. 이전에 언급했듯이, 학생들이 그들의 미래를 확신하지 못할 때 혹은 그들의 미래에 관해 생각조차 해보지 않았을 때 혹은 그들의 미래에 대해 다른 사람들이 물어보지도 않았을 때 이것은 도전적인 것이다. 장애 학생들에게 그들의 희망과 꿈에 관한 질문을 결코 한 번도 물어보지 않았을 때 그들의 미래를 이해할 수 있는 다양한 접근 방법들이 있다. 2장에서 소개했듯이, 인간중심계획 전략은 청소년들의 미래를 돕는데 유용할 수 있다(Miner & Bates, 2002). 이들 접근방법들은 그들 삶의 어떤 시점에서도 장애인들의 미래를 이해하는데 필요한 정보를 제공한다. 인간중심계획은 "초점이 되고 있는 사람(학생)"이 학교생활을 넘어서 삶에서 원하는 것이 무엇인지, 희망, 꿈, 선호 및 개인적인 목표 등을 개인과 학생, 가족 및 전문가가 파악해내는데 도움이 되도록 고안된다(Mount & Zwernik, 1988). 적합한 전환계획을 고안하기 위해서 모든 사람들은 학생이 미래에 자신의 삶이 어떻게 되길 원하는지를 이해해야 한다. 초점은 교사들과 학교 관련인사들은 학교졸업 후 학생의 삶이 어떻게 되길 원하는지 그리고 이것은 학교 관련인사들이 1년을 넘어서 먼 미래를 내다봐야 한다는 것이다. 고등학교 졸업 후 학생들의 바라는 성과를 파악해내는 과정은 학교 관련인사들에게는 매우 도전적인 개념이 될 수도 있는데 왜냐하면 이들은 연간 단위의 서비스라는 관점에서 생각하는데 익숙한 사람들이기 때문이다.

인간중심 접근법의 이해는 프로그램과 체제에 관해 사전에 인식한 것 이상으로 넘어선다는 것을 의미하고 이것은 제한점이라기보다는 오히려 개인의 선천적 및 후천적인 재능과 능력을 찾으려는 시도이고 그런 다음에 가능한 것이 무엇인지를 파악해내는 것을 의미한다. 그것은 우리가 그 학생을 어떻게 파악해내는가라는 것일지도 모른다. Kunc(2004)는 이런 관점을 잘 토로하는데 만약 학생을 자신의 장애 및 제한점이라는 관점으로 파악하면, 학생의 "무능함"을 넘어서 학생을 보는 것이 어려울 수도 있다. 그러나 만약 학생을 자신의 능력과 장점이라는 관점으로 파악하면, 그는 잠재력을 가진 한 인간으로 혹은 지원이 필요한 한 사람으로 파악할 수 있다. 인간중심계획은 찾아내야 할 필요가 있는 능력을 가진 인간으로 학생을 보려는 시각이다. 이것은 또한 학생들이 자신들의 계획과 삶에서 더 많은 목소리를 내기 시작하는 방법이다. 이것은 또한 사람들 및 초점이 되는 사람이 독특하고 개인적인 미래에 대해 창의적인 전망을 만들어내도록 돕는 하나의 방법이다. 이것은 개인 자신의 삶을 위한 하나의 여행이고 하나의 과정이다.

초점이 되는 사람에게 결정적이고 중요한 사람들이라고 생각되는 사람들로 구성되는 인간중심계획 팀은 가족들, 친척들, 친구들, 이웃들, 교사들 및 지역사회 구성원들로 구성된다. 이 사람들은 계획 팀 혹은 지원단이라고 불려진다. 팀은 인간중심계획의 개념을 이해하는 사람들에 의해 촉진되고 개인의 장점, 재능과 능력을 찾는 과정에서 이 사람들이 팀을 이끈다. 계획 팀은 이런 긍정적인 방식으로 구성원들을 서로 이해하게 돕고 매우 개인적인 수준으로 초점의 대상이 되는 사람을 알아가게 되는 방식으로 초점의 대상이 되는 사람의 그림을 만들어낸다. 이 과정은 초점의 대상이 되고 있는 사람을 팀의 구성원들이 더 잘 이해하도록 돕는데 왜냐하면, 전환과정의 준비단계에 있는 학생과 그들이 함께 일하고 있기 때문이다. 이 과정은 또 초점의 대상이 되는 학생환경에서 학생의 상호작용을 더욱 잘 알게 될 교사들을 도와줄 수도 있는 문화적 및 인종적인 배경 이해라는 관점에서 팀의 구성원들이 교사들로 하여금 그 학생을 이해하도록 도와줄 수 있다.

왜냐하면 인간중심계획은 학생에게 모든 관심을 집중하기 때문이고, 그것은 학생의 미래 전망을 만들어냄으로써 학생이 하고 싶은 종류의 일을 논의함으로써, 학생이 자기 삶의 목적을 통제하도록 돕는 전략을 제공한다. 인간중심계획의 초점은 학생의 희망, 요구와 꿈에 관한 것이다. 그것은 학생을 위한 과정을 준비하기 위해 방향감각을 제공하는 동안에 희망을 가지고 학생의 미래 삶을 바라보는 것을 의미한다. 이 과정은 학생이 자기 삶을 계획하고 자기옹호와 자기결정기술 개발에 참여하도록 허용하는 것이다. 이 과정은 학교가 행하는 다른 어떤 종류의 계획 활동들과 분리되어야 한다는 것을 분명히 해야 한다. 그것은 전환문서의 일부에 필요한 성과중심 목적을 수립하도록 도움으로써 학생의 IEP를 보충하고 보완하도록 의도되어야 한다.

전환준비

비록 2004년 IDEA가 전환을 16세에 시작하길 요구하지만, 우리는 14세에 전환 시작을 선호한다고 생각한다. 14세에 학생은 일반적으로 고등학교 생활을 시작하는데 이때는 아마 졸업 및 중등교육 이후 교육으로 이끄는 마지막 중요한 4년간이 될 것이다. 지속적인 중등교육 이후 교육을 계획하고 있지 않은 학생에게는 이때가 성인생활 훈련, 직업과 독립생활을 준비하는 시기이다. 그래서 우리는 학교생활을 통한 학생 진보라는 두 가지 명확한 관점으로 이 준비과정을 보아야 한다고 생각한다. 하나의 관점은 14세에 시작되고 다른 하나의 관점은 16세에 시작된다. 14세라는 나이 혹은 적절하다면 그보다 더 어린 나이에서의 준비과정은 전환서비스를 요구하는 학생을 학교가 파악해내는 장소가 되어야 할 것이다. 전환서비스 요구를 결정함에 있어, 학교는 16세라는 나이에 학생의 요구를 만족시키도록 고안된 적절한 프로그램을 고려하고 계획할 수 있다. 이 과정은 학생이 바라는 성인성과를 보다 잘 성취하도록 준비하게 해줄 학습과정에 초점을 맞출 수 있다. 예를 들면, 만약 학생이 원하는 성과가 직업 확보라면, 전환서비스 요구는 그 직업과 관련된 선택사항과 구체적인 직업 탐색을 하기 위한 진로발달에 학생을 등록시키는 것이다. 이것은 교육경험과 모든 학습과정들이 진술된 성과를 보여준다는 것을 의미한다. 중도 장애 학생의 전환요구는 조기에 파악되어야 하고 서비스도 가능하면 조기에 시작되어야 한다. 이 부분의 계획은 최소한 해마다 새롭게 갱신되는 다년간에 걸친 계획으로 고려되어야 한다. 14세에 전환계획이 시작되면 고려되어야 할 것들에 관한 체크리스트는 **표 4.2**에 제시되고, 16세에 대한 체크리스트는 **표 4.3**과 같다.

16세에 시작되는 IEP는 전환서비스 계획으로 통하는 결과(성과)관련 진술을 포함해야 하는데, 이것은 적절한 관계기관들 간의 상호 책임에 관한 진술이 포함되어야 한다. 일련의 조정된 활동들이 학생을 학교에서 성인생활로 어떻게 이동시킬 것인지를 명확히 하기 위한 준비과정이 시작된다. 요구되는 전환서비스에 관한 이 진술은 학생의 요구, 학생의 장점, 선호 및 흥미 고려에 기초한다. 그것은 학생의 성공적인 성인성과 획득을 돕는데 필요한 활동을 조정하면서 시작된다. 그것은 중등교육 이후 교육, 직업교육, 통합고용, 지속적인 성인교육, 성인서비스, 독립생활 혹은

표 4.2 학생이 14세에서 16세가 될 때 전환계획 작성에 고려사항

- 학생의 흥미와 선호가 파악되고 기록되어야 한다.
- 학습과정이 파악되고 학습과정은 학생의 졸업 후 성과와 연관된다.
- 교육 및 지역사회 경험이 파악되고 교육 및 지역사회 경험이 학생의 졸업 후 성과와 연관된다.
- 다양한 삶의 영역들이 사정되고 학생의 학습 요구가 파악된다.
- 학생이 선택한 다양한 흥미와 선호를 탐색하기 위한 선택사항들이 IEP/전환문서에 포함된다.
- 학생이 자기 IEP의 목적을 수행하고 계획하는 과정에 학생이 선택하고 결정하도록 격려된다.
- 학생은 삶의 전 영역의 요구를 의사소통할 수 있도록 하기 위해 자기옹호와 자기결정기술을 배우고 있는 중이다.
- 직업, 주거 및 지역사회에 일반적으로 접근하기 위한 잠재적인 수단으로 적응과 조정이 탐색되고 있는 중이다.
- 학생이 학교 안과 밖에서 우정과 사회적인 관계망을 발전시킬 기회가 학생에게 제공된다.
- 한 사람의 소비자로서 구매력과 돈 관리 개념을 학생이 배우고 있는 중이다.
- 학생은 자신에 관한 정보를 지니고 있는 신분증을 획득한다.
- 학생은 건강한 삶의 유형과 개인건강 및 위생에 관한 실천을 배우고 있는 중이다.
- 학생과 가족은 학교졸업 후에도 학생을 지원해줄 지역사회 자원을 능동적으로 탐색하고 있는 중이다.

지역사회 참여 등을 포함하는 학교졸업 후의 활동으로 이동을 촉진시키기 위해 학생의 학업 및 기능적인 성취를 향상시키기 위한 전략들을 이행함으로써 가능하다. 조정된 활동들은 아래와 같은 방식으로 학생들의 IEP에 제공되고 통합될 수 있다.

- **교수전략**은 교육과정에서 학생이 성공하도록 도움을 주는 조정과 적응이라는 관점에서 학생이 필요로 하는 것이다.
- **관련서비스 전략**은 학생을 돕는 직업, 선택 및 언어치료, 상담과 의료서비스 등과 같은 서비스들이다. 지역사회에 기초한 선택사항을 논의할 때 교통이 고려되어야 할 관련서비스라는 것에 주목해야 한다. 또한, 직업관련 상담도 고려되어야 할 관련서비스 중 하나이다. 만약 관련서비스가 학교의 능력 범위를 넘어서 요구된다면, 전환계획의 일부로서 학생이 학교를 졸업하기 전에 IEP는 성인서비스 제공자들과 관계망을 파악해야 한다.
- **지역사회 경험전략**은 학교 건물 밖이나 혹은 지역사회에서 제공되는 활동들이다. 이런 지역사회 경험은 학생이 졸업 후 성과를 성취하는데 필요한 여행훈련, 쇼

표 4.3 학생이 16세 혹은 그 이상이 될 때 전환계획 작성에 고려사항

- 지역사회 서비스제공자들과의 연계망이 파악되고 졸업 후에 학생에게 필요할지도 모르는 서비스가 행해진다.
- 지역사회 서비스제공자들, VR, DD서비스, 성인서비스 제공자들이 IEP/전환모임에 출석하고 참석하도록 초대받는다.
- 학생과 가족들에게 성인서비스 기관에 관한 정보가 제공되고 지역사회 안에서 파악된 이들 연계망과의 모임 및 방문이 조정된다.
- 학생과 가족들은 학교졸업 후 필요한 서비스의 적합성 여부를 결정하는 서비스에 필요한 지원을 완성한다.
- 학생과 가족들은 추가안정자금(Supplemental Security Income), 의료보험서비스(Medical Assistance services) 등과 같은 재정적인 지원요구를 결정하고 이에 관한 정보를 수집하고 적합한 지원서 제출과정을 완성한다.
- 필요한 도움을 받은 학생은 고용과 중등교육 이후 교육을 위한 포트폴리오 혹은 이력서를 작성한다.
- 학생은 독립생활에 필요한 기술을 능동적으로 배운다.
- 학생은 구체적인 직업선택을 파악하고 학교를 졸업하자마자 그 직업을 얻는데 필요한 조처를 취한다. 조처들은 명확해야 하고 성인서비스 제공자들로부터 필요한 지원고용을 보장받게 한다.
- 학생은 성인기에 고용과 다른 지역사회 환경에서 성공하는데 요구되는 책임감 있는 행동을 배운다.
- 학생은 투표하기 위해 필요한 조처를 취하고 적합한 서비스를 선택 받기 위해 지원한다.

핑 기타 등등과 같은 지역사회에 기초한 교육과 훈련뿐만 아니라 직업경험과 직업탐색을 포함할 수도 있다.

- **고용전략**은 진로인식, 진로탐색, 진로준비와 관련된 활동들이다.
- **성인생활 전략**은 투표, 아파트 임대, 책임 기타 등등과 같은 성인 활동의 인식, 기술 및 능력으로 이끌어주는 활동들이다.

전환서비스 계획은 학생들을 위한 다른 필요한 연결망과 책임이라는 관점에서 위에서 언급된 여러 영역들을 강조해야 한다. 물어야 할 중요한 질문 한 가지는 "졸업 후 학생에게 필요한 서비스와 지원에 학생연결을 우리가 어떻게 보증하는가?"이다.

이것을 고려하라! 만약 여러분이 현재 전환기(14세 혹은 그 이상인)에 있는 학생들과 함께 일하고 있다면, **표 4.2**와 **4.3**에 나열된 목록을 다시 보고 이들 영역들 중에서

얼마나 많은 영역들을 고려하고 여러분의 학생들에게 그것을 적용할지를 결정하라. 이들 조처들 가운데 어느 것이 무시되었는가? 만약 그렇다면, 필요한 조처가 취해지도록 여러분은 무엇을 보증할 수 있는가?

이제 여러분은 전환계획 작성과정의 가장 중요한 측면 중 몇 가지를 더욱 잘 이해했기 때문에, 그것을 전환계획 작성모임에 적용하도록 해야 한다.

6. 전환계획 작성을 위한 IEP모임

학생들과 가족구성원들이 계획 작성과 준비과정에 적극적으로 참여하고 그 과정에서 중요한 역할을 할 때, 전환계획 작성을 위한 IEP모임은 최고로 그 역할을 수행한다. 교사들, 행정가들과 지원기관들은 IEP에 기술된 장기적인 목표(성과)에 도달하기 위해서 학생 및 가족들과 협력해야 한다. 전환계획 작성은 교육과 지역사회에 토대를 둔 서비스에서 최상의 실천뿐만 아니라 규정에 대한 이해 및 지식을 요구하는 복합적인 과정이다. Mrs. Rose가 이 장에서 자기 아들인 James를 위한 공개 IEP모임 시나리오에서 얼마나 스트레스를 받고 겁을 먹었을까는 결코 놀랄만한 일이 아니다. 최고의 효율성을 성취하기 위해서는 IEP/전환계획 작성 참가자들은 자신의 역할과 책임에 관해 명확하게 알고 있어야 한다.

IEP/전환계획 작성 팀

IEP/전환계획 작성 팀은 성인생활을 위한 계획과 준비를 하고 있는 학생을 돕기 위해 모인 많은 사람들로 구성된다. 규정은 팀을 구성하는 일부 사람들이 참석하기를 요구하는 반면에, 비록 요구하지는 않지만, 바라는 성과를 성취하는 과정에서 다른 일부 사람들도 도움이 될 수도 있다. 참석이 요구되는 팀의 구성원들은 지역교육기관(Local Education Agency), 교사(들)(특수교육 및 일반교육), 평가자들(심리학자, 기타), 부모들 및 학생 본인이다. 참석이 요구되지는 않지만 부모들과 학생이 초대를 할지도 모르는 팀 구성원들은 가족구성원들 혹은 학생을 잘 알고 있는 친구들, 고용주들(잠재적인 고용주들 혹은 현재 고용주), 동료 노동자들, 학생과 상호작용을 한 지역사회 구성원들 및 부모 옹호자들이다. 학생의 구체적인 요구에 따라 학교가 초대해야 하는 팀의 다른 구성원들은 직업재활담당관 대표, 지역의 발달장애 혹은 지적장애 업무 담당자, 지역사회 재활서비스 제공자 등이다. 초대받을 구체적인 기관들은 학생의 구체적인 요구와 그들이 바라는 미래성과에 토대를 두고 초대되고 선발된다(주목, 이들 다양한 기관에 대한 보다 구체적인 기술은 5장에 제공된다).

이전에 진술했듯이, IEP/전환계획 작성 팀의 구성원들은 그들이 팀의 구성원들과 그 과정에 공헌하는 효과적인 구성원이 되도록 해주는 중요한 역할과 책임을 가진다. 아래는 계획 작성과정에 몇 사람 중요한 인사들의 역할과 책임에 대한 간략한 논의가 제공된다. 가족 및 학생의 역할과 책임에 대해 부가적인 정보는 본 책의 이전 장에서 논의되었다.

학생들: 학생이 가진 장애의 정도가 아무리 심하다고 하더라도, 학생은 팀의 가장 중심적인 구성원이다. 계획의 근본적인 원인 자체가 학생이고 전환계획을 수행하는 목적 자체도 바로 학생이다. 학생은 모임 바로 그 자체의 원인이고 학생은 팀의 초점이 되어야 한다. 학생은 전환의 전 과정에 능동적인 참여자가 되어야만 한다. 팀이 전환서비스를 심사숙고하게 될 어떤 모임에 IEP팀은 학생이 참석하도록 특별히 초대해야만 한다. 전환계획 작성과정은 학생을 위해서가 아니라 학생과 함께 행해지는 것이다. 학생의 IEP/전환계획은 현재 및 졸업 후의 요구가 반영되는 학생의 요구, 장점, 흥미 및 선호에 토대를 두어야만 한다(NCSET, 2002). 2장에서 논의했듯이, 이것은 왜 자기결정기술 훈련의 제공이 계획 작성과정에서 하나의 중요한 교육적인 구성요소가 되는가라는 이유이다(Durlak & Rose, 1999). 학생참여 준비는 학교의 요구사항은 아니지만 만약 학생과 부모들이 능동적으로 참여하길 기대하고 팀의 구성원으로 공헌하길 기대한다면, 지역의 학교들은 **표 4.4**에 나열된 조처들을 이행하면서 IEP/전환모임을 위한 준비를 행하도록 그들과 함께 협력을 고려해야만 한다.

이것을 고려하라! 준비와 지원에 대한 발전 없이는 학생이 계획 작성에 참여할 준비가 될 것이라고는 생각할 수 없다. 현재 여러분의 학교와 지역에서 IEP/전환과정에 학생을 참여시키는데 사용되고 있는 것은 무엇인가? 학생이 실제로 자신의 전환

표 4.4 IEP/전환모임 전에 취해야 할 조처

학생과 함께 일해보라.

- 고등학교 졸업 후 학생이 자신의 요구, 선호 및 흥미를 파악하고 결정하도록 도와주라.
- 흥미와 선호에 바탕을 두고 아마 자기 미래에 대한 자기 생각을 기록할 일기장을 만듦으로써 학생이 자기 비전과 긍정적인 인생관을 만들어 가도록 도와주라.
- 학생이 무엇을 기대해야 할지를 알게 IEP/전환모임에 대한 역할놀이를 하라.
- 학생의 논의 준비 기초를 제공하기 위해 일련의 질문을 준비하도록 학생을 돕고 학생과 만나보라.
- 학생이 자기옹호자가 되도록 돕고, 자기옹호와 자기결정기술을 가르쳐보라.
- 교실 안과 밖에서 매일 학생이 선택할 수 있는 기회를 제공하라.
- 학생에게 많은 경험을 제공하고 삶에서 다양한 관점의 가능성을 제공하라.
- 공식적으로 IEP/전환계획 작성모임에 학생을 초대하라.

부모들과 함께 협력하라.

- 부모들이 고등학교 졸업 후 생활에 대해 자기 아동의 요구, 흥미 및 선호를 파악하도록 도와주라.
- 고등학교 졸업 후 자기 아들 혹은 딸의 삶을 위한 비전을 만들어내도록 부모들을 도와주라. 즉, 자기 아들 혹은 딸을 위한 직업, 주거, 지역사회 참여, 기타 등등에 대한 기대감은 무엇인가?
- 성인서비스 체제 과정(VR, DD, SSI/Medicaid, etc), 특히 성인서비스 요구사항의 적합성 여부에 대해 설명하고 정보를 제공하라.
- 아동이 학교를 떠날 때 자기 아동을 도와줄 것 같은 그런 서비스 충족을 위해 계획하도록 부모들을 도와주라.
- 전환에 관한 구체적인 질문을 부모들이 만들어내도록 부모들을 준비시키고 도와주라.
- IEP/전환모임에 참석하도록 인쇄된 초대장을 제공하라. 초대장은 모임의 목적인 전환서비스 고려사항이 포함되고 학생과 다른 관련 기관들도 초대받을 것이다.

계획 작성과정에 능동적으로 참여하고 있는 정도는 얼마인가?

부모들: 학생과 함께 부모들이 IEP/전환과정에 참여하는 가장 중요한 구성원들이다. 그들은 다른 누구보다도 자기 아동을 더 잘 알고 있고 그들의 전 생애를 통해서 아동에게는 최고의 옹호자가 될 것이다. 그들은 아동을 위한 교육 및 성인서비스 체제를 통해 아동을 이끄는 동안에 아동의 가장 주요한 사례 관리자, 사회사업가 및 안내자가 될 것이다. 부모들은 종종 학교에서 성인생활로의 성공적인 전환을 행하는데 핵심이 된다. 그들은 가정에서 자기 아동의 흥미, 행동 및 관련 의학적인 정보뿐만 아니라 지역사회에서의 상호작용에 관한 정보와 지식을 가지고 온다. 가끔 자기 아동을 잘 알고 있고 아동의 법적인 권리를 잘 알고 있는 부모들을 학교와 전문가

들이 부정적으로 생각하는 것은 불행한 일이다. 이런 부모들은 지역학교, 교사들 및 전문가들에게 도전을 한다. 하지만 이런 부모들을 환영하면서 계획 작성과정에서 이런 점을 장점으로 생각해야 한다. 가족의 능동적인 참여를 통해, 학교들은 학생의 학교에서 성인생활로의 전환에 영향을 줄지도 모르는 중요한 문제들에 관해 가족들의 소중함을 더욱 잘 이해할 수 있다. 공유한 정보는 학생이 학교졸업 후에 필요한 서비스가 무엇인지를 보다 잘 이해하도록 돕는다. IEP모임에 초대받은 부모들은 자기 아동의 성과 문제를 논의할 준비를 그들이 미리 하도록 모임에서 논의될 전환에 관한 정보를 제공해야만 한다. 또 아동이 성년에 도달하면 특정 권리가 성인이 된 학생에게로 이동되는데 이것은 미래 모임에 학생의 초대를 의미한다는 것을 부모들에게 알려주어야 한다. 즉, 학생이 성년이 되면, 그는 자기 부모들을 모임에 초대하지 않기로 결정할지도 모른다.

특수 및 일반교육 교사들: IDEA는 학생에게 교육서비스를 제공하는 최소한 한 명의 교사가 참석하길 요구한다. 또, 일반교육 교육과정을 잘 알고 있는 일반교육 교사도 반드시 출석해야만 한다. 교실수행과 요구, 장점, 흥미, 선호, 좋아하는 것/ 싫어하는 것 및 삶에 대한 비전 등에 관한 전문가들의 학생에 관한 지식은 그런 과정에서 도움이 될 것이다.

지역교육기관 대표(Local Education Agency Representative: LEA): IDEA는 학교의 서비스와 활용가능한 자원에 대해 알고 있는 LEA의 대표가 모임에 참석하길 요구한다. 이 참석자는 전환서비스를 포함해 특수교육 서비스의 제공을 감독할 자격을 갖추어야 한다. 이들 지역교육청의 대표들은 궁극적으로는 IEP/전환계획의 기능과 활동을 지원해줄 서비스와 인력의 재정적인 비용을 비준하게 될 것이다.

기타 기관들: 전환서비스가 논의될 때, 학교 밖의 다른 기관들도 참석하도록 초대해야 한다. 이들 기관들은 학생의 요구, 장애 정도 및 나이에 따라 다양할 것이지만 일반적으로 그것들에는 주 정부의 직업재활 서비스, 지역사회의 정신건강 혹은 발달장애 서비스, 성인서비스 제공자들, 중등교육 이후의 프로그램 등이다. 학생이 학교를 떠날 때 초대해야 할 가장 핵심적인 기관들은 서비스 비용을 지불하도록 요구받는 기관들이다. 서비스를 받기 위해서는 성인서비스를 제공하는 많은 공적 및 사적인 기관들이 서비스 수혜의 적합성 여부 혹은 서비스를 기다리는 대기자들이 있다는

사실을 주목하는 것이 중요하다. 학교 관계자들, 학생, 부모들은 적합성 기준이 무엇인지와 학생이 학교를 졸업하게 되면 학생이 잠재적으로 요구할지도 모르는 유형의 서비스를 기다리는 대기자들이 있는 지 없는지를 알고 있어야 한다. 고려해야 할 몇 가지 중요한 질문들은: 서비스 수혜를 기다리고 있는 사람들이 얼마나 많은가? 필요한 서비스를 학생이 받을 자격을 갖추기 위해서는 어떤 규준이 필요한가? 필요한 서비스를 획득하고 구매하기 위한 선택사항은 무엇인가? 이것들은 학교의 관련인사들이 계획 작성과정을 어떻게 진행할 것인가의 결정을 안내하는데 도움을 줄 단지 몇 가지 질문에 불과하다. 학교를 넘어서 서비스를 받도록 해주는 절차는 서로 기관들마다 다르고 부모들과 학생뿐만 아니라 학교 관련인사들에게도 알려주어야 한다. 학생이 어떻게 해야 서비스를 받을 수 있는지에 대한 명확한 이해가 있어야만 한다. IEP/전환계획 작성모임에서 성인서비스 대표단의 참여와 출석은 이들 문제들에 대한 몇 가지 명확함을 제공할 수 있다. 몇몇 서비스 제공자들은 학생졸업 전에 그들이 학생에게 서비스를 제공한다는 것에 주목해야 하는데 이것은 학교에서 성인생활로의 원만한 전환을 제공할 수 있다. 외부 기관들이 초대는 받았지만 참석하지 않으면 학교 관련인사들은 기관의 대표와 접촉해야 하고, 그들의 생각을 이끌어내고 대화내용을 기록해야 한다. 이것은 이들 기관들에 최소한 통보를 해야 하고, 이들 기관들이 학생에 관해 알게 하거나 미래 서비스에 대한 요구를 알려주고 학생의 중요한 미래 문제를 상담하는 것이 된다.

팀의 구성원들이 IEP/전환계획 작성 팀에 효율적으로 참여하고 중요한 역할을 할 수 있을 때, 학교에서 성인생활로의 원만한 전환이 일어날 것이다. 이 과정을 성공으로 이끌어주는 것은 바로 여러 기관들의 협력적인 노력과 이런 일련의 조정된 활동들이다.

7. 계획 작성모임

전환과정은 학생의 학교생활 전체를 통한 변화의 과정이다. 성인생활을 위한 계획작성은 학생이 처음 보육원과 유치원에서 생활을 시작할 때 시작된다. 이런 매우 초기단계에서 학생은 개인의 책임, 사회적 기술 발달의 개념을 이해하기 시작하고 일의 가치체계를 확립하기 시작한다. 학생의 가족들과 함께, 학교와 교사들은 삶에서 중요한 이들의 가치를 발달시키는데 중요한 역할을 한다. 하지만 학교는 이런 초기 단계의 학교생활에서는 성인생활에 대한 준비인 전환을 일반적으로 논의하지 않는다. 그래서 우리는 전환과 성인생활 준비에 대한 논의를 14세에 시작하길 권장한다.

비록 각 구성원들이 하는 서로 다른 역할과 다양한 팀 구성원들 및 학생이 성인생활을 준비하는 공동 목적을 향해 함께 일하도록 조정하는 것이 복잡해보일지 몰라도, 우리는 전환과정이 전부가 아니면 아무 것도 아닌 것이 되어서는 안 된다는 것을 인식해야 한다. 즉, 우리는 전환이 이행되기 전에 모든 전제조건과 상황이 갖추어질 때까지 기다려야 할 필요는 없다. 전환은 간단히 과정과 목적 및 그 목적을 성취하기 위한 일을 개념화함으로써 어떤 단계에서든지 시작될 수 있다(Cavaiuolo, 1993). IEP/전환 팀은 과정을 개념화하고 학생이 바라는 성과로 이끄는 계획을 학생이 고안하도록 도와줄 공유된 비전을 개발해야 한다.

계획 작성모임의 성공을 보장하기 위해 취해질 수 있는 수많은 조처가 있다. 이들에 관해 기술할 것이다.

전환계획 작성모임을 준비하라.

도입 후에, 논의될 주요한 영역 중 하나가 전환이라는 것을 모든 사람들이 이해하게 하기 위해 모임의 목적이 진술되어야 한다. 주요한 목적은 고등학교 이후 학생의 삶을 위해 학생과 가족의 비전을 논의할 것이라는 것과 팀의 각 구성원들이 그런 목적 성취를 돕는데 어떤 역할을 할 것인지를 명확히 해야 한다. 팀의 각 구성원들이 모임에 공통된 기대감을 가지도록 하고 그런 기대감에 그들 노력의 초점이 맞추어져야 한다는 것이 바로 팀 지도자의 희망이어야 한다. 팀의 구성원들은 자신들의 전문적인 훈련지식을 학생의 문제해결에 도움이 되고 학생이 이미 진술한 성과 쪽으로 이끌어 줄 문제의 해결책을 개발하는데 사용하도록 격려되어야 한다. 2장에서 기술했듯이, 학생은 모임을 이끄는 촉진자 역할을 포함해 자기 모임에서 가능한 능동적인 역할을 해야 한다.

도입하고 목적을 명확하게 하라

도입 후에, 논의될 주요한 영역 중 하나가 전환이라는 것을 모든 사람들이 이해하도록 하기 위해 모임의 목적이 진술되어야 한다. 주요한 목적은 고등학교 후에 학생의 삶을 위한 학생과 그 가족들의 비전을 논의할 것이라는 것과 팀의 각 구성원들이 그런 목적성취를 돕는데 어떤 역할을 할 것인지를 명확히 해야 한다. 팀의 각 구성원들이 모임에 공통된 기대감을 가지도록 하고 그런 기대감에 그들 노력의 초점이 맞추어져야 한다는 것이 바로 팀 지도자의 희망이어야 한다. 팀의 구성원들은 자신들의 전문적인 훈련지식을 학생의 문제해결에 도움이 되고 학생이 이미 진술한 성과 쪽으로 이끌어줄 문제들의 해결책을 개발하는데 사용하도록 격려되어야 한다. 2장에서 기술했듯이, 학생은 모임을 이끄는 촉진자 역할을 포함해 자기 모임에서 가능한 능동적인 역할을 해야 한다.

IEP계열과 전환논의

미국의 여러 주들은 지역학교가 사용할 수 있는 자기 자신의 IEP양식 고안에 선택사항이 있다. 즉, 몇몇 주의 교육부는 IEP문서를 직접 고안하지만 다른 주들은 각 지역에서 나름대로의 IEP문서를 만들도록 허용을 할 것이다. 이것은 다양한 유형의 IEP문서/양식을 만들어낸다. 불행하게도 많은 IEP양식은 전환 부분이 문서의 뒤쪽에 위치하도록 고안되었다. 만약 이것이 사실이라면, IEP모임은 학생의 현재 수행수준에 관한 논의로 시작되고 목적과 목표 쪽으로 논의가 이끌어지고 그런 다음에 전환에 관해 논의되어야 한다는 것을 의미한다. 대부분의 경우에 이렇게 행해지는데 단순히 이것이 IEP문서가 작성될 때의 순서와 계열을 따르기 때문이다. **그림 4.1**은 계획

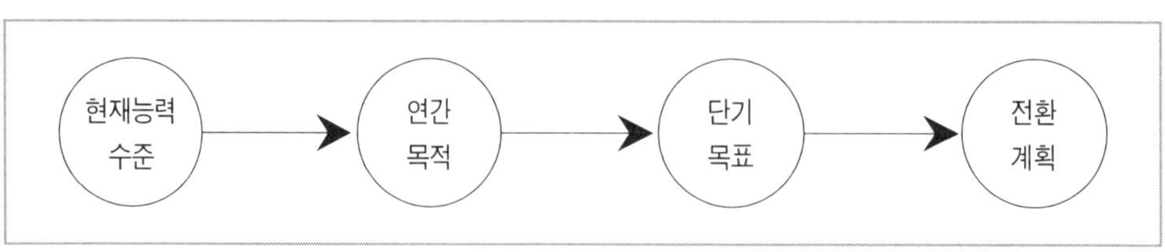

그림 4.1 전환성과가 마지막에 논의된 IEP/전환계획 작성과정의 계열(권장하지 않음)

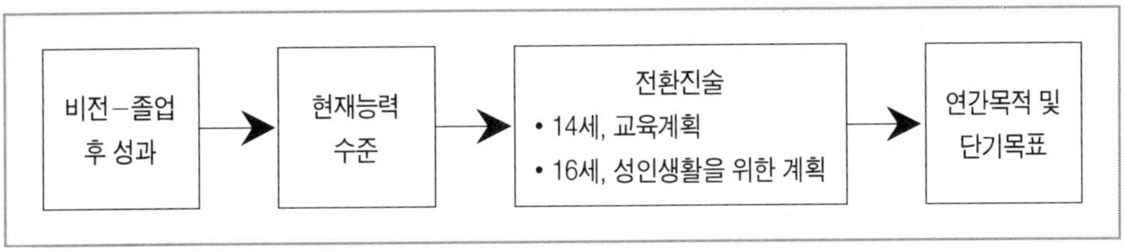

그림 4.2 전환성과가 처음에 논의된 IEP/전환계획 작성과정의 계열(권장함)

작성모임의 계열을 묘사하는데 이것은 비생산적이고 권장할만한 것이 아니다. 여기서의 관심은 만약 우리가 이 계열을 따르면, 전환은 IEP모임에서 2차적인 논의가 될지도 모르고 필요한 1차적인 관심부족이 될지도 모른다. 즉, 전환 이전에 연간 목적과 목표가 완성되면, 그것은 학생의 성과 파악을 요구하는데 그런 다음에 IEP는 학교졸업 후의 성과와 관련성이 부족하게 될 것이다.

비록 IEP문서의 순서가 전환이 문서 후반부에 제시되도록 구성되더라도, 전환 부분을 먼저 논의하기를 권장한다. **그림 4.2**는 이런 권장된 계획 작성계열을 그림으로 보여준다.

이 장을 통해 우리가 계속 논의했듯이, 원하는 성인 성과는 다른 연간 학습 진술과 서비스가 나오는 전환계획 작성을 이끌어 가는 힘이 되어야 한다(Steere & Cavaiuolo, 1999). **그림 4.3**은 전환 성과와 연간 목적들과 단기목표들의 관계를 보여준다.

그래서 IEP계획 작성모임에 원하는 졸업 후 성과는 다른 모든 IEP의 교육적인

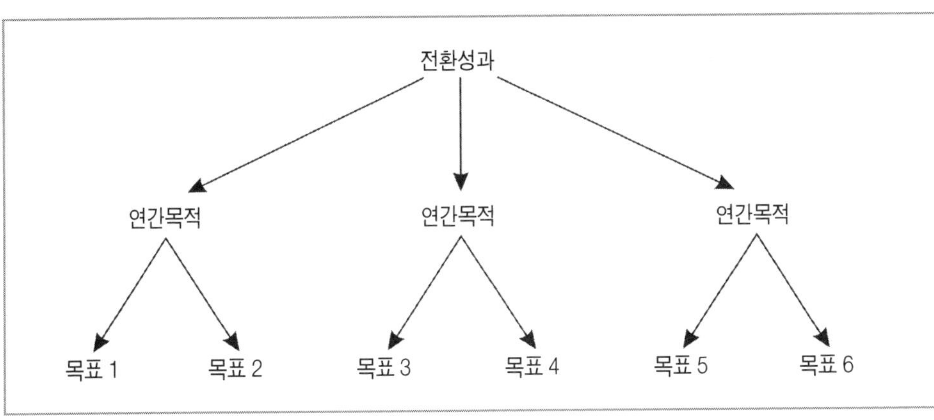

그림 4.3 전환성과와 연간목적 및 단기목표와의 관계

구성요소가 나오는 출발점이 된다. 일단 이것이 행해지면, 다음 논의의 핵심은 학생의 현재 능력과 원하는 졸업 후 성과를 지원해줄 학습과정이 되어야 한다. 만약 학생의 나이가 16세(혹은 더 어린)이면, 필요한 교수, 서비스, 필요한 서비스를 제공해줄 성인서비스 기관들과의 연결망을 포함해 전환과 관련된 IEP의 모든 구성요소들이 완성된다.

이 과정을 효율적으로 만들고 학생의 성과를 가장 긍정적인 방식으로 인식하기 위해서는 **그림 4.2**에 제시된 계열을 따르는 것이 필수적이다. 계열에서 학교들이 종종 사용하지만 권장되지 않는(**그림 4.1** 참조) 학생의 학교성과는 이 과정의 후반부가 될 때까지는 논의되지 않는다는 것에 주목하라. 이것은 이 계열에서 연간 목적과 뒤이을 학습과정이 학생의 성과를 고려하지 않고 학생의 졸업 후 성과를 강조함에 있어 그 계획을 비효율적인 것으로 만들면서 먼저 개발된다.

만약 **그림 4.2**에 제시된 것처럼 학생의 성과가 먼저 고려되면서 논의되고, 장기적인 전환계획의 맥락 안에서 연간목적과 뒤이을 학습과정이 강조되고 이행된다. 그래서 학생의 졸업 후 성과가 성취될 가능성을 증가시킨다.

행동계획에 참가자의 책임을 명료화하기

일단 학생의 요구와 서비스가 파악되고 나면, 팀의 각 구성원들은 학생과 함께 전환과정의 일부 책임을 분담해야 한다. 이런 책임은 행동계획 구성요소로 고려되어야 하는데, 즉, 시간계획 및 책임소재와 함께 구체적인 조처들이 완료되어야 한다. 비록 그런 행동계획을 위한 오직 하나의 양식은 없지만, 학교는 자기 나름대로의 계획을 개발하도록 격려되고 현존하는 양식에 적응하도록 격려되어야 한다. Wehman의 개별화 전환계획(Individualized Transition Plan) 양식은 IEP문서에 유용한 부록 역할을 할 수 있는 잘 구성된 행동계획을 제공한다(Wehman, 1995, 1998, 2004). 행동계획의 책임은 또 학생과 학생가족이 완성할 필요가 있을 지도 모르는 조처들을 포함한다. 서비스 요구사항은 우선순위가 매겨져야 하고 팀의 각 구성원들에게 주어지고 다시 보고하도록 해야 한다. 학생과 그 가족들은 피드백을 제공하도록 격려되고 지금 논의되고 있는 것에 다른 제안을 첨가시키도록 격려된다. 모임을 통해서 학생과 그 가족들은 서비스와 다른 관심사항들에 관한 의견을 묻고 그것을 투입하도록 요청해야 한다.

모임 결과 요약하기

모임이 끝날 때, 팀의 지도자/촉진자는 졸업 후 성과, 학습과정 혹은 진술된 성과로 이끌어줄 활동들을 요약해야 하고, 누가 도와줄 것인가와 파악된 서비스와 우선시되는 행동에 누가 책임을 질것인가 및 각각의 사람들이 수행한 진보에 대한 보고를 어떻게 할 것인가 등을 요약해야 한다. 팀의 구성원들은 학생의 성공적인 성과를 위해 그들 각자의 참여와 책임이 핵심이라는 것을 상기해야 한다. 전 과정을 통해서 모든 사람들이 완성하고 수행해야 하는 그들 각자의 책임이 얼마나 중요한가를 이해하는 것이 중요하다.

IEP모임의 팀 지도자는 모든 사람들이 계획의 중요한 영역에 계속해서 초점을 맞추도록 해야만 한다. 팀의 지도자는 학생과 부모들이 그런 과정의 참여보장에 초점을 맞추어야 하고 IEP/전환계획이 법의 정신과 법적인 측면을 만족시키는지 여부를 보장하고, 팀의 다른 구성원들이 자신들의 역할과 책임을 이해하도록 보장하고, 그들이 관련된 과정에 긍정적인 감정을 가지고 떠나도록 보장하는데 초점을 맞추어야만 한다. **표 4.5**는 IEP/전환모임에 기억해야 할 일의 목록을 제공한다.

이것을 고려하라! 만약 여러분이 전환기 학생을 위한 IEP모임에 참석할 기회를 가지게 되면, 여러분 자신에게 질문하라. 모임에서 해야 할 일의 계열은 무엇인가? 특히, 모임에서 학생과 그 가족들의 역할은 무엇인가? 뒤이을 활동에서의 역할과 책임은 명확히 명시되는가?

요약하면, 전환계획 작성에서 계획 작성 팀이 마음에 명심해야 할 A–B–C는 다음과 같다.

A—학생과 그 가족들이 고등학교 졸업 이후 삶에 대해 생각해보도록 학생을 **옹호하라**.

B—졸업 후 성과를 구성하는 학생의 소망과 꿈에 대한 신념을 가지고 **믿어보라**.

표 4.5 IEP/전환모임에 기억해야 할 사항들

- 전환과 졸업 후 성과가 IEP과정을 이끌어야만 한다.
- 계획 작성 팀에 동등한 파트너로 학생과 그 부모들을 참여시켜라.
- 만약 학생의 나이가 14세(강력하게 권장함) 및 16세 이상이 아니면(요구됨), 아래와 같이 요구되는 전환서비스 진술을 완성시켜라.
  —장기적인 계획이 되어야 하고
  —학생의 요구, 장점, 흥미 및 선호에 바탕을 두어야 하고
  —일련의 조정된 활동들과 아래 영역에 대한 전략을 포함해야 한다.
    -교수
    -관련서비스
    -고용
    -기능적인 직업평가
    -졸업 후 성인생활
    -지역사회 경험
    -일상생활기술
- 각 기관 대표자에 관한 정보 접근을 포함해서 성인서비스 기관들과의 구체적인 연계망을 확실히 포함시켜라.
- 전환 IEP에 나열된 활동지원에 책임이 있는 모든 사람들을 파악하라. 행동계획의 마감시간에 맞추어 취해져야 할 조처들을 기록해 두도록 하라. 이들 행동계획 조처들의 성취를 보고하는 전략에 동의하는지를 분명히 하라.
- 만약 학생이 지정된 한계 나이에 도달하면 학생에게 그의 권리에 대한 정보를 확실히 제공해주도록 하라. 비슷하게 학생이 지정된 한계 나이가 되면 가족들에게도 학생의 권리에 관한 정보를 확실히 제공하라.
- 학교졸업 후 성과와 관련된 연간 및 단기목적과 목표를 개발하라.

C—학생과 그의 삶에서의 흥미를 위해 지역사회 기관들과 **협력하라**.

D—학생이 원하는 졸업 후 성과로 이끄는 필요한 기술 및 훈련제공과 경험을 제공하는 학교 프로그램을 **고안하라**.

E—학생이 원하는 졸업 후 성과를 성취하는데 필요한 서비스를 구성하는 연결망을 **보장하라**.

만약 이들 영역들을 고려하고 초점을 맞춘다면, 제공된 서비스들은 성인생활로의 원만한 전환을 가져올 더 큰 기회를 가지게 될 것이다. 하지만 효과적인 계획 작성을 위한 모임이 충분하지 않은데 왜냐하면 전환 IEP문서는 그 자체가 확실하게 작

성되어야 하기 때문이다. IEP는 법적인 문서이기 때문에, 학생의 요구뿐만 아니라 법적인 요구를 만족시키기 위해서는 문서로 작성되어야 한다. 다음에는 전환 IEP작성을 논의한다.

8. 전환 IEP

학생을 위한 IEP/전환계획을 사람들이 작성하기 전에, 프로그램은 Turnbull과 Luckasson(2001)이 "부러운 삶(enviable lives)"이라고 부른 성과로 이끌도록 지원하는 공통된 가치와 믿음을 창출해내야만 한다. 이것은 학교, 지역사회, 세계의 통합에 대한 확실한 전환 철학뿐만 아니라 명확한 규칙 이해에 바탕을 두어야 한다. 이런 믿음과 철학은 조정되고 실천되어야 한다. 그래서 학교들은 확실하게 학생의 IEP/전환프로그램을 철저하게 이행하고 수행하기 위해 그것들의 가치와 비전을 분명하게 정의내려야 한다. 이것은 팀의 모든 구성원들이 진정한 "결과중심과정"을 반영하는 계획 창안에 참가하게 해주는 공통된 토대를 만들어낼 것이다.

효과적인 전환프로그램의 질은 실천과 문서 모두에 다 나타난다. 이전에 언급했듯이, 전환계획 작성을 위한 IDEA의 규칙과 안내지침에 매달리는 것만으로는 충분하지가 않다. 학생의 미래를 위해 학생의 변화하는 요구, 필요 및 기대감을 해마다 반영하기 위해서는 문서의 변경을 보장하는 것이 중요하다. 학교가 전환서비스와 계획 작성에서 최상의 실천을 제공한다고 말하는 것만으로는 충분하지가 않고, 그것을 IEP에 일관된 방식으로 명확히 기록하고 잘 문서화해야 한다. 일부 사람들이 "전환계획"을 IEP와 분리된 교육과정으로 생각하는 반면에 IEP는 전환을 특별히 강조하는 부분이 있어야 한다는 것을 기억하는 것이 중요하다. 1990, 1997년의 IDEA(개정된 장애인개별화교육법)와 2004년 IDEA(2004년의 개정된 장애인개별화교육법)는 특별히 IEP에 필요한 것이 무엇인지를 강조하고 "전환계획"이라고 불리는 분리된 문서에 관한 언급은 없다. 항상 한 가지 유일한 문서만 있어 왔는데, 우리는 그 문서를 전환 IEP라고 말한다. 요구되는 전환 IEP를 "...아동의 나이가 16세가 되는 때의 첫 번째 IEP가 효력을 발휘하는 때보다 늦지 않게 시작되어야 하고 그때 이후로 매년 새롭게 갱신되어야...." 그리고 "...훈련, 교육, 고용 및 적절한 독립생활기술 교육을 어디서 할 것인가에 관한 나이에 적합한 전환사정에 기초한 측정 가능한 적절한 중등교육 이후의 목적에 토대를 둔" 및 "이들 목표에 아동이 도달하도록 도와주는 데 요구되는 (학습과정을 포함한) 전환서비스들..." 등을 2004년 IDEA는 기술한다(IDEA 2004, Sec. 614; Johnson, 2005).

일반적으로 주들도 자기들 나름대로의 전환 IEP문서를 위한 양식을 고안하고 개발한다. 실제로 몇몇 주들은 각 지역학교에 전환 IEP 양식을 고안하고 개발하라는 선택사항을 주기조차도 한다(예: New Jersey주). 우리가 이 장의 초기에 전환계획 작성이 IEP를 이끄는 힘이 되어야 한다고 결정한 바 있기 때문에, 효과적인 전환 IEP의 구성요소들을 고려해보자.

이미 언급했듯이, 전환 IEP 문서는 각 주가 채택하는 양식에 따라 많은 서로 다른 외양을 가진다. 문서가 채택하게 될 서로 다른 외양에도 불구하고, 어떤 문서의 내용은 이 장의 초기에 논의된 부분들을 반드시 포함해야 한다. 그래서 이 책에 제시된 양식은 특히 전환계획 작성과 관련된 부분들은 여러분이 살고 있는 주의 IEP양식에서 볼 수 있는 것들의 보기에 불과하다. 우리는 **표 4.6**에서 IEP의 전환 구성요소 양식을 그리고 **표 4.7**에서 완성된 예를 제공한다. **표 4.8**에서는 사용될 수 있는 대용 양식들이 제시된다.

만약 학생들이 고등학교 졸업 후까지도 지원과 서비스가 필요할 것 같으면, 전환 IEP는 바라는 학교졸업 후 성과를 계속 유지하기 위해 혹은 적절한 건강한 삶을 유지하기 위해 필요한 지원과 서비스를 계속 받도록 학생들을 도와줄 적합한 지역사회 기관들(전형적으로 연결망이라고 언급되는)을 파악해내야 한다. 전환 IEP는 학교졸업 후 필요한 지원과 서비스들, 지원과 서비스를 제공하는 기관 혹은 단체의 이름, 그런 기관과 접촉할 사람 등이 포함되는 부분이 있어야 한다. **표 4.6**과 **4.7**에 있는 IEP의 전환 구성요소와 양식에 이것들이 제시된다. 이들 지역사회 연결망은 지원과 서비스 혹은 건강관련 서비스를 위한 잠재적인 자금에 매우 중요하다. 예를 들면, 학생은 자기의 성냄과 폭발적인 행동을 처리하기 위한 심리적인 상담이 계속 필요할지도 모른다. 이런 서비스를 제공하는 지역사회 기관들이 파악될 수 있고, 다른 기관으로 위탁이 행해질 수도 있고 접촉/수용방문이 이루어질 수도 있다(다음 장에서 전

표 4.6 IEP의 전환 구성요소

(주: 전환계획 작성을 직접 담당하는 구성요소들만 제시됨)

학 생:

생년월일:

장점, 선호 및 흥미를 포함해 학생의 요구를 파악하라:

학생이 바라는 학교졸업 후 성과(미래에 대한 전망):

중등교육 이후의 교육:

고 용:

지역사회 참여:

주거/숙소:

오락/여가:

바라는 성과를 획득하기 위해 배워야 하는 구체적인 기술들:

기술들:	IEP목표#

전환서비스 제공계획:

(이들 조치들은 요구되는 교수, 관련서비스, 지역사회 경험, 일상생활과 다른 기술의 획득 혹은 기능적인 직업평가 등을 포함해야 한다.)

서비스	시간계획/책임

성인서비스 기관들과의 연결망:

기 관	접촉정보

환계획 작성에 중요한 지역사회 재활기관들의 범위를 논의한다). 비록 학교가 궁극적으로는 전환 IEP완성에 대한 책임이 있긴 하지만, 기관들 초대(연결망), 학교 관련 인사들이 기관들과 접촉하는 유일한 책임을 맡을 필요가 없다는 것에 주목해야 한다. 단체들과의 접촉, 장소방문 결정, 혹은 추천서 양식지 완성 등에 대한 책임은 학생/혹은 그들 가족들에게 주어질 수도 있지만 아마도 학생/혹은 그들 가족들에게 그 책임이 주어져야 한다. 예를 들면, 많은 학생들에게 특히 중요한 연결망은 공립의 직업재활담당관이다. 비록 전환을 논의하기 위한 IEP모임에 VR상담원이 전형적으로 출석하도록 요청을 받지만, 부가적인 VR사무실 방문 혹은 위임장은 학생들과 그들 가족들에 의해 조정될 수 있다. 학교는 단순히 학교졸업 후 연결망을 따르도록 학생을 보장하고 격려할 수 있다.

표 4.7 IEP의 전환 구성요소들 예

(주: 전환계획 작성을 직접 담당하는 구성요소들만 제시됨)

학생: Shawn Tyrell

생년월일: 7/8/88(나이 17세)

장점, 선호 및 흥미를 포함해 학생의 요구를 파악하라: Shawn은 학교를 졸업하게 되면 자신이 지원고용에 들어갈 수속을 준비하도록 돕기 위해 구체적인 서비스가 필요하다. 그는 절반쯤 독립적으로 살아가도록 허용해줄 기술을 배울 필요가 있다. Shawn은 야외의 일을 포함해 잠재적인 고용기회를 탐색하도록 야외활동을 좋아한다. Shawn은 훌륭한 보통학생이고 그림으로 된 지시사항이 제시되면 최선을 다한다.

학생이 바라는 학교졸업 후 성과(미래에 대한 전망):

중등교육 이후의 교육: Shawn은 요리와 가정 재정에서 자기 기술을 더욱 개발하기 위해 지방정부가 제공하는 성인교육 프로그램을 통해 성인생활 과정을 배울 것이다.

고용: Shawn은 얼마간 교외에서 일하는 시간을 포함해 일하는 직업을 획득하게 될 것이다.

지역사회 참여: Shawn은 자기가 다니는 교회, 지역 가게에서의 쇼핑, 오락과 여가활동을 통해 그가 살고 있는 지역사회에 참여하게 될 것이고 이런 환경에 접근하기 위해 공공 교통수단을 이용하게 될 것이다.

주거/숙소: Shawn은 한 사람 혹은 두 사람의 짝지와 함께 타인의 지원을 받는 아파트에서 살게 될 것이다.

오락/여가: Shawn은 YMCA 인력 망, 백화점 및 하이킹/걷기를 위한 공원 등을 포함하는 지역사회의 오락 및 여가활동을 하면서 생활할 것이다.

바라는 성과를 획득하기 위해 배워야 하는 구체적인 기술:

기 술:	IEP목표#
작업을 하면서 다른 사람들과 적절한 상호작용	
더욱 복잡한 글자로 된 지시사항 따르기	
요 리	
가정경제 꾸리기(계산서 돈 지급하기, 수표책 사용하기 등)	
식료품 가게 쇼핑하기	
버스노선 이용하기	

전환서비스 제공계획:

(이들 조처들은 요구되는 교수, 관련서비스, 지역사회 경험, 일상생활 및 기타 기술의 획득 혹은 기능적인 직업평가 등을 포함해야 한다.)

표 4.7 IEP의 전환 구성요소들 예 (계속)

서비스	시간계획/책임
지역사회에 기반을 둔 직업경험, 1주일에 1회 (전환 조율사)	9월5일 시작; Ms. Wu(교사) 및 Mr. Watson
가정생활을 위한 기술개발	9월5일 시작; 가정에서의 실천(Shawn과 Tyrell 씨 부부) 지원으로 Ms. Wu
신체요법	9월5일 시작; Mr. Seimon
언어치료법	9월5일; Ms. Rodriguez(언어치료사)
흥미 목록과 직업상황 사정	10월5일; Mr. Watson과 Shawn
직업사회에 기반을 둔 여행훈련	10월5일; 가정환경에서의 실천 지원으로 Mr. Watson(Shawn와 Tyrell 부부)
성인서비스 기관들과의 연결망:	
기 관	**접촉정보**
지적장애인 직업재활사무소	Lisa Renen(재활상담원) Sidney Addison(지원 조율사)
고용발전회사(회사 이름)	Molly Sumner(지원고용 프로그램 담당자)

9. 포괄적 전환계획 작성 실천

Steere, Rose와 Gregory(1996) 등은 다양한 장애 학생들을 위한 효과적인 전환계획 작성을 위한 안내로 여섯 가지 "포괄적 계획 작성 실천"을 파악했다. 이들 원칙들은 전환계획 작성의 목적과 본질에 관한 일련의 믿음을 형성한다.

성공적인 전환노력에 대한 전망 해명

미래에 대한 명확한 과정을 개발하고 이해하는 것이 효과적인 전환계획 작성에 필수적이다. 학교졸업 후의 성과로 학생과 그 가족들이 예상하고 있는 전망은 효과적인 전환계획 작성 뒤에서 이것을 이끄는 힘이 된다는 것을 이해해야 한다.

표 4.8 전환서비스 요구에 대한 진술

14세 혹은 적절하다면 그 이전에 시작되어 학생의 미래를 위한 장기 교육계획을 개발한다. 학생의 장점, 선호 및 흥미를 포함해 학생요구를 파악하라.

학생이 바라는 학교졸업 후 성과(미래전망)

중등교육 이후의 교육 ______________________________

고용 ______________________________

지역사회 참여 ______________________________

주거/숙소 ______________________________

오락/여가 ______________________________

학생이 바라는 졸업 후의 성과 및 학생의 흥미와 선호를 고려하여 다음 4년간에 걸친 학생의 공부과정을 나열하라(주목: 다음 해의 학생의 공부과정이 나열되길 원하고, 그 다음 연도들의 공부과정은 다음번 IEP모임에서 바뀌어 질 수 있다).

9학년: ______________________________

10학년: ______________________________

11학년: ______________________________

12학년: ______________________________

16세 혹은 적절하다면 그 이전에 시작되어 학생의 흥미와 선호를 고려하여 학생이 바라는 학교졸업 후의 성과를 촉진시켜 줄 학생을 위한 조정된 일련의 활동들과 전략을 가진 여러 해에 걸친 계획을 개발한다.

활동/전략들	시작 날짜	서비스를 제공하는 사람 혹은 기관	책 임
교 수:			
관련서비스:			
지역사회 경험:			
고용 혹은 다른 학교 졸업 후의 목표:			
일상생활기술:			
기능적/직업평가			

가족과 다른 중요 인사들의 긴밀한 지원과 협력

계획 작성과정에 가족과 학생을 참여시키려는 노력은 중요하다. 학교 관련인사들과 다른 전문가들이 학생과 가족을 압박하지 않는 것이 중요하다. 전문가들이 학생과 가족들이 편안하게 결정과정에 참여하고 그 과정에서 전문가들과 편안한 마음으로 동등한 파트너가 되도록 만들어주어야 한다.

적절한 질문에 기초한 역동적인 사정 과정

질문은 단지 학생이 활동이나 과제에 참여할 수 있는 어떤 기술을 가지고 있느냐 아니냐에 초점이 맞추어져서는 안 되고 학생과 최고로 조화를 이루는 바람직한 상황에 초점을 맞추어야 한다. 학생이 자연적 환경에서 선택된 활동이나 과제에 성공적으로 참여할 수 있도록 해주는 부가적인 도움으로서의 지원이 논의된다. 사정과정은 기술, 능력 및 적성뿐만 아니라 학생의 미래열망과 현재 지원체계에 초점이 맞추어져야 하고 다양해야 한다. 이들 사정과정들은 또한 생태학적이어야 하는데, 다시 말하면, 사정과정들은 학생과 현재 및 미래 지역사회 환경과의 상호작용에 대한 분석이 포함되어야 한다(Bates, 2002).

교육과정에 지역사회 환경 참조

학생은 만약 교수가 기능적이거나 학습이 지역사회와 관련된 환경일 때 성인생활을 위한 준비를 보다 더 잘 하는 것 같다. 다시 말하면, 교수를 위한 교육과정이 "진정한" 지역사회에 기반을 둔 환경에서 학생을 가르쳐야 한다. 이것은 교육자들이 그런 환경 안에서 성공하는데 필요한 기술을 학생에게 가르치고 학생이 전환이 되게 해주는 현재 및 미래 환경을 분석하도록 요구한다(Falvey, 1989).

최상의 학습촉진에 도움을 주는 개별적인 계열

이 원칙은 교수가 체계적이고 개별화될 필요성에 초점을 맞춘다. 효율적인 교수전략을 파악하고 이용하기 위해서는 각 학생의 학습유형에 대한 철저한 사정이 행해져야 한다. 바라는 학교졸업 후 성과로 이끌어주는 다양한 활동과 함께 학습은 전환성과와 관련되어 기능적으로 행해져야 한다. Gold의 철학은 학생의 학습은 교육자들의 책임이고 학생의 기술, 창의력, 매진에 달려 있다는 것이다(Gold, 1981).

지역사회 지원과의 연계

학생이 특수교육 수혜를 마치기 전에 성인서비스 및 자연스럽게 지역사회 지원과의 연계가 제자리를 잡아야 한다. 학생의 구체적인 요구에 따른 성인서비스들과의 연계는 일반적으로 직업재활담당관, 발달장애부서담당관, 사회보장제도, 의료사업소 및 사설의 비영리 지원제공 기관들과 함께 행해진다. 이들 기관들과 단체들은 전형적으로 학생이 학교를 졸업하고 난 후에도 그를 잠재적으로 지원하고 재정적인 지원이 나오는 원천이 된다. 학생과 가족들에게 서비스를 신청하는 것이 그런 서비스를 이용할 수 있다는 것을 반드시 보장하지는 않는다는 것도 알려주어야 한다. 그들은 또한 앞서 진술한 서비스들이 교육제도에 대한 자격부여가 아니라 학생이 그런 서비스를 받을 수 있는 자격을 갖추고 그런 서비스 수혜 기준에 적합성 여부를 충족시켜야만 한다는 것도 반드시 알아야 한다. 이것은 학생과 가족들이 주정부의 재정지원이 본질적으로 어떻게 범주화되는가를 이해하는 것도 중요하다. 그것은 다른 영역의 장애를 위해서가 아니라 "지적장애"와 같은 특정한 장애를 위해서만 돈을 사용하라고 제한되어 있다는 것이다. 그들에게는 잠재적으로 기다려서 받아야 하는 서비스가 무엇인지, 얼마나 오래 기다려야 하는지, 서비스의 종류가 무엇인지를 알려주어야 한다. 한 가지 부가적인 중요한 핵심은 전환계획 작성과정에서 직업재활이 특히 중요한 역할을 한다는 것이다. 비록 재활상담원이 학생이 학교를 졸업하기 전에 학생의 서비스를 위한 사례를 공개하기를 꺼릴지도 모르지만, 학생은 그의 학교 마지막 학년 동안에 서비스 수혜 적합성 여부를 결정하기 위해서라도 서비스에 지원하도록 해야만 한다.

IEP/전환문서를 작성할 때, 만약 이런 총체적인 실천이 고려되어야 한다면, 그것은 실천과 문서작성 양쪽에 다 효과적인 프로그램이 될 것이다.

◌ 요 약

이 장에서는 전환계획 작성과정을 중점적으로 논의했다. 2004년의 개정된 장애인개별화교육법(IDEA 2004)의 전환계획 작성의 요구사항들이 제시되었다. 우리는 인간중심계획 연구법을 이용해서 학교졸업 후의 성과가 획득될 수 있음을 논의하고, 계획 작성 팀 구성원들의 역할과 책임 또한 제시되었다. 연간목적이나 목표를 개발하기 전에 우선 전환성과에 관심을 기울이는 것의 중요함과 IEP모임에 관한 강조가 행해져야 한다. 마지막으로, 전환 IEP의 핵심 구성요소들을 기술했고 그리고 성공적인 학교졸업 후 성과로 이끌어주는 명확하게 작성된 작업 문서가 어떻게 되어야 하는지를 살펴보았다. 이 장이 미래 및 현재 교사들에게 효과적인 IEP/전환모임에 참가하고 수행할 수 있도록, 법의 요구사항을 지킬 수 있고 학생의 장애에도 불구하고 모든 학생들에게 질 높은 전환서비스를 제공할 수 있도록 충분한 정보를 제공해주길 원하는 것이 바로 우리의 희망이다.

표 4.9 전환서비스의 사정 안내를 위한 질문

1. IEP/전환모임에 학생을 초대하는가?
2. IEP개발에 학생의 요구, 장점, 흥미 및 선호가 어떻게 고려되는가?
3. 모임의 시간과 장소를 부모들에게 통보하고 그 모임에서 전환이 논의될 것이라는 것을 부모들은 알고 있는가?
4. IEP모임에 지역사회와 연계된 사람들이 출석하고 참여하도록 초대를 하는가?
5. 만약 다른 기관들이 참여하지 않으면, 학교는 학생의 전환계획에 다른 기관들의 참석을 얻어내려고 노력을 하는가?
6. 발달장애협회, 직업재활담당자, 사회보장담당자 등과 같은 정부 자금지원 기관들에 관한 정보가 가족 혹은 학생에게 제공되었는가?
7. 학생의 학교졸업 후 성과 및 구체적으로 충족시키는 IEP의 목적과 목표가 명확히 진술되는가?
8. 만약 학생이 16세 혹은 그 이상이면, IEP는 학생의 요구, 장점, 흥미 및 선호에 바탕을 두고 필요한 전환서비스를 포함시키는가?
9. 필요한 전환서비스는 교수에 관한 정보, 관련서비스, 지역사회 경험 및 성인생활 목적에 관한 진술을 포함하는가?

응용활동

전환에 여러분의 계속적인 학습과 기술발전을 위해 아래 나열된 응용활동이 필수적이다. 이들 활동 각각은 여러분의 시간과 에너지를 필요로 할 것이지만 여러분이 이 분야에 전문적인 기술을 개발하도록 여러분을 도와줄 것이다.

실천과 이해력 향상을 위해

여러분의 학교와 다른 학교에서 전환서비스가 어떻게 수행되고 있는지를 파악하고 그것들이 2004년 IDEA의 요구사항과 어떻게 잘 조화를 이루고 있는지를 결정하라. 학교는 **표 4.1**에 나열된 진술을 잘 따르고 있는가?

표 4.6의 질문을 이용해서, 여러분 학교와 다른 학교의 전환규정을 따르는 정도를 평가하라. 여러분은 어떤 영역에 상관관계가 있다고 추천하고 싶은가? 이들의 변화가 어떻게 이행되겠는가? 여러분은 계속된 일치와 효율성을 어떻게 보증하는가?

안내로 **표 4.2**와 **4.3**을 이용하여, 여러분의 학교가 현재 이들 중요한 계획 작성 실천의 몇 가지를 어떻게 수행하고 있는지를 평가하라. 이들 표로부터 체크리스트를 개발해서 그 과정의 각 단계마다 학생을 어떻게 준비시키는가를 결정하라. 이 과정을 개선시키기 위한 여러분의 권장사항 가운데 몇 가지는 무엇인가?

여러분의 포트폴리오를 위해

표 4.4와 **4.5**에 제공된 정보를 이용하여, 최소한 전환계획 작성에 초점을 맞춘 IEP모임에 학생과 부모들이 더욱 적극적으로 참여하도록 도와줄 두 가지 구체적인 전략을 개발하라. 다른 전략들이 모임 그 자체를 어떻게 수행하는가에 초점을 맞추고 있는 반면에 학생과 가족참여를 증가시키는 이들 많은 전략들이 실제 모임이 행해지기 전에 발생할 수 있다는 것을 기억하라. 현재 여러분 학교에서는 어떤 전략이 있습니까? 바뀌어야 할 몇 가지 권장사항은 무엇입니까?

논의된 학생의 전환 IEP에 관한 조망을 기록하라. 여러분이 학생의 IEP를 조망하는 동안에 학생의 목적과 목표를 결정하기 위한 출발점으로 우선 학생의 성과가 논의되는지 아닌지를 파악하라. 학생의 학습과정이 성인생활(성과)을 위한 장기적인 열망을 반영하는가? 학생은 그런 수행과정에 다소의 책임을 지는가? 지역사회 자원과의 연결망이 구체화되고 이들 기관들이 그런 계획 작성과정에 어떤 역할을 했는가?

관련 자료와 웹사이트

아래 자료와 웹사이트는 여러분으로 하여금 전환계획 작성과정에 관한 여러분의 지식을 확장시켜 줄 것이다. 여러분의 전문적인 프로파일에 이들 자료를 포함시키는 것을 고려하라.

Transition Research Institute at Illinois

효과적인 전환실천에 관한 훈련과 연구. 미국에서의 각 전환모델 계획에 관한 목록을 포함.

www.ed.uiuc.edu

National Longitudinal Transition Studies-2

NLTS2에서 나온 자료에 대한 요약.

www.nlts2.org

NICHY National Dissemination Center

활용할 수 있는 전환안내서 출판물

www.nichy.org

National Center on Secondary Education and Transition(NCSET)

전환계획 작성을 향상시키기 위한 전략에 관한 웹사이트.

www.ncset.org

National Joint Committee on Learning Disabilities

학습장애 학생들의 효율적인 전환계획 작성을 위한 전략에 활용할 수 있는 논문들.

www.ldonline.org

AAMR

지적장애인에 관한 자기옹호 및 정보. 지역 분회들과의 연결망을 포함.

www.aamr.org

ARC of the United States

지적 및 발달장애인에 관한 자기옹호 및 정보. 지역 분회들과의 연결망을 포함.

www.thearc.org

TASH

특히 중도장애 및 중복장애인들을 위한 자기옹호 및 정보. 지역 분회들과의 연결망을 포함.
www.tash.org

New Freedom Initiative's Online Resource

연방정부 관계부처들의 장애인에 관한 자료와 정보를 찾기 위한 웹사이트에 접근을 허용함.
www.disabilityinfo.gov

Institute on Community Inclusion

장애 아동들과 성인들이 지역사회의 모든 영역에 참가할 권리를 지원함. 장애인의 통합을 촉진시키는 효과적인 전략에 관한 연구와 교육수행.
www.communityinclusion.org

참고문헌

Bates, P. (2002). Instructional assessment. In K. Storey, P. Bates, & D. Hunter (Eds.), *The road ahead: Transition to adult life for persons with disabilities* (pp. 25-45). St. Augustine, FL: Training Resource Network, Inc.

Benz, R. M., & Doren, B. (1997). School-to-work components that predict post-school success for students with and without disabilities. *Exceptional Children, 63*, 151-166.

Chambers, C., Hughes, C., & Carter, E. (2004). Parent and sibling perspectives in the transition to adulthood. *Education and Training in Developmental Disabilities, 39*, 79-94.

Carter, E., & Wehby, J. (2003). Job performance of transition-age youth with emotional and behavioral disorders. *Exceptional Children, 69*, 449-465.

Cavaiuolo, D. (1993). Systems change and its relation to transition from school to adult life: A collaborative process. *Transition from school to adult life for people with disabilities: Best practices and planning a process of transition into adult life.* New Jersey Department of Education Office of Special Education Programs Monograms.

Dickinson, L. D., & Verbeek, L. R. (2002). Wage differences between college graduates with and without learning disabilities. *Journal of Learning Disabilities, 20*, 175-185.

Durlak, C. M., Rose, E., & Bursuck, WID. (1994). Preparing high school students with learning disabilities for the transition to postsecondary education: Teaching the skills of self-determination. *Journal of Learning Disabilities, 27*, 51-59.

Falvey, M. (1989). *Community-based curriculum: Instructional strategies for students with severe handicaps* (2nd ed.). Baltimore: Paul Brookes.

Furney, S. K., & Hasazi, B. S. (1997). Transition policies, practices and promises: Lessons from three states. *Exceptional Children, 63*, 343-356.

Flexer, R., Simmons, I, Luft, P, & Baer, R. (2005). *Transition planning for secondary students with disabilities* (2nd ed). Upper Saddle River, NJ: Merrill.

Gold, M. (1981). *"Did Isay that?": Commentaries on the Try Another Way System.* Champaign, IL: Research Press.

Grigal, M., Test, D., Beattie, J., & Wood, WI (1997). An evaluation of transition components of Individualized Education Programs. *Exceptional Children, 63*, 357-372.

Held, M., Thoma, C., & Thomas, K. (2004). "The John Jones Show": How one teacher facilitated self-determined transition planning for a young man with autism. *Focus on Autism and Other Developmental Disabilities, 19*, 177-188.

Johnson, D. (2005). Key provisions on transition: A comparison of IDEA 1997 and IDEA 2004. *Career Development for Exceptional Individuals, 28*, 60-63.

Katsiyannis, A., Zhang, D., Woodruff, N., & Dixon, A. (2005). Transition supports to students with mental retardation: An examination of data from the national longitudinal transition study 2. *Education and Training in Developmental Disabilities, 40*, 109-116.

Kraemer, B., & Blacher, J. (2001). Transition for young adults with severe mental retardation: School preparation, parent expectations, and family involvement. *Mental Retardation, 39*, 422-435.

Kraemer, B., McIntyre, L., & Blacher, J. (2003). Quality of life for young adults with mental retardation during transition. *Mental Retardation, 41*, 250-262.

Kunc, N. (2004, March). *The habits of inclusion.* Symposium: Common Solutions: Inclusion and Diversity at the Center. Syracuse University: Syracuse, NY.

LaPlante, M., Kennedy, J., Kaye, S., & Wenger, B. (1996). Disability statistics abstract, No. 11. Washington, DC: U.S. Department of Education, National Institute on Disability and Rehabilitation Research.

McMahan, R., & Baer, R. (2001). IDEA transition policy compliance and best practice: Perceptions of transition stakeholders. *Career Development for Exceptional Individuals, 24*, 169-184.

Menchetti, B., & Garcia, L. (2003). Personal and employment outcomes of person centered career planning. *Education and Treatment in Developmental Disabilities, 38*, 145-156.

Milson, A., & Hartley, M. (2005). Assisting students with learning disabilities transitioning to college: What school counselors should do. *Professional School Counseling, 8*, 436-442.

Miner, C., & Bates, P. (2002). Person-centered transition planning: Creating lifestyles of community inclusion and autonomy. In K. Storey, P. Bates, & D. Hunter (Eds.), *The road ahead: Transition to adult life for persons with disabilities* (pp. 7-24). St. Augustine, FL: Training Resource Network, Inc.

Mount, B., & Zwernik, K. (1988). *It's never too early, It's never too late: An overview of per-*

sonal futures planning. St. Paul, MN: Governor's Planning Council on Developmental Disabilities.

NCSET (2002). *Parent Brief Promoting effective parent involvement in secondary education and transition*. National Center on Secondary Education and Transition.

Patton, J., & Dunn, C. (1998). *Transition from school to young adulthood: Basic concepts and recommended practices*. Austin, TX: Pro-Ed.

Powers, K., Gil-Kashiwabara, P., Geenen, S., Powers, L., Balandran, J., & Palmer, C. (2005). Manand effective transition planning practices reflected in IEPs. *Career Development for Exceptional Individuals, 28*, 47-59.

Rabren, K., Dunn, C., & Chambers, D. (2002). Predictors of post high school employment among adults with disabilities. *Career Development for Exceptional Individuals, 25*, 25-40.

Rojewski, J. (2002). Career assessment for adolescents with mild disabilities: Critical concerns for transition planning. *Career Development of Exceptional Individuals, 25*, 73-95.

Rueda, R., Monzo, L., Shapiro, J., Gomez, J., & Blacher, J. (2005). Cultural models of transition: Latina mothers of young adults with developmental disabilities. *Exceptional Children, 71*, 401-404.

Sitlington, P, Neubert, D., & Leconte, P (1997). Transition assessment: The position statement of the Division on Career Development and Transition. *Career Development for Exceptional Individuals, 20*, 69-79.

Steere, D., & Cavaiuolo, D. (1999). Connecting outcomes, goals, and objectives in transition planning. *Teaching Exceptional Children, 34*, 54-59.

Steere, D., Rose, P., & Gregory, 5. (1996). Generic practices to enhance transition to adult life for students with diverse disabilities. *Rehabilitation Education, 10*, 143-153.

Turnbull, R., & Luckasson, R. (Eds.). (2001). *Transition to adult life for people with mental retardation: Principles and practices*. Baltimore: Paul Brookes.

Turnbull, R., Huerta, N., & Stowe, M. (2005). *The individuals with disabilities education act as amended in 2004*. Upper Saddle River, NJ: Merrill-Prentice Hall.

Wehman, P. (1995). *Individual transition plans: The teacher~c curriculum guide for helping youth with special needs*. Austin, TX: Pro-Ed.

Wehman, P. (1998). *Developing transition plans*. Austin, TX: Pro-Ed.

Wehman, P. (2004). *Life beyond the classroom: Transition strategies for young people with disabilities* (3rd ed.). Baltimore: Paul Brookes.

Zhang, D., Ivester, J., Chen, L., & Katsiyannis, A. (2005). Perspectives on transition practice. *Career Development for Exceptional Individuals, 28*, 15-25.

5

관련기관들 간의 상호작용

장의 목표

1. 장애인이 이용할 수 있는 다양한 지역사회 서비스와 친숙하게 된다.
2. 학생이 학교를 떠나기 전 학생의 서비스에 대한 요구, 그런 서비스 제공계획 및 학생의 서비스 접근준비 등을 파악한다.
3. 학생이 원하는 졸업 후 성과를 성취하는데 필요한 성인프로그램, 지원 및 서비스와 학생 연계를 보장한다.
4. 장애인들이 활용할 수 있는 다양한 지역사회 선택사항들을 파악하고, 전환과정에 그들을 위한 계획을 수립할 수 있고 고등학교를 졸업하자마자 학생이 이런 서비스에 접근하도록 돕는다.

장의 핵심 주제

- 관계기관들의 협력: 2004년 IDEA에서는 전환을 "...일련의 조정된 활동들..."이라고 정의했다. 이 장에서, 우리는 이런 협력이 어떻게 최상으로 이루어질 수 있는가를 기술한다.
- 자기결정: 학생과 그 가족들은 서로 다른 성인서비스 기관들이 그들에게 제공할 서비스에 관한 지식 및 그들이 어떻게 이들 서비스에 가장 잘 접근할 수 있는가를 반드시 알고 있어야만 한다.

2004년 IDEA는 전환을 "성과중심과정에서 고안된, 장애 아동을 위한 일련의 조정된 활동들"이라고 정의했다〔P.L. 108-446(602(34)(A)〕. 이 진술에 내재된 의미는 학교들이 "(학교들) 혼자서 전환을 해서는" 안 되고 할 수도 없다는 의미이다. 즉, 왜냐하면 목적이 "학교에서 학교 이후의 활동으로 아동의 이동을 촉진시키는 것"이기 때문에, 재정 혹은 서비스라는 관점에서 학생을 지원할 성인기관들은 반드시 계획 작성과정의 일부를 담당해야 한다. 학생 졸업이 임박하거나 학생이 졸업하게 됨에 따라, 이들 성인서비스 기관들은 계획 작성과정의 일부를 담당해야 할 뿐만 아니라 학생에게 더 많은 재정 및 지원서비스를 제공해야 한다. 이 장에서 성인서비스 제공기관들이 장애 학생들과 어떻게 상호작용하는지 및 전환과정에서 그들이 어떻게 중요한 역할을 행하는지를 논의한다. 질 높은 서비스 발전에 선구자들 가운데 한사람인 Dr. Gunnar Dybwad의 프로파일이 **보조 도표 5.1**에 제시된다.

1. 단계설정, Part II: James의 전환계획으로 되돌아가기

James의 어머니(4장에 소개됨)인 Mrs. Rose에게 "전환"이 소개된 지 1년이 지났다. 이제 James는 16살이고 그의 IEP모임에서 방금 결론이 났다. 다시 소집된 전환 팀이 모임에서 만났고 직업재활원(VR), 발달장애담당관 및 Greenway라고 불리는 지역의 서비스 제공기관 등을 포함한 지역사회의 여러 기관들이 참석했다. 이들 각 기관에서 온 대표자들은 그들 기관들이 지금까지 행한 것 및 James가 학교를 졸업하게 되면 그들이 James에게 무엇을 제공할 수 있는가를 기술했다. 비록 Mrs. Rose가 여전히 이들 각 기관들이 무엇을 하는지와 그들이 어떻게 James를 도와줄 것인가를 확신하지 못하지만, 그녀는 그들의 사업계획서를 받고, 그들과 악수하고 그녀와 함께 할 그들의 서비스에 대한 논의에 귀를 기울였다. 그녀는 아직도 James의 미래가 걱정되었지만 기관들이 James를 도와줄 수 있다는 말에 고무되었다.

모임에서 James가 상담원을 만나고 각 기관에 서비스를 신청하기 위해 직업재활원(Vocational Rehabilitation: VR)에게 가야 한다고 논의됐다. IEP모임이 있은 2주 후에, 그들 두 사람은 VR의 상담원인 Mr. Rodriguez를 만나기 위해 VR사무실로

보조 도표 5.1

Gunnar Dybwad에 관한 관한 역사적 조망

Gunnar Dybwad는 전 세계적으로 장애인을 위한 옹호자로서 자신의 전 생애를 바친 사람으로 비친다. 자기 아내인 Rosemary와 함께 그는 전 세계적으로 장애인을 위한 시민권리 및 지칠 줄 모르는 자기결정 옹호자였다. 그는 국제완전통합위원회(Inclusion International) 설립자 중 한 사람으로 유명하다.

Dr. Dybwad는 독일의 Halle종합대학교에서 1934년에 법학박사 학위를 받았다. 미국으로 거주지를 옮긴 후에 처음엔 형법제도를 위해 일했고 그 후에는 New Jersey, Michigan, Indiana 등에서 청소년 범죄를 다루었다. 1939년에 New York의 사회사업학교를 졸업하고 1943-1951년까지 Michigan주의 사회복지부에서 아동복지 프로그램을 관장했다. 그는 미국 아동연구협회 사무국장, 전국지체시민협회 사무국장, 스위스 제노바의 국제아동복지협회의 지적장애 업무 공동 사무국장(그의 아내와 함께) 역할을 했다. 1950년대와 1960년대에, 그는 오늘날 국제완전통합위원회라고 불리는 정신박약인을 위한 국제사회연맹에서 일했다. 그의 일은 1971년 유엔의 지적장애인의 권리장전에 영향을 주었다. 이 기간에 그가 행한 중요한 또 다른 공헌은 Pennsylvania자치주에 대항해 지적장애인들을 위한 Pennsylvania협회를 설득하여 재판하도록 하는데 공헌했다. 이 중요한 사건은 장애 아동들이 공립의 무료 및 적절한 교육을 받을 수 있도록 한 전례를 확립했고 곧 이어 전장애아교육법(Education for All Handicapped Children: P.L. 94-142)이 제정되었다.

1967년에 시작해서 Dr. Dybwad는 Brandeis종합대학교의 Heller Graduate School에서 지적장애에 관한 Starr Center연구소에서 최초 이사로 30년 이상 가르쳤다. 그는 또한 Syracuse종합대학교에서 12년 이상 가르쳤다. 1977년에 그는 Brandeis에 있는 Emeritus 인간발달연구소 교수가 되었다. Dr. Dybwad는 92세로 세상을 떠났고, 그의 사랑하는 아내인 Rosemary도 이듬해에 세상을 떠났다.

Gunnar Dybwad는 1978년 국제완전통합위원회(Inclusion International)의 세계국제회의의 프로그램담당 의장이었고 1978년부터 1982년까지 국제완전통합위원회(Inclusion International)의 회장이었다. 그는 Kennedy 대통령을 위한 지적장애에 관한 대통령자문단역할을 했고 Johnson, Nixon, Reagan, Ford, Carter, Bush 및 Clinton 대통령을 위한 지적장애위원회의 회장을 역임했다.

Dr. Dybwad는 Kennedy재단 상, 지적장애인 미국협회, 지적결함에 관한 과학적인 연구를 위한 국제위원회 등을 포함해 자신의 놀라운 업적으로 많은 상을 수상했다. 그는 장애인의 권리에 관한 지속적인 개척자 중 한 사람이었다.

출처: WWW.gunnardybwad.net에서 요약된 정보임

갔다. 그는 자신을 소개하고 그의 사무실이 무엇을 하고 어떻게 James를 도울 수 있는가를 설명하기 시작했다. 그는 James에게 그가 학교를 졸업하고 난 후에 무엇을 하고 싶은가를 물었다. 그는 James가 과거에 어떤 직업을 가졌었고 미래에 그의 관심사가 무엇인가를 물었다. James는 그에게 Top Brand 식품가게, Handy Man 철물상, 지역의 Wal-Mart 등에서 몇 가지 일을 시험 삼아 해보았다고 말했다. 이들 각각의 장소에서 그는 주로 재고품 관련 일을 했다고 말했다. Mr. Rodriguez는 James에게 이런 장소에서 일하기를 좋아하는지 아닌지를 물었다. James는 "예, 그런 것 같아요."라고 불확실하게 대답했다. Mr. Rodriguez는 James에게 만약 그가 흥미를 느끼고 있는 분야가 어떤 곳인지 확신하지 못한다면 그가 어떤 확신을 갖도록 도와줄 수 있는 검사를 실시할 수도 있다고 James에게 말했다. James는 불안했는데 왜냐하면 그는 학교에서 시험을 보는 것을 무지하게 싫어했기 때문이고 그는 다른 학생들처럼 결코 잘할 것 같아 보이질 않았기 때문이다. Mr. Rodriguez는 그때 James에게 그의 IEP모임에서 논의된 다른 성인서비스 제공기관을 방문해본 적이 있는지를 물었다. James는 그가 말하는 것을 알아차리지 못했고, 그래서 Mrs. Rose는 그 대신에 대답을 해주었다. 그녀는 Mr. Rodriguez에게 그들은 그런 경험이 전혀 없고 그럴 계획만 있다고 말했다. 그녀는 성인서비스 제공자들이 무엇을 할 수 있는지 확신할 수가 없었지만 그녀는 자신이 그런 기관을 찾아내야 한다는 것을 알고 있었다.

Mr. Rodriguez는 이제 그의 관심을 Mrs. Rose에게로 돌렸다. 그녀에게는 지원서가 주어졌고 그 지원서를 작성하고 그에게 되돌려 주어야 하고 그렇게 해야 James는 그들이 제공하는 서비스를 받을 자격이 있는지 없는지를 결정할 수 있다고 말했다. 그녀는 그것이 무엇을 의미하는지 궁금했다. 그는 지금까지 아무 질문도 없이 학교로부터 서비스를 제공받아 오고 있는 중이고 지금 Mr. Rodriguez가 그녀에게 James가 서비스 수혜자격이 있는지 없는지를 말하고 있는 중이다. 그녀는 자기 아들이 장애인이라고 생각했다. 그런데 왜 자기 아들이 자격이 없다는 말인가? 그녀는 양식지를 받았고 Mr. Rodriguez에게 고맙다고 인사를 하고 잠시 James와 함께 자리를 떠났다. James는 Mr. Rodriguez가 말한 검사에 대해 생각하고 있는 중이고 Mrs. Rose는 이 모든 것에도 불구하고 James는 다른 누구로부터도 아무 도움도 받지 못할지도 모른다고 걱정했다. 그들 두 사람은 말없이 집으로 차를 몰고 왔다.

2. 관련기관들 간의 협력과 상호작용에 관한 연구

관련기관들 간의 협력과 관련된 요소의 중요성을 논의하기 전에, 우리는 이에 관한 실천 연구 중 몇 가지에 대한 간략한 종합적인 진단을 제공할 것이다. 최근 학교에서 성인생활로의 전환에서 최상의 실천 가운데 몇 가지가 삶의 목표나 목적을 찾는 것 이상으로 더 많이 기술되고 또한 관련기관들 간의 협력에 초점을 맞춘 공통된 목적을 향해 개별화교육(IEP) 팀에 학생이 동등한 구성원으로 참가하도록 보장하기를 기술한다. 관련기관들 간의 협력은 학교 관련인사, 가족구성원, 학교졸업 후의 성공적인 성과를 촉진시키기 위해 함께 노력하는 서비스 기관에 종사하는 사람들, 사업가 등 필수적인 사람들을 말한다(Test, 2004). 이 분야의 연구는 협력의 중요성을 강조하고 만약 팀의 협력적인 노력이 없이는 장애 학생이 성인생활로의 성공적인 전환을 이룰 수 없다는 것을 보여준다(Aspel, Bettis, Quinn, Test, & Wood, 1999; Cozzens, Dowdy, & Smith, 1999; Dettmer, Dyck, & Thurston, 1999).

학교, 가족 및 지역사회 간의 훌륭한 협력문제는 몇 가지 요인의 탓으로 돌려질 수도 있는데, 이들 중 몇 가지는: ① 긍정적인 전환성과를 지원하는 전환 및 지역사회 제도에 관한 지식부족; ② 팀 구성원들의 불분명한 역할; ③ 전환계획 작성과정에 초대받지 못함; ④ 학생이 졸업 후의 활동에 대한 준비가 안 되어 있음; ⑤ 학생이 바라는 성과를 성취하도록 전환 팀의 요구를 충족시키지 못하는 비효율적인 협력모델(혹은 모델이 전혀 없는 경우) 등이다. 몇몇 연구들은 협력문제를 조망했다.

Nuehring과 Sitlington(2003)은 자폐증 학생의 전환과정에 대한 질적 연구를 수행했다. 그들 연구의 결과는 개선될 필요가 있는 전환계획 작성과정의 몇 가지 영역을 지적했다. 첫째, 그들은 프로그램에 초점 맞추기 및 IEP위임사항으로서 전환에 관해 교사들이 더 많은 교육과 훈련을 수행할 필요가 있다는 결론을 내렸다. 게다가, 자폐증과 다른 도전적인 장애 학생들의 특성과 본질에 관한 성인서비스를 위해서 더 많은 훈련이 요구된다고 생각했다. 둘째, 그들은 전환계획의 일환으로 효과적인 사정과정의 필요성을 조망했다. 셋째, 전환에 참여하는 개인(학생), 그들 가족들, 학교 대표자들 및 성인서비스 제공기관들 간에 의사소통에 대한 요구가 증가된다. 마지막으로, 성공적인 전환을 위해서는 학교의 전환프로그램들 및 성인서비스 제공자들이 더 많이 제휴하고 조정될 필요가 있다.

최상의 협력에 대한 도전 가운데 하나는 관련기관들 간의 빈약한 의사소통과 협력부족처럼 보인다. 전환 IEP모임에 학교가 지역사회 관련기관들을 초청해야 한다는 요구사항에도 불구하고, Agran, Cain과 Cavin(2002) 등은 이런 일이 계획한 대로 발생하지 않을 지도 모른다고 말한다. 이들 연구자들은 전환과정에 재활상담원의 참여수준을 보다 잘 이해하기 위한 설문조사를 수행했다. 설문조사 중 하나는 특수교육 교사들을 위한 것이고 다른 하나는 재활상담원을 위한 것이었다. 연구결과는 재활상담원들의 상호작용과/참여가 부적절한 것으로 인식되고 있다는 것을 보여주었고, 학교 관련인사들에 의해서 상담원들이 IEP모임에 초대받지 못했다는 사실이 이를 더 악화시켰다. 게다가, 재활상담원들의 인식은 학생들이 자주 고용에 대한 적절한 준비가 안 된다는 것이다.

이런 도전에도 불구하고, 몇몇 연구자들은 효율적인 협력이 전환기 학생을 개선된 성과로 이끌 수 있다는 것을 시범으로 보여주고 있다. 예를 들면, 캘리포니아에서의 협력모델을 살펴본 연구는 관련기관들 간의 자료와 엄청난 지원을 요구하는 사람들을 위한 공립학교, 직업재활원(VR) 및 발달장애부서 담당관(DD) 등 중요한 세 가지 조직에 관한 전문가 의견을 조망했다(Certo, Mautz, Smalley, Wade, Luecking, Pumpian, Sax, Noyes, & Wechsler, 2003). 이런 협력에는 두 가지 국면이 있다. 첫째, 학생이 학교를 떠나기 1년 전에, 학교는 지역사회 고용을 위해 VR과 DD에 의해 자금이 조성된 "새로 만들어진(hybridized)" 기관과 형식적인 동의를 했다. 학교는 활동지원을 위한 교수적인 도움 및 그와 동등한 자금과 교사(이런 교사는 전환조정자라고 여겨질 수도 있다)를 배당했다. 교사는 전략 및 아이디어를 가지고 새로 만들어진 기관에서 사무실 공간을 공유한다. 둘째 단계에서는 학생이 학교를 떠난 1년 후 공립학교 관련인사, VR 및 DD대표자로 구성된 정책관리 집단은 졸업생의 고용을 모니터하기 위해 소집된다. 이 협력모델의 성과는 다음과 같다. 참여했던 63%의 학생이 졸업과 동시에 경쟁을 통해 고용되었고, 71%는 졸업 후 3년 안에 경쟁을 통해 고용되었다. 이 연구는 관련기관들 간의 공유된 협력이 어떻게 유의미한 긍정적인 결과를 성취할 수 있는가에 대한 중요한 보기이다.

관련기관들 간의 협력에서 팀은 정책의 차이점을 제기하고 의사소통을 촉진시킬 수 있다(Baer, Flexer, & McMahan, 2005). 전환기에 학교가 성인서비스 기관들과 협력하는 데는 수많은 이점이 있는데 왜냐하면 그들(학교들)은 학생의 적절한 고용기술 개발지원에 재정/인력이 부족하기 때문이다(Grossi, Schaaf, Steigerwald, & Munk, 2002). 그래서 협력은 전환프로그램에서 중요한 실천이다. 그런 협력은 전환 IEP를 통해 개별학생의 수준, 학교 밖의 다방면에 걸친 계획 작성 팀을 통한 학교수준, 혹은 상호작용위원회 혹은 상호작용 팀을 통한 지역사회 또는 지역수준을 포함해 다양한 수준에서 발생할 수 있다는 것을 인식하는 것이 중요하다.

관련기관들 간의 협력은 중등교육 이후 교육으로 전환하려고 하는 학생들에게도 또한 중요하다. 학습장애 학생이 만약 대학(즉, 기술학교 2년 혹은 4년제 대학)을 갈 수 있다면 그는 더욱 더 성공적이다(Dickinson & Verbeek, 2002). 학습장애 학생들은 장점이 거의 없고 직업안전이 거의 보장되지 않은 일자리를 차지하고 만다(Durlak, Rose, & Bursuck, 1994). 하지만, 만약 학습장애 학생들이 VR과 지역의 중등교육 이후의 교육기관을 통한 협력을 포함하는 명확한 전환 IEP를 가지고 있다면, 이것은 미래의 경제적 성공, 사회적 힘, 자신을 위한 개인행복으로 나아가는 문을 열 수 있게 될 것이다(Milson & Hartley, 2005).

학생을 위한 IEP팀 구성원들 간의 상호작용은 중요하고 이 과정에서 그들이 행하는 역할은 전환성공에 핵심요소 가운데 하나이다. 예를 들면, 중등도에서 중도의 장애인들을 고용하는데 사업체와 산업체의 역할이 중요한데, 이런 사실이 더욱 명확해지고 있는 중이다(Wehman, Brooke, West, Targett, Green, Inge, & Kregel, 1998). 또한, 학생이 학교 교육제도를 떠나기 전에 서비스제공기관들 간의 협력증가는 장애 학생들의 전환과정을 향상시킨다는 것이 발견되었다(Noyes & Sax, 2003). IEP팀 구성원들 각자가 학생을 위한 긍정적인 성인생활 성과를 얻기 위해 일하게 보장해줌으로써 교육자들은 관련기관들 간의 효율적인 협력과 상호작용의 발달에 영향을 줄 수 있다(Dettmer et al., 1999). 학교에서 직장으로 전환이 빈약한 성공을 거두는 몇 가지 원인들 중에서 하나는 각 기관들 간의 상호작용과 지역사회 전문가들 간에 협력적인 전략의 효율성 부족이라는 점을 제시한다(Wehman et al., 1998).

3. 지역사회 연계

효율적인 전환이 일어나도록 하기 위해서는, 학생이 학교를 떠나기 전에 지역사회 연계가 반드시 확립되어야 한다. 이들 지역사회 연계는 학생이 재학 중일 때부터 학생에게 필요할지도 모르는 지속적인 서비스라고 생각한다. 왜냐하면 학생이 적절한 교육을 받는데 이들 서비스가 필요하기 때문에 지역사회 생활에서 학생이 성공하는 데에도 또한 이들 서비스가 필요하다. 예를 들면, 만약 학생이 학교에서 화를 내는 경우를 관리하기 위한 정신건강 상담을 받고 있다면, 학생이 학교를 떠날 때 지역사회 서비스 제공자로부터 유사한 상담을 계속 받을 필요가 있다. 그래서 지역사회에 살고 있는 학생으로부터 유사한 상담요구가 파악되고 학생이 학교를 떠날 때 학생을 위한 전환프로그램의 일환으로 지역사회와 "연계"가 확립되어야 한다.

지역사회 연계는 재활, 주거, 고용, 의학적/정신건강 서비스 등을 포함해 지역사회 안에서 학생이 완전하게 기능하는데 필요로 하는 어떤 종류의 서비스일지도 모른다. 만약 학생이 재학 중 자기 교육프로그램을 충족시키기 위해 의료적인 중재를 받고 있다면, 유사한 서비스를 성인이 되어서 보장받기가 쉬울 것이다. 지역사회 연계는 또한 학생이 자신의 가정이나 아파트에서 살아가는데 학생에게 필요한 서비스를 지원해줄 수도 있다. 지원 서비스는 지역사회에서 사람들이 직업을 찾고, 유지하고 가지도록 도와준다. 지역사회 연계의 발전은 전환계획 작성과정의 가장 중요한 구성요소 중 하나이다. 만약 학생이 지역사회에서 일하고 살아가도록 허용해주는데 필요한 지원과 서비스를 계속 받게 해주는 몇 가지 수단을 학생이 안 가지고 있다면, 학교가 학생을 가르치고 그에게 그런 기회를 제공하려는 노력은 허사가 될 수도 있다.

학교에 기반을 둔 서비스와 지역사회에서 학생이 한 사람의 성인으로서 최종적으로 접근할지도 모르는 서비스와는 큰 차이가 있다. 만약 그런 서비스가 학생의 적절한 교육을 보장하는데 필요하다면, 큰 차이는 학교서비스(예를 들면, 신체치료, 작업치료, 언어 및 말, 기타 등등)는 장애 학생에게는 일종의 권리이다. 즉, 이들 서비스는 학생과 그 가족들에게는 무료로 반드시 제공되어야 한다. 장애 학생이 학교를 떠나 성인세계로 들어가면, 그런 권리를 학생이 더 이상 활용할 수가 없다. 학생은 이제 성인으로 간주되고 학생은 서비스 수혜를 위해서 요구되는 적합성 여부에 대한 어떤 요건을 충족시켜야 한다. 또한, 성인서비스 제도에서는, 서비스 수혜요건을 갖춘 개인은 그런 서비스 수혜를 기다리는 것은 당연하다. 서비스 수혜를 기다리는 사람은 너무나 당연한 일이다. 서비스 수혜 권리에서부터 서비스 수혜 규준으로의 근본적인 이동은 Mrs. Rose에게 그랬던 것처럼 많은 장애인 가족들에게는 중요한 관심사이고 또한 놀라움이다(Hanley-Maxwell, Whitney-Thomas, & Pogoloff, 1995).

성인을 위한 학교에 기반을 둔 서비스와 지역사회에 기반을 둔 서비스의 부가적인 차이점은 이런 서비스에 대한 비용을 누가 부담하는가이다. 예를 들면, 성인 아동을 위한 의료비는 일반적으로 그가 재학 중일 때 가족이 부담했던 그의 의료비 부담계획에는 적합하지 않게 된다. 만약 성인 아동 혹은 그의 가족들이 그런 의료비를 계속 부담할 수 없다면, 그는 의료보조비를 지원받을 필요가 있고 그가 그런 서비스에 접근하기 전에 서비스 수혜자격을 얻어야만 한다. 만약 그가 주거 또는 직장에서도 도움이 필요하다면, 그는 이런 종류의 서비스에 대한 비용을 잠재적으로 부담하게 될 주정부 기관들로부터 서비스 수혜를 신청할 필요가 있다. 또 이런 서비스제공이 시작되기 전에 사람들은 서비스 수혜의 자격을 갖추어야만 한다. 이것이 IEP/전환계획 작성과정에서 지역사회 연계와 요구사항이 파악되고 조기(14-15세)에 시작되어야 하는 것이 왜 중요한가라는 이유이다.

전환계획 작성 팀은 장애 학생을 위한 성인서비스 기관들과의 연계망을 확립하기 위해 몇 가지 조건을 충족시켜야만 한다.

첫째, 성인기의 보조서비스에 대한 학생의 요구사항을 팀은 반드시 파악해야 한다.
둘째, 그들은 이에 필적할만한 서비스를 제공하는 지역사회 서비스제공자들을 파악해내야 한다.
셋째, 그들은 서비스 수혜 자격결정 혹은 서비스 수혜 지원과정을 반드시 결정해야 한다.
넷째, 그들은 학생 스스로 기관을 선택하고 방문하도록 용기를 북돋우어주어야 한다.

다섯째, 팀은 IEP/전환모임에 기관의 대표자들을 반드시 초청해야만 한다.

여섯째, 팀은 성인서비스 제공기관이 요구할 적법하고 타당한 정보를 알려주기 위해 학생의 동의를 미리 받아두어야 한다.

이 장 말미에 이들 조처의 이행에 관한 더 많은 구체성이 제공될 것이다. 전환기 학생들이 요구할지도 모르는 다양한 서비스는 다음에 논의한다.

4. 성인서비스 선택사항

여기서 여러분은 장애 학생이 성공적인 지역사회 생활을 유지하는데 필요한 다양한 성인서비스 제공자들을 소개받게 된다. 이전에 학생이 학교를 떠나자마자 학생을 다양한 지원과 서비스에 연계시키도록 돕는 일의 중요성을 확립했다. 하지만 일반적으로 학생과 가족은 다른 누군가가 도와주지 않으면 이런 지원과 서비스를 알지 못한다. 지역사회 안에서 필요한 지원과 서비스와의 연계망을 확립하고 서비스 제공자들을 파악해내는 책임은 바로 학교에게 있다. 종종, IEP/전환계획 작성모임에서 학생과 부모에게 이들 서비스를 소개하기 전까지는 이들 서비스를 학생과 부모는 알지 못한다. 그래서 교사들과 학교 관련인사들이 학생이 성인이 되었을 때 학생의 요구를 매우 적절하게 충족시키는 지원과 서비스를 선택하고 파악하는 과정에서 그들이 학생과 가족을 더욱 잘 교육시킬 수 있도록 성인서비스 제공자들을 명확히 이해하고 인식하는 것이 중요하다.

일반적으로 학생이 자기 지역사회로부터 받을 수 있는 서비스의 유형은 다양하고 그 범위가 광범위하다. 각 기관들의 서비스 제공 혹은 자금 지불을 통해 지원하게 될 요구조건의 유형에 따라 성인서비스가 유형화 될 수 있다. **표 5.1**은 대부분의 지역에서 전형적으로 이용할 수 있는 서비스와 장애목록 가운데 몇 가지를 재빨리 살펴보게 해준다. (여러분이 살고 있는 지역에서 이들 유형의 기관들을 각각 찾아보기 위해서는, 이 장 뒷부분에 있는 웹사이트를 참고하거나 또는 여러분이 살고 있는 주 혹은 카운티 혹은 지역의 웹사이트를 찾아보라. 게다가, 여러분 지역사회의 전화번호부는 지역의 정부기관 사무실과 함께 장애인을 도와주는 전형적인 기관들을 나열할 것이다.)

표 5.1에 제시된 기관들과 서비스는 다양한 자금지원을 통해 다양한 서비스를 제공한다. 예를 들면, 의료서비스는 일반적으로 의학적인 도움을 통해 제공되는데, 이것은 부분적으로는 주 정부가 또 일부는 중앙정부가 자금마련을 한다. 주와 지역의 발달장애부서 담당관(DD) 혹은 지적장애인사무소(MR) 등이 일반적으로 주거 요구에 필요한 자금을 마련한다. 고용서비스를 위해서는 직업재활원(VR)이 일반적으로 지원고용을 위한 초기 자금모금을 제공하는데, 이것은 주정부의 발달장애부서 담당관(DD) 혹은 지적장애인사무소 등에 의한 뒤를 잇는 자금모금이 뒤따르기 때문이다. 여러분이 알고 있듯이, 학생이 요구하고 이용할 잠재적인 서비스를 위한 자금마련은 지역, 주, 혹은 연방정부로부터 온다. 이들 모든 프로그램들과 서비스가 지니고 있는 공통된 요소는 반드시 이들 프로그램을 수혜하기 위한 구체적인 규준에 토대를 두고 개인이 지원하고 개인이 자격을 갖추어야 한다는 것이다. 이들 많은 프로그램을 수혜하기 위한 규준의 핵심은 개인의 장애가 고용 및 다른 삶을 위한 기능적인 활동에 방해가 된다는 것이다.

5. 연방정부 자금제공 프로그램과 서비스

장애인이 활용할 수 있는 연방정부가 자금을 제공하는 몇 가지 프로그램들이 있다. 장애 성인이 종종 이용하는 프로그램은 직업재활과 사회보장제도이다. 아래에 이들 프로그램들이 기술된다.

직업재활원(Vocational Rehabilitation: VR)

장애인이 고용되는데 도움을 주는 몇 가지 프로그램들이 있지만, 가장 주된 프로그램은 직업재활 프로그램이다(OSERS, 2004). 이 프로그램은 교육부가 감독하고 미국

표 5.1 지역사회 기관과 전환서비스의 공통점 잠재적으로 제공받을 자금지원

기관/프로그램*(목적과 자금지원)	고용서비스의 예	중등교육 이후의 교육 서비스의 예	성인 및 독립생활 서비스의 예
직업재활원: 인지, 감각, 정서장애인들의 고용과 증가된 독립을 획득하도록 돕기. 연방정부와 주정부의 자금지원을 받음. VR기관들은 전형적으로 한정된 기간 동안 지속되고 개인의 재활계획에 토대를 둠. 필요하다면, 장애를 가진 개인은 더 늦게까지 서비스를 요청할 수 있고 새로운 재활계획이 개발될 것이다.	■ 직업안내와 상담 ■ 직업 잠재력을 사정하기 위한 의학, 심리, 직업 및 다른 유형의 사정들 ■ 지원고용, 직업발달, 배치 및 추수지도 ■ 재활, 기술적인 서비스 및 적응도구, 장비 및 공급 물품	■ 일반적으로 노동부와 연계된 도제제도 프로그램 ■ 직업훈련 ■ 적합한 학생의 재정적인 지원 패키지의 일부로 직업을 목표로 한 대학의 훈련	■ 고용을 유지하는데 필요한 주거 혹은 교통지원 ■ 통역서비스 ■ 정향 및 이동서비스
정신건강/지적장애/발달장애: 정신질병, 지적장애/발달장애인들의 요구사항에 반응하기 위한 종합적인 서비스 체계를 제공. 지역 사무실을 운영하기 위해서는 연방정부, 주정부, 지역에서 마련한 자금이 사용됨; 지역의 자금은 종종 가장 중요한 자금원이 됨. 서비스는 변동지불계획에 바탕을 두고 제공됨	■ 지원 및 보호고용 ■ 경쟁고용, 최소한의 도움을 필요로 하는 사람들을 위한 지원		■ 지역 서비스에 접근하고 얻기 위한 사례관리 서비스 ■ 일상 활동, 클럽 및 프로그램을 포함한 치료적인 오락 ■ 돌보기 연장 ■ 주거서비스(그룹 홈 및 감독을 받는 아파트)

표 5.1 지역사회 기관과 전환서비스의 공통점 잠재적으로 제공받을 자금지원 (계속)

기관/프로그램*(목적과 자금지원)	고용서비스의 예	중등교육 이후의 교육 서비스의 예	성인 및 독립생활 서비스의 예
독립생활센터: 장애인이 자기 지역사회 안에서 자급자족하는 삶을 획득하고 유지하도록 돕기. 지역이 운용하는 ILC는 특정 지역을 위해 봉사한다. ILC는 학급 운영에 대한 비용을 부담할 수도 있지만 옹호서비스는 일반적으로 무료이다.	■ 정보 및 구직자를 구인처에 보내는 서비스 ■ 장애를 가진 멘토와 학생을 연결시키기	■ 옹호훈련 ■ 장애를 가진 멘토와 학생을 연결시키기	■ 옹호훈련 ■ 사회적 보조 서비스(예: 개인적 돌보는 사람의 목록 유지하기) ■ 또래상담 ■ 주거도움 ■ 독립생활 기술훈련(돌보는 사람관리, 주거, 교통수단, 직업 발달) ■ 정보 및 구직자를 구인처에 보내는 서비스 ■ 멘토와 연결시키기
사회보장제도 시행: 실질적인 일을 할 수 없는 심한 신체장애 혹은 정신장애를 가진 모든 나이대의 사람들을 위해 이익을 제공하는 연방정부가 자금을 댄 프로그램을 작동시킴. 사회보장장애보험(Social Security Disability Insurance), 사회보장 보조금(Supplemental Security Income), 자기지원획득계획(Plans for Achieving Self-Support), 국민의료보조제도와 노인의료보험제도 등을 포함한 장애인들에게 몇 가지 프로그램들이 제공된다.	직업유인 프로그램은 다음을 포함할지도 모른다. ■ 일하는 동안 현금 이익(예: 학생이 돈을 번 수익) ■ 일하는 동안 국민의료보조제도 및 노인의료보험제도 ■ ■ 새로운 작업 라인을 시작하도록 도움주기	■ 더 많은 교육과 훈련을 위한 재정적인 유인책	■ 의료적인 이익 ■ 물건구입 혹은 집 임대비용으로 소득을 사용할 수 있음

* 기관과 프로그램의 이름은 주마다 약간 다를 수 있다.

표 5.2 주/연방정부의 직업재활제도 수혜를 위한 적합성 규준

1973년 재활법 수정안에 따르면, VR서비스 수혜를 받기 위해서 개인은 반드시 다음을 갖추어야 한다.

- ① 개인고용에 실질적인 방해를 구성하거나 방해가 되는 결과를 가져오는 신체 혹은 정신적인 손상을 가진 사람; ② VR 서비스로부터 고용성과를 성취하는 이익을 얻을 수 있는 사람을 의미하는 "장애를 가진 개인"이 되어야 한다.
- 고용을 확보하고, 지속하고, 되찾기 위한 준비를 하기 위해 VR서비스를 요구한다.

만약 장애인들이 중도장애를 가져서 VR서비스로부터 이익을 얻을 수가 없다는 명확하고 확정적인 증가가 없다면, 사회보장보조금(SSI) 혹은 사회보장장애보험(SSDI) 이익을 받고 있는 개인은 VR서비스 수혜를 받을 자격이 있는 것으로 여겨진다.

의 모든 주에서 활용할 수 있다. 재활서비스의 최초 확립은 세계 제1차 대전 후 1918년에 군인재활법(Soldier's Rehabilitation Act)으로부터 시작되었고 1973년 군인재활법의 Title I과 그 수정안에 보다 최근 법률제정에 따른 많은 수정안들이 첨가되었다(OSERS, 2004; Parker & Szymanski, 1998; Rubin & Roessler, 2001).

수정된 법안은 주들이 종합적인 VR프로그램을 운용하기 위해서는 연방정부의 자금지원을 받는다는 것을 의미한다. 각 주의 VR프로그램에 접근하고, 계획하고 발전시키도록 설계되고 장애인들에게 적절한 재활서비스를 제공하도록 설계되고 그것의 장점, 자원, 우선순위, 관심, 능력, 흥미 및 정보를 제공받고 행하는 선택 등과 일치되도록 설계된다(OSERS, 2004). 자격을 갖춘 각 개인은 IEP 혹은 개별화교육프로그램을 가져야 한다. 직업재활 프로그램을 위한 적합성 여부 요구사항은 **표 5.2**에 제시된다.

직업재활원(Vocational Rehabilitation Departments)으로부터 얻을 수 있는 서비스의 목록은 광범위하지만, 그것이 반드시 고용으로 이끌어야만 한다. 1973년 재활법 Section 103(a)에 따르면, 필요한 서비스는 자격을 갖춘 개인이 자기 고용성과를 획득하기 위해 필요하다. VR프로그램이 제공해줄 서비스의 목록은 **표 5.3**과 같다.

표 5.3 직업재활(VR) 프로그램 서비스

- VR요구와 적합성을 결정하기 위한 사정
- 직업상담, 안내 및 면접 후 구직자를 구인처에 보내는 서비스
- 신체 및 정신회복 서비스
- 현장훈련을 포함한 직업훈련 및 기타 훈련
- 개인이 특정 VR훈련을 받는 동안 부가적으로 초래된 비용 부담하기
- 기타 VR서비스와 관련된 교통수단
- 청각장애인을 위한 통역 서비스
- 맹인을 위한 글 읽어주기 서비스
- 학교에서 직장으로 전환에 장애 학생을 돕는 서비스
- 개인이 VR서비스를 받고 있는 동안 (관리하기, 감독하기 훈련 및 개인 조력서비스 안내를 포함한) 개인을 도와주는 서비스
- 재활공학 서비스 및 고안품
- 지원고용 서비스
- 직업배치 서비스

사회보장

사회보장법 수정안이 1956년 의회에서 통과되었다. 수정안은 장애인에게 재정적인 수당을 지급하게 했다(Rubin & Roessler, 2001). 이 법안은 50세 혹은 그 이상의 나이에 영속적으로 장애를 가진 사람 및 다시는 직업을 가질 수 없다고 생각되는 사람이면 누구에게나 장애수당을 제공했다(Erlanger & Roth, 1985). 이 법안으로부터 프로그램을 수행한 부서는 사회보장연금(Social Security Administration: SSA)부처였다. 사회보장법의 이후 수정안은 연방정부-주정부의 직업재활원 프로그램과 직접적인 관련이 있다.

SSA의 중요한 기능은 장애 혹은 맹(blindness)에 토대를 둔 현금이익을 제공하는 두 가지 프로그램의 운영이다. 하나는 사회보장장애보험(SSDI) 프로그램이고 다른 하나는 나이가 많은, 맹인, 장애인(18세 이하의 아동을 포함해) 및 제한된 소득 혹은 자원을 가진(SSA Pub. No. 64-030) 개인에게 현금으로 도움이 되는 지불금을 제공하는 사회보장보조금(SSI) 프로그램이다. 이들 두 프로그램을 이해하는 것이 중요한데 왜냐하면 한 사람의 성인으로서 주거와 지원(예: 지역사회 생활 조정, 지원받

는 생활, 기타)이 필요하게 될 장애인은 주거와 지원을 위해 주 정부의 기부금을 추가로 제공하는 이들 프로그램으로부터 나오는 수익금을 사용하게 될 것이기 때문이다. 이 프로그램과 관련된 다른 중요한 요인은 이 프로그램에 자격을 갖춘 개인은 또한 의료적인 지원을 받을 자격이 있다는 것이다. SSDI의 이익을 받을 자격을 갖춘 사람은 노인의료보험제도 및 SSI 수혜자격을 갖춘 사람 또한 국민의료보조제도 수혜의 자격도 갖추고 있다(주, 의료적인 도움 프로그램을 받을 수혜자격 규준은 각 주마다 다를 수 있다는 것에 주목하라. 그리고 여러분이 수혜자격 규준 적임자라는 허락을 얻기 위해서는 여러분이 살고 있는 주의 SSA를 참고하라). 왜냐하면 의학적으로 신체 혹은 정신결함(SSA Pub. No. 64-030) 때문에 SSDI와 SSI 두 가지 모두 어떤 실질적인 소득이 있는 활동에 참여할 수 없는 무능함을 장애라고 정의하고 있기 때문이다. 이 두 가지 프로그램에 대한 적합성 요구사항은 **표 5.4**에 제시된다.

SSA의 최고 높은 우선순위 가운데 하나는 장애인이 고용기회를 활용하도록 도와줌으로써 장애인이 독립생활을 성취하도록 돕는 것이다. 하지만 고용으로부터 장애인이 얻는 수익은 그로 하여금 이들 이익을 잃게 만들고 궁극적으로는 의료비 이

표 5.4 SSDI 및 SSI의 수혜 적합성 규준

SSDI: 수혜자격을 갖추기 위해 노동자는 일을 해야만 하고 사회보장보험을 탈 만큼 충분한 기간 동안 사회보장 불입금을 납입해야 한다. 당사자는 반드시

1. 노동자여야만 하거나 노동자의 미망인(홀아비)이어야 하고, 노동자의 장애 성인아동(장애 성인아동이 되기 위한 자격요건 가운데: 개인은 반드시 미혼이어야만 하고, 부모에게 의존해야 하고, 나이는 18세 혹은 그 이상이고, 장애는 반드시 22세 이전에 시작되었어야 한다).
2. 의학적인 장애 정의를 만족시켜야만 한다.
3. 일을 하고 있지 않거나 혹은 일을 하고 있지만 실질적인 돈벌이가 되는 활동을 수행하고 있지 않아야 한다.
4. 50개 주, 콜롬비아 특별 주, 혹은 북마리아나 섬 중 한 곳에 거주해야만 한다.
5. 신청서를 정식으로 제출해야만 한다.
6. 당사자가 자격을 갖춘 일부 및 모든 이익을 얻기 위한 서류를 정식으로 제출해야만 한다.
7. 만약 권장을 받으면 직업재활서비스를 받아들여야만 한다.
8. 만약 손상이 맹(blindness)이 아니라면 당사자가 신청할 때, 일을 하고 있지 않거나 혹은 SGA를 수행하고 있지 않아야만 한다.
9. 맹인이어야 한다. 그러면 처음 일곱 가지 조건이 적용된다.

익이 뒤따르게 된다는 것이 바로 수년 동안이나 장애인들의 관심사가 되어 왔다. 그래서 고용이 장애인들의 의욕을 꺾는 것으로 생각되었다. 장애를 가진 많은 사람들이 소득이 있는 고용으로 나아가길 꺼려했는데 왜냐하면 소득이 있는 고용이 오히려 소득의 감소 혹은 소득이 끊어짐을 가져오는 경계가 될 수 있기 때문이다. 많은 장애인들이 종종 건강 안정을 위해 약을 복용하기 때문에 의료혜택의 감소는 더욱 중요하다. 장애인들의 실제 돈벌이가 되는 활동(SGA)을 제한하는 일에 관해 주정부의 사회보장연금(SSA)으로부터 여러분이 정보를 얻어내길 권장한다. 지난 15년간, SSA는 이런 장애인들의 의욕을 꺾는 규정을 인정했고 그리고 고용을 목표로 삼도록 장애인들 돕기 위한 새로운 법안 발의, 동기유발, 및 프로그램 소개뿐만 아니라 SGA의 제한점들을 맞게 수정하기 시작했다. 이들 고용기회 법안 발의 중 몇 가지가 **표 5.5**에 간략하게 나열되고 기술된다.

직업발달 혹은 직업 추적 프로그램에 참여할 수도 있고 고용주로부터 임금을 받고 있는 전환기의 학생은 재학 중일 때 SSA를 이용하기 시작할 수 있다는 것에 주목해야 한다. 직업 유인책과 지역사회 서비스제공자들과의 연계는 학생이 고등학교를 졸업할 때 바로 시작되는 것이 아니고 학생이 학교를 떠나기 전에 접근할 수 있다. 이것은 학생에게 그 과정에 앞선 출발을 제공해주는데 특히 만약 PASS(자기 지원을 획득하기 위한 계획)등과 같은 사회보장고용 출발이 학생으로 하여금 스스로 자급자족을 향해 나아갈 수 있는 기회를 제공해주기 때문이다. 일반적으로, 학생은 재학 중일 때 SSA 직업 유인책을 이용할 수 있다. 다음에는 사회보장제를 통해 활용할 수 있는 직업 유인책 선택 중 몇 가지를 기술한다.

직업관련 선택: 사회보장제도는 몇 가지 직업관련 선택을 지니고 있다. 첫 번째 선택은 SGA의 증가와 함께 이전에 언급되었다. SGA 한계증가는 장애인이 돈벌이가 되는 고용에 더 유익하고 그들이 소득과 의료적인 이익을 잃는데 최소한의 영향력을 가진다. 비록 SSI 혹은 SSDI의 재정적인 이익이 실질적으로 줄어들기는 하지만 핵심은 의료상의 이익이 계속 유지된다는 것인데, 왜냐하면 이것이 많은 장애인들이 고용되는데 주요한 방애물이 되어 왔기 때문이다. 바로 다음에 장애인들의 고용성과를 지원하기 위한 부가적인 중요한 유인책의 출발이 소개된다.

1999년 직업티켓과 직업유인개선법(Ticket to Work and Work Incentives Improve-

표 5.5 사회보장행정고용 세부사항

SSI 고용지원은

- 손상과 관련된 직업비용(Impairment-Related Work Expenses: IRWE)
- 소득수익배제
- 학생소득수익배제
- 맹인 직업비용(Blind Work Expenses: BWE)
- 자기지원을 획득하기 위한 계획(Plan for Achieving Self-Support: PASS)
- 자기지원을 위한 필수적인 재산
- 일하는 사람을 위한 특별한 SSI 지불금-Section1619(a)
- 계속된 국민의료보조제도 적합성-Section1619(b)
- 의료치료시설에 들어가는 Section1619(a) 혹은 1619(b)하에 자격을 갖춘 사람들을 위한 특별한 이익금
- 새로운 신청서 없이 적합성 회복
- 직업재활프로그램 하에 계속 돈 지급받기

SSDI 고용지원은

- 손상과 관련된 직업비용(Impairment-Related Work Expenses: IRWE)
- 보조금 및 특별한 작업조건
- 발생이 안 된 사업비용(오직 스스로 혼자 고용된)
- 성공하지 못한 직업 시도
- 시험 직업기간
- 적합성 연장기간
- 노인의료보험제도 적용범위의 존속
- 일하고 있는 장애인을 위한 노인의료보험제도
- 직업재활 프로그램 하에 계속 돈 지급받기

ment Act of 1999: P.L. 106-170): 이 프로그램에서 사람들은 장애인들의 고용획득을 돕고 그들이 선택하도록 승인된 서비스제공자 쪽으로 나아갈 수 있는 보장을 받는다. 그것은 서비스제공 후에 사람들이 고용되고 서비스제공자가 그 대가를 받는 일종의 보장제도다. 게다가, 이 법은 당사자가 건강 돌봄 보상 및 직장에 다니는 것을 선택하도록 요구하는 몇 가지 방해물을 제거하는 국민의료보조제도와 노인의료보험제도의 보상에 몇 가지 개선책을 포함한다.

장애를 가진 대부분의 사람들은 일하기를 원한다(Harris & Associates, 1987, 1994). 일을 못하게 하는 원인으로 파악된 방애요인 중 몇 가지는 잠재적인 이익 손

실과 관련 있다(예를 들면, SSI 및/혹은 국민의료보조제도). 이것이 과거 장애인들에게는 진짜 두려움이 되어 왔기 때문에, 현재 법률은 장애인들이 더 적은 잠재적인 위험과 이익을 상실하지 않은 채 일하는 것을 가능하도록 만들었다(SSA Pub. No. 4-030). **표 5.5**에 제시된 것처럼, 일하는 동안에 개인이 받을 수 있는 많은 고용지원이 있다. SSDI와 SSI의 적용범위가 서로 다르기 때문에, 여러분이 살고 있는 지역의 사회보장을 실시하는 기관으로부터 구체적인 정보를 얻어야 한다. 우리는 가장 널리 사용되는 두 가지 고용지원인 손실과 관련된 직업비용(IRWE: Impairment Related Work Expense)/맹인직업비용(BWE: Blind Work Expenses)*과 자기지원을 획득하기 위한 계획(PASS: Plan for Achieving Self Support)을 논의할 것이다.

IRWE/BWE: SSA규정 하에서 SSI 혹은 SSDI를 수집하고 있는 사람은 그 이익이 심각하게 감소하거나 혹은 인출되기 전에 일정한 양의 돈을 버는 것이 허용된다. 소위 "세금을 부과할 수 있는 소득"이라고 불리는 돈을 결정할 때 총수익에서 능동적으로 고용될 필요가 있는 다양한 손실과 관련비용 및 서비스를 공제하는 방법이 IRWE와 BWE 두 가지이다. 즉, 한 개인이 실질적인 돈벌이가 되는 활동〔(Substantial Gainful Activity: SGA)은 개인의 돈벌이가 만약 그가 장애가 없다면 전형적으로 개인이 벌 수 있을 것이라고 여겨지는 돈벌이 시점을 가리키는 용어로 사용되는 말임〕이라는 것을 보여주는 수단으로서 개인 돈벌이를 계산할 때, 이들 공제액은 가산의 돈벌이라고 생각되는 액수를 감소시킬 것이다. 이것은 다소간 개인의 과세할 소득을 낮추는데 사용되는 공제액이라고 명시된 세금 형태와 비슷한 것이다. 아래는 SSA규칙 하에 공제되기가 쉬운 비용의 몇 가지 예들이다.

- 시중드는 사람의 돌봄 서비스 요금
- 교통비용
- 직업관련 장비 및 보조인력 비용
- 인공 보철물 비용
- 일상적인 약 복용 및 의료서비스 비용

---

*주: RWE와 BWE는 공제할 수 있는 비용이 너무 밀접하게 관련되어 있기에 그래서 그 두 가지 다 함께 적용될 것이다

개인이 받을 수 있는 가능한 공제액이 몇 가지 있지만, 여러분은 구체적인 SSI와 SSDI공제액 정보를 위해 SSA사무실에 조회해야 한다.

PASS: PASS는 개인이 직업목적을 위해 구체적인 기간 동안 소득을 저축할 수 있도록 허용한다(SSA Pub. No. 64-030). 이 계획은 SSI이익만 받는 사람들이 활용한다. 돈은 교육, 직업훈련(즉, 직업안내), 혹은 사업시작을 위해 저축할 수 있다. PASS 하에 저축한 소득은 당사자가 받을 수 있는 SSI 현금이익을 계산할 때 가산소득이 아니다. PASS는 SSI 적합성을 유지하거나 확립하는데 도움을 줄 수 있고 개인의 SSI지불금을 증가시킬 수 있다. 계획은 개인이 자급자족할 수 있는데 필요한 개인목표를 보여주도록 개발된 것이다. 그러면, 그것이 재정적으로 그 목표를 성취하는데 요구되는 금액을 결정한다. 그 목표에 도달하기 위해 정해진 금액의 돈을 저축하기 위한 기간이 설정된다. SSA사무실은 계획을 인정하고 그런 다음에 당사자가 일을 하고, 요구되는 액수의 돈이 당사자의 SSI이익금에서 공제된다. 당사자의 소득은 그런 다음에 더 낮은 비율의 이익금으로 계산된다. 일반적으로 PASS는 후의 삶에서 자급자족이 되도록 계획을 세울 수 있는 돈을 저축하게 허용해준다. PASS가 어떻게 작용하고 그런 계획을 위해서는 무엇이 요구되는가에 관한 상세한 기술을 위해서는 여러분이 살고 있는 지역의 SSA사무실과 접촉하라.

6. 주 정부가 자금을 마련한 프로그램과 서비스

발달장애/지적장애 및 정신건강 사무실

우리가 지금까지 공부한 것은 장애인들이 활용할 수 있는 연방정부가 자격을 인정한 프로그램과 서비스 중 몇 가지이다. 이들 프로그램 중 몇 가지는 프로그램 활동을 지원하기 위한 자금 일부를 주정부가 부담할 것을 요구한다. 주 정부가 자금을 조달하여 운용하는 프로그램을 소개한다. 첫째, 주정부 제도가 활용하는 장애 범주를 파악하는데 사용된 서로 다른 명칭을 여러분이 알아야 한다. 그것은 일반적으로 두 가지 범주로 나누어지는데 주정부가 발달장애(Developmental Disabilities)라는 광범위한 범주를 포함하는 것으로 예를 들면, 지적장애(MR)와 같이 그들의 서비스 범주라는 특정한 관점에만 사용되는 것이 있다. 몇몇 주들은 지적장애인들에게 구체적인 서비스를 제공하고 그들의 서비스 제도는 Pennsylvania 주 같은 곳에서는 지적장애 담당부서의 감독으로부터 나온다. 이런 유형의 서비스 제도가 전부 다는 아니지만 하나의 특정장애 집단만을 위한 지원과 서비스를 위한 자금마련은 일반인들의 책임이다. 이것은 발달장애라는 범주로 파악되는 것보다 더 광범위한 선거구민들의 자금마련을 기초로 한다. 정신건강(Mental Health) 서비스는 전형적으로 MR/DD 서비스로부터 분리된 범주유형이다. 정신건강 서비스 요구는 일반적으로 엄격한 지침과 기준을 가진 의료적인 도움 프로그램을 통해 자금이 마련된다. 일반적으로 학교에서 종종 볼 수 있는 이 프로그램의 주요한 서비스 중 하나는 골고루 도움을 주(wraparound)는 프로그램으로 잘 알려져 있다(Turnbull, Turnbull, Shank, & Smith, 2004). 이들 서비스 중 몇 가지가 일단 학교에서 획득되면 학생들이 성인 나이가 되면서 상담 및 다른 유형의 치료 중재 같은 성인서비스의 일환으로 서비스가 졸업 후에도 계속될 수도 있다.

각 학생의 미래 계획이라는 관점에서 장애 학생에게 도움을 준다는 취지에서 여러분이 살고 있는 주의 서비스가 무엇인가를 구분하는 것이 중요하다. 15세에 주정부의 MR 혹은 DD제도에 참여는 아래와 같은 이유 때문에 반드시 이루어져야 한다.

- 적합성 결정하기: 적합성의 조기 결정은 적절한 계획 작성에 도움이 된다. 만약 학생이 졸업과 동시에 서비스 수혜자격이 없다고 결정되면, 학교당국은 주정부의 제도가 제공하는 지원이 안 된다는 것을 알고 학생의 미래 요구사항을 강조하는 전략을 설계해야 한다. 만약 학생이 서비스 수혜자격이 있다고 결정되면, 학생은 미래지원을 받기 위한 주정부의 서비스를 기다리는 대기자 명단에 오를 수 있다. 여러 주들이 자금마련이라는 문제를 경험하고 있기 때문에 여러 주들은 대기자 명단을 마련하고 있다. 즉, 자금부족 때문에 어떤 프로그램으로부터 지원을 못 받고 있는 장애 학생들과 성인들은 위탁 받은 날짜별로 목록에 이름이 오른다. 일반적으로 사람들이 서비스 수혜를 멈출 때 대기자 명단에서도 이름이 빠진다. 개인이 얼마나 오랫동안 서비스 수혜를 기다려야 하는가는 조기

결정에 토대를 두고 있다. 빨리 사람들의 이름이 대기자 명단에 오르면 오를수록, 졸업하자마자 서비스에 접근할 수 있는 가능성이 더 많다.

- 직업서비스: 주정부들은 일반적으로 직업활동센터(Work Activity Centers: WAC), 성인훈련프로그램(Adult Training Programs: ATP), 지원고용(Supported Employment: SE) 등과 같은 다양한 장애인들이 받는 직업서비스 프로그램에 대한 책임이 있다. 또 다양한 직업서비스에 어떤 명칭을 붙이는가는 주정부들마다 서로 다를 수도 있지만, 그들은 기관에 토대를 둔 서비스(WAC와 ATP)와 지역사회에 토대를 둔 서비스(SE)로 나뉜다. 만약 한 학생이 기관 또는 지역사회에 토대를 둔 프로그램의 지원을 지속적으로 받을 것이 예상된다면, 이것은 조기에 파악되고 학생의 전환계획에 합당한 주정부 기관들이 참석하도록 초대를 받아야 한다. 지원고용에 참여하는 개인의 지원을 위해 함께 일하기 위해서는 VR 및 주정부의 MR/DD제도 간에 공통된 동의가 있어야 한다는 점을 주목해야 한다. 일반적으로 VR이 한 개인의 처음 현장훈련 비용을 지불하고 MR/DD는 개인의 직장배치 때까지 계속해서 지원하기 위한 그 이후의 자금지원(장기적인)을 부담한다. 성인직업서비스 제도는 이후의 장에서 더 상세하게 기술될 것이다.
- 주거서비스: 이전에 언급했듯이, 주정부의 제도는 작업환경에서 사람들을 재정적으로 지원할 뿐만 아니라 또한 그들의 주거도 지원한다. 지역사회 주거에서 지원이 필요한 장애인은 주정부의 자금지원제도로부터 도움을 받을 수 있다. 장애인은 일반적으로 다양한 수준의 요구를 지원받을 수 있다. 예를 들면, 그러한 수준의 돌봄과 관심이 요구되는 사람을 위해 24시간 감독해주는 주거프로그램이 있다. 개인이 20시간에서 40시간 혹은 그 이상, 1주일 범위로 지원받고 싶은 만큼 돌봄을 주면서 관리되는 아파트가 있다. 다른 선택사항은 당사자가 가족(조성된 가족)과 함께 사는 것 및 당사자와 가족이 인적 및 재정적인 지원 두 가지를 모두 다 받기를 원하는 것이다. 주정부들은 변형된 주거지원을 제공할지도 모르지만, 일반적으로 장애인은 24시간 집중적인 지원에서부터 최소인 간헐적인 지원 수준의 돌봄 지원을 받는다. 이런 영역에 주거서비스 수혜를 기다리고 있는 대기자 명단이 존재하는 이유이다. 그래서 학생의 요구사항에 대한

조기파악은 요구되는 주거서비스를 계획하는데 도움이 될 것이다. 이런 조기파악의 두 번째 결과는 또 주정부의 대기자 명단에 이름이 올라 있는 학생으로 하여금 졸업하자마자 이들 서비스에 접근할 수 있는 더 많은 기회를 허용해준다는 것이다.

- 사회적인 서비스: 주정부의 제도는 또 일반적인 지역사회 서비스에 접근하는 방법으로 개인에게 사회적인 서비스를 제공한다. 비록 직업/주거서비스가 그 당시에 요청되지 않기는 하지만, 조기파악과 결정은 주정부의 제도가 학생지원에 능동적이 되고 학생 가족들이 학교 이후까지 계속 배우도록 허용해준다. 전문가들이 제공한 사회적인 서비스는 사례 관리자들 혹은 지원 조정자들이라고 불리는데, 그들이 지역사회에서 지속적으로 통합 및 동화되게 도울 수 있는 사회적인 서비스, 총체적인 오락, 여가 등에 장애인과 그 가족들이 접근하도록 도울 수 있다.

이들의 요점은 학교 관련인사들이 조기에(14세에) 학생의 직업, 주거 및 사회적인 서비스를 파악하고 그 서비스 수혜의 적합성을 결정하는 계획수립을 중요하게 만든다. 이 영역에 학교당국의 지원은 장애 성인들을 위한 주정부의 지원과 서비스 제도에 대한 명확한 지식 및 이해가 뒤따를 때 올바르게 실행될 수 있다.

7. 지역서비스 제공자들

장애 학생이 학교 졸업 후까지 지속적인 지원이 필요하다고 파악될 때, 그는 성인 서비스제공자들로부터 종종 지원을 받게 된다. 이들 서비스제공자들은 일반적으로 주정부(MR/DD/MH) 혹은 연방정부 제도(VR)의 자금지원을 해주는 다양한 서비스를 제공하기로 계약한다. 서비스제공자들이 제공하는 활동들 혹은 프로그램 중 일부는 지원고용, 직업 활동센터, 성인훈련프로그램들, 주거서비스, 오락서비스, 사례관리 및 기타 등등이다. 직업재활은 성인 서비스기관들이 제공하는 직업평가와 지원고용 서비스를 제공하기 위한 자금원이다. 학생 자신이 바라는 학교졸업 후 성과를 파악함에 따라, 그들은 또한 어떤 성인 서비스제공자가 이들 전환성과를 획득할 가장 큰 기회를 그에게 제공하는지를 파악한다. 지역 서비스제공자들은 전형적으로 사립이고 비영리 기관들이다. 그런 기관들의 이름과 그들이 제공하는 서비스는 광범위하게 다양하다.

학생과 가족들이 이들 영역에 성인 서비스제공자들의 다양한 기능들을 잘 알고 있는 것이 중요하다. 그들은 서비스제공자들, 그들의 서비스, 학생이 자기 개인성과를 성취하도록 어떻게 지원할 수 있는가 등에 관한 명확한 비전을 가져야만 한다. 학생의 IEP/전환모임에 성인 서비스제공자들이 초대되어야만 한다. 모든 성인 서비스제공자들이 모든 범위(예: 주거, 직업/오락)에 속하는 서비스를 모두 다 제공하는 것이 아니기 때문에, 모임에 한 사람 이상의 제공자가 초대받을 필요가 있다. 성인 서비스제공자들은 이런 모임에 대표자를 파견해야 하고 학생선호에 대한 기록을 유지해야 한다. 학교들은 또한 학생과 그 가족들이 성인 서비스제도를 보다 더 잘 알도록 어떻게 도움을 줄 수 있는 가를 고려해야 한다. 예를 들면, 학교들은 지역사회 서비스제공자들이 학생과 부모들이 와서 만족하는 "서비스제공자 박람회"를 개최할 수 있다. 학생과 가족들은 그런 다음에 그들과 함께 일하기를 원하는 서비스제공자가 누군지 학생의 IEP/전환계획 작성모임에 누구를 초대할 지를 결정할 수 있다.

지금까지 언급한 인력자원 서비스의 복잡한 세계를 이해할 필요가 있고 장애학생과 어떻게 상호작용하는가에 관한 정보이다. 이것은 학생이 성공적인 성인이 되고 그들이 원하는 성과 성취를 돕도록 도와주려는 우리의 노력이 필수적이다. 일부 학생들은 다른 학생들보다 다소 많거나 혹은 적은 지원을 필요로 할 수도 있다. 교사들은 정보를 잘 알고 있어야 하고 학생과 가족들은 그들이 활용할 수 있는 최상의 선택을 하도록 교육시켜야 한다. 다음 절에서 장애 학생들이 IEP/전환과정에 참여하는 동안에 삶속에서 이들 관계기관들의 연계망이 서로 어떤 역할을 할 것인지를 논의한다.

이것을 고려하라! 교육계의 전문가들은 종종 성인 서비스제도의 일들 때문에 혼란스러워 진다. 반대로, 성인 서비스대표자들은 학교가 어떻게 운영되는지 거의 이해하지 못할지도 모른다. 분명히, 양 당사자들은 서비스와 그들 상대방의 진행과정이 어떤지를 이해할 필요가 있다. 이제, 장애 학생과 그의 가족들에게 이것이 얼마나 혼란스러운지를 고려하라. 앞에서 논의했듯이 성인생활로의 전환은 장애 학생의 가족들에게는 가장 어려운 일 중 하나이다. 전환과정에 학생과 그들 가족들을 지원할 수 있도록 우리가 교육 및 성인 서비스 전체를 최고로 잘 이해하는 일은 전환 전문가들에게 달려 있다. 살고 있는 지역사회의 서비스 및 그 서비스에 언제 어떻게 접근할 수 있는가에 관해 여러분이 더 많이 배우면 배울수록, 요구되는 도움을 여러분이 제공할 가능성은 더 많아질 것이다.

8. 성인서비스 기관들의 역할과 책임

"일련의 조정된 활동들"이 효과적인 전환계획 목표다. 팀 구성원들 간에 발생하는 협력은 성인생활로 학생의 전환계획 작성을 위한 긍정적인 성과를 획득하는데 필수적이다. 팀의 각 구성원들은 각 단계의 전환과정에서 반드시 수행해야만 하는 각자의 역할이 있다. 14세에 시작된 계획 작성과정의 각 단계가 중요하지만 우리는 협력과정에 세 가지 중요한 단계를 파악할 것이다. 첫 단계는 14세 이전에 시작되어야 하지만, 우리는 14세를 권장한다. 일부 학생들에게는 더 조기에 전환요구를 제기하는 것이 중요하다고 권장되는데 왜냐하면 학생의 중도 탈락비율과 서비스 수혜를 위한 장기간의 대기자 명단은 오늘날 특수교육제도가 직면하는 잠재적인 문제이기 때문이다. 이 국면에서는 직업재활원(VR), 정신건강협회의 MR/DD의 상태 및 그 과정에서 성인 서비스제공자들이 상담원의 역할을 한다. 즉, 그들은 어떤 중요한 기능에 참여하지는 않겠지만, 계획 작성과정에 기술적인 도움, 학생, 가족 및 지역의 학교 관련인사들에게 상담원 역할을 할 수도 있다. **표 5.6**은 일련의 활동들, VR, MR/DD 및 성인서비스가 이 단계에서 행해지는 역할을 제공한다.

전환계획의 핵심이 되는 학생과 가족들은 팀의 다른 구성원들과 함께 중요한 역할을 해야 하고 책무성을 지녀야 한다. 종종, 학교 관련인사들은 학생들이 전환과정에서의 역할을 인지하지 못할 수도 있지만, 우리는 학생이 자기결정 행동을 실천하도록 하기 위해서 학생 또한 그 과정에 대등하게 참여해야 하고 학생 자신의 성과를

표 5.6 학생이 14~16세일 때 VR, MR/DD 및 성인서비스의 역할*

1. 14~16세 때 IEP모임에 최소한 한번 참석할 대표를 선정한다.
2. 지명된 사람과 대표자는 서비스 수혜를 받기 위한 적합성 규준과 서비스를 설명한다.
3. 지명된 사람과 대표자는 모임 후에 그들이 회상할 수 있는 취득한 정보를 가족과 학생에게 제공한다.
4. 학교 관련인사들이 학생을 보다 효율적으로 안내할 수 있게 교사들이 서비스 특성을 설명하도록 지명된 사람과 대표자가 어떤 형태의 집무 예비교육에 참가한다.
5. 지명된 사람과 대표자는 여러 해의 전환을 통해 학생이 수행할 학생파일 개발을 시작한다.
6. 지명된 사람과 대표자는 학교 관련인사들에게 현재 프로그램의 적합성 규준을 제공한다.
7. 지명된 사람과 대표자는 학교 관련인사들, 학생 및 요구사항을 결정하는데 필요할지도 모르는 가족의 부가적인 사정자료, 기타 등에 관해 자문한다.

*이 목록은 이들 서비스 제공자들에 의해 획득되어야 하는 최소한의 활동을 보여준다.

성취하기 위해 일정 부분의 책임이 주어져야 한다고 생각한다. **표 5.7**에는 여기서 논의된 세 가지 단계의 과정에서 학생 및 가족들의 역할과 책임이 포함된다.

관련기관들 간의 두 번째 협력과정에서 성인 서비스기관들은 여전히 상담원 역할을 유지하면서 더 많이 참여하게 된다. 이곳에서 VR, MR/DD 및 성인 서비스대표자들은 자신들의 서비스를 논의하기 시작하고 학생의 서비스 수혜 적합성을 결정하기 시작한다. 적합성 결정은 첫 번째 단계에서 발생할 수도 있지만 분명히 본 단계보다 더 늦게 수행되어서는 안 된다. 이 단계는 학생이 16살이 되는 때로 파악되고 전환계획 작성에서 관련 IEP의 모든 부분들이 학생의 투입과 함께 완성된다. 이 단계에 성인 서비스기관들의 역할과 책임은 **표 5.8**에 제시된다.

이 과정의 마지막 세 번째 단계는 학생이 학교에서 마지막 보내는 해에 시작된다. 자기 또래들과 함께 졸업할 예정인 관심의 대상자가 되는 학생에게 이 단계는 18세일 때가 될 수 있다. 일부 학생들에게 법으로 특수교육 서비스를 받을 수 있을 때인 법률적인 한계인 21세가 될 때까지 그들은 교육서비스를 계속 받게 될 것이다. 그래서 학생이 언제 졸업하는가에 따라 학교생활의 마지막 해는 달라질 것이다. 이 마지막 해에 팀에서 핵심적인 사람의 역할은 기껏해야 참여하는 정도의 수준이다. 이 단계에서는 신청서가 완성되고 적합성 여부가 결정되고 지원과 서비스가 파악되고 동의된다. 학생이 6월에 학교를 졸업하게 되면, 학교에서부터 성인생활로 전환은

표 5.7 전환의 세 가지 각각의 단계에서 학생과 가족들의 역할과 책임

14세에 시작된 전환계획 작성 활동

- 졸업 후 성과 획득을 도와줄 학교와 지역사회에서의 교육과정 및 교육경험을 파악한다.
- 학습자와 노동자로서 성공하는데 필요한 개인의 학습유형과 도움을 파악한다.
- 진로흥미와 기술을 파악한다.
- 흥미 및 졸업 후 교육의 선택사항, 만약 적합하다면, 중등교육 이후의 교육/기술학교 입학 규준 등을 탐색한다.
- 미래생활의 조정과 주거지원 등을 위한 선택사항과 흥미를 파악한다.
- 개인흥미, 선호 및 도움요청 등을 효과적으로 의사소통하기를 배운다.
- 의사(선택)결정기술을 실천하고 배운다.
- 잠재적으로 지역사회 참여와 통합을 증진시킬 수 있는 보조공학의 도움 여부를 결정한다.
- 지역사회 경험과 확대된 교우관계를 탐색하라.
- 공공 교통수단을 선택 활용하고 접근하라.
- 돈 관리 기술에 접근하고 기능적인 학습을 결정하라.
- 개인 신분증을 획득하라.
- 독립생활을 위한 학습기술 획득 필요성 여부를 결정하고 접근하라.
- 개인 건강 돌보기 기술에 접근하고, 배우고 실천하라.

16~20세 사이에 전환계획 작성 활동

- 졸업 후에 잠재적으로 필요한 성인 서비스 및 지역사회 서비스를 파악하라(즉, 직업재활, 주정부 혹은 지역의 MR/DD 제도, 기타).
- IEP모임에 성인 서비스제공자들 및 중요한 관련인사들을 초대하라.
- 졸업 후 삶을 위한 장기적인 계획(원하는 성과)을 개발하라.
- 졸업 후 성공에 필요한 직업흥미와 직업기술과 일치되는 학습과정을 보장하라.
- 서비스제공자들 및 잠재적인 중등교육 이후의 학교 혹은 기술프로그램으로부터 정보를 수집하라.
- 졸업 후의 건강 돌보기 계획의 필요성 및 서비스와 건강 돌보기 필요성이 어떻게 계속 될 것인지를 결정하라.
- 성(sexuality)과 가족계획 문제 등에 관해 배우도록 하라.
- 졸업 후 재정적인 도움의 필요성을 결정하고 적합하다면 사회보장제도로부터 도움을 신청하라.
- 직업 인터뷰, 관계망 형성 및 지역사회 참여에 필요한 사회적 기술과 의사소통을 실천하고 배우도록 하라.
- 개인의 포트폴리오/이력서를 유지하고 개발하라.
- 여행하기, 쇼핑 및 일상생활기술 등과 같은 독립생활을 위한 지역사회에 기반을 둔 기술영역들에 참여하라.

(다음 쪽에 계속됨)

표 5.7 전환의 세 가지 각각의 단계에서 학생과 가족들의 역할과 책임 (계속)

학교에서 보내는 마지막 해의 전환계획 작성 활동

- 지역사회의 모든 연계망이 확립되고 이들 연계망에 대한 모든 신청서가 작성되었는지(서비스 수혜의 적합성이 결정되었는지를 확인하라)를 확인하라.
- 교통, 일상생활기술, 오락, 고용 기타 등을 포함해 모든 영역에서 요구되는 지역사회에 기반을 둔 활동을 통해 기술발전을 유지하라.
- 원하는 직업흥미를 파악하고 졸업과 동시에 확보된 지원과 함께 유급고용 일자리를 구하라.
- 개인 복지와 요구되는 직업윤리에 관한 책임감을 배우도록 하라.
- 필요하다면 투표하기 위해 등록하고 투표 서비스에도 등록하라.

유연하고 빈틈이 없어야 한다. 그것은 분명히 서류상의 전환 이상이 되어야 하고 성인서비스는 지역사회에 맞는 활동과 책임의 전환이어야 한다. **표 5.9**는 학생을 위한 전환과정의 마지막 해에 VR, MR/DD 및 성인 서비스제공자들이 책임질 수 있는 일련의 활동들을 제시한다.

이것을 고려하라! 관련기관들 간의 상호협력의 성공은 효율적인 방식으로 함께 일하는 팀 구성원들의 능력에 주로 의존한다(Wehman & Target, 2004). 이 능력은 전환에서 학생의 성공 즉, 공동목표를 위해 일하려는 의지로 이루어진다. 학생 삶의 제

표 5.8 학생졸업 연도에 따라 학생이 17세 혹은 그 이상(18, 19, 20, 21)일 때, VR, MR/DD 및 성인서비스의 역할*

1. 학생의 IEP모임에 참석할 대표자를 임명하라(이 대표자는 학생의 전환기간 전체를 통해 바꾸지 않을 것으로 기대되고, 만약 바뀐다면, 새로운 대표자에게 그 정보가 전달될 것으로 기대된다).
2. 피임용자 혹은 대표자는 서비스와 서비스 수혜를 위한 적합성 규준을 새로 갱신한다.
3. 가족과 학생에게 그들 모임 이후에 회고할 수 있는 새로 갱신된 정보를 제공한다.
4. 각 기관들이 요구하는 대로 서비스 계획을 개발하고 작성한다.
5. 학교 당국자들과 교사들에게 서비스에 관한 정보를 제공한다.
6. 전환기에 학생이 따라야 하는 학생파일을 새로 갱신하라.
7. 학교 관련인사들에게 새로 갱신된 적합성 규준 정보를 제공하라.
8. 학교 관련인사들, 학생 및 가족들에게 요구사항, 기타사항을 결정하는데 필요할 수도 있는 부가적인 사정자료에 대해 자문하라.

*이 목록은 이들 서비스 제공자들이 성취해야 하는 최소한의 활동이다.

표 5.9 학생이 학교서 보내는 마지막 해에 VR, MR/DD, MH 및 성인서비스의 역할*

1. 학생을 위한 IEP모임에 대표자가 참석한다.
2. 참석자는 학생의 적합성 여부를 결정하고 학생에게 프로그램을 추천한다.
3. 학생이 받을 적합한 프로그램 서비스 수혜를 위한 재정 상태를 확인한다.
4. 학생과 가족들에게 그가 요구하고 있는〔완성된 개별화고용계획(Individual Plan for Employment: IPE)의 VR서비스를 위해〕 서비스를 지정해주면서 필요한 서비스계획 문서를 완성한다.
5. 프로그램을 위해 필요할지도 모르는 어떤 비용을 학생과 가족들에게 알려준다.
6. 권장되는 서비스를 획득하기 위해 학생이 서비스제공자를 선택하도록 학교 당국자들의 협조를 조정한다.
7. 만약 원하는 성과가 고용이라면 고용 넘어서까지 그 영향이 미치게 하거나 혹은 기술학교 혹은 대학 넘어서까지 그 영향이 미치도록 한다.
8. 학교 관련인사들, 학생 및 가족들에게 필요할지도 모르는 부가적인 사정자료에 대해 자문하라.

*이 목록은 이들 서비스 제공자들이 성취해야 하는 최소한의 활동이다.

측면들 혹은 서로 다른 기관들을 대표하는 팀 구성원들은 계획 작성과정에서 다른 구성원들이 하는 역할을 이해하고 평가할 필요가 있다. 팀의 다른 구성원들과 함께 일하는 경험과 직접 얻은 지식이 일반적으로 도움이 된다. 매우 중요한 것은 계획 작성 팀의 모든 구성원들 간의 명확한 의사소통이 필수적이다.

전환계획 작성의 문제 중 하나는 학생이 과정을 거치면서 진보하는 동안 학생을 위한 서비스와 서비스제공자들을 어떻게 파악하는가이다. 일반적으로, 학생의 IEP는 학생이 요구하는 서비스 요구에 대한 많은 정보를 제공하는 것이다. 학생의 잠재적인 서비스 요구에 관한 정보를 제공해줄 다른 문서는 학생의 평가보고서(Evaluation Report: ER)이다. ER은 학생평가를 요약하고 학교에서 필요한 서비스를 위한 토대를 확립한다. 그래서 학교 당국자들은 학생의 ER에 토대를 둔 학생요구사항을 살펴볼 수 있다. ER이외에도 학교 당국자는 학생 프로파일 개발을 고려해야만 한다.

성인 서비스제공자들은 또한 그들 자신의 계획 작성 목적을 위해 개인의 서비스 요구를 파악하는 방법을 가지고 있다. 또 주마다 이들 문서들을 부르는 명칭이 다를 수도 있지만, 이 논의의 목적을 위해서 이들 계획 작성 문서들을 개별화서비스계획(Individual Service Plan: ISP)이라고 칭한다. 서비스 제공자들은 ISP를 개인서비스 요구를 파악하는데 사용하고 그런 다음에 서비스를 구체적인 사람, 기관, 혹은 서비스제공자들을 지정하는 목적과 목표를 기술하게 된다. 학생이 전환계획 작성의 두 번째 단계에 성인 서비스제공자들은 학생의 미래서비스 요구를 파악하고 있는 학교를 돕기 시작해야 한다.

성인 서비스단체들의 도움을 받아서 학생을 위한 서비스제공자들이 쉽게 파악되어야 한다. 학생이 졸업하게 됨에 따라 성인 서비스단체의 도움과 상담은 더욱 더 중요해진다. 장애 학생의 대부분 학교 관련인사들과 가족들은 그들이 살고 있는 지역사회의 장애인이 활용할 수 있는 다양한 서비스제공자들을 파악하고 있는 것은 아니다. 하지만 일반적으로 지역사회 자원을 알고 있는 사례관리자와 지원조정자들과 함께 일하는 것은 이로울 수 있다. 사례관리자 혹은 지원조정자들은 일반적으로 주정부의 MR/DD 혹은 정신건강(Mental Health: MH)제도에 의해 고용되고 장애인을 위해 적합한 서비스제공자에게로 위탁될 수 있다. 그래서 학생의 IEP/전환모임에 사례관리자 혹은 지원조정자를 초대하는 것은 이런 핵심적인 정보를 제공하는데 필요한 인사들을 제공하게 될 것이다. 몇몇 주에서는 사례관리자 혹은 지원조정자가 그들 스스로 독립된 중개자이다. 즉, 그들은 주정부의 제도에 의해 고용되는 것이 아니라, 지원조정 서비스를 계약하는 기관에 의해 고용된다. 어느 경우든지 당사자는 지역사회에 있는 적절한 서비스제공자들을 파악하는 정보를 제공할 수 있고 졸업 후 학생이 요구하는 서비스를 안전하게 구비하고 있는 학교, 학생 및 가족들을 도와준다.

학교 관련인사들은 이런 과정에서 통합적인 역할을 한다. 또 그들은 학생이 학교를 넘어서까지 요구하게 될 서비스 제도를 알고 있어야 한다. 이것은 아주 단순한 방식으로 행해질 수 있다. 많은 지역사회들은 자기 지역사회에서 다양한 서비스제공자들에 관한 정보를 제공하는 자원안내를 알고 있다. 학교 관련인사들은 그들의 지역사회에서 다양한 서비스제공자들에 관해 배우고 자원안내를 획득함으로써 스스로 친숙해질 수 있다. 이것은 도움이 될 수 있지만, 훌륭한 사례관리자 혹은 지원조정자가 당사자에게 제공할 수 있는 조력을 보완하는 역할이 되어야 한다.

9. 서비스제공자 선택과 파악에 학생의 책임성

본 책을 통해서 우리는 학생중심 활동의 아이디어를 지원하고 있다. 즉, 활동과 결정은 학생에게 이익이 되는 것 및 학생이 성과로 선택하는 것에 바탕을 두어야 한다. 이것은 또 학생을 위한 자발적인 접근을 요구한다. 학생이 더욱 더 자기결정이 되어야 한다고 생각하고 자신의 IEP/전환계획에 파악된 서비스 및 학습활동에 가능한 한 많은 책임을 져야 한다고 생각한다. 가능하다면, 학생은 IEP/전환계획 작성 실천과정에서 그 자신의 서비스 제공자들을 선택하고 파악하는데 주된 책임을 져야 한다.

학생이 이 과정에서 더 많은 능동적인 역할을 하도록 하기 위해서 그가 활용할 수 있는 서비스 및 서비스제공자들에 관해 반드시 알고 있어야 한다. 이것은 학교 관련인사들이 지역사회의 서비스제공자들에 관한 지식과 정보를 학생에게 제공할 필요가 있다. 이 일은 몇 가지 방식으로 수행될 수 있다. 아래와 같은 몇 가지 가능성이 있다.

- 학생들이 자기 지역사회의 서비스제공자들 파악 및 그들의 서비스가 무엇인지 파악을 요구하는 과제를 학생들에게 주도록 하라.
- 학생들이 방문할 수 있는 서비스제공자들 및 그들의 서비스가 무엇인지 정보를 얻을 수 있는 지역사회 탐방을 실시하라.
- 지역사회 제도 및 그것이 제공해야 하는 서비스가 무엇인지 논의할 토론자들을 교실로 데려오도록 하라.
- 서비스제공자들이 전시물을 볼 수 있고 학생과 가족들이 그들의 서비스를 개별적으로 논의할 수 있는 학교 개방시간에 "자료 전시 박람회"를 개최하라.

이들은 서비스제도에 학생인식 증진을 위해 학교가 할 수 있는 몇 가지 일의 보기이다. 서비스제공자들의 선택이 뒤를 잇는다. 과거에 만약 학생이 행할 선택과 결정기회가 없었다면 이것은 매우 어렵다. 그래서 서비스제공자들을 선택하고 뽑을 학생의 능력은 수년간의 자기결정 실천으로부터 나온다. 이것은 그의 삶속에서 발생하는 많은 일들에 대해 선택할 기회 및 격려가 주어진 학생으로부터 나온다. 학생이 자신의 IEP/전환계획 작성과정에 학교와 부모들은 학생이 참여하도록 격려해야 하고 가능하다면 그가 고등학교에 다닐 때까지 실제로 모임을 이끄는데 참여하도록 격려되어야 한다. 학교 관련인사들 혹은 몇몇 부모들이 쉽게 이것을 받아들이는 것은 아니고 오히려 우리는 성인이 된 학생이 성인 서비스집단에 의해 한 사람의 성인으로서 자기결정을 수행하도록 요구받을 것이다. 이 분야에 준비와 격려는 중요한 고려사항이다.

10. 관련기관들 간의 협력과 지역사회 연계에 대한 잠재적인 장벽

전환이 협력 과정이라는 IDEA의 요구사항에도 불구하고, 협력은 획득하기가 어려운 것처럼 보인다. 성공적인 전환은 학생을 위해 필요한 핵심영역이라고 학교 관련인사들이 계속해서 파악하게 될 지역사회에 토대를 둔 학생의 서비스요구를 서비스 제공자에게로 "한 사람의 임무를 다른 사람의 임무로" 원만하게 떠넘기는 것이다. 일반적으로 제공된 지원수준은 학생이 지역사회에서 성공적인 학생이 되는데 요구되는 것과 똑 같을 때 학교에서 성인생활로의 전환은 원만하다.

하지만 원만한 전환이 항상 되는 것은 아니고 학교에서 성인생활로 전환에는 잠재적인 장벽이 있다. 전환이 조기에 시작될 때 그리고 관련기관들과 협력이 시작될 때 전환 장벽을 피할 수 있고 전환이 성취된다. 하지만 몇 가지 장벽은 여전히 존재하게 되는데 그런 방해요소는 아래와 같다.

- 협력하려는 노력을 지체하도록 만드는 학교졸업 후 학생을 지원하기 위해 활용할 수 있는 자금부족.
- 전환시작 및 관련기관들 간의 협력과정의 지체가 학생을 대기자 명단에 올리기를 지연시키기.
- 전환계획 작성이 논의될 IEP모임에 학교가 관련기관들을 초대하지 않기.
- 학교졸업 후 학생의 잠재적인 요구사항을 명확히 파악하지 못하기 및 지역사회 생활에서 학생이 요구하는 것들을 잘못 해석하기.

- 학생 자신의 서비스 선택사항을 학생이 이끌도록 혹은 자기옹호 능력을 발달시키도록 준비시키지 못하는 것.
- 팀의 구성원들이 전환과정에 맞는 그들의 역할과 책임을 명확히 이해하지 못하는 것.
- 팀 구성원들이 학생 개인의 목표에 동의하지 않거나 초점을 못 맞추기 혹은 팀 구성원들의 기대가 학생의 기대와 불일치되는 서로 다른 기대감 갖기.
- 학교, 학생/부모, 지역사회 서비스제공자들 간에 빈약한 의사소통.

영희와 철수

영희의 전환은 관련기관들 간의 협력으로 보다 더 원만했다. 그녀의 고등학교 상담원은 대학에 입학하는데 그녀가 어떤 문서가 필요한지를 알고 있었다. 유사하게, 영희가 다니는 대학의 장애인지원 서비스담당관은 그녀가 재학 중인 고등학교가 영희에게 필요한 서류를 갖추는 것을 도와줄 것이라고 알고 있다. 고등학교에서 대학으로 빈틈없는 전환을 보장해주기 위해 졸업하기 전에 영희와 가족들이 장애인지원 서비스담당관 사무실을 방문하도록 모든 일이 조정되었다. 고등학교와 대학 간의 반복적이고 효율적인 협력 덕분에 영희와 같은 학생은 성인생활로 보다 더 원만한 전환을 함으로써 이익을 받게 될 것이다.

철수의 강하고 복잡한 지원요구는 관련기관들 간에 더욱 더 강한 협력을 가져왔다. 그는 주거서비스를 받기 위한 대기자 명단에 자기 이름을 올리기 위해 발달장애 사무소에 서비스 수혜를 신청했다. 지역의 VR 및 DD사무소와 원만한 관계를 가지고 있는 전환조정자는 철수가 지원고용서비스에 지원자가 되도록 이들 대리인들에게 주의를 환기시켰다. 철수가 특수교육제도를 떠날 때 그런 서비스를 받을 수 있도록 지역 서비스제공기관들을 포함시키는 것이 필요하다. VR 및 DD서비스에 그가 적합한 수혜대상자인지 아닌지의 보장을 포함해 그는 많은 도전에 직면하게 될 것이고 그를 위한 최상의 서비스제공자들이 파악된다. 철수 및 그와 같은 다른 학생들이 지원고용 서비스를 받도록 취해진 조처들은 이후의 장에서 기술된다.

요 약

이 장에서 성인생활로 학생전환에 필요할지도 모르는 다양한 성인서비스를 논의했다. 우리는 졸업 후까지 학생을 돕는데 반드시 확립되어야 하는 지역사회 연계를 논의해 왔고 학생이 자격을 갖추도록 재정과 서비스를 제공하는 연방정부와 주정부의 제도들을 조망했다. 그리고 졸업 후 특수교육 학생이 활용 가능한 서비스에 대해 실천가들, 학생 및 가족들 모든 사람들이 더욱 잘 알게 보장해주는 것의 중요함을 논의했다. 또 이들 서비스에 학생을 어떻게 포함시키는가와 학생의 서비스에 대한 이해와 이들 서비스의 선택이 자기결정과 성인으로서 "좋은 삶"을 보장하는데 얼마나 중요한가를 살펴보았다. 학교 관련인사들과 인력자원서비스 전문가들이 함께 전환계획 작성과정의 학생 및 그 가족들을 도울 수 있기 위해 복잡한 성인서비스 제도에 대한 여러분의 이해력과 인식을 증진시키도록 아래 활동이 여러분을 도와줄 것이다.

응용활동

아래 제시된 응용활동은 전환에 대해 여러분이 계속해서 배우고 전환기술을 발전시키는데 필수적이다. 각 활동은 여러분의 시간과 에너지를 요구하겠지만 이 분야에 여러분의 전문적인 기술을 발전시키도록 도와줄 것이다.

실천과 향상된 이해

여러분이 살고 있는 지역사회의 지적장애인 혹은 발달장애사무소(MR/DD)와 접촉해서 지역사회 서비스안내를 활용할 수 있는지를 알아보세요. 여러분 지역의 정신건강 사무소(MH)에도 똑같이 해보세요. 여러분 서비스안내를 조망하면서, 여러분에게 친숙한 서비스는 무엇입니까? 여러분 학생이 전환과정을 경험하는데 잠재적인 지역사회 연계가 될 수 있는 친숙한 서비스 제공은 무엇입니까?

여러분이 살고 있는 주의 서비스제도(VR, MR/DD 및 MH)를 파악하고 그들이 제공하는 서비스는 무엇인지 및 그들 서비스 수혜의 적합성 규준은 무엇인지를 결정해보세요. 그들 각각의 지역사무소와 접촉하고 전환기 학생과 함께 일하도록 임명된 사람들이 있는지를 결정하세요. 그들의 서비스를 수혜받기 위한 대기자 명단이 있는지 및 이 대기자들은 얼마나 오래 기다려야 하는지를 결정하세요.

여러분 지역의 MR/DD 혹은 MH제도로부터 사례관리자 혹은 지원조정자를 인터뷰하고 장애인들 및 특히 전환기 학생을 돕는데 그가 하는 역할이 무엇인지 알아보세요. 학생을 위한 전환과정에서 언제 그에게 도움을 줄 것인지? 학생이 학교를 졸업하기 전에 그가 어떤 서비스 혹은 지원을 제공받을 수 있는지? 그가 직업재활 제도와의 관련 정도와 이해는 무엇인지? 지원서를 획득하고 적합성 규준이 무엇인지를 결정하세요.

이 분야에 VR제도로부터 재활상담원을 인터뷰하고 장애인들과 특히 전환기 학생을 돕는데 그가 무슨 역할을 하는지를 알아보세요. 전환기 학생을 위해 그가 무엇을 도울 수 있을 것 같은가? 학생이 졸업하기 전에 그가 제공할 수 있는 지원과 서비스는 무엇인가? 그가 MR/DD 및 MH제도와는 무슨 관련이 있는가? 지원서 양식을 획득하고 적합성 규준이 무엇인지를 결정하세요.

여러 지역에 전환조정 상담소가 있다. 지역사회 안에 질적인 전환서비스를 개발하는데 있어 상호 관심사를 논의하기 위해 각 기관의 대표자들과 논의모임을 허용하는 관련기관들 간에 상담소가 있는데, 예를 들면, 특별한 카운티나 읍이 있다. 여러분 지역에 전환조정 상담소가 있는지를 알아보고 그들에게 전환 안내자가 있는지 혹은 여러분 지역사회가 따를 수 있는 확립된 몇 가지 안내서가 있는지를 알아보세요. 만약 여러분이 살고 있는 지역에 전환 조정사무소가 없다면 단체를 하나 조직하기를 고려해보세요. 이런 상담소의 잠재적인 모든 구성원들에 대한 목록을 만들고 여러분이 살고 있는 지역의 전환계획 작성을 위한 업무 진술서를 개발하세요.

아래 부가적인 활동을 고려하세요.

- 학생과 가족들에게 서비스제공자들이 와서 함께 그들의 서비스를 논의할 수 있는 자료박람회를 구성하도록 도우세요.
- 학생이 한 사람의 성인으로 전환하는데 활용할 수 있는 가능한 지원과 서비스를 보다 잘 알게 조망하는 학생과 가족들을 위한 지역사회 연계와 정보를 지니고 있는 일련의 패키지를 만드세요.
- 한 사람의 성인이 되는 역할과 책임에 관해 학생이 배우도록 교육과정을 고안하세요.

여러분의 포트폴리오를 위해

성인 서비스기관들에 관한 여러분 자신의 개인적인 안내목록을 개발하세요. 커다란 고리가 세 개 달린 묶음(binder)을 사용하고 이 장에서 기술한 주요한 각각의 기관들에 관해 구획 짓기 위한 분리대(divider)를 삽입하세요. 여러분이 위에서 언급한 활동에 관한 정보를 수집하는 동안, 프로그램 기술, 안내책자, 사업장카드 및 다른 자료를 묶음책 안에 삽입하세요. 그 자료를 체계적인 최신 것이 되게 하세요.

관련 자료와 웹사이트

아래 자료와 웹사이트들은 여러분으로 하여금 효율적인 전환을 위해 학생과 가족들에게 이익이 되도록 가장 효율적이고 협력적으로 어떻게 작용하는가에 대한 여러분의 지식을 확장시켜 줄 것이다. 여러분은 정보와 최상의 실천에 관한 아이디어를 제공하는 수많은 기관들과 인터넷 자료와 특정영역에 관한 정보를 획득하기 위해 광범위한 탐색을 할 필요가 있을 지도 모른다. 여러분의 전문적인 포트폴리오에 이들 자료들을 고려하라.

여러분 지역사회의 MR/DD 혹은 MH제도 혹은 지역사회 서비스 제공기관들, 여러분이 살고 있는 주/카운티/지방정부의 웹사이트들, 혹은 여러분 지역사회의 전화 안내책자의 안내소 등으로부터 정보를 얻으세요.

Rehabilitation Services Administration(RSA) Website

각 주들을 위한 일련의 모든 VR기관들에 관한 정보제공.
www.ed.gov/about/office/list/osers/rsa/resources-sta.html

Adminstration on Developmental Disabilities(ADD)

각 주들을 위한 일련의 발달장애에 관한 주지사 및 보호와 옹호제도 등에 관한 정보제공.
www.acf.hhs.gov/programs/add/

Social Security Administration(SSA)

Social Security Online Office Locator
지역의 사회보장사무소에 관한 정보제공.
http://s3abaca.ssa.gov/pro/fol-home.html

Website on Centers for Independent Living

모든 주에 있는 독립생활센터의 목록제공.
www.jik.com/ilcs/html

National Center on Secondary Education and Transition(NCSET)

전환계획 작성 개선을 위한 전략에 관한 웹사이트.
www.ncset.org

Virginia Commonwealth University Research and Training Center on Workplace Support and Job Retention

연구, 훈련 및 기술적인 지원제공
www.worksupport.com

Transition Coalition Homepage

전환교육 합동은 전환교육과 관련된 전문적인 토픽 발달에 관한 온라인 정보, 지원제공.

www.transitioncoalition.org

Pacer Center(Parent Advocacy Coalition for Educational Rights)

전국적인 센터는 장애를 가진 젊은 성인들과 아동 및 그 가족들의 삶의 질 향상과 기회 확대에 공헌한다. 가족들이 다른 가족들 돕기를 강조함.

www.pacer.org

참고 문헌

Agran, M., Cain, H., & Cavin, M. (2002). Enhancing the involvement of rehabilitation counselors in the transition process. *Career Development for Exceptional Individuals*, *25*, 141-155.

Aspel, N., Bettis, G., Quinn, P, Test, D. WI, & Wood, WI M. (1999). A collaborative process for planning transition services for all students with disabilities. *Career Development for Exceptional Individuals*, *22*, 21-42.

Baer, R., Flexer, R., & McMahan, R. (2005). Transition models and promising practices. In R. Flexer, T. Simmons, P Luft, & R. Baer (Eds.), *Transition planning for secondary students with disabilities* (2nd ed.) (pp. 53-82). Upper Saddle River, NJ: Merrill Prentice Hall.

Certo, N., Mautz, D., Smalley, K., Wade, H., Luecking, R., Pumpian, I., Sax, C., Noyes, D., & Wechsler, J. (2003). Review and discussion of a model for seamless transition to adulthood. *Education and Training in Developmental Disabilities*, *38*, 3-17.

Cozzens, G., Dowdy, C., & Smith, T. (1999). *Adult agencies: Linkages for adolescents in transition: Transition series*. Austin, TX: Pro-Ed.

Dettmer, P, Dyck, N., & Thurston, L. (1999). *Consultation, collaboration and teamwork for students with special needs* (3rd ed.). Boston: Allyn and Bacon.

Dickinson, L. D., & Verbeek, L. R. (2002). Wage differentials between college graduates with and without learning disabilities. *Journal of Learning Disabilities*, *20*, 175-185.

Durlak, C. M., Rose, F., & Bursuck, WID. (1994). Preparing high school students with learning disabilities for the transition to postsecondary education: Teaching the skills of self-determination. *Journal of Learning Disabilities*, *27*, 51-59.

Erlanger, H. S., & Roth, WI (1985). Disability policy: The parts and the whole. *American Behavioral Scientist*, *23*(3), 319-346.

Grossi, T., Schaaf, L., Steigerwald, M., & Mank, D. (2002). Adult employment. In K. Storey, P Bates, & D. Hunter (Eds.), *The road ahead: Transition to adult life for persons with disabilities* (pp. 101-120). St. Augustine, FL: TRN Publishers.

Hanley-Maxwell, C., Whitney-Thomas, J., & Pogoloff, 5. (1995). The second shock: Parental perspectives on their child's transition from school to adult life. *Journal of the Association for Persons with Severe Disabilities, 20*, 3-16.

Harris, L., & Associates (1987). *The ICD survey II: Employing disabled Americans*. New York: Author.

Harris, F., & Associates (1994). N.O.D./Harris survey of Americans with disabilities (Study No. 942003). New York: Author.

Milson, A., & Hartley, M. (2005). Assisting students with learning disabilities transitioning to college: What school counselors should do. *Professional School Counseling, 8*, 436-442.

Noyes, D., & Sax, C. (2003). *Changing systems for transition: Students, families, and professionals working together*. Unpublished manuscript.

Nuehring, M., & Sitlington, P (2003). Transition as a vehicle: Moving from high school to an adult vocational service provider. *Journal of Disability Policy Studies, 14*, 23-35.

Office of Special Education and Rehabilitative Services. (2004). www.ed.gov/print/about/ office/list/osers/rsa/faq.html.

Parker, R., & Szymanski, F. (1998). *Rehabilitation counseling: Basics and beyond* (3rd ed). Austin, TX: Pro-Ed.

Rubin, S. E., & Roessler, R. T. (2001). *Foundations of the vocational rehabilitation process*. Austin, TX: Pro-Ed.

Social Security Administration. (2001). *2001 Red book on employment support*. Publication No. 64-030.

Social Security Administration, Office of Research, Evaluation and Statistics. (2002). Quarterly report on SSJ disabled recipients who work: March 2002, Washington, DC: Author.

Test, D. WI (2004). Invited commentary on Rusch and Braddock (2004). One person at a time. *Research and Practice for Person with Severe Disabilities, 29*, 248-252.

Turnbull, R., Turnbull, A., Shank, M., & Smith, S. (2004). *Exceptional lives: Special education in today's schools* (4th ed). Upper Saddle River, NJ: Merrill.

Wehman, P., & Targett, P (2004). Principles of curriculum design: Road to transition from school to adulthood. In P. Wehman & J. Kregel (Eds.), *Functional curriculum for elementary, middle, & secondary age students with special needs* (2nd ed.) (pp. 1-36). Austin, TX: Pro-Ed.

Wehman, P., Brooke, V., West, M., Targett, P., Green, H., Inge, K., & Kregel, J. (1998). Barriers to competitive employment for persons with disabilities. In P Wehman (Ed.), *Developing transition plans: Transition series* (pp. 5-24). Austin, TX: Pro-Ed.

6

사업체와의 상호작용

장의 목표

1. 효율적인 방식으로 지역의 고용주들과 접촉할 수 있다.
2. 장애 학생과 특정 직무 혹은 진로 간에 완전한 상호호환 분석을 완성할 수 있다.
3. 종합적인 직무분석을 수행할 수 있다.
4. 작업장의 문화를 분석할 수 있고 중요한 자연적 지원의 원천을 파악할 수 있다.
5. 장애 학생의 고용 및 훈련기회를 창출하기 위해 지역의 사업체와 협력할 수 있고 직무개발 활동에 임하고 있는 학생을 도울 수 있다.

장의 핵심 주제

- 소질에 초점 맞추기: 이 장에서 학생의 장점, 능력 및 직무탐색 과정을 이끌기 위한 소질 등에 관한 학생의 프로파일 활용을 논의한다.
- 협력: 성공적인 전환성과를 성취하도록 장애 청소년들을 돕기 위해서 사업체 및 산업체가 핵심적인 협력자들이다.
- 적응과 조정: 장애 노동자들이 작업장에서 성공하게 해주는 적응과 조정을 행함에 있어 전문가들이 어떻게 해야 창의적이 될 수 있는지 주목한다.

지역사회의 고용은 성인생활을 만족시키고 성취하는데 하나의 핵심적인 측면이다. 비록 전환계획 작성이 원하는 중등교육 성과(고용, 중등교육 이후의 교육, 지역사회 생활 및 지역사회 참여)의 몇 가지 범주에 의해 이끌어지긴 하지만, 여러 측면에서 고용은 다른 영역들에서의 성공적인 삶을 좌우하는 매우 중요한 것이다(Kraemer, McIntyre, & Blacher, 2003; Wehman, 2001). **표 6.1**에 제시했듯이, 성공적인 고용은 개인의 성취감, 자기정의(self-definition) 및 자존감 혹은 다른 측면의 삶을 즐기는 데 활용할 수 있는 충분한 이점이 될 수도 있다. 그래서 직업은 성인생활에 핵심적인 구성요소이다.

이런 이유들 때문에, 중등교육 수준의 특수교육 프로그램에서 전문가들이 사업

표 6.1 고용이 성인생활의 다른 측면에 잠재적으로 미치는 영향

재정적인 안전과 안정:

- 재정적인 안정 때문에 생기는 보다 더 큰 독립
- 자기 운명에 영향을 미치는 보다 더 큰 통제력
- 미래의 재정적인 도전을 충족시킬 안정의식 증대

자존감과 자기정의:

- 전문적 직업에 대한 자존감
- 지역사회에 공헌하는 한 사람의 구성원이라는 자기의식
- 사회에 즉시 혹은 미래에 자신이 영향을 미친다는 의식

지역사회 생활에 참여:

- 오락과 여가를 위해 지역사회 자원을 활용할 능력
- 지역사회에서 안전하게 여행할 수 있는 능력
- 휴가를 갈 수 있는 능력

가정생활:

- 안전하고 편안하게 즐길 수 있는 가정을 가질 수 있는 능력
- 자기 삶의 조건을 향상시킬 수 있는 능력

도전과 진보:

- 도전에 직면함으로써 성취감을 찾을 수 있는 기회
- 자기가 선택한 전문 직업에서 승진할 기회

체 및 산업체와 협력할 수 있는 기술을 개발하는 것이 필수적이다. 여러 면에서 이것은 학교 관련인사들을 위한 새로운 책임과 도전을 제시하는데 왜냐하면 학교 관련인사들은 지역의 사업체와 협력해서 일하는 데 익숙하지 않을 수 있기 때문이다. 하지만 만약 이들 기술이 없다면, 교육자들은 장애 청소년들이 올바른 진로 시작을 도울 수가 없다. 비록 지적장애 학생들 혹은 다른 중등도 장애 학생들에게는 고용훈련, 직무경험과 직무개발이 종종 프로그램 상의 요구라고 여겨지기는 하지만, 성과로 생각되는 고용은 장애에 관계없이 모든 학생들에게 하나의 기대감이라는 것에 주목해야 한다. 공립교육의 중요한 목적 중 하나는 자급자족하는 사회의 성인구성원 중 한 사람이 되게 하는 것이고 이것은 고용획득을 의미한다. 그래서 특수교육 서비스를 받는 모든 학생들은 현실에 실제 존재하는 기회에 그들이 어느 정도 노출되어야 한다. 경도 장애 학생들에게 이것은 직무인식의 문제가 될 지도 모르고 자신이 가진 기술과 적합한 진로를 일치시키는 것일 수도 있지만 반면에 보다 더 큰 요구를 가진 학생들에게는 이것이 실제 직무훈련 및 그들 특수교육 프로그램의 일부인 직무개발에 관련된 서비스를 의미한다(Hutchins & Renzaglia, 2002).

이 장에서 고용과 고용훈련이 전환과정에서 행하는 역할을 기술한다. 또 학교 프로그램과 접촉하는 성공적인 방법과 학생을 위한 직무기회 및 훈련기회 개발을 위해 지역의 사업체 및 산업체의 대표들과 협력할 방법들을 기술한다. 또 어떤 유형의 고용에서 학생이 잠재적으로 성공할 것인지의 예언과정과 일치되게 돕는 상호호환을 어떻게 이용할지를 기술한다. 직장문화와 자연적 지원체제에 대한 분석을 포함해 철저한 직무분석을 어떻게 수행할 것인지를 기술할 것이다. 마지막으로 최상의 직무훈련과 직무탐색 기회를 제공하는 노동부 직업규정을 따르는 지역사회에 기반을 둔 고용훈련 사이트를 확립하는 지침서를 조망할 것이다. 먼저 토픽과 관련된 몇 가지 연구들을 간략하게 조망한다.

1. 사업체들과의 상호작용과 관련된 연구

사업체들과의 상호작용과 관련된 연구의 초점은 장애인들을 위한 직무개발에 관한 서로 다른 접근방법에 대한 비교연구가 있어 왔다. Williams, Petty 및 Verstegen(1998) 등은 임의적 직무개발과 면접 후 직무개발 방법을 비교했다. 임의적 직무개발에서는 직무개발자가 중재인의 중재 없이 잠재적인 고용자들과 접촉하는 반면에 면접 후 개발은 다른 중재자 역할을 하는 지역사회 구성원들과 사업체 대표자들에게 의존한다. 미국 테네시에서는 8개월에 걸쳐 4개의 재활기관들을 통해 자료가 수집되었다. 면접 후 개발방법은 임의적 직무개발 방법보다도 더 적은 거부감을 불러일으키고 더 적은 접촉을 요구했다. Nietupski, Verstegen, Hamre-Nietupski 및 Tanty(1993) 등은 직무개발 면접 후 개발모델의 다섯 가지 장점을 기술했다. ① 그것은 직업재활기관의 서비스에 대한 신뢰도를 증가시킨다. ② 사업에 "전통적인" 접근법을 사용한다. ③ 수준 높은 결정에 접근을 허용한다. ④ 직무개발에 시간과 노력을 절감시켜 준다. ⑤ 직무개발을 더 큰 성공으로 이끌어줄 수 있다. Brady와 Rosenberg(2002)는 장애를 가진 잠재적인 피고용인들의 특성과 직무 및 직무 환경 요구사항들 간의 "꼭 들어맞음" 여부 사정의 중요성을 기술했다. Callahan과 Garner(1997)는 직무개발에 노동시장 접근과 개별화된 접근을 비교했다. 노동시장 접근에서 고용자의 구체적인 요구가 사정되고 그런 후에 그런 요구를 만족시킬 수 있는 잠재적인 피고용인들이 파악되고 구체적 직무와 일치되었다. 개별화된 접근에서는 개인의 프로파일이 종합적으로 개발되고 그런 다음에 고용주들이 그 개인의 독특한 특성이 특정 작업장에 장점이라고 생각하는 상담을 통해서 잠재적 고용기회가 창출된다. Callahan과 Garner(1997)는 비록 중등도 장애에서부터 경도 장애인들이 노동시장 접근에서 성공적이기는 하지만, 현존하는 직업을 갖기 위해 경쟁할 때에 전형적으로 성공하지 못하는 중등도 장애인과 중복장애인들에게는 개별화된 접근이 필요하다고 지적했다. Unger와 Simmons(2005)는 주문에 맞춘 고용, 지원받는 자영업, 지원받는 경쟁고용, 사업체자문협회의 활용, 직장클럽의 활용 및 직업 찾기와 직업유지를 위한 멘토링(mentoring) 접근 등을 포함한 전환기 학생들의 직무개발을 위한 몇 가지 선택사항들을 기술했다. Steere, Ellerd, Sampson과 Barry(1997) 등은 중증장애인들이 직업을 찾는데 인간중심계획과 사업체자문협회 활용의 중요성을 강조했다. Menchetti와 Garcia(2003)는 또 사람들의 직업열망과 가능한 가깝게 일치되는 직무개발을 돕는데 인간중심계획의 유용성을 강조했다. Carey, Potts, Bryen 및 Shankar

(2004) 등은 잠재적인 직업을 찾아내기 위해 개인 네트워크 활용의 중요성을 기술했다. 대체할 수 있는 의사소통 도구를 사용하는 사람의 증대에 관한 그들의 질적 연구에서, 비록 구성원들 관심의 초점이 되고 있는 사람과 강한 유대감을 가지고 있다고 생각되는 개인적인 네트워크(예: 가족 및 친한 친구들)를 가지고는 있지만, 그들은 "약한 유대감"(지역사회에서 친분이 있는 사람들)의 활용이 직무개발을 위한 새로운 통로를 열었다는 것을 발견했다. 마지막으로 Griffin과 Hammis(2003)는 여전히 지역사회 통합으로 이끌고 있는 일부 장애인들의 요구를 충족시킬 수 있는 잠재적 선택사항으로 자영업(self-employment)을 기술했다.

몇몇 연구자들은 고용주들과 더욱 밀접한 협력 및 직무개발과 구직과정에서 주식회사들과의 협력방안을 탐색했다. Wehman(1998)은 지원고용 전문가들은 장애인들과 그들의 단골고객으로서 고용주들을 살펴보기를 강조했고 그들의 시장개척 노력은 집단을 구성하는 이들 두 당사자들의 요구충족과 요구사정에 초점을 맞추어야 한다고 강조했다. 고용주들의 요구에 초점을 맞추고 고용주들을 협력 파트너로 생각하는 것은 주요한 회사들 내의 직무개발 노력으로 확대되었다. Zivolich와 Weiner(1997)는 Pizza Hut사와의 협력 성공을 기술했는데, 이 업체와의 협력은 6년간에 걸쳐 수많은 직업배치를 가져왔다. 그들은 이것을 Hollywood의 United Studio에서 직무개발에 협력적인 접근방법으로 확대했고 중증장애를 가진 16명의 장애인들을 성공적으로 배치했다고 보고했다(Weiner & Zivolich, 1998). United Studio계획의 한 가지 특징은 직장 내의 자연적 지원전략에 초점을 맞추는 것이었다. 사업체 및 산업체와의 협력의 또 다른 보기로 Donovan과 Tilson(1998)은 미국 전역에서 7개의 지역사회 안에 Marriot Foundation의 "학교에서 직장으로…교량"이라는 프로그램이 이룬 업적을 기술했다. 그 프로그램은 직무개발 및 직무와 일치시키기가 포함됐고, 지원과 함께 돈을 받는 직무연수가 뒤 따랐고 마지막으로 경쟁고용에 배치되었다. 1990년부터 1996년까지 3000명이 넘는 사람들이 이 프로그램에 참여했고, 84%가 직무연수를 마쳤고 84%의 개인들이 경쟁고용에 배치되었다. Weiner와 Zivolich (2003)는 고용과정을 거치면서 감독관 및 동료노동자로 지망한 사람들의 자연적 지원을 받는 상담모델의 활용결과를 보고했다. 그들이 국가수준 클럽의 작업환경과의 협력은 그곳에서 일한 장애인들의 장기적인 성공을 가져왔다. 게다가 고용주는 지역 발달장애인 업무담당기관이 추천하는 것보다 더 많은 장애인들이 지원을 요청했다. 이들 연구들은 직무개발 과정에 협력자로서 고용주들을 모집하는 것이 대단히 중요하다는 것을 입증했다.

마지막으로, 장애인 고용을 위한 고용주들의 인식을 결정하는 연구가 수행되어 왔다. Kregel과 Unger(1993)는 46명 고용주들을 인터뷰하고는 고용주들은 일반적으로 장애를 가진 피고용인들 및 지원고용 제공자들의 서비스에 대해서도 호의적인 견해를 가지고 있다는 것을 발견했다. 지원고용 서비스는 분산적이거나 지나치게 고용을 방해하는 것으로 생각되지는 않고 오히려 고용주들의 직무 전환요구를 강조하는 잠재적인 지원고용에 관한 관심을 표현하는 것이었다. Morgan과 Alexander(2005)는 장애인 고용경험이 있는 고용주와 장애인 고용경험이 없는 고용주들 두 부류를 설문 조사했다. 고용주들은 일반적으로 호의적인 태도를 지녔지만 장애인 고용경험이 있는 고용주들이 고용의 이점을 훨씬 더 잘 파악할 수 있었다. 게다가, 장애인 고용경험이 있는 고용주들 가운데 97%가 다시 장애인을 고용하고 싶다고 말하는 반면에 장애인 고용경험이 없는 고용주들의 80%도 장애 피고용인을 기꺼이 고용하고 싶다고 말했다. 만약 직무개발과 직무배치 과정이 성공적이고 고용주들이 만족해한다면, 이 발견은 고용주들이 장애인들을 또 더 고용할 것이라는 것을 보여준다. Smith, Webber, Graffam과 Wilson(2004a) 등은 호주의 656명의 고용주들을 설문조사하고는 고용주들의 직무일치 과정에 대한 인식이 장애를 가진 피고용인들의 수행 만족정도를 결정하는데 중요하다는 것을 알아냈다. 이것은 직업발달 과정에서 학교와 직업재활기관들이 사용하는 접근방법이 고용주들이 장애를 가진 새로운 피고용인들을 어떻게 생각하는가에 실질적인 영향을 미칠 수 있다는 것을 암시한다. 관련연구에서, Smith, Webber, Graffam과 Wilson(2004b) 등은 동일한 설문조사의 고용주들이 장애를 가진 피고용인들에게 구체적인 관심이 있다는 것과 그들이 어떻게 작업장 분위기에 적응해 가는가를 알아냈다. 연구자들은 고용주들이 장애를 가진 피고용인들의 사회적인 행동과 작업에 특히 민감할지도 모른다는 것을 보여준다.

동시에, 이들 연구들은 장애 청소년들을 위한 고용기회를 창출해내거나 고용기회를 찾아내기 위해 사업체 및 산업체 대표들과 협력해서 일하는 것의 중요성을 조망했다. 만약 직무개발 노력이 체계적이고 전문적인 방식으로 행해지고 그들이 장애 학생들의 능력과 장점을 계속 늘려나간다면 고용주들의 인식은 매우 긍정적이 되고 그들의 미래 고용결정에 영향을 줄 수도 있다. 만족한 고용주들이 다른 고용주들에게 장애인 배치를 추천하게 된다면, 실제로 이것이 직무 개발자들이 명심해야 할 중요한 일이다.

2. 전환프로그램에서 사업체 및 산업체의 역할

효율적인 전환프로그램은 지역의 사업체 및 산업체와의 긴밀한 협력 없이는 절대로 힘을 발휘할 수 없다. 학교의 전환프로그램들은 사업체 및 산업체와 함께 협력함으로써 아래와 같은 많은 이점을 얻는다.

- 사업체는 진로선택과 진로선호에 관한 정보를 제공받고 선택에 도움을 주는 정보와 경험을 학생에게 제공한다.
- 사업체는 직업세계에서 성공하는 사람이 되기 위해 학생이 개발할 필요가 있는 기술과 능력에 관한 정보를 학생에게 제공한다.
- 사업체는 자연적 환경에서 직무개발 및 직무와 관련된 기술을 개발하도록 허용하는 직무 훈련장소를 학생에게 제공할 수 있다.
- 사업체는 학생이 학교졸업 전에 성인 서비스기관들에게 자신의 능력을 시범보이도록 허용하기 때문에 이들 사업체가 학생을 고용할 수 있는 사람으로 생각할 가능성을 증가시킨다. 이런 이유들 때문에 장애 학생의 전환프로그램 개발에 참여한 학교 관련인사들은 지역의 고용주들을 전환계획 작성과정에서 동반자와 동맹자로 생각해야 한다.

  이처럼 지역의 사업체는 학교와 긴밀하게 협력함으로써 이익을 얻는다.
- 학교와 협력함으로써 사업체는 학생이 학교를 졸업할 때 미래 피고용인으로 학생을 파악해낼 수 있다.
- 지역사회의 구성원들이 장애 때문에 도전을 받고 있는 사람을 포함해 모든 지역사회 구성원들이 걱정하고 있듯이 그를 지역사회에 공헌하는 사람이라고 생각

하기 때문에 사업체는 학교와 협력함으로써 서로 이익을 얻는다.

- 지역학교와 협력함으로써, 지역의 사업체 지도자들은 학교에 중요한 기술, 능력 및 성공한 피고용인의 귀인 등에 관한 정보를 제공함으로써 지역의 교육제도에 긍정적인 영향력을 끼칠 기회를 갖게 된다.

이런 이유들 때문에, 지역 교육기관들과 지역의 사업체들 간의 성공적인 협력은 상호이익을 줄 수 있다. 이런 협력을 이끌어내기 위해 학교관련인사는 지역 사업체들을 파악하고, 그들과 계약하고, 협상하고, 지역사업체들과 함께 일하는 기술을 개발해야 한다.

사업체들과의 협력이 어떻게 영희와 철수를 돕는지를 생각해보라.

영 희

영희의 직업세계에 노출은 중학교 및 고등학교 재학 중 시작되었고, 처음 시작은 탁아소에서 행한 자원봉사, 교회가 운영하는 보육원 및 수많은 애기돌보기 활동 등이었다. 이들 경험은 그녀의 중등교육 이후의 교육프로그램에서 조기 아동교육 학위를 획득하도록 해주었다. 대학재학 중 처음에는 관찰자로서 다음에는 교육실습 학생으로서 대학예비학교 프로그램에서 자기 기술을 개발할 기회를 가졌다. 게다가 그녀는 교육과정을 통해 현장에 바탕을 둔 구체적인 과제를 수행했고, 조기 아동교육 분야에 많은 활동을 했다. 마지막으로 영희의 기술개발은 대학 마지막 해에 학생들을 가르친 경험이 더욱 계속해서 발전하게 했다. 이런 장기간에 걸친 경험이 영희가 진로를 찾도록 도와주었고 경쟁적인 교사직 지원자가 될 만큼 전문적인 기술을 발전시키고 갈고 닦도록 만들어주었다.

철 수

철수의 지원 팀은 그가 지역사회에 기반을 둔 직업경험이 매우 필요하다는 중요한 결론에 도달했다. 학교의 전환조정자와 함께 일함으로써, 철수를 지도하는 교사는 철수가 지역의 몇몇 작업장을 방문하도록 주선했다. 이들 방문은 우선 철저한 훈련

기회로 의도된 것은 아니고 철수에게 서로 다른 유형의 작업장소와 고용활동에 노출시키기 위함이었다. 이들 방문의 주선은 전환조정자에게는 시간과 노동집약적인 것이지만, 팀은 그가 즐길 종류의 일이 무엇인지 정보를 제공받고 직업선택에 필요한 경험을 제공하는 책임을 맡았다. 운 좋게도, 학교는 그런 작업장이 직무탐색과 직무훈련에 활용되도록 허용하는 지역의 몇몇 사업체들과 긍정적인 유대관계를 유지했다. 철수는 보호관리만 하는 사무실 및 음식서비스를 행하는 환경의 설거지/부엌일이 포함된 직업경험을 할 수 있었다. 이들 경험과 그런 직업에 대한 그의 반응은 철수의 지원 팀이 지원고용으로 효율적인 전환을 계획하도록 돕는데 필요한 매우 소중한 정보를 제공한다.

3. 지역사회에 기반을 둔 훈련경험 개발

두 가지 이유 때문에 학교가 잠재적인 고용주를 찾고 모집하는 것이 중요하다. 첫째는 학생이 자기 기술을 증진시키는 동안 직무경험을 할 수 있고 다양한 직무상황에 노출될 수 있도록 하기 위함이고, 둘째는 학생이 일단 학교를 졸업하면 직업을 획득하고 직업을 확보하도록 하기 위함이다. 두 가지 이유가 모두 다 적절하고 효율적인 전환프로그램 개발을 위해 필수적이다. 하지만 이런 목적을 위해 고용주를 모집하는 것은 학교 관련인사들이 성취하기에는 어려운 일이다. 이 장을 통해, 우리는 학생의 전환프로그램 실시를 위한 고용주를 모집할 때 학교가 고려해야 할 이로운 전략을 살펴볼 것이다.

첫째, 학생을 위해 지역사회에 기반을 둔 기회를 어떻게 창출하고 개발하는가를 살펴보자. 지역사회에 기반을 둔 직무기회는 직업세계에 관한 중요한 노출을 제공한다. 예를 들면, 학생은 고용에 대해 자신의 전환 팀이 학생의 흥미를 유기적으로 통합할 수 없다면, 팀은 학생의 흥미발견을 위해 이들 학생을 잠재적인 직업에 노출시키기를 원할지도 모른다. 팀은 특정작업장에서 학생의 장점이 무엇인지를 발견하길 원할 수도 있고, 그들은 학생이 지닌 특정한 귀인을 개발하거나 기술증진을 원할 수도 있다. 이들은 지역사회에 기반을 둔 선택사항을 창출해내기 위한 몇 가지 이유이다. 지역사회에 기반을 둔 선택사항은 학생의 직업홍미를 발견할 뿐만 아니라 또한 오락과 지역사회 활동과 같은 학생의 다른 홍미를 발견하기 위한 방법을 제공해 줄 수 있다는 것을 말해야 한다. 그들은 보다 더 넓은 의미에서 전환과 관련된 주거, 지역사회 참여 및 오락/여가활동과 같은 다른 중요한 영역에 관해 학교 관련인사들에게 값진 정보를 제공할 수 있다. 지역사회에 기반을 둔 선택사항을 창출해내기 위해 고용 및 고용주 모집에 관심을 집중한다.

또한 직업탐색은 중등도 장애 학생들 혹은 특수교육을 받고 있는 학생들에게만 한정되어서는 안 된다는 것에 주목해야 한다. 학생 스스로 명확한 진로를 갖지 못하고 학교를 졸업하는 학생도 그런 기회로부터 또한 이익을 얻을 수 있다. 지역사회 기반을 통해 다양한 진로 선택사항에 노출되는 것이 진로를 찾고 있는 학생들에게 도움이 된다.

지역사회에 기반을 둔 훈련경험 개발단계

아래 과정은 학생이 직무기회를 경험할 수 있고 직무경험에 노출될 수 있는 직무훈련 장소를 개발하는데 사용되어야 한다. 새롭고 더 광범위한 지역사회에 기반을 둔 선택사항을 확립하려 하고 있는 전환조정자들에게 자신들의 프로그램 개발에 이들 단계를 따르도록 촉진한다.

1단계. 지역사회에서 확보할 수 있는 직무유형을 찾아내라: 학생이 어떤 직무에 홍미를 가지고 있는지 및 어떤 직무로부터 학생이 이익을 얻을 것인가 등에 대한 이해가 요구된다. 이 첫째 단계의 핵심 측면 중 한 가지는 학생의 홍미가 무엇인가에 관해 학생으로부터 통찰을 얻는 것이다. 이것은 지역사회에 잠재적인 작업장을 확보하는 쪽으로 방향을 이끌어줄 것이다. 학생의 홍미에 관한 구체적인 정보를 조정하거나 제공할 수 없을 경우에는 가족구성원들로부터 혹은 학생을 가장 잘 알고 있는 사람으로부터 정보를 요청하는 것이 바람직하다. 이것은 방향을 제공해줄 수도 있고, 학생을 위한 "탐색과 임무 발견"이 될지도 모른다. 개인에게 부과된 계획을 수행하는 것은 특히 중등도 장애 학생에게는 이런 정보를 획득하기 위한 우수한 전략이다(Mount & Zwernick, 1988). 또 설문지 및 홍미 조사지의 활용은 학생의 홍미에 관한 정보를 얻는 부가적인 방법이다(2장 참조).

2단계. 1단계로부터 목표로 정해진 구체적인 직업을 가진 사업체들을 파악하라: 일단 직무유형이 파악되면, 그런 직무를 제공하는 사업체를 찾아내기 위한 목표가 정해진다. 여기서의 핵심은 긍정적인 이미지를 주는 작업장을 찾아내려고 노력하는 것이다. 즉, 가치 있고 개인의 이미지를 증진시킬 직무 혹은 환경이 우선시 되어야 한다. 사업체와의 관계를 발전시킬 때 명심해야 할 중요한 고려사항으로서 이미지 구성요소는 위치(예: 상류층 지역 대 하류층 지역)라는 관점 혹은 유형(예: 바람직한 대 바람직하지 못한)이라는 관점이 될 수도 있다. 지역사회 안에서 그들의 가치에 의해서 장애인의 수용과 관련된 이들 고려사항은 사회 안정 역할이라는 원칙을 계속 키워나간다(Wolfensberger, 1983).

잠재적인 사업체의 파악은 여러 가지 방식으로 행해질 수 있다. 예를 들면, 전환 조정자들은 또래 및 교사들로부터, 학생의 부모들과 친척들, 상공회의소, 고용서비스를 제공하는 성인 서비스기관들이 제공하는 계약으로부터 혹은 사업체자문협회로부터 나온 개인적 계약과 개인적 관련사항을 얻어낼 수 있다. 개인적 관련사항을 찾아내는 방법은 일반적으로 잠재적 사업체를 파악하는데 효율적인 방안이다(Griffin & Targett, 2001). 사업체자문협회는 또한 직무개발 노력을 위한 방향제공 및 다른 영역의 사업체와 접촉을 중재하는데 효율적임이 발견되었다(Simmons & Whaley, 2001; Steere et al., 1997).

3단계. 사업체와 접촉하라: 이 과정의 다음 단계는 지역사회에 기반을 둔 작업장 개발을 위한 학교의 흥미를 표현하고 사업체와 계약하는 것이다. 사업체에 편지하기 혹은 여러분이 요구하는 목적을 진술하기 위한 사업체 방문 및 사업체가 학교와 학생에게 제공할 수 있는 가치 등 모든 것이 긍정적인 관계를 만드는데 요구되는 것이다. 안내책자 및 학교의 전환프로그램을 기술하는 홍보자료의 활용 또한 가치 있는 전략이다. 셋째는, 이전에 언급했듯이, 참고로 다른 지역사회 구성원들 혹은 지도자들을 활용하는 것이 대단히 효율적이고, 지역사업체 소유주들을 충족시키는 더 많은 기회를 가져 올 수 있다. 만약 그들이 전문가적 방식으로 접근한다면, 지역의 사업체들은 일반적으로 지역사회 서비스로 학교가 지원하는 프로그램에 기꺼이 참여하려고 할 것이다.

4단계. 작업장 경험의 일부로 행해질 적합한 직무를 분석하고 파악하라: 이것은 경험을 목적으로 활용할 직무 및 작업장에 대한 완전한 분석이 요구된다. 생태학적인 조사목록들은 이 작업장에 학생의 잠재적인 참여와 포함에 관한 자료 수집을 목적으로 사정체제를 고안해내기 위해 작업장에 대한 완전한 분석이 요구된다. 직무분석은 이 장의 후반부에서 자세하게 논의된다.

5단계. 지역사회에 기반을 둔 경험을 하기 위한 시간계획을 작성하라: 지역사회에 기반을 둔 시간계획 작성은 교통수단, 학생의 학교 학업계획, 혹은 언제 경험이 수행될 것인지 등을 포함해 많은 요인들에 의존한다. 고려해야 할 다른 요인들은 학생이 졸업하기 전에 얼마나 많은 시간이 남아 있는 지 혹은 특정성과에 대한 결정을 하는데 필요한 정보가 어느 정도인지, 기타 등등과 같은 것을 고려해보는 것이 중요하다. 학생의 반 짝지/또래 등이 졸업이 임박함에 따라, 학생이 지역사회에 기반을 둔 경험에 더 많은 시간을 보내야 한다는 것이 우리 생각이다. 즉, 전환기 학생의 나이가 18세이고 그의 반 짝지/또래가 학교를 떠났다면(고등교육을 위해, 기술학교 입학을 위해 혹은 직업을 구하기 위해), 또 만약 학생이 21세가 될 때까지 학교에서 보낼 것이 예상된다면, 학생은 더 많은 시간을 지역사회 경험에서 보내야 한다. 그래서 만약 학생이 18세에 지역사회에 기반을 둔 경험에 50%의 시간을 보내고 있다면, 학생이 20~21세에 이르게 되면 학생은 90-100%까지를 지역사회에 기반을 두고 시간을 보내야 한다. 이런 개념은 일반 학생의 졸업계획과 일치되고 일반학생이 졸업 후의 활동으로 옮아가는 것과 일치한다.

6단계. 경험에 관한 자료를 수집하라: 이 과정의 마지막 단계는 다른 중요한 요인들뿐만 아니라 학생흥미에 관한 문서기록을 수집하기 위해 경험에 관한 정보와 자료를 수집하는 것이다. 구체적인 정보와 자료를 수집하기 위한 체제가 개발되어야 한다.

언급된 단계가 일반적인 의미일지 모르지만, 그것이 너무 중요하기에 다음 몇 가지 점이 강조되어야 한다. 지역사회에 기반을 둔 선택사항을 개발하기 위해서 환

표 6.2 지역사회에 기반을 둔 선택사항 개발에서 탐색할 내용

- 긍정적인 작업장 문화: 작업장 내의 모든 피고용인들에게 존경심을 보여주고 존경심을 가치 있는 것으로 생각하는 작업환경.
- 다양한 유형의 직무를 가진 작업장: 다양한 종류의 직무유형과 상황에 노출되고 이를 경험할 수 있는 기회를 제공하는 환경.
- 유연한 시간활용 계획: 주간의 다양한 시간대에 학생의 작업을 사정할 수 있도록 하기 위해 유연한 시간활용을 수용할 수 있는 환경.
- 지역사회의 다른 사업체들에서 찾아볼 수 있는 직무들: 이것은 직무가 오직 한 회사 안에서만 획득되는 "배타적인" 유형의 사업체라고 생각되지 않는 사업체들을 말한다.
- 학생의 선택을 대변하는 직무 유형들: 지역사회 경험은 학생이 흥미를 느끼고 학생이 노출되기를 원하는 직무유형에 바탕을 두어야 한다.

경을 탐색할 때에, 방법적 및 실질적으로 접근할 수 있는 환경탐색이 또 중요하다. 첫째, 환경은 하고 싶은 마음을 일으켜야 하고 다양성을 인정하는 수용의 태도를 보여주어야 한다. 둘째, 비록 학생이 겉으로 보기에 장애가 없는 환경을 필요로 하지 않는 것처럼 보인다고 하더라고, 특수교육 교육자 및 직업재활 전문가 혹은 장애인 권리옹호자로서 우리가 실질적으로 접근할 수 없는 환경을 고려해보는 것은 어리석은 일이 될 것이다. 지역사회에 기반을 둔 선택사항을 창출해내는데 고려해야 할 부가적인 요인들은 **표 6.2**에서 찾아볼 수 있다.

4. 성인기를 위한 직무개발

고용주들 및 사업체를 모집하는 두 번째 목적은 학생이 고등학교를 졸업하게 되면 그가 지역사회에 기반을 둔 직업으로 성공적인 전환이 되도록 학생을 위한 직업 확보가 된다. 이 목적을 위한 직무개발은 아마도 어떤 전환전문가 혹은 직업재활 전문가가 앞으로 만나게 될 가장 도전적인 역할이 될 것이다. 비록 학생에게 경험제공 목적으로 그들의 작업환경을 활용하기 위해 지역의 학교들과 함께 참여한 많은 작고 큰 회사들이 있긴 했지만(즉, 큰 백화점의 체인점 가게들 및 지역의 슈퍼마켓 체인점들), 비록 그것들이 가진 가치와 효율성에도 불구하고 특수교육 학생을 위한 지역사

회에 기반을 둔 직무개발 기회는 전환프로그램에게는 계속해서 도전적인 문제가 되고 있다. 지역사회에 기반을 둔 고용 장소 개발이 학교의 전문가들에게 왜 어려운지는 확실하지 않지만, 그것은 사업체에 대한 이해부족, 직무개발로 수용되는 최소한으로 훈련받은 전문가들 혹은 이 일이 전문가의 책임이 아니라고 생각하는 전문가들의 믿음과 관련이 있을 수도 있다. 이유가 무엇이든지 간에, 전국적으로 특수교육 프로그램을 마치고 졸업하는 학생의 빈약한 고용성과라는 자료에서처럼 전환전문가들에게 직무개발은 분명히 어려운 역할이 되고 있다. 하지만 효율적인 전환 프로그램의 핵심적인 지표 가운데 한 가지는 학생이 학교를 졸업한 후에 일을 하고 있는지 혹은 일을 하지 않고 있는가라는 것이다.

직무개발을 수행하는 많은 전략이 있다. 지원고용모델의 초기에 일반화된 이들 전략 가운데 하나는 “시장조사” 연구법이다(Wehaman, 1981). 이 연구법은 높은 전환 비율이라는 관점에서 가장 손쉽게 활용될 수 있다고 여겨지는 지역사회의 직무를 일반적으로 파악해내도록 고안되었다. 일단 이들 직무가 파악되고 나면, 그런 직무를 사람들에게 확보해주기 위한 연계 과정이 있다. 비록 처음에는 이것이 장애인들을 위한 직무를 확보하는데 우수한 연구법이기는 했지만, 비판 중 한 가지는 그것이 개인의 흥미를 충분히 고려하지 않는다는 것이었다. 그래서 어떤 새로운 개념으로서 직무개발을 위한 전략에 진보가 있어 왔다. 직무개발에서의 현재실천은 사업체에 관한 연구가 행해지고 직무개발은 시장개척을 고려해야 한다는 것을 인정했다. 첫째, 지역의 사업체가 전환프로그램이 존재한다는 것과 지역의 사업체들을 위해 졸업생들이 잠재적인 노동력이 될 것이라는 것을 인식시켜 주는 시도가 있어야 한다. 둘째, 고용주들이 그들에게 그런 프로그램이 필요한 기술을 갖춘 학생을 만들어낼 수 있다는 것을 인식시켜 줄 필요가 있다. 그래서 시장개척은 고용될 예정인 학생의 능력과 학생에게 제공될 서비스를 기술해야 한다.

직무개발은 사업체들과의 관계 확립이 요구되고 이들 사업체들과의 관계는 학교와 학생 및 사업체들에게 상호이익이 될 것이다. 이런 관계 확립에 관한 연구는 직무를 채우기보다는 고용주들과의 개인적인 믿을만한 관계 확립에 초점을 맞춘 직무개발자들이 가장 성공적이었다는 것을 보여준다(Hagner & Daning, 1993). 그렇게 함으로써 직무개발자들은 근본적으로 세 가지 접근법을 취한다. ① 학생의 기술을 사정하고 그런 다음에 그런 기술을 최대화할 수 있는 직무를 찾아내고 ② 사업체의 요구를 사정하고 그것을 학생의 기술에 일치시킨다. ③ 처음의 두 가지 단계를 결합시킨다. 직무개발에 일반적으로 받아들여진 연구법은 또한 학생의 기술을 사정하고 그런 다음에 학생이 성공하도록 그런 가능성을 제공해줄 사업체들을 찾는 동안에 진로선택이 이루어지거나 특정직업에 관한 학생의 흥미가 무엇인가를 결정하는 방법이다.

효율적인 직무개발을 위한 첫 번째 단계가 안내책자 및 다른 전문적인 자료와 학교의 전환프로그램을 사업체에 알려주고 인식제공을 위한 활동을 포함해 시장개척 계획을 창출하는 것이다. 고용시장의 요구를 충족시키기 위해서는 이들 시장개척 자료는 외관상 고도의 전문적이고 전환프로그램이 학생을 어떻게 가르칠 것인가를 정확하게 기술해야 한다. 이들 자료는 또한 학생과 지역사회의 사업체가 협력함으로써 어떻게 이익을 얻는가를 보여주어야 한다. 현재, 우리는 전문화된 행동을 취할 필요가 있고 그것을 전환프로그램의 학생을 위해 직무를 확보하는 일에 응용할 필요가 있다.

이전에 토론했듯이, 직무를 인식하고 직무를 획득하기 위한 가장 효율적인 수단 중 하나는 일반적으로 "개인적인 네트워크 망(personal networking)" 접근법이다. 이것은 개인적으로 알게 된 직무개발자/직무탐색가의 자료 활용으로부터 직무획득으로 나아가는 것을 말한다. Witt(1992)는 80%나 되는 직무가 일반인들의 관심을 끌지도 못한 채 채워진다고 보고했다. 이것은 이들 직무가 추천이나 혹은 어떤 개인적인 친분관계로부터 자리가 비어 있다는 것을 알게 됨으로써 그 자리가 채워진다는 것을 의미한다. 직무탐색 수행 동안에 장애인은 불리하다고 생각될 지도 모르겠다. 개인적인 친분관계를 통한 직무획득은 이런 불이익을 없애줄 지도 모르고 개인이 그 직무를 확보하는데 필요한 기회를 창출해낼 수도 있다. 개인적인 네트워크 접근법은 학생의 가족구성원들, 친구들 및 잠재적인 직무를 위해 추천을 해달라고 요구하는 친척들을 의미한다. 이들 개인적인 관계는 직무개발자에게 이들을 위한 직무를 개발할 때에 "기댈 곳(foot in the door)"을 제공할 수 있다. 다른 네트워킹 접근법은 전환프로그램의 학생을 위한 고용기회 창출을 돕고 전략화하기 위해 함께 활동하는 사업체자문협회를 통해서 행해질 수도 있다. 다른 흥미 있는 네트워킹 접근법은 "옹호자들의 구직자 추천(advocate referrals)" 활용이다. 이들은 장애인이 일할 수 있고 장애인에게 지역사회 통합고용을 위한 기회가 주어져야 한다는 생각을 수용하는 사람들 혹은 옹호자들이라고 생각되는 단순히 사업체에서 일하는 사람들이다. 이들 옹호자들의 구직자 추천은 이들 사업체의 계약에 접근을 제공하고 옹호하기 위한 개별적인 사업체와의 관계를 활용한다.

이런 모든 생각들은 직무개발을 위해 입증된 전략이다. 직무개발자는 자신의 편안함을 추구할 필요가 있고 당사자의 성격에 가장 알맞고 잘 어울리는 전략을 찾아낼 필요가 있다. 개인적인 관계 연구법은 일반적으로 다른 전략들과 연관되어 사용되어야 한다. 고려해야 할 부가적인 직무개발 연구법은 직원모집 광고, "(안면 없는 불특정 고객에게 거는) 세일즈(sales) 전화(cold calls)"(고용주를 찾고 단순히 잠재적인 일자리를 위해 그들과 계약하기)를 함으로써 광고를 하지 않는 사업체들과 접촉하기, 혹은 직무획득을 위해 주정부의 직업서비스 혹은 직업재활기관 활용 등이다.

일단 직무지도가 이루어지고 나면 직무개발자는 그 당사자를 고용할 고용주에게 왜 그것이 좋은 생각인가를 설명하기 위한 사례를 제시해야 한다. 개인이 이런 과정을 준비함에 따라 방문, 모임의 본질 및 그 당사자를 고용할 고용주에게 왜 그것이 좋은 생각인가 등에 대한 이유를 명확히 제시하고 다듬어줄 스크립트가 개발되어야 한다. 비록 이런 결정이 종종 수많은 요인들에 바탕을 두기는 하지만, 어떤 고용주들이 장애인 고용을 받아들일지를 미리 예상할 방법은 없고, 중요한 하나의 요인은 직무개발자의 전문가적인 자질과 그가 장애 학생을 고용주에게 어떻게 소개를 잘하는가 못하는가이다. 전문적인 소개를 할 것인가에 달려 있다. 몇 가지 핵심적인 요인들을 아래에 제시한다(Griffin & Targett, 2001).

- 외모: 전문직종에 알맞게 그리고 사업에 적합한 방식의 옷을 입도록 하라.
- 긍정적인 태도: 직무안내를 받는 대신에 관계발전에 초점을 맞추도록 하라.
- 사업모임 안내지침: 소개는 명확하고, 간략해야 하고 10-15분 이상이 되어서는 안 된다.
- 단계설정: 모임 시작 때 여러분이 성취하고 싶은 것을 설명하라.

- 관심사항과 질문강조: 질문을 예상하고 망설임 없이 질문에 답할 준비를 하라.
- 결말: 모임이 끝날 때 여러분이 원하는 것이 학생에게 적합한 직무라는 것을 표현하라!

직무개발은 지역사회에서 장애인의 직무확보를 돕는 것으로 그 분야에 종사하고 있는 누구에게나 힘이 드는 활동이다. 그런 활동을 시작한 사람은 직무개발자에게 이야기를 해야 하고 그들이 획득할 아이디어와 지침에 대한 방향을 제공해야 한다. 직무개발자는 누굴 위해 직무를 확보하려는 첫 번째 혹은 10번째 시도에서 성공하지 못하더라도 좌절해서는 안 된다. 실천과 인내심을 가지면 직무개발자는 성과를 얻게 될 것이다. 마케팅계획 개발, 프로그램과 여러분이 예상하는 성과를 기술하는 스크립트 및 실천수행은 성공하기 위한 핵심적인 구성요소다.

이것을 고려하라! 몇몇 연구자들은 직무개발자는 장애인을 어떤 고용주들이 기꺼이 고용하려고 할지 잠재적인 고용주를 결정하기 위해 직업시장에 대한 선별(screening)을 수행해야 한다고 제안한다(Moon, Goodall, Barcus, & Brooke, 1986; Nietupski, Verstegen, & Petty, 1995). 특정 학생의 개별흥미에 바탕을 둔 분석으로부터 생기는 고용기회를 추구할 수 있다(Parent, Cone, Turner, & Wehman, 1998). 아래 나오는 질문은 직업시장 분석을 이끄는데 사용될 수 있다.

- 이 지역사회에서 어떤 사람이 중요한 고용주인가?
- 활용할 수 있는 가장 유행되는 직무유형은 어떤 직업인가?
- 장애인을 고용하는 많은 실적을 가진 사업체는 어떤 사업체들인가?
- 높은 노동이동 비율을 가진 직무는 무엇이고, 그 이유는 무엇인가?
- 지역사회에 일시적인 고용기회가 존재하는가?
- 새로 생길 예정인 새로운 사업체는 무엇이고 확장될 예정인 현존하는 사업체는 어떤 사업체가 있는가?

이제, 여러분이 살고 있는 지역사회가 그들에게 대답을 제공해주기 위해서 위에 나열된 질문목록으로 되돌아가 보자. 만약 여러분이 살고 있는 지역사회에서 이들 질문 중 한 가지 질문에 대한 대답을 할 수 없다면, 신문을 읽고, 상공회의소와 접촉함으로써, 혹은 지역 직무시장에 관한 정보를 제공해주는 곳에서 모든 시장상황을 알아볼 수 있는 곳을 확인함으로써 더욱 자세하게 여러분 지역사회의 시장을 조사하라. 일단 여러분이 이런 정보를 수집하게 되면, 여러분 지역의 직무시장에 관한 파일을 계속 보관하고 그런 다음에 새로 생기거나 확장되는 새로운 사업체 혹은 직무시장에서의 다른 변화에 관한 새로운 정보를 여러분이 우연히 만날 때마다 파일을 첨가하라. 이런 활동을 수행하면서, 여러분은 지역신문의 광고 난과 사업체 난을 포함해 지역신문이 엄청 많은 소중한 정보를 제공한다는 사실을 알게 될 것이다.

5. 적합성 일치시키기

학교 관련인사가 전환기 학생을 위한 고용훈련 기회를 개발함에 따라, 학생이 직무유형을 선택하거나 학생에게 최고로 적합할지도 모르는 진로를 결정하도록 돕는 것이 중요하다. 비록 학생의 진로결정을 안내하는데 사용될 수 있는 많은 전략과 도구가 있기는 하지만, 하나의 효율적이고 유연한 전략은 적합성 일치시키기(compatibility matching)이다(Moon et al., 1986; Powell, Pancsofar, Strrer, Butterworth, Itzkowitz, & Rainforth, 1991). 적합성 일치시키기는 학생에게 어떤 직무 혹은 진로를 추구하라고 말하지는 않고 오히려 그것은 직무탐색과 직무개발 노력에 방향을 제공한다.

적합성 일치시키기는 사람들이 보다 더 성공을 추구하고 사람들이 자신에게 최고로 적합한 직무 혹은 자신과 가장 일치되는 직무에 더 오래 머물러 있으려고 한다는 생각에 바탕을 두고 있다. 직무적응에 대한 미네소타이론(Dawis & Lofquist, 1984)과 같은 직무개발과 직무적응에 관한 몇 가지 이론은 노동자의 요구 및 귀인과 고용주와 직무의 요구 혹은 수요 간에 일치라는 개념에 바탕을 두고 있다. 일치도가 높을 때 그 개념은 고용주와 피고용인 두 당사자의 만족감이 증가된다. 왜냐하면 이것이 장기간의 직무보유와 생산성 증대로 이끌 수 있기 때문이다. 이 부분에서 우리는 서로 다른 유형의 학생과 서로 다른 직무 혹은 진로에 적응될 수 있는 단순하고 유연한 적합성 일치시키기 과정을 제시한다.

표 6.3 적합성 일치시키기 과정의 단계

1. 개인과 잠재적인 직무 간에 일치의 수준을 사정함에 있어 정보를 제공해줄 수 있는 잠재적인 모든 요인들을 나열하라.
2. 1단계에서 선택된 각각의 요인과 관련해 그 요인에 관한 정보기록과 직무를 분석하라. 이것은 그 직무의 수요 및 피고용인이 어떻게 성공적으로 그 직무를 수행해야 하는가에 초점이 맞추어져야 한다.
3. 그 직무를 기술하는데 사용되었던 일련의 동일한 요인들과 관련해서 당사자 그 개인을 기술하라.
4. 만약 그 직무 혹은 그 개인에 관한 어떤 정보가 빠졌다면, 그 정보를 찾아내기 위해 부가적인 조처가 취해져야 한다.
5. 각각의 요인과 관련해 그 직무 및 개인에 관한 정보를 알고 나면, 그 개인과 그 직무 간의 적합성 일치도 수준은 각각의 요인에 따라 사정되어야 한다. 일치도 수준을 표시하기 위해 라이커트방식 사용이 도움이 된다. 예를 들면, 3=아주 잘 일치됨, 2=대체로 일치 됨, 1=빈약하게 일치됨, 0=전혀 일치가 안 됨.
6. 최적 이하의 일치를 보여주는 요인들은, 그 요인에 관한 일치수준을 향상시켜 줄 지원과 조정을 나열하라.
7. 위에서 언급된 모든 정보가 수집되면, 전반적인 일치도 수준을 사정하고 그 직무기회를 더 이상 추구할 것인지 아닌지를 결정하라.

출처: Powell, Pancsofar, Steere, Butterworth, Itzkowitz, Rainforth(1991).

표 6.3은 적합성 일치시키기 과정 활용단계를 보여준다. 첫째, 직무개발자는 학생을 특정 직무와 비교하는데 활용할 및 학생과 직무 간에 일치의 정도를 사정할 일련의 요인들을 개발한다. 요인들은 특정인이 특정 직무에서 잠재적으로 성공할 수 있을지 아닐지 여부를 결정함에 있어 심사숙고해야 할 항목이다. **표 6.4**는 직무개발자가 학생과 직무 간에 일치의 정도를 사정하는데 사용하는 잠재적인 일련의 요인들을 제공한다. 이런 요인들은 그 직무가 가지는 직무의무 혹은 필수적인 기능과 똑같지는 않다는 것에 주목하라. 오히려, 그것들은 어떤 특정한 직무에서 누군가의 성공에 영향을 주는 경향이 있는 측면들이다. 예를 들면, 일부 직무들은 피고용인이 우수한 위생기술을 가지고 깔끔하게 옷 입기를 요구하고(은행의 피고용인), 반면에 다른 직무들(운동장 관리인)은 그런 것이 요구되지 않는다. 독자들은 한 개인을 잠재적인 직무와 비교할 때에 고려해야 할 서로 다른 무한히 많은 요인들이 있다는 것에 주목해야 한다.

표 6.4 개인-직무 일치 정도를 사정하는데 사용되는 잠재적인 요인

- 외모
- 미세한 일에 주의집중
- 옷 입기
- 지구력
- 위생개념
- 고객들과의 상호작용
- 동료 작업자들과의 상호작용
- 수학적인 기능
- 이동성/접근성
- 정향능력
- 작업비율
- 읽기기능
- 시간 계획/시간 활용가능성
- 체력
- 스트레스 수용력
- 환경조건에 대한 포용력
- 쓰기기능

일단 직무개발자가 모든 잠재적으로 중요한 요인들을 목록으로 만들고 나면, 다음에 직무가 분석되고 그리고 이들 요인들에 따라 기술된다. 예를 들면, **표 6.5**는 슈퍼마켓의 계산대 점원 직무에 대한 적합성 분석의 일부를 보여준다. 이 조처와 동시에, 직무개발자는 일련의 동일한 요인들에 관해 개인을 기술하는 적합성 분석을 완성한다. 이 정보는 그 학생의 관찰과 상호작용으로부터, 그 학생 자신 혹은 가족들로

표 6.5 슈퍼마켓 계산대 점원 직무에 대한 적합성 분석

요 인	직무에 대한 기술
외 모	깔끔하게 옷을 입고 말쑥한 차림새를 해야 한다.
위생개념	매우 깔끔하고 깨끗해야 한다.
체 력	약 20파운드의 무게를 들어올릴 수 있어야 한다.
미세한 일에 주의집중	몇몇 품목에서 가격표를 찾아낼 수 있어야 하고; 현재 쿠폰에서 절약 금액이 얼마인가를 결정할 수 있어야 한다.
수학기능	견실한 수학기능을 가지고 있어야 하고; 견실한 돈 사용 기능을 가지고 있어야 한다.
장비사용	현금등록기를 사용할 수 있어야 한다. 바코드에 따라 평면 스캐너와 손에 쥐는 스캐너를 사용할 수 있어야 한다.
고객과 상호작용 기능	매우 품위 있어야 하고 고객과의 우수한 상호작용 기술을 가지고 있어야 한다.

표 6.6 슈퍼마켓 계산대 점원 직무-학생사정에 대한 적합성 분석

요 인	학생에 대한 기술
외 모	옷을 전형적으로 잘 입고 차림새를 잘 했는가?
위생개념	전형적으로 매우 깔끔하고 깨끗한가?
체 력	매우 튼튼하다.
지구력	적절한 지구력을 가지고 있는 것처럼 보인다.
미세한 일에 주의집중	만약 토픽에 흥미를 느끼면 미세한 일에 주의집중을 하는가; 만약 그렇지 않으면, 미세한 일에 주의집중 증대가 요구되는가?
수학기능	(학년 수준에 맞는) 견실한 수학기능을 가지고 있는가; 컴퓨터 사용 기능을 가지고 있고; 적절한 돈 사용 기능을 가지고 있는가?
장비사용	현금등록기 혹은 스캐너를 사용한 경험이 없는가?
고객과 상호작용 기능	잘못을 지적 받을 때 어려움이 있고 잘못을 지적받으면 화를 내거나 비판적인 사람이 될 수 있는가?

부터 나온다. 만약 인간중심계획이 사용되었다면, 프로파일은 많은 이런 정보를 제공할 것이다. 분명히 학생에 관한 프로파일이 더 잘 개발되면 될수록, 이 적합성 분석을 완성하는 것이 훨씬 더 쉬워질 것이다. **표 6.6**은 정서장애 학생에 대한 적합성 분석을 보여준다. 일단 학생과 직무가 서로 다른 요인으로 상대적으로 기술되고 나면, 직무개발자와 팀은 그 각각의 요인에 대한 적합성 수준을 사정한다.

표 6.7은 위에서 언급한 학생과 직무에 대한 비교 및 사정을 보여준다. 빈약한 혹은 전혀 일치되지 않는 정도를 개선시킬 수도 있는 지원과 조정을, 그런 다음에 브레인스토밍(brainstorming)이 된다(회의에서 모두가 차례로 아이디어를 제출하여 그 중에서 최선책을 결정하는 방법). 이들 지원과 조정은 모든 빈약한 일치 정도의 극복을 보장하지는 않지만 일부는 실질적으로 특정요인에 관한 일치 정도를 개선시킬지도 모른다. **표 6.8**은 그 예를 제공한다. 일단 선행하는 모든 단계들이 다 완성되고 나면, 팀은 대체적인 일치 정도를 사정하고 그런 다음에는 문제의 학생을 위해 더 많은 직무기회를 개발할 것인지 아닌지를 결정한다. 전체적인 일치 정도를 어떻게

표 6.7 슈퍼마켓 계산대 점원 직무에 대한 적합성 분석

정도: 3=매우 일치함 2=제법 일치함 1=약간 일치함 0=일치하지 않음

요 인	직업에 대한 기술	학 생	일치 정도
외 모	깔끔하게 옷을 입고 말쑥한 차림새를 할 것	전형적으로 옷을 잘 입고 차림새를 잘 했는가?	2
위생개념	매우 깔끔하고 깨끗해야 함	전형적으로 매우 깔끔하고 깨끗한가?	2
체 력	약 20파운드 무게를 들 수 있어야 함	매우 튼튼함	3
지구력	전체 몸을 지탱할 수 있어야 함	적절한 지구력	2
미세한 일에 주의집중	가격, 쿠폰, 기타에 매우 주의집중을 함	만약 토픽에 흥미를 느끼면 미세한 일에 주의집중을 하는가; 만약 그렇지 않으면, 미세한 일에 주의집중 증대가 요구되는가?	1
수학기능	우수한 수학기능을 갖추어야 함; 돈 기능도 중요함	(학년 수준에 맞는)견실한 수학기능을 가지고 있는가; 컴퓨터 사용 기능을 가지고 있고; 적절한 돈 사용 기능을 가지고 있는가?	2
장비사용	현금등록기를 사용할 수 있어야 하며, 평면 스캐너와 손에 쥐는 스캐너를 사용할 수 있어야 함	전혀 경험 없음	0
고객과 상호작용	매우 품위 있어야 하고 고객과의 우수한 상호작용 기술을 소유하고 있어야 함	잘못을 지적 받을 때 어려움이 있고 잘못을 지적받으면 화를 내거나 비판적인 사람이 되는가?	0

결정하는가라는 공식은 없고 그 대신에 이 특정한 직무기회가 학생을 위해 그것을 확보하려는 더 이상의 노력을 보장하기 위해 충분한 잠재력을 가지고 있는지를 결정함에 있어 팀의 구성원들은 그들이 가진 최상의 판단력을 사용할 필요가 있다.

다음에 논의될 전략을 포함해 적합성 일치시키기는 단지 광범위한 직무분석의 한 측면에 불과하다는 것에 주목해야 한다. 이 전략은 학생, 가족 및 팀에게 구체적인 직무 혹은 특정유형의 직무 혹은 진로가 추구할 가치가 있는 것인지에 대한 암시를 제공한다. 다음에 더욱 상세하게 직무를 분석하는 부가적인 전략을 기술한다.

표 6.8 슈퍼마켓 계산대 점원 직무에 대한 적합성 분석

정도: 3=매우 일치함 2=제법 일치함 1=약간 일치함 0=일치하지 않음

요 인	직업에 대한 기술		일치 정도	지 원
외 모	깔끔하게 옷을 입고 말쑥한 차림새를 할 것	전형적으로 옷을 잘 입고 차림새를 잘 했는가?	2	
위생개념	매우 깔끔하고 깨끗해야 함	전형적으로 매우 깔끔하고 깨끗한가?	2	
체 력	약 20파운드 무게를 들 수 있어야 함	매우 튼튼함	3	
지구력	전체 몸을 지탱할 수 있어야 함	적절한 지구력	2	
미세한 일에 주의집중	가격, 쿠폰, 기타에 매우 주의집중을 함	만약 토픽에 흥미를 느끼면 미세한 일에 주의집중을 하는가; 만약 그렇지 않으면, 미세한 일에 주의집중 증대가 요구되는가?	1	동료 작업자 혹은 감독관들이 하루 종일 살펴보는가; 작업장에 대한 자기증진 양식지를 기록했는가?
수학기능	우수한 수학 기능을 갖추어야 함; 돈 기능도 중요함	(학년 수준에 맞는) 견실한 수학기능을 가지고 있는가; 적절한 컴퓨터 사용 기능을 가지고 있고 돈 사용 기능이 있는가?	2	
장비사용	현금등록기를 사용할 수 있어야 한다. 평면 스캐너와 손에 쥐는 스캐너를 사용할 수 있어야 한다.	전혀 경험 없음	0	현금등록기 활용을 훈련하고 스캐너 활용도 충분함
고객과 상호작용	매우 품위 있어야 하고 고객과의 우수한 상호작용 기술을 소유하고 있어야 함	잘못을 지적 받을 때 어려움이 있고 잘못을 지적받으면 화를 내거나 비판적인 사람이 되는가?	0	고객과의 관계/상호작용 훈련; 역할놀이를 통한 화 관리하기

6. 직무분석

직무분석은 개별학생을 위한 작업장 혹은 고용이 확보되고 난 후에 수행된다. 직무분석이 언제 및 어떻게 수행되어야 하는가에 관해서는 약간의 논쟁이 있다. 여기서의 논점은 작업장의 피고용인들과 잠재적인 동료 작업자들에게 보낸 이미지 및 메시지와 관련 있다. 일부 고용전문가들은 장애인이 배치되기 전 혹은 작업장에 고용되기 전에 직무분석 수행을 더 좋아하는 반면에 다른 일부 고용전문가들은 개인이 작업기능을 배우고 있는 동안에 직무분석 수행을 더 좋아한다. 여기서의 논점과 논쟁은 전문가가 언제 작업장에 오고, 한 가지 능력에서부터 다른 무능력으로 그 관심이 돌려질 수 있는 상황에 개인이 언제 놓이게 될 것인지 그 상황분석을 언제 수행하는가이다. 즉, 동료 작업자들과 피고용인들은 그런 상황에 배치될 개인을 "심각한 문제를 가진 사람"으로 인식할지도 모르고 그것이 훈련전문가가 왜 그 사람이 배치되기 전에 그 장소를 방문해야 하는가라는 이유이다. 논점은 전환 팀 측에서 판단을 요구하는 것이고, 이런 판단은 경험과 함께 생긴다. 여기서의 핵심은 개별학생에게 최상으로 잘 맞는 작업을 결정하기 위해 직무분석이 수행된다는 것이다.

효율적인 직무분석에서 몇 가지 중요한 요인들이 파악되고 고려될 필요가 있다. 이곳에서 기술할 과정은 장애인들의 직무개발과 이 영역의 체계적인 교수 분야의 초기 지도자들의 권장사항으로부터 개작된 것이다(Bellamy, Hormer, & Inman, 1979; Rusch & Mithaug, 1980: Wehman, 1981). 이들 지도자들 중 한 사람인 Marc Gold의 프로파일이 **보조 도표 6.1**에 제공된다.

아래 요점들이 고려되어야 할 핵심요소들이다: ① 계획표 및 작업절차/과제계열; ② 작업의무; ③ 과제분석 ④ 잠재적인 작업적응 등이다. 이들 각각에 대해 아래에 기술된다.

1. 계획표 및 작업절차/과제계열: 작업절차 파악은 전문가를 훈련시키기 위한 첫 번째 활동이다. **표 6.9**는 작업 계획표와 절차에 관한 정보획득을 위한 보기 양식을 제공한다. 이것은 구체적인 책임을 위해 개인이 언제 도착하고, 언제 휴식을 취하고, 언제 점심을 먹고, 언제 떠나고 언제 보고해야 하는가가 포함된다. 이것

보조 도표 4.

Marc Gold에 관한 역사적 조망

전장애아교육법(현재는 개정된 장애인개별화교육법이라 불리는)이 통과되기 훨씬 이전에, Marc Gold는 California주의 East Los Angeles에서 중등도 장애 아동들을 가르치고 있었다. 때는 1960년대 말이었고 이들 장애 아동들은 적절한 생산적인 직무기술은 고사하고 전혀 학습할 수 없는 사람들이라는 믿음이 널리 퍼졌다. 이런 믿음에 반대한 Gold는 이 학생들이 이 분야의 "전문가들"이 믿고 있는 것보다도 더 많은 잠재력을 지니고 있다고 생각했다. 그는 또 장애인은 그 스스로 선택한 삶을 살아갈 기회를 가져야 하고 만약 우리가 그를 가르칠 더 나은 방법을 찾아낸다면 그는 훨씬 더 많은 것을 배울 수 있을 것이라고 생각했다. 이런 믿음에 바탕을 두고서 Gold는 Illinois종합대학교의 박사과정에 입학해서 Champaign-Urbana에서 공부했고 1970년대 초에는 대학교에서 학생을 가르치고 있었다. 그의 연구는 중등도 장애 학생, 특히 지적장애인들에게 기능을 체계적으로 가르치는 방법개발에 바탕을 두고 있었다. 그 당시의 많은 방법들과는 달리, Gold의 체제는 장애인의 삶의 발전에 필요하다고 그가 생각하는 가치를 통합했다. 즉, 장애인이 주류의 삶을 이끌어갈 더 많은 기회제공과 학생이 작업장 및 지역사회에서 더 큰 독립을 얻는데 필요한 수준의 기술을 배울 수 있고 혁신적인 방법을 활용하는 교사들의 책임을 강조하는 것이었다.

자신의 이런 메시지와 방법을 더 많은 일반 대중들에게 파급시키기 위해, Marc Gold는 그가 "다른 방식으로 행하기(Try Another Way: TAW)라고 부른 접근방식으로 교사, 직업훈련가 및 재활전문가들을 훈련시키기 위해 3일간의 워크숍을 개최했다. California에서 그가 개최한 워크숍에서 그 당시 주정부의 직업재활담당관이었던 Ed Roberts(7장 참고)가 청중 속에 있었다. 그는 TAW에 너무 감동을 받아서, Gold와 미국의 전체 주를 돌면서 관련인사들과 그의 체계를 배우겠다는 계약을 체결했다. 이것은 많은 대규모 훈련 중 첫 번째 시도였고 이것이 Gold로 하여금 Marc Gold & Associates (MG&A)라는 주식회사를 설립하게 이끌었다.

1982년에 Ohio와 Mississippi의 중요한 프로젝트를 완성하고 난 후, Gold는 자신의 일을 어떻게 행할까에 관한 중요한 변화를 논의하기 위해 회사 구성원들 회의를 소집했다. 본질적으로 그들은 과제에 대한 복잡한 분석을 중요하게 생각하지 않고, 통합 환경에서 시장성이 높은 기술습득을 증진시키고 직무지도, 개인 돌보기 조력 및 또래지도의 필요성을 강조했다. 3개월 후에 Gold는 암으로 세상을 떠났다. MG&A 구성원들이 회사를 계속할 것인지 아닌지를 결정하기 위해 만났다. 구성원 중 일부는 회사를 계속 운영하는 권리획득을 결정했고 자연적 환경에서 체계적인 훈련을 발전시키기 위해 계속 연구하기로 결정했다. 오늘날도 Marc Gold의 철학을 가진 회사가 계속 발전되고 있고 MG&A 모델을 포용하는 단체와 조직에게 훈련과 상담을 제공하고 있다. 1980년대와 1990년대에 중등도 장애인들과 지적장애인들을 지역사회 통합에 획기적인 진보는 10년에서 20년 앞서 Marc Gold가 지원한 세미나의 연구업적과 신념 체계까지 거슬러 올라갈 수 있다.

표 6.9 계획표 및 작업절차

피고용인/학생: Mike Franks
고용주/장소: North Star Guitar Company
주소: 333 Anywhere Road Metroplace, USA 10001
전화: (555) 555-5555
작업명칭: 포장 작업부서: 끈을 사용해서 포장하기

작업계획:
밑줄 친 날짜에 요구되는 작업:
월요일 화요일 수요일 목요일 금요일 토요일 일요일

도착: 오전 8:00
휴식: 오전 10:00–10:15
점심: 오후 12:00
휴식: 오후 2:00–2:15
마침: 오후 3:30

주요임무:
1) 끈 및 일련의 공정을 거친 후 완성된 봉투 수 세기
2) 포장을 위한 포장지 정돈하기
3) 포장지를 마감하고 풀칠하기
4) 작업용품 공급하기

은 또 하루 중 구체적인 시간에 개인이 수행하도록 요구되는 과제의 기능이 포함된다.

2. 작업의무: 개인이 수행하도록 요구되는 작업에 일련의 주요한 의무와 책임 목록이다. 이것은 과제계열의 재확인이 아니라 개인이 작업의 일부로 수행할 것이라고 예상되는 일련의 중요한 작업책임이 포함되어야 한다. 작업의무 양식지의 보기는 **표 6.10**이다.
3. 과제분석: 일단 모든 작업의무가 파악되고 나면, 개인이 행할 것이라고 예상되는 것을 배우게 허용되어야 한다. 광범위한 교수가 요구되는 것, 즉, 개인에게 가장 도전적인 작업의무 혹은 작업 책임을 가르칠 필요가 있다. 일부 고용전문가들은 이전에 배운 작업행동이 나타나는 작업경험을 더 좋아한다. 만약 개인이 그 직무를 재빨리 배울 수 있다면, 그것이 훈련을 수행할 교사 측에서 보면

표 6.10 작업의무

피고용인/학생: Mike Franks
고용주/장소: North Star Guitar Company
주소: 333 Anywhere Road Metroplace, USA 10001
전화: (555) 555-5555
작업명칭: 포장 작업부서: 끈을 사용해서 포장하기
시간: 오전 8:00-오후 3:30 날짜: 월요일-금요일
감독관 이름/직책: James Biggs, 생산과장
봉급비율: ______________
일반적인 기능: 1) 미리 감아둔 끈을 마분지 상자 안에 챙겨 넣기
2) 12개의 마분지 봉투를 한 상자 안에 챙겨 넣기

주요한 의무 및 책임:
1) "3"개를 한 꾸러미로 올바르게 세기
2) 꾸러미를 마분지 봉투 안에 넣고 포장지의 접는 부분을 올바르게 안으로 접기
3) "3"개씩 포장 끈이 4개가 되도록 상자 안에 올바르게 세어 넣기
4) 상자를 만들기
5) "12"개씩 포장된 끈을 올바르게 상자 안에 꾸려 넣기
6) 상자를 올바르게 쌓기(상자가 손상이 안 되게)
7) 완성된 생산품을 올바르게 마지막 상자 안에 넣기
8) 완성된/짐을 다 꾸린 생산품을 올바르게 마지막 상자 안에 넣기
9) 필요한 물품을 제자리에 놓기

엄청난 시간과 노력을 감소시켜 줄 것이다. 이 행동은 또 교사들에게 그 작업 각각의 영역에서 어떤 수준으로 가르쳐야 할지 파악을 도와줄 기초선 자료를 제공해줄 것이다. 요약하면, 모든 작업과제들이 다 분석될 필요는 없고 개인에게 가르칠 필요가 있는 것은 가르치라는 것이다. 과제분석(Gold, 1985)은 가르칠 수 있도록 작은 여러 단계로 나눈 작업 혹은 활동이다. 단계의 크기는 그 과제를 배울 개인에게 기초한다. 과제분석은 배우는 것이 힘든 개인을 가르치는 데 중요하다. 과제분석은 동시에 자료수집 방법을 제공할 뿐만 아니라 개인의 학습수준에 기초해서 (체계적인 교수와 함께) 교사에게 명확한 교수적인 접근을 제공한다. 과제분석의 보기는 **표 6.11**에 제시된다.

4. 잠재적인 작업적응: 교사들과 훈련전문가들이 학생과 함께 그들의 교수를 수행

표 6.11 과제분석

피고용인/학생: Mike Franks
고용주/장소: North Star Guitar Company
과제/일: 포장하기
가르치는 사람:

1. 필요한 물품 확보하기
2. 한 꾸러미에 "3"개씩을 센다.
3. 다른 숫자들은 버린다("1", "2" 혹은 "4").
4. 꾸러미를 종이 가방으로 포장한다.
5. 적절한 도구 안에 "3" "3" "3"개씩 종이 가방을 올바르게 놓는다.
6. 12개씩으로 상자를 형성한다.
7. "12"개씩으로 된 가방을 올바르게 12개의 상자 안에 넣는다.
8. 12개씩으로 된 상자를 닫는다.
9. 12개씩으로 된 상자를 올바르게 24개의 상자 안에 넣는다.
10. 완성된 24개의 상자를 마지막 장소로 가져간다.
11. 24개의 상자가 마지막 장소에 놓이고 나면 다시 작업을 요구한다.

하기 때문에, 일부 학생이 과제의 복잡성과 다른 요인들 때문에 그 과제를 수행하지 못할 수도 있는 작업의 여러 가지 측면들이 있을 수도 있다. 학생이 그 작업을 수행할 자질을 가지고 있지 못하다고 자동적으로 생각해서는 안 된다. 학생이 그 과제를 수행할 수 있는지, 혹은 학생이 그 작업에 대한 자질을 가지고 있는지 혹은 과제가 수정되어야 하는지 등과 같은 질문들을 해야 한다. 특수교육 교사들은 교실에서 교수적인 적응에 매우 친숙한 사람들이고 그리고 작업적응이란 개념이 그렇게 어렵지 않은 사람들이다. 단순히 교사들은 환경의 상황을 살펴보길 요구한다. 직무분석 측면은 다음에 더욱 상세하게 논의될 것이다.

7. 직무적응 및 합당한 시설설계

1973년 재활법 section 504 및 1990년의 미국장애인법(Americans with Disabilities Act)은 합리적인 조정이 개인이 자격을 갖추도록 만들어주는지 아닌지 최우선적인 고려 없이는 개인이 자격을 갖추고 있지 않다고 절대로 판단할 수 없다고 진술한다. 본질적으로 이 진술은 장애인들이 직무와 직무기회에 평등한 접근 권리를 갖추도록 하기 위해 "놀이터를 누구에게나 평등하게 만들려는" 시도이다. 하지만 합리적인 시설과 직무적응을 파악하고 고안하는 것은 전환전문가 또는 어떤 직업재활 전문가들에게는 매우 어려운 일의 일부가 될 수도 있다. 이런 도전이란 관점에서 보면, 그들의 배경 및 훈련이 이런 유형의 도움을 제공할 수 있는 구체적으로 직업치료사(Occupational Therapists: OT)와 같은 전문가의 도움과 조력획득이 바람직할지도 모른다. OT의 역할이 신체와 인지가 적응된 장비를 사용하고 엄청난 수준의 독립기능을 발휘하는데 어려움이 있는 개인을 돕는 것이기 때문에, 이 분야에 그들의 지식과 전문적 지식은 지역사회에 있는 직무 환경에 적응이 필요한 교사들에게 큰 이점을 제공할지도 모른다. OT이외에도, 최근 나타난 다른 훈련으로는 재활공학이다. 재활공학은 최근에 주 정부의 직업재활서비스 체제에서 중요한 역할을 했다. 1986년 재활법 개정안 중 하나가 재활공학서비스의 활용으로 제공된 주 정부의 VR체제의 일부를 제공했다. 이 개정안을 가지고 직업재활서비스 체제는 학생을 위한 적응과 조정을 창출하고 고안함에 있어 평가 및 조력의 잠재적인 원천이 될 수 있다.

적응과 조정은 종종 서로 다른 두 가지로 여겨진다. 적응(개작)은 어떻게 어떤 일을 행하는가를 바꾸어주지만 예상했던 성과를 바꾸지는 않는 것을 말한다. 예를 들면, 누군가가 서류를 함께 묶기 위해 수동 스테이플러(stapler)(사람이 손으로 압력을 가해야만 한다)를 사용하고 있다면, 이것에 대한 적응(개작)은 문서를 스테이플러 틈새에 밀어 넣음으로써 문서를 함께 자동으로 붙여줄 전자스테이플러이다. 그 작업의 성과는 바뀌지 않았지만 그 일을 어떻게 행하는가라는 방법은 바뀌었다. 이런 적응은 제한된 힘과 에너지를 가진 사람에게는 유용할 수도 있다. 이런 사람은 수동 스테이플러를 사용해서는 그 과제를 수행할 수 없을 지도 모르지만 일단 그 일에 대한 개작이 이루어지고 나면 그 과제를 수행할 수 있다. 적응은 어떤 일을 어떻게 행하는가를 바꾸지는 않겠지만 그것을 어떻게 행할 것인가에 대한 범위와 융통성을 더욱 크게 허용해줄 것이다. 위에서 스테이플러를 사용한 보기를 이용해서 만약 장애인이 정상인처럼 빨리 스테이플러 과제를 수행할 수 없다면, 고용주는 이 장애인의 그런 과제수행을 중요한 요인으로 고려하지 않는다면 고용주는 결과적으로 그 일을 수행하는데 있어 더 큰 범위의 융통성을 장애인에게 제공하고 있는 셈이 된다.

직무적응을 고안하는데 보편적 디자인(universal design)도 하나의 중요한 고려사항이다. 보편적 디자인 본부는 보편적 디자인의 목적은 "상품을 생산하고, 의사소통을 하고, 적은 비용이나 가외의 비용 없이 가능한 많은 사람들이 더 많이 이용할 수 있는 건물환경을 만들어줌으로써 모든 사람들을 위해 생활을 단순하게 만드는 것이다"(2004). 분명히, 장애가 있는 노동자들뿐만 아니라 모든 피고용인들이 이익을 보는 작업장의 적응(개작)은 전체 사업체들에게 이익을 줄 수 있다. 마음에 이런 사실을 명심하고 직무개발자들은 장애를 가진 노동자들의 즉각적인 요구 및 다른 피고용인들의 수행을 개선시키거나 혹은 단순화를 넘어서는 적응을 고안하는데 관심을 기울여야 한다. 사실, 사업체를 위한 직무분석의 명확한 이점은 모든 피고용인들을 더욱 효율적이게 만드는 방법을 찾아내는 것이다.

합리적인 조정은 자격을 갖춘 지원자 혹은 장애를 가진 피고용인이 적응과정에 참여 혹은 필수적인 직무기능 수행에 참여할 수 있도록 해주는 직무적응 혹은 직무환경 혹은 어떤 변형이다. 합리적인 조정은 또한 장애가 없는 피고용인과 동일하게 장애를 가진 피고용인이 자격을 갖추도록 보장하는 적응을 포함한다. 합리적인 조정의 보기는 아래와 같다.

- 피고용인이 사용하는 시설을 장애인이 쉽게 접근해서 사용할 수 있도록 만들어주는 것
- 장비 조절하기
- 자격을 갖춘 책 읽어주는 사람 혹은 통역인 제공하기
- 시험, 훈련 혹은 다른 프로그램을 적절하게 조절하기
- 만약 장애 때문에 조절에도 불구하고 원래 맡았던 일을 개인이 수행할 수가 없다면, 그 개인이 자격을 갖춘 새로 생긴 일자리에 현재 피고용인을 재배치하기

이들은 제공될 수 있는 단지 몇 가지의 조정에 불과하다. 장애인이 통지를 받아온 후에야 비로소 고용인은 합당한 조정을 수행해 달라는 요구를 받는다는 것에 주목하라. 요약하면, 오직 개인이 현장에 배치되어야 적응과 조절이 평가된다는 것이다. 일부 적응은 쉽게 행해질 수 있는 반면에 다른 적응은 그것을 어떻게 수용하는가

를 파악하고 요구의 범위를 결정할 자격을 갖춘 전문가에 의한 광범위한 더 많은 평가를 요구할지도 모른다. 여기서 주목해야 할 중요한 것은 만약 개인을 위해 자격을 갖춘 사람에 의한 조절이 행해지지 않으면, 교사와 실천가들은 장애인이 그 일에 대한 자격을 갖추고 있지 않거나 혹은 아무런 고려도 없이 특정 과제를 수행할 자격을 장애인이 갖추고 있지 않다고 생각할 것이다. 무능력이라고 여겨질 수 있는 인지된 장애에도 불구하고, 교사는 일반인들처럼 학생도 동일한 기회를 가지고 있다는 것을 보장하는 법률적인 요구사항을 이해해야 한다.

8. 학생들에게 자기 나름대로의 직무개발 가르치기

현재까지, 장애 학생을 위한 고용개발과 직무훈련 기회에 학교 관련인사들이 사용할 수 있는 전략을 논의해 왔다. 하지만 1장에서 소개했듯이, 자기결정은 전환계획 성공에 중요한 하나의 구성요소다. 간략히 회고해보면, 자기결정은 사람이 자기 삶의 과정에서 보다 더 큰 통제력을 갖도록 허용하는 기술, 지식 및 태도 혹은 믿음의 결합체이다. 이것은 고용을 포함해서 학생의 전환 전 영역에 적용된다. 성인생활의 다른 측면들과 함께, 청소년들이 잠재적인 직무, 그의 직무와 일치되는 삶의 질을 사정하고, 그런 후에 직무를 지원하고 직무획득을 더 많이 분석하면 할수록, 그는 미래직업 혹은 진로개발 기회에 이들 기술을 적용할 수 있는 더 큰 가능성을 가지게 될 것이다. 반대로, 자신을 위한 진로개발과 직업 확보를 타인들에게 반드시 의존해야 하는 학생은 더 많은 의존을 하게 된다.

이 절에서는 미래에 자기 직업을 개발할 수 있는 자기 능력을 증가시킬 수 있는 몇 가지 단계를 기술한다.

자기 자신의 이력서 개발과 갱신

그렇게 할 수 있는 능력을 가진 학생은 자기 자신의 이력서 및 시장개척 자료를 개발하는데 능동적인 참여자가 되어야 한다. 교사와 가족구성원들의 안내로, 그는 자신의 기술과 학교 및 자기 가정에 대한 공헌을 조망하는 이력서를 개발하고 갱신할 수 있다. 관련 과제, 고용훈련 기회 및 과외활동 등이 이력서의 중요한 구성요소다. 학생은 지원서 편지를 어떻게 작성하고 직무 신청서를 어떻게 채워야 하는지를 또 배워야 한다.

지원 네트워크 개발

가족들, 친구들 및 친분 있는 사람들이 매우 중요한 고용기회 원천이기 때문에, 학생은 잠재적인 지원인력 네트워크를 찾아내도록 가르쳐야 한다. 학생은 그런 다음에 고용을 추구하고 있는 학생을 돕기 위해 친분 있는 사람들이 그에게 전화를 할지도 모른다는 사실을 그에게 일깨워 주기 위해 친분 있는 사람들과 접촉하도록 가르쳐야 한다. 다른 직무개발 기술과 함께, 이것은 서신왕래, 이메일, 전화 등을 포함한다. 효율적인 전략은 그가 직무를 찾는 과정에 잠재적인 도움이 된다고 느끼는 모든 사람들에게 소개편지와 이력서를 보내는 것이다.

인터뷰 기술실습

많은 다른 기술처럼, 인터뷰 기술은 실습으로 개선된다. 이제 막 일자리를 찾기 시작한 학생은 역할놀이와 예행연습 상황에 맞는 부가적인 실습으로부터 이익을 얻는다. 교사들은 학생이 실습할 수 있는 기회를 제공하는데 자기 시간을 제공해주고 학생이 자신의 인터뷰 기술을 어떻게 개선할 것인가에 대한 피드백(feedback)을 제공하기 위해 특정 고용주들을 초대할 수 있다.

직무를 분석하고 그 일치 정도를 사정하기

마지막으로, 학생은 이 장의 앞부분에서 소개된 각각의 전략에 능동적인 참여자가 될 수 있다. 자신의 능력에 맞추어, 학생은 직무분석에 맞는 단계를 완성하도록 배울 수 있고 그런 다음에 자신과 특정 직무의 일치정도를 사정하도록 가르칠 수 있다. 실제로, 첫 활동에 학생이 더 많이 참여하면 할수록 뒤이은 직무를 얻기 위한 활동을 통제할 수 있는 통제력을 가질 수 있는 확률은 더욱 커진다.

9. 노동부 노동지침을 충족시키는 지역사회에 기반을 둔 고용훈련 사이트 개발

장애인들을 위한 직무를 찾아내고, 분석하고, 획득하는데 사용되는 전략을 논의해 오고 있다. 이들 전략은 학생이 여전이 특수교육 서비스를 받고 있는 동안 혹은 학생이 학교를 떠난 후 그의 직무획득을 돕도록 직무를 확보하는데 활용될 수 있다. 지금까지 우리 논의의 초점은 주로 봉급을 받는 지역사회 고용획득이었고 그래서 우리는 봉급을 받는 지역사회 고용이 누군가의 전반적인 삶의 질 형성에 공헌한다는 것을 강조해 왔다.

많은 학생들은 자신의 특수교육 교육과정의 일환으로 봉급을 받지 않는 훈련 기회로부터도 이익을 얻는다. **표 6.12**에 제시된 것처럼, 봉급을 받지 않는 훈련 기회로부터도 수많은 이점들이 있다. 이런 많은 잠재적인 이점들 때문에, 전환프로그램 전문가들이 1938년의 공정노동기준법(Fair Labor Standards Act)에 부합되는 지역사회 고용훈련 사이트를 확립하는데 필요한 단계에 대한 이해가 중요하다(Pumpian, Fisher, Certo, Engel, & Mautz, 1998). 여기서 이 문제의 핵심은 노동자가 임금을 받는 고용들 간의 심각한 차이이다. 공정노동기준법은 미국 내의 노동자들을 보호하

표 6.12 지역사회에 기반을 둔 고용훈련 사이트 훈련의 이점

- 학생이 서로 다른 유형의 고용, 서로 다른 작업환경, 서로 다른 유형의 감독을 탐색하도록 허용한다.
- 학생의 흥미와 능력에 관한 더욱 완전한 프로파일 작성에 공헌한다.
- 특정 유형의 직무와 관련된 학생의 기술과 능력에 대한 철저한 사정을 허용한다.
- 특정 작업환경에 존재하는 실질적인 역할에 학생이 노출되도록 한다.
- 공공 교통수단, 사회적 기술 등과 같은 직무와 관련된 학생의 기술과 능력에 대한 보다 철저한 사정을 허용한다.
- 학생과 그의 팀은 전환 IEP에 대한 원하는 졸업 후 성과 진술을 고안하고 갈고 닦도록 돕는다.

고 고용에 공정한 임금지불을 보장하기 위해 만들어졌다. 그 법은 노동자들에게 법의 보호 하에 임금이 지불되어야 하고 실제로는 "봉사자"가 되길 요구받거나 기준이하로 임금을 지불받음으로써 이용당하지 못하게 장애인을 포함해 노동자들을 보호하는 것이 그 목적이다.

이런 이슈는 학생에게 실제 지역사회에 기반을 둔 작업환경에 기능적 기술발전을 제공하기를 원하지만 학생이 봉급을 받을지 못 받을지를 확신하지 못하는 학교 관련인사들에게 불확실성을 가져다줄 수 있다. 미국의 교육노동부(U.S Departments of Education and Labor)는 이 문제를 다루는 학교프로그램을 돕기 위한 안내책자를 채택했다(미국 교육부, 1992). 그들은 이런 목적과 원칙을 가진 안내서 서문을 아래와 같이 적었다.

> 미국 교육노동부는 장애인개별화교육법(IDEA)에 맞춰 개인별 교육프로그램의 계속 발전에 책임지고, 이 일은 장애 학생이 자신의 지역사회 안에서 학교에서 고용으로 전환을 촉진시켜 줄 것이다. 이 전환은 프로그램 참가자들, 피고용인들, 고용주들 혹은 장애인에게 재활서비스를 제공하는 프로그램에 공정노동기본법이 제공하는 보호 조건을 위험에 빠뜨리지 않을 조건 하에서 반드시 실행되어야만 한다(미국교육부, 장애 학생을 위한 지역사회 에 기반을 둔 교육 프로그램을 위한 안내서, p. 1).

이들 안내서는 훈련관계(봉급을 받는 고용관계인지 아닌지)가 존재하는지 아닌지를 결정하기 위한 일련의 기준을 포함했다. 이들 규준은 **표 6.13**에 제시된다.

지역사회에 기반을 둔 고용훈련 사이트를 확립하려고 시도하고 있는 학교 전환 프로그램은 만약 그들이 학생에게 봉급을 주어야 할지 안주어야 할지 확신하지 못하면, 이들 안내서를 참고하고 지역 노동부와 접촉하라고 권장된다.

10. 작업장 문화와 자연적 지원

직업재활법 개정안(1992)(P.L. 102-569)은 지원고용의 역할로 가능한 지속적이고

표 6.13 장애 학생들을 위한 지역사회에 기반을 둔 교육프로그램 수행을 위한 안내(미국교육부, 1992)

〔주의: 모든 규준은 현존하는 훈련관계(training relationship)를 반드시 충족시켜야만 한다.〕

- 자신의 장애 때문에 경쟁고용 혹은 위에서 언급한 최소한의 봉급수준을 즉시 획득할 수 없는 작업환경에서 일을 수행하기 위해서는 광범위한 지속적인 지원이 요구되는 참여자는 신체/정신 장애를 가진 청소년들일 것이다.
- 참여는 공립학교 관련인사의 일반적인 감독 하에 직업탐색, 직업사정, 혹은 지역사회에 기반을 둔 직업배치를 통한 훈련이 될 것이다.
- 지역사회에 기반을 둔 배치는 각 학생의 이익을 위해 고안되고 개발된 개별교육프로그램의 구성요소를 명확하게 정의할 것이다. 탐색, 사정훈련 혹은 협력적인 직업교육 구성요소를 위해 확립된 필요한 전환서비스에 대한 진술이 개별화교육프로그램(IEP)에 포함될 것이다.
- 하지만 학생 IEP에 포함된 정보는 활용할 수 없게 될 것이고 지역사회에 기반을 둔 배치 프로그램에서 학생등록에 관한 문서를 미국 교육노동부가 활용할 수 있을 것이다. 학생과 부모 및 각 학생의 안내자들은 IEP와 지역사회에 기반을 둔 배치에 대한 완전한 정보를 알고 있어야 하고 그런 구성요소들에 학생참여가 반드시 학생에게 봉급을 보장하지 않는다는 것의 이해 및 자발적인 참여를 의미한다는 것을 완벽하게 알고 있어야 한다.
- 지역사회에 기반을 둔 배치에서 학생의 활동은 사업체에 즉각적인 이점을 가져오지는 않는다. 미국 교육노동부는 몇 가지 요인을 탐색한다.

  첫째, 비록 원래부터 피고용인들에 의해 수행되지는 않지만, 피고용인의 해임은 없었고, 빈자리에는 사람이 채워지지 않았고, 피고용인들은 할당된 의무로부터 구제되지 않았고, 학생이 분명히 사업체에 이익이 되는 서비스를 수행하지 않고 있다.

  둘째, 학생은 학교 대표자들 혹은 사업체의 피고용인들에 의해 계속적이고 직접적인 감독을 받고 있다.

  셋째, 그런 배치는 사업체의 노동 요구를 충족시키는 것이 아니라 학생의 IEP 요구사항에 따라 행해진다.

  넷째, 어떤 작업장 혹은 어떤 명확히 구분할 수 있는 직업에 종사하는 학생이 보낸 시간은 특히 IEP에 의해 제한된다.

- 고용관계는 전적으로 보낸 시간의 수에 바탕을 두고 결정되지는 않고, 대체로 각 구성요소는 1년 동안에 아래 제한 사항을 초과하지는 않을 것이다.

  직업탐색 각각의 직업을 경험한 5시간
  직업사정 각각의 직업을 경험한 90시간
  직업훈련 각각의 직업을 경험한 120시간

- 각 학생이 자기 IEP를 마무리할 때 사업체에서 학생에게 고용을 약속하지는 않는다. 하지만 일단 학생이 피고용인이 되면 그가 명백하게 뛰어난 직업특성을 가지지 않는 한, 그는 특정 지역사회에 배치되는 피 훈련자로 절대로 생각될 수가 없다.

확장된 서비스 자원으로써 "자연적 지원(natural supports)"을 포함시켰다. 지원고용 영역에 소개되기 때문에, 자연적 지원이란 개념은 장애인의 직무개발 접근에 중요한 영향력을 가진다(Nisbet & Hagner, 1988). 이 부분에서, 교사들과 실천가들이 자연적 지원 전략을 어떻게 보고 그 전략을 그들의 프로그램에 통합하는 가 등 가장 중요한 특성 중 몇 가지를 논의할 것이다.

문헌에서 자연적 지원을 몇 가지 방식으로 정의해 왔지만(DiLeo & Luecking, 1995; Butterworth, Hagner, Kiernan, & Schalock, 1996), 여기서 Rogan, Hagner 및 Murphy 등이 발전시킨 정의를 사용한다((1993):

> 한 사람 개인이 스스로 선택한 직업에서 전형적인 작업절차 및 다른 노동자들의 사회적 활동과 일치되는 방식으로 지역사회 안의 직업 중에서 직업을 확보하고, 유지하고, 발달시키도록 허용해주는 어떤 유형의 도움 및 다른 피고용인들의 직업과 관계없는 사회적 관계 및 자기 직업을 촉진시키는 어떤 유형의 도움이다.

이 정의에는 자연적 지원 개념의 몇 가지 핵심적 구성요소를 포함한다. 핵심적 구성요소 가운데 하나는 학생이 직업획득 및 가장 전형적으로 직업이 수행되는 방식으로 학생을 가르치는 것이다. 그런 기술을 학생들에게 가르치는 일에 오히려 교사 혹은 직업지도자가 능동적인 참여자가 되는 대신에 이것은 고용주가 직무훈련에 능동적인 참여자가 되는 것을 의미한다. 예를 들면, 만약 고용주가 현장에서 새로운 피고용인을 훈련하는데 동료작업자를 활용한다면, 이것은 전형적인 과정이라고 여겨지는데 학생이 훈련받을 때 역시 이 작업과정을 따른다. 교사 혹은 직업지도자는 그런 훈련을 지원하기 위해 그곳에 있으며 그들은 학생과 그곳에서 훈련을 행하고 있는 사람 모두에게 지원을 제공한다. 이런 접근법을 활용하는 주된 이유는 ① 고용주가 재빨리 그 학생을 고용하도록 돕기 때문이고, ② 동료 작업자들과 학생 간에 더 큰 사회적 상호작용을 할 기회를 허용하기 때문이며, ③ 작업현장에서 더 빨리 사라지게 될 기회를 제공해준다(Hagner, 1992; Mank, 1996; Rogan, 1996).

이 전략과 다른 전략을 구분하는 두 번째는 작업과 비 작업적인 관계의 촉진이다. 명확히, 장애 학생과 성인이 직면하는 가장 큰 도전적인 문제 중 하나는 장애가 없는 사람을 포함해서 지역사회의 모든 구성원들 간에 사회적인 관계망의 발전이다. 자연적 지원이란 개념은 명확히 작업장과 비 작업장에서의 이들 간에 사회적인 관계를 이루고 촉진시키려는 일에 많은 투자를 한다. 또, 자연적 지원모델을 통해서 사회적 관계가 확립되고 있는 영역에 관한 문헌은 풍부하다(Hagner, 1992; Mank, 1996). 이제 자연적 지원의 핵심적 구성요소들 중 몇 가지와 이 개념이 직무분석과 직무개발 과정에 어떻게 통합되는가를 간략하게 살펴본다.

직무개발

이 방법은 개인이 작업장의 사회적 구조(문화)에 더 큰 기회를 갖도록 하기 위해 개인의 흥미와 진로목표에 바탕을 둔 직무개발이란 특징을 가지고 있다. 직무의 활용 가능성이라기보다는 오히려 진로계획에 바탕을 둔 진로계획과 직무개발을 창출해 내는 일에 개인을 포함시키는 것은 자연적 지원 개념의 주요한 특징 가운데 하나이다. 직무개발자는 아마 이직이 거의 없는 멋지고 안정된 작업장을 고용주가 갖추도록 고려할 것이다. 여기서의 고려사항은 만약 직업이 이직비율이 낮고 노동력이 안정된 작업장을 확보하게 되면, 그 직업이 굉장히 많은 만족감을 제공할 것이라는 것은 말할 필요도 없고 개인은 지속적이고 장기적인 긍정적 관계를 발전시킬 잠재적 응집성을 가진 환경에서 일하게 될 것이라는 것을 의미한다. 이것을 보는 한 가지 방법은 작업장 문화 분석(analysis of the workplace culture)을 통해서이다. 작업장 문화를 분석함에 있어, 교사와 직업지도자는 작업장이 마련되고 작업장이 문화차이를 수용하는 장소라고 구분해줄 핵심적인 요인을 고려한다. **표 6.14**는 작업장 문화를 분석할 때, 고려되어야 할 몇 가지 요인들을 제공한다.

직무훈련

이전에 언급했듯이, 자연적 지원의 핵심 구성요소 중 하나는 전형적인 직무훈련 방법이 사용되는 것이고, 고용주가 새로운 피고용인을 훈련하는 방식이 고무된다는 것이다. 이런 관점의 이론적인 근거는 이미 논의했지만, 이런 단계에 교사 및 직업지도자가 행할 수 있는 부가적인 하나의 활동은 현장의 고용주와 피고용인에게 상담을

표 6.14 작업장 문화 분석

- 규칙과 사회적인 관습 말하지 않기–상호작용을 안내하는 비공식적인 규칙, 휴게실 혹은 작업장 영역, 다른 사람들보다 더 빨리 일하지 않기, 계속 열심히 일하기, 기타 등등과 같은 영역 중에서 무엇이 계속되어야 하는가?
- 영향력을 발휘하는 핵심적 사람들–공식 혹은 비공식적으로 작업장에 가장 큰 영향력을 누가 갖고 있는가? 직업안정을 제공하는 힘을 누가 지니고 있는가?
- 절차파악–사람들이 작업장에 와서, 점심을 먹을 때 및 휴식을 취할 때 무엇을 하는가?
- 사회적 활동–일이 끝나면 사람들이 어디로 가고, 어디에 있는 오락실로 가고 서로 서로 어디서 즐기는가?
- 모임장소–이야기하고 비공식적으로 사교적인 모임을 갖기 위해 사람들이 어디서 만나는가?
- 축하–생일, 휴일, 기타 사람들이 어떻게 축하하는가? 생일 때 사람들이 케이크를 나누어 먹거나 혹은 서로 서로에게 카드를 보내는가?
- 해야 될 일과 해서는 안 되는 일–진지한 농담과 아닌 것을 구분할 줄 알기 및 언제 그것이 충분한지를 깨닫기.
- 작업장–사람들이 작업장에서 어떻게 반응 하는가 혹은 어디에 개인 사물을 두는가?
- 감독자 상호작용–감독관들이 서로 어떻게 작용하고 피고용인들과 어떻게 작용하는가? 감독관 유형은 친근한가 아니면 사무적인가?
- 이미지–피고용인들은 특정한 방식으로 옷 입기를 요구하는가, 늘 반드시 통일된 복장을 착용해야 하는가 아니면 통일된 외양을 갖추어야 하는가?
- 열린 대 갇힌 집단–문화적인 배경 혹은 공통된 흥미 혹은 통합적인 집단에 바탕을 두고 서로 상호작용을 하는가? 어떤 언어적인 장벽이 있는가?

제공하는 것이다. 이것은 고용주와의 협력을 형성하고, 학생과 모든 장애인들의 긍정적인 이미지를 계속 촉진시키고 훈련가를 도와줄 수도 있고 학생의 직무수행을 개선시키도록 돕는 아이디어 및 전략을 제공하는 하나의 기회가 된다. 그런 상담은 또 고용주에게 다른 사람들을 도와주고 비장애 피고용인의 수행을 개선시킬 수 있는 전략을 제공해줄 수도 있다.

직업에 종사

전통적으로 장애인을 위한 고용은 장기근속과 봉급이라는 관점으로 고찰해 왔다. 비록 이들 요인들이 중요하기는 하지만, 직업만족과 진로발달을 포함해서 다른 요인들도 동일하게 혹은 더 중요한 요인들이라고 생각된다. 다음과 같은 질문들이 포함된다. ① 학생이 일, 작업장 및 자기 주변 사람들을 편안하다고 생각하고, 행복하고, 만족하다고 생각하는가? ② 더 많은 기회와 다른 기회를 허용해주는 새로운 기술로 학생이 나아갈 기회가 있는가? 15년 전에는 이런 질문을 자주 묻지 않았지만 오늘날에는 학생과 장애 성인을 예전과 달리 보기 때문에 이들 질문들이 중요해졌다.

자연적 지원의 정도는 장애인의 요구에 따라 다양하다는 것 또한 주목해야 한다. 즉, 직무수행이라는 관점에서 학생의 장애가 자신에게 심각한 영향을 끼치지 않는 일부 학생에게는 교사 혹은 직업지도자가 직무획득과 훈련의 각 구성요소에 고용주와 동료작업자의 많은 참여를 기대할 수 있을 지도 모른다. 이와는 반대로, 만약 학생이 더욱 심각한 수준의 장애를 가지고 있다면, 교사 혹은 직업지도자가 직무획득과 훈련의 각 구성요소에 더 많이 참여할 것이라고 기대된다. 이 논의는 개인의 장애에 토대를 둔 개인의 요구와 그것이 어떻게 자연적 지원 전략과 밀접하게 일치가 될 것인지에 관한 균형창출을 포함한다. 몇몇 경우에는 학습이 어려운 누군가에게 복잡한 기술을 가르칠 능력이 있는 숙달된 교사를 개인이 필요로 하기 때문에, 훈련은 전형적인 직업지도자의 훈련처럼 보일지도 모르지만 그것은 이 특정한 학생에게 요구되는 균형창출이 될 수도 있다.

이 부분을 마무리 하면서, 자연적 지원은 사업, 교수 및 상담에 대한 예리한 이해가 요구되는 개념이라는 강조가 중요하다. 이 개념은 문화와 작업장의 조직뿐만 아니라 그들이 서비스를 제공하는 전환프로그램에서 학생의 동기화 욕구를 전문가들이 이해하기가 요구된다. 이 개념은 또 전환 조정자들의 역할변화를 요구하고 그들이 사업체 및 산업체와의 상담기술 개발을 요구한다. 더욱 중요한 것은 자연적 지원이란 개념은 장애인이 성공하기가 쉬운 고용 분위기를 창출하게 돕는다.

요 약

이 장은 장애 학생과 성인을 위해 직업을 탐색하고, 분석하고, 확보하기 위한 전략을 소개했다. 여기서 논의했듯이, 직업은 성공적이고 만족한 성인생활에 중심적인 측면이다. 특수교육 프로그램에 전환 관련인사들은 전형적으로 학생을 위한 고용과 훈련기회 창출을 위해 지역사회의 사업체와 효율적으로 협력하기 위해서는 일련의 새로운 기술을 배워야 한다. 이들 기술의 발전과 지역사회에서 강력한 지원을 해주는 고용주들과의 네트워크망의 확립은 시간과 일관된 노력이 필요하다. 마지막으로 주목할 것은 직무탐색 과정에서 학생 스스로 능동적인 역할을 해야 한다는 것을 다시 한 번 더 강조하고, 그들이 그렇게 함으로써 발전시킬 기술은 그들이 직업을 가지고 살아가는 동안에 그들에게 합당한 보답을 하게 될 것이다.

응용활동

아래 나열된 응용활동은 전환에서 여러분의 지속적인 학습과 기술발전에 필수적이다. 이들 활동의 각각은 여러분의 시간과 에너지를 요구하지만 여러분이 이 분야에서 전문적인 기술을 개발하도록 도와줄 것이다.

실천과 이해를 위해

여러분이 친숙한 지역사회의 직업을 하나 선택하고, 그런 다음에 완전한 직무분석을 행하라. 작업장 문화에 대한 분석을 반드시 포함시키도록 하라: 성문화되지 않은 규칙들, 작업장에 관한 비공식적인 "역사" 의식 및 작업장 문화에 수용된 다른 것들 등. 여러분이 분석했던 **표 6.9, 6.10** 및 **6.11**에 제시되었던 것과 같은 양식들을 활용하라.

여러분의 포트폴리오를 위해

학생과 특정직업 획득에 대한 기회 간의 일치 정도를 사정하기 위해 사용될 상호 일치 정도를 분석하라. 한 사람의 특정 학생(혹은 여러분의 아들 혹은 딸)을 특정 직무와 일치시키는데 사용될 일련의 종합적인 요인을 포함시키도록 하라.

카테고리(예들 들면, 서비스 업 혹은 제조업) 및 하위 카테고리(식당, 은행, 기타)별, 영역별 고용주를 나열하는 "직업파일"로 시작하라. 그것들의 크기, 피고용인의 수, 위치 및 기타 등등에 관한 정보를 포함시키고 그런 다음 이것들은 여러분이 부가적인 정보를 축적함에 따라 이들을 데이트베이스에 첨가시키도록 하라.

만약 여러분이 학교의 전환 프로그램에서 일한다면, 지역사회에 기반을 둔 훈련프로그램, 여러분의 학교에 토대를 둔 훈련프로그램 및 고용과 관련된 여러분의 교육과정의 발달에 투입시키기 위해 사업체자문협회 운영을 고려하라. 우리는 장애인을 기꺼이 고용하려는 의지를 표명한 사람을 포함해서 여러분이 알고 있고 사람들과 좋은 관계를 유지하고 있는 고용주들을 초대함으로써 운영하라고 제안한다. 그런 사업체자문협회는 전환프로그램의 고안에 가치 있는 투입을 제공할 뿐만 아니라 그들은 또 고용 혹은 훈련기회를 이끌어 갈 사람들에게 선도적인 자료가 될 수도 있다.

관련 자료와 웹사이트

아래 자료와 웹사이트는 여러분으로 하여금 장애인이 지역사회에서 고용을 획득하도록 어떻게 도와줄 것인가에 관한 지식을 확장하도록 도와줄 것이다. 여러분의 전문적인 프로파일에 이들 자료를 포함시켜 고려하라.

APSE-The Network on Employment

옹호와 교육을 통해 통합된 고용기회의 향상과 확장에 공헌한 조직.

www.apse.org

Virginia Commonwealth University Research and Training Center on Workplace Support and Job Retention

연구, 훈련 및 기술적인 지원을 제공함.

www.worksupport.com

Employment and Disability Institute

모든 삶의 영역에서 장애인의 기회를 촉진시키는 지식, 정책 및 실천 개발에 초점을 맞춤.

www.ilr.cornell.edu

Job Accommodation Network(JAN)

장애인의 고용 가능성을 증가시키도록 고안된 상담서비스.

www.janweb.icdi.wuv.edu

UCP

장애인을 위한 고용과 다른 서비스에 관한 정보.

www.ucp.org

Marc Gold & Associations(MGA)

중등도 장애인의 지역사회 참여를 촉진시키는데 훈련과 기술적인 도움을 제공.

www.marcgold.com

New Freedom Initiative's Online Resource

장애인에게 정보와 자료에 접근을 허용하는 연방정부의 상호 관련기관을 위한 웹사이트.

www.disabilityinfo.gov

Institute on Community Inclusion

장애 아동과 장애 성인이 지역사회의 모든 영역에 참가할 권리를 지원해줌. 장애인의 통합을 촉진시키기 위한 효율적인 전략 연구와 교육을 수행.

www.communityinclusion.org

참고 문헌

Bellamy, G. T, Homer, R. H., & Inman, D. (1979). *Vocational training of severely retarded adults*. Austin, TX: Pro-Ed.

Brady, M., & Rosenberg, H. (2002). Modifying and managing employment practices: An inclusive model for job placement and support. In K. Storey, P Bates, & D. Hunter (Eds.), *The road ahead: Transition to adult life for persons with disabilities* (pp. 121-136). St. Augustine, FL: Training and Resource Network.

Butterworth, J., Hagner, D., Kiernan, W, & Shalock, R. (1996). Natural supports in the workplace: Defining an agenda for research and practice. *Journal of the Association for Persons with Severe Handicaps*, *21*, 103-113.

Carey, A., Potts, B., Bryen, D., & Shankar, J. (2004). Networking towards employment: Experiences of people who use augmentative and alternative communication. *Research and Practice for Persons with Severe Disabilities*, *29*, 40-52.

Callahan, M., & Garner, B. (1997). *Keys to the workplace: Skills and supports for people with disabilities*. Baltimore: Paul Brookes.

Dawis, R., & Lofquist, L. (1984). *A psychological theory of work adjustment*. Minneapolis: University of Minnesota Press.

DiLeo, D., & Luecking, R. (1995). The risks of misapplying natural supports in the workplace. *Supported Employment Infolines*, *6*(8), 4-5.

Donovan, M., & Tilson, G. (1998). The Marriott Foundation's "Bridges... from School to Work" program-A framework for successful employment outcomes for people with disabilities. *Journal of Vocational Rehabilitation*, *10*, 15-21.

Fair Labor Standards Act, 29 U.S.C. 201 *et seq.* (1938). U.S. Department of Labor, Employment Standards Administration, Wage and Hour Division.

Gold, M. (1985). *Try another way training manual*. Champaign, IL: Research Press.

Griffin, C., & Hammis, D. (2003). Guest editorial: Is self employment a cop-out? *Journal of Vocational Rehabilitation*, *18*, 143-144.

Griffin, C., & Targett, P. M. (2001). Finding jobs for young people with disabilities. In P. Wehman (Ed.), *Life beyond the classroom: Transition strategies for young people with disabilities* (3rd ed.), (pp. 171-209). Baltimore: Brookes.

Hagner, D. C. (1992). The social interactions and job supports of supported employees. In J.

Nesbet (Ed.), *Natural supports in school, at work, and in the community for people with severe disabilities* (pp. 217–239). Baltimore: Paul Brookes.

Hagner, D., & Daning, R. (1993). Issues in career decision making for workers with developmental disabilities. *Career Development Quarterly, 38*, 148–158.

Hutchins, M., & Renzaglia, A. (2002). Career development: Developing basic work skills and employment preferences. In K. Storey, P. Bates, & D. Hunter (Eds.), *The road ahead: Transition to adult life for persons with disabilities* (pp. 65–95). St. Augustine, FL: TRN.

Kraemer, B., McIntyre, L., & Blacher, J. (2003). Quality of life for young adults with mental retardation during transition. *Mental Retardation, 41*, 250–262.

Kregel, J., & Unger, D. (1993). Employer perceptions of the work potential of individuals with disabilities: An illustration from supported employment. *Journal of Vocational Rehabilitation, 3*, 17–25.

Mank, D. (1996). Natural supports in employment for people with disabilities: What do we know and when did we know it? *The Journal of The Association for Persons with Severe Handicaps, 21*, 174–177.

Menchetti, B., & Garcia, L. (2003). Personal and employment outcomes of person centered career planning. *Education and Training in Developmental Disabilities, 38*, 145–156.

Moon, M. S., Goodall, P., Barcus, J. M., & Brooke, V. (1986). *The supported work model of competitive employment for citizens with severe handicaps: A guide for job trainers.* Richmond: Rehabilitation Research and Training Center, Virginia Commonwealth University.

Morgan, R., & Alexander, M. (2005). The employer's perception: Employment of individuals with developmental disabilities. *Journal of Vocational Rehabilitation, 23*, 39–49.

Mount, B., & Zwernick, K. (1988). *It's never too early, it's never too late: A booklet about personal futures planning.* (Publication No. 42 1-88-109). St. Paul, MN: Metropolitan Council.

Nietupski, J., Verstegen, D., Hamre-Nietupski, S., & Tanty, S. (1993). Leveraging community support in approaching employers: The referral model of job development. *Journal of Vocational Rehabilitation, 3*, 38–45.

Nietupski, J., Verstegen, D., & Petty, D. M. (1995). *The job development handbook: A guide for facilitating employer decisions to hire people with disabilities.* Knoxville: University of Tennessee.

Nisbet, J., & Hagner, D. (1988). Natural supports in the workplace: A reexamination of supported employment. *Journal of the Association for Persons with Severe Handicaps, 13*, 260–267.

Parent, W., Cone, A., Turner, E., & Wehman, P. (1998). Supported employment: Consumers leading the way. In P. Wehman & J. Kregel (Eds.), *More than a job: Securing satisfying careers for people with disabilities* (pp. 149–167). Baltimore: Brookes.

Powell, T., Pancsofar, E., Steere, D., Butterworth, J., Itzkowitz, J., & Rainforth, B. (1991). *Supported employment: Developing integrated employment opportunities for persons with disabilities*. White Plains, NY Longman.

Pumpian, I., Fisher, D., Certo, N., Engel, T., & Mautz, D. (1998). To pay or not to pay: Differentiating employment and training relationships through regulation and litigation. *Career Developmental for Exceptional Individuals*, *21*, 187-202.

Rehabilitation Act Amendments of 1992, P.L. 102-569. (June 24, 1992). Federal Register, vol. 52, no. 122, pp. 28432-28442.

Rogan, P. (1996). Natural supports in the workplace: No need for a trial. *The Journal of The Association for Persons with Severe Handicaps*, *21*, 174-177.

Rogan, P, Hagner, D., & Murphy, 5. (1993). Natural supports: Reconceptualizing job coach roles. *Journal of The Association for Persons with Severe Handicaps 18*, 275-281.

Simmons, T., & Whaley, B. (2001). Transition to employment. In R. Flexer, I Simmons, P Luft, & R. Baer (Eds.), *Transition planning for secondary students with disabilities* (pp. 416-438). Upper Saddle River, NJ: Merrill.

Smith, K., Webber, L., Graffam, J., & Wilson, C. (2004a). Employer satisfaction, job match, and future hiring intentions for employees with a disability. *Journal of Vocational Rehabilitation*, *21*, 165-173.

Smith, K., Webber, L., Graffam, J., & Wilson, C. (2004b). Employer satisfaction with employees with a disability: Comparisons with other employees. *Journal of Vocational Rehabilitation*, *21*, 61-69.

Steere, D., Ellerd, D., Sampson, M., & Barry, M. (1997). Enhancing and expanding supported employment in a large rural state: Montana's Projects with Industry. *Rural Special Education Quarterly*, *16*, 3-10.

The Center for Universal Design. (2004). Retrieved from the World Wide Web: http://www/design/ncsu.edu/cud/.

Unger, D., & Simmons, T. (2005). Transition to employment. In R. Flexer, T Simmons, P Luft, & R. Baer (Eds.), *Transition planning for secondary students with disabilities* (2nd ed.) (pp. 360-3 87). Upper Saddle River, NJ: Merrill Prentice Hall.

United States Department of Education (1992, September). *Guidelines for implementing community-based educational programs for students with disabilities*, *OSEP 92-20*. Washington, DC: Office of Special Education and Rehabilitative Services.

Wehman, P. (1981). *Competitive employment: New horizons for severely disabled individuals*. Baltimore: Paul Brookes.

Wehman, P. (1998). Editorial. *Journal of Vocational Rehabilitation*, *10*, 1-2.

Wehman, P. (2001). *Life beyond the classroom: Transition strategies for young people with disabilities* (3rd ed.). Baltimore: Paul Brookes.

Weiner, J., & Zivolich, S. (1998). Universal access: A natural support corporate initiative at

Universal Studios Hollywood. *Journal of Vocational Rehabilitation*, *10*, 5-14.

Weiner, J., & Zivolich, S. (2003). A longitudinal report for three employees in a training consultant model of natural support. *Journal of Vocational Rehabilitation*, *18*, 199-202.

Williams, I., Petty, D. M., & Verstegen, D. (1998). The business approach to job development. *Journal of Vocational Rehabilitation*, *10*, 23-29.

Witt, M. (1992). Job strategies for people with disabilities. Princeton, NJ: Peterson's Guides. Wolfensberger, WI (1983). Social role valorization: A proposed new term for the principle of normalization. *Mental Retardation*, *21*, 234-239.

Zivolich, S., & Weiner, J. (1997). A national corporate employment initiative for persons with severe disabilities: A ten year perspective. *Journal of Vocational Rehabilitation*, *8*, 75-87.

7

중등교육 이후 교육으로의 전환

장의 목표

1. 고등학교 교육과 중등교육 이후 교육 간의 차이를 기술할 수 있다.
2. K-12학제에 재학 중인 장애 학생의 권리 보호와 중등교육 이후 교육 학제의 법률적인 차이를 기술할 수 있다.
3. 장애 학생의 교육에서 자기결정 및 중등교육 이후 교육으로 전환하게 될 학생에게 자기결정 교수 선택과정의 중요성을 기술할 수 있다.
4. 고등학교에서 중등교육 이후 교육으로 전환하게 될 학생을 위한 학습 프로그램과 독립생활 프로그램의 중요성을 논의할 수 있다.
5. 중등교육 이후 교육을 받고 있는 장애 학생을 위해 확장된 보조공학 및 보편적 디자인의 중요성을 논의할 수 있다.
6. 고등학교 교육에서부터 중등교육 이후 교육으로 장애 학생이 전환하도록 도울 수 있다.

장의 핵심 주제

- 법과 규정의 변화: K-12학제에서 중등교육 이후 교육으로 이동하고 있는 학생은 또한 학교에 재학 중일 때 그의 교육 및 사회적 요구를 강조하는 매우 종합적인 규정에서부터 교육 수용, 교육 접근성 및 그의 시민권을 다루는 복합적인 규

정으로 이동한다. 이들 차이점 및 학생과 부모들이 그것을 어떻게 이해하도록 도울 수 있는가에 대한 논의를 찾아보라.

- 자기결정은 핵심적인 발달 과정 중 하나이다. 중등교육 이후 교육을 받고 있는 장애 학생의 성공에 결정적인 것은 장애 성인들을 위해 제정된 법률 하에 그들의 권리 및 책임에 대한 지식이다. 하지만, 개인의 권리를 아는 것만으로는 충분하지가 않다. 학생은 그가 받을 자격이 있는 서비스 및 수용을 확실히 보장받기 위해 그 스스로를 옹호할 수 있어야 한다. 여러분이 학생에게 정보를 제공해주고 선택하고, 목표를 설정하고, 목표설정을 방해하는 불필요한 장해물을 제거하기 위해 학생과 함께 일할 수 있는 방법을 찾아보라.
- 독립생활: 모든 전환계획 작성 및 전환과 관련된 유형들 중 중요한 문제는 독립생활이다. 학생이 대학생활에 대한 "유혹" 및 안전 및 자기훈련과 관련된 주요 문제들 준비에 관한 논의를 찾아보라.
- 기술: 오늘날 거의 모든 사람들의 삶에 중요한 한 가지 특징은 기술(technology)의 영향이다. 가장 전망 있는 영역 중 하나는 장애 학생을 일반인들의 삶에 보다 접근할 수 있도록 해주는 것이다. 보조공학이 장애 학생이 그의 학습을 실천하도록 어떻게 돕고 있는지 및 보조공학이 지역사회를 보다 통합적이게 만들어주는 보편적 디자인을 창출하도록 어떻게 돕는가에 관한 실례를 찾아보라.

영희는 꿈이 하나 있었다. 그녀는 대학생이 되고 싶었고 유치원 교사가 되는 법을 알길 원했다. 그녀는 만약 학교 점수가 충분히 좋지 않으면 대학에 가지 못할지도 모른다고 걱정했다. 그리고 주 정부가 시행하는 시험들! 그녀는 시간제한이 있는 표준화된 시험을 잘 보질 못했다. 대부분의 학교 교사들이 그녀가 가진 학습장애에 대비해 합리적인 조정을 제공할 때, 그녀는 교사들과 함께 일하기가 수월했다. 일부 교사들은 시간을 더 많이 배정해주는 것이 다른 학생들에게는 부당하다고 생각하고 시험 때 그녀에게 더 많은 시간을 할당해주려고 하질 않았다. 영희의 특수교사 및 안내상담교사는 법적으로 권리를 설명해야 할 때 및 그녀를 위해 1학년 때 조정을 협의할 때 지원해주었고, 그때에 교사들은 영희의 자기결정기술에 관해 협의하기 시작했는데 왜냐하면 그녀 자신 옹호하기를 배우는 것이 대학에서 그녀의 성공에 핵심적인 것이 될 것이기 때문이었다. 장애를 가진 모든 학생들이 중등교육 이후 교육을 원함에도 불구하고, 영희는 정상학생들보다 더 열심히 학습해야 했다.

영희의 대학진학 목적이 아주 잘 수립되었다. 몇몇 연구자들은 대학학위를 취득한 후에 이점이 있는 더 나은 봉급을 지급하는 일자리 획득의 개선된 전망에 주목했다(Benz, Doren, & Yovanoff, 1998; Blackorby & Wagner, 1996; Field, Sarver, & Shaw, 2003; Reis, Neu, & McGuire, 1997). 하지만 중등교육 이후 교육경험은 고등학교의 교육과는 매우 다르다(Brinckerhoff, McGuire, & Shaw, 2002; Dalke, 1993; Field et al., 2003). 후자는 학급, 휴식 및 점심시간 계획과 함께 고도로 구조화된 교육경험이다. 행정가 및 교사는 시간계획 수행 및 부모들이 저녁과 주말에 숙제를 하도록 시간을 비워두게 관심을 기울이도록 분명히 확인해야 한다.

반면에 기숙형 대학은 많은 자기훈련을 요구한다. 여러분의 침대에서 여러분을 강제로 이끌어 내거나 학교 가기 전에 아침을 차려주는 부모는 아무도 없다. 전형적으로 교수는 학생이 제 시간에 나타나지 않으면 교실 수업시간에 진행되는 내용을 학생이 이해할 것이라고 기대하지도 않고 출석을 부르지도 않는다. 읽어야 할 교과서가 1개 이상이고 종종 치는 시험은 적겠지만 이것들이 학점에서 큰 비중을 차지한다. 달리 말하면, 대학생은 교수과정에서 배우는 것을 자기 나름대로 수행하려하고 대학생활 경험에 수반되는 많은 다른 관심사도 수행한다.

법적인 관점에서 보면, 장애 아동은 초등 및 중등학교로부터 절대로 배제될 수가 없다. 사실, 상태가 아무리 심하더라도 IDEA는 장애 학생의 "완전수용"을 법으로 보장한다. 반면에 고등교육(대학교육)은 자발적이고 대학은 학생수용, 학적보유 및 졸업에 대한 그들 나름대로의 기준을 설정할 수 있다. 그런 기준은 필수적으로 2년간 혹은 4년간의 학업수행을 충족시키기 위한 지적인 능력을 갖지 못한 학생의 입학을 거부한다. 그럼에도 불구하고, 장애 학생을 중등교육 이후 교육에서 차별로부터 보호하는 법이 있고 또 대학교 및 대학원 학위 프로그램의 통합과 질을 보호하는 법이 있다(Sitlington, 2003; Wolanin & Steele, 2004). 이들 법은 이 장의 후반에서 논의한다.

국가교육통계센터(National Center for Education Statistics)에서 행한 1999년의 한 연구에서는 428,280명의 중등교육 이후 교육을 받고 있는 대학생이 스스로 장애를 가지고 있다고 인정했고 대학의 모든 학생들 중 6% 정도가 장애를 가지고 있는 것으로 나타났다. 연구 표본에 나타난 학생의 장애는 아래와 같다.

학습장애	45.7%
이동 혹은 정형외과적인 장애	13.9%
정신병 혹은 정서장애	11.6%
청각장애	5.6%
맹 및 시각장애	4.4%
말 및 언어장애	0.9%
기타장애	9.1%

(From An Institutional Perspective on Students with Disabilities in Postsecondary Education, National Center for Educational Statistics, Postsecondary Education Quick Information System, August, 1999.)

미국교육부가 장애(학습장애를 포함해서)로 인정한 판별된 학생들의 숫자는 1973년의 3%에서 2000년에 거의 10%로 증가했다고 제시했다(Carlson, 2004; Wolanin & Steele, 2004). 학생의 장애에 대한 인식이 대학직원들과 행정가들 사이에 증가하고 교수를 위한 보조공학 및 보편적 디자인의 활용이 더욱 널리 보급됨에 따라 이들 비율이 더욱 증가할 수도 있다.

중등교육 이후 대학재학 중인 장애 학생의 증가는 당연하고, 대부분이 차별적인 교육 실천으로부터 그 자신을 보호하는 것들이다. 사회운동과 시민권 운동의 역사에서 자주 그랬듯이, 용기, 확신, 봉사 및 창의성 중에서 최소한 자신이 우수한 한 가지 분야가 있다. 대학 캠퍼스에서의 장애 학생의 권리에 관해서는 Ed Roberts보다 더욱 경외심을 불러일으키는 사람은 없다(**보조 도표 7.1** 참조).

이것을 고려하라! 여러분의 대학교 1학년 때를 회고해보라.

- 여러분은 캠퍼스에서 살았나요? 왜 살았나요? 혹은 왜 살지 않았나요?
- 여러분은 방의 짝지를 어떻게 만났나요?
- 1개월간 대학에 출석을 하고 난 후에, 여러분이 정말로 수강하기 싫은 과목이 있었나요? 만약 있었다면 왜 그랬나요, 실제로 여러분이 그랬나요?
- 첫 학기 동안에 여러분은 시험을 몇 번 보았고 쓰기 과제는 몇 번이나 했나요?

보조 도표 7.1

Ed Roberts에 관한 역사적 조망

> 독립은 타인의 도움 없이 개인이 수행하는 과제에 의해 측정되는 것이 아니라 타인의 도움을 받은 개인 삶의 질에 의해서 측정된다(Shapiro, 1994).

1962년에 Ed Roberts는 Berkeley에 있는 University of California에 입학했다. 그의 대학등록에 놀라운 사실은 Roberts가 14세 때에 소아마비에 걸렸고 하루에 18시간에 이르는 800파운드나 나가는 쇠로 된 폐를 사용했다는 것이다. 그는 스스로 움직일 수 없는 휠체어였다. 비록 대학이 그의 입학을 기꺼이 허락하기는 했지만, 그 대학에는 장애학생을 위한 공식적인 사무실이나 서비스가 전혀 없었고, 또한 개별학생을 위한 합리적인 조정을 이해하지도 못했다. 예를 들면, 그가 지닌 쇠로된 폐의 무게와 크기를 지원할 수 있는 기숙사가 없었지만, Roberts는 단념하질 않았고 결국은 대학병원 부속건물에 방을 하나 제공받았다(Rothman, 2003; Shapiro, 1994).

UC Berkeley에 들어가기 전에, Roberts는 San Mateo Community College에 입학했는데 이 대학은 학생을 지원해주는 환경이라는 것을 알아냈다. 하지만, California재활담당부서(California Department of Rehabilitation)는 그가 채용될 가능성이 없는 사람이라고 생각했기 때문에 Berkeley대학에서는 그가 계속해서 학업을 수행하도록 돕기 위한 도우미 및 기타 지원을 위한 돈을 지불하려고 하지 않았다. 관련부서의 이해 이후에야 San Mateo CC에서 온 관리들이 이들을 위한 지원 및 일반 사람들의 부정적인 이야기를 지역 신문사로 가서 해야 했다(Shapiro, 1994; 장애인권리 및 독립생활운동, 2004).

California재활담당부서(California Department of Rehabilitation)의 돈을 가지고 Roberts는 자기 휠체어를 계단 위 아래로 밀고 가고 그의 휠체어를 밀어줄 도우미를 고용할 수가 있었다. 마침내 다른 지체장애인들이 그에게 동조해서 병원 부속건물을 신체 장애인들을 위한 최초 기숙사로 만들었다. 이들 학생들은 최초로 장애 학생 집단을 구성했고 그들 스스로를 "굴러다니는 사람들(Rolling Quads)"이라고 불렀다. 이 집단은 학교 밖에까지 영향을 끼쳤다. Telegraph Avenue의 보도 너머로 모터를 단 휠체어 숫자가 점점 더 불어나는 것을 어떻게 할 수가 없어서, 이 집단은 Berkeley시 의회에 보도 분리를 해줄 것을 요청했고 1970년에 그들의 요구가 충족되었다(Rothman, 2003; Shapiro, 1994).

1970년에, UC Berkeley에서 Roberts와 John Hessler는 신체장애 학생을 위한 프로그램(Physically Disabled Students Program: PDSP)을 시작했다. 그 프로그램은 장애 학생들 스스로 운영하였고, 많은 학문적 및 사회적 요구를 충족시켰다. 그것은 너무

보조 도표 7.1

인기가 많아서 다른 유형의 장애 학생과 장애시민들도 이런 서비스를 요구하기 시작했다. PDSP를 운영하는 학생들은 어떤 장애인도 집으로 돌려보내길 원하지는 않았지만 그들의 이런 요구를 계속해서 들어줄 수는 없었다.

얼마동안 Roberts, Hesseler 및 다른 사람들은 개개인의 선호에 바탕을 둔 개별 장애인을 지원해줄 새로운 서비스모델 필요성을 논의하고 있는 중이었다. 그들은 독립생활센터(Center for Independent Living: CIL)라는 아이디어를 생각해내게 되었다. Berkeley대학의 장애 학생 서비스에서 시작된 해결책은 지역사회로 혹은 궁극적으로는 전국적으로 번져나갔다(Rothman, 2003; Shapiro, 1994; 장애인 권리 및 독립생활운동, 2004).

운명의 장난처럼, 1975년에 Jerry Brown주지사가 Roberts를 캘리포니아 재활담당관으로 임명했다. 그는 한 때 고용가능성이 없다는 이유로 그의 대학진학 비용부담을 거절했던 바로 그 기관의 수장이 되었다(Shapiro, 1994). Ed Robert는 1995년에 고인이 되었다.

- 여러분은 한 강좌 후에 다른 강좌로 이동하는데 시간은 충분했나요? 혹은 한 강좌를 마친 후에 다음 강좌를 수강하기 전에 점심을 먹었나요?
- 여러분의 공납금, 방세, 및 책값을 벌기 위해 시간제 일 혹은 전일제 일을 해야 했나요?
- 여러분이 대학생활 1년 동안에 가장 힘든 적응은 무엇이었나요?

1. IDEA 이외: 성인 장애인을 위한 법과 규정

IDEA의 이점 중 하나는 단일 법률로써 이것이 K-12학제 교육을 받고 있는 장애 학생의 법적 권리를 종합적으로 강조하고 교실에서부터 방과 후 활동에 이르기까지 학교활동의 모든 영역에서 합리적인 서비스 지원과 적합성 여부 판단을 위한 과정을 준비하게 한다는 것이다. 하지만, IDEA의 법 조항은 학생이 K-12학제를 떠날 때 끝나고 다른 법률이 장애 성인(18세 및 그 이후)의 권리를 보호하기 위해 IDEA를 대신한다. 학생과 가족들이 그들의 권리 및 어떤 법률이 권리를 보호하는지를 확신하기 위해서, 특수교육 교사들, 행정가들 및 상담원들은 IDEA에서부터 중등교육 이후의 교육에 효력 있는 법률로부터 그들 자신의 전환을 촉진시킬 수 있다고 확신해야 한다.

1973년의 재활법, Section 504

장애인들의 반항을 불러일으킨 지 4년간 연기된 후 1977년에, San Francisco에 있는 정부건물 탈취를 포함해(Shapiro, 1994), 이전의 건강, 교육 및 복지부(현재는 교육부)는 1973년의 재활법, Section 504의 이행을 위한 규정을 제정했다(PL 93-113, §504, 29 U.S.C. 794). 그 규정은 장애인에게 정상인과 동등한 성과를 성취할 동일한 기회가 제공되거나 개인요구에 알맞은 가장 통합적인 환경에서 동일한 수준의 성취를 이룰 기회가 제공되어야 한다고 진술했다. Section 504는 최초로 국회에서 장애인이 연방정부의 재정지원을 받는 어떤 프로그램(혹은 활동)에서 단지 장애라는 이유 때문에 차별되거나 불이익을 당해서는 안 된다는 것을 강제한 법률이었다(§504, 29 U.S.C. 794).

그 규정의 하위영역인 E는 중등교육 이후 교육을 강조했고, 더 높은 수준의 교육기관들이 장애인을 차별하는 학습 요구 및 평가방법에 적응해야 한다는 것을 분명히 했다. 하지만, 중등교육 이후 교육기관들은 허가 혹은 수용 요구 및 개인수행을 사정하는데 필요한 집중, 과정변경과 직접 관련 있는 프로그램의 통합, 연구과정에 필수적인 요구사항을 수정할 필요는 없다(Southeastern Community College v. Davis, 1979). 그리고 중요한 것은 중등교육 이후 교육을 담당하는 학교들이 장애 학생의 참여를 제한하는 교육을 할 수 없다는 것이다. 그래서 개인의 장애에 적합한 시험시간의 연장, 교실에 노트 가져오기와 녹음기 가져오기, 공부에 필요한 자료를 크게 인쇄하거나 녹음하는 것, 수화 통역사 등과 같은 합리적인 조정이 제공되어야 한다(Guckenberger v. Boston University, 1997). Section 504는 장애를 가진 대학생은 대학입학, 접근성 및 Ed Roberts가 1960년대 초기에 했던 것처럼 편의시설을 위해 초기 개척자들처럼 싸울 필요는 없다. 학습시설 및 부속적인 도움 및 서비스를 위한 더 많은 예들은 **표 7.1**을 참조하라.

표 7.1 중등교육 이후 교육을 받는 학생이 자주 요구하고 활용하는 적응 환경

일반적으로, 학업상의 적응 및 부가적인 조력과 서비스라는 두 가지 기본적 유형의 적응 환경이 있다. 학업상의 적응 환경은 장애 학생의 요구를 수용하기 위한 요구사항 혹은 서비스 전달방법 등과 같은 학습 프로그램에 대한 조정이다. 몇 가지 보기는 아래와 같다.

- 외국어 습득과 같은 학위수행에서 요구되는 장애와 관련된 장벽을 보여주지 않는 과정으로 대체하기.
- 학위과정 완성을 위해 시간 연장하기.
- 이동에 문제가 있는 학생을 위해 한 교실에서 다른 교실로 정해진 시간에 이동하도록 적절한 시간을 부여하고, 학생이 요구하는 의학 혹은 심리적인 치료를 받도록, 학생이 수업활동 사이에 적당하게 휴식을 취하고 회복하도록 수업 및 기타 활동을 재계획하기.
- 시험시간 늘려주기.
- 정규시험 장소보다 더 조용하고 주의집중 방해요인이 훨씬 적은 곳과 같은 대체 시험장소 제공하기.
- 인쇄된 종이 대신에 구두시험과 같은 대체 시험방식 제공하기.

부속적인 조력과 서비스는 감각장애, 수화 장애, 혹은 언어기술 혹은 다른 도전적인 장애를 가진 장애 학생들의 요구를 충족시키기 위한 적응 환경이다.

- 수강과목 등록에 우선적인 접근.
- 예를 들면 장거리 보행을 어렵게 만드는 신장병과 같은 만성 의학적인 문제를 가진 사람을 위해 특별한 주차 공간 마련.
- 시각장애 혹은 청각장애, 혹은 학습장애인을 위한 휴대용 컴퓨터 혹은 녹음기.
- Braille계산기, 프린트기 혹은 키보드기.
- 청각장애인을 위한 통역인 혹은 실시간의 자막.
- 도서관의 책을 활용할 수 있도록 해주는 도구들.
- 시험에 대비해 책을 읽어주는 사람 혹은 대서인.
- 학습, 개인 및 직업적인 상담.
- 휠체어를 타고 접근할 수 있는 책상 및 테이블.
- 큰 키보드를 가진 계산기 혹은 키보드.
- 큰 활자체 인쇄물과 같은 대체사용 가능한 미디어 학습 자료들.

미국장애인법

미국장애인법(The Americans with Disabilities: ADA)(PL 101-336)은 1990년에 제정되어 연방정부의 재정지원을 받거나 받지 않는 모든 프로그램 및 서비스를 망라하도록 Section 504까지 확장되었다(Sitlington, 2003). ADA는 연구 프로그램을 위한 방법 혹은 다른 규준들이 프로그램 혹은 과정의 통합을 변경하지 않은 채 합리적인 적응을 할 수 있도록 명확히 했다. 즉, 다시 말하면, 고등교육기관들이 학위 프로그램의 구조와 요구사항을 수정할 필요가 없지만, 그것들이 장애 학생으로 하여금 수강과목을 완성하고 학위취득을 위한 규준을 만족시키도록 합리적인 적응을 활용할 기회를 허용해준다.

합리적인 적응 환경은 중등교육 기관에 종사하는 학생과 임용된 관리에 의해 결정된다. 학생은 공부할 수 있는 시간표에서 자신의 장애를 파악하고 문서화함으로써 그리고 구체적 합리적인 적응 환경을 요구함으로써 과정을 시작한다. 그런 다음에 보통 장애 학생을 위한 서비스와 관련된 사무실에 근무하는 임용된 관리인은 학생의 서비스수혜 적합성 여부 및 요구되는 적응 환경의 "합당성(reasonableness)" 여부를 결정한다. 합리적인 적응 환경은 활용할 수 있는 보조공학 및 변형된 공학사용 가능성 등을 포함한다.

가족교육권리 및 사생활에 관한 법(The Family Educational Rights and Privacy Act: FERPA)

Buckley개정안이라고 알려진 FERPA(20U.S.C. §1232 g; 34 CFR Part 99)는 학생교육기록의 사생활(privacy)을 보호하는 연방법이다. 연방 프로그램으로부터 재정적인 지원을 받고 있는 학교들은 FERPA 규정을 따라야만 한다. 이 법은 부모에게 자기 아동의 교육상 기록에 관한 확실한 권리를 제공한다. 이들 권리는 아동이 성년(18세)에 도달하거나 혹은 고등학교를 졸업한 후 교육기관에 다닐 때 부모로부터 학생에게로 그 권한이 이동된다. 개별아동이 18세가 되어 이 권리가 학생에게로 이동될 때, 사람들은 "유자격 학생(eligible student)"이라고 말한다. 이때가 되면, 부모는 더 이상 학생의 허락이 없이는 교육적인 기록을 요구할 권리가 없다.

부모 혹은 유자격 학생은 학교가 계속해서 보관하고 있는 개인의 교육적인 기록을 조사하고 살펴볼 권한을 갖는다. 장거리 혹은 어려움 때문에 만약 유자격 학생이 학교에서 자기 기록을 살펴보는 것이 불가능하지 않으면, 학교는 성적기록표 복사물을 제공해달라고 요구받지 않는다. 학교는 학생 성적기록표 복사물에 대한 합당한 요금을 부과할 수 있다.

부모 혹은 유자격 학생은 학교가 부정확하고 오해를 초래할 수 있다고 생각되는 학교성적을 정정해달라고 요구할 권리를 갖는다. 만약 학교가 성적수정을 거절하면, 부모 혹은 유자격 학생은 그에 대한 공식적인 답변을 요구할 권리를 가진다. 부모 혹은 학생의 공식적인 요구에도 계속 학교당국이 성적을 수정하지 않겠다고 하면, 부모 혹은 유자격 학생은 그 문제에 대한 자기 견해를 선언하는 진술을 표현할 권한을 갖는다.

일반적으로, 학교는 학생교육에 관한 어떤 정보를 공개하기 위해 부모 혹은 학생으로부터 반드시 성문화된 허락을 얻어내야만 한다. 하지만, FERPA는 학교의 동의 없이도 아래와 같은 다양한 조건하에서는 이들 기록의 공개를 허용한다(34 CFR §99. 31).

- 학생이 다른 학교로 전학 갈 때
- 교육에 관심을 가진 합법적인 학교 관리자
- 성인 혹은 교육평가 목적을 위한 특정한 관리자
- 학생을 재정적으로 돕는 문제와 연관된 적법한 집단
- 학교를 위한 혹은 학교를 대상으로 특정연구를 수행하고 있는 기관
- 인정받은 기관
- 법원의 명령 혹은 법률적으로 발부된 소환장에 의해서
- 건강 및 안전이 긴급하게 요구되는 사건을 맡고 있는 특정 관리자
- 청소년 재판소 안에 혹은 특정 법률에 따른 주정부 및 지역사회의 관련 업무를 담당하고 있는 당국

부가적으로, 학교는 동의 없이 학생의 이름, 주소, 전화번호, 날짜 및 출생지, 신용과 수상경력, 출석일수 등과 같은 "목록" 정보를 알려줄 수 있다. 하지만, 학교는 반드시 부모 및 유자격 학생에게 안내정보에 관해 말해주어야 하고 부모 및 유자격 학생은 학교가 관련목록 정보를 합당한 얼마간의 시간 동안 공개하지 않도록 요구할 수 있도록 해야 한다. 학교는 FERPA 하에 부모 및 유자격 학생들에게 해마다 그들의 권리를 알려주어야 한다. 중등교육 이후 교육을 받는 동안에 직업 재활기관 혹은 다

른 성인서비스기관으로부터 도움을 얻는데 필요한 유자격 학생은 그의 교육상의 기록을 공개하는 것이 FERPA규정에 적합한지 적합하지 않은지 및 그들이 반드시 성문화된 허가서 제출 여부를 확인해야 한다.

2. 중등교육 이후 전환교육을 위한 체계화된 개념으로서의 자기결정

Ed Roberts가 개별 장애인의 보다 더 많은 독립심을 획득하기 위해 저서에서 자기결정이란 용어를 사용했는지 여부는 알려지지 않고 있다. 그의 많은 아이디어들은 각 기관과 관료들이 좀 더 규칙제정에 관심을 갖도록 압력을 어떻게 행사하는가에 관해 자신의 경험 및 지역사회에서의 교육으로부터 나왔다(Shapiro, 1994). 분명히, 그의 활동 및 그와 관련된 것들이 중등교육 이후의 교육과 성인생활에서 현재 자기결정이 학생의 성공에 필수적인 일부가 되도록 새로운 장을 열었다(Field et al., 2003; Malian & Neven, 2002; Wehmeyer & Palmer, 2003; Wehmeyer & Schwartz, 1997).

자기결정 정의

Kansas종합대학교(2004)의 Beach Center장애인연구소 연구자들에 따르면

> 자기결정은 장애인 자신에게 일어나는 일을 선택하고, 자신이 선택할 수 있게 해주는 교육을 받고, 선택을 지원해주고, 대다수 장애인 및 능력/무능력을 통할하는 법률과 일치되게 선택을 수행하고, 이미 개인의 삶에서 사람들이 이런 선택에 관심을 기울이도록 보장 해주는 기회를 가져야 한다는 것을 말하는 개념이다.

이런 의미에서, 위의 정의는 전환계획이 반드시 "학생의 선호와 흥미를 고려해야 한다."라는 1997년 IDEA의 개정안을 따른다. 하지만 Field와 그의 동료들(2003)이 주목했던 것처럼, 많은 중등교육 학교들이 이런 요구사항을 지키지 않고 주로 부모들

과 교사들의 선호에 의존하려는 경향이 있다. 이것은 왜냐하면 그들의 권리가 서비스/수용을 그들의 부모 혹은 타인들이 아니라 개인 자신이 직접 수행해야 한다는 가정을 전제로 한 Section 504와 ADA의 통제를 받기 때문에 중등교육 이후 교육의 교육프로그램에 참여할 예정인 학생의 준비를 빈약하게 만든다(Sitlington, 2003). 그래서 고등학교 교사들, 보조교사들, 상담원들 그리고 특정 부모들은 Section 504, ADA와 IDEA간의 핵심적인 차이를 이해하는 것이 필수적이다. 부가적으로, FERPA의 규정 하에서 부모들은 그들의 허락 없이는 성인 아들과 딸에 관한 정보가 절대로 타인에게 제공될 수 없다는 것을 이해해야 한다. 결과적으로 일부 부모들은 자기 아동의 특별할 요구사항을 옹호하는데 수년간을 보낸 후에 오히려 이 법의 규정 때문에 엄청난 좌절감을 겪게 될 것이다.

자기결정기술 교수

Wehmeyer와 Schwartz(1997)는 자기결정의 네 가지 현저한 특징을 (1)자율적인 행동, (2)자기규칙에 맞는 결정하기, (3)심리적인 역량을 갖추고 일하기 (4)자아실현 방식이라고 확인했다. 이들 특징은 **표 7.2**에 기술되었다. 가르치고 배우는 목적을 위해 학생, 교사 및 부모가 이런 특징을 이해하고 동의하는 것이 중요하다. 이들 구성요소에 동의할 때조차도, 이들 구성요소를 가르치기 위한 전략은 바라는 성과에 따라 다양할 것이다. 예를 들면, 영희는 고등학교 학업과 사회적 기능, 대학교 학업과 사회생활, 고용 및 지역사회 생활/성인생활 등을 위한 자기결정기술을 배울 필요가 있다고 생각할지도 모른다. 철수는 일상생활, 고용, 교통 및 지역사회 생활/성인생활을 위해 자기결정기술 교수를 선택할지도 모른다. 이들 두 사람은 필요할 경우에 복잡한 환경을 그들이 배우기 위해 자기결정기술의 전환을 배워야 한다(Durlak, Rose, & Bursuck, 1994; Malian & Nevin, 2002).

Browder, Wood, Test, Karvonen 및 Algozzing(2001) 등은 중재를 통해 자기결정기술 교수를 위한 전략을 선택하기 위해 개념적인 자료를 가지고 가기결정기술에 관해 교사들이 배울 수 있는 지도체계를 고안했다. 첫 번째 경로인 개념적인 자료는 교사들이 자기결정 정의를 통해 배우게 돕고 가르칠 구성요소들을 파악하도록 돕는

표 7.2 자기결정의 네 가지 핵심적인 특징

1. 만약 어떤 사람이 자기 자신의 선호, 흥미 및 능력에 따라 행동한다면, 그리고 부당한 외부의 영향이나 방해 없이 독립적으로 행동한다면 **자율적**이다.
2. 만약 어떤 사람이 어떤 상황에서 어떤 기술을 사용할 것인가에 관해 결정하거나 긴급한 과제 혹은 활용할 수 있는 방안을 조사하고 필요할 경우 행동방식을 수정해서 계획을 구성하고, 제정하고 평가한다면 자기 **규칙적**이다.
3. 만약 어떤 사람이 자기 자신의 환경에서의 성과에 영향을 주는데 필요한 행동을 수행하는 능력을 가지고 있다는 믿음에 바탕을 두고 행동한다면 그리고 만약 그가 그런 행동을 수행한다면 **심리적인 역량**을 가지게 되고, 예상한 성과가 나타날 것이다.
4. 만약 어떤 사람이 자신에 관한 지식을 종합적이고 상당히 정확하게 사용하거나 이런 지식을 이롭게 행동하는데 자신의 단점과 장점을 사용하면 그는 **자아실현**이다.

출처: Wehmeyer & Schwartz(1997)

다. 이들 저자들은 또한 자기결정의 개념적인 토대를 선택할 때 발생할 수도 있는 다섯 가지 잠재적인 함정도 지적한다. 그 다섯 가지 잠재적인 함정들은 다음과 같다.

- 내가 가치 있다고 생각하는 것을 당신도 가치 있다고 생각할 것이라고 가정하는 것
- 문화적인 차이를 무시하는 것
- 가족들과의 협력을 무시하는 것
- 자기결정을 위한 전제조건들을 요구하는 것
- 사회적 환경을 무시하는 것

이들 잠재적인 함정은 교사에게 교사의 선호가 아니라 학생 개인의 선호 증진이라는 것을 상기시킨다. 교육자는 ① 학생과 가족의 문화적인 규준에 토대를 둔 자기결정의 정의를 이해하고 존중할 필요가 있고 ② 많은 장애 아동들이 자신의 결정하기에 자기 가족들을 포함시키기를 원하고 그 결정이 자신들의 선호를 표현하는 것이 될 수 있기를 원하고 ③ 자기결정기술의 발달과 그로부터 발생하는 성과를 방해하는 장애를 만들기를 원하지 않고 ④ 학생이 실제의 환경과 상황에서 자기결정기술을 실행할 기회를 가지도록 보장해주기를 원한다.

중재 자원인 두 번째 통로는 IEP와 전환계획에 자기결정을 포함시키는 방법을

교사들이 발견하도록 돕는 것이고 그것을 학생의 교육프로그램의 일부로 만드는 것이다. Browder(2001)등은 교사들이 선택할 수 있는 자기결정 전략 혹은 프로그램 안내를 고려하도록 다섯 가지 질문을 제시한다.

- 자원이 연구에 토대를 둔 지원인가?
- 자원이 IEP개발에 사용될 수 있는가?
- 어떤 교수전략이 기술되는가?
- 자기결정을 증진시키도록 환경이 만들어지는가?
- 자원은 내가 더욱 자기결정력을 갖춘 교사가 되도록 만들어줄 것인가?

이들 질문에 대답을 하면서, 교사는 자기결정기술을 가르치고 학생들과 그 스스로에게 가장 적합한 전략 혹은 프로그램이 되는 이유에 관해 생각해보도록 장려한다.

Malian과 Nevin(2002)은 자기결정 실천가들에 관한 문헌을 종합적으로 조망했다. 그들은 1992년과 1999년 사이에 행해지고 개발된 교수전략에 관한 연구 및 모델/프로그램 평가 및 모델프로그램들 및 교육과정을 기술했다. Malian과 Nevin(2002)은 자기결정을 다음과 같다고 암시해주는 결론에 도달하게 되었다.

- 한 개인의 평생에 걸쳐서 일어나는 발달상의 현상이고 의사소통과 사회 및 정서적인 행동과 같은 발달 영역에서 동시에 일어나는 변화를 포함한다.
- 환경과의 상호작용을 통해 발달하고, 그 결과로 일어나는 환경의 반응을 통해 모양이 갖춰지는 생태학적인 현상이다.
- 가르칠 수 있고 모방할 수 있는 그리고 다양한 삶과 교육적인 상황으로 전환될 수 있는 하나의 과정이다.
- 교육, 고용 혹은 지역사회 활동 등 성인생활에서의 성공 가능성을 증대시킬 수 있는 바람직한 기술 혹은 가치 있는 능력이다.
- 조건 혹은 환경에 의존하는 고정된 특성이 아니라 오히려 적응할 수 있는 일련의 기술인 심리적인 현상이다.
- 성인생활로의 성공적인 전환을 예고해주는 것, 왜냐하면 그것이 모든 장애 아동들을 위한 전략적인 목표의 하나로서 전환계획 및 IEP에 포함되어야만 하는 것

이기 때문이다.

- 그것을 개인이 선택하고 개인적인 흥미를 추구할 권리를 가지고 있다는 것을 지원하는 부모와 가족, 교사 및 친구와 더 강한 협력이 행해지도록 하는 하나의 기술이다.

이들 결론은 교사, 부모 및 가족구성원과 친구가 가능한 한 조기에 자기결정기술 개발을 강조해야 하고 자기결정이 IEP와 전환계획에 하나의 지속적인 목표가 되도록 만들어야 한다는 것을 강조하기 시작했다. 자기결정은 중등교육 이후 교육의 성공을 위해 학문적으로 중요한 기술일 뿐 아니라 모든 면에서 중요한 것처럼 보인다.

위에서 언급했듯이, 많은 저자들은 자기결정 행동을 위한 교수모델을 기술하거나 개발했다(Agran, 1997; Field, 1996; Field, Martin, Miller, Ward, & Wehmeyer, 1998; Malian & Nevin, 2002; Martin, Marshall, Maxson, & Jerman, 1996; Test, Karvonen, Wood, Browder, & Algozzine, 2000; Ward & Kohler, 1996; Wehmeyer, 1999; Wehmeyer, Agran, & Hughes, 1998). Durlak와 동료들(1994)은 고등학교에서 중등학교 이후의 교육기관으로 전환을 희망하는 학습장애 학생들에게 자기결정기술을 가르치기 위한 모델의 효과를 연구했다. 이들 연구자들은 ① 개인의 학업과 사회적인 장점과 도전 및 이들 모든 영역들에 매우 유용한 보상전략에 대한 인식, ② 이런 인식을 교직원/직원 및 서비스제공자들과 의사소통하는 능력, ③ 서비스 및 합리적인 수용능력에 대한 인식 ④ 적절하게 필요한 때 정보, 조력 및 수용을 요청하는 능력 등을 포함하는 네 가지 교수 구성요소를 확인했다. 후반부의 구성요소는 Section 504와 ADA의 보호 하에 그들의 기본적인 권리를 학생이 이해하길 요구하고 이것을 타인과 의사소통할 수 있길 바란다.

Durlak과 동료들(1994)의 모델에서는 학습장애 고등학생들에게 직접교수를 통해 이미 언급된 구성요소에 적합한 일곱 가지 기술을 함께 가르쳤다. 이들 기술은 ① 강의 명료성/수업으로부터 교수자료 등을 요구하기, ② 교사에게 학생이 학습장애를 가지고 있고 그 학습장애가 어떻게 학생의 학습에 영향을 미치는가를 알려주도록 약속을 하기, ③ 교수요구/수용요구를 논의하도록 약속을 하기, ④ 강의를 녹음하기 위해 테이프를 요구하기, ⑤ 다른 학생이 노트해주기 혹은 다른 학생의 노트 복사를 위한 허락을 요청하기, ⑥ 도서관 사서로부터 도움 요청하기, ⑦ 자료제공자(교사 이외의 사람)를 만나기 위해 약속하기 및 학문적인 도움 요청을 위한 능력 등이 포함됐다.

직접교수 양식지를 사용하면서(Carnine, Silbert, & Kameenui, 1990), 교수하는 사람들이 배워야 할 구체적인 기술을 서술했고 또 역할놀이를 통해 그런 기술을 시범 보였다. 그런 다음에 학생에게는 질문할 기회가 주어졌고 시범을 반복해달라고 요구할 기회가 주어졌다. 그리고 모든 기술이 완성될 때까지 교수로부터의 피드백(feedback)과 또래들과 함께 학생들이 서로 시연하도록 했다. 이들 교수국면 다음에는 유지국면이 뒤를 이었고, 그런 다음에는 학생들이 고등학교 생활을 통해 교사들, 도서관 사서들, 자료실에 근무하는 사람들과의 장면에서 그런 기술을 활용하는 일반화 국면이 뒤를 이었다.

Durlak과 동료들(1994)은 대다수 학생들을 겨냥한 자기결정기술을 가르치는데 이 모델이 성공적이었다는 것을 보여주었지만, 이 연구는 단지 제한된 시간 안에서 행해진 단면이고 이들과 자기결정에 관한 다른 기술에 대한 장기간에 걸친 교수가 주어진다면, 그 효과는 증가될 것이라는 것을 보여주었다. 이것은 단지 하나의 모델에 불과하고 자기결정을 가르치기 위한 다른 교수적인 전략과 더 많은 내용을 감당할 수 있는 다른 모델이 있다는 것을 명심하라. Browder와 그의 동료들(2001), Malian과 Nevin(2002) 및 다른 사람들의 참고문헌을 인용했다.

Alberto의 가족은 자동차 수리소와 타이어 가게를 소유하고 운영한다. 10살 때부터, Alberto는 가게 주변에서 세차와 심부름하기로 일손을 돕곤 했다. 그가 10대로 자라면서, 그는 자동차 튜닝 일을 배우기 시작했고 제법 그 일을 잘 하게 되었다. 그의 꿈은 그와 그의 형들인 Roberto와 Manuel 등과 함께 그들 아버지가 퇴직하게 되면 그 일을 물려받는 것이었다. Alberto의 부모들은 그가 고등학교를 졸업하기를 바랐다. Alberto는 교과목을 배우는데 어려움을 겪으면 쉽게 좌절했는데 이것을 행동으로 옮겨서 그는 교사의 허락도 없이 교실을 떠나거나 혹은 가끔은 학교에 결석을 했다. 그의 형들은 이미 학교를 졸업했고 더 이상 그를 진정시키고 그를 다시 학교 교실로 되돌려 보낼 위치에 있지 않았다. Alberto는 비록 현재는 모든 일반 학생들과 함께 공부하기 위해 통합되어 있기는 했지만 얼마간의 시간을 학습 및 행동장애를 가진 학생들과 함께 교실에서 보냈다. 그는 또한 경미한 말더듬을 지니고 있었기 때문에 언어치료사를 만나기도 했다. 1주일에 3번씩 Alberto는 자기결정기술을 배우고 실천하기 위해 학습장애 및 행동장애를 가진 소집단의 학생들을 만나곤 했다. 그를 담당하는 특수교사는

Alberto가 자신의 좌절과 말더듬을 증가시키는 긴장을 최소화함과 의사소통하기를 배움으로부터 긍정적인 방식으로 본인의 학습요구에 이익을 얻을 수 있다고 생각했다. 집단 또한 그들이 고등학교 졸업 후에 자신들의 삶에서 행하기 원하는 일 찾기를 계속했고 자신들의 IEP와 전환계획을 통해 문제를 해결했다.

Alberto가 2학년 봄에, 그와 부모들은 IEP/전환계획 모임을 위해 고등학교에서 만났다. Alberto의 부모들은 그가 적극적으로 그 모임에 참여하는 것을 보고 깜짝 놀랐다. 이것은 그의 이전의 부루퉁한 무관심과는 아주 달라진 태도였다. 또한 부모들은 그의 3학년의 주된 목적을 보고도 깜짝 놀랐다. Alberto는 지역 전문대학이 고등학교 학생들이 출석하고 졸업할 수 있는 학점을 딸 수 있는 곳이고 그리고 대학 프로그램에서 또한 학점을 딸 수도 있는 자동차에 대한 프로그램이 있다고 설명했다. Alberto는 이미 친구들과 그 전문대학을 방문했고 자동차에 관해 일한 경험 때문에 그 전문대학은 부모들이 허락하면 그를 그 프로그램에 받아들일 것이라고 했다. 교사들과 모임에 참석한 대학 프로그램의 조언자는 Alberto의 부모들에게 그 프로그램 과정이 고등학교 졸업 및 고등학교 졸업 후까지도 포함시킨다는 것을 확신시켜 주고 Alberto는 빈틈없이 지역 전문대학으로 옮아가고 자동차 기술과 관련된 학위를 받는데 필요한 다른 과정을 시작할 것이라고 확신시켜 주었다. Alberto는 고등학교를 졸업하고 진정으로 즐기는 직업으로 이동해 가고 싶은 진실한 동기를 이제는 가지고 있다고 확신한다고 말하면서 그 모임을 끝맺었다.

여러분이 본 것처럼 자기결정은 장애 학생을 위해서는 필수적인 교육 구성요소이고 가능한 한 빨리 시작되어야 한다. 중학교까지 자신의 IEP개발에 능동적인 참여자가 되어야 하고 고등학생이 되면 IEP/전환계획을 이끌어 갈 준비를 해야 한다. 이것은 가능성을 지닌 흥미와 일치시키기 위한 학생의 보다 더 큰 관심을 기르고, 학생이 성공하도록 돕는데 요구되는 지원, 자원 및 경험 등을 부모들 및 교사들이 함께 생각하도록 해준다(Price, Wolensky, & Mulligan, 2002). 그런 과정은 IDEA에 있는 법률과 그 정신 두 가지를 다 만족시키고 Section 504와 ADA의 규정을 알고 활용하도록 교량을 만들어준다.

이것을 고려하라! 여러분이 자기결정을 실천해야 하는 몇 가지 경우에 관해 생각해보라.

■ 여러분이 과제를 완성시키는데 더 많은 시간이 요구된다는 것을 교수에게 말해

본 적이 있습니까? 만약 그렇다면, 여러분은 그 상황을 어떻게 처리했고 그 교수의 반응은 어떠했습니까?

- 여러분이 부당하다고 생각한 점수가 여러분에게 부과된 것을 교사 혹은 교수에게 말해본 적이 있습니까? 만약 그렇다면 여러분은 그 상황을 어떻게 처리했고 그들의 반응은 어떠했습니까?
- 여러분은 이전에 여러분 스스로 설정한 목표를 아무래도 성취하지 못할 것 같다고 느껴 본 적이 있습니까? 만약 그렇다면 그 상황을 어떻게 다루었습니까? 여러분은 성공했습니까?, 실패했습니까?, 혹은 여러분이 성공할 수 있도록 목표를 수정했습니까?

3. 중등교육 이후 교육을 위한 전환계획

초등학교와 중학교에서 장애 학생의 학업성취는 지난 몇 년간 계속 증대되어 왔습니다. 미국교육부(2002)에 따르면, 1999~2000에 이들 학생 중 56%는 정규학위를 받고 졸업했고, 단지 몇 년 전과 비교해보면 그 비율에 엄청난 증대가 있었다. 덧붙여서, 중도에 학교를 그만두는 장애 학생의 비율도 동시에 감소했다. 중등교육 이후 교육에 재학 중인 장애 학생에 관한 사실을 알아보기 위해 **표 7.3**을 보라.

Wolman과 Steele(2004)은 4년제 대학이 대학지원자의 입학을 수용하느냐 아니면 거절하느냐를 결정하는 가장 중요한 오직 한 가지 이유는 그 학생의 고등학교 학업성적이라고 보고했다. 지난 20년간에 장애 학생들이 행한 학업성적의 향상은 장애인이라고 발표된 대학신입생들의 비율 증가에 의해서 평가된다. 그 숫자는 대략 3에서 거의 10%까지나 되고 대략 130만 명 정도가 된다(Carlon, 2004). 그럼에도 불구하고, 중도에서 학교를 그만두는 장애 학생들은 비장애인들에 비해 약 2배이고 1999년에는 그중 85%는 다양한 형태의 장애를 가지고 있다고 보고되었다(장애인전국협회, 2003).

그래서 IEP/전환계획 팀이 2년제 및 4년제 대학에 관심을 가진 학생들이 대학입학 허가를 받을 수 있는 자격을 갖도록 도와주고 중등교육 이후 교육의 학업에 성공

표 7.3 고등교육에서 장애 학생에게 중요한 사실

- 91%의 일반인들과 비교해볼 때, 2001년 78%의 장애 성인들이 고등학교 졸업장을 가지고 있다고 보고했다.
- 장애 청소년들 중 단지 57%만이 정규 고등학교 졸업장을 받았다.
- 2000년까지, 장애가 없는 그들 또래의 84%와 비교해볼 때 장애를 가진 고등학교 졸업자 73%가 어떤 유형의 중등교육 이후 교육에 등록했다.
- 하지만, 학문적으로 높은 자질을 가진 장애 학생들은 장애가 없는 그들 또래와 같은 비율(79%)로 4년제 대학에 등록했다.
- 전체 학생집단의 대략 10%는 어떤 유형의 장애가 있고, 장애를 가진 그들은 대체로 한 가지 이상의 장애를 가진 사람들이 절반이 넘었다.
- 중등학교 수준, 4년제 대학에서의 처음 혹은 전일제 1학년에서 학습장애가 가장 일반적인 장애 유형처럼 보인다.
- 소수인종집단의 학생들(아시아 출신이 아닌) 그리고 소득수준이 낮은 학생들이 다소 다른 집단보다도 더 장애를 가지기 쉬운 것처럼 보인다.
- 비록 장애 학생들과 비장애 또래들 간에 학업성취의 격차가 개선되고 있기는 하지만 장애 학생들은, 낮은 고등학교 졸업률, 부적절한 준비 및 대학까지의 전환에 독특한 도전을 가진 것 등 다양한 요인들 때문에 대학을 졸업하는 학생들 간에 그 격차가 충분히 나타나지 않는다.

출처: Wolman & Steele(2004).

하도록 준비를 도와주는 것이 매우 중요하다. 비록 학생이 순수한 학습프로그램보다 오히려 직업프로그램에 관심이 있다고 하더라도 학습에도 다양한 수준이 있고 수많은 학생들이 반드시 성취해야 하거나 그들이 학위 혹은 자격을 얻는 프로그램을 위해 충족시켜야 하는 규준들이 있다. 낮은 기대감을 갖게 하는 완화된 교육과정은 분명히 학생이 대학 입학자격을 갖추는데 불리한 영향력을 가지고 중등교육 이후 교육의 목표달성을 늦추거나 끝내게 될지도 모른다(특수교육의 수월성에 관한 대통령의 언급, 2002).

이 장 이전에 강조했듯이, 학업준비만으로는 학생을 대학 프로그램에 성공하게 만드는 강점으로 충분하지는 않다. ① 자기결정 행동 ② 학업수행 ③ 개인권리를 보호하는 법률과 규정에 대한 기본적인 이해 등이 핵심적인 구성요소들이다. 네 번째 구성요소는 책, 학용품, 음악, 의복 및 음식 품목에 대한 쇼핑과 같은 일련의 강력한 독립생활기술이다. 다른 기술은 집안 꾸려나가기, 빨래, 식료품 쇼핑(만약 아파트 혹은 공동주택에서 산다면) 및 대중교통수단(예를 들면, 자동차의 개조 혹은 개조

없이 독자적으로 운전하기, 정상적인 대중교통 활용, 도시 혹은 카운티에서 특성화된 교통수단, 택시 혹은 카풀제도) 등을 포함한다. 대학재학 중에 독립생활을 위한 주변 환경은 복잡하지만 아직도 종종 자연스럽게 발전이 일어나고 있다. Cobb (2004)는 장애인이 성인생활로의 전환준비를 하기 위해 고려해야 할 가장 중요한 열 가지를 종합했다. 이 목록은 **보조 도표 7.2**에 제시되어 있다.

독립생활기술-조기 시작, 자주 가르치기

비록 형식적인 전환계획 작성이 최소한 16세까지 작성이 안 되긴 하지만, 어느 시점에서 어떻게 그 일의 수행방법을 배우든지 간에 장애 아동에게 일상의 자질구레한 가사 일이 주어져야 한다(1장과 4장에서 소개된 Szymanski의 일로 되돌아가보라). 전형적으로 아주 어린 나이대의 아동은 그가 놀이를 끝마쳤을 때 그의 장난감 정리 정돈하기를 배울 수 있다. 식사시간에 식탁을 차리고 치우는 것은 성년기에 설거지를 하는 것처럼 전통적인 자질구레한 일이다.

그런 기술은 관찰을 통해 습득될 수 있다고 생각하는 것은 잘못이다(Dacy & Travers, 1994; Woolfolk, 1998). 교사는 종종 학생에게 그림그릴 재료 치우기, 쓰레기통 비우기 및 책상청소 등과 같은 교실에서 가르칠 것들이 있다. 신체장애를 가진 아동에게는 직업치료사와 함께 일하는 것은 아동의 집안 일 및 보다 더 독립적인 아동이 되기 위한 학습참여 등 선택사항이 부과될 수 있다.

청년기 동안에 돈 관리, 즉 신용카드로 돈을 입금하고 찾는 것이 장애인들에게는 더욱 중요한 문제가 된다. 빚을 갚을 수단도 없이 빚이 누적되는 것은 나쁜 신용등급의 출발이 될 수 있다(앞으로 펼쳐질 젊은 성인기에는 극복하기가 힘들다). 수학의 심화과정이 중등교육 이후 교육에 대한 학문적인 가능성을 형성하는데 중요하지만, 수표책에 수지균형을 맞추고 매달의 예산을 집행하고 예산계획을 세우는 것과 같은 "실용수학(practical math)"은 집에서 멀리 떨어져서 살아갈 학생에게는 필수적인 항목이다.

분명히 큰 문제 중 하나는 교통수단이다. 10대에 기대되는 올바른 교통수단은 자동차 운전을 배우고 운전면허를 취득하는 것이다. 이것은 경도장애를 가지거나

보조 도표 7.2

여러분 성인생활로의 전환을 위한 준비를 하면서 생각해야 할 열 가지 중요한 일

여름은 장애 학생들이 자신의 학습목표를 향해 보낸 학창시절 내내 행한 진보를 평가하고 계속해서 성공할 수 있는 새로운 전략을 탐색할 수 있는 완벽한 기회를 제공한다. 이들 학생들 가운데 많은 학생들이 중등교육 제도와 안전을 최근에 떠나서 중등교육 이후 교육, 고용 및 성인생활로 증가된 독립생활 영역으로 과감하게 나아가고 있는 중이다. 장애 청소년들에게는 이런 전환은 많은 힘든 일, 많은 어려움의 극복, 감정적인 기복으로 가득한 롤러코스터 및 수많은 IEP모임 등의 결정체이다. 미래에 놓인 여행을 가장 잘 준비하기 위해서, 학생은 자신의 전환계획에 주도면밀하게 참여해야 하고 또한 그런 과업을 수행하기 위해 남아 있는 상당히 많은 준비와 계획을 인식해야 한다.

학생의 성공을 보장하도록 통제할 수 있는 굳건한 기초를 가지고 여행을 시작하도록 해줄 수 있는 영역에 초점을 맞추고 전환계획 중인 학생을 돕기 위해 다음 중요한 열 가지 목록을 제공한다.

1. 자신의 장애를 인식하라.

만약 여러분이 장애를 가지고 있는 전환중인 학생이라면, 여러분은 자신의 장애, 그 장애가 여러분의 활동에 영향을 주는 방식 및 여러분이 그 장애를 극복하기 위해 배운 방식 등에 관한 모든 것을 알고 있는 상주하는 전문가가 될 필요가 있다. 이런 전문적인 지식은 여러분의 미래성공에 핵심이 될 수 있는데 왜냐하면, 만약 자신의 강점과 도전적인 문제를 파악할 수 있다면 또한 자신의 요구 및 제한점을 파악하기가 쉬울 것이기 때문이다. 여러분의 삶에서 장애 때문에 제한이 있는 영역을 아는 것은 자신의 미래를 위해 자신을 자동차 운전석에 앉히는 것이 될 것이다. 장애에 관해 자신의 전문적인 지식을 타인과 공유하기 위해서는 타인들에게 자신을 알리도록 준비를 하라. 이것은 자기 장애의 정확한 본질에 관해 간략하고 꾸밈없이 말하는 직접적인 설명이다(이것이 타인들에게 자신을 알리는 것이라고 말해지는데 왜냐하면 그것이 여러분 장애에 관한 정보를 제공하는 동안 자신이 엘리베이터를 타고 목적지에 도달하기 전에 끝나야 하는 비교적 간략한 것이 되어야 하기 때문이다).

2. 자신에게 필요한 것은 무엇인가?

전환중인 모든 학생들은 중등교육 이후 교육을 시작하기 전에 이 질문에 대답할 필요

보조 도표 7.2

가 있다. 필요한 것을 찾아내는데 없어서 안 되는 것인 자신의 삶의 기술 중 수정을 필요로 하는 것이 무엇인가를 이해하는 것이다. 여러분은 녹음된 책을 사용할 필요가 있는 듣기 감각수행에 결함이 있는가? 자신의 장애를 수정하는 데 타인들로부터 자기 관심을 흩어지지 않도록 교실 앞자리에 자신이 앉을 필요가 있고 자신은 그 자리에서 수업에 더욱 완전히 주의집중을 할 수 있는가? 이런 종류의 질문에 대답을 하는 것은 학기가 시작되기 전에 여러분이 행할 필요가 있는 조정의 범위를 한정시키도록 도와줄 것이다. 교사들 및 부모들과 함께 여러분의 전환계획과 IEP를 살펴보는 것은 조정해야 할 필요가 있는 구체적인 수정 내용을 예상하도록 도와줄 수 있다.

3. 중등교육 이후 교육의 선택–여러분의 선택사항을 비교 고찰하라.

전환중인 청소년들을 위한 너무 많은 선택사항이 있기 때문에 선택을 잘못하기가 매우 쉽다. 이때의 핵심은 자기 부모님, 교사, 혹은 충고를 해주는 사람이 아니라 학생인 여러분이 선택과 함께 살아야 한다는 것을 기억하는 것이다. 그래서 어떤 계획 혹은 여러분의 중등교육 이후 교육의 선택에 관한 토론에 능동적인 참여자가 될 필요가 있고 여러분은 하나의 선택을 하기 전에 모든 선택사항들을 고려할 필요가 있다.

여러 전환 팀 구성원들과 함께, 고등학교 졸업 후에 취하게 될 가장 좋은 방향이 무엇이 될 것인지를 평가하라. 대학이 하나의 큰 선택이다: 대학은 독립적인 성장을 위한 중요한 기회를 제공해줄 수 있고 새로운 사람들과의 많은 만남을 제공하고 여러분의 남아 있는 여생을 풍족하게 해줄 아이디어를 제공할 수 있다. 그러나 자신의 장애를 관리해야 할 많은 학생들에게는 대학이 제공하는 갑작스러운 자유가 너무 많을 지도 모른다. 지역대학이 제공하는 선택사항을 간과하지 않도록 하라. 만약 여러분이 공부하기를 원하는 것이 무엇인지 확실하게 모른다면, 석사학위 과정에 입학 전에 수정하는 요령을 알기를 원한다면, 혹은 만약 여러분이 집에서 멀리 떨어져 살기 전에 일상생활기술을 더 잘 배울 기회를 갖고 싶다면, 그것은 완벽한 것이 될지도 모른다. 여러분이 더욱 준비가 잘 되었다고 느낄 때 항상 4년제 대학으로 전환해 갈 수 있다. 그리고 학위에 나타나는 학교기록은 여러분이 어떤 곳에서 공부를 마무리 했는가를 보여준다.

중등교육 이후 교육을 위한 기타 선택사항들은 직업학교 및 기술학교가 포함된다. 이들 학교들은 상거래를 배우고 직업경력을 쌓는데 좋은 장소다. 고용 또한 적절한 중등교육 이후 교육의 한 과정이다. 일부 장애 학생들은 이 선택을 하는데 왜냐하면 그들은 학교에 재학 중일 때 직장배치로 이미 일을 하고 있기 때문이다. 일하기를 좋아하는 학생은 그런 독립을 즐기고 성취하고 있는 중이고, 이것은 좋은 상황이 될 지도 모른

(다음 쪽에 계속됨)

보조 도표 7.2

다. 종종, 어느 한 가지 직업에서 타인보다 뛰어나고 싶은 욕망은 이후에 더욱 학교교육을 받고 싶은 부가적인 욕망을 가리키기도 한다.

핵심은 여러분의 삶과 이런 선택들이 여러분에게 직접 영향을 미친다는 것이다. 그래서 여러분의 모든 선택사항들의 하나하나를 조심스럽게 그 장점과 단점의 경중을 비교하면서 고려하는 것이 현명한 일이다.

4. 대학 입학시험.

중등교육 이후 교육의 많은 프로그램들은 그 프로그램에 입문을 사정하기 위한 표준화된 검사를 요구한다. 이들 중 가장 일반적인 것은 SAT와 ACT이다. SAT와 ACT에 대비한 조기시작 계획이 중요하다. 수용되기 위한 조건을 갖추는 데는 그 조건을 사례별로 토대를 두고 살펴보는데 얼마간의 시간이 걸릴지도 모른다. 또한 여러분이 원하는 수용을 찾기 위한 어떤 유형의 시험과정을 거치기 위한 문서상의 요구조건에 특히 관심을 기울이도록 하라. 만약 문서가 완벽하지 않으면 여러분의 요구는 고려되지 않을 것이다. 여러분은 또한 고등학교 2학년 봄에 PSAT시험을 보는 것을 신중하게 고려해야 한다. 이것은 만약 필요하다면, 여러분에게 고등학교 3학년 때 많은 시간적인 여유를 제공하고 다가오는 SAT와 ACT시험을 위한 좋은 경험이 될 것이다.

이것은 또한 여러분의 사전 모의시험을 볼 수 있게 해주기 때문에 바람직하다. 즉, 다시 말하면, 여러분은 전 고등학교 과정을 통해 요구되는 조정이 필요하고 그래서 이 학업적성시험을 보는 동안에 요구되는 조정이 여전히 있다. 이들 시험에 조정을 하는 과정에 주체적인 입장을 취하는 것은 중등교육 이후 교육과정에서 필요한 자기권리 옹호기술을 지원하는 큰 방법이다. 아래 나오는 웹사이트는 여러분의 시험 및 조정하도록 도와줄 것이다.

www.ets.org/disability
www.collegeboard.com/disable/students/html/indx
www.act.org/aap/disab/index.html

5. 관련서류.

여러분의 장애인 증명서는 최신의 것이고 완전해야 하고 만약 장애에 토대를 두고 입학과 서비스를 원한다면 다음 학교에 들어가는데 정확하게 무슨 서류와 어떤 훈련프로그램이 필요한지를 알아야 한다. 여러분이 고려하고 있는 중등교육 이후 교육의 어떤 프로그램에 관해 물어보아야 할 가장 중요한 질문은 "내가 입학허가를 얻는데 필요한

보조 도표 7.2

서류는 무엇인가?" 및 "몇 살까지 그것이 가능한가?" 등이다. 대부분 학교들은 그런 서류의 기간이 3년이 넘지 않기를 원할 것이다.

만약 새 서류를 요구하면, 여러분은 필요한 평가를 수행할 수 있는 서비스제공자를 찾을 필요가 있다. 만약 여러분이 적절한 이미 받은 주 정부가 수행하는 직업재활서비스(VR)를 받고 있다면 지역의 VR사무소에서 시험과 평가를 요구하라. 경우에 따라서는 만약 서류가 너무 오래되었거나 평가자가 현재의 서류를 수정할 수 있다면 장애에 대한 최근의 진술을 제공하고 입학을 추천받을 수도 있다. 이런 과정에 참여하라-자신의 서류를 많이 이해하면 할수록 여러분의 요구조건을 더 잘 이해하게 될 것이고 최선을 다할 수 있는 기회를 갖도록 도움을 더 많이 요구할 수 있게 될 것이다.

6. 자기옹호.

이것은 통합적인 게임이고, 우리는 이전 각각의 요점이 이것이라고 암시했다. 여러분이 자기를 옹호하는 것은 아무리 빨리 배워도 결코 빠른 것이 아니고 아무리 늦게 배워도 결코 늦은 것이 아니다. 가능한 빨리 배우고 자신의 IEP 및 전환계획 모임에서 질문을 함으로써 시작하라. 여러분이 서비스를 옹호하고 자신의 장애를 파악하고 성공적으로 기능하기 위해 자기 요구사항을 조율해야만 할 때 그런 능동적인 참여는 자신의 이후 삶에서 보답이 될 것이다.

만약 여러분이 능동적으로 자신의 전환계획에 참여하지 않았더라도 두려워하지 않도록 하라. 더욱 능동적으로 참여하기 위해 즉시 할 수 있는 일이 많이 있고 그것은 여러분에게 변함없이 더 많은 자료를 가지고, 자신을 옹호하게 조정해줄 것이다. SAT 혹은 ACT시험을 보는데 필요한 정보 수집을 하거나 혹은 수정을 요하는 다른 입학시험을 보는데 요구되는 정보를 수집하라. 혹은 다양한 중등교육 이후 교육프로그램으로부터 서비스 수혜를 요구하는 서류를 조사하라. 여러분을 보호해주는 시민권리 및 법률, 특히 재활법(1973)의 Section 504 및 미국장애인법(1990)에 자신이 정통하도록 하라. 다양한 웹사이트를 방문하고 다른 정보 수집을 위해서는 참고가 되는 도서관 사서와 상담하라.

7. 직업재활서비스.

자기권리 옹호에 있어 좋은 실질적인 훈련은 여러분이 어떤 종류의 서비스를 활용할 수 있는지를 결정하기 위해 지역의 직업재활 서비스사무소로 넘겨진다. 직업재활은 여

(다음 쪽에 계속됨)

보조 도표 7.2

러분이 특정한 상업학교에 다니도록 도와줄 수도 있고, 몇몇 경우에 직업재활은 2년 혹은 4년간의 대학과정에 대한 비용을 지불하는 것으로 알려졌다. 여러분이 살고 있는 지역사회에 가장 가까이 자리를 잡고 있는 지역의 직업재활사무소를 찾아보기 위해서는 http://janweb.icdi.wvu.edu/SBSES/VOCREHAB.HTM을 참고하라.

8. 삶의 공간문제.

전환계획이 작성됨에 따라 여러분의 삶의 공간에 관해 몇 가지 결정을 내려야만 한다. 삶에 관한 몇 가지 결정은 중등교육 이후 교육을 받을 수 있는 기회에 대단히 중요할 수 있기 때문입니다. 여러분은 작은 공간에서 다른 짝지와 함께 살아갈 기회를 환영합니까? 여러분은 한 사람 혹은 그 이상의 짝지와 함께 살아가는데 필요한 사회적 및 독립생활기술을 자신이 지니고 있고 그것을 신속하게 발전시킬 수 있다고 확신합니까? 무엇을 해야 할 지 및 어떤 충고가 필요한 지 자신의 부모 및 교사와 의논을 하세요. 삶의 공간문제는 종종 인정되기 전까지는 무시되었고, 학생이 어려움을 우연히 접한 후에야 표면에 드러나게 된다. 만약 여러분의 가족들 및 조언자들이 혼자 방을 사용하는 것과 같은 특별한 주거문제를 요구하는데 동의하면, 학교 혹은 프로그램에서 장애관련 서비스조정자와 관심사를 논의하세요. 여러분에게 필요한 문제를 조정하는데 구체적인 조정이 요구될 지도 모르지만, 학기 시작 전에 미리 그 문제가 강조되어야 하고 아마도 입학 전에 그것이 필요할지도 모르고 특정한 프로그램에서 주거선택 활용에 관해 어떤 제한점이 있을 수도 있다.

9. 시간관리.

여러분은 자기 시간을 잘 운용하는 사람입니까? 장애에 관계없이 많은 사람들이 고등학교를 졸업하질 못한다. 하지만 많은 중등교육 이후 교육경험이 기술학교 혹은 대학 수준의 학업 혹은 고용이 될 것인데 이것들은 자기 시간을 관리할 능력을 시험하게 된다. 만약 여러분이 이들 중요한 시간관리기술을 아직 획득하지 못했다면, 지금 그것을 훈련하기 시작하라. 자신의 약속, 수업 및 사회적 의무를 잊어버리지 않기 위해 달력에다 날짜를 표시하는 습관이 있습니까? 여러분은 특정한 하나의 과제를 행하는데 얼마나 많은 시간이 소요될 것인지를 아주 잘 추정해내는 사람입니까? 교사와 함께 시간계획을 짤 필요가 있습니까? 여러분의 모든 수업이 가까운 곳에서 행해지거나 혹은 그 수업이 다른 수업보다도 듣는데 시간이 더 오래 걸립니까? 그래서 많은 성인생활에 계획이 요구되고 다양한 과제를 잘 처리하기를 요구한다. 시간관리에서의 어떤 개선은 여러분의 성인생활에 많은 도움을 주게 될 것이다.

보조 도표 7.2

10. 실수는 절대로 세상의 끝이 아니다.

합당한 기대감을 가지고 자기 삶의 다음 단계로 나아가고 있는 학생이 종종 많은 새로운 도전에 직면할 최상의 준비를 갖춘 것은 아니다. 노트를 대신 해줄 사람이 나타나지 않는 날도 있다는 것을 알아두도록 하라; 휠체어가 들어갈 수 없게 된 경우도 있다; 대리인을 활용할 수 없는 경우도 있다; 대학교수가 여러분을 이해할 수 없는 경우도 있다; 계획과 전략이 소용이 없는 경우도 있다. 하지만 그런 경우는 문제가 안 되지만 그런 경우가 예상된다. 침착하게 행동하고 많은 그런 장애가 오직 여러분에게만 아니라 모든 사람들에게 다 일어난다는 사실을 인정하는 것이 상황에 적응하고 그것을 보상하기 위한 학습의 중요한 일부분이다. 피할 수 없는 그런 어려움을 극복하는 것은 단지 여러분을 더 강하게 만들 것이고 여러분의 인생 여정에 놓여 있는 다른 장애물을 다루는데 더 나은 준비를 하도록 도와줄 것이다. 지금까지 말한 이들 열 가지 토픽을 재검토해보기는 종종 성공적인 전환으로 나아가는 데 필요한 단계를 여러분이 예상하도록 확신시켜 줄 것이다. 의문이 제기될 때마다 여러분의 가족과 상담원으로부터 조언을 구하라: 그렇게 하는 것은 여러분이 자기옹호 기술을 연마하고 중등교육 이후의 교육을 받겠다는 자기 목표를 성취하도록 도와줄 수 있다는 확신을 점점 더 많이 가지게 해 줄 것이다.

출처: Joyanne Cobb, MS, CRC, CRP, The George Washington University, HEATH Resource Center.

혹은 인지장애가 없는 일부 학생에게는 가능하겠지만, 보다 더 중도 인지문제를 지니고 있는 학생에게는 불가능한 데 왜냐하면 이들은 시력이 약하거나 혹은 장님이거나 심한 중복 신체장애를 지니고 있기 때문이다. 비용도 또 하나의 문제이다. 신체장애를 가진 일부 사람들에게는 개조된 자동차가 가능한 반면에 그런 개조는 비용이 비싸고 만약 그들이 도움을 받지 못한다면 낮은 소득을 가진 가족들이 그런 교통수단을 갖추지는 못한다. 그래서 장애인이 활용할 수 있는 다른 유형의 교통수단 활용을 배우는 것이 중요하다. 모든 대학생이 다 차를 소유할 수는 없고 일부 대학들은 교내에서 신입생 거주자들의 자동차 소유를 허락하지 않는다는 것을 기억하는 것이 중요하다. 많은 대학 캠퍼스에는 학생들이 주거지역과 쇼핑지역으로 대학에서 오고 가는 버스노선이 있다. 이것은 학생과 부모들이 학생의 중등교육 이후 교육제도를 선택할 때 조사해야 할 서비스다.

마찬가지로 좋은 식사준비 및 좋은 영양에 관한 기술을 배우는 것이 중요하다. 대학 재학생이 원하지 않는 체중이 늘고 자신의 건강을 해치는 확실한 이유는 주로 그가 정크 푸드 〔junk food(칼로리는 높으나 영양가가 낮은 인스턴트식품 등)〕를 먹고 살아가기 때문인데 왜냐하면 이 음식은 구입이 쉽고 비용이 싸기 때문이다. 비록 대부분의 고등학교들이 건강과 복지에 관한 강좌를 최소한 한 강좌를 개설하지만, 많은 학생들은 그 강좌가 졸업에 필수과목이지 않으면 그런 강좌를 수강하지 않고 강좌를 수강하는 학생들은 가장 실용적인 정보를 유지하지 않을 수도 있다. 부모들은 특히 장애 학생에게는 그들의 자녀들이 어떻게 간단히 영양분이 많은 식사 준비를 배우도록 보장하고, 만약 그들이 그런 준비에 참여할 수 없다면 준비를 위해 무엇을 쇼핑하고 주문하고 무엇을 요청해야 하는지를 보장해야 한다. 대학 캠퍼스에 있는 대부분의 식당들은 지금은 건강하고 낮은 지방질과 탄수화물이 함유된 음식을 선택하도록 허용하지만, 그런 선택은 개인의 선택에 달려 있다.

건강문제에 관해서 사람들은 캠퍼스에서의 알코올과 마약(담배를 포함해) 사용을 무시해서는 안 된다. 신문과 잡지는 개인적으로 혹은 또래들의 압력으로 인해 술 마시는 파티, "마약파티" 및 알코올 과다로 인해 학생이 죽음에 이르는 사건 등의 이야기로 가득 채워진다. 부모들의 통제 때문에 고등학교 시절에 마약과 알코올 과용에 휩싸이지 않은 장애 학생은 새로운 친구를 만나는 과정과 또래압력으로 인해 한 번 시험 삼아 그런 일을 해보라는 유혹에 빠져들기도 한다(Woolfolk, 1998). 만약 학생이 신체적 혹은 정신건강 때문에 약을 복용하고 있다면 그런 위험은 더욱 커진다. 장애 학생이 불법적으로 마약남용을 하고 있다면 정신건강 문제를 가진 학생은 더욱 자살을 시도하기가 쉽다(All Info About Healthy Living, 2004). 부모들과 교사는 이런 문제에 특별한 관심을 기울여야 하고 이것은 자기결정훈련의 일부로 여겨져야 한다.

대학 캠퍼스에서 성 접촉은 종종 알코올 및 마약남용과 연관된다. 이것은 많은 부모와 학교 관련인사들에게는 불편한 문제이지만 감싸주어야 할 매우 중요한 문제이다. 젊은 성인들에게 성 접촉으로 감염되는 병(성병)의 증가는 절대로 무시할 수 없다. 최근의 자료는 성 접촉이 활발한 미국인의 4분의 1을 나타내는 15세에서 24세에 이르는 젊은이들이 새로 진단된 성병의 반을 차지한다는 것을 보여주는데 이것은

2000년도에는 9백만 건이 넘는 숫자이다(Allan Guttmacher Institute, 2004). 성 접촉은 개인 혹은 또래압력으로 촉진될 수도 있다. 알코올 혹은 마약남용은 깊은 숙고를 통한 선택이기보다는 오히려 잘못된 판단 때문에 이끌어질 수 있다. 데이트 상대에 대한 성폭행의 숫자가 증가되고 있는지 혹은 성폭행에 대한 보도가 점점 더 증가되고 있는지는 명확하지 않지만 이것은 대학 캠퍼스에서 심각한 문제이다. 일부 사람들은 결혼 때까지 성을 억제하는 것이 유일한 안전한 방안이라고 권고하지만, 이것이 많은 젊은 성인들의 선택이 될 수 없다는 것을 알고 있다. 그래서 어떤 건강관련 강좌를 넘어서 장애 학생이 반드시 부모 및 전문가들이 함께 참석하는 안전한 성에 관한 토론회에 등록하는 것이 중요하다. 또 자기결정훈련은 장애 학생이 타인이나 집단보다는 오히려 자기 자신의 본능을 따르도록 가르치는 것이 도움이 된다. 원하지 않거나 압력을 받는 상황에서는 "안 됩니다"라고 말하기를 배우는 것이 필요한 기술이다.

학습계획

학업수행은 특히 4년제 대학에 진학할 계획인 학생에게는 중요하다(Wolanin & Steele, 2004). 그것은 IEP/전환 팀이 지원자 선발을 고려할 때 대학들이 반드시 살펴보는 과목들이 무엇인지 알아야 한다는 것을 의미한다. 예를 들면 대부분의 4년제 대학들은 영어, 수학, 과학, 사회 및 외국어와 관련된 과목에서 학생을 살펴본다. 그들은 또한 시각 혹은 공연예술, 의사소통기술, 컴퓨터공학 기타 등등의 전공자를 찾는다. 그들은 봉사활동, 지역사회 봉사, 체육대회 및 클럽활동에 참가(예를 들면, 토론) 등에 관심을 갖는다. 그리고 몰론, 전통적인 에세이 쓰기가 있다.

고등학교 1학년을 시작하자마자 전 학년에 대한 학습계획이 수립되어야 한다. 이것은 필수과목에 대한 권장할만한 과정뿐만 아니라 정규과정에서 점수가 너무 낮으면 여름방학에 재수강할 과목 계획변경 등을 포함한다. 학생은 자신의 고등학교 수강과목 변경요구를 위해 자기결정을 활용하기 시작해야 하고 좀 더 어려운 과목의 수강에는 개인지도교수(tutoring)가 포함될 수도 있다. 만약 필요하다면 학생은 재시험을 허용하는 시험계획에 따라 PSAT 및 SAT 혹은 ACT를 볼 준비가 되어야 한다. 그 이전에, 이들 시험시간의 확장, 보조공학의 활용, 혹은 다른 수정사항 등에 관한 요구사항 및 문서 등이 구체적인 확정날짜까지 제출되어야 한다.

대부분의 고등학교들은 학생의 대학 지원과정을 도와줄 최소한 지정된 1명의 상담원이 있으며 이 사람은 종종 조기부터 전환계획 모임에 참석해야 한다. 이 상담원은 대학 학업상의 요구사항에 관해 논의할 뿐만 아니라 학생과 부모들에게 장애학생을 위한 대학의 서비스에 관해 알려주고 다른 학생들에게 그들의 대학경험에 관한 중요한 서비스를 알려주는 데 매우 도움을 줄 수 있다. 대학응시 전에 하나 혹은 그 이상의 대학 방문계획을 갖고 있는 학생과 부모들에게 그들은 장애 학생 업무담당부서에 근무하는 지도자 혹은 회원과 사전약속을 하기 위한 전화연락을 해야 하고 유사하게도 주거 및 주거 관련서비스를 위해서도 사전에 전화를 해야 한다. 방문의 목적은 Section 504 및 ADA가 원하는 서비스를 수혜하기 위한 대학의 적합성 판단을 위해 요구사항을 명확히 하는 것이고 시설, 지원 및 활용 가능한 서비스의 유형에 관해 아는 것이다.

학점에 바탕을 둔 전환프로그램

영희는 일찍 4년제 대학진학을 원하고 자신의 전환계획이 그 목적에 맞게 설계되기를 원한다는 것을 알고 있었다. 부모들은 모두 4년제 대학졸업자였고 그녀 여동생은 대학재학 중이었고 남동생은 대학재학을 위해 단지 1년 집을 떠나 있었다. Alberto는 학교에 흥미를 잃어가고 있었고 비록 그의 부모들이 그가 고등학교 졸업을 원하기는 했지만 확신하지 못했다. 그의 큰 형은 제대군인원호법(GI Bill)에 따라 최종적으로 대학입학을 원하면서 해군에 입대했다. 그의 다른 형은 지역의 전문대학에서 예술학사 과정을 마치는 중이었고 주립대학교로 전학을 계획하고 있었다. 그때, Alberto를 가르친 특수교사들 중 한 사람이 그를 지역전문대학의 학점에 바탕을 둔 전환프로그램에 등록하라고 제안했다. Alberto의 이야기에 기술된 프로그램은 "이중 학점 프로그램(dual credit program)"이다(Bailey & Karp, 2003). 이중학점 프로그램에 등록한 학생이 중등교육 이후 교육에 더 준비가 잘되고, 2년제 대학에 더 높은 비율로 등록하고, 그들의 프로그램 과정에 더욱 성공적이라는 증거가 있다

(Bailey & Kim, 2003; Windham, 1997).

Bailey와 Krap(2003)는 전국에 있는 학점에 바탕을 둔 전환프로그램의 현재 유형에 관해 기술했다. 고등학교, 지역대학, 몇몇의 4년제 대학들 간에 이중학점 프로그램이 얼마간의 시차를 두고 확립되어 왔다. 일반과목이 대학 혹은 기술학교에서 선택되고 고등학교 졸업 때 계산되고 학위와 자격은 대학 때 계산된다. 몇몇 작은 지역고등학교에서는 특정 외국어 혹은 수학의 계산논법 과목이 제공되지 않는 학교에서 학생은 2년제 혹은 4년제 대학에서 이들 과목을 수강할 수 있고 이들 대학들은 그 학생의 학점을 받아들이는 다른 대학들로 학생이 직접 취득한 학점을 지닌 체 진학할 수 있다. 지난 몇 년간에 걸쳐서 학점에 바탕을 둔 전환프로그램이라는 새로운 형태가 개발되어 오고 있다. 그런 유형 중 두 가지가 Bailey와 Krap(2003)에 의해 단일(singleton)프로그램 및 종합(comprehensive)프로그램이라고 언급되었다. 단일프로그램은 전형적으로 일반 고등학교 교육과정에서 보다 우수한 학생에게 보다 학문적인 도전의식을 제공하기 위해 수립되었는데 왜냐하면 그 프로그램을 선택한 학생은 대학수준의 과목을 수강하고 있기 때문이다. 우수학생 배치(Advanced Placement)프로그램이 훌륭한 보기이다. 단일프로그램(Singleton Program)을 수강하고 있는 학생은 고등학교 졸업 전에 대학교 과정을 시작할 수 있다. 대학 캠퍼스, 고등학교 혹은 온라인으로 공인받은 대학에서 이들 과목들을 수강한다.

학점에 바탕을 둔 다른 전환프로그램은 종합(Comprehensive Program)프로그램이다. 또한 이 유형의 프로그램은 고등학교에서 성적이 우수한 학생에게 초점을 맞추고 있다. 종합프로그램에 참가한 학생은 고등학교 마지막 학년 혹은 고등학교 마지막 2년 동안 자신이 이 프로그램에 전념해야 한다(Bailey & Krap, 2003). 이 프로그램에서 모든 과목의 완성은 학점에 바탕을 두고 있고 이들은 학습과정과 대학준비의 제 측면을 다 포함한다(예를 들면, 입학시험 준비, 대학지원 조력, 기타 등등). 국제학사학위 프로그램(International Baccalaureate)은 몇몇 공과대학(Tech Prep) 프로그램처럼 종합프로그램이다.

보다 새로운 학점에 바탕을 둔 전환프로그램의 마지막 예는 향상된 종합프로그램(Enhanced Comprehensive Program)이고 이 프로그램은 학점에 바탕을 둔 광범위 전환 프로그램 유형이다(Bailey & Krap, 2003). 이들 프로그램은 엄격한 학습을 통해 대학진학 및 상담, 대학지원자들 조력하기, 멘토링(mentoring) 및 기본적 개인적인 지원 등과 같은 광범위한 서비스를 통해 학생이 대학진학을 준비하도록 고안되었다. 향상된 종합프로그램은 중등교육 이후 교육의 전환까지 모든 고등학교 교육의 제 측면을 다 포함시키려는 시도이다. 그런 프로그램들은 학생-교사의 관계 향상을 위한 효력 및 지향성 때문에 이들 프로그램은 단일 및 종합프로그램보다도 훨씬 덜 일상적인 것이다. 하지만 그들 프로그램이 지닌 힘은 비전통적인 대학생의 요구사항 및 중간 정도 혹은 낮은 성취를 하는 학생의 잠재력을 중등교육 이후 교육으로 이동시키는데 뒷받침하는 힘을 지니고 있다.

향상된 종합프로그램의 가장 일반적인 유형은 대학가는 중간 고등학교라 불린다(Middle college high school). 학습에 도전적인 학생 이외에도, 향상된 종합프로그램은 또한 사회적 및 경제적으로 불리한 학생에게 초점을 맞추고 있다. 이들 프로그램은 다른 학점에 바탕을 둔 전환프로그램보다도 대학교 캠퍼스에 위치하기가 더 쉽지만, 많은 프로그램들은 또한 고등학교에 위치하고 있다. Bailey와 Krap (2003)가 제안하듯이, 이들 프로그램들의 성과에 관해 행해진 연구는 거의 없었지만 향상된 종합프로그램이 더 높은 교육기관으로 전환을 원하는 장애 학생에게 이익을 끼칠 많은 요소를 지니고 있는 것처럼 보인다.

선택에 영향을 미치는 몇 가지 실질적인 문제

무엇이 미래 고용과 진로를 위해 최고의 전망이 될 것인가에 대해 2년 혹은 4년제 프로그램 간의 선택이 고려되어야 한다. 앞서 언급했듯이, 장애인 개인의 고용비율은 비장애인의 고용비율보다도 훨씬 더 열악하다(Blackorby & Wagner, 1996). 비슷하게도 비고용은 장애인에게는 심각한 조건이고 종종 이것은 중등교육 이후 교육 준비 부족과 연관된다(Blackorby & Wagner, 1996; Bursuck & Rose, 1992; Hart, Mele-McCarthy, Pasternack, Zimbrich, & Parker, 2004). 고용전망 또한 주정부의 재활기관에게는 관심사인데 왜냐하면 이것은 고용전망에 토대를 두고 중등교육 이후 교육을 위한 재정지원을 해줄 것이기 때문이다(Ed Roberts를 위한 California재활담당부의 초기 결정을 상기하라).

개인의 재정상황도 또한 매우 중요한 요인이다. 특히 수업료가 끊임없이 증가됨에도 불구하고 지역대학은 주립대학 및 주립의 대학교보다도 비용이 훨씬 싸다. 수업료와 비용을 줄이는 것 이외에도 지역대학 학생은 주거비용과 식사비용을 줄이면서 자기 집에서 살아갈 수 있다. 또 교통수단에 더 많이 접근할 수 있고 학교에 다니는 동안에 더 많은 아르바이트 혹은 전일제 직업에 다가갈 수 있고 접근기회를 더 많이 가진다. 학생이 재정적인 지원이 필요할 경우에, 전환계획은 그가 고등학교 2학년 말이 될 때까지는 학생과 그의 부모들이 FAFSA(Free Application for Federal Student: 연방정부자금지원을 받기 위한 무료지원)의 요구사항을 이해할 충분한 시간적 여유가 되게 해주는 모든 자료를 포함시켜야 한다. 미국교육부가 운영하는 웹사이트에서 지원서를 작성할 수 있지만, 그것은 처음 사용하는 사람들에게는 복잡할지도 모르고 웹사이트를 찾는 사람에게는 약간의 훈련이 요구된다. 그 웹사이트로부터 활용할 수 있는 것에는 대학진학 계획 및 대학선택 등을 위한 페이지를 포함해(http://studentaid.ed.gov/) 상당히 많은 서비스가 있다.

2년 혹은 4년제 대학선택에 결정적인 요인은 학생의 성숙도가 좌우한다. 4년제 대학 학업의 힘듦을 감당할 수 있는 장애 학생이 많기는 하지만 성공하기 위한 자신감 및 성숙도가 부족한 많은 장애 학생이 있다. 자기결정 훈련과 함께 성숙도가 중요하고 부가적으로 1년 혹은 2년간 집에서 머무는 것이 일부 학생에게는 이익이 될 수도 있다. 부차적으로 대부분의 지역대학은 4년제 대학보다도 보다 더 종합적인 다른 학문적인 서비스 및 개인지도교수(tutoring)를 제공하는 학습 자료센터가 있다(Brinckerhof et al., 2002; Bursuck & Rose, 1992; Bursuck, Rose, Cowen, & Yahaya, 1989; Rose, 1991). 확실한 방안은 없고 해마다 수많은 원인 때문에 비장애 학생이 "대학진학 자격"을 갖추는데 실패하는 비율에 거의 변화가 없다는 것을 기억하라. 이것은 장애 학생을 위한 중등교육 이후 교육을 위한 준비를 할 때 IEP/전환계획팀이 변화의 여지를 가능한 작게 잡아야 하는 이유이다.

4. 보조공학과 유니버설 디자인

보조공학

중등교육 이후 교육장소에 장애 학생의 수가 점점 증가하고 그들을 위한 보다 세련되고 개별화된 공학〔응용특수공학센터(Center for Applied Special Technology), 2004〕과 상호작용이 증가함에 따라, 전통적인 프로그램 중심 지원서비스에서부터 개별화에 바탕을 둔 지원으로 증가되는 추세이다(Weir, 2004). 오늘날 대학에 다니는 대부분의 학생들은 참여자들의 질문에 답하고 계획을 마련하는데 아이디어와 지식을 서로 공유할 수 있는 온라인상으로 과제를 의논할 수 있는 방에 참여한다. 스캐너기의 유용성과 비용의 적절성은 노트와 학습 자료의 공유를 가능케 하고 불행하게도 시험지도 서로 공유하게 해준다.

시스템과 워드프로세싱을 하기 위해 목소리로 작동시키는 소프트웨어는 점점 더 세련되고 정밀해지고 있다. 새롭고 다시 설계된 교실의 음향시스템은 듣기가 곤란한 학생 혹은 중요하지도 않은 소음에 쉽게 주의력이 분산되는 학생을 위한 무선이어폰이 제공된다. 응용하드웨어는 신체 장애인들이 소프트웨어 프로그램에 접근하고 운용이 가능하도록 해준다. 그리고 물론 Google과 Yahoo와 같은 검색엔진은 사람들이 전형적으로 소화하고 사용할 수 있는 것보다 더 많은 정보를 찾아낼 수 있게 만들어준다.

장애 학생과 비장애 학생이 매우 많은 공학을 활용할 수 있음에 따라, 개발자 및 그것을 필요로 하는 학생에 의한 수용과 지원을 위해 더 많은 창조적인 선택사항들이 설계될 때까지 단지 시간이 문제가 된다. 그럼에도 불구하고, 장애 학생은 대학 캠퍼스의 지원서비스를 학위나 자격을 따기 위한 그들 노력의 협력자로 생각해야 하고 만약 그런 지원이 없다면 그들의 성공여부를 신중하게 고려해야 한다(Scott, McGuire, & Shaw, 2003; Weir, 2004).

전환계획과 이행의 모든 측면에도 불구하고, 학생은 중학교와 고등학교에 재학중일 때 가장 최근 유형의 보조공학 활용을 배워야 한다. 보조공학 상품의 우수자료, 그 사용법, 품질 및 감당비용 등에 관한 정보는 ABLEDATA.Com(http://www.abledata. com/)이라는 웹사이트가 있다. 이 종합적인 웹사이트를 통해 학생, 부모 및 교사는 보조공학의 활용가능성에 접근할 수 있다. ABLEDATA.Com으로부터 검색할 수 있는 정보의 예를 찾기 위해서는 **표 7.4**를 참조하라.

표 7.4 ABLEDATA.Com으로부터 얻는 교육공학 정보의 보기

상품명
INFOSCAN

설명서: InfoScan은 학습, 신경 혹은 신체장애인을 위해 설계된 소형 스캐너이다. 완전히 휴대할 수 있는 이 펜 스타일의 스캐너는 사용자가 인쇄된 책을 곧바로 PC로 스캔(scan)해서 이동시킬 수 있게 해주거나 PC, 노트북, PDA 혹은 적외선 혹은 시어리얼포트를 통한 Windows 응용기기 등을 통해 인쇄된 자료를 500페이지까지 스캔(scan)하고 저장하고 이동시킬 수 있게 해준다. InfoScan은 고딕체, 이탤릭체, 밑줄 친 혹은 거꾸로 된 책의 본문을 포함해 6에서 22포인트 크기를 인식한다. 이 스캐너기는 오른손 혹은 왼손 모두로 설정될 수 있다. 시각적인 도움을 주는 카드와 붙박이 글자들은 직접 스캔할 수 없는 책의 본문을 수동적으로 스캔할 수 있게 해준다. InfoScan은 소형 CD-ROM을 갖추고 있고 글자를 쓸 수 있는 소프트웨어와 문서, 의사소통 케이블 및 휴대용 보호 상자 등을 갖추고 있다.
호환성: IBM 및 호환성을 가진 컴퓨터에서 사용한다. Mac 호환성은 오로지 Virtual PC와 함께 이용이 가능하다. **시스템 요구사항**: 데스크톱 응용 프로그램을 설치하기 위한 CD-ROM이 장착된 윈도우즈 95/98/NT/2000/ME/XP와 직렬연결을 원한다면 통신 포트를 이용할 수 있다. **전원**: 2개의 AAA 건전지 사용(내장되어 있음). **선택사항**: USB 연결됨. 외형 크기: 길이 6인치 × 폭 1.5인치 × 높이 1인치. **무게**: 3온스.

가격: 119.95에서 99.99
가격 날짜: 2004년 3월
구매 가능: 제조사 혹은 지방
제조회사 정보: WizCom Technologies Inc.
257 Great Road
Action, MA 01720
888-777-0552(전화요금무료), 978-636-5357(같은 주 안에서만)
978-929-9228(Fax)
제조사의 웹사이트: www.wizcomtech.com
제조사의 Email: usa.sales@wizcomtech.com
배급인 이름 및 전화번호
6816 Secrest Resourses Ltd. 604-228-8920 혹은 Fax 604-228-1134(캐나다, 브리티시콜롬비아).
68171Click2Computers.com 905-238-8037(캐나다, 온타리오)
6658 Aroga Group, Inc. 800-561-6222, 604-431-7997 혹은 Fax 604-431-7995(캐나다, 브리티시콜롬비아)
6819 L.E.S. Inc. 418-841-0816(캐나다, 퀘벡)
6827 CompUSA 800-266-7872(TX)

(다음 쪽에 계속됨)

표 7.4 ABLEDATA.Com으로부터 얻는 교육공학 정보의 보기 (계속)

배급인 웹사이트: www.lclick2computers.com
www.aroga.com
www.compusa.com

배급인의 Email: stuible@telus.net
sales@1click2computers.com
sales@aroga.com
lexibook@ccapcable.com

주석: 재충전용 건전지를 선호하는 사람들에게 제조업자는 재충전용 건전지 사용을 위해 아래 상품을 추천함: Radio Shack NI-Cadium 및 GP Ni-Me-Hydride. 아래 구매가격에는 우송과 이동비용이 포함되어 있지 않음.

용어 색인

Identifiers
UNIVERSAL
COMPUTERS
HARDWARE
Input
General Input Interfaces
Education
INSTRUCTIONAL MATERIAL
Instructional Materials General

Generic Term(S)
LEARNING DISABILITIES
SEVERE PHYSICAL DISABILITIES
PRICE 101 TO 500
SCANNER
EDUCATIONAL AID

유니버설 디자인

유니버설 디자인이라는 용어는 생긴 지 대략 30여 년 된다. 이 용어는 North Carolina주립대학교의 디자인학교 교수인 Ronald Mace에 의해 최초로 사용되었다. Mace는 소아마비 환자였고 그래서 그는 건물환경에 접근성 문제를 자신이 직접 알고 있었다. 유니버설 디자인의 목적은 "모든 사람들을 위해 적은 비용 혹은 추가비용이 들지 않으면서 가능한 한 더 많은 사람들이 더 많이 활용하도록 상품, 의사소통 및 건물환경을 만들어줌으로써 삶을 편리하게 해주는 것"이다〔유니버설 디자인센터(Center for Universal Design), 2004〕. 1989년에 Mace는 주택 접근성을 위한 센터(Center for Accessible Housing)를 시작했는데 이것이 현재는 유니버설 디자인센터라고 알려져 있다. 이 센터에서는 접근할 수 있는 가정, 사무실, 공원, 박물관 및 쇼핑센터 등을 위한 디자인을 만들어냈다. 그것은 또 1988년의 공평한 주택사업 개정안 및 ADA에 있어 접근성 표준안에 관한 정부규정을 이끈 많은 정책과 기술적인 문서를 제공했다(유니버설 디자인센터, 2004)

최근 연구자들은 유니버설 디자인의 개념을 교수 및 학습영역 등으로 확장시켜 오고 있는 중이다(Scott et al., 2003). 응용특수공학센터(Center for Applied Special Technology: CAST)와 Connecticut종합대학교의 교수계획을 위한 유니버설 디자인 연구소는 UD의 원리를 교실환경 및 전 교과목 교수를 위한 수업디자인에게까지 응용하고 있다. 대학 캠퍼스에 장애 학생의 수가 계속해서 증가하고 일반학생의 다양성이 계속 증가하기 때문에 중등교육 이후 교육 종사자들은 전통적인 방식의 강의로는 잘 배우지 못하는 학생문제에 직면하게 된다. 부가적으로 지역 교육청, 더 높은 수준의 주 정부 기관 및 일반인은 대학교 교수의 임무에 더 많은 관심을 기울이기 시작했다.

그래서 보다 많은 대학들의 모든 학생들이 더욱 학습에 접근할 수 있게 해주는 과정을 설계하기 위해 함께 일하도록 전문적인 발전기회를 교직원들에게 제공해주고 있는 중이다. 이것이 중요한데 왜냐하면 교직원은 수용에 관해 기꺼이 학생과 협력하기 때문이고 지원이 중등교육 이후 교육에서 장애 학생이 학위 혹은 자격증을 따는데 성공하느냐 못하느냐에 결정적인 요인 중 하나로 파악되기 때문이다(Wolman & Steele, 2004; Rose, 1993). 사람들을 위해 연석을 없애고 경사로를 만드는 것이 휠체어를 사용하는 사람들에게 훨씬 더 많은 이익을 주는 것과 꼭 마찬가지로 교수와 학습을 위한 보편적 디자인은 중등교육 이후 교육에 종사하고 있는 학생, 교직원 및 학생서비스를 위한 전문가에게는 학습경험을 향상시킬 수 있는 잠재력을 가지고 있다.

요 약

영희의 꿈은 단순해 보이지만, 그 속에는 많은 복잡함이 포함되어 있다. 그녀는 대학에 입학하고 대학사회 공동체에서 살아가기는 집에서 생활과 고등학교의 일과를 따르는 것과는 매우 다르다는 것을 알아야 한다. 그녀는 또한 한 사람의 장애인으로서의 권리를 IDEA가 아니라 법이 보호하고 있다는 것도 배우게 될 것이다. 초등학교에서부터 고등학교를 거치는 동안 내내 오직 하나의 규정이 그녀가 어떻게 서비스를 수혜 받도록 해 왔는가는 1973년의 재활법 Section 504, 1990년의 미국장애인법(Americans with Disabilities Act) 및 1997년의 가족교육 권리 및 사생활에 관한 개정법안(Family Educational Rights and Privacy Act Amendments) 등을 그녀가 활용할 수 있는 보호법과 비교해볼 때 훨씬 쉽다.

그래서 그녀는 스스로의 힘으로 자기옹호를 배워야 한다. 이 목적을 성취하기 위해서 그녀는 집에서 멀리 떨어진 대학에서 생활하는 동안에 좋은 결정을 하는 독립인이 되기 위해 자신의 잠재력 배양을 위해 자기결정기술을 공부하고 훈련하게 된다. 이 경우 유혹이 많다. 몇 가지 건전하지 못하고 현명하지 못한 것들을 포함해 젊은 대학생의 주의를 흩뜨릴 많은 사회적인 일들이 있다. 술, 마약 및 성생활 등이 모든 청소년들 결정의 핵심이지만 이것들은 자기 또래들과 함께 하기를 원하는 장애인들에게는 특히 도전적인 결정들이다. 유해한 활동으로부터 자기보호를 배우는 것이 필수적이다.

아동 조기교육 학위를 따기 위한 자신의 꿈을 이루기 위해 영희는 고등학교 재학 중에도 도전적인 과목들을 수강해야 할 것이다. 이들 과목들에서 학점을 따기 위해 그녀는 자기결정적이 되어야 할 것이고 합당한 숙소를 얻기 위해 자기권리를 옹호해야 한다. 그녀가 다니는 고등학교 및 지역대학으로부터 제공되는 학점에 바탕을 둔 전환프로그램 수행을 위한 선택사항 고려를 위해 IEP/전환계획 팀과 함께 일해야 하고 그녀의 학업 및 장애요구를 수용하는 대학으로 진학을 연결시켜 주는 방법을 배우기 위해 예비대학 상담원과 함께 협력해야 한다.

고등학교 2학년 동안에 영희는 고등학교 3학년 가을학기에 그녀가 지원하고 방문하기를 원하는 대학이 어디인지를 그녀 부모와 논의해야 한다. 자기 대학생활의 독립성을 지원해줄 대학 및 그녀의 요구사항을 지원해주는 대학이 그녀가 선택할 대학이다. 그 외에도 그녀에게 친숙한 기술적인 지원을 제공하고 학업에 전념해줄 교직원이 있는 대학을 찾게 될 것이다. 그것은 엄청난 요구이지만 가능하고 그녀 꿈의 핵심이다.

응용활동

아래 나열된 응용활동은 여러분의 지속적인 학습 및 전환계획의 기술개발에 필수적인 것이다. 각각의 활동은 여러분의 시간과 에너지를 필요로 하겠지만, 이 영역에서 여러분의 전문적인 기술을 개발하도록 도와줄 것이다.

훈련과 향상된 이해를 위해

여러분이 재학 중인 대학의 장애 학생을 위한 서비스를 담당하는 직원과 인터뷰 약속을 하라. 여러분 대학의 장애인 수용과 지원자격을 파악하는 과정에 관해 물어보라.

학생이 공립 및 사립대학에 동시에 지원서를 제출하도록 도와주는 고등학교 상담원과 면담 약속을 하라. 장애 학생에게 해줄 충고와 훈련에 관해 묻고 왜 그래야 하는지를 물어보라.

학생 및 그의 부모들과 중등교육 이후 교육을 위한 계획과 그 교육이 어떻게 활용될는지를 인터뷰하라.

학생이 재학 중인 대학의 교직원으로부터 장애 학생에게 제공되는 숙소에 대해 그가 어떻게 느끼는지와 그가 왜 그렇게 느끼는지를 인터뷰하라.

여러분의 포트폴리오를 위해

여러분이 재학 중인 대학의 학생처장(Vice President for Students Affairs)과 인터뷰 약속을 하고 마약, 알코올 남용, 데이트 상대에 대한 성폭행 및 장애인 차별 등을 다루는 그 대학의 정책을 물어보라.

지역대학 캠퍼스에서의 보조공학 자원을 조사하고 그런 기구들을 활용할 수 있는 자격을 어떻게 갖출 수 있는 지 그 과정을 알아보라.

여러분 주변에 신체장애 학생이 교실, 사무실, 주거 및 체육/오락장소에 접근성 여부를 사정하는지 알아보라.

장애 학생 1명을 인터뷰하고 그가 요구하는 과정 및 프로그램과 원하는 숙소에 관해 물어보라. 그가 받기를 원하는 권리에 부합되는 숙소를 얻기 위해 그가 자기결정기술을 어떻게 활용하는지를 알아보라.

고등교육 및 장애인협회(Association on Higher Education and Disability: AHEAD, http://www.ahead.org/), CAST(http://www.cast.org/udl/), 및 종합대학교 디자인센터〔Center for University Design(http://www.design.ncsu.edu/cud/)〕 등의 웹사이트를 연구하라. 이들 웹사이트는 장애 학생을 위한 현재와 미래 중등교육 이후 교육에 관해 무엇을 말해줄 수 있습니까?

관련 자료와 웹사이트

George Washington종합대학교의 HEATH 센터

장애인과 중등교육 이후 교육에 관한 최고의 정보센터.
www.heath.gwu.edu/

LD Online

학습장애 아동의 중등교육 이후 교육계획을 위한 풍부한 자료.
www.Id_indepth/postsecondary/index.html

Kid Source

학습장애, ADD, ADHD와 기타 장애 아동을 위해 부모들에게 법률에 관한 정보 및 중등교육 이후 교육으로의 전환관련 논문자료 제공.
www.kidsource.com/kidsource/content3/college.planning.LD.html

U.S. Department of Education

중등교육 이후 교육을 받고 있는 장애 학생의 시민권과 관련된 법률에 관한 종합적인 정보.
www.avila.edu/info/disability/downloads/knowrightstest.pdf

Wrights Law

권리와 책임, 대학을 위한 준비 및 성공적인 대학경험을 위한 핵심 등에 관한 많은 웹사이트에 관한 오직 한 가지 자료만을 제공.
www.wrightslaw.com/flyers/college.504.pdf

Americans with Disabilities Act, Section 504

묻고 답하기 웹사이트 및 PACER부모센터로부터 중등교육 이후 교육에 관한 자료.
www.pacer.org/pride/504.htm

Virginia Board for People with Disabilities

대학진학 계획안내.
www.vacollegequest.org/

ThinkCollege

인지장애 학생에 초점을 맞춤.
www.thinkcollege.net/programs/index.php

Pennsylvania주의 Pittsburgh의 Andrea M. Ketchem은 휠체어를 타고 접근할 수 있는 대부분의 미국의 대학캠퍼스에 대한 그녀의 조사에 기초한 웹사이트를 만들었다.
www.geocities.com/ketchum4/index.html

사회보장보조금(supplemental security income)에 관한 정보, 재정적인 도움 및 다른 대학 교육을 받기 위한 재정적인 도움을 찾아 볼 수 있는 프로그램 등을 아래 주소에서 찾아볼 수 있다.
ici.umn.edu/products/impact/151/over3.html

참고 문헌

Agran, M. (1997). *Student-directed learning: Teaching self-determination skills*. Pacific Grove, CA: Brooks-Cole.

Allen Guttmacher Institute. (2004). *Sexually transmitted diseases among young Americans call for realistic approach*. Retrieved from the World Wide Web: www.guttmacher. org/media/nr/2004/02/24/

All Info About Healthy Living. (2004). *Suicide and college students*. Retrieved from the World Wide Web: http://healthyliving.allinfo-about.com/suicide.html.

Americans with Disabilities Act of 1990, PL 101-336, 42 U.S.C. §§ 12101 *et seq*.

Bailey, I, & Karp, M. M. (2003). *Promoting college access and success: A review of credit based transition programs*. New York: Community College Research Center, Teachers College/Columbia University.

Beach Center on Disability, University of Kansas, Lawrence, KS. *Definition of self-determination* www.beachcenter.org/?act=view&type=General%20Topic&id=10 (accessed 2004).

Benz, M., Doren, B., & Yovanoff, P. (1998). Crossing the great divide: Predicting productive engagement for young women with disabilities. *Career Development for Exceptional Individuals, 21*, 3-16.

Blackorby, J., & Wagner, M. (1996). Longitudinal postschool outcomes of youth with disabilities: Findings from the National Longitudinal Transition Study. *Exceptional Children, 62*, 399-413.

Brinckerhoff, L., McGuire, J., & Shaw, S. (2002). *Postsecondary education and transition for students with learning disabilities*. Austin, TX: Pro-Ed.

Browder, D. M., Wood, WI M., Test, D. WI, Karvonen, M., & Algozzine, B. (2001). Reviewing resources on self-determination: A map for teachers. *Remedial and Special Education, 22*(4), 233-244.

Bursuck, WI, & Rose, F. (1992). Community college options for students with mild disabilit

ies. In F Rusch, L. Destefano, J. Chadsey-Rusch, L. A. Phelps, & E. Szymanski (Eds.), *Transition from school to adult life: Models, linkages, and policy*. Sycamore, IL: Sycamore Publishing Company.

Bursuck, WI, Rose, E., Cowen, S., & Yahaya, M. A. (1989). Nationwide survey of post-secondary education services for students with learning disabilities. *Exceptional Children, 56*(3), 236-245.

Carlson, S. (2004). Left out online. *The Chronicle of Higher Education*, June 11, 2004.

Carnine, D., Silbert, J., & Kameenui, E. (1990). *Direct instruction reading*. Columbus, OH: Merrill.

Center for Applied Special Technology (2004). *Universal design for learning*. Retrieved from the World Wide Web: http://www.cast.org/

Center for Universal Design. (2004). Retrieved from the World Wide Web: www.design. ncs-u.edu/cud/

Cobb, J. *Top ten things to think about as you prepare for your transition to adulthood*. Information from HEATH, a quarterly newsletter. The George Washington University HEATH Resource Center, April 2004.

Dacy, J., & Travers, J. (1994). *Human development across the lifespan* (2nd ed). Madison, WI: WCB Brown & Benchmark.

Dalke, C. (1993). Making a successful transition from high school to college: A model program. In S. Vogel & P. Adelman (Eds.), *Success for college students with learning disabilities* (pp. 57-79). New York: Springer—Verlag.

Disability Rights and Independent Living Movement. (2004). Retrieved from the World Wide Web: http://bancroft.berkeley.edu/collections/drilm/collectiOn/items/rObetts edward.html

Durlak, C. M., Rose, E., & Bursuck, W. D. (1994). Preparing high school students with learning disabilities for the transition to postsecondary education: Teaching the skills of self-determination. *Journal of Learning Disabilities, 27*, 51-59.

Family Educational Rights and Privacy Act Amendments of 1997.20 U.S.C. § 1232g; 34 CFR Part 99.

Field, S. (1996). Self-determination instructional strategies for youth with learning disabilities. *Journal of Learning Disabilities, 29*, 40-52.

Field, S., Martin, J., Miller, R., Ward, M., & Wehmeyer, M. (1998). *A practical guide to teaching self-determination.* Reston, VA: Council for Exceptional Children.

Field, S., Sarver, M. D., & Shaw, S. (2003). Self-determination: A key to success in postsecondary education for students with learning disabilities. *Remedial and Special Education, 24*(6), 339-349.

Guckenberger v. Boston University, 974 F. Supp. 106 (D. Mass. 1997).

Hart, D., Mele-McCarthy, Pasternack, R., Zimbrich, K., & Parker, D. (2004). Community college: A pathway to success for youth with learning, cognitive, and intellectual disabilities in secondary settings. *Education and Training in Developmental Disabilities, 39*(1), 54-66.

Individuals with Disabilities Education Act Amendments of 1997, Public Law 105-17, 20 U.S.C. 1400.

Malian, I., & Nevin, A. (2002). A review of self-determination literature: Implications for practitioners. *Remedial and Special Education, 23*(2), 68-74.

Martin, J., Marshall, L., Maxson, L., & Jerman, P (1996). *Self-directed IEP.* Longmont, CO: Sopris West.

National Council on Disability (2003). *People with Disabilities and Postsecondary Education*, Washington, DC: Author.

President's Commission on Excellence in Special Education (2002). *A New Era: Revitalizing Special Education for Children and Their Families*, Washington, DC: Author.

Price, L., Wolensky, D., & Mulligan, R. (2002). Self-determination in action in the classroom. *Remedial and Special Education, 23*(2), 109-115.

Rehabilitation Act of 1973, PL 93-112, § 504, 29 U.S.C. 794 *et seq.*

Reis, S., Neu, I, & McGuire, J. (1997). Case studies of high-ability students with learning disabilities who have achieved. *Exceptional Children, 63*, 463-479.

Rose, E. (1993). Faculty development: Changing attitudes and enhancing knowledge about learning disabilities. In S. Vogel & P Adelman (Eds.), Success for college students with learning disabilities, (pp. 131-150). New York: Springer—Verlag.

Rose, E. (1991). Project TAPE: A model of technical assistance for service providers of college students with learning disabilities. *Learning Disabilities Research & Practice, 6*(1), 25-33.

Rothman, J. C. (2003). *Social work practice across disability.* Boston: Allyn and Bacon.

Scott, S., McGuire, J., & Shaw, S. (2003). Universal design for instruction: A new paradigm for adult instruction in postsecondary education. *Remedial and Special Education, 24*(6), 369-379.

Shapiro, J. (1994). *No pity*. New York: Three Rivers Press.

Sitlington, P. (2003). Postsecondary education: The other transition. *Exceptionality, 11*(2), 103-113.

Southeastern Community College v. Davis, 442 U.S. 397 (1979).

Test, D., Karvonen, M., Wood, WI, Browder, D., & Algozzine, B. (2000). Choosing a self-determination curriculum: Plan for the future. *TEACHING Exceptional Children, 33*(2), 48-54.

U.S. Department of Education. (2002). *Twenty-fourth annual report to Congress on the implementation of the Individuals with Disabilities Education Act*, Washington, DC: Author.

Ward, M., & Kohler, P (1996). Teaching self-determination: Content and process. In L. Powers, G. H. S. Singer, & J. Sowers (Eds.), *On the road to autonomy: Promoting self-competence for children and youth with disabilities* (pp. 275-290). Baltimore: Brookes.

Wehmeyer, M. (1999). A functional model of self-determination: Describing development and implementing instruction. *Focus on Autism and Other Developmental Disabilities, 14*, 53-61.

Wehmeyer, M., Agran, M., & Hughes, C. (1998). *Teaching self-determination to students with disabilities*. Baltimore: Brookes.

Wehmeyer, M. L., & Palmer, S. B. (2003). Adult outcomes for students with cognitive disabilities three years after high school: The impact of self-determination. *Education and Training in Developmental Disabilities, 38*(2), 131-144.

Wehmeyer, M. L., & Schwartz, M. (1997). Self-determination and positive adult outcomes: A follow-up study of youth with mental retardation or learning disabilities. *Exceptional Children, 63*(2), 245-255.

Weir, C. (2004). Person-centered and collaborative supports for college success. *Education and Training in Developmental Disabilities, 39*(1), 67-73.

Windham, P. (1997). *High school and community college dual enrollment: Issues of rigor and transferability*. Tallahassee, FL: Florida State Board of Community Colleges. ERIC Document ED 413 936.

Wolanin, I, & Steele, P (2004). *Higher education opportunities for students with disabilities: A primer for policymakers*. Washington, DC: The Institute for Higher Education Policy.

Woolfolk, A. (1998). *Educational psychology* (7th ed.). Boston: Allyn and Bacon.

8

가정에서 지역사회 생활로 이동

〈 장의 목표 〉

1. 발달 및 기타 장애인을 성인 주거서비스로 연결하도록 돕기 위해 취해져야 할 여러 단계들을 기술할 수 있다.
2. 가족들과 함께 살던 가정을 떠난 후에 자신의 아파트 혹은 가정에서 살고 있는 장애 학생을 도와줄 교육과정 내용을 설계할 수 있다.
3. 여러분이 살고 있는 지역사회에 특정한 주거서비스 제공자를 찾아낼 수 있다.
4. 집을 떠나 처음으로 자신만의 가정 혹은 아파트로 전환을 이루도록 학생을 돕는데 필요한 조치를 자신이 취하도록 도와주는데 학생과 그의 가족들이 협력할 수 있다.
5. 장애 학생이 가족들과 함께 사는 가정으로부터 자기만의 가정으로 이동해 가는데 취하는 단계들을 도와줄 수 있다.

장의 핵심 주제

- 자기결정: 이 장에서 자기결정은 장애인이 지역사회의 어디서 어떻게 살아갈 것인가에 관한 결정하는 맥락에서 논의된다. 특히 지원이라는 생활철학이 자기결정이란 개념을 어떻게 통합시키는가를 주목해보라.

- 성인기의 선택: 이 장에서는 청소년이 일단 자기 가족이 살던 가정을 떠난 후에 그가 활용할 수 있는 광범위한 선택을 찾아보라. 또, 각각의 선택이 얼마나 바람직한지 청소년이 그것을 실제 그의 가정으로 생각할지를 고려해보라.

여러분은 자신이 기숙사 방, 아파트 혹은 집에 있는 자신을 발견하게 된다. 이 기억은 종종 우리와 자신의 가정에서 분가해서 나오는 독립의 양상을 정의하는 것 중 하나이다. 성인생활로의 이런 전환의 양상은 전환계획 과정의 전반적인 성공과 밀접하게 연관되어 있다(Blacher, 2001; Cooney, 2002; Knoll & Wheeler, 2001). 비록 전환이 몇 년간에 걸쳐서 일어나는 과정이긴 하지만 최초로 가정에서 분가해서 나오는 것이 전환과정에서는 중요한 순간이고 사건이다.

이 장에서 우리의 의지 확립이 중요하다. 단순한 주거프로그램이 아니라 장애학생 스스로 선택한 가정이나 아파트로 성공적인 전환을 이루도록 장애 학생을 돕는 일에 관심이 있다. 그것이 우리 자신의 가정 혹은 우리 가족이 살고 있는 가정 혹은 아파트이건 간에 가정은 안전, 편안함, 휴식, 사생활의 자유 및 개인 인격화를 행할 수 있는 기회를 제공하는 유일한 장소이다(O'Brien, 1994; Steere & Burcroft, 2004). 성공적인 고용처럼 "행복한 가정"을 확보하는 것은 전반적인 만족감 및 향상된 삶의 질과 밀접하게 연관되어 있다. O'Brien은 가정을 아래와 같이 세 가지 중요한 차원의 핵심적인 특성을 가지고 있다고 특징지었다.

- 편안함과 개인 인격화를 허용하는 장소
- 어디서 살고 누구와 함께 살 것인가를 통제한다는 의미
- 가정을 갖는 혹은 임차계약이라는 약정을 관리하는 차용자라는 결과를 가져오는 안도감이라는 의미

이런 특징이 주어지기 때문에 효율적인 전환프로그램은 학생이 이들 핵심적인 차원을 만족시키는 가정으로의 삶의 선택을 찾아내도록 학생을 도와준다. 이 장에서 장애 청소년들이 자기 가족이 사는 가정으로부터 그 자신만의 최초의 가정으로 전환을 도와주는 데 요구되는 필요한 단계들을 기술한다. 가능한 독립적으로 살아가도록 하기 위해 학생이 개발할 필요가 있는 기술을 말하고 이들 기술이 중등교육 수준의

교육과정에서 강조된다. 또한 장애인을 지원하는 삶(supported living)이란 철학에 초점을 맞추고 지역사회 생활을 위한 선택의 범위를 논의할 것이다. 마지막으로, 학생과 그의 가족들을 지역사회로의 전환에 영향을 미치는 잠재적인 요소들을 논의할 것이다.

이것을 고려하라! 아파트 혹은 집(house)과 가정(home)의 진정한 차이점은 무엇인가? 만약 여러분 자신의 가정이라고 생각하는 환경에서 현재 살아가고 있다면, 무엇이 여러분으로 하여금 그렇게 느끼도록 만듭니까? 여러분은 어떤 방식으로 가정이라고 개별화를 하고 가정을 독특한 여러분의 것이라고 개별화합니까? 여러분의 가정에 개인적인 어떤 공간을 가지고 있고 다른 사람들과 공유하는 공간을 가지고 있습니까? 어떤 방식이 여러분으로 하여금 안전하고, 안정되고 편안하다고 느끼게 합니까?

John과 Connie Lyle O'Brien 등은 전문가 집단 및 장애인의 선택에 책임감을 느끼게 하는 능력을 발달시키도록 일반 시민들이 돕기 및 그들이 지역사회 모든 양상에 포함되도록 돕는 지도자 역할을 해 오고 있다. 그들의 역할은 **보조 도표 8.1**을 참고하라.

1. 개관: 청소년들이 언제 자기 가정에서 이동해 나가는가

이미 소개했듯이, 자기 가족들이 사는 가정 밖으로 이동해 가기, 새로운 가정을 찾기 위해 조처를 취하는 것은 성장과정 및 학교에서 성인기로 전환하는 과정 중 주요한 하나의 단계이다. 장애를 경험하지 못한 전형적인 청소년들에게는 가정을 떠나 그들이 생활할 첫 장소에 대한 몇 가지 선택사항들이 있다. 이들이 **표 8.1**에 제시되어 있다. 이들 모든 선택사항들이 다 "가정과 연관된 것들"로는 인식되지 않는다는 것에 주목하라. 일부는 청소년들이 사생활, 편안함 및 안전을 경험할 수 있는 진정한 최초의 독립적인 가정을 찾을 수 있는 몇 가지 단계 혹은 하나의 단계가 될지도 모른다. 실제로, 청소년들이 최근 학교를 졸업해서 성인으로 보다 긴 기간의 전환을 통해

보조 도표 8.1

John과 Connie Lyle O'Brien에 관한 역사적 조망

John과 Connie Lyle O'Brien은 장애인을 지원하는 그들 역할에 관해 일반인과 다르게 생각하는 전문가들을 도와 온 혁신적인 지도자들이다. 그들 직분의 핵심은 통합적인 지역사회 환경에서 장애인을 지원하기 위한 능력을 사람들이 배양하도록 지역의 네트워크를 형성하도록 돕는 것이다. Syracuse대학교의 인간정책센터(Center for Human Policy)와 함께 조직책임협의회(Responsive Systems Associates)를 통해 일하면서 그들은 인간중심계획 및 장애인을 지원하는 삶과 연관된 혁신적인 실천분야를 개척했다. 그들이 행하는 모든 일은 전문가들이 장애인, 그들 가족들의 말에 더욱 귀를 많이 기울이고 그들의 선택에 더욱 반응을 잘해달라는 요구사항이라는 특성을 갖는다. 그들이 하는 일은 미국, 오스트레일리아, 보스니아, 캐나다, 영국, 아일랜드, 뉴질랜드, 스코틀랜드, 스페인, 웨일즈까지 확대되었다.

출처: Syracuse대학교의 인간정책센터 웹사이트인 www.thechp.syr.edu에서 발췌.

일련의 어려운 장소에서 살아가도록 만드는 것이 매우 전형적이다.

영희와 같이 경도장애를 가진 많은 청소년들에게는 더 많은 전형적인 선택사항들(아파트, 기숙사 방, 자기 자신만의 가정)로도 충분하다. 이들 개인들은 보다 심한 장애인들이 요구하는 장기간 및 강력한 지원은 대체로 필요하지는 않는다. 하지만, 경도장애를 가진 학생들은 다음에 논의될 기술획득이 필요할 것이고, 그들이 학습하면서 행하는 경험 즉 동일한 도전적인 경험 또한 이 필수적인 기술을 배우기 위한 그들의 능력에 영향을 미칠 수도 있다. 특수아동위원회(Council for Exceptional

표 8.1 가정을 떠나서 살 가능성이 있는 첫째 장소

- 대학기숙사 방
- 군대 병영(막사)
- 아파트
- 여름 캠프
- 친척의 집
- 구매한 집

Children: CEC)의 진로발달 및 전환분과(Division on Career Development and Transition: DCDT)가 중도의 장애인만을 위한 것이 아니라 장애를 가진 모든 청소년들이 그들의 성인기에 필요한 기능적인 생활기술을 배울 필요가 있다고 이들 저자들이 주장한 것은 바로 이런 이유 때문이다(Clark, Field, Patton, Brolin, & Sitlington, 1994).

독립을 위한 기술 개발

전환기에 청소년들은 가정생활 및 성인기의 증대된 독립생활과 관련된 몇 가지 중요한 기술을 배워야 한다. 이들 기술은 **표 8.2**에 제시된다. 종종 부모들 혹은 다른 가족 구성원들은 그들의 아동이 집에서 생활하는 동안에 몇 가지 이들 활동을 완성시킨다. 하지만 일단 청소년들이 집을 떠나면 그들은 일상생활 혹은 규칙적인 생활에 토대를 두고 이들 과제를 완성시킬 책임을 떠맡아야 한다. 청소년들이 이들 활동의 지속적인 완성에 대한 책임감을 떠맡아야 한다는 필요성의 인식은 전형적으로 또한 새로운 일자리, 새로운 대학과정, 혹은 새로운 훈련프로그램 등과 같은 다른 증대되는 혹은 새로운 책임감을 떠맡고 있는 중이라는 생각과 동시에 생긴다는 것을 인식하는 것이 중요하다.

분명히, 청소년들이 자기 가정을 떠나기 전에 이들 많은 기술을 배우는 경험이 필요하다. 성인생활로의 전환에 있어서 다른 많은 측면들처럼, 가족들이 핵심적인 역할을 해야 할 한 영역이다. Szymanski(1994, 1995)는 가정에서의 잡다한 일과 다른 책임감은 청소년이 성인생활을 위한 중요한 기술을 배우도록 도울 뿐만 아니라 또한 새로운 직장 윤리 및 책임감의 발달에 공헌한다고 지적했다.

이들 과제의 독립적인 수행요구와 관련된 부가적인 문제가 있다. 그것은 부모의 안내로 가정에서 잡다한 일을 완성하는 것이 외부적인 촉진자의 안내 없이 그런 활동을 시작하고 수행하는 것과는 다르다는 것이다. 청소년들이 가정을 떠나 자기 자신만의 첫 번째 장소로 일단 이사를 해 가면 자발성, 자기모니터링, 자기교정 및 자기강화 등과 같은 자기관리 기술이 중요성을 띠게 된다.

표 8.2 청소년들이 가정을 떠날 때 수행해야 하는 필수적인 기술

기술영역	구체적인 활동
1. 식사 계획하기 및 준비하기	■ 메뉴 계획하기 ■ 식사 준비하기 ■ 요리기구 사용하기 ■ 음식물 안전하게 보관하기
2. 자기 돌봄, 목욕하기 및 위생	■ 샤워하기 혹은 목욕하기 ■ 머리카락, 손발톱, 이빨 보살피기 ■ 화장실 사용하기 ■ 손과 얼굴 씻기 ■ 의약품 사용하기
3. 청소와 가정 돌보기	■ 진공청소기 사용하기 ■ 먼지 털기 및 마룻바닥 닦기 ■ 깔끔하게 유지하기 및 정리하기
4. 청소와 의복 관리하기	■ 옷 세탁과 건조시키기 ■ 필요할 때 의복 갈아입기 ■ 옷 개기 및 옷장에 옷 보관하기
5. 가정 재정 및 서비스	■ 전화, 물, 전기, 난방 등이 공급되도록 서비스 관리하기 ■ 때맞추어 공과금 내기 ■ 수표책 유지 관리하기
6. 전화/이메일 사용하기	■ 전화로 약속 혹은 서비스 부르기 ■ 전화로 친구 혹은 지인 부르기 ■ 긴급사태 때에 전화하기 ■ 타인의 전화에 응답하기 ■ 이메일 사용하기
7. 여가활동	■ TV 시청하기 ■ 음악듣기 ■ 취미 수행하기 ■ 방문객 접대하기 ■ 인터넷 사용 ■ 비디오 게임하기
8. 안전처리 절차	■ 긴급사태 때 119에 전화하기 ■ 화재 때 집에서 대피하기 ■ 화재경보기에 반응하기

표 8.2 청소년들이 가정을 떠날 때 수행해야 하는 필수적인 기술 (계속)

기술영역	구체적인 활동
8. 안전처리 절차	■ 화재 진압기기 사용하기 ■ 사람이 다치거나 아플 때 앰뷸런스나 의사 부르기
9. 시간관리 및 계획하기	■ 일상적으로 해야 할 일에 대한 책임지기 ■ 달력사용하고 달력 날짜 따라가기 ■ 알람시계 사용하기
10. 타인과 협정 및 자기옹호	■ 방을 같이 사용하는 사람과 책임감 협정 맺기 ■ 가정 안에서 공동 및 개인 소유물 및 영역 협정 맺기 ■ 소음, 외부 전등 및 기타에 관해 이웃들과 협정 맺기 ■ 방을 같이 사용하는 사람 혹은 기타 사람들과 중요한 책임수행에 관해 확실히 옹호하기 ■ 필요한 지원획득을 위해 확실히 자기 옹호하기

출처: Steere & Burcroff(2004).

청소년들의 그들 가족들에 대한 영향

비장애 청소년들이 그의 가족들과 함께 사는 가정에서부터 이동해 갈 때, 가족 각각의 구성원들에게 서로 다른 영향력을 미친다. 표 8.3은 청소년들이 가정을 떠날 때 각 가족구성원들이 행하는 몇 가지 잠재적인 반응을 보여준다. 집을 떠나는 것은 정서적인 일이 될 수 있고 이것은 분명히 집을 떠나는 본인에게만이 아니라 가족 전체에게 영향을 주는 일이다.

2. 장애 청소년들의 지역사회 생활을 위한 선택의 범위

지금까지 이 장에서 장애를 경험하지 못한 전형적인 청소년들의 가정 밖으로의 전환을 논의해 왔다. 여기서는 장애인이 가정생활을 하기 위한 선택의 범위를 논의한다. 전환계획의 의도는 장애 청소년들이 단순히 프로그램에 배치하는 것이 아니라 만족한 성인생활을 성취하도록 돕는 것이다. 가정생활이라는 관점에서, 우리의 의도는

표 8.3 청소년들이 가정 밖으로 전환할 때 가족구성원들에게 미치는 잠재적인 영향력

	긍정적인 영향	부정적인 영향
젊은이	■ 독립심 증대 ■ 자신의 계획 및 활동에 더 많은 통제력 ■ 성취감에 대한 자부심	■ 지원 혹은 조력 상실 ■ 책임감 증대 ■ 가족 상호작용 상실
부모	■ 아동성장에 대한 자부심 ■ 가정의 공간 증대 ■ 자기 흥미 추구에 증대된 자유	■ 아동과 함께 있다는 느낌 상실 ■ 집안 일 기타에 아동의 공헌도 상실
형제자매	■ 증대된 관심 ■ 새로운 가정 영역에 접근	■ 형제자매의 상호작용 상실 ■ 잡다한 일에 대한 책임감 증대

장애인이 이전에 기술된 O'Brian (1994)의 "가정(home)"이란 차원을 충족시키는 삶의 장소를 찾아내도록 돕는 것이다. 몇 가지 선택사항은 장애 청소년들이 가정이 갖는 질의 특성을 완성하도록 허용해주지만 반면에 다른 사람들은 그가 어떤 장소에서 살아야 할지를 감지하도록 결코 허용해주지 않을 지도 모른다. 아래 두 사람을 고려해보라:

Lisa는 32세이고 뇌성마비, 지적장애 및 발작장애를 포함하는 중복장애이다. 그녀는 자신을 돌보기 위한 화장실, 음식 먹기 및 다른 측면의 자신 돌보기를 포함해 광범위한 타인의 지원이 요구된다. 그녀가 특수교육을 마쳤을 때, 그녀에게 적합한 주거선택이 마련되질 않았다. 그녀 가족들이 몇 년간 그녀를 돌보려고 시도했지만 육체적 및 정서적인 압박감이 너무 강했다. 3년 전에 Lisa는 너싱 홈(nursing home)에 배치되었다. 지금 그녀는 자기보다 수십 살이나 더 나이가 많은 사람들과 함께 낮 동안에는 홀 및 그녀의 방에서 보낸다. 비록 그녀가 말로 의사소통을 할 수는 없지만 이것이 자기의 가정이 아니라는 것은 안다.

Juanita는 외상성 뇌손상(traumatic brain injury: TBI)으로부터 생존한 사람이고 Lisa와 비슷한 특성을 지니고 있다. 하지만 Lisa와는 달리 Juanita는 다행히 장애인이 살고 있는 지역사회에서 살고 지역사회에 참여를 전공한 지역의 재활기관으로부터 장애인을 지원하는 지역사회의 가정으로 이동해 갈 수가 있었다. 그녀의 집이 가까이 있었고, 그곳에서 다른 장애인과 함께 살면서 그 사람과 잘 지냈다. 각자의 침실이 있고, 그 두 사람의 요구사항을 도와주기 위해 항상 직원이 대기하고 있었다. 그녀와 함

께 방을 사용하는 룸메이트처럼 Juanita는 그녀 가족사진 및 좋아하는 물품을 개인소유로 하도록 지원받았다. 비록 그녀가 새로운 조정에 적응하는데 약간의 시간이 걸리긴 했지만, Juanita는 그녀 자신의 가정에 만족해하는 것처럼 보인다. Lisa처럼 그녀는 전형적인 방식으로 의사소통을 할 수는 없지만, 그녀의 행동은 자신의 새 가정에 행복해 한다는 것을 보여준다.

표 8.4는 장애인이 사용할 수도 있는 다양한 형태의 생활배치 유형들을 보여준다. 장애인을 위해 고안된 지역사회에 토대를 둔 주거프로그램은 그룹 홈과 지원하는 생활배치를 포함한다. 이들 선택사항들은 장애인 자신이 살고 있는 지역사회의 일부가 되도록 허용하는 반면에 기관들과 너싱 홈은 장애인을 지역사회로부터 더 많이 분리시킨다. 너싱 홈과 지원하는 생활배치는 전형적으로 사설의 서비스제공기관들에 의해서 관리되고 운영된다. 그런 기관들 중 몇 곳은 주거서비스를 전문으로 하는 반면에 다른 기관들은 광범위한 고용과 주거서비스를 제공한다. 주거 프로그램

표 8.4 장애인을 위한 주거 선택사항

전형적인 선택사항

- 가족들과 함께 사는 가정
- 자기 자신만의 가정(부동산에 대한 소유권)
- 아파트(임차권 유지)
- 기숙사 방
- 막사 혹은 캠프

구체화된 생활배치

- 지원하는 아파트 혹은 가정
  - 필요할 경우에 지원이 제공됨
  - 어디서 살 것인지를 개인이 선택
  - 누구와 살 것인지를 개인이 선택
  - 개인이 최대한의 범위까지 지원을 통제함
- 그룹 홈
  - 매우 다양한 숫자의 사람들과 함께 살아감
  - 직원들의 다양한 수준의 지원 패턴

매우 제한적이고 가장 원하지 않는 선택사항

- 너싱 홈(nursing home)
- 공공기관이 행하는 배치

은 전형적으로 주정부의 발달장애/지적장애 사무소/부처 혹은 주정부의 정신건강 부처로부터 재정적인 지원을 받는다. 지역사회에 토대를 둔 주거프로그램에서 직원의 지원유형은 기관마다 및 프로그램 서비스를 받는 개인마다 다양하다.

표 8.4와 두 사람의 프로파일에서 제시했듯이, 장애인을 위한 가정에서처럼 몇 가지 선택사항은 다른 선택사항보다 훨씬 더 바람직하다. 결국 청소년들과 그들 가족들로 하여금 그가 어디서 누구와 함께 살 것인가를 결정하도록 돕기는 쉬운 일이 아니다. 일반적으로 장애인이 자신의 생활 조건에 대해 더 큰 선택과 통제를 할 수 있는 더욱 작고 더욱 가정과 닮은 생활환경 쪽으로 발전해 왔다. 장애 청소년들이 새로운 가정으로 전환계획을 세우도록 도울 때, 고려해야 할 최초의 것은 여러분 자신에게 물어보는 것이다: "이런 가정에서 산다면 내가 행복하거나 안락할까?" 만약 그 대답이 "아니오."라면, 다음과 같은 물음이 생긴다. "내가 이곳에 더 이상 살고 싶지 않은데 장애인이 이 집에서 왜 살고 싶어 할까?"

이것을 고려하라! 여러분이 방금 새로운 그룹 홈에 "배치"된 장애인이라고 잠시 가정해보라. 여러분은 오직 한번 그곳을 방문했고, 그곳에서 영원히 살아갈 예정이라는 것을 이해하지 못했다. 여러분이 이곳을 살아갈 장소로 선택하지 않았지만 여러분이 지금 그 장소에 있고, 직원이 여러분에게 다음과 같이 말한다:

"환영합니다! 당신은 이 지역사회에서 운영하는 기관 중 한 곳에 살도록 선택되었고, 우리는 당신이 이곳에 살게 되어 행복할 것이라는 것을 알고 있습니다. 당신은 다른 5명의 사람들과 함께 살게 될 것이고(당신은 이들 5명을 이전에 단 한 번도 만난 적이 없다) 이들 중 1명과 방을 함께 사용할 것입니다. 왜냐하면 이 집에는 침실이 단지 3개 밖에 없기 때문입니다. 전형적인 일과는 다음과 같습니다:

오전 6:00에 기상해서 옷 입기 및 아침식사

7:30분까지 청소 및 정리

8:00에 일상의 프로그램을 수행하기 위해 출발

4:00에 집으로 돌아오기

5:30분까지 집단 여가활동

6:00에 저녁식사

7:00에 청소 및 정리

7:15에 저녁 집단 여가활동 혹은 지역사회로 외출하기

10:00에 잠잘 준비하기

주말계획은 매일 지역사회 주변으로 산책을 한다. 만약 그 계획이 불가능하면 일과는 위에서 보여준 것과 비슷하다. 당신이 우리와 함께 살게 되어서 너무 반갑고 당신도 그것을 좋아할 것이라는 것을 알고 있다!"

당신은 이런 새로운 가정으로의 이동에 어떻게 반응하겠습니까? 왜 당신은 이런 방식으로 반응을 할까요? 당신의 자유, 사생활, 통제, 선택 및 당신의 이런 주거프로그램으로의 이동과 당신 가정이 개인적으로 어떻게 타협되게 하시겠습니까?

지원하는 삶의 철학 및 접근

탈시설화 운동의 결과로, 그룹 홈의 발전은 특히 발달장애인을 지역사회에서 함께 살아가게 그를 돕는 주요한 하나의 조처였다. 하지만, 지난 수십 년간에 자기결정과 선택에 관한 관심이 증가됨에 따라, 지원하는 삶(O'Brien, 1993; Racino & Walker, 1993; Racino, Walker, O'Connor, & Taylor, 1993)이라는 개념은 장애인이 자기 가족들과 함께 사는 가정 밖에 있는 새로운 가정을 찾도록 돕는 과정에 중요한 영향을 미쳤다. 지원하는 삶의 철학의 특징은 주거(housing: 어디서, 누구와 어떻게 살아가는가)와 지원(support: 사람이 성공적으로 살아가기 위해 요구되는 조력)의 개념을 분리하는 것이다. 이미 활용할 수 있는 충분한 직원이 있는 주거프로그램에 사람을 배치하는 대신에, 개인이 어디서 살고 싶은지, 누구와 함께 살고 싶은지 및 어떻게 살아갈 것인지를 선택한다. 이 접근법은 장애인을 위한 전형적이고 연속적인 주거 선택사항에 관한 몇 가지 일련의 관심사를 강조한다(Racino, Taylor, Walker, & O'Connor, 1993). 이들 관심사는 어디서 살고 어떻게 살 것인가에 관해 장애인이 가진 선택 및 통제부족에 초점을 맞추고 있다. 예를 들면, Taylor(1988)는 장애인을 위한 전형적이고 연속적인 주거 선택사항 자기 분석에서 아래 비판을 제기했다.

- 사람이 어디서 살고 있는가는 그가 필요로 하는 지원의 정도와 혼동된다. 즉, 다시 말하자면, 더욱 강력한 지원이 필요한 사람은 전형적으로 그런 지원을 이미

활용할 수 있는 주거장소로 이동이 필요하다. 그곳에서는 어디서 살 것인가에 대한 개인선택에서 벗어나게 된다.

- 사람은 자신의 지원요구가 변함에 따라 이동해야 하고, 이것은 지역사회와의 연관성 및 관계를 붕괴시킨다.
- 중도 장애인은 제한이 훨씬 적은 선택사항으로 거의 "계속" 이동하질 않는다.
- 장애인의 선택은 전문가의 선택보다는 종속적인 것이다.

지원하는 삶이란 접근법을 활용함에 있어, 지원은 필요할 경우에 개인이 자기 소망을 추구하도록 허용하는 정도에 따라서 삶의 현장에 배치되거나 활용할 수 있다. 장애인은 자기 자신의 삶에 대해 최대한의 통제를 주장한다. 이 접근법은 몇 가지 이점을 지니고 있다.

- 장애인은 자기 삶의 배치에 보다 더 큰 선택과 통제를 가진다.
- 장애인은 자기 삶의 배치에 더 많은 안정과 예측력을 발전시킬 수 있다.
- 사람은 자신의 지역사회 안에서 연관성과 관계성을 발전시킬 수 있다.
- 사람은 가족, 친구 및 이웃 등과 같은 자연적 지원을 통합하고 개인의 요구사항에 민감한 지원체제 고안에 창의력을 활용할 수 있다.

대기자 명단이라는 현실

개인이 지역사회의 가정에서 살아가려는 준비 노력에도 불구하고, 어떤 유형의 지원을 요구하는 고등학교를 졸업하는 대다수 학생들의 현실은 그들이 학교를 졸업할 때 그런 일이 일어나지 않을 수도 있다는 것이다. 성인기에 광범위한 지원이 필요할지도 모르는 보다 중도의 장애인들에게는 주거서비스를 받기 위한 대기자 명단은 현실적인 문제이고 그런 기다림은 일반적으로 오랜 시간이 걸린다는 것이다. 대기자 명단에 관한 논의는 4장에서 찾아볼 수 있다. 여러 주들에서는 그룹 홈 혹은 지역사회 배치를 위한 대기자 명단은 여러 해가 걸릴 수도 있고 절박한 요구란 관점에도 우선적으로 고려되지 않는 개인에게는 더 많은 시간이 걸릴 수도 있다. 자기 아동이 어디에 살 것인가라는 문제는 지적장애와 기타 더한 중도 장애인의 많은 가족들에게는 주요한 관심사 중 하나다(Cooney, 2002; Ferguson, & Jones, 1988; Thorin & Irvin, 1992). 이 문제를 강조하기 위한 최상의 방법은 전문가들이 이 긴박한 상황을 이해하도록 가족을 돕는 것과 가족들이 가능한 빨리 주정부의 발달장애/지적장애사무소 혹은 다른 적합한 재정담당 기관으로부터 받을 서비스를 신청하도록 격려하는 것이다. 학생이 학교를 졸업하기 전 그리고 특수교육 서비스 수혜를 받기 전에 미리 이 일이 정리되어야 한다. 이런 계획과 준비는 14세 혹은 그 이전에 준비되도록 빨리 실시되어야 한다. 학교 교직원은 가족들이 자기 아동의 미래 주거 요구사항에 관해 일찍 결정하도록 격려해야 하고 필요할 경우에는 지원과정에서 누가 그들을 돕고 접촉하는가(기관 혹은 재정의 출처)를 파악하도록 촉진해야 한다. 자기 아동의 미래 주거 요구사항 논의를 걱정하고 있는 가족들은 최소한 서비스를 신청하고 그들이 이 중요한 조처에 보다 편안하게 직면하고 있다고 느낄 때까지는 대기자 명단에 이름을 올려놓도록 촉진되어야 한다.

3. 장애인의 지역사회 삶과 관련된 연구

장애인을 위한 주거선택은 시설과 같은 보다 더 제한적이고 분리된 선택에서부터 자기 자신만의 아파트 혹은 최소한 혹은 구체적인 지원이 아무것도 없는 가정으로 분류된다. 많은 장애인들에게는 그룹 홈에 배치 및 보다 더 광범위한 지역사회 주거 서비스제공자들에 의해 운용되는 지역사회에 토대를 둔 주거가 첫 번째 선택이다. Taylor, Bogdan 및 Racino(1991) 등은 1980년대 중반에서 1990년대 초기까지의 추세는 장애인이 자기 가정에서 지원하는 추세이었거나 혹은 그룹 홈 배치에 반대해서 장애인 가족들과 함께 지원을 제공하는 추세였다고 지적했다. 이들 연구자들은 또한 그들이 문제가 있다고 생각하는 기관들이 운영하는 주거시설의 몇 가지 특징을 기술했다.

1. 이들 시설 혹은 그룹 홈은 전형적으로 기관이 소유하거나 혹은 기관이 임대한 곳에 살고 있는 개인에게 소유나 임대를 허용하지 않는다는 것이다.

2. 이들 시설은 재정 혹은 주 정부의 다른 기관들에 의해 허가받은 혹은 공인된 것인데, 이것은 결정이 주로 시설에 살지 않을 사람들에 의해 행해지기 때문에 그 시설에 주거할 사람들이 행할 선택을 제한하는 경향이 있다.
3. 이들 시설에는 기관소속의 직원들이 직원으로 근무하고 있는데 이들은 왜냐하면 기관운영을 설명할 수 있기 때문인데 반드시 직원들이 주거인들에게 지원제공에 대해 설명하는 것은 아니다.
4. 직원의 비율은 개별적 지원요구가 아니라 주거인들의 집단요구에 토대를 두고 있다.
5. 특정시설은 보다 더 큰 혹은 더 작은 지원 혹은 서비스를 필요로 하는 사람에게 지원하도록 고안되는데 핵심은 개인이 살고 있는 장소는 개인에게 요구되는 지원과 필연적으로 연관된다.
6. 기관들로부터의 필수적인 재정은 개별 주거인과의 관련이 아니라 전형적으로 시설과 관련해서 묶여져 있다. 그래서 만약 개인이 이동하면, 서비스를 위한 재정이 그 개인을 따라가지 않을 수도 있다.
7. 재정과 개별 서비스계획의 연관성이 종종 미약하다.

기관이 운영하고 지역사회에 토대를 둔 주거시설과 관련된 이들 잠재적인 도전은 이전에 언급한 추세를 보다 더 작고 개별화된 삶의 배치로 이끌었다. Rosenau(2004)는 만성적으로 복잡한 지원이 필요한 사람들이 "...그들이 들어가 살 특정한 종류의 건물과 유사하게 복잡한 요구를 가진 타인들과 함께 살아야 한다는 ..." 사회의 "잘못된 믿음"에 의문을 제기했다(p.8). 이 연구자는 보다 제한적인 시설에서 실제로 어떤 일이 일어나는가에 대한 정밀한 분석을 통한 기록이 수행되어야 한다고 계속 주장하고 또 그런 분석은 보다 더 제한적인 시설에서 발생하는 어떤 일이 반복될 수 있다는 것과 그곳에 살고 있는 사람들에 의해 통제되는 가정환경에서도 개선될 수 있다는 것을 보여줄 것이라고 계속 주장한다. Kennedy(2004)는 기관이 운영하는 주거프로그램에서 생활하는 것에 관한 개인 견해를 피력했고 "체제 밖에서" 살아가는 것이 더 바람직한데 왜냐하면 이것은 직원들의 통제 없이 그가 더 나은 선택과 결정을 할 수 있기 때문이고 그가 자신을 지원해줄 직원을 선택하고 채용할 수 있기 때문이라고 결론을 내렸다.

기관이 운영하는 시설에 반대되는 더욱 소수의 사람들에 의해 통제되는 가정이란 추세는 선택, 통제 및 삶의 질이란 중요한 문제를 제기했다. Howe, Horner와 Newton(1998) 등은 Oregon주가 지원하는 생활 및 전통적인 주거서비스를 비교했다. 그들의 연구에서 지원하는 생활에 배치된 20명과 전통적인 주거서비스를 받는 20명을 비교했다. 그들의 연구는 지원하는 생활로 살고 있는 사람들이 지역사회 활동에 더 많은 다양성을 가졌고, 지역사회 활동에 더 많이 참여했고, 좋아하는 지역사회 활동에 더 많이 참여했으며, 더 많은 수의 사람들과 상호작용하고 관계를 맺었다는 것을 보여주었다. 그들은 또한 전통적인 주거서비스를 받는 사람들과 비슷한 비용으로 이들 이점을 얻는다는 것을 발견했다. Stancliffe, Abery 및 Smith(2000) 등은 Minnesota주의 지역사회에서 살고 있는 74명 성인들의 개별적인 통제를 측정했다. 그들이 행한 연구는 지원하는 생활을 통해 반쯤 독립된 생활을 하고 있는 사람들이 가정과 지역사회에 토대를 둔 공개적인 이동(Home and Community-Based Waiver: HCBW)담당부서로부터 자금지원을 받는 환경에 살고 있는 사람들보다도 더 개별적인 통제를 갖는다는 것을 나타냈고, 그리고 HCBW의 자금지원을 받는 프로그램에 임한 사람들이 지적장애인을 위한 돌봄 중재시설(Intermediate Care Facilities: ICF-MR)로부터 재정지원을 받는 주거지에 사는 사람들보다는 더 큰 통제력을 갖는다는 것을 보여주었다. 이 연구의 핵심은 더 강력한 프로그램과 서비스를 제공하는 주거환경이 또한 그런 서비스를 받고 있는 사람들의 개별적인 통제를 제한하는 경향이 있다는 것을 암시한다. Stancliff(1997)는 호주에 살고 있는 장애인들의 주거크기와 선택간의 관계를 분석했다. 자신의 분석에서 1~5명까지 살고 있는 주거지가 선택이란 차원에 따라 분석되었고, 그 결과는 더 작은 수의 사람들이 사는 주거지가 더 큰 선택을 활용한다는 것을 보여주었고, 직원의 지원 없이 장기적인 환경에서 선택이 증가한다는 것을 보여준다. Duvdevany, Ben-Zur 및 Ambar(2002) 등은 Israel에서 부모 집에서 살거나 혹은 그룹 홈에 살고 있는 경도 및 중도의 지적장애 성인들의 자기결정 수준을 비교했다. 그룹 홈에 살고 있는 사람들이 가기결정 측정에서 점수가 더 낮았다. 연구자들은 현재 주거프로그램이 과도하게 구조화되어 있고 과보호를 하고 있어서 사람들이 의미 있는 선택을 할 기회제공을 충분히 강조할 수가 없다는 것을 보여준다. 이들 연구들은 장애인들에게 편안함, 개별화 및 정상인들이 전형적으로 가정에서 원하는 통제를 제공하는 자신만의 가정을 찾도록 도와주는 지속적인 노력을 보여준다. 하지만, 이런 경향에도 불구하고 일련의 주거선택이 계속해서 활용되어야 하고 장애인과 그들 가족들에게는 서비스 수혜를 기다리고 있는 대기자 명단이 만성적인 도전이 될 것이다. 그래서 비록 장애인들이 최상의 가정생활 환경을 원하기는 하지만 그들은 종종 차선책인 주거프로그램을 획득할 만큼 운 좋은 사람들이다.

다른 연구들은 가족들이 살고 있는 가정으로부터 주거배치가 장애인과 그의 가족들에게 미치는 영향을 강조했다. Baker와 Blacher(2002)는 지적장애인의 주거배치에 따른 그 가족들의 적응을 연구했다. 비록 가족들이 가정을 나와 주거배치를 하는 것에 찬성하기도 하고 반대하기도 했지만, 질문에 응답을 한 90% 이상이 주거배치가 가족들과 개인에게 대체로 긍정적이라고 응답했다. 가족들에게 그런 주거배치의 장점은 마음의 평화, 더 큰 자유 및 스트레스 감소라고 보고되었다. 기술된 단점은 가족들의 생활에 아동의 부재, 가족들과 아동의 정서적인 반응의 부재였다. Seltzer, Krauss, Hong 및 Orsmond(2001) 등은 지적장애 성인 가족들을 대상으로 장기연구를 수행했다. Massachusetts와 Wisconsin주의 461가정을 1988년과 1999년 간에 걸쳐 각 가정을 대상으로 8회씩 인터뷰가 진행되었다. 이 연구결과는 가족들이 살고 있는 가정을 떠나 주거지에 재배치하는 "개시단계(launching stage)" 는 전형적으로 가족들의 선호와 주거선택 부족 때문에 지적장애 성인들을 위해서 뒤로 미루어진다. 연구자들은 또한 가족을 떠나 배치된 후에도 나이가 들어가는 어머니들이 그들 아동의 일에 계속 참여한다는 것을 발견했고, 시간이 경과함에 따라 어머니들은 점점 더 만족하고 걱정을 덜하게 된다는 것을 알게 되었다. 그리고 그들 아동들과의 접촉은 시간이 경과함에 따라 감소된다는 것을 알았다. 그들은 또한 자매들이 장애를 가진 형제들과의 관계가 개선되고 그들 미래에 대해 훨씬 덜 비관적인 경향이 있다는 것을 발견했다. Chambers, Hughes 및 Carter(2004) 등은 8명의 중도 인지장애 고등학생들의 부모들과 8명의 형제자매들의 견해에 관한 연구를 수행했다. 비록 그들의 아동/형제자매들의 미래고용과 독립생활이 중요하다는 생각에도 불구하고, 응답자들의 예상은 그들이 보호 작업장에서 일할 것이고 계속 가족들과 함께 가정에서 살 것이라고 말했다. 연구자들의 이런 비관적인 견해는 그들의 아동/형제자매들을 위한 환경이 안전하다고 지각하는 정도뿐만 아니라 가족들이 행할 수 있는 선택에 관한 지식 부족일지도 모른다고 추측한다.

미래연구는 지역사회 생활을 위한 서로 다른 선택이 최고수준의 개인선택을 제공하는 정도 및 그들 가족들이 살고 있는 가정을 떠나는 장애인에게 자율성 제공 정도를 계속해서 강조할 것 같다. 또한 전환기에 성인기의 삶으로 전환 중인 학생은 제한된 주거선택 및 현재의 재정상태와 정책 규정이라는 제한점과 관련된 도전에 계속 직면해야 할 것 같다.

4. 지역사회 생활을 위한 기술획득

표 8.2는 사람들의 지역사회 생활에 중요한 핵심적인 기술 영역을 제시하고 있다. 이전에 지적했듯이, 이들 중 많은 기술이 부모들과 다른 가족구성원들의 지도로 가정에서 장기간 학습된다. 하지만 이들 중 많은 기술이 지역사회에 토대를 둔 학습과 같이 자연적으로 발생하는 상황에서 혹은 특별히 필요한 기술을 강조하는 수업참여를 통해서 학교에서도 학습될 수 있다. **표 8.5**는 가정생활이 강조될지도 모르는 많은 고등학교에서 활용할 수 있는 수업이나 과목을 나열한 것이다. 이들 목록은 두 가지 매우 중요한 문제를 강조하는데, 첫째, 특수교육을 받고 있는 학생이 학교에서 활용할 수 있는 전체 교육과정에 접근하는 것이고, 둘째, 학생이 통합교육을 받을 수 있는 기회를 갖는 것이다. **표 8.6**은 생활기술이 학습되거나 실천되는 고등학교에서 자연스럽게 발생하는 기회를 나열한 것이다.

학교는 학생에게 지역사회에서 생존하기 위해 그가 필요로 하는 것을 가르칠 책임이 있다. 이것은 IEP에 적합한 구성요소이고 일부 학생에게는 그것이 배울 필요가 있는 가장 중요한 기술 중 하나이다. 핵심은 장애가 있건 없건 모든 학생들을 포함해 학교가 모든 학생들이 지역사회에서 기능하도록 준비를 시킨다는 것이다. 중도 장애 학생에게는 이런 요구가 더욱 우선시된다. 그래서 학교가 필요한 기술을 어떻게 가르치는가가 지역사회에서 학생의 미래성공에 필수적인 것이 된다. 그런 기술을

표 8.5 가정생활기술 획득에 초점을 맞춘 고등학교 수준의 과정/수업

기술 영역	기술영역을 강조하는 과정/수업
1. 식사계획 및 준비	가족 및 소비자에 관한 지식
2. 자기 돌봄, 목욕 및 위생	건강
3. 청소 및 가정 돌봄	가족 및 소비자에 관한 지식 양육기술 수업
4. 청결 및 의복관리	가족 및 소비자에 관한 지식 양육기술 수업
5. 가정 재정 및 서비스	소비자에게 필요한 셈하기
6. 전화/이메일 사용	기술/컴퓨터
7. 여가활동	기술/컴퓨터
8. 안전 절차	건강
9. 시간관리 및 계획하기	모든 과목에서 성공하기 위한 필수조건
10. 타인과 협상, 자기옹호	고등학교의 모든 영역에서 성공하기 위한 필수조건

가르치는 것은 학교와 유사한 환경에서 발생할 수도 있고 혹은 그런 일이 보다 자연적 환경에서 발생할 수도 있다. 왜냐하면 장애 학생은 새로운 환경에서 일반화를 하거나 혹은 전환을 하는데 어려움이 있기 때문이고 가능하다면 자연스러운 환경에서 그런 기술을 가르치는 것이 훨씬 더 낫기 때문이다(Horner, Sprague, & Wilcox,

표 8.6 고등학교 수준에서 가정생활기술 훈련을 위해 자연적으로 발생하는 기회

기술 영역	자연적으로 발생하는 기회
1. 식사준비 및 계획	점심
2. 자기 돌봄, 목욕 및 위생	체육관, 과외의 스포츠
3. 청소 및 가정 돌보기	사물함 청결 유지하기 가게 및 기타 교실 청결 유지하기
4. 청소 및 옷 관리하기	체육관, 과외의 스포츠
5. 가정 재정 및 서비스	수학 수업, 학교의 간이식당
6. 전화/이메일 사용	기술/컴퓨터
7. 여가활동	점심
8. 안전 절차	불 관리 및 기타 훈련
9. 시간관리 및 계획하기	하루 종일 일과를 통해 수업시간에 맞추기
10. 타인과 협상, 자기옹호	하루 종일 일과를 통해

1982; Steere, 1997; Stokes & Baer, 1977). 학생에게 가정생활 및 일상생활기술을 가르칠 때 이것을 획득하기가 어렵다. 일부 학교프로그램은 가정생활기술 교수를 위해 활용될 실제 아파트를 임대했다. 이것은 학생에게 핵심적인 기술을 가르치는 우수한 방법일 뿐만 아니라 학생이 가장 효과적인 교수를 받을 수 있도록 하기 위해 학생의 능력수준을 사정하는 교사들을 제일 먼저 도와줄 수 있다. 이것은 보다 자연적 환경에서 핵심적이고 중요한 도전을 강조하는 매우 효과적인 방법 중 하나이다.

학생이 필요한 지역사회기술을 배움에 있어 학교가 그를 도와줄 수 있다는 것 이외에도 성공적인 가정생활기술 획득에 가족이 얼마나 중요한가는 아무리 강조해도 결코 지나친 게 아니다. 이들 기술 가운데 많은 것들이 궁극적으로 학습되고 그 복잡성이 증가되고(예를 들면, 가정의 재정기술), 가족은 전형적으로 이들 기술 중 몇 가지를 가르치는 최고의 위치에 있다. 가족은 또한 자연적 환경 즉 가정에서 반복되는 모델링을 통해 가정생활기술을 가르칠 수 있다는 장점을 지니고 있다.

Steere와 Burcroff(2004)는 가정생활기술이 기능을 발휘하기 위해서는 다양한 방식으로 수행되어야 한다고 지적했다. 예를 들면, 계산서에 맞게 돈을 지불하는 것은 매우 중요하지만, 그렇게 하는 능력은 그가 계산서를 이해하고 어떤 계산서에 돈을 지불하고 또 계산서와 쓰레기 취급을 받는 광고하는 우편 광고물을 구분할 때에만 비로소 그런 기능을 발휘하게 된다. 이처럼 요리법을 읽는 것도 전형적으로 다양한 방식으로 행해지는 기술이다. **표 8.7**은 전형적으로 다양한 방식으로 행해지는 기술을 보여준다.

5. 지역사회 생활을 위한 전환계획

가정생활은 전환 IEP에 포함되는 학교 졸업 후의 중요한 성과 영역 중 하나이다. 전환계획 팀은 학생과 그의 가족들에게 학생이 가정을 떠난 후에 그가 미래에 어디서 살 것인가라는 결정을 지원하는 것이 필수적이다. 중등교육 이후의 교육을 받으려고 하는 일부 학생들에게는 대학생활의 처음 1~2년간은 기숙사 생활에 초점이 맞추어질 수도 있다. 다른 일부 학생들에게는 가정 밖으로 이동해 가는 것이 돈을 버는

표 8.7 다양한 방식으로 수행되는 가정생활 기술

기술 영역	다양한 방식으로 수행되는 활동
1. 식사계획 및 준비	요리법 읽기
	스토브/오븐 이용하기
2. 자기 돌봄, 목욕 및 위생	수도꼭지와 욕실의 다른 기구 이용하기
	면도하기
3. 청소 및 가정 돌봄	진공청소기 사용
	다른 유형의 용기에 들어있는 청소용품 사용
4. 청소 및 옷 관리하기	세탁기, 건조기 사용
5. 가정 재정 및 서비스	청구서 읽기
6. 전화/이메일 사용	다른 유형의 전화기 사용
7. 여가활동	다른 유형의 리모컨 사용
8. 안전 절차	다른 유형의 연기 및 일산화탄소 경고에 반응하기
9. 시간관리 및 계획하기	다른 유형의 달력 사용
10. 타인과 협상, 자기옹호	룸메이트 대 이웃들과 협상하기

일자리를 얻는 것보다 더 높은 우선권을 가지지 않을 수도 있고 그가 예측할 수 있는 미래를 위해 가정에서 살기를 원할지도 모른다. 더욱 중도 장애 학생에게는 오랫동안 기다려야 할지도 모르는 서비스 지원을 위해 특수교육 수혜를 마치기 몇 년 전에 사전계획이 필요하다.

이런 상황에도 불구하고, 전환계획은 무시되어서는 안 되고 비록 학생이 몇 년 동안 가정을 떠나지 않는다고 하더라도 이런 IEP부분(가정생활 혹은 주거생활 성과 진술)이 IEP개발과정에 완성되는 것이 중요하다. 전환계획의 모든 영역처럼 사전계획과 준비가 최상의 전략이다. 또한 학생을 지원하는 전문가들뿐만 아니라 학생과 그의 가족들이 이 영역의 전환계획에 효율성을 증가시키기 위해 취할 수 있는 많은 조처가 있다. 이들 조처는 **표 8.8**에 제시된다.

6. 지역사회 연관 및 참여

집, 아파트, 지원하는 아파트 혹은 그룹 홈이든지 간에 가정은 광의의 지역사회 맥락

표 8.8 가정생활을 위한 전환계획의 효율성 증가를 위한 조처

학생과 가족들이 취해야 할 조처

- 대학의 기숙사 방을 방문하고 방을 둘러보기
- 지역의 집단 그룹 홈 및 지원하는 생활프로그램을 방문하고 둘러보기
- 학생의 잡다한 일과 다른 가정생활기술을 완성하도록 그의 책임이 끊임없이 증가되고 있다는 사실을 학생에게 확실히 알려주도록 하라.
- 학생을 위해 당좌예금계좌 혹은 보통예금을 시작하고 가정의 재정기술을 가르치기 시작하라.

전문가들이 취해야 할 조처

- 학생과 가족들에게 주거 서비스제공자들 및 프로그램에 관한 정보를 제공하라.
- 학생과 가족들에게 어떻게 서비스 수혜를 지원 하는가 및 대기자 명단에 어떻게 이름을 올리는가에 관한 정보를 제공하라.
- 학생이 표적수업 혹은 자연적으로 발생하는 기회를 통해 재학 중에 중요한 기술을 배우도록 도와주라.

에 존재한다. 궁극적으로는, 살아갈 안전하고 만족스러운 장소를 갖는 것은 가정이 위치한 지역사회 안에서 뿐만 아니라 가정에서 편안함을 느끼는 것이다. 지역사회 구성원이라는 의식은 또한 지역사회의 서로 다른 타인들과 장소들이 연관성을 가질 때 증대되고 촉진된다(Mount & Zwernik, 1988). 그래서 전환기 학생이 그의 가족들이 살고 있는 지역사회 밖의 새로운 지역사회로 성공적으로 이동해 가도록 학생을 돕는 것이 중요하다.

사람들이 새로운 가정으로 재배치될 때, 그들은 전형적으로 이 새로운 지역사회의 가정에서 중요한 연관성을 다시 확립해야 한다. 이들 연관은 성공하는데 필요한 중요한 물품 및 서비스를 포함한다. 예를 들면, **표 8.9**는 새로운 지역사회로 이동하자마자 일반적으로 획득되어야 할 중요한 지역사회 연관성을 나열한다. 이들 연관성은 두 가지 수준에서 획득된다. 첫째, 초기 확립이 되는데 예를 들면, 은행계좌 개설, 처음으로 의사 진찰받기, 혹은 지역의 극장 위치 알아내기 등이다. 둘째 수준은 개인이 지역사회 자원을 규칙적으로 활용함으로써 지역사회 구성원이라고 인식될 때 확립된다. 개인이 정식으로 지역사회 구성원이 되었다는 것을 가리키는 것들이 몇 가지 있고 그래서 지역사회에서도 그렇다고 인식된다.

표 8.9 새로운 지역사회로 전환할 때 확립해야 할 지역사회와의 연관성

건강돌봄 서비스

- 내과의사(일반 개업의사 혹은 필요하다면 전문의)
- 치과의사

재정적인 서비스

- 당좌예금계좌 및/혹은 보통예금을 위한 은행
- 현금인출을 위한 지역의 현금인출기(ATM)

우편 서비스

- 지역의 우체국
- 지역의 우편배달부

자기 돌봄 서비스

- 헤어디자이너
- 건강 혹은 운동클럽

음식과 기타 서비스

- 채소가게/슈퍼마켓
- 철물점
- 편의점
- 백화점

오락 서비스

- 도서관
- 비디오 가게
- 식당
- 영화관

종교적인 서비스

- 교회
- 유대인 교회
- 모스크
- 절

- 지역사회 사람들이 개인의 얼굴을 알아보고 "안녕하세요."라고 말한다.
- 지역사회 사람들이 개인의 이름을 기억한다.
- 지역사회 사람들이 개인에게 "어디 다녀왔습니까?"라고 묻는다.
- 지역사회 사람들이 개인이 질문하기를 기대한다.
- 지역사회 사람들이 먼 거리에서 개인에게 손을 흔든다.

O'Brien(1987)은 지역사회의 존재와 참여의 중요성을 기술했다. 이들 두 개념을 구분하는 것이 도움이 된다. 지역사회의 존재는 장애가 없는 타인들과 함께 지역

사회의 존재를 공유하는 것을 의미하는 반면에 지역사회 참여는 다른 지역사회 구성원들과 반복되는 상호작용을 함의한다. 청소년들은 성인생활로 전환하도록 도와줌에 있어, 그가 현재 및 새로운 가정이 있는 지역사회에 참여가 어느 정도인지를 계속해서 사정하는 것이 중요하다.

학생 자신이 선택한 사람들과 가정에서 살아갈 가능성이 많다는 것에 주목해야 한다. 종종, 학생 혹은 그의 가족들이 그것을 감당할 수 있다면, 장애인은 그 자신만의 가정을 소유할 수 있고 장애 여부와 관계없이 타인들과 그 경비를 분담할 수 있다. 또한 장애인이 연방주택 및 도시개발(Federal Housing and Urban Development: HUD) 프로그램을 통해 가정을 구하거나 혹은 임대하는 더욱 세분화된 정부가 제공하는 많은 선택들이 있다. 이에 관한 더 많은 정보를 얻기 위해서는 이들 선택과 다른 선택들이 기술된 HUD 웹사이트(www. HUD.gov)를 방문하라. 주거와 지역사회 생활과 관련된 이런 저런 기타 문제에는 학교와 교사들이 거의 참석을 하지 않는다는 점과 아마 이것은 그들의 역할과 책임을 넘어서는 것이지만 많은 선택이 있다는 것을 아는 것은 교사가 지역사회 기관들이 돌보는 학생을 옹호하고 이 분야에 전문적인 지식을 갖고 있는 사례 관리자들에게 올바른 질문을 하도록 도울 수가 있다.

7. 영희와 철수

영 희

영희가 대학생활을 시작했을 때, 그녀가 직면한 가장 큰 도전 가운데 하나는 혼자 살아가는데 익숙해지는 것이었다. 처음에 그녀는 전 과정; 대학 신분증 획득, 간이식당 위치 파악, 그녀 식사 계획에 맞추어 식사비용을 어떻게 산출하는가 알아내기, 기숙사 어디에서 세탁하는지 알아내기, 기타 등등 때문에 당황했다. 또 가족들이 보고 싶어 다소 외로웠는데 이것이 그녀 대학 1학년의 첫 몇 주 동안을 힘들게 만들었다. 하지만 시간이 경과함에 따라 이런 활동이 제2의 천성이 되었다. 영희에게는 완전히 낯선 사람들과 함께 기숙사에서 살아야 하는 것이 새로운 일이 되었다. 비록 그들이 친한 친구가 아니긴 했지만 운 좋게도 그녀는 지명된 룸메이트와 아주 잘 지내게 되었다. 하지만 영희는 기숙사에서 다른 친구를 찾아냈고, 그녀와 함께 대학 1학년 동안에 우정을 발전시키게 되었다.

대학 2학년과 3학년에서, 영희는 한 친구와 함께 대학 캠퍼스에서 좀 떨어진 곳에 있는 아파트에서 함께 살았다. 이것은 제시간에 임대료 지불하기, 난방비와 전기료 지불하기, 밤에 혹은 그들이 수강하기 위해 집을 떠날 때 아파트의 안전여부 확인 등을 포함해 부가적인 기술의 학습이 포함되었다. 그녀와 그녀 친구는 여전히 사이가 좋았지만 아파트를 깨끗하게 유지하기 및 쇼핑에 대한 다소간의 책임과 의무를 분담하기 위해 협상을 해야 했다. 그들은 세탁을 하기 위해 지역사회로 외출해야 했고, 그래서 이일에 좀 더 많은 시간과 노력이 들었다. 그들 두 사람이 다 자동차를 소유했는데 이것은 연료비와 보험료에 돈이 더 많이 지불된다는 것을 의미했다. 영희는 이 모든 비용을 지불하기 위해 지역식당에서 일해야 했는데 이것이 그녀에게서 더 많은 시간을 빼앗아 갔다. 학교공부, 일하기 및 이들 모든 책임을 떠맡는 사이에 그녀는 휴식을 취할 시간이 거의 없다는 것을 알게 되었다.

철 수

철수를 지원하는 사람들은 지난 몇 년간에 걸쳐 규칙적으로 모임을 가져왔는데 이것은 철수의 가족들에게는 엄청난 지원이 되었다. 이제 그는 20살이고 특수학교의 마지막 해가 시작되었다. 그의 교육과정의 주요한 부분은 학교에서 일하는 직업안내원의 지원을 받아서 지역사회에 토대를 둔 고용 훈련장에서 일하기가 포함되었다. 직업재활상담원이 마지막 해의 IEP모임에 참석했고 철수가 졸업하자마자 곧 지역서비스제공기관이 지원하는 고용 서비스를 수혜하게 될 훌륭한 지원자라는데 그가 동의했다. 그래서 비록 아직도 갈 길이 멀기는 했지만 그의 생활에서 직업이 곧 생길 것처럼 보였다.

지역사회 생활이라는 관점에서 철수의 가족들은 그가 가족들과 함께 살고 있는 가정 밖으로 이동해 갈 준비가 되어 있다는 사실에 절대로 동의할 수가 없었다. 철수의 아버지는 그가 다치거나 혹은 타인이 철수를 단순히 이해하질 못할 것이고 무엇이 그를 행복하게 할 것인가에 관심이 있었다. 이것이 가족들 간에 논쟁점이 되어 왔다 왜냐하면 철수의 어머니는 철수가 가족들이 사는 가정 밖으로 이동해 가는 것이 그에게 좋을 것이라고 생각하는 반면에 아버지는 아직도 여전히 마음 내키지 않아하고 있다. 다행히 철수의 부모들은 학교 전환조정자인 Ellen을 믿었고 철수의 어머니는 만약 가족들이 철수가 이동해 가도록 그를 준비시켜야 할 때가 오게 되면 그 기다림이 단축되도록 하기 위해서 적어도 발달장애사무소(Developmental Disabilities office)에 서비스를 신청하도록 가족들을 설득했다. 이렇게 하는 동안에 그들은 가정에서 여러 가지 잡다한 일들을 완성하도록 철수의 책임감을 계속해서 증가시켰다. 그는 이제 식탁을 차리고, 식기 세척기 안에 있는 더렵혀진 접시 쌓기를 돕고, 자기 방을 정리하고 어머니가 옷을 세탁하고 말리는 것을 돕는다. 비록 아직도 촉진이 더 필요하기는 했지만 그의 이런 일들 수행이 계속 향상되고 있었다.

어느 날 밤에 철수 아버지는 철수가 설거지하는 것을 보고는 자기 아들이 실질적으로 혼자 성장하고 있는 중이고 언젠가는 철수 자신만의 가정으로 이동해 갈 것이라고 생각했다. 한편으로 이것은 철수 아버지에게는 놀라운 생각이지만 다른 한편으로 그는 철수가 가능하면 최대한으로 성인기를 포함해서 삶을 경험하면서 선택사항을 받아들이기를 원한다.

요 약

이 장은 장애인이 자신의 가정에서 지역사회 생활로 이동해 가는 것에 초점을 맞추었다. 이일은 핵심적인 일이고 전환 중에 가장 한정된 기간 중 하나이다. 장애 학생이 가족들과 함께 살고 있는 가정을 떠나 그들의 첫 번째 진정한 의미의 가정을 찾아내기 전에 몇 번의 이동이 있을지도 모를 일이다. 장애가 있건 없건 간에 모든 젊은이들은 보다 독립적으로 살기 위해서는 많은 기술을 배울 필요가 있다. 중도장애 청소년들이 지역사회에서 가능한 독립적으로 살아가기 위해서는 장기적인 지원이 요구된다. 이들 개인에게 그가 살아가는 생활환경에서 가능한 많은 선택과 통제를 그에게 제공해주기 위해서 생활을 지원하는 여러 가지 원칙에 맞게 지원이 제공되어야 한다. 개인은 오직 가정이 아닌 지역사회에서 살아가기 때문에 장애 청소년들은 그가 사는 지역사회와 보다 더 많은 연관성을 가지기 위해서(즉 다시 말하면, 지역사회에 살고 참여하는 것) 여러 가지 단계를 거치는 것이 중요하다. 마지막으로, 청소년들이 지역사회의 성인생활을 준비하도록 그들을 도움에 있어 가족들의 핵심적인 역할의 중요성은 아무리 강조해도 결코 지나치지 않는다.

응용활동

아래 나열된 응용활동은 전환 중에 지속적인 학습과 기술발달에 핵심적인 것들이다. 각각의 활동은 여러분의 시간과 에너지를 요구할 것이지만 이 분야에 전문적인 기술이 발달되도록 도와줄 것이다.

실천과 이해 촉진을 위해

1주일 전 기간을 활용하여, 여러분이 방문할 지역사회의 여러 장소들을 나열하라. 각각의 장소를 여러분이 몇 번 방문할 것인지, 왜 여러 번 그 장소에 가는지를 주목해보라. 이들 장소들 중 여러분이 "통상적(regular)"이라고 인식되고 생각되는 장소들은 어디입니까?

뒤돌아가 여러분이 처음 가정을 떠나 살아 온 아파트나 집의 횟수에 대한 목록을 만들도록 하라. 이들 가운데 정말로 여러분의 "가정(home)"이라고 느껴 본 것은 몇 번입니까? 여러분은 한 장소에서 다른 장소로 왜 이동했습니까?

여러분의 포트폴리오를 위해

만약 여러분이 현재 전환기 학생과 함께 일하고 있다면, 여러분이 살고 있는 지역사회를 조사하고 장애인이 지역사회에 살고 참여할 수 있도록 도와주는 서비스를 제공하는 목록을 만들도록 하라. 이들 기관들이 운영을 돕는 지역사회의 주거유형들을 찾아보라. 이들 프로그램에 직원들은 어떻게 배치되는가? 서비스 신청을 위한 과정은 무엇인가?

특히 대학 1학년 동안에 지역의 전문대학, 대학교에서 학생에게 그들이 제공하는 주거 서비스는 무엇인가를 찾아보라. 만약 여러분이 대학에 재학 중인 사람을 알고 있다면, 그들이 기숙사에서 살고 있는 생활이 어떤지 및 대학교 안에서 생활하는 장점과 단점은 무엇인지 그들에게 물어보라. 이들 질문을 고려해보라. 학생의 대학 1학년 동안에 왜 많은 대학들이 집에서 통근하지 않는 학생들에게 캠퍼스에서 살아가길 요구하는가?

관련 자료와 웹사이트

아래 관련 자료와 웹사이트는 장애인이 그의 지역사회의 그 자신만의 가정으로 이동해 가도록 여러분들이 어떻게 돕는가에 관한 지식을 확장시켜 줄 것이다. 여러분의 포트폴리오에 이들 관련 자료 포함을 고려하라.

Beach Center on Disabilities

장애인 가족들에 관한 정보. 미국 전역의 모든 주에 있는 부모 대 부모(Parent to Parent) 및 다른 기관들의 전국적인 목록을 포함.

www.beachcenter.org

Federal Housing and Urban Development

www.HUD.GOV

AAMR

지적장애인에 관한 정보와 옹호. 지역 분회에 연결망을 포함.

www.aamr.org

ARC of the United States

지적장애인과 발달장애인에 관한 정보와 옹호. 지역 분회에 연결망 포함.

www.thearc.org

TASH

장애인 특히 중등도 장애와 중복 장애인을 위한 정보와 옹호. 지역 분회에 연결망 포함.

www.tash.org

New Freedom Initiative's Online Resource

장애인을 위한 정보와 자료에 접근케 해주는 연방정부의 관계부처들 간의 웹사이트.

www.disabilitiyinfo.gov

World Institute in Disability

www.lid.org

Syracuse University Center on Human Policy

지원하는 생활에 관한 전공논문 및 정보를 찾아보라.

www.thechp.syr.edu

Institute on Community Integration(University of Minnesota)

발달장애와 기타 장애인과 그들 가족들이 활용할 수 있는 지역사회 서비스 및 사회적인 지원을 향상시킬 수 있는 방법에 관한 정보.

www.ici.edu

Institute on Community Inclusion

장애 아동과 성인이 지역사회의 전 영역에 참여할 수 있는 권리를 지원함. 장애인의 통합을 촉진시키는 효율적인 전략에 관한 연구와 교육수행.

www.communityinclusion.org

Center for Housing and New Community Economics(CHANCE)

개인적인 조력과 지원하는 서비스와는 별도로 통합된, 적절한, 접근 가능한 주택에 대한 접근성을 향상시키고 증가시키는 것이 임무.

www.alliance.unh.edu

Independent Living Institute

독립생활을 통한 자기결정의 증진.

www.independentliving.org

Independent Living USA

이 사이트는 미국 전역의 모든 독립생활센터를 나열함.

www.ilusa.com

참고 문헌

Baker, B., & Blacher, J. (2002). For better or worse? Impact of residential placement on families. *Mental Retardation*, *40*, 1-13.

Blacher, J. (2001). Transition to adulthood: Mental retardation, families, and culture. *American Journal on Mental Retardation*, *106*, 173-188.

Chambers, C., Hughes, C., & Carter, F. (2004). Parent and sibling perspectives on transition to adulthood. *Education and Training in Developmental Disabilities*, *39*, 79-94.

Clark, G., Field, S., Patton, J., Brolin, D., & Sitlington, P. (1994). Life skills instruction: A necessary component for all students with disabilities: A position statement of the Division on Career Development and Transition. *Career Development for Exceptional Individuals*, *17*, 125-134.

Cooney, B. (2002). Exploring perspectives on transition of youth with disabilities: Voices of young adults, parents, and professionals. *Mental Retardation*, *40*, 425-435.

Duvdevany, I., Ben-Zur, H., & Ambar, A. (2002). Self-determination and mental retardation: Is there an association with living arrangement and lifestyle satisfaction? *Mental Retardation*, *40*, 379-389.

Ferguson, P., Ferguson, D., & Jones, D. (1988). Generations of hope: Parental perspectives on the transitions of their children with severe retardation from school to adult life. *Journal of the Association for Persons with Severe Handicaps*, *13*, 177-187.

Horner, R. H., Sprague, J., & Wilcox, B. (1982). General-case programming for community activities. In B. Wilcox & G. T. Bellamy (Eds.), *Design of high school programs for severely handicapped persons* (pp. 61-98). Baltimore: Paul Brookes.

Howe, J., Homer, R., & Newton, S. (1998). Comparison of supported living and traditional residential services in the state of Oregon. *Mental Retardation*, *36*, 1-11.

Kennedy, M. (2004). Living outside the system: The ups and downs of getting on with our lives. *Mental Retardation*, *42*, 229-231.

Knoll, J., & Wheeler, C. (2001). My home: Developing skills and supports for adult living. In R. Flexer, I Simmons, P Luft, & R. Baer (Eds.), *Transition planning for secondary students with disabilities* (pp. 499-539). Upper Saddle River, NJ: Merrill.

Mount, B., & Zwemnik, K. (1988). *It's never too early, it's never too late: A booklet about personal futures planning.* Mears Park Centre, MN: Metropolitan Council.

O'Brien, J. (1987). A guide to lifestyle planning: Using the Activities Catalog to integrate services and natural support systems. In B. Wilcox and G. T. Bellamy (Eds.), *The Activities Catalog: An alternative curriculum design for youth and adults with severe disabilities* (pp. 175-189). Baltimore: Paul Brookes.

O'Brien, J. (1993). *Supported living: What's the Difference?* Decatur, Georgia: Responsive Systems Associates, Inc.

O'Brien, J. (1994). Down stairs that are never your own: Supporting people with developmental disabilities in their own homes. *Mental Retardation*, *32*, 1-6.

Racino, J., Taylor, S., Walker, F, & O'Connor, S. (1993). Introduction. In J. Racino, P. Walker, S. O'Connor, & S. Taylor (Eds.), *Housing, support, and community: Choices and strategies for adults with disabilities* (pp. 1-30). Baltimore: Paul Brookes.

Racino, J., & Walker, P (1993). "Whose life is it anyway?": Life planning, choices, and decision making. In J. Racino, P Walker, S. O'Connor, & S. Taylor (Eds.), *Housing, support, and community: Choices and strategies for adults with disabilities* (pp. 57-80). Baltimore: Paul Brookes.

Racino, J., Walker, F, O'Connor, S., & Taylor, 5. (1993). Housing, support, and community: Choices and strategies for adults with disabilities. Baltimore: Paul Brookes.

Rosenau, N. (2004). "But aren't there some people... ?": Dispelling the myth. *TASH*

Connections, *30*, 8–10.

Seltzer, M., Krauss, M., Hong, J., & Orsmond, G. (2001). Continuity or discontinuity or family involvement following residential transitions of adults who have mental retardation. *Mental Retardation*, *39*, 181–194.

Stancliffe, R. (1997). Community living–unit size, staff presence, and residents' choice–making. *Mental Retardation*, *35*, 1–9.

Stancliffe, R., Abery, B., & Smith, J. (2000). Personal control and the ecology of community living settings: Beyond living–unit size and type. *American Journal on Mental Retardation*, *105*, 431–454.

Steere, D. (1997). *Increasing variety in adult life: A general–case approach* (Innovations, issue # 10). Washington, DC: American Association on Mental Retardation.

Steere, D., & Burcroff, T. (2004). Living at home: Skills for independence. In P. Wehman & J. Kregel (Eds.), *Functional curriculum for elementary, middle, & secondary age students with special needs* (2nd ed.) (pp. 293–316). Austin, TX: Pro–Ed.

Stokes, T., & Baer, D. (1977). An implicit technology of generalization. *Journal of Applied Behavior Analysis*, *10*, 349–367.

Szymanski, E. (1994). Transition: Life span and life space considerations for empowerment. *Exceptional Children*, *60*, 402–410.

Szymanski, E. (1995). *Transition from school to adulthood*. Presentation at the Statewide Conference on Transition from School to Work, Montana State University–Billings.

Taylor, S. (1988). Caught in the continuum: A critical analysis of the principle of least restrictive environment. *Journal of the Association for Persons with Severe Handicaps*, *13*, 41–53.

Taylor, S., Bogdan, R., & Racino, J. (1991). *Life in the community: Case studies of organizations supporting people with disabilities*. Baltimore: Paul Brookes.

Thorin, G., & Irvin, L. (1992). Family stress associated with the transition to adulthood of young people with severe disabilities. *Journal of the Association for Persons with Severe Handicaps*, *17*, 31–39.

9

지역사회 통합고용을 위한 모델

장의 목표

1. 지원고용의 과정 및 다양한 유형의 지원고용 모델을 기술할 수 있다.
2. 경도장애에서 중도장애인을 위한 효과적인 프로그램으로써 지원고용이 어떻게 운용되는가를 기술할 수 있다.
3. 가장 효율적인 직업성과를 얻어내기 위해 학생과 그 가족들이 학생의 흥미와 요구 수준을 가장 잘 만족시켜 주는 프로그램을 찾아내게 돕는 사정 전략을 활용할 수 있다.
4. 장애인이 지역사회에서 유급고용 일자리를 획득할 수 있도록 도와주기 위해 현재 지역사회 직업서비스 프로그램으로 활용되고 있는 다양한 유형의 성인 직업모델을 더 많이 이해한다.

장의 핵심 주제

- 자기결정: 이 장을 읽는 동안에 소비자의 선택이 지역사회의 성공적인 고용을 위해서 얼마나 핵심적인 구성요소인가를 주목해보라. 성인생활의 다른 측면에서처럼 학생이 그 자신의 직업발달 과정에 더 많은 책임을 지면 질수록, 그는 더욱 성공적인 사람이 될 것이다.
- 지역사회통합: 장애인이 통합된 지역사회 환경에서 직업 찾기 도움 제공에 관한

것이다. 그래서 지원고용의 핵심적인 요소 중 하나는 직업을 통해 사회적인 통합을 이루는 것이다.

- 진로의 촉진: 대부분의 사람들은 단순히 일자리를 원하는 것이 아니라 그들에게 만족감을 주는 직업을 원한다. 이 장에서 수직적인 직업발달과 수평적인 직업발달의 차이점을 찾아보라.
- 지원고용 모델: 다양한 중도장애인 요구를 최상으로 만족시키기 위한 서로 다른 지원고용 연구방법 및 모델들이 개발되어 왔다. 이들 모델들 간의 차이점은 무엇이고 각각의 모델들의 상대적인 장점과 단점은 무엇인가?

1. 철수는 일하기를 원한다

철수는 졸업이 임박하다. 그가 다니는 학교의 마지막 해이고, 그의 어머니는 철수가 유급직장에 고용되기를 원하고 비록 그런 일이 가능하다고 하더라도 그는 신체 및 인지적인 문제가 있기 때문에 어떻게 해야 이 일이 이루어질지 확신할 수가 없다. 6장에 기술했듯이, 철수의 팀은 보호관리 하에 접시세척과 부엌일에 종사하면서 직업경험에 철수가 노출되도록 이미 배치했다. 과거에는 팀의 구성원들 중 일부 사람들이 철수의 장애가 심하다는 것 때문에 대체로 직업과 상관없는 주간 프로그램인 성인을 위한 훈련시설로 가야 한다고 확신시켜 주었다. 하지만, 지금은 팀이 철수가 지역사회 환경에서 유급 일자리를 구하도록 돕는데 의견이 일치되어 그들은 한 사람의 성인으로 훈련프로그램에서 그를 분리시키는 것은 성인생활을 완성시키는 방향으로 그가 계속 성장하지 못하게 하는 중요한 조처가 될 것이라고 생각한다. 팀은 지원고용서비스를 제공함으로써 중도장애인들과 함께 일하고 있다는 명성이 있는 성인 서비스제공기관들과 접촉했다. 그 기관의 프로그램 담당부장인 Peters씨는 철수의 고등학교 IEP모임에 참석하겠다고 동의했다.

학교는 철수를 직업경험을 할 기회에 노출시킴으로써 그가 직업선택에 대비하도록 준비시켰다. 철수가 소수집단의 사람들과 함께 일하면서 책임을 공유하게 된 이래로 최선을 다하는 것처럼 보인다. 그 외에도 철수는 이 직업경험을 즐기는 것처럼 보인다. 그의 어머니 또한 이런 경험을 즐거워하는 것 같고 그가 학교를 졸업하고 난 후에 유사한 유형의 직업에 대한 준비를 아주 잘할 것이라고 그들은 생각한다. 성인 서비스프로그램 부장인 Mr. Peters는 이런 경험이 적합하고 일단 철수가 학교를 졸업하게 되면 그는 한 사람의 성인으로 유사한 유형의 직업 프로그램에서 일할 기회가 있을 것이라고 동의

한다. Mr. Peters는 철수의 능력을 명확하게 사정하고 철수를 그들 프로그램 선택사항 중 하나와 어떻게 일치시킬 것인가를 사정하기 위한 직업사정을 제안한다. 직업사정은 지원고용의 사전 조처의 일환으로 서비스제공자가 행할 수 있는 일이라고 말할 수 있다. 한 명의 직업재활원(Vocational Rehabilitation: VR) 대표가 참석하기 때문에, Mr. Peters는 주 정부 대신 참석하는 대리인이 언급된 직업사정을 행하는 비용을 기꺼이 지불할 것인지를 묻는다. 올 해는 철수가 학교에서 성인생활로 전환하는 마지막 해이기 때문에 직업재활 대표는 이 계획과 서비스 비용부담에 동의한다.

논점은 다시 학교가 어떻게 철수로 하여금 자기 고용성과를 성취하도록 도울 것인가로 되돌아간다. 학교 교직원들은 분명히 이들 성인 서비스기관들과 협력할 필요가 있고 철수가 통합된 직업을 얻도록 준비시키는 일에 협력할 필요가 있다. 그렇게 협력함으로써 지역사회의 유급고용은 실행가능하고 획득될 수 있는 선택이 된다.

철수의 상황은 많은 학교들의 경험을 보여주고 부모들의 그들 자녀에 대한 미래상을 보여준다. 오늘날 많은 부모들은 중등도(moderate)에서 중도(severe) 장애 학생에게 이런 성과를 요구하고 있는 중이다. 이 결정에 학교가 어떻게 반응하는가는 종종 그들이 살고 있는 지역에서 가족들의 고군분투 혹은 만족감의 원천이 된다.

비록 학교에서 성인생활로의 전환이 삶의 다양한 영역에 초점을 맞추고 있긴 하지만, 고용이 아마 논의의 여지는 있지만 가장 중요한 하나의 영역이다. 사회에서 많은 사람들에게 있어 직업은 일련의 정체감과 자존감을 제공해준다(Balser, Harvey, & Hornby, 1991). 일부 사람들에게는 그것이 만족감의 원천이고 대부분의 사람들에게는 가족과 자신을 위한 수입과 지원의 원천이 된다. 고용은 사람들에게 독립과 힘을 갖는 것을 가능하게 해주는데, 왜냐하면 그들로 하여금 가치 있는 한 사람의 시민으로 간주되는 보다 더 큰 잠재력을 가진 사회구성원이 되도록 만들어주기 때문이다. 이와 같은 요인들은 장애인을 위해 고려되어야 할 사항 중 하나이고, 또 전환성과의 하나로 통합된 유급고용에 초점을 맞추는 것이 최상이다. 이 장은 통합된 환경에서 지역사회에 토대를 둔 고용을 위한 선택사항을 논의하고 기술한다. 성인 서비스제공기관들과의 상호작용에 초점을 맞춘 이전 장(5장)과 사업장과의 상호작용(6장) 등이 이 장에 관련정보를 제공한다는 것에 유념해야 한다.

2. 통합고용 기회개발에 관한 연구

교육제도의 핵심역할은 사회의 모든 아동들이 성공하도록 준비를 갖추게 하는 것인데, 즉 다시 말하면, 미국의 노동력이 되는 생산적인 시민이 되는 것이다. 하지만, 이것은 장애인에게는 이루기 어려운 성과 중 하나가 되어 왔다. 장애인은 높은 비고용 비율을 지니고 있고, 이는 지속적인 주요한 관심사 중 하나였다(Hanley-Maxwell, Pogoloff, & Whitney-Thomas, 1998; Harris Interactive, 2002). 그 외에도, 지적장애(Katsiyannis, Zhang, Woodruff, & Dixon, 2005), 정서 및 행동장애Carter & Wehby, 2003)와 학습장애(Dickinson & Verbeek, 2002)를 포함해 특정 장애 학생에게는 낮은 고용과 학업성과가 현존하는 일반적인 상황이다.

일반적으로, 대다수 교육프로그램을 수혜하기 위한 반응은 학생으로 하여금 지속적인 서비스에 토대를 둔 성인서비스를 학생이 수혜하도록 그를 준비시키는 것이었다. 이 장에서 논의할 예정인, 성인 주간프로그램은 장애인이 수혜하기가 어렵지만 더 중요한 것은 대부분의 장애인들이 지역사회 환경에서 생산적인 일을 하도록 배우는 것 및 배울 수 있다고 기대될 때 장애인이 그 프로그램 수혜에 적합한 사람이라고 생각되지는 않는다는 것이다(Wehman, 1992, 1999). 장애인이 통합된 고용으로 일련의 단계를 통해 그 스스로 길을 "찾아(earn)"내야만 하는 지속적인 성인 직업 서비스의 모델이 심각하게 문제 시 되어 왔다(Buckley & Bellamy, 1985; Murphy & Rogan, 1995; Taylor, 1988; Wehman, Brooke, & Inge, 2001). 특히, 이런 비판은 장애인이 지역사회에서 고용을 찾고 유지하도록 돕는데 보호 작업장과 성인 주간프로그램에 대한 빈약한 추적에 초점이 맞추어졌다(Michaels, 1999). 그 외에도, 시설에 토대를 둔 프로그램의 생산성 수준이 문제 시 되었다. 예를 들면, Reid, Parsons 및 Green(2001) 등은 6개 주에 있는 100개의 지역사회 집단과 시설이 운영하는 프로그램들을 관찰했다. 그들은 소비자들의 시간 중에서 대략 반 정도가 목적에 부합된 활동에 사용되고 그들 중 75%는 나이에 맞는 활동을 하면서 보낸다는 것을 알아냈다. 연구자들에 의해 제안된 권장사항 중 하나는 보호고용에 소비자들의 참여기회 증진이었다. Pendergast와 Storey(1999)는 일련의 최상의 실천지표를 사용해서 통합 대 분리된 고용환경의 개별화프로그램계획〔Individualized Program Plans (IPPs, 혹은 공식적인 계획문서)〕을 비교했다. 이런 최상의 실천은 나이에 적합한 자료, 기능적이고 핵심적인 기술에 초점 맞추기, 여러 다양한 환경과 자료 및 자연적 환경에서의 교수에 초점 맞추기 등을 포함했다. 통합 대 분리된 고용환경에서 통합된 고용에 임한 사람들이 최상의 지표에 더욱 가깝다는 것을 보여주면서 프로그램의 질에 차이가 발견되었다.

성인 직업선택의 연속모델에 대한 이러한 비판들 때문에 지원고용은 1980년대 초기(Wehman, 1981)에 장애인을 지원하는 주요한 프로그램 중 하나로 확장되었다(Wehman, West, & Kregel, 1999). 지원고용 접근법의 주요한 이점 중 하나는 증가된 소득과 사회통합의 결과로 장애 성인의 향상된 삶의 질 성취이다. 예를 들면, Kraemer, McIntyre 및 Blacher(2003) 등은 188명의 중등도에서 중도의 지적장애 성인들 삶의 질을 조사했다. 고등학교를 졸업하고 지역사회에 토대를 둔 고용을 획득한 학생이 보호 작업장에서 일하고 있는 학생보다도 대체로 더 높은 삶의 질을 누리고 있다고 했다. 지원고용이 도입된 이래로 효율성은 반복해서 입증되어 왔다(Conley, 2003; Wehman, Revell, & Kregel, 1998; Wehman et al., 2001).

더욱 최근에는 자연적 지원이란 개념이 지원고용 수행을 위한 실천방안에 도입되었다(Mank, 1996; Murphy & Rogan, 1995). Storey와 Garff(1999)는 청소년들의 경쟁고용으로 전환에 동료작업자의 교수영향에 관한 연구를 수행했다. 비장애 동료작업자를 위한 중재는 그들에게 교수적인 기술을 가르치는 것과 그들이 장애 학생들에게 새로운 과제를 가르치는 기술이 포함되었다. 일반적으로 이 연구에 참석했던 모든 학생들은 상호작용 빈도가 증가되었고 모든 학생들이 직업통합검사(Vocational Integrated Index)에 의해 측정된 사회적 통합에서도 전반적인 증가로 나타났다. 이것은 자연적 지원개념이 좋은 결과를 가져온 하나의 보기이다. 관련연구에서, Mank, Cioffi 및 Yovanoff(2000) 등은 직업코치가 있는 것은 장애인을 위한 고용 사이트의 "대표성(typicalness)"에 영향을 미친다는 결과를 살펴보았다. 일반적으로 직접적인 지원(혹은 직업코치의 존재)의 증가는 고용의 "대표성" 혹은 "자연스러움(naturalness)"을 감소시켰고, 반면에 자연적 지원의 활용은 통합을 증가시키는 경향이었다. 그 연구는 8개 주에 있는 13개 기관들에 관한 설문조사의 결과에 바탕을 두었다. 비록 이런 발견이 고용 전문가들은 장애 노동자의 사회적 통합을 방해할 것이라는 것을 암시하기는 하지만, 연구자들은, 또한 보다 높은 수준의 직접 고용 전문가들의 중재가 있음에도 불구하고, 만약 직장동료의 훈련만 있다면 봉급 및 통합의 성과는 증대될 수 있다는 것을 알아냈다. 이러한 연구들은 만약 중재노력이 장애 노동자에 의한 기술의 획득뿐만 아니라 또한 그들과 함께 일함에 있어 동료작업자 및 감독자의 기술과 책임의 증대에 초점을 맞춘다면 지원고용의 성공이 증대될 수 있다는 것을 암시한다. 동료 작업자들 및 감독자들과 함께 작업함에 있어 고용전문가의 역할은 성공을 위한 핵심적인 구성요소이다(Hagner & Cooney, 2005).

대체로, 자연적 지원이란 개념의 첨가와 함께 지원고용은 장애인을 위한 고용에서의 통합 촉진에 있어 엄청난 전망과 효율성을 보여주었다. 하지만 직업배치에서 한 가지 중요한 요인은 학생의 흥미와 그 직업에 대한 흥미를 적절하게 일치시키기 위해서는 학생에 대한 종합적인 프로파일을 완성시키는 것이다. 2장과 4장에서 학생 흥미와 열망을 알아냄에 있어 인간중심계획의 중요성을 논의했다. Menchetti와 Garcia(2003)는 83명의 지원고용 피고용자들에 관한 진로선택과 고용성과에 인간중심 진로계획이 미친 영향을 조사했다. 선택은 진술된 진로선호와 실제 고용간의 일치 정도로 측정되었다. 전체적으로 72명(83%)의 사람들은 선호 일치에 있어 높은 정도에서 중간 정도까지의 일치도를 보였다. 이러한 발견은 인간중심계획이 지원고용이 된 피고용자들이 자신들의 선택표현과 결정에 참여할 수 있는 효율적인 전략을 제공할 수 있다는 함의를 지닌다. 관련연구에서 Brady와 Rosenberg(2002)는 작업자의 특성(즉, 태도, 행동, 흥미, 기술 기타 등등)과 그 직업의 요구사항 및 고용상황 등에 바탕을 둔 직업 선택과정에서의 "꼭 일치됨(goodness of fit)"에 초점을 맞추었다. 조정과 지원의 다섯 가지 유형 혹은 범주는 증가된 일치도의 질 및 연구자들이 소위 "꼭 일치됨(goodness of fit)"이라고 이름붙인 것들이라고 밝혀졌다. 이들 범주들은 ① 과제변형 및 그 과제를 보다 훌륭하게 수행하도록 해주는 적응상의 재료 ② 복잡한 일을 단순한 일로 재구조화 ③ 직접교수 활용, 자기관리 전략 활용 및 ④ 자연적 지원전략 첨가 등이다. 이들 아이디어들은 꼭 맞는 직업일치도를 발전시키는데 고려될 수 있는 가능성을 보여준다. 이것은 또한 최상의 직업일치를 만들어내기 위해 교사 혹은 고용전문가가 반드시 갖추어야 하는 기술이다.

중도 장애인이 경쟁적인 직업세계로 들어가도록 도와줌에 있어 지원고용의 성공에도 불구하고, 분리된 성인서비스 프로그램의 활용은 지속되는 관심인 동시에 지원고용 접근의 성장은 "정체(stalled)"된 상태가 된다. Butterworth, Metzel, Boeltzig, Gilmore 및 Sulewski(2005) 등은 지역사회에 토대를 둔 통합고용 프로그램과는 반대로 발달장애를 가진 74%의 사람들이 보호 작업장, 주간 재활프로그램 및 일을 하지 않는 지역사회 통합프로그램 등의 서비스를 받았다고 보고했다. 이들 연구자들은 통합고용의 개선과 성장에 대한 풍부한 여지가 있다고 결론을 내렸다. Rusch와 Braddock(2004)은 분리된 서비스의 성장 비율은 계속 지원고용의 성장 비율을 앞서고 지원고용에 참가하는 발달장애 성인들의 백분율은 기복이 없거나 느려졌다고 보고했다. 그들은 또 분리된 서비스에 사용된 자금은 지원고용 서비스에 사용된 돈보다 대략 4배라고 보고했다. 이들 연구자들은 모든 학생들이 고등학교를 떠나서 경쟁적인 지역사회 고용 혹은 중등교육 이후의 교육으로 이동해야 한다고 권장하고 어떤 학생도 고등학교를 떠나서 분리된 서비스를 받는 곳으로 가지 말도록 권장한다.

이와 같은 연구들은 모든 학생들이 학교를 떠나 경쟁적인 직업세계로 들어갈 기회를 갖도록 하겠다는 목표에 학교와 성인서비스가 함께 부가적인 에너지에 초점을 맞출 필요가 있다는 것을 명확히 한다. 너무 종종, 교육자들과 성인 서비스전문가들 심지어 가족들까지도 중도 장애 학생이 시설에 토대를 둔 주간프로그램으로 전환해 갈 필요가 있다고 가정했고, 이런 가정은 이들 학생들이 지역사회 안에서 일할 때의 선택사항을 몹시 제한시켰다. 그 대신에, Rusch와 Braddock(2004)이 제안했듯이, 이 가정은 모든 학생들이 통합된, 월급을 받는 지역사회의 직장에서 일해야 한다. 하지만, 그런 고용의 획득은 엄청난 도전이고 그런 도전에 직면하는 것은 몇 가지 프로그램상의 구성요소가 제 자리에 있어야 할 필요가 있다: ① 가족과 학생의 포함 및 참여(Roessler, Shearin, & Williams, 2000); ② 개인요구에 토대를 둔 진로계획(Rojewski, 2002); ③ 학교에 토대를 둔 관련기관들 간 및 협력적인 전환 팀(McMahn & Baer, 2001); 및 ④ 학교졸업 후 성과실현을 보장하는 학교에 토대를 둔 프로그램 등이다. 학생이 재학 중, 학교가 학생에게 유급 직업경험을 제공하는 일에 전념할 때, 일단 학생이 학교를 졸업하면 그가 고용될 가능성은 더욱 커진다(Rabren, Dunn, & Chambers, 2002). 장애인 가족들 및 전문가들은 똑같이 지원고용과 같은 성인 서비스전략의 지속적인 성장을 강력하게 옹호해야 하고 그것은 장애인들을 경쟁적인 직업세계로의 통합을 가져오게 한다.

3. 고용 준비에 교육의 역할

학교의 궁극적 교육목표 중 하나는 모든 학생들로 하여금 진로 및 고용 준비를 시키는 것일 것이다. 학생들이 대학이나 기술학교로 진학하든지 직업이나 선택한 분야에 잠재적인 진로를 준비시킨다. 대학에 진학하지 않은 학생들에게는 조기에 직업이 현실적인 문제가 된다. 학교 진학에 대한 준비는 학생이 선택하는 과정 혹은 지역의 직업기술훈련센터로부터 받는 훈련이다. 미래진로 준비는 최종목적이 아니라 많은 학생들에게는 단지 시작이라고 생각된다.

장애 학생의 학교로부터 직업세계로의 전환은 비장애 학생들을 위해 실현가능한 성과를 만들어내는 것과 동일한 시도이다. 만약 그들이 격려를 받고 고용을 위한 적합한 준비교육을 받고 있다면, 많은 장애 학생들 및 그들의 가족들은 학교졸업 후의 선택사항으로 고용을 원한다. 그러나 많은 장애 학생들이 일을 하고 있지 않다(Harris Interactive, 2002). 일을 하고 있는 많은 장애인들도 종종 발전기회가 거의 없는 낮은 봉급을 받는 직업에 종사하고 있다(Curl, Hall, Chisholm, & Rule, 1992; Harris Interactive, 2002; Hood, Test, Spooner, & Steele, 1996; Shafer, Revell, & Isbister, 1991). 장애 학생이 직업을 갖기 위해서 학교는 특수교육 프로그램을 수혜 중인 학생을 포함해서 모든 학생들을 위한 고용을 지원해주는 일에 헌신해야 한다. 학교는 학생의 흥미와 선호에 토대를 둔 고용 준비를 지원해주는 프로그램을 고안해야 하고 학교에서 성인생활로 빈틈없는 전환을 보장하기 위해 지역사회 기관들과 협력을 촉진시켜야 한다. 결과적으로 직업교육 계획은 IEP/전환을 위한 핵심주제 가운데 하나가 될 필요가 있다. 직업기회에 대비한 계획을 세우는 동안에 효율적이라고 입증된 하나의 모델은 지원고용 모델이다. 우리가 직업적인 선택사항에 초점을 맞추면서 장애인을 위한 잠재적 고용으로 이끌 수 있는 모델의 다양한 변인들을 소개한다. 모델의 각 측면을 논의하기 때문에 장애인을 위한 고용과 유지하는 영역에 최고의 실천사항을 기술한다.

4. 지원고용

장애인의 고용 특히 중도 장애인을 위한 고용은 성취하기 어려운 성과가 되어 왔다(Harris Interactive, 2002). 우리 사회는 장애인이 생산적으로 일하고 자기 나름대로의 방식으로 삶을 유지할 것이라는 기대감을 갖고 있다. 만약 장애인이 일할 기회를 갖지 못한다면, 장애인은 항상 경제적으로 가족이나 정부보조금에 의존해야 할 것이다(Bishop & Falvey, 1989). 겉으로 보기에 "능력 있는" 혹은 "채용 가능한" 학생만을 위해서가 아니라 장애 정도에 관계없이 모든 장애인을 위해 직업이 고려되어야 한다는 것이 분명하다. 창조적이고 장애인의 능력에 대한 그들의 시각을 넓히고 기회창출을 도와주는 것은 교육자들, 서비스제공자들 및 기업가들에게 달려 있다.

장애 영역의 초기 개척자들(Bellamy, Horner, & Inman, 1979; Gold, 1972)은 적절한 교육만 제공되면 중도 장애인도 복잡한 직업상의 과제를 수행할 수 있다는 것을 보여주었다. 이 영역의 다른 지도자들도 중도 장애인이 통합 환경에서 장애인의 가치와 이익을 표현하고 있다는 것을 증명했다(Brown et al., 1984; Strain, 1983). 이들 두 가지 요인들의 결합은 지원고용의 도입과 성장에 공헌했다(Wehman, 1981). 비록 이 장의 의도가 중도 장애 학생에게만 초점을 맞추는 것이 아니기는 하지만, 이 연구와 중도 장애인이 일할 수 있다는 보기들은 이들 학생들이 일할 수 있는 기회로부터 배제되어서는 안 된다는 보장이 포함된다. 실제로, 지원고용은 중도 장애인을 위해 특별히 고안되었지만, 직업을 찾고, 획득하고 고용을 유지하는데 타인의 도움이 필요한 다양한 영역의 장애인에게도 효과적임이 입증되었다(Wehman, 1981).

보조 도표 9.1은 재활분야에서 중도 장애인도 지원고용을 통해서 일할 수 있다는 것을 증명한 Paul Wehman 박사의 프로필을 보여준다.

이것을 고려하라! 중도 장애인들은 종종 고용 "준비를 갖추도록" 하는 훈련을 받는 분리된 재활프로그램을 시행해 왔다. 불행하게도, 많은 이들은 결코 충분히 준비할

보조 도표 9.1

Paul Wehman 박사에 관한 역사적 조망

Wehman 박사는 Virginia Commonwealth University(VCU)의 물리의학 및 재활학과의 교수이고 재활상담학과의 교육과정 및 학습영역 교수이다. Wehman박사는 또한 작업장 지원에 관한 재활연구 및 훈련센터의 부장이고 재활연구학부의 학장이다. Wehman박사는 1980년대 초부터 지원고용 개발의 선구자였고 그의 일은 다양한 장애인들의 고용에 직접 공헌을 해 왔다. 그때 이래로 그는 장애인들의 유급 및 통합고용을 목표로 끊임없는 챔피언이 되어 왔다. Wehman박사와 그의 동료들은 또한 특수교육제도 수혜를 마치고 직업세계로 들어가는 학생들을 위한 효율적인 전환계획 작성의 필요성을 처음으로 기술한 사람들이었다. 그는 150편이 넘는 논문을 쓰고 24장의 책들을 쓰고 지원고용과 학교로부터 성인생활로의 전환을 포함해 33권의 책을 저술했다. 그는 지적장애 영역에서 Joseph P. Kennedy, Jr.국제재단 상을 받은 사람이고, 1985년에는 국가재활협회로부터 Mary Switzer Fellow상을 받았고, 1992년 10월에는 장애인 고용을 위한 대통령위원회로부터 우수봉사 상을 수상했다. Wehman박사는 현재 *Journal of Vocational Rehabilitation*이란 잡지의 최고편집인이고 VCU에 고용된 이래로 2,400만 달러가 넘는 연방정부 자금지원을 받는 책임연구원이다.

출처: information taken from website of the Department of Physical Medicine and Rehabilitation of VCU www.pmr.vcu.edu.

운명이 아니었고 결과적으로 그들에게 지역사회의 실제 직업경험이 결코 허락되질 않는다.

지금, 여러분 자신의 생활사를 고려하고 자신의 직업이 요구하는 책임감을 완수할 준비를 고려하라. 특히 여러분이 특정 직업을 최초로 언제 시작했는가에 초점을 맞추도록 하라. 실제로 여러분이 모든 전문적인 책임감을 완수할 준비가 얼마나 쉽게 되었는가? 실제 그 직업을 시작하기 전 직업현장에서 얼마나 많은 기술을 배워야 했는가? 핵심은 모든 사람들이 직업에 관해 실제로 상당히 많은 것을 배울 수 있고 그들이 일을 시작하는 그날 철저히 완벽하게 준비가 되는 사람은 아무도 없다는 것이다. 그러면 왜 중도 장애인들이 일을 시작하기 전에 직업준비가 되어 있어야 한다고 기대를 해야 한단 말인가?

지원고용 구성요소 정의

지원고용은 지역사회에서 직업을 구하기 위해 경쟁에 도전하는 장애인을 도와준다. 모델은 네 가지 핵심적인 특징을 갖는데, 직업개발/직업배치, 현장교수, 지속적인 사정 및 계속수행 등이다. 이들 네 가지 기능은 이 장 후반부에 기술된다. 고용훈련 전문가 혹은 직업코치는 일반적으로 이들 기능을 수행하는 사람에게 주어지는 직함이다. 보다 최근에 채택되고 사용되는 이런 직위에 대한 직함은 고용상담원(employment consultant)인데 이것은 지원고용이라는 자연적 지원개념을 반영하는 직함이다. 지원고용은 또한 "훈련과 배치" 접근방식과 비교할 때 "배치와 훈련'이라는 개념으로 더욱 잘 알려져 있다(Gardner, Chapman, Donaldson & Jacobson, 1988). 이들 두 가지 접근법의 차이가 중요하다; 배치와 훈련(지원고용) 접근에서는 전통적인 직업프로그램인 보호고용에서처럼 개인이 직업에 참여하는데 사전에 요구되는 기술이나 조건이 전혀 없다. 결국 지원고용에서 개인은 그의 적성, 능력 및 흥미와 가장 적합한 직장에 배치되고 현장에서 훈련이 이루어진다. 전통적인 직업 접근에서 사람은 고용이 도입되기 전에 특정한 기술을 습득 개발해야 하고 전형적으로 분리된 프로그램에서 연장된 참여라는 결과를 가져오고 직장에 고용되기 위해 필요한 기술 획득이 기대된다. 이런 이유 때문에 전통적인 접근은 또한 서비스모델의 지속이라고 알려져 있고 특히 보다 중도 장애인에게는 지역사회에서 봉급을 받는 안정된 고용에 이 제도가 비효율적임이 입증되었다(Bellamy, Rhodes, Mank, & Albin, 1988). 장애인의 보호 작업장 배치는 재활법에서 직업재활(Vocational Rehabilitation) 제도를 통해 성공적인 직업배치를 위한 선택에서 제외시킨 이유 때문이고 "고용성과"라는 말은 "통합 환경에서 장애에도 불구하고 일할 수 있는 사람"으로 장애인이 분류된 이유 때문이다. 그래서 통합이 안 되거나 보호 작업장 환경에서 이런 정책변화와 함께 고용성과는 주 정부의 직업재활 제도를 통한 재정지원을 더 이상 받을 수가 없다.

1986년 개정된 재활법에 의해 정의되었듯이, 보호고용은 "발달장애 때문에 경쟁고용을 할 수 없는 사람들 및 그들이 가진 장애 때문에 작업환경에서 직업수행을 위해서는 광범위하고 지속적인 지원이 요구되는 사람들을 위한 것"이다. 이 정의 이외에도, 특수교육 및 재활서비스국(Office of Special Education and Rehabilitation

Services: OSERS)은 지원고용 실시를 위한 몇 가지 가이드라인을 제공했다(Jackson & Associates, 1985):

1. 고용–최소한의 봉급을 받거나 혹은 그 이상의 봉급을 받으면서 일주일에 최소한 20시간 전형적인 일터에서 일하기
2. 통합–장애가 없는 동료 작업자들과 함께 자주 매일 사회적 통합하기
3. 지속적인 지원–유급 고용유지를 목적으로 작업장에서 제공되는 지속적인 지원
4. 중도장애–고용유지를 위해 상당한 범위의 지원서비스가 요구되는 중도 장애인을 위해 의도된 지원고용 등이다.

이들 가이드라인 이외에도 작업장 지원에 관한 Virginia Commonwealth University의 재활연구 및 훈련센터는 지원고용의 발전에 선도적인 연구와 훈련센터는 문제에 관해 가장 풍부한 자원을 가진 곳 가운데 한 곳으로 이 모델에 필수적인 아홉 가지 핵심을 제공했다(Brooke, Inge, Armstrong, & Wehman, 1997; Wehman & Targett, 2002):

1. 모든 사람들이 일할 수 있고 모든 사람들이 일할 권리를 가지고 있다는 믿음
2. 일은 일반적으로 지역의 사업체에서 생겨야 한다는 생각
3. 사람들이 원하는 지원을 그들 스스로가 선택한다는 가치
4. 봉급과 이익을 균등히 하겠다는 권리
5. 장애보다는 능력에 초점 맞추기
6. 지역사회와의 연계의 중요성
7. 목표와 지원에 관한 개인적인 결정
8. 소비자 중심이란 관점을 강조하지 않는 전통적인 서비스 체제에 도전하기
9. 공식적 및 비공식적 지역사회 관계망의 중요성 등이다.

이들의 핵심적인 가치는 1986년 재활법의 지원고용 정의를 지지할 뿐만 아니라 지원고용의 미래를 위한 명확한 방향과 보다 더 큰 자기결정 운동 방향도 제공한다. 비록 지원고용이 원래 지적장애인과 발달장애인을 위해 고안되기는 했지만, 외상성 뇌

손상, 정신병, 자폐증, 다른 기타 장애인들에게도 이런 접근이 도움이 되었다.

지원고용의 핵심 구성요소

지원고용 모델에는 주요한 네 가지 구성요소가 있다: 직업개발/직업배치, 현장교수, 지속적인 사정 및 계속수행(**표 9.1** 참조)(Wehman & Kregel, 1984). 이 모델이 1980년대 중반에 고안되었기 때문에, 보다 최근의 접근법과 아이디어 몇 가지를 보여주는 각각의 구성요소에 대한 몇 가지 소수 변인들을 기술할 것이다. 소개된 많은 새로운 접근법이 있기 때문에, 지원고용은 처음 개발된 이래 진화와 개선과정을 경험했다.

직업개발/직업배치. 직업개발은 개인이 가진 흥미와 강점에 대한 철저한 사정으로 시작된다. 이 정보는 개인의 직업탐색을 위한 토대로 사용된다. 잠재적인 지역사회 직업사이트들이 탐색되고 분석되며 그들의 다양성과 자연적 지원에 대한 수용이 사정된다. 개인에 대한 사정과 잠재적 직업관련 사이트에 대한 분석 등 두 가지 사정 모두 다 양립가능성이 비교된다. 이런 양립가능성의 일치(6장에서 이미 논의됨)는 개인의 잠재적인 직업과 일치되도록 돕는다. 양립가능성 일치에 고려되는 많은 요인들이 있지만, 더욱 중요한 것 중 한 가지는 교통이다. 교통은 일반적으로 장애인을 채용하는데 가장 핵심적인 장애물 중 하나이고 계획과정에 가장 먼저 해결해야 할 문제 중 하나이다. 그래서 일치과정에서 고려되어야 할 많은 분야 중 하나는 개인이 공공 교통수단을 이용할 수 있다면 그 직장이 공공 교통수단이 운행되는 장소에 위치하고 있는지 혹은 개인이 작업장에 갈 수 있는 다른 교통수단이 있는지 없는 지 문제이다. 직업개발에 있어 다른 중요한 요인 중 하나는 그가 원하는 특정직업에 그가 흥미를 지니고 있는지 여부이다. 왜냐하면 직업탐색 과정은 특정 범주의 기회에 좁

표 9.1 지원고용의 핵심 구성요소

- 직업개발/직업배치
- 현장교수
- 지속적인 사정
- 계속수행

은 토대를 두고 있기 때문에 이런 특성을 명심하고 개인을 직업배치 하는 데 시간이 더 오래 걸릴지도 모른다. 직업개발 과정이 완료되면, 개인을 위해 직업배치를 실시하기 위한 협상과정이 시작된다. 직업개발과 사업체와의 상호작용에 관한 논의는 6장에서 제공되었다.

현장교수. 원래 직업코치는 직업현장에서의 훈련과 교수의 전 분야에 책임을 진다. 지원고용의 초기 발전이래로 그것을 어떻게 실행할까라는 방법이 바뀌었다. 자연적 지원이란 개념을 명심하고(Murphy & Rogan, 1994), 지금은 직업훈련 및 교수에 고용주와 동료 작업자들의 더 많은 역할수행이 기대된다. 대부분의 고용주들에게는 이미 새 피고용인 훈련과정이 있고, 장애인은 새 피고용인이라고 생각되기 때문에, 장애인이 전형적인 이런 훈련과정을 따를 것이라고 예상된다. 예를 들면, 훈련과정이 직업소개를 위한 멘토링(mentoring) 방법을 활용하게 되면, 직업코치는 다른 역할을 할 것이다. 장애를 가진 피고용인들에게 직업의무를 가르치는 책임을 맡기보다는 오히려 직업코치는 초기훈련에 대한 책임을 지게 될 동료작업자들의 지원과 멘토링에 더 많이 참여하게 된다. 직업코치의 이런 기능 때문에, 요즘은 고용상담원(employment consultant)이라고도 부른다. 고용상담원은 장애인을 위한 옹호가일 뿐만 아니라 직업훈련 과정을 수행하는 고용주 혹은 동료작업자에 대한 멘토(mentor)로서의 역할수행자이다. 이 과정에 고용주들과 동료작업자들을 참여시킴으로써 그들은 장애인을 위한 배치에 더 많은 돈을 투자하고 문제를 더 잘 해결하려고 할 것이며, 장애인이 성공할 직업을 더 많이 창출해낼 것이다.

많은 자연적 지원이 행해져 왔고 보다 명확하게 이해되어 왔기 때문에(Mank, Cioffi, & Yovanoff, 1997), 고용주들이 이런 실천에 어떻게 반응하는지 특히 중도장애인이 어떻게 반응하는지에 관한 몇 가지 문제들이 야기되었다. 개인요구가 무엇인지와 사업체들이 기대하는 “최저수준”과 타협하지 않은 채 직장이 이들의 요구를 만족시키는 지 여부와의 균형을 맞춘다는 관점에서 자연적 지원이란 개념을 이해해야 한다(Callahan & Garner, 1997). 우리는 개인의 신체적 및 인지적 특징과 지원인력(고용상담원)이 보다 강력한 중재를 제공하기 전에 훈련과 지원(자연적 지원)을 제공할 수 있는 범위를 반드시 고려해야 한다(**그림 9.1** 참조). 이런 세심한 응용 전략

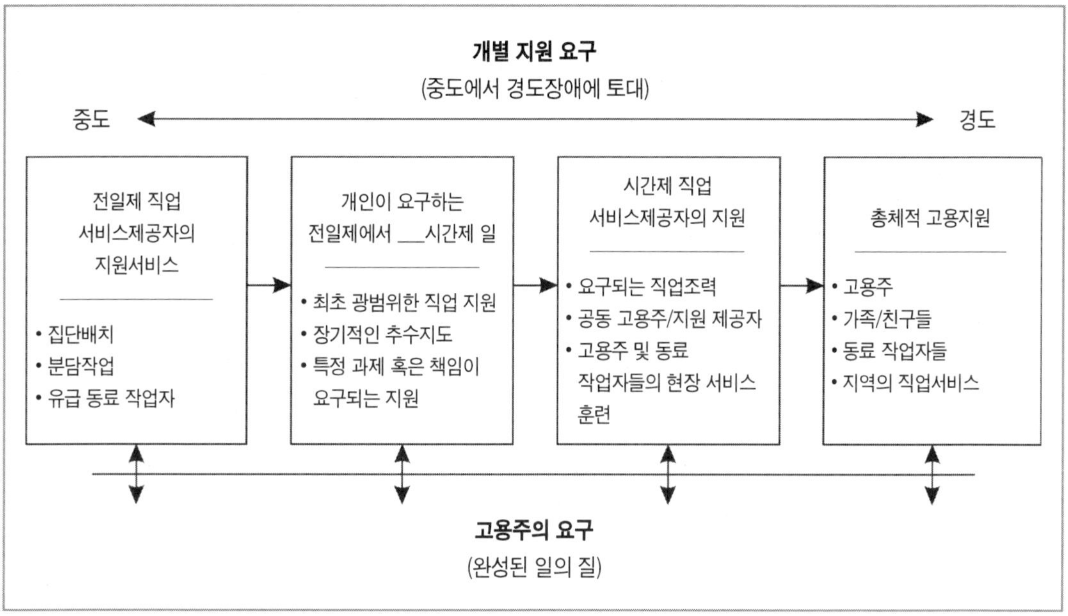

그림 9.1 고용주 요구를 만족시키는데 필요한 자연적 지원 선택과 지원의 강도

은 직장 환경에서 자연적 지원의 균형감을 보장해준다.

지원고용에서 자연적 지원의 수행은 직업재활 영역에 중요한 영향을 주었다(Murphy & Rogan, 1994; Mank et al., 1997). 장기적인 자금 배분에 대한 관심, 서비스수혜 대기자 명단 및 지원고용에서 경제와 관련된 기타 문제들과 함께, 자연적 지원이 장애인의 성공적인 고용에 필요한 전략이라고 생각되어 왔다. 하지만, 이 개념이 만병통치약은 아니지만 장애인을 위한 고용을 확보하고 계속 유지하는 데 우리가 직면할 많은 문제들에 대한 가능한 해결책 중 하나이다.

지원고용이 도입된 이래로, 원래 의도했던 것처럼 서비스 제공자들은 중도 장애인보다도 경도 장애인에게 더 많은 지원고용 서비스를 제공해 왔다(Shafer et al., 1991). 이런 변화의 이유 중 하나는 아마도 현장에서 중도 장애인에게 장기 서비스를 유지하는데 어려움이 있기 때문이고 몇몇 현재의 자금흐름에 한계가 있기 때문일 것이다. 자연적 지원은 직장에서 자연적 지원의 특성을 채택하고 주입함으로써 이들 문제 중 몇 가지를 상쇄한다는 기대감을 지니고 있다(Murphy & Rogan, 1994; Mank et al., 1997).

교육자들은 자연적 지원에 그들 스스로 한계점을 목격할지도 모르지만, 교육자들이 자연적 지원개념을 고용주 및 학생에게 똑같이 도입하는 것이 중요하다. 교육자들은 또한 학생과 가족들이 그들의 성인 서비스프로그램에 관해 결정하고 선택함에 있어 자연적 지원을 고려하도록 도울 수 있다. 함께 수행할 하나의 프로그램을 선택하고 평가할 때, 그들의 서비스 실행과정에 자연적 지원의 개념통합을 위해 직업프로그램을 기꺼이 수행하겠다는 의지가 고려할 요인 중 하나가 되어야 한다.

지속적인 사정. 한 개인에 대한 현장사정은 지속적인 과정이다. 이 구성요소에 대한 원래 생각은 정식적인 토대에 바탕을 두고 새 피고용인과 고용주 양자를 다 사정하는 것이다. 개인이 가진 직업에 대한 만족, 그 혹은 그의 수행, 직업성취에 대한 고용주의 인식 등에 대한 강조도 또한 이 구성요소의 일부이다. 파악된 어떤 문제는 교정될 것이고 그 개인의 장기적인 배치를 위해 조정이 행해진다. 현장에서 개인을 사정할 때, 자연적 지원이 가장 잘 배치되도록 결정하는 직장문화를 반드시 사정해야 한다는 인식을 제외하고는 이런 생각은 반드시 시간경과에 따라 변화되지는 않는다.

계속수행. 이 구성요소는 장애 피고용인이 자신의 전체 고용기간을 통해서 필요할 경우 지속적인 지원 수혜를 보장한다. 대부분의 장애인들 특히 중도 장애인의 장기적인 성공을 위해서는 지속적인 조력이 중요하다. 이 지원고용 국면에서 직업코치는 대체로 개인이 어떻게 직업을 수행하는가를 알아보기 위해 고용주에게 전화를 하거나 혹은 작업현장을 주기적으로 방문한다. 개인이 그 직업에 안정적이라고 결정되기 전까지는 이 과정이 시작되지 않는데 이것은 개인이 20% 혹은 그 이하의 강도 높은 현장 직업훈련을 받을 때까지로 한정된다. 이 과정에 현장훈련의 양은 일반적으로 그 배치가 성공적이냐 아니냐를 보여준다. 이 국면은 일반적으로 기관들로부터 그 개인이 계속 후속 관리감독을 받기 위해 장기적 재정적인 지원을 필요로 하는데 이것은 종종 재정지원자 및 기관 양쪽으로부터 헌신이 필요하다.

지원고용이 처음 개발되었을 때, 직업코치는 일반적으로 감독관이고 장애인 문제의 조정자로 생각되었다. 오늘날 고용주는 전형적인 책임 및 보다 정상적인 감독관의 역할을 떠맡는다. 이것은 아마 직장배치 유지를 돕는 가장 중요한 자연적인 기능 중 하나이다.

재정적인 지원 및 기관들의 관심분야 중 하나가 계속수행이 되어오고 있다. 배치유지에 필요한 중요한 개입이 체제와 제공자들에 대한 가능한 해결책은 지원고용 모델의 자연적 지원으로부터 나온다. 전통적인 지원고용 접근에서 직업코치는 계속해서 수행하기 위해 중요한 책임을 떠맡는 경향이 있다. 현재 제도에서는 계속적인 지원과 감독의 일환으로 동료 작업자들의 지원을 간청하고 보충하는 것이 필수적인 것이다. 위에서 지적했듯이, 자연적 지원 과정은 어떤 개인이 일을 시작하자마자 곧 고용주가 감독관의 역할을 떠맡는다는 전제와 함께 시작된다. 왜냐하면 대부분의 고용주들은 그들 스스로 수행을 계속하는 동안 야기되는 부가적인 한 가지 문제는 진로개발과 발전이다. 많은 미국 노동자들에게 진로는 종종 성공의 사다리를 타고 올라가는 것이라고 생각된다. 진로 사다리라는 이 개념은 많은 장애인들에게 진실성을 지니고 있다. 하지만 다른 사람들에게 진로 사다리는 **그림 9.2**에서 보는 것처럼 본질적으로 수평적(측면으로 이동하는)이다.

측면이동 진로는 다른 직무 선택사항을 제공할 수도 있고, 소득의 증대, 직업의무 및 책임의 다양성, 혹은 단순히 직업 환경 및 동료작업자들의 변화이다. 이것은 장애인이 절대로 신분상승을 할 수 없거나 진로 사다리 위로 이동할 수 없다고 말하는 것은 아니다. 하지만 이 접근은 장애인들의 선택가능성을 줄일 수도 있는 그들의 신체 및 인지적인 제한점을 고려할 때 장애인들에게 선택을 제시한다. 직업발달은 수평적 혹은 수직적인 진로의 변화를 통해 직업만족에 영향을 주는 중요한 측면이다.

우리는 독특하고 창조적인 전략이 요구되는 접근방법으로 자연적 지원이 어떻게 진화되었는가를 이해하도록 돕기 위해 자연적 지원이란 개념이 원래 지원고용 모델로 어떻게 주입되는가를 강조했다. 고용서비스에서 자연적 지원의 활용은 핵심요인 중 하나이다. 왜냐하면 기관의 중재를 늘 반드시 요구하지 않는 지원 관계망을 모집하고 확립하려고 시도하기 때문이다. 이것은 우리 지역사회에서 전형적으로 발견되는 지원과 서비스 망을 포함하고 여러 환경과 상황에서 장애인의 지원을 도와줄 수 있다. 이런 핵심은 장애인의 미래 지역사회 통합에 있다. 정부의 재정지원은 실제로는 장애인의 지역사회 통합에 투자하고 많은 장애인들이 필요로 하는 장기적인 지원을 위한 인간 서비스 프로그램에는 점점 더 적은 자금지원을 하는 것이 바람직

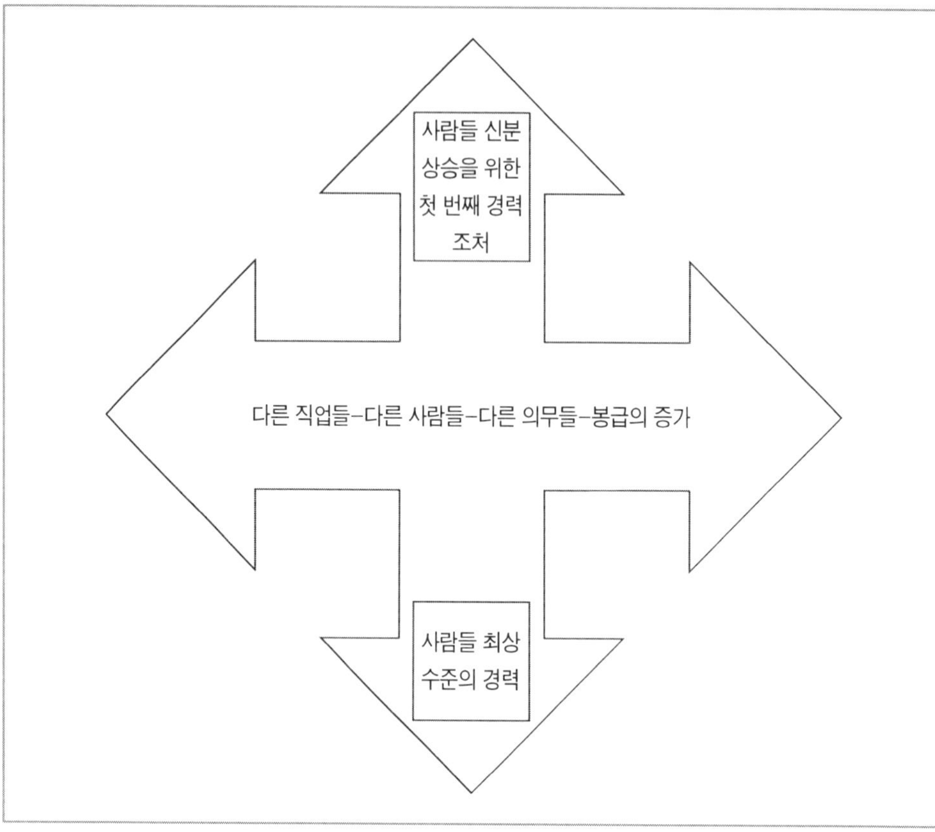

그림 9.2 장애인을 위한 진로사다리 선택

하다. 왜냐하면 장기적인 지원을 하기 위한 자금이 부족하기 때문에, 부모들은 종종 자기 성인 자녀를 지역사회 직업프로그램에 참여시키는 것을 꺼리고, 이들 관련서비스가 통합된 직업배치라는 결과를 가져올 것 같지 않을 때조차도 그들의 자녀가 더욱 "안정된" 상태이기를 바라기 때문이다. 또한 이것은 양날의 칼인데 왜냐하면, 분리된 성인프로그램 지원에도 자금이 부족하기 때문이고 서비스 제공을 기다리는 많은 대기자 명단이 그 증거이다. 그래서 부모들은 분리된 프로그램에 들어갈 자리를 기다리거나 아니면 통합고용 선택을 기다려야 하는데 자금이 한정되어 있어 직업재활(VR)서비스를 통한 자금지원이 더 바람직하다. 학생들이 졸업하지 마자 곧 그들이 지역사회에서 성공할 더 큰 가능성을 갖도록 하기 위해 학생들과 가족들이 자연적인 지원 망을 확립하도록 돕는 것이 필수적이다.

지원고용 모델

지원고용은 일반적으로 네 가지 서로 다른 프로그램 모델들로 파악되어 왔다(**표 9.2** 참조)(Wehman & Kregel, 1984). 이들 네 가지 모델들뿐만 아니라 사실은 지금까지 문헌은 일곱 가지 지원고용 모델들을 제안했다(Bellamy et al., 1988; Gardner et al., 1988). 지역사회 통합 환경에서 다양한 장애인들을 위해 향상된 지원을 계속 경주하면서 장애인들과 함께 협력하는 접근방식에서 창의적인 생각이 필수적이다. 그래서 지원고용이 장애인들에게 가장 적합하고 그들이 직면하는 독특한 도전에 잘 맞도록 적용되고 변형될 수 있는 지원과 서비스 모델의 토대라고 생각하는 것이 중요하다.

중요한 하나의 고려사항은 이들 모델들을 장애인 개인들의 독특한 능력과 요구사항에 가장 잘 부합되는 선택으로 생각하는 것이다. 우리 지역사회의 많은 장애인들에게는 그들이 가진 장애의 정도 혹은 그들의 행동상의 도전은 종종 통합에 주요한 장애가 된다. 이들 도전들이 고용 기회로부터 장애인을 배제시켜서는 안 된다. 만약 장애인에게 직업을 가질 기회제공 이전에 장애인의 직업특성을 향상(개발)시키거나 장애인의 행동을 반드시 바꿀 필요가 있다고 생각한다면, 지역사회에 토대를 둔 고용에 그들을 배제시키기가 더욱 쉬울 것이다. 이것이 전통적인 서비스의 "준비성(readiness)"모델의 전제조건이 되어 왔다. 이 전통적인 접근은 일부 실천가들이 장애인을 통합시키거나 혹은 고용 이전에 장애인이 "준비를 할" 필요가 있다고 느끼도록 내버려둔 채, 장애인의 행동 혹은 도전을 개선시키려는 노력에 초점을 맞추었다. 즉, 달리 말하자면, 이 접근은 장애인들에게 가장 "적합한" 것을 찾아내기보다는 오히려 장애인을 "바꾸려는" 시도를 했다(O'Brien, 1987). 이런 일이 발생할 때, 개인은 전형적으로 지역사회에 기반을 둔 통합 활동 혹은 지역사회에 기반을 둔 고용으로 나아갈 희망도 거의 없이 분리된 환경에서 "사전 직업교육을 받거나" 혹은 훈련받

표 9.2 지원고용의 일반모델

- 개별배치 모델
- 소집단 현장통합훈련 모델
- 이동 작업반 모델
- 하청업 모델

을 준비를 갖출 필요성이 있다고 생각된다. 이에 반해, 만약 우리가 개인특성을 고려하고 그들의 요구와 능력에 가장 적합한 모델 혹은 상황을 찾아내면, 우리는 성공할 수 있는 기회를 만들어내는 것이다. 이것은 특수교육 프로그램을 떠나는 모든 학생들이 우리 사회에 고용되거나 통합되는 길이라고 생각하는 것은 아니다. 하지만 만약 숙달되고 창조적인 사람들이 합의된 노력을 한다면 고용과 지역사회통합은 훨씬 더 많은 사람들에게 실현될 수 있다고 확신을 한다.

아래는 개인의 지원 요구에 의존하는 지원고용의 몇 가지 모델들에 대한 기술이고 이들 모델 중 하나는 특정인에게 가장 적합한 것이 될 수도 있다. 이들 모델들의 몇 가지 주요한 차이점은 지원수준, 제공되는 감독, 사회통합의 기회 및 받는 봉급의 수준 등이 포함된다. 이들 차이점과 관련해 각각의 문제가 논의된다. 여러분들이 이들 모델의 각각을 조망하는 동안에 이전에 논의한 지원고용의 구성요소들을 명심하고, 자연적 지원의 기능을 고려하면서 이전에 논의된 기능을 이해하고 통합하려고 노력하라.

개별배치 모델. 이 모델은 아마 가장 인기 있는 것이고 일 대 일(one-to-one)서비스 접근에 토대를 두고 있다. 직업코치 혹은 고용전문가는 한 개인을 직업 환경에 배치하기 위해 노력하고 그 개인에게 꼭 맞는 필요한 지원과 서비스를 조정한다. 개인이 직업수행 의무를 독자적으로 수행하기 시작한 후에 직업코치는 그 현장으로부터 감독의 정도를 줄여나가기 시작한다. 직업코치의 감독이 특정한 규준을 만족시킨 후에 추수지도 서비스가 시작된다. 직장에 배치된 개인은 적어도 최소의 봉급을 받을 것이고 비장애인 동료작업자들과 함께 일하면서 사회적 통합을 위한 충분한 기회를 가지게 된다.

이 모델은 가장 최중도 장애인들에게는 몇 가지 제한점이 가능하다. 종종 그런 개인들은 지속적인 감독과 지원이 필요할 것이고 만약 자연적 지원이 없다면 결국은 재정적으로 곤란한 상태가 될 것이다. 중도 장애인들은 일반적으로 그 직업을 배우고 수행할 수 있기는 하지만 추수지도 국면이 되면 그들은 지속적 지원이 필요하고 활용가능한 자원이 일반적으로 제한된다. 고용을 유지할 사람이 활용할 자연적 지원과 지속적 지원이 관심사가 되는 상황에서는 지원고용의 다른 모델이 훨씬 더 나은 선택사항이 될 수도 있다.

소집단 현장통합훈련. 이 모델은 서로 다른 두 가지 방식으로 수행될 수도 있다. 첫째는 현장통합훈련 모델(enclave model)이고 둘째는 이동작업반 모델(mobile work model)이다(Gardner et al., 1988; Wehman & Bricout, 1997). 그 각각에 관해 아래에서 살펴본다.

현장통합훈련(Enclave Model). 현장통합훈련 모델은 일련의 장애인들(5명에서 10명)이 사업장 혹은 산업체에서 비장애 동료작업자들과 함께 일하는 특징을 가진다. 집단거주지에서 일하는 사람의 수가 적으면 적을수록 비장애 동료작업자들과 사회적 통합이 더 쉽게 촉진되는 경향이 있다는 것에 주목하라. 이 집단은 직접 고용주가 고용할 수도 있고 고용주로부터 감독을 받을 수도 있고 혹은 성인 서비스제공기관이 그 집단의 노동자들을 산업체로 데려 오도록 접촉할 수도 있고 기관의 직원들로부터 감독을 받을 수도 있다. 두 가지 가능한 선택사항에서 전자의 접근법이 더 선호되는데 왜냐하면 고용주는 피고용인들의 성공에 더 많은 투자를 할 것이기 때문이다. 각각의 접근법의 이점은 사회적 통합기회가 많다는 것이지만 만약 고용주가 집단거주지 노동자를 고용하게 되면 그들이 많은 봉급을 받는 이점을 얻을 기회가 있다. 후자의 접근법은 만약 기관이 고용주와 계약하면 장애인 노동자들은 계약 당시의 조건에 맞는 봉급을 받을 것인데 이것은 일반적으로 최소 봉급보다 더 낮은 봉급이 되고 이것은 노동부가 정한 최저임금 이하의 봉급이 될 것이라는 점에서 전자의 접근법과는 다르다. 그 외에도 노동자들은 대체로 이익을 얻지 못할 것이다. 물론, 전자가 선호되지만 고용주들에게 선택이 주어지면 노동력 제공자들과 계약하기가 더 쉽다. 봉급을 받는 것이 일부 사람들에게는 중요한 특징이 아닐 수도 있지만 사회적 통합은 동등하게 되거나 이 일은 봉급보다도 더 중요한 것이 될 수도 있다는 것에 주목해야 한다.

만약 장애인들이 활용할 수 있다면 현장통합훈련 모델은 보다 도전적인 사람들 혹은 개별배치 모델이 성공하지 못할 수도 있는 사람들에게는 몇 가지 이점이 있을 수도 있다. 첫째, 집단의 사람들을 가르치고 감독할 수 있는 자격을 갖춘 교사가 있다. 너무 도전적이거나 너무 장애가 심하다고 여겨지는 사람들에게는 이런 집단배치 모델이 관심사를 해결하는 더 큰 잠재력을 가지고 있다. 두 번째는 보다 지속적이거나 장기간 계속적인 지원이 필요한 사람들에게 이점이다. 고용주 혹은 직원은 모두 계속적이고 지속적 지원의 필요성을 이해한다. 세 번째는 교통문제이다. 만약 고용주가 기관과의 계약을 원한다면 개인들이 여러 서로 다른 장소로 이동하는 것과는 반대로 작은 집단이 한 장소로 이동을 하는 것이 훨씬 더 쉽다. 넷째 이점은 재정적 지원과 관계가 있다. 한 무리의 사람들을 하나의 환경에 배치하는데 드는 비용은 개별화 될 훈련비를 감소시키고 그들에 대한 장기적 지원비용도 줄어든다. 마지막 이점은 장애인보다는 고용주와 더 관련이 있다. 고용주가 장애인 고용을 꺼리는 곳에서는 이런 접근법은 고용주에게 단지 위험이 최소가 되는 기회를 제공한다. 이 모델은 이런 유형의 지원과 감독으로부터 이점을 얻을지도 모르는 장애인들에게는 적절하다.

이동작업반 모델(Mobile Crew Model). 이동작업반 모델은 한 작업장에서 다른 작업장으로 이동이 요구되는 잔디 돌보기, 수위 직 혹은 청소와 관련된 다양한 일 등과 같은 작업을 일반적으로 수행하는 4명에서 5명의 사람들로 구성된다. 작업반은 고객에게 단 하나의 서비스만 제공하거나 혹은 날씨 상황과 지리학적인 지역 여건에 의해 달라지는 작업 중 한 가지로 이루어질 수도 있다. 일반적으로 책임자는 피고용인 각자를 감독함과 동시에 몇몇 작업반에 대한 책임을 진다. 이 유형의 모델은 사업체와 산업체가 희박한 시골지역에서는 매우 기능적이다. 이것은 또한 잔디 돌보기와 수위 직이 많은 도시지역에 적합하다.

이 모델은 이동에 문제가 있는 일부 사람들에게는 적합하지 못하다. 또한 감독관이 다루기 어려운 행동상의 문제를 지닌 사람들에게도 적합하지 않다. 대근육 유형의 일을 더 선호하거나 하나의 작업장에서 다른 작업장으로 이동을 즐기는 사람들에게 적합하다. 이것은 또한 밖에서 일하기를 좋아하는 사람들에게는 더욱 좋다. 반대로 직장환경을 바꾸는 일과 한 직장에서 다른 직장으로 이동하는 일과 같은 일에 관해 일부 사람들이 좋아할지도 모르는 동일한 일을 다른 사람들은 수행하기가 어렵다. 만약 그 일이 일반적으로 시골의 어떤 지역에서 행하는 일이라면 그 일은 계절을 타는 일이거나 그 날의 기후조건에 영향을 받을 수도 있다는 것이 또 하나의 약점이다. 이점은 지역사회 참여기회 및 의미 있는 일에 참여하고 적절한 봉급을 받을 수 있는 기회뿐만 아니라 사회통합이라는 잠재적인 기회를 제공한다. 이 모델은 이미 논의된 이전의 두 가지 모델과는 다르지만 일부 사람들에게는 적합한 모델이 될 수도 있다.

하청업 모델. 수백만의 미국인들이 자영업자들이고 그들 나름대로의 사업체를 소유하고 있다. 최근까지 장애인들은 잠재적인 사업 소유자들이라고는 거의 생각되지 않는다(미국 노동부, 2004). 이 선택권은 단지 일부 장애인들에게 해당되는 고려사항일지는 모르지만 그럴 개연성이 있을만한 곳이 어디일지를 고려해야 한다. 지원받는 자기고용은 재활분야에서 관심을 받고 있는 개별적인 배치의 한 유형이다(Rizzo, 2002).

적절한 지원과 안내를 받아서, 일부 장애인들은 그들 자신의 사업을 발전시키고 운영할 수 있다(Hagner & Davies, 2002; Rizzo, 2002). 지원과 안내는 사업유형 개념화에 조력을 포함하거나 혹은 처음 시작하는데 드는 재정과 장려금을 확보하는데 도움이 될 수도 있다. 직업재활은 소비자가 소유한 사업을 계속해서 지원해야 하고 시작에 드는 일부비용 제공뿐만 아니라 사업발전과 훈련을 위한 도움도 제공한다. 그 외에도 작은 사업을 운영하기 위해 드는 초기비용 수혜를 위한 특정한 규준을 만족시키는 개인이 활용할 수 있는 작은 사업체 운영을 위한 대부금 및 장려금이 있다(Hagner & Davies, 2002). 교사들, 직업재활 상담원들 및 다른 실천가들이 장애를 가진 일부 학생들이 자영업자 및 그들 자신의 사업체를 가질 수 있는 가능성에 관해 계속 열린 마음을 가지는 것이 중요하다.

5. 지역사회 고용을 위한 사정

이 장에서는 직업을 어떻게 찾아내고, 직업을 어떻게 얻고, 직업을 어떻게 계속 유지하는가에 관한 조망을 제공한다. 이 절에서는 지원고용에서 대한 보다 상세한 사정과정을 살펴본다. 직업개발은 한 개인의 홍미, 선호 및 장점에 관한 철저한 사정으로부터 시작된다. 학생의 잠재적인 경력 혹은 직업을 강화시켜 주는 바람직한 쪽으로 출발하도록 교사들과 전문가들이 도와줄 수 있는 간략한 사정의 도입이 뒤따른다. 이것은 사정을 수행하는데 있어 단지 도입부분이 될 것이라는 것에 주목하라.

장애 학생이 진로 혹은 직업으로 나갈 수 있는 가능성과 선택을 논의한다. 논의된 선택은 학생이 직업 및 진로로 나갈 때 그의 흥미와 선호에 대한 이해뿐만 아니라 학생의 특성 및 능력과 관련된 많은 요인들에 토대를 둔다. 다른 요인들은 기능적인 능력, 감독수준과 감독의 필요성, 직업에 필요한 개인능력의 호환성, 직장으로 오고 가는 교통의 접근성, 공공 교통수단 활용능력 등이 포함된다. 이들 요인들은 장애 학생이 직업 혹은 진로를 결정할 때 고려되는 가장 중요한 것 중 몇 가지다. 이들 요인들이 공정하고 확실하게 사정되기 위해서는 적절한 직업평가가 수행되어야 한다. 다음에 개별 학생의 잠재적인 진로를 이끌어준다는 관점에서 개인에게 "가장 적합한" 것이 무엇인가를 학생과 교사들이 결정하도록 도와줄 가장 적합하고 유용한 사정 전략에 관한 생각을 논의한다.

직업사정과 계획하기

직업사정과 계획하기는 학생의 장점 이해와 적합한 진로선택을 확보하는데 중요하다. 직업사정은 모든 장애인들의 잠재적인 고용획득이란 가치에 토대를 두어야 한다. 그 외에도, 목적은 학생의 능력과 강점을 발견함으로써 통합된 고용성과를 얻어내는 것이다. 직업사정은 개인의 흥미, 능력 및 동기부여 특성 등에 대한 독특한 이해를 제공해야 한다.

일반적으로 세 가지 유형의 직업사정이 있다; 공식적(표준화된 도구), 비공식적(인터뷰 및 관찰), 상황적 평가(현장 직업분석) 등이다. 장애 학생의 직업 호환성 이해를 돕는데 공식적인 직업사정이 별로 가치가 없다는 생각은 일반적인 견해이다(Callahan & Garner, 1997; Pancsofar & Steere, 1997). 그런 사정 도구들은 개인이 가진 능력에 관해 충분한 정보를 제공하지 못하는 경향이 있고, 그런 도구들은 일반적으로 정상인 집단과의 비교를 통한 결함에 토대를 둔 정보를 제공한다(Callahan & Garner, 1997). 사정의 목적은 전형적으로 개인의 "잠재적인" 직업을 결정하고 중도 장애인의 고용기회를 배제시키는 결과를 가져온다(Callahan & Garner, 1997). 우리는 대부분 장애 학생들이 "잠재적인" 직업능력을 가지고 있다고 가정한다. 실제로, 1992년의 직업재활법(PL 102-569)은 직업재활의 "잠재력"을 기록한 평가가 "능력의 추정"에 의해 대체되어야 한다고 지적한다(Button, 1992). 그래서 비형식적인 유형의 사정이 훨씬 기능적이고 유용하다고 생각하고 사정은 비형식적이고 상황에 맞는 사정방식에 의해 수행되길 권장한다.

비형식적인 혹은 상황평가 방식은 직업에서 성공한 사람이 되도록 돕는 데 무엇이 필요한가를 결정하는데 사용될 수 있는 구체적인 자료를 제공하는 기능적인 방식으로 정보를 모은다. 이 사정 양식지는 고용가능성을 가정하고 있다. 비형식적인 직업사정의 역할은 아래의 성과를 성취하는 것이다.

1. 직업개발 노력에 개인을 연결시키기
2. 개인에 관한 정확한 그림 그리기
3. 수행되는 부정적인 결함에 토대를 둔 어떠한 사정도 상쇄시키기
4. 관계망을 지향하는 개인에게 가장 친한 개인 및 타인들에게 권한부여하기
5. 개인의 선호, 고용목표, 우수한 재능 등을 나타내는 정보 획득하기(Callahan & Garner, 1997)

비형식적인 사정. 비형식적인 사정과정은 인간중심계획의 개념과 유사하게 개인 프로파일로 이끌어주는 일련의 활동들이다(Callahan & Garner, 1997). 비록 우리가 고용을 논의하고 있기는 하지만 개인 프로파일은 지역사회 생활, 오락 및 지역사회 접근기술 등과 같은 영역들을 사정하는데 매우 유용하다는 것을 알아야 한다. 이런 논의를 하기 위해 우리는 직업프로파일에 초점을 맞춘다.

직업 프로파일. 한 개인의 직업프로파일 획득은 한 개인의 삶에 대한 "스냅사진"을 찍는 것과 유사하다. 이것은 확실한 성과로 이끌어줄 구체적인 정보를 획득하려고 노력하는 과정이다. 이것은 개인의 중요한 인간관계 및 고용으로 이끌어줄 방향을 설정하도록 도와줄 수 있는 경험 등에 관한 상세한 정보발견을 위해 질문하게 하는 안내이다. 핵심은 개인의 인생경험 이해 및 통찰력을 가진 사정촉진을 제공한다

(Callahan & Garner, 1997). 개인에 관해 알고, 친구들과 이웃들 및 친척들을 인터뷰하고, 관련된 정보 자원의 조망 등을 통해 정보가 수집된다. 이 중 많은 것이 인간중심계획 혹은 특히 직업목적을 통해 행해질 수 있다. 특정 직업에 관한 기술, 능력 및 수행방법 등에 관해 직업 프로파일이 충분한 정보를 제공해주지 않으면, 학생의 잠재적인 직업선택을 더 탐구하기 위한 상황평가가 그 과정을 보완할 수 있다.

상황평가. 상황평가는 기능적인 접근이라고 간주되는 기능적인 사정이다. 학생경험을 평가하고 사정하는 의미 있고, 실질적이고 유용한 방법을 대표한다. 상황평가는 고용을 포함해 다양하고 광범위한 통합된 지역사회 활동과 환경에 학생이 참여하도록 허용하는 학생의 행동목록에 있는 기술을 말하고 정의한다(Falvey, Rosenberg, & Grenot-Scheyer, 1982). 상황평가가 기능적이고 실용적이라는 것을 이해하고 있기 때문에 지역사회의 다양한 영역에서 개인이 가진 강점, 흥미 및 지원요구 등을 결정하는 방식이라고 정의된다. 상황평가 접근의 한 가지 주요한 특성은 한 개인의 개인적인 강점과 능력을 찾아내는데 초점을 맞추고 있다. 상황평가의 부가적인 특성은 **표 9.3**을 참고하라.

상황평가는 실제 지역사회에 토대를 둔 환경에서 행해진다. 우리의 관심을 고용에 집중시키고 있기 때문에, 지역 사업체에서 상황평가가 어떻게 수행되고 발전되는가를 논의한다. 여러분들이 이 접근을 보다 더 연구하고 자신의 환경에서 어떻게 활용될 것인가를 결정한다(상황평가 과정을 보다 완전하게 논의하기 위해서 Pancsofar & Steere, 1997을 언급한다). 상황평가를 발전시키는데 아래 단계들이 활

표 9.3 상황평가의 특성

상황평가는 아래와 같은 것들을 결정한다.

- 흥미(중요한 개인중심 정보 활용)
- 강점
- 능력
- 학습유형
- 적응과 조정 필요성
- 능력수준-어디서 시작하는가(기초학습 수준)
- 적절한 환경적인 조화

용되어야 한다. 이들 단계들은 6장에서 기술된 전략과 통합된다.

1. 지역사회에서 찾아볼 수 있는 직업유형들을 확인하라: 여러분들은 초기 논의에서부터 직업 프로파일의 질문을 통해 혹은 개인중심 계획모임을 통해서 학생이 선호하거나 찾아내는 여러 가지 직업유형과 사이트를 여기서 찾아내게 될 것이다.
2. 학생에게 적합한 지역사회에서 활용 가능한 직업들, 즉 다시 말하면 첫째 단계에서 확인된 특정한 직업들을 찾아내보라.
3. 목표로 한 직업을 가진 사업체들을 파악하라. 사업조언위원회 및 재활서비스, 상업인의 방(Chamber of Commerce) 등과 같은 자원을 활용해서 지역 사업체들을 탐색하라.
4. 편지나 전화로 목표로 정한 사업체와 접촉하라. 자신과 여러분 프로그램의 목적 및 사업체가 학생교육 향상을 위해 어떻게 협력적인 노력의 일부가 될 수 있는가를 소개하라.
5. 사업체의 직업을 분석하고 파악하라. 직업, 의무, 요구사항 및 직업과 관련된 책임감 등에 대한 과제분석, 직업에 관한 철저한 분석이 행해져야 한다.
6. 상황분석 일정을 계획하라. 학생 및 고용주와 함께 사정을 행할 가장 적합한 시간을 파악하라. 각각의 사정을 위해 최소한 연속 4시간을 요구하고 고용주에게 시간계획을 제공하라.
7. 상황평가를 실행하라. 학생수행에 관한 자료를 수집하는 것이 이 단계의 핵심이다.
8. 사정기간 동안 수집된 자료에 바탕을 둔 보고서를 작성하라. 이 보고서는 학생의 수행, 직업 흥미, 학생이 독립적으로 일하는 영역 및 어디서 지원이 필요한지에 관한 정보를 제공해야 한다.

정보를 수집하는 직업 프로파일과 상황평가가 위에서 언급한 이들 과정들을 필요로 할 수도 있다.

6. 진로개발 시작하기: 어떻게 모든 것을 통합할까

진로선택은 누구에게나 어려운 일이지만 인지적인 어려움과 신체장애를 가진 사람들에게는 더욱 어려운 일이다. 고등학교 재학 중 혹은 고등학교 졸업 후 즉시 명확한 진로 확립이 되어야 한다고 생각해서는 안 된다(Szymanski, 1994). 실제로 진로는 어떤 한 개인의 삶에서 어느 때든지 확립될 수 있다. 사실, 개인은 자기 일생 동안에 여러 차례 진로를 바꾼다고 추정된다. 그래서 장애인들에게는 직업이 고등학교 졸업 후에 시작될 수도 있지만 아마 진로는 졸업 후 몇 년 후가 될 때까지도 확립이 안 될 수도 있다. 하지만 장애인들의 구직을 돕는 것은 학생들이 고용 세계에서 성공하도록 하는 것이고, 우리는 반드시 높은 기대감을 가져야 하고 그들이 잠재력을 가지고 있고 큰일을 성취할 수 있다고 믿어야 한다. 창의적이며 지역의 사업체 및 학생들과 함께 일하기에 포함된 자신들의 광범위한 책임감을 이해하는 교사들은 학생들이 긍정적인 성과를 성취하도록 돕는데 더 성공적인 것 같다. 지원 네트워크 및 학생, 교사, 부모, 고용주, 사업가 지역사회 지도자와 장애 학생을 위해 지속적으로 가능한 진로 협의체를 만들어내는 것이 핵심이다. 성공을 위한 이런 기회창출은 학생에게 경험제공과 함께 시작된다. 아마 이 부분을 마무리하기 위한 적절한 말은 실현가능한 진로선택은 실현가능한 경험을 할 수 있는 기회로부터 온다는 말이다.

통합고용은 학교, 교사, 부모, 직업재활 담당자, 장애 서비스기관 및 성인 서비스제공자의 통일된 노력을 통해서만 가능하다. 이 모든 것들은 전환계획과 실천과정의 공통된 목표에 핵심인 모든 사람들이 함께 참여할 때 생긴다. 계획 팀에 모든 사람들이 참여하려는 노력으로부터 성공과 창의력이 생긴다는 것에는 의심의 여지가 없다. 그래서 같은 가치에 공통된 헌신을 함으로써 이 일이 시작된다.

둘째로 취해야 할 행동은 좋은 계획 설정이다. 계획 설정은 핵심적이고 개인의 일생을 이해하도록 돕고 미래를 위해 학생의 희망과 꿈을 명확하게 해줄 관련정보를 모으는데 바탕을 두어야 한다. 계획 설정은 학생이 바라는 성과를 성취하는데 필요한 지원 네트워크를 발전시키는 역할을 해야 한다.

마지막으로 셋째 행동은 의미 있는 활동 및 긍정적인 경험을 하는데 필요한 경험과 기회를 제공하는 것인데, 즉 다시 말하자면, 지역사회에 토대를 둔, 실생활 및 유의미한 경험을 제공하는 것이다. 이미 앞에서 언급했듯이, 실현가능한 진로선택은 실현가능한 경험을 하기 위한 기회제공으로부터 나온다.

요 약

이 장에서 지원고용의 개념을 논의했고, 여러 가지 다양한 선택사항과 모델들을 소개했다. 자연적 지원을 제시했고 각각의 지원고용 요소들을 어떻게 이 개념에 적용시킬 수 있는가를 언급했다. 개별적인 프로파일을 어떻게 얻어내고 상황평가를 어떻게 수행할 것인가 뿐만 아니라 학생이 자신에게 가장 "적합한" 것 혹은 다양한 선택사항의 호환가능성 파악을 어떻게 도울 것인가를 논의했다. 전환프로그램을 통해 학생을 안내한다는 의미가 이 장에서 제시되었듯이 기회와 선택에 토대를 두고 있다는 것이 바로 우리의 희망이다.

응용활동

아래 나열된 응용활동은 전환에 있어 여러분의 지속적인 학습과 기술개발에 핵심이다. 이들 활동들의 각각은 여러분의 시간과 에너지를 필요로 하겠지만 이 영역에 있어 전문적인 기술을 개발하도록 도와줄 것이다.

실천과 향상된 이해를 위해

지역 서비스제공기관들이 제공하는 지원고용 서비스에 관해 더 많은 것을 배우기 위해서는 지역의 서비스제공기관들을 방문하라. 여러분들이 이런 서비스에 관해 배워갈수록 이 장에서 기술된 핵심 프로그램 구성요소들과 비교하라. 특히, 중도 장애인들이 활용할 수 있는 재활 접근방법과 서비스가 있는가?

지원고용 서비스에 참가한 혹은 현재 참가하고 있는 장애인들을 면접해보라. 지역사회에서 일함으로써 이들 개인의 삶의 질이 어떻게 영향을 받고 있는가? 이 장에서 정의되고 논의된 자연적 지원을 활용하여 지원고용 과정 각각의 구성요소들이 어떻게 성취되는가를 파악하라.

직업개발
직무훈련

지속적인 사정
계속수행

명확한 것이라고 생각될 수 있는 이들 자연적 지원활동의 각각과 연관되는 몇 가지 이익 및 혹은 성과를 나열하라.

여러분의 포트폴리오를 위해

지원고용협회(Association for Persons in Supported Employment: www.apse.org) APSE 조직의 웹사이트를 방문해보라. APSE는 미국과 해외의 지원고용 서비스의 향상과 확대에 관심이 있는 전문가들로 이루어진 조직으로 1989년에 설립되었다. 여러분이 살고 있는 주 정부뿐만 아니라 APSE 전국모임에 참여를 해보라. 그들 단체의 출판물 및 훈련 과정은 지원고용에 대해 여러분이 계속해서 배우도록 돕는데 매우 의미가 있다는 것을 알게 될 것이다.

관련 자료와 웹사이트

아래 자료와 웹사이트는 여러분으로 하여금 장애인이 지역사회에서 고용을 획득하도록 어떻게 도와줄 것인가에 관한 지식을 확장하게 도와줄 것이다. 전문 프로파일에 이들 자료를 고려하라.

APSE-The Network on Employment

옹호와 교육을 통해 통합된 고용기회의 향상과 확장에 공헌한 조직.
www.apse.org

Virginia Commonwealth University Research and Training Center on Workplace Support and Job Retention

연구, 훈련 및 기술적인 지원을 제공함.
www.worksupport.com

Employment and Disability Institute

모든 삶의 영역에서 장애인의 기회를 촉진시키는 지식, 정책 및 실천의 개발에 초점을 맞춤.
www.ilr.cornell.edu

Job Accommodation Network(JAN)

장애인의 고용 가능성을 증가시키도록 고안된 상담서비스.
www.janweb.icdi.wuv.edu

AAMR

지적장애인에 관한 정보와 옹호. 지역 분회 연결망 포함.

www.aamr.org

미국의 ARC

지적장애인 및 발달장애인에 관한 정보와 옹호. 지역 분회 연결망 포함.

www.thearc.org

TASH

장애인 특히 중도 장애인 및 중복 장애인을 위한 정보 및 옹호. 지역 분회 연결망 포함.

www.tash.org

Institute on Community Inclusion

장애 아동과 장애 성인이 지역사회의 모든 영역에 참여할 권리를 지원해줌. 장애인의 통합을 촉진시키기 위한 효율적인 전략에 관한 연구와 교육수행.

www.communityinclusion.org

참고 문헌

Balser, R., Harvey, B., & Hornby, H. (1991). *A focus on job coaching: The untapped potential.* Hospital Industries Program: Department of Rehabilitation Medicine Maine Medical Center.

Bellamy, G. T., Homer, R. H., & Inman, D. P. (1979). *Vocational habilitation of severely retarded adults: A direct service technology.* Baltimore: University Park Press.

Bellamy, G. T., Rhodes, L. E., Mank, D. M., & Albin, J. M. (1988). *Supported employment: A community implementation guide.* Baltimore: Paul H. Brookes.

Bishop, K. D., & Falvey, M. A. (1989). Employment skills. In M. Falvey (Ed., 2nd ed.), *Community-based curriculum: Instructional strategies for students with severe handicaps* (pp. 165-187). Baltimore: Paul H. Brookes.

Brady, M., & Rosenberg, H. (2002). Modifying and managing employment practices: An inclusive model for job placement and support. In K. Storey, P Bates, & D. Hunter (Eds.), *The road ahead: Transition to adult life for persons with disabilities* (pp. 121-136). St. Augustine, FL: TRN Publishers.

Brooke, V., Inge, K. J., Armstrong, A. J., & Wehman, P. (Eds.) (1997). *Supported employment handbook: A customer driven approach for persons with significant disability.* Richmond: Virginia Common-wealth University Rehabilitation Research and Training Center on Supported Employment.

Brown, L., Shiraga, B., York, J., Kessler, K., Strohm, B., Rogan, P., Sweet, M., Zanella, K., Van Deventer, P., & Lomis, R. (1984). Integrated work opportunities for adults with severe disabilities. *Journal of the Association for Persons with Severe Handicaps, 9*, 262-269.

Buckley, J., & Bellamy, G. T. (1985). *National survey of day and vocational programs for adults with severe disabilities: A 1984 profile*. Unpublished manuscript, Johns Hopkins University, Baltimore.

Butterworth, J., Metzel, D., Boeltzig, H., Gilmome, D., & Sulewski, J. (2005). Employment outcomes: Room for change. *TASH Connections, 31*, 4-6.

Button, C. (1992, October-November). PL. 102-569: A new season for the Rehabilitation Act. *Word from Washington*.

Callahan, M. J., & Garner, B. G. (1997). *Keys to the workplace: Skills and supports for people with disabilities*. Baltimore: Paul H. Brookes.

Carter, F., & Wehby, J. (2003). Job performance of transition-age youth with emotional and behavioral disorders. *Exceptional Children, 69*, 449-465.

Conley, R. (2003). Supported employment in Maryland: Successes and issues. *Mental Retardation, 41*, 237-249.

Curl, R. M., Hall, S. M., Chisholm, L. A., & Rule, S. (1992). Coworkers as trainers for entry-level workers: A competitive employment model for individuals with developmental disabilities. *Rural Special Education Quarterly, 11*(1), 31-35.

Dickinson, L. D., & Verbeek, L. R. (2002). Wage differential between college graduates with and without learning disabilities. *Journal of Learning Disabilities, 20*, 175-185.

Falvey, M., Rosenberg, R., & Grenot-Scheyer, M. (1982). Strategies for assessing students with multiple handicapping conditions. In S. Ray, M. J. O'Neill, & N. T Morris (Eds.), *Low incidence children: A guide to psychoeducational assessment* (pp. 245-273). Natchitoches, LA: Steven Ray Publishing.

Federal Register (2001, January, 22). 66(14), 7249-7258.34 CFR 361.

Gardner, J. F., Chapman, M. S., Donaldson, G., & Jacobson, S. G. (1988). *Toward supported employment: A process guide for planning change*. Baltimore: Paul H. Brookes.

Gold, M. (1972). Stimulus factors in skill training for the retarded on a complex assembly task: Acquisition transfer and retention. *American Journal on Mental Deficiency, 76*, 517-526.

Hagner, D., & Cooney, B. (2005). "I do that for everybody": Supervising employees with autism. *Focus on autism and other developmental disabilities, 20*, 91-97.

Hagner, D., & Davies, T. (2002). "Doing my own thing": Supported self-employment for individuals with cognitive disabilities. *Journal of Vocational Rehabilitation, 17*, 65-74.

Hanley-Maxwell, C., Pogoloff, S. M., & Whitney-Thomas, J. (1998). Families: The heart of transition. In F. Rusch & J. G. Chadsey (Eds.), *Beyond high school: Transition from school to work* (pp. 234-264). Belmont, CA: Wadsworth.

Harris Interactive, Inc. (2002). *Harris survey of Americans with disabilities.* New York: National Organization on Disability.

Hood, E. L., Test, D. W., Spooner, F., & Steele, R. (1996). Paid co-worker support for individuals with severe and multiple disabilities. *Education and Training in Mental Retardation and Developmental Disabilities, 31*, 251-265.

Jackson & Associates (1985). *Executive summary, National Leadership Institute on Supported Employment.* Olympia, Washington. Unpublished paper.

Katsiyannis, A., Zhang, D., Woodruff, N., & Dixon, A. (2005). Transition supports to students with mental retardation: An examination of data from the national longitudinal transition study 2. *Education and Training in Developmental Disabilities, 40*(2), 109-116.

Kraemer, B., McIntyre, L., & Blacher, J. (2003). Quality of life for young adults with mental retardation during transition. *Mental Retardation, 41*, 250-262.

Mank, D. (1996). Natural supports in employment for people with disabilities: What do we know and when did we know it? *Journal of the Association for Persons with Severe Handicaps, 21*, 174-177.

Mank, D., Cioffl, A., & Yovanoff, P (1997). Analysis of the typicalness of supported employment jobs, natural supports, and wages and integration outcomes. *Mental Retardation, 35*(3), 185-197.

Mank, D., Cioffi, A., & Yovanoff, P (2000). Direct support in supported employment and its relation to job typicalness, co-worker involvement, and employment outcomes. *Mental Retardation, 38*, 506-516.

McMahan, R., & Baer, R. (2001). IDFA transition policy compliance and best practice: Perceptions of transition stakeholders. *Career Development for Exceptional Individuals, 24*, 169-184.

Menchetti, B., & Garcia, L. (2003). Personal and employment outcomes of person centered planning. *Education and Training in Developmental Disabilities, 38*, 145-156.

Michaels, C. (1999). *Transition to employment.* Austin, TX: Pro-Ed.

Murphy, S. T., & Rogan, P. M. (1994). *Developing natural supports in the workplace: A practitioner's guide.* St. Augustine, FL: Training Resources Network, Inc.

Murphy, S., & Rogan, P. (1995). *Closing the shop: Conversion from sheltered to integrated work.* Baltimore: Paul Brookes.

O'Brien, J. (1987). A guide to life-style planning: Using the activities catalog to integrate services and natural support systems. In B. Wilcox & J. Knoll (Eds.), *A comprehensive guide to the activities catalog: An alternative curriculum for youth and adults with severe disabilities* (pp. 175-189). Baltimore: Paul H. Brookes.

Pancsofar, E., & Steere, D. (1997). The C.A.P.A.B.L.E. Process: Critical dimensions of community-based assessment. *Journal of Vocational Rehabilitation, 8*, 99-108.

Pendergast, M., & Storey, K. (1999). Individual Program Plan differentials in segregated and integrated work programs for adults with developmental disabilities. *Journal of Vocational Rehabilitation, 13*, 15-19.

Rabren, K., Dunn, C., & Chambers, D. (2002). Predictors of post high school employment among young adults with disabilities. *Career Development for Exceptional Individuals, 25*, 25-40.

Reid, D., Parsons, M., & Green, C. (2001). Fvaluating the functional utility of congregate day treatment activities for adults with severe disabilities. *American Journal on Mental Retardation, 106*, 460-469.

Rizzo, D. C. (2002). With a little help from my friends: Supported self-employment for people with severe disabilities. *Journal of Vocational Rehabilitation, 17*, 97-105.

Roessler, R., Shearin, A., & Williams, F. (2000). Three recommendations to improve transition planning in the IEP. *The Journal for Vocational Special Needs Education, 22*(2), 31-36.

Rojewski, J. WI (2002). Career assessment for adolescents with mild disabilities: Critical concerns for transition planning. *Career Development for Exceptional Individuals, 25*, 73-95.

Rusch, F., & Braddock, D. (2004). Adult day programs versus supported employment (1988-2002): Spending and service practices of mental retardation and developmental disabilities state agencies. *Research and Practice for Persons with Severe Disabilities, 29*, 237-242.

Shafer, M. S., Revell, G. WI, & Jsbister, F (1991). The national supported employment initiative: A three-year longitudinal analysis of 50 states. *Journal of Vocational Rehabilitation, 1*(1), 9-17.

Storey, K., & Garff, J. (1999). The effect of co-worker instruction on the integration of youth in transition in competitive employment. *Career Development for Exceptional Individuals, 22*, 69-84.

Strain, P. S. (1983). Generalization of autistic children's social behavior change: Effects of developmentally integrated and segregated settings. *Analysis and Intervention in Developmental Disabilities, 3*, 23-34.

Szymanski, E. (1994). Transition: Life-span and life-space considerations for empowerment. *Exceptional Children, 60*, 402-410.

Taylor, S. (1988). Caught in the continuum: A critical analysis of the principle of least restrictive environment. *Journal of The Association for Persons with Severe Handicaps, 13*, 41-53.

U.S. Department of Labor. (2004). Occupational outlook handbook, 2004-2005. Washington, DC: Author.

Wehman, P. (1981). *Competitive employment: New horizons for severely disabled individuals.* Baltimore: Paul H. Brookes.

Wehman, P. (1992). *Life beyond the classroom: Transition strategies for young people with disabilities.* Baltimore: Paul H. Brookes.

Wehman, P. (1999). Supported employment: Toward reducing the impact of disability. *Journal of Vocational Rehabilitation, 12*, 131-133.

Wehman, P., & Bricout, J. (1997). Supported employment: Critical issues and new directions. In G. Revell, K. J. Inge, D. Mank, & P. Wehman (Eds.), *The impact of supported employment for people with significant disabilities: Preliminary findings from the national supported employment consortium.* Virginia Commonwealth University Rehabilitation Research and Training Center on Supported Employment.

Wehman, P., Brooke, V., & Inge, K. (2001). Vocational placements and careers. In P. Wehman (Ed.), *Life beyond the classroom: Transition strategies for young people with disabilities* (3rd ed.) (pp. 211-246). Baltimore: Paul Brookes.

Wehman, P., & Kregel, J. (1984). A supported work approach to competitive employment of persons with moderate and severe handicaps. *Journal of the Association for Person with Severe Handicaps, 10*(1), 3-9.

Wehman, P., Revell, G., & Kregel, J. (1998). Supported employment: A decade of rapid growth and impact. *American Rehabilitation, 24*, 31-43.

Wehman, P., & Targett, P. (2002). Supported employment: The challenge of new staff recruitment, selection and retention. *Education and Training in Mental Retardation, 37*(4), 434-446.

Wehman, P., West, M., & Kregel, J. (1999). Supported employment program development and research needs: Looking ahead to the year 2000. *Education and Training in Mental Retardation and Developmental Disabilities, 34*(1), 3-19.

10

전환기 학생을 위한 교육과정

〈 장의 목표 〉

1. 성공적인 성인생활을 위해 전환기의 모든 학생들이 완성할 필요가 있는 기능적인 생활기술을 서술할 수 있다.
2. 직업세계에 입문하는 피고용인들에게 사업체와 산업체가 가치 있다고 여기는 기술들을 묘사할 수 있다.
3. 기능적인 생활기술을 일반교육의 교과내용에 주입시킬 수가 있다.
4. 학생이 중요한 직업 및 지역사회기술을 배우게 해주는 지역사회에 기반을 둔 수업경험을 설계할 수 있다.
4. 학생이 성인생활로 전환해 감에 따라 그가 원하는 중등교육 이후의 성과를 성취하도록 돕는 교육과정 내용을 구안하고, 개작하고 수정할 수 있다.

장의 핵심 주제

- 성인생활을 위한 기능적인 기술: 성인생활에서 요구되는 기능적인 생활기술을 청소년들이 배우도록 돕는 방법을 논의한다. 이런 기술교수 획득에 활용될 수 있는 전략의 범위를 알아보라.
- 교육과정 내용에 우선순위를 매겨보라: 전환기의 청소년들이 배울 가장 중요한 기술이 무엇인가? 이 질문에 대한 답변의 범위를 알아보고 청소년들이 기술을

배우게 돕는데 여러분의 역할을 고려해보라.

- 학교에 기반을 둔 학습 대 지역사회에 기반을 둔 학습: 이들 각각의 접근법은 학생의 학습에 어떻게 공헌하는가?

전환계획이 시작되는 최소한 16세부터 교육제도에서 학생의 전환 때까지 자기 삶의 다음 국면 성공에 필요한 기술을 계속 배우고 완성시켜야 한다. 일부 학생들에게는 이것이 지역의 전문대학 혹은 4년제 대학입학을 의미한다. 또 일부 학생들에게 성인서비스기관의 지원을 받거나 지원 없이 곧바로 직업세계로 들어가는 것을 의미한다. 많은 학생들에게는 이런 전환이 그들 가족들이 살고 있는 가정에서 나와서 기숙사 방 혹은 아파트로 이동을 수반한다. 지역사회로의 이동의 증가 및 재정적인 의무에 대한 책임감이 요구된다. 분명히 청소년들은 그들의 10대로부터 20대 초반에 이르기까지 많은 것들을 배울 필요가 있다.

학습할 필요가 있는 많은 것들이 학교 교육과정의 일부가 되고 반면에 다른 중요한 기술은 주로 가정 혹은 지역사회에서 발생하는 활동들을 통해서 가족과 친구들로부터 학습된다. 비록 학교들이 성인생활에 필요한 모든 기술을 다 가르칠 수는 없겠지만, 학교는 청소년들이 성공적인 성인생활을 준비하도록 돕는데 핵심역할을 한다. 학생, 그의 가족들, 학교의 관련인사들, 성인 서비스기관의 대표자들 간의 강한 유대감은 학생이 그런 준비를 잘하도록 보장해준다.

이 장에서 전환기 학생을 위한 교육과정의 구안과 구조를 논의한다. 우리는 기능적인 기술을 이들 내용영역에 주입시키는 방법뿐만 아니라 서로 다른 학년 수준의 학생을 위해 요구되는 교육과정 내용을 처방하는데 주정부의 기준이 행하는 역할을 기술한다. 또한 학교 및 지역사회에 토대를 둔 교수를 통해 중요한 기술개발을 논의한다. 마지막으로 중등교육 이후의 성과와 교육과정 연계의 중요성을 논의한다.

1. 중등교육 수준의 교육과정 및 전환교육과 관련된 연구

전환기 학생을 위한 효과적인 교육과정에 핵심적인 구성요소를 기술하기 전에 교육과정 관련연구에 대해 간략하게 조망한다. 특히, 중등교육 수준의 학생을 위한 중요한 교육과정 내용 및 일반 교육과정에 보다 나은 접근과 참여를 촉진시키는 전략과 관련된 연구를 조망한다.

중요한 교육과정 내용이라고 생각되는 전환기 학생이 관심을 갖는 교육과정과 관련된 문헌에 주된 초점이 맞추어진다. Clark, Field, Patton, Brolin 및 Sitlington 등(1994)은 특수아동위원회(Council for Exceptional Children: CEC)의 진로발달 및 전환분과(Division on Career Development and Transition: DCDT)의 입장표명 진술문을 작성했고 그 진술문에서 그들은 기능적인 생활기술의 교수는 중도 장애 학생을 위한 구성요소가 아니라 장애 학생을 위한 교육과정에 필요한 하나의 구성요소라고 주장했다. 교육과정 개발에서 기능적인 생활기술 개발의 필요성에 초점을 맞추는 것은 고용, 독립생활 및 지역사회 참여 등 영역에서 성인생활의 필요성에 바탕을 두고 있고, 이것은 효율적인 전환계획에 관한 문헌에 지속적인 주제 가운데 하나이다. Grigal과 Neubert(2004)는 아동의 학교 프로그램과 중등교육 이후의 성과에 관한 부모들의 인식결정을 위해 2개의 도시지역에 있는 학교에 재학 중인 전환기 학생을 가진 234명 부모들을 대상으로 설문조사를 실시했다. 낮은 장애 발병률을 가진 부모들(즉, 중도장애를 가진)은 지역사회에 기반을 둔 교수 및 생활기술 교수를 보다 높게 평가했고, 반면에 높은 장애 발병률을 가진 부모들은 학업적인 교수를 보다 높게 평가했다. 이 연구는 자기 아동의 미래 및 현재의 교육과정 내용이 미래 열망과의 관련성에 대한 가족들의 관심을 특히 강조한다. Agran, Swaner 및 Snow(1998) 등은 교육과정에 직업안전기술 교수의 통합에 관해 중학교 및 중등학교 관련인사들을 대상으로 수행한 연구결과를 발표했다. 비록 그들이 직업안전기술 교수가 중요하다고 생각은 하지만, 응답자들은 전형적이고 체계적인 방식으로 교수되지 않는다고 응답했다. 연구자들은 아마 교사들이 다른 사람들이 교육과정의 이런 측면을 강조하거나 혹은 이미 학생들이 이런 내용을 알고 있다는 가정 때문일 것이라고 추정했다. Wehmeyer와 Schwartz(1998)는 목표에 자기결정기술 교수를 강조하는 수준을 결정하기 위해 지적장애 및 기타 발달장애를 가진 136명 학생들의 IEP를 조망했다. 조망된 895개의 전환목표 중 교수 혹은 구체적인 자기결정기술과 관련된 학습을 목표로 하는 것은 전혀 없었다. 이 연구의 함의는 자기결정기술의 직접교수가 전체 고등학교 교육과정의 일부에 반드시 포함되어야 한다는 것이다. 이것이 특히 중요한데, 왜냐하면 사정과 계획과정에 자기결정과 능동적인 학생참여가 증가됨에 따라 전환 IEP의 내용에 중요한 영향을 미칠 수 있고 궁극적으로는 교육과정에 중요한 영향력을 가질 수 있기 때문이다(Field, Martin, Miller, Ward, & Wehmeyer, 1998). Bouck(2004)은 "수준이 낮추어진(watered down)" 일반교육 교육과정에 참여와는 반대로 경도 지적장애 학생을 위한 기능적인 생활기술의 직접교수에 찬성했다. 이 주장에서 연구자는 경도 지적장애 학생을 위한 일반교육 내용에 너무 편협하게 초점을 맞추려는 노력은 중요한 기능적인 기술이 경시되는 결과를 가져올지도 모른다고 주장했다. Elksnin과 Elksnin(1998)은 장애 학생에게 직업관련 사회적 기술교수의 중요성을 기술했다. 그것은 필요한 기술획득에 대한 국무위원회의 보고서(Secretary's Commission on Achieving Necessary Skills: SCANS)가 그들 주장의 토대를 이루고 있고, 고등학생이 현재의 사업장 및 산업체에서 성공하기 위해 개발해야 하는 중요한 기술임을 보고했다. SCANS보고서에서 확인된 기술(예를 들면, 팀의 구성원으로 참여하기, 타인에게 새로운 기술 가르치기, 내담자 혹은 단골고객의 역할 수행하기, 리더십 발휘하기, 다양한 배경을 가진 사람들과 협상하고 함께 일하기) 중 몇 가지는 직업관련 사회적 기술을 포함했다. 교육과정 개발을 위한 SCANS보고서의 중요성은 이 장 후반부에서 상세하게 기술한다. Patton, Cronin과 Wood(1999) 등은 현존하는 교육과정 내용에 기능적인 생활기술 교수를 주입시키기 위한 전략을 기술했다. 이들 연구자들은 그런 기능적인 생활기술 교수를 위한 세 가지 주요한 전략을 기술한다. 직접 교과학습을 통한 이들 기술의 교수, 조정(기능적인 기술 강조를 위한 일반 교육과정 과목의 일부를 활용) 혹은 일반 교육과정 과목에 있는 핵심단어들(내용 지시어)을 생활기술 토픽에 관련시킴으로써 이들 기술을 일반 교육과정 과목에 주입시키기 등이다.

몇몇 연구자들은 장애 학생의 보다 긍정적인 전환성과를 가져오는 교수내용과 교수전략을 강조했다. Kohler(1994)는 경도장애를 가진 58명의 학생들에 대한 현장직업기술 훈련의 효과를 평가하고는 직업기술과 직업관련 행동 두 가지 모두가 향상되었음을 보고했다. 다른 연구자들 또한 학생이 학교에 재학 중일 때 직업경험의 중요성을 주장했다(Baer, Flexer, & McMahan, 2005; Hanley-Maxwell & Collet-

Klingenberg, 2004; Inge, Wehman, Clees, & Dymond, 1996). Benz, Lindstrom과 Yovanoff(2000) 등은 Oregon주 청소년들 전환프로그램(Oregon's Youth Transition Program)과 연관된 전환실천에 관해 그들이 수행한 두 가지 연구를 발표했다. 그들의 연구결과는 학생이 재학 중일 때 그들이 두 가지 혹은 그 이상 진로관련 유급 직장경험에 참여한 학생 및 4년 혹은 그 이상 학생의 확인된 전환목표를 완성한 학생이 학교졸업 후 직장 혹은 교육에 종사 및 인가된 학위를 받고 졸업한 학생들이 긍정적인 척도를 보여준 것으로 나타났다. Lindstrom, Benz와 Doren(2004) 등은 청소년기 학습장애 여성들 중에 진로선택의 장애요인과 촉진요인을 조사하기 위한 사례연구법을 활용했다. 그들은 6명의 여성들을 인터뷰했는데 그 중 3명은 "전통적인" 여성 직업에 종사했고, 3명은 비전통적인 직업에 종사했다. 그들에 대한 확장적인 인터뷰 결과에 토대를 둔, 진로선택에 영향을 주는 변인들로는 ① 성역활, ② 장애, ③ 가족과 아동기의 경험, ④ 초기 직업경험 및 ⑤ 직업탐색 및 상담 등이었다. 이 연구의 함의는 전환기 젊은 여성들에게는 광범위한 직업탐색에 있어 유급 직장경험과 능동적인 참여이다. Sitlington, Neubert, Begun, Lombard 및 Leconte(1996) 등은 전환기의 사정실천은 ① 개별학생의 진로개발 수준을 결정하고 분명히 하기 ② 자신의 흥미를 명확히 하도록 돕기 위해 ③ 배치결정을 하기 위해 ④ 자기결정 발달을 촉진시키기 위해 ⑤ 필요한 지원, 수용 및 서비스 등을 결정하기 위한 구체적인 목적을 강조하도록 설계되길 권장했다. 그들은 또한 사정 전략은 직업개발의 네 가지 국면(진로인식, 진로탐색, 진로준비 및 진로동화)과 밀접하게 연관되길 권장했다.

보다 최근에, 몇몇 연구들은 장애 학생이 표준화된 일반 교육과정을 통해 진보 및 접근할 수 있도록 돕기 위한 전략을 강조했다. Wehmeyer, Lattin과 Agran(2001) 등은 일반 교육과정에서 지적장애 학생 통합을 위한 자기결정모델 교육과정을 기술했다. 학생이 교육과정의 개정 없이도 그 교육과정으로부터 보탬이 된다면 그들이 일반 교육과정 참여가 더 선호될 것이라는 가정으로부터 시작된다. 만약 그렇지 않다면, 교육과정에 대한 개작이 수반되는 보조공학이 고려된다(즉, 학생이 임하고 있는 교육과정 및 방식의 도입과 개념의 수정). 교육과정의 개작은 교육과정이 도입되는 서로 다른 방식과 교육과정 내용에 반응하는 서로 다른 방식 등을 포함한다. 만약 이것이 충분하지 않으면 교육과정 확장 전략이 도입되는데, 이것은 학생이 그 교육과정으로부터 이익을 얻어낼 수 있는 학생의 능력을 향상시켜 주는 자기조절 혹은 인지적 학습전략 등과 같은 전략을 학생이 활용하도록 가르치기가 포함된다. 교육과정 확장은 또한 학생이 그들 나름대로의 학습에 대한 보다 큰 통제력을 그 스스로 얻도록 해주는 구체적인 자기결정기술 교수가 포함된다. 만약 이들 중재가 충분하지 않으면, 학생의 기능적인 기술의 필요성을 보다 강조하기 위한 교육과정 변경이 고려될 수도 있다. Wehmeyer, Lance와 Bashinski(2002) 등은 지적장애 학생이 일반 교육과정에 더 잘 접근하도록 하기 위해 보편적 디자인의 원리에 대한 논의를 포함시킴으로써 이 모델을 확장시켰다. 보편적 디자인 학습(Universal Design for Learning: UDL)의 개념은 응용특수교육공학센터(Center for Applied Special Technology: CAST)의 표상에 의해 더욱 기술되었다(Hitchcock, Meyer, Rose, & Jackson, 2002). UDL의 기본적인 원칙에는 ① 다양한 학습자들이 핵심적인 목적에 다양하게 충분히 접근하도록 허용하는 학습목표를 말로 표현하기 ② 교육과정 자료에 대한 유연한 구성 ③ 교육과정 내용에 학생이 접근하도록 하기 위한 유연한 방법 ④ 학생의 완성도 여부 사정을 위한 유연한 방법 등이 포함된다. UDL접근의 전반적인 목적은 일반교육 교육과정을 통해서 접근·참여하고 발전하도록 허용하는 것이다(Hitchcock et al., 2002).

Wehmeyer, Field, Doren, Jones 및 Mason(2004) 등은 1990년 이래로 장애인의 자기결정과 표준 교육과정에 자기결정의 연관성을 향상시킬 수 있는 전략의 진보와 발달을 기술했다. 이들 연구자들은 모든 학생들이 주정부의 표준화된 내용에 기반을 두고 사정이 되도록 한 최근의 법령이 교육과정 범위 안에서 자기결정이 더욱 쉽게 주입될 기회를 제공한다고 강력하게 주장하는데 왜냐하면 ① 많은 주정부의 기준이 목표설정, 문제해결 및 결정하기 등과 같은 자기결정기술에 초점을 맞추고 있기 때문이고 ② 자기규칙, 자기관리, 문제해결, 목표설정 등과 같은 자기결정기술 교수는 일반교육 교육과정을 통해 더 나은 몰입과 진보로 이끌어줄 것이기 때문이다.

몇몇 연구들은 자기관리 하에서 교수의 영향을 탐색했는데, 이것은 자기결정이 된 행동의 구성 기술이다. Hughes, Copeland, Agran, Wehmeyer, Rodi 및 Presley(2002) 등이 일반학급에서 4명의 중등교육 수준의 지적장애 학생들의 수행향상을 돕기 위해 그들에게 자기모니터링 기술을 가르쳤다. 이 연구는 이들 학생들이 자기

모니터링을 통해 통합적인 환경에서 머리 바로 들기 및 고맙다고 인사하기 등을 포함하는 필요한 기술을 증가시키도록 가르칠 수 있다는 것을 입증했다. Palmer, Wehmeyer, Gipson 및 Agran(2004) 등은 지적장애를 가진 중학생들에게 언어, 과학, 사회 등의 영역에서 표준화된 교육과정 및 연관된 학습계획 기술과 문제해결 기술을 가르쳤다. 문제해결과 학습계획 기술은 수업을 위한 자기결정학습모델(Self Determined Learning Model of Instruction: SDLMI; Agran, Blanchard, & Wehmeyer, 2000)을 활용해서 가르쳤다. 이 수업모델은 자기결정의 원리를 통합하고 세 가지 국면으로 구성되는 12가지 질문들에 토대를 두고 있다: 목표설정, 행동하기, 목표 혹은 계획 수정하기 등이다. Palmer와 동료들(2004)의 연구에서 자기관리기술 훈련을 받은 처치집단의 학생들이 훈련받지 않은 통제집단의 학생들보다 유의미한 향상을 나타냈다. McGlashing-Johnson, Agran, Sitlington, Cavin 및 Wehmeyer (2003) 등은 중등도 장애에서 중도 장애에 이르는 4명의 장애 학생들에게 지역사회 직업배치 상황에서 SDLMI를 사용했다. 4명의 학생들 중에서 3명이 목표 설정하기를 학습했고, 행동계획을 개발하고 수행했으며, 자신들의 목표와 행동계획 수정하기를 배웠다. 네 번째 학생은 이들 기술을 완성하는데 유의미한 발전을 했다. Agran, Sinclair, Alper, Cavin, Wehmeyer 및 Hughes(2005) 등은 일반교육 상황에서 중등도에서 중도에 이르는 6명의 장애 학생들의 바로 뒤따르는 능력에 관해 자기모니터링을 통한 수업효과를 탐색했다. 학생들이 방향을 알고, 과제완성을 하며 자신들의 수행을 모니터하도록 가르쳤다. 이 연구에서 학생들은 뒤따르는 자신들의 능력을 성공적으로 모니터하는 법을 배웠다. 이들 연구자들이 이끌어낸 주요한 함의는 장애 학생이 통합 환경에서 성공하도록 지원이 필요하고 자기모니터링이 강력한 "자기지원"전략이라는 것이다.

요약하면, 이들 연구자들은 전환기 학생의 교육과정 개발에 관한 몇 가지 중요한 문제를 특별히 강조한다.

- 전환기의 모든 학생들은 일상적인 성인생활에 필요한 기능적인 기술개발이 필요하다.
- 사업체나 기업이 높이 평가하는 직업경험과 기술개발이 차후의 성공에 중요하다.

- 장애 학생 대다수는 만약 필요하다면 조정과 지원을 받아서 표준에 바탕을 둔 일반교육 교육과정에 참여할 수 있다. 이들 지원에는 자기관리 기술 및 자기결정을 구성하는 다른 기술과 행동도 포함된다.
- 자기결정기술, 지식 및 태도의 발달은 전환계획에 학생의 능동적인 참여가 필수적인 것처럼 전체 교육과정을 통해 이런 요소들이 주입되어야 한다.
- 진로인식은 학생의 미래 흥미영역에 관한 최초 선택을 돕기 위해 중등교육 기간 중 조기에 도입되어야 한다.
- 진로인식과 기능적인 생활기술의 발달은 일반교육 수업시간에 주입고취를 통해 강조될 수 있다.

2. 졸업 후의 성과: 교육과정 개발 주도

전환기 장애 학생에게는 자신의 IEP로부터 졸업 후의 성과진술이 교육상 교육과정의 선택, 설계 및 적응을 주도하는 주요한 힘이 되어야 한다. 학교로부터 졸업 후의 활동으로 성공적인 이동을 촉진시키기 위한 성과중심 교육과정에서는 전환기 학생을 위한 교수가 학생으로 하여금 그의 일생에 대한 다음 단계들을 준비하도록 도와주어야 한다. 아래 기술된 영희와 철수의 경우를 고려해보라.

영 희

영희가 고등학교 재학 때 어떻게 유치원 선생님이 되는가를 배우기 위해 대학진학을 꿈꾸었다. 그녀는 이 꿈을 이루기 위해서는 국어, 과학, 수학 공부를 마쳐야 한다는 것을 알았고, 그녀의 점수는 선택할 대학에서 입학을 허락할 만큼 충분히 높아야 한다는 것을 알고 있었다. 학교에서 배우는 모든 것 이외에도 영희는 일상생활기술, 세탁일, 요리, 집 청소, 지역사회에서 살아가는 일, 기타 등등에 관한 것을 더 많이 배울 필요가 있다는 것도 알고 있었다. 이들 기술을 배움에 있어 가족들이 가장 주요한 지원자들이었고, 나이가 들어감에 따라 자신의 집 주변에서 이들 과제들 중 몇 가지의 완성에 대한 더 많은 책임을 지게 되었다. 그녀는 또한 아기 돌보기와 봉사활동을 통해 어린 아동들과 일하는 경험을 더 많이 할 필요가 있었다. 그녀는 또한 대학에 진학해서도 자신의 건강을 유지하고 몸을 좋은 상태로 유지할 필요가 있었다. 마지막으로 그녀는 대학에 어떻게 지원하고, 기숙사에 남기 위해 적합한 장학금과 학자금을 어떻게 신청하는가를 배울 필요가 있었고, 자기 숙소를 해결하기 위해 대학의 장애인 지원서비스 사무소와 어떻게 연락을 취해야 하는가를 배울 필요가 있었다. 대학에 들어갈 준비를 하기 위해 배우고 완성해야 할 것들이 너무 많았다.

철 수

비록 철수 자신은 이런 사실을 모르긴 했지만 배울 것이 많았다. 그는 자신의 일상생활에서 무엇인가가 변화하고 있다는 것을 아주 잘 알고 있었다. 그는 비록 그런 사실을 모르고 있긴 했지만 자신의 학교 교육과정의 일환으로 직업경험을 하고 있었고, 이런 직업경험이 한 사람의 성인으로서 그에게 유급 고용획득에 가치 있는 경험이 된다는 것을 알고 있었다. 그가 현재 하고 있는 경험 또한 만약 적절한 지원만 제공된다면 진정으로 일하고 있는 성인 서비스기관에 믿음을 주게 될 것이다. 하지만 일은 철수의 미래 삶에 단지 하나의 측면일 뿐이다. 그는 요리, 세탁일하기, 설거지하기 및 집안 청소하기 등과 같은 집안생활과 연관된 기술을 배울 필요가 있다. 그는 식료품 가게에서 어떻게 쇼핑을 하는지 및 다른 지역사회에서의 일도 배울 필요가 있다. 그는 돈을 어떻게 사용하는가, 달력을 어떻게 활용하는가, 쇼핑 목록을 어떻게 읽는지 및 길을 어떻게 안전하게 건너는가를 배울 필요가 있다. 그는 또한 독자적으로 샤워를 어떻게 하는가, 치아를 어떻게 돌보는 가 및 아플 때를 어떻게 알아내는 가 등도 배울 필요가 있다. 그의 가족들과 그를 지원하는 사람들은 그가 일을 하고, 아파트에 살고, 지역사회로 둘러보기 위해서는 어느 정도의 지원이 필요하다는 것을 알고 있지만, 그는 여전히 배우고 있는 중이라는 것을 알고 있다. 이 세상에는 그가 배워야 할 것들이 너무나 많다...

영희와 철수의 보기처럼, 전환기 학생은 한정된 시간에 배워야 할 것들이 많다. 배워야 할 가장 중요한 것들 가운데 우선순위가 요구된다. 4장에서 논의했듯이 졸업 후 원하는 성과는 선정된 매년 목표와 단기 목표를 이끌어가야 한다. 즉, 졸업 후의 성과는 주어진 학령기 동안에 무엇을 수업해야 하는가에 대한 논리적인 근거를 제공하는데 이것은 매년 목표와 단기 목표에 기술된다. 만약 이들 목표들의 완성이 원하는 졸업 후의 성과획득으로 이끌어주는데 도움이 된다는 것이 교육 팀들에게 명확하다면 매년 목표와 단기 목표가 IEP에 포함된다. **그림 10.1, 10.2 및 10.3**은 제한적인 지원이 요구되는 지적장애 학생을 위해 바라는 졸업 후의 성과와 매년 목표와 단기 목표들 간의 연관성에 대한 보기를 제공한다(Steere & Cavaiuolo, 2002). 매년 목표

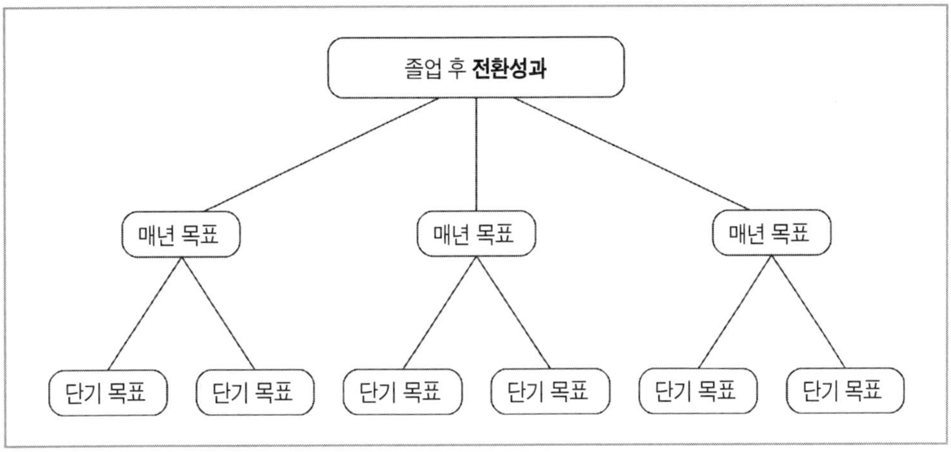

그림 10.1 전환성과와 매년 목표 및 단기 목표들과의 관련성

출처: "Connecting Outcomes, Goals, and Objectives in Transition Planning" by Daniel Steere and Domenico Cavaiuolo의 *Teaching Exceptional Children*, Vol. 34, 2002, pp. 54–59. Copyright 2002 Council for Exceptional Children. Reprinted with permission.

와 단기 목표들에 포함된 이들 기술의 완성은 바라는 전환성과와 명확한 연관성을 지니고 있는 이런 보기들에 주목해보라.

3. 모든 학생들을 위한 기능적인 성인생활기술

능력과 장애여부에 관계없이 학교로부터 성인생활로의 전환을 행하고 있는 모든 청소년들은 지역사회의 성인구성원으로서 성공적으로 살아가게 해주는 광범위한 기능적인 기술을 배울 필요가 있다(Wehman & Targett, 2004). 중등교육 이후 교육을 열망하는 경도 장애 학생들조차도 자신들의 아파트를 돌보고, 옷을 세탁하고, 은행 계좌를 관리하고 기타 일상의 일들을 행할 수 있어야 한다. **표 10.1**에 제시했듯이, 성인생활의 주요한 영역에서 성공하기 위해서는 광범위한 기능적인 기술이 필요하다.

이들 기술 중 많은 것을 학교나 가정에서 학습한다. 학교에서 그런 기술을 가르칠 때 기술이 일반교육 내용에 주입되거나 혹은 이들 기술을 직접 가르칠지도 모르는데 이들 두 가지 전략이 모두 다 이 장 후반부에서 논의된다. 하지만 현재로서는

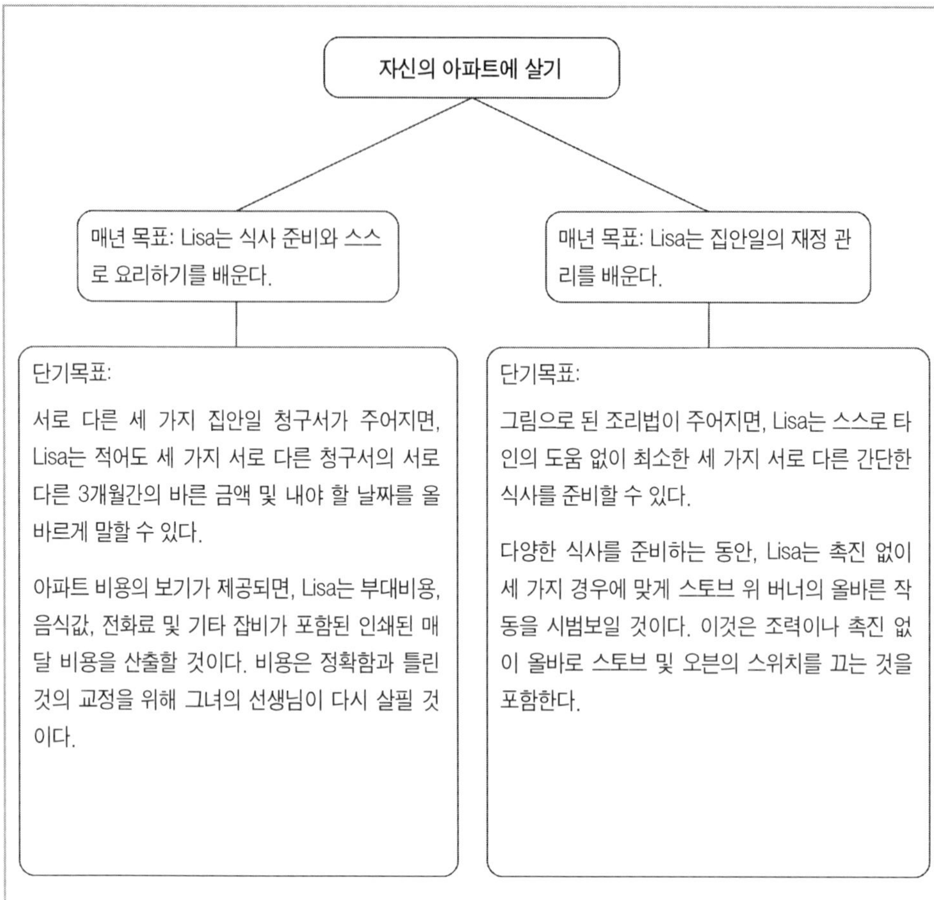

그림 10.2 매년 목표 및 단기 목표와 연관되어 지역사회 생활을 위한 전환성과와의 관련성

출처: "Connecting Outcomes, Goals, and Objectives in Transition Planning" by Daniel Steere and Domenico Cavaiuolo의 *Teaching Exceptional Children*, Vol. 34, 2002, pp. 54-59. Copyright 2002 Council for Exceptional Children. Reprinted with permission.

단지 이들 기능적인 기술이 중도 장애 학생들을 위해서가 아니라 전환기의 모든 학생들에게 필요하다는 것을 강조하고 싶다(Clark et al., 1994).

전환기 학생을 위한 기능적 교육과정 내용개발의 선구자 중 한 사람이 Donn Brolin이다(**보조 도표 10.1** 참조). 많은 연구자들은 전환기 학생에게 필요한 기능적 생활기술을 강조하는 교육과정을 개발했다. Brolin의 생활중심진로교육모델(Life Centered Career Education model: LCCE)(1997, 2004)은 일상생활기술, 대인-사회

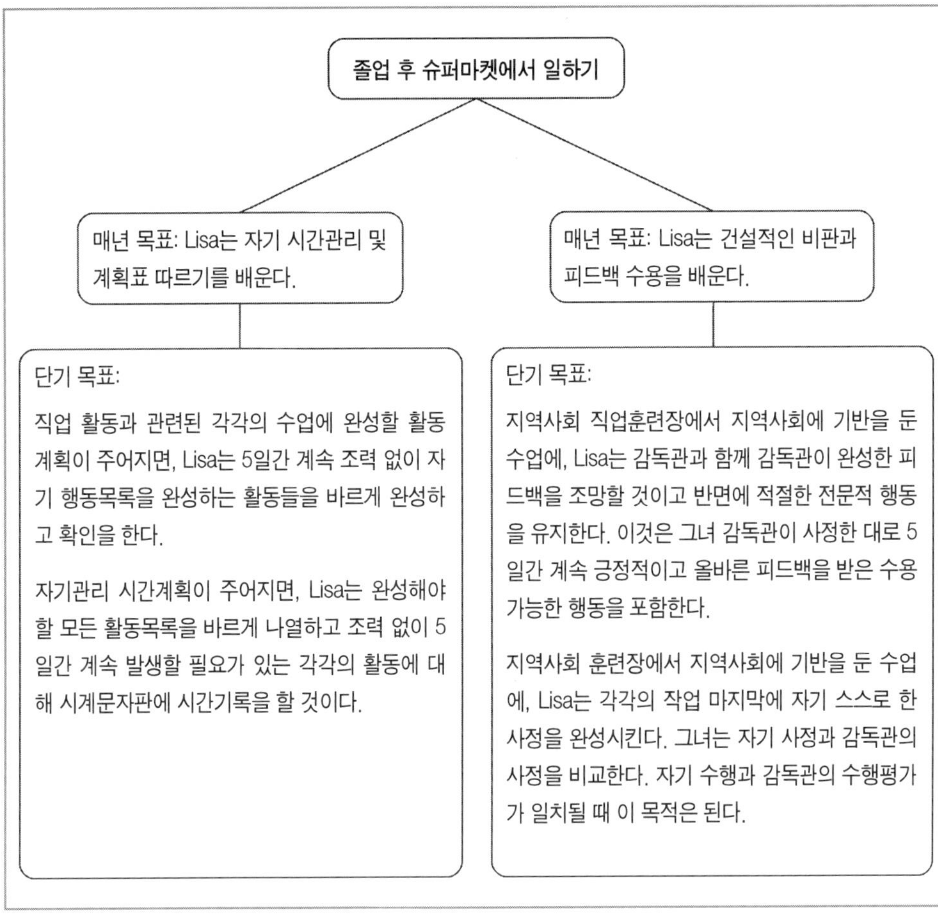

그림 10.3 매년 목표 및 단기 목표와 연관된 고용을 위한 전환성과와의 관련성

출처: "Connecting Outcomes, Goals, and Objectives in Transition Planning" by Daniel Steere and Domenico Cavaiuolo의 *Teaching Exceptional Children*, Vol. 34, 2002, pp. 54-59. Copyright 2002 Council for Exceptional Children. Reprinted with permission.

적 기술 및 직업안내 및 준비 등 성인생활 영역에 22가지 능력과 수많은 하위영역의 능력을 강조한다. LCCE는 세 가지 중요한 특성을 포함한다(www.cec.org, 2005).

첫째, 세 가지 주요한 영역에서의 능력은 성인생활로 전환중인 학생에게 필요한 기능적인 기술에 초점을 맞춘다. 둘째, 세 가지 주요 영역의 22개 하위영역과 실행과제는 시간적인 계열성을 가진다. 이들은 자아인식과 직업인식에서부터 직업탐색으로의 직업발달 과정을 다음에는 직업준비로 나아가는 과정을 보여준다. 셋째,

표 10.1 장애 및 비장애 학생에게 필요한 기능적인 기술의 보기

성인생활 영역	성공하기 위해 요구되는 기능적 기술의 보기
가정생활	■ 음식 요리 ■ 세탁하기 ■ 집 청소하기 ■ 자기관리 활동 완성하기 ■ 가정 내 간단한 고장 수리하기
지역사회 활용	■ 공공 교통수단 활용하기 ■ 안전하게 길 건너기 ■ 지역사회 가게에서 물건 구매하기 ■ 지역사회의 서비스에 접근하기(예: 치과의사, 내과의사, 은행, 세탁소 등등) ■ 날씨에 맞는 적합한 옷 입기
고용	■ 급료 명세서를 읽고 이해하기 ■ 공지된 규칙 따르기 ■ 구두 혹은 문서화된 지시사항 따르기 ■ 도구 안전하게 사용하기 ■ 피드백과 비판 수용하기
재정적 계획 작성	■ ATM 혹은 직불카드 사용 ■ 안전하게 돈 휴대하기 ■ 품목별 가격을 읽고 비교하기 ■ 계산서 읽고 금액 지불하기 ■ 자신의 능력 범위 안에서 돈 사용하기
오락과 여가	■ 타인과 협력하기 ■ 규칙준수하기 ■ 도구 올바르게 사용하기 ■ 안전 예방조치 따르기 ■ 기능적 읽기 혹은 수학 활용하기
건강과 안전	■ 약병/약 복용량 읽기 ■ 온도계 사용하기 ■ 음식물 안전하게 저장하고 취급하기 ■ 화재위험 인식하고 대응하기 ■ 의사의 도움이 필요한 병 구분하기

보조 도표 10.1

Donn Brolin에 관한 역사적 조망

고 Donn Brolin은 전환기 장애 학생의 성인생활을 위한 교육과정 내용의 고안과 개념화에 있어 진정한 선구자였다. 1996년 자신의 죽음 이전에, Brolin은 Columbia의 Missouri종합대학교의 교육 및 상담심리학과의 명예교수였다. Brolin박사는 Wisconsin-Madison으로부터 특수교육 및 재활심리학으로 철학박사 학위를 받았고, 그는 특수아동협회의 진로발달 및 전환분과(Division on Career Development and Transition: DCDT)의 초대회장을 역임했다. 1990년에 그는 CEC로부터 세상에 잘 알려진 J. E. Wallac Wallin라는 장애 아동 교육상을 수상했는데 이 상은 장애 학생의 교육에 놀라운 공헌을 한 전문가에게 해마다 수상하는 상이다.

Brolin의 특수교육 분야에 대한 주요한 공헌은 생활중심진로교육(Life Centered Career Education: LCCE)모델 개발이다. LCCE교육과정은 일상생활기술, 개인-사회적 기술과 직업지도와 준비라는 세 가지 교육과정 영역에 기능적 성인생활의 필요성을 강조했다. 각각의 영역은 교대로 주요수행 기술로 나누어지는데 전체 세 가지 전 영역에 걸쳐 22가지의 기술이다. 예를 들면, 일상생활기술의 교육과정 아래는 주요기술이 자기 금전관리라는 수행기술이 있다. 각각의 수행기술은 복잡한 하위영역들로 세분화된다. 예를 들면, 이미 언급한 자기 금전관리는 ① 동전 바꾸기, ② 현명한 소비생활 책임, ③ 기본적 금전기록의 보존, ④ 세금 계산하고 지불하기, ⑤ 은행이나 신용금고 시설 이용하기, ⑥ 은행의 서비스 활용 등이 포함된다. 전체 교육과정은 장애를 가진 중등학생이 보다 나은 성인생활 준비를 위해 이들 기술과 하위영역의 기술 완성을 돕도록 구성된다.

LCCE는 성인생활의 필요성을 직접 강조하고 이들 중요한 기술을 직접 가르치려고 시도한 가장 초기의 교육과정 모델이다. LCCE는 최근에 개정되고 CEC(www.cec.org)를 통해 활용할 수 있다. Donn Brolin의 선구적인 연구 덕분에 전환기 학생을 교육하는 사람들은 교육과정에 성공적인 성인생활을 위해 필요한 중요한 기술을 계속해서 포함시킬 수 있다.

LCCE는 학교에서의 기술발달에 초점을 맞추지만 또한 학습과정과 다른 통합 환경을 통한 기술발달과 가정 및 지역사회에 기반을 둔 경험의 발달에도 초점을 맞춘다.

다른 연구자들도 성인생활을 위한 기능적 기술에 초점을 맞추는 교육과정을 개발했다. Cronin과 Patton의 성인생활의 영역들(1993)은 고용/교육, 가정과 가족, 여가생활 추구, 지역사회 참여, 신체적/정서적인 건강, 개인의 책임감 및 관련성 등과 같은 영역들을 다루었다. 이들 여섯 가지 교육과정 영역들은 일련의 하위영역들을 통해 더욱 분명히 했다. 예를 들면, 가정과 가족영역은 가정관리, 재정관리, 가족생활 및 아동양육 등과 같은 영역들을 강조한다. 여가추구는 실내 활동, 실외 활동, 지역사회/이웃들과의 활동, 여행 및 오락 등과 같은 하위능력 영역들로 세분화된다. 유사하게도, 나머지 네 가지 영역들도 하위능력 범주에 따라 정의되고 기술된다. Smith와 Schloss의 지역사회 관련 교육과정(1988)은 직업, 여가와 놀이, 소비자, 교육과 재활 및 교통수단 등의 영역들을 강조했다. Dever의 지역사회 생활 분류학(1988)은 개인유지와 발달, 가사와 지역사회 생활, 직업, 여가 및 여행 등의 영역을 강조했다. 이들 다양한 교육과정의 공통된 특성은 그들 모두가 전환기 학생 자신의 성공적인 성인생활을 살아가는데 도움을 주기 위해 배워야 할 필요가 있는 기능적 기술을 명확히 하고 있다(Patton, Cronin, & Wood, 1999).

이것을 고려하라! 여러분 자신의 고등학교 경험으로 되돌아가 생각해보라. 여러분의 그 당시 생활로 되돌아감에 따라, 여러분이 배운 더욱 중요한 기능적 기술 중 몇 가지는 무엇이며 지금도 정규적으로 사용하는 기술은 무엇입니까? 이들 기술을 여러분은 어디서 배웠습니까(예를 들면, 학교의 교실에서, 지역사회에서 여러분 친구들과 함께, 혹은 여러분 가족으로부터)? 여러분이 생각할 때 제한적이거나 현재 여러분에게 아무 소용이 없는 그 당시 학교에서 배운 기술은 무엇입니까?

4. 교육과정 기준과 기능적 기술의 주입

Wehmeyer와 그의 동료들(2004)은 특수교육 체제에서 학생을 위한 교육과정 내용이 지난 과거 몇 년간에 걸쳐 놀라울 만큼 변화해 왔다고 지적한다. 첫째, 1997년 IDEA 개정안(P.L. 105-17)은 장애 학생으로 파악된 모든 학생들을 위한 IEP에는 학생의 장애가 그들의 일반 교육과정의 참여에 어떻게 영향을 미치는가에 관한 진술이 포함되길 요구했다(614[d]). 재 공인된 2004년의 IDEA(H.R. 1350)은 더욱 광범위하게 일반교육 프로그램에 장애 학생의 참여를 구체화한다(614[a]). Wehmeyer와 그의 동료들(2004)이 지적했듯이 이전 지적의 의도는 일반 교육과정 참여에 장애 학생을 배제시켜서는 안 되고 교육과정의 개정 노력으로부터도 장애 학생을 배제해서는 안 된다는 보장을 하는 것이었다. 2004년 IDEA는 모든 교육과정 프로그램의 보다 많은 통합으로 해석될 수 있다. 중도 장애 학생을 포함해서 모든 학생들이 주정부가 주관하는 사정에 참여해야 한다는 요구사항은 이런 의도에 대한 증거이다. 둘째, 여러 주 정부들은 주요 학습영역에서 서로 다른 수준으로 완성되어야 할 기술을 구체화한 학습영역 기준을 확립했다. 이들 기준들은 교육과정 개발을 위한 방향 및 주 정부의 학문사정의 토대를 제공한다. 이들 기준은 또한 미국 낙제학생방지법(No Child Left Behind Act)과 일치되게 교사의 자격과 준비를 위한 토대도 제공한다.

표 10.2는 2005년 12월에 Pennsylvania 주 정부의 학습 기준에 관한 범주〔Commonwealth of Pennsylvania〕 영역을 나열하고 있다(www.pde. state.pa.us). **표 10.2**에 나열된 기준의 범주는 다른 주들을 위한 대표적인 것들이고 전형적으로 강조된 학습 영역을 나타내는 것이다. 또한 **표 10.2**에 표시된 것은 구체화된 주 정부 학습기준의 학생 완성도를 사정하기 위한 세 가지 선택사항들이다. 이 표에 제시된 것처럼 주정부의 학습기준을 강조하기 위한 교육과정 및 기준에 토대를 둔 교육과정의 영향력을 결정하기 위해 학생을 검사하는데 필요한 요구사항이 중도장애 및 중복장애 학생을 포함해서 모든 장애 학생들에게 영향을 준다.

이들 교육과정 개정 노력의 영향은 장애 학생이 높은 기대감을 지니고 있고 장애 학생이 일반 교육과정에 통합되기를 기대하고 있다는 점에서는 긍정적이다. 이와는 반대로 이들 교육과정 개정은 또한 교육자들이 이전에 언급된 기능적 생활기술을 가르치는 것을 더욱 어렵게 만들었는데, 왜냐하면 주정부의 학력기준을 강조하는 요구가 기능적 생활기술 교수보다도 그런 학습을 우선시하도록 강요하기 때문이다(Wehman, 2001).

얼마나 많은 학생들이 표준 교육과정의 요구사항 때문에 영향을 받을지를 고려해보라. 일반 교육과정에 접근하는데 최소한의 적응이 필요한 학생은 교수방법이나 혹은 교수내용을 거의 수정함이 없이 할 수 있다. 이들 학생들에게는 가족들이 전형적으로 기능적 일상생활기술을 가르치고 일반 교육과정의 일부로 강조되지는 않는

표 10.2 주정부의 학습기준과 사정 선택사항의 보기

학습기준

Pennsylvania주 정부의 학습기준에 관한 범주가 아래 나열되어 있음. 아래 언급된 세 가지를 제외하고 모든 영역이 최종의 것이다.

- 미술과 인문
- 진로교육 및 직업(진행 중)
- 윤리와 정부
- 경제학
- 환경과 생태
- 가족과 소비과학
- 지리학
- 건강, 안전 및 신체교육
- 역사
- 수학
- 독서, 쓰기, 말하기 및 듣기
- 과학과 기술(진행 중)

기준 완성도 사정을 위한 선택사항

1. 수정이나 개정 없는 주정부의 사정과정.
2. 조용한 시험환경, 시험을 완성하는데 필요한 시간 연장, 계산기 사용 기타 등등을 포함하는 등재된 장애를 위해 개작된 주정부의 사정과정.
3. 중도 장애 학생, 학령기 전체 학생의 대략 1%에 전형적으로 한정된 학생을 위해 고안된 주정부의 대안적인 사정과정. 이들 사정은 주정부의 학업기준에 관한 핵심 개념으로 연관된 기능적인 시범보이기 기술을 검사한다.

다. 이들 학생들은 대체로 학습에 참여하고 많은 경우에는 중등교육 이후 교육을 준비하고 있는 중이다. 이와는 반대로 중도 지적 혹은 중복장애를 가진 학생은 전형적으로 고등학교 수준의 일반 교육과정에 참가하지 않는다. 이들 학생들은 고등학교를 졸업하자마자 곧 그들이 지역사회를 활용하면서 일하고 살아가도록 허용해줄 기능적 기술을 반드시 배워야 한다. 종종, 이들 학생들은 직장, 가게 및 식당 등과 같은 지역사회 환경에 있는 실질적인 단서와 조건을 경험하게 해주는 지역사회에 기반을 둔 교수에 참여한다(Rose, Rainforth, & Steere, 2003; Steere, Rose, & Fishbaugh, 1999). 이들 학생들에게 지역사회는 본질적으로 학교생활의 확장이고 통합노력은

같은 지역사회라는 맥락에서 추구되어야 한다(Steere et al., 1999). 제3의 학생집단에게 중등도 장애 학생과 주정부의 학업기준과 직접 관련 있는 내용을 계속해서 배우고 있지만 교육과정에 대한 보다 실질적인 수정이 요구되는 학생에게는 그런 도전이 다소 복잡하다. 이들은 중등교육 이후 교육에 대한 열망이 없는 학생이 직접 배우기 위해서는 기능적 기술이 필요하다. 그들의 진보 속도가 학년 수준에 비해 몇 학년 뒤떨어지지만, 앞으로 몇몇 학습영역들을 계속 수행할 것이다.

Patton과 동료들(1999)은 교육과정에서 생활기술 교육과정의 내용이 강조될 수 있는 세 가지 방법을 일일이 열거한다. 첫 번째 방법은 문제가 되고 있는 기술을 일일이 강조하는 과목을 공부하는 동안에 이들 기술을 가르치는 것이다. 예를 들면, 개인재정에 관한 과목은 성인기 가정생활과 지역사회 생활을 위한 중요한 기술이 포함될 수 있다. 두 번째 방법은 현존하는 일반 교육과정에서 생활기술에 관한 논제를 통합하는 것이다. 확장방안은 수업의 일정 부분을 기능적인 생활기술 획득에 전념하기가 포함된다. 예를 들면, 수학시간의 마지막 20분을 개인재정을 강조하는데 사용될 수 있다. 통합방안은 생활기술 획득을 일반 교육과정 내용에 연계시키기를 포함하고 그런 다음에는 이런 연계를 창의적으로 기능적 생활기술 강조에 활용하는 것이다. 이런 방안을 활용함에 있어 교사는 내용을 표출하기 위해 일반 교육과정의 내용을 분석하는데 이것은 핵심 개념, 어휘 혹은 강조되는 기술이다. 이들 내용 관련어들은 성인생활의 구체화된 영역에서 가능한 생활기술과 연계된다. **표 10.3**은 이런 연계과정의 보기를 제공한다. 통합방안을 권장하면서 Patton과 그의 동료들(1999)은 학생이 미리 선정된 교육과정 계열에 고착될 때 및 기능적인 생활기술에서 구체적인 교과목을 공부할 제한적인 기회를 가질 때 이 방안이 더 바람직하다고 말한다. 그들은 또한 이 통합방안이 생활기술이 전반적으로 미치지 못할 수도 있다는 한계를 지닌다고 경고한다.

5. 사업 및 산업에 관한 관점

교육과정 설계과정에서 다른 중요한 관점은 지역 사업체에 관한 관점이다(Evers &

표 10.3 일반 교육과정에 주입되는 생활기술 과목의 보기

보기 1
교육과정 영역: 역사
과목초점: 소수 사람들의 투표권에 초점을 맞춘 시민권리 운동의 역사
내용물: 투표하기, 유권자 등록
성인생활의 영역: 지역사회 참여(투표하기 위한 등록, 투표과정), 여가(신문읽기)

보기 2
교육과정 내용: 수학
과목 초점: 십진법의 숫자를 활용한 덧셈, 뺄셈, 곱셈, 및 나눗셈
내용물: 십진법, 계산기 활용
성인생활 영역: 개인재정(수표책 수지 균형 맞추기, 은행의 진술문 읽기, 기타 등등), 지역사회 참여(쇼핑하기)

Elksnin, 1998; U.S. Department of Labor, 1991). 필수성취기술(Achieving Necessary Skills: SCANS)에 관한 미국노동부의 법안은 공개경쟁 노동시장에서 성공하기 위해서 고등학교를 졸업하는 학생이 반드시 지녀야 하는 기술에 대한 권장이라는 결과를 가져왔다. 이런 능력 혹은 기술은 2000년의 목표〔Goals 2000(P.L. 103-227)〕와 학교졸업 후 직업으로 나아가는 기회에 관한 법률 조항(School-to-Work Opportunities Act: P.L. 103-239; Evers & Elksnin, 1998)을 포함해 교육개혁법의 토대가 되었다. **표 10.4**는 SCANS의 구성요소를 보여준다. SCANS의 기술과 능력은 성공적인 피고용인이 되기 위해 무슨 사업 및 산업체를 찾아야 하는가에 관한 소중한 정보를 지닌 학교 관련인사들에 관한 정보를 제공한다. 이들 기술 가운데 많은 것이 전형적인 일반 교육과정 구성영역을 통해서 주입되고 많은 것이 초등학교에서 시작되어 더 높은 학년으로 갈수록 세련되고 장기적으로 개발된다는 것에 주목하라.

이것을 고려하라! **표 10.4**에 제시된 SCANS의 기술과 능력의 목록을 살펴보라. 그리고 이들 기술이 전형적인 교실에서 초등학교 수준에서 어떻게 강조되는가를 고려하라. 청소년들에게서 이 전형적인 기술과 능력이 어떻게 발전되는가? 다시 한 번 더 동일한 질문이지만 이번에는 전형적인 고등학교 학생에게 어떻게 초점이 맞추어지는가를 고려하라.

표 10.4 필수성취 기술(SCANS)에 관한 미국 노동부가 권장하는 기술과 전문능력

기초기술

1. 기초기술—읽기, 쓰기, 셈하기, 수학, 듣기, 말하기
2. 사고 기술—창의적인 사고, 결정하기, 문제해결, 마음의 눈으로 사물 보기, 어떻게 배우는가, 어떻게 사고하는가를 알기
3. 개인적인 자질—책임감, 자존감, 사교성, 자기경영, 성실, 정직

전문능력

1. 자원—시간, 돈, 물질, 시설, 인력자원 등을 파악하고, 조직하고, 계획하고 할당하기
2. 정보—정보를 획득하고 활용하기: 획득하고 평가하기, 조직하고 유지하기, 해석하고 의사소통하기, 컴퓨터 활용하기
3. 체제—복잡한 내부관계 이해하기: 체제 이해하기, 수행을 모니터하고 수정하기, 체제를 향상시키거나 설계하기
4. 기술(technology)—다양한 기술을 가지고 일하기: 선택하기, 적용하기, 유지하기 및 장비를 고장수리로 처리하기
5. 대인관계—타인과 함께 일하기: 팀 구성원으로 참여하기, 타인에게 새로운 기술 가르치기, 단골고객에게 서비스하기, 지도력 발휘하기, 협상하기, 다양한 분야에서 일하기

6. 교수에 지역사회 활용하기

전환기의 많은 학생들 특히 중도 장애 학생에게 지역사회에 토대를 둔 교수는 그의 교육과정에 핵심 구성요소이다(Johnson & Wehman, 2001; Wehman, 2001; Wehman & Targett, 2004). 지역사회에 토대를 둔 교수수행을 위한 몇 가지 고려사항이 아래에 기술된다.

지역사회 사업체와 관계 발전시키기

학교 전환프로그램에 종사하는 교육자는 제일 먼저 지역사회 사업체와 긍정적인 관계를 확립해야 한다. 이런 관계는 사업체 소유주들 및 관계자들로 하여금 교수 목적으로 사업체들이 보다 많은 학생들의 방문을 수용하도록 만들어주는 경향이 있다. 어떤 경우에 특정 학생에게는 잠재적 직업훈련 혹은 학생의 능력을 사정하는 장으로

이끌어줄 수 있다. 긍정적 관계발전을 위해 전환조정자들은 스스로를 소개하기 위해 각각의 개별 사업체를 방문해야 하고 학교의 전환프로그램 목적과 구성을 기술하고 있는 문서화된 자료를 사업체에 제공해야 한다. 어떤 지역은 이들을 직업개발전문가(job development specialists) 혹은 고용전문가(employment specialists)라고 부른다. 한명의 사업가와 추수면담이 또한 필요할지도 모른다. 지역 사업가들과의 긍정적인 관계를 마련하는 가장 좋은 방안은 관계망을 확립하는 범위 안에서 학교 관계자들과 그들의 학생이 "규칙적인 만남 관계망"을 형성하고 있다는 인식을 하도록 만들기 위해 사업가들을 규칙적으로 방문해야 한다.

IEP와의 연계 분명히 하기

지역사회에 토대를 둔 수업은 각 학생의 IEP에 필요한 전환서비스 중 하나로 나열되어야 한다(전환계획 및 전환 IEP 논의 4장 참조). 팀의 모든 구성원들에게 지역사회에 토대를 둔 수업은 단순히 "현장실습"으로 구성되는 것이 아니라 대신에 모든 학생들의 교육프로그램 통합의 일부를 구성한다. 이것은 또한 지역사회에 토대를 둔 수업의 횟수 및 지속기간이라는 관점에서 책무성(accountability)을 보장한다.

다양한 기술 강조하기

지역사회에서 보낸 시간은 학생의 IEP에서 파악된 다양한 기술 영역을 널리 강조하는데 사용되어야 한다. 돈 사용, 사회적 상호작용, 이동, 긍정적인 행동 및 의사소통 등과 관련된 목적은 한 가지 물건을 구매하기 위해 지역 가게를 단 한번 방문하는 것만으로도 강화될 수 있다. 교사는 구체적인 IEP목적 및 목표와 관련해서 지역사회에서 이동하는 동안 학생이 어떻게 수행하는가에 대한 자료를 기록해야 한다. 지역사회에 토대를 둔 수업에 가장 핵심적인 문제는 지역사회 안의 단서와 자극에 어떻게 반응할 것인가를 결정하는 것이다(Pancsofar & Steere, 1997). 사회적 및 환경적인 단서에 반응하는 능력은 보다 더 큰 독립을 나타내는 것이기 때문에, 교사는 어떤 뚜렷한 단서가 나타나는가에 주목해야 하고, 학생이 이들 단서들에 어떻게 반응하는가, 이들 단서들에 학습자가 올바르게 반응하는 법을 배우도록 돕는데 필요한 촉진

표 10.5 지역사회에 토대를 둔 수업에 학생반응 기록 양식

이름: Ryheed Washington

강조된 목표:

- 지역사회에 토대를 둔 수업 동안에, Ryheed는 3번 연속 물건을 구매하기 위해 촉진책 없이 연속해서 5달러까지 돈을 사용해서 물건을 구매한다.
- 지역사회에 토대를 둔 수업 동안에, Ryheed는 연속 5번이 넘도록 촉진책 없이 길을 성공적으로 건널 수 있다.
- 지역사회에 토대를 둔 수업 동안에, Ryheed는 연속 3번 소리를 지르지 않은 채 "안녕 하세요." "고맙습니다."라고 말하면서 가게 점원과 적절한 상호작용을 한다.

날짜: 10/25/05

위치: Dollar Store

단서	반응	성공하기 위해 요구되는 촉진책
길을 건너라는 신호	반응; 신호를 보지 않음	그가 신호를 보게 하는데 필요한 언어적인 촉진
지급해야 할 액수 및 현금등록기 화면을 출납원이 말하기	반응: 한 가지 품목의 가격만 보기	현금등록기 화면을 향해 언어적 및 몸짓 촉진책
"고맙습니다, 멋진 날이 되세요!"라고 현금 출납원이 말하기	반응; "고맙습니다."라고 말하기	필요한 것 없음

주의: 현금 출납원이 우리를 좋아하고 Ryheed를 좋아하는 것처럼 보인다. 우리가 나타나자 매우 긍정적인 응답을 하고 그가 달러 지폐를 올바르게 세는 것을 그에게 가르치는 동안에 기꺼이 인내심을 가지려고 한다.

책의 강도가 어느 정도인가 주목해야 한다. **표 10.5**는 이런 자료 기록 유형의 보기를 제시한다.

지역사회에서의 규칙적인 수업 계획하기

지역사회에 토대를 둔 수업은 규칙에 바탕을 두고 계획되어야 한다. 많은 학생들에게는 매주 행하는 수업은 최소한이고 전환조정자는 특정 학생을 위해서는 이런 수업의 횟수를 증가시킬 필요가 있을 지도 모른다. 일주일에 한번 이하로 일어나는 수업은 그 효용성이 제한되는데, 특히 빈약한 일반화 및 유지기술을 지니고 있고 학습속

도가 느린 중도 장애 학생에게는 그 효용성이 제한된다.

지역사회에 통합 촉진하기

마지막으로 지역사회에 토대를 둔 수업은 학생에게 단순히 새로운 기술과 능력을 가르치기 위해 고안되어서는 안 된다. 오히려, 학생을 지역사회 속으로 통합을 촉진시키도록 고안되어야 한다(Storey, 2002). 그런 통합은 고용을 통해 혹은 성인기 지역사회에 보다 능동적인 참여를 통해 보다 의미 있는 통합으로 이끌지도 모른다. 학생이 성인기 전환에 접근함에 따라, 교육자들은 학생이 학교생활에서 통합되도록 도와주어야 하고 또한 그가 졸업하지 마자 참여하게 될 보다 더 큰 지역사회로 통합되도록 도와주어야 한다.

요 약

이 장은 전환기 학생을 위한 교육과정을 고안함에 있어 고려할 필요가 있는 문제에 대한 조망을 했다. 학생이 무엇을 배우고 있는가라는 것이 분명히 그의 학교졸업 후 바라는 성과의 성취로 이끌어 가고 있다는 것이 중요하다. 그래서 학생의 IEP에 단기적 및 1년간의 목표는 분명히 학생과 가족들의 능동적인 참여와 함께 팀이 수립해 온 전환성과와 관련이 있음이 분명하다. 전환기의 중도 장애 학생뿐만 아니라 모든 학생들은 그들이 성인기 삶에서 성공하는데 필요한 기능적인 삶의 기술을 갖출 필요가 있다. 하지만, 교육과정 개정 노력으로 학교들이 주정부의 학습기준을 강조하는 법령의 제정을 해 왔기 때문에, 교육자들은 직접 중요한 삶의 기술을 가르칠 기회를 찾거나 혹은 이런 문제를 기존의 일반교육 학습영역에 주입하는데 창의적이 되어야 한다. 또한 사업체 및 산업체의 관점을 논의했고 성인세계를 구성하는 구성요소가 무엇이라고 생각하는가가 학교를 졸업하는 학생에게 중요하고 필요한 것이라는 것을 논의했다. 마지막으로 전환기 학생을 지역사회 통합을 촉진시키고 필요한 기술을 가르치는데 지역사회에 토대를 둔 수업의 중요성을 논의했다.

응용활동

아래 나열된 응용활동은 전환을 계획함에 있어 여러분의 지속적인 학습과 기술발달에 핵심적인 것들이다. 각각의 활동은 여러분의 시간과 에너지를 요구할 것이지만 이 분야에 전문적인 기술이 발달되도록 도와줄 것이다.

실천과 이해 촉진을 위해

여러분이 살고 있는 주에서 고등학교 학생들을 위한 주정부의 학습기준을 찾고 다운로드를 하라. 여러분이 이런 기준을 조망하는 동안에 기능적인 기술 영역이 강조되거나 주입될 수 있는 학습영역에 주목하라.

만약 현재 학생을 가르치고 있다면, 여러분 자신의 교육과정 내용 어디에 중요한 생활기술이 있는지를 찾아보고 어디서 생활기술이 강조되고 있는지를 찾아내도록 하라. 초등학교와 중학교 교사들에게는 이것에 성인기 삶의 기술을 위한 기초를 형성하는 기술이 포함될 지도 모른다. 여러분은 학생에게 직접 이런 기술을 가르칩니까? 혹은 여러분은 이런 기술을 보다 전통적인 교육과정 안에 이런 기술을 주입합니까? 만약 여러분이 후자라면 이런 기술을 학생이 배우도록 충분한 실습시간을 제공하고, 유지하고 일반화합니까?

여러분의 포트폴리오를 위해

만약 여러분이 현재 전환기 학생과 함께 일하고 있다면, 교육과정 어디에 기능적인 생활기술을 강조할 것인지를 결정하라. 이것이 교육과정을 통해 직접 강조되고 있습니까? 혹은 그것이 학습을 위한 교육과정에 주입되어 있습니까?

여러분 학교가 위치한 지역사회에서 설문조사를 실시하라. 여러분의 학교에서 적절한 거리 안에 어떤 사업체가 자리를 잡고 있습니까? 만약 여러분이 이런 조사를 하지 않았다면, 지역사회의 사업체들에게 줄 전환 안내책자를 만들고 학교의 전환프로그램을 설명하기 위해 기업체를 안내 차 방문하라. 기업체를 안내 방문할 때 구체적으로 누구에게 어떤 설명을 했는지를 계속 기록하고 어떤 자료를 배부했는지를 계속 기록하라.

표 10.5를 보기로 활용하여 지역사회에 토대를 둔 수업에 학생을 사정하는데 활용할 양식을 하나 고안하라. 그런 다음에 지역사회에 토대를 둔 수업을 하는 동안에 구체적인 IEP 목적에 대한 여러분 학생의 진보를 계속해서 추적하는데 이 양식을 활용하라. 특히 이들 단서에 정확한 반응을 도출시키는데 필요한 촉진의 수준이 무엇인지와 이런 자연적 단서에 대한 학생의 반응을 주목하라.

관련 자료와 웹사이트

아래 관련 자료와 웹사이트는 전환기 학생의 교육과정에 관한 지식을 확장시키도록 도와줄 것이다. 여러분의 포트폴리오에 이들 관련 자료의 포함을 고려하라.

Beach Center on Disabilities

수업을 위한 자기결정학습모델(Self-Determined Learning Model of Instruction: SDLMI)에 관한 정보를 얻기 위해 Beach Center와 접촉하라.
www.beachcenter.org

Division on Career Development and Transition(DCDT) of the Council for Exceptional Children(CEC)

전환교육 최상의 실천에 관한 입장 진술 및 책자발행에 관해서는 특수아동협회 진로발달 및 전환분과(DCDT)와 접촉하라.
www.dcdt.org

Council for Exceptional Children

생활중심진로교육모델(Life Centered Career Education: LCCE)의 자료에 관한 정보를 위해서는 CEC와 접촉하라.
www.cec.sped.org

Secretary's Commission on Achieving Necessary Skills(SCANS)

SCANS 능력에 관한 보다 상세한 정보를 얻기 위해서는 이 웹사이트와 접촉하라.
wdr.doleta.gov/scans/

참고 문헌

Agran, M., Blanchard, C., & Wehmeyer, M. (2000). Promoting transition goals and self-determination through student self-directed learning: The self-determined learning model of instruction. *Education and Training in Mental Retardation and Developmental Disabilities, 35*, 351-364.

Agran, M., Sinclair, T., Alper, S., Gavin, M., Wehmeyer, M., & Hughes, C. (2005). Using self-monitoring to increase following-direction skills of students with moderate to severe disabilities in general education. *Education and Training in Developmental Disabilities, 40*, 3-13.

Agran, M., Swaner, J., & Snow, K. (1998). Work safety skills: A neglected curricular area.

Career Development for Exceptional Individuals, *21*, 33–44.

Baer, R., Flexer, R., & McMahan, R. (2005). Transition models and promising practices. In R. Flexer, T Simmons, P. Luft, & R. Baer (Eds.), *Transition planning for secondary students with disabilities* (2nd ed.) (pp. 53–82). Upper Saddle River, NJ: Pearson Merrill Prentice Hall.

Benz, M., Lindstrom, L., & Yovanoff, P. (2000). Improving graduation and employment outcomes of students with disabilities: Predictive factors and student perspectives. *Exceptional Children*, *66*, 509–529.

Brolin, D. (1997). *Life centered career education: A competency-based approach* (5th ed). Reston, VA: Council for Exceptional Children (CEC).

Bouck, E. (2004). State of curriculum for secondary students with mild mental retardation. *Education and Training in Developmental Disabilities*, *39*, 169–176.

Clark, G., Field, S., Patton, J., Brolin, D., & Sitlington, P. (1994). Life skills instruction: A necessary component for all students with disabilities: A position statement of the Division on Career Development and Transition. *Career Development for Exceptional Individuals*, *17*, 125–134.

Council for Exceptional Children (CEC) Website. (2005). www.cec.sped.org.

Dever, R. (1988). *Community living: A taxonomy*. Washington, DC: American Association on Mental Retardation (AAMR).

Elksnin, N., & Elksnin, L. (1998). *Teaching occupational social skills*. Austin, TX: Pro-Ed.

Evers, R., & Elksnin, N. (1998). *Working with students with disabilities in vocational-technical settings*. Austin, TX: Pro-Ed.

Field, S., Martin, J., Miller, R., Ward, M., & Wehmeyer, M. (1998). Self-determination for persons with disabilities: A position statement of the Division on Career Development and Transition. *Career Development for Exceptional Individuals*, *21*, 113–128.

Grigal, M., & Neubert, D. (2004). Parents' in-school values and post-school expectations for transition-aged youth with disabilities. *Career Development for Exceptional Individuals*, *27*, 65–85.

Hanley-Maxwell, C., & Collet-Klingenberg, L. (2004). Preparing students for employment. In P Wehman and J. Kregel (Eds.), *Functional curriculum for elementary, middle, and secondary age students with special needs* (pp. 205–243). Austin, TX: Pro-Ed.

Hitchcock, C., Meyer, A., Rose, D., & Jackson, R. (2002). Providing new access to the general curriculum: Universal design for learning. *Teaching Exceptional Children*, *35*, 8–17.

Hughes, C., Copeland, S., Agran, M., Wehmeyer, M., Rodi, M., & Presley, J. (2002). Using self-monitoring to improve performance in general education high school classes. *Education and Training in Developmental Disabilities*, *37*, 262–272.

Individuals with Disabilities Education Act Amendments of 1997 (P.L. 105-17), *et seq.* § 16(d).

Individuals with Disabilities Education Improvement Act of 2004 (H.R. 1350), *et seq.* § 16(a).

Inge, K., Wehman, P., Glees, T, & Dymond, S. (1996). Transition from school to adulthood. In P. McGlaughlin & P. Wehman (Eds.), *Mental retardation and developmental disabilities* (2nd ed.) (pp. 69-84). Austin, TX: Pro-Ed.

Johnson, S., & Wehman, P (2001). Teaching for transition. In P Wehman (Ed.), *Life beyond the classroom: Transition strategies for young people with disabilities* (3rd ed.) (pp. 145-170). Baltimore: Pro-Ed.

Kohler, P. (1994). On-the-job training: A curricular approach to employment. *Career Development for Exceptional Individuals, 17,* 29-40.

Lindstrom, L., Benz, M., & Doren, B. (2004). Expanding career options for young women with learning disabilities. *Career Development for Exceptional Individuals, 27,* 43-63.

McGlashing-Johnson, J., Agran, M., Sitlington, P, Gavin, M., & Wehmeyer, M. (2003). Enhancing the job performance of youth with moderate to severe cognitive disabilities using the Self-determined Learning Model of Instruction. *Research and Practice for Persons with Severe Disabilities, 28,* 194-204.

Palmer, S., Wehmeyer, M., Gipson, K., & Agran, M. (2004). Promoting access to the general currculum by teaching self-determination skills. *Exceptional Children, 70,* 427-439.

Pancsofar, E., & Steere, D. (1997). The C.A.P.A.B.L.E. process: Critical dimensions of community-based assessment. *Journal of Vocational Rehabilitation, 8,* 99-108.

Patton, J., Cronin, M., & Wood, S. J. (1999). *Infusing real-life topics into existing curricula: Recommended procedures and instructional examples for the elementary, middle, and high school levels.* Austin, TX: Pro-Ed.

Pennsylvania Department of Education Website (2005). www.pde.state.pa.us.

Rose, E., Rainforth, B., & Steere, D. (2003). Guiding principles for the education of youth with severe and multiple disabilities. In F. Obiakor, C. Utley, & A. Rotatori (Eds.), *Advances in special education: Psychology of effective education for learners with exceptionalities* (pp. 155-180). Boston: JAI Press.

Sitlington, P., Neubert, D., Begun, WI, Lombard, R., & Leconte, P. (1996). *Assess for success: Handbook on transition assessment.* Reston, VA: Council for Exceptional Children.

Smith, M., & Schloss, P. (1988). Teaching to transition. In P. Schloss, C. Hughes, & M. Smith (Eds.), *Community integration for persons with mental retardation* (pp. 1-16). Austin, TX: Pro-Ed.

Steere, D., & Cavaiuolo, D. (2002). Connecting outcomes, goals, and objectives in transition planning. *Teaching Exceptional Children, 34,* 54-59.

Steere, D., Rose, E., & Fishbaugh, M. S. (1999). Integration in the secondary school for students with severe disabilities. In M. Coutinho & A. Repp (Eds.), *Inclusion: The integration of children with disabilities* (pp. 333-365). Atlanta: Wadsworth Publishing Co.

Storey, K. (2002). Curriculum design and programmatic issues involving youth in transition. In K. Storey, P. Bates, & D. Hunter (Eds.), *The road ahead: Transition to adult life for per-*

sons with disabilities (pp. 1–5). St. Augustine, FL: TRN.

U.S. Department of Labor (1991). *What work requires of schools: A SCANS report for America 2000.* Washington, DC: Author.

Wehman, P. (2001). *Life beyond the class-room: Transition strategies for young people with disabilities* (3rd ed.). Baltimore: Brookes.

Wehman, P., & Targett, P. S. (2004). Principles of curriculum design: Road to transition from school to adulthood. In P. Wehman and J. Kregel (Eds.), *Functional curriculum for elementary, middle, and secondary age students with special needs* (2nd ed.) (pp. 1–36). Austin, TX: Pro-Ed.

Wehmeyer, M., & Schwartz, M. (1998). The self-determination focus of transition goals for students with mental retardation. *Career Development for Exceptional Individuals, 21,* 75–86.

Wehmeyer, M., Field, S., Doren, B., Jones, B., & Mason, C. (2004). Self-determination and student involvement in standards-based reform. *Exceptional Children, 70,* 413–425.

Wehmeyer, M., Lance, D., & Bashinski, S. (2002). Promoting access to the general curriculum for students with mental retardation: A multi-level model. *Education and Training in Developmental Disabilities, 37,* 223–234.

Wehmeyer, M., Lattin, D., & Agran, M. (2001). Achieving access to the general curriculum for students with mental retardation: A curriculum decision-making model. *Education and Training in Mental Retardation and Developmental Disabilities, 36,* 327–342.

11

전환기 학생을 위한 오락, 여가 및 건강생활

장의 목표

1. 지역사회에 살면서 전환기에 도달한 학생을 위해 적합한 오락 및 여가활동을 기술할 수 있다.
2. 오락 및 여가활동 참여의 이점을 기술할 수 있다.
3. 학생에게 적합하고 전반적인 삶의 질 향상에 공헌할 수 있는 오락 및 여가활동을 스스로 결정하도록 도울 수 있다.
4. 건강한 생활양식과 연관된 행동유형을 발달시키도록 전환기 학생을 도울 수 있다.

장의 핵심 주제

- 오락과 여가를 위한 선택사항: 건강한 성인생활을 위한 오락과 여가에 대한 계획이 종종 전환계획에서 무시되었다. 이 장에서 청소년들을 위한 오락과 여가에 대한 잠재적인 선택사항의 범위를 찾아보라.
- 자기결정과 건강생활: 장애 학생은 종종 그가 건강한 성인생활을 영위하면서 살아가는데 필요한 지식과 기술이 부족하다. 전환기의 청소년들이 건강한 성인생활을 영위하면서 살아가는데 필요하고 자기 성인생활의 측면에 보다 더 큰 통제력을 갖기 위해 그의 지식 증대 방안 및 기술과 지식에 관한 정보를 찾아보라.

성인기로의 전환에 관한 많은 교과서와 기사가 그랬듯이, 이 책에는 지역사회에서 고용으로의 전환에 강한 초점을 맞추고 있다. 이런 강조는 논리적이다: 고용과 만족한 진로는 성공적이고 만족한 성인생활에 핵심요소이다. 비록 많은 전환프로그램에서 이런 점이 무시되어 온 영역이기는 하지만, 만족한 오락과 여가활동의 발전도 동일하게 중요하다(McNulty, Mascia, Rocchio, & Rothstein, 1995; Strand & Kreiner, 2005). 오락 활동과 여가시간은 직업생활에 균형감을 갖도록 해주고 우리의 직업생활 밖에서 새롭고 흥미로운 영역을 탐구할 수 있는 정신적 및 육체적인 에너지와 창의성에 초점을 맞추도록 허용해준다. 이런 활동은 또한 성인기에 건강한 생활유형을 발달시키고 유지하도록 도와주는 역할과 직장의 스트레스를 상쇄하는 역할을 할 수도 있다. 오락과 여가활동은 또한 현재의 친구 및 잠재적인 친구와의 사회적 상호작용을 할 수 있는 기회가 된다.

표 11.1에서처럼 오락과 여가활동은 수많은 이점을 갖고 있다(여러분이 이 장을 읽어가는 동안, 스포츠 혹은 건강 활동에 임하고 있는 개인건강 결과에 관해서는 가족 혹은 가족담당 의사와 상담하는 것이 좋다는 것을 늘 명심하라).

오락과 여가 및 건강생활과의 관계 중요성은 아무리 강조해도 결코 지나친 것이 아니다. 특정한 오락과 여가활동은 우리 사회 성인들의 총체적인 건강유지에 이바지를 한다. 전환기의 청소년들을 위한 오락과 여가활동의 발전은 보다 빈약한 심장

표 11.1 장애 성인 오락의 잠재적인 이점

오락과 여가활동은 장애 성인에게 다음과 같은 것을 할 수 있는 기회를 제공할 수 있다.

- 신체적인 에너지와 스트레스를 해소할 수 있다.
- 새로운 기술을 배우고 새로운 능력을 개발할 수 있다.
- 새로운 사람을 만나고 공통된 흥미를 가진 친구를 사귈 수 있다.
- 집단적인 노력에 이바지하거나 지역사회/이웃을 개선시킬 수 있다.
- 보다 생산적이거나 흥미로운 방식으로 시간을 보낼 수 있다.
- 긴장을 풀고 즐거움을 찾을 수 있다.
- 의미 있고 즐거운 일을 추구하는데 돈을 사용할 수 있다.
- 자신이 할 일과 가정에서 해야 할 일의 균형을 맞추거나 그 부담을 상쇄할 수 있다.
- 더 나은 신체적인 건강 혹은 신체적인 상태를 성취할 수 있다.
- 지역사회 활동에 참여할 수 있고 지역사회 안에서 인정받을 수 있다.

혈관의 건강수준을 가진 지적장애 학생의 연구관점에서는 특히 중요하다(Gillespie, 2003). Kozub(2003)은 장애를 가진 집단이 장애가 없는 집단보다 훨씬 덜 건강하고 스포츠 프로그램에 참여할 기회가 훨씬 더 적다는 것을 보여주는 연구를 조사했다.

이 장에서 성인기로 전환중인 장애 학생의 오락과 여가의 발달을 논의한다. 또한 이들 학생들이 건강하고 안전한 성인생활 유형을 발전시키도록 도와주는 방법들을 기술한다. 청소년들의 흥미 및 능력과 가장 잘 어울리는 오락과 여가활동을 선택하고 그 활동에 참여하도록 청소년들을 돕고 그들이 장애가 없는 타인과 통합되도록 도와주는 전략을 논의한다.

1. 장애인의 오락, 여가 및 건강생활과 관련된 연구

수많은 연구자들이 건강한 식사, 운동 및 오락을 하기 위한 수단과 건강한 성인생활을 위한 여가의 중요성에 관한 글을 써왔다. Strand와 Kreiner(2005)는 건강하고 충만한 성인생활을 위한 핵심적인 구성요소로 오락과 여가의 역할을 기술했고 학생의 선택을 오락 및 여가활동과 통합해야 할 필요성을 기술했다. 그들은 또한 지역사회의 오락 및 여가활동과의 연계를 학생이 특수교육 제도를 졸업하기 훨씬 이전에 시작하길 권장했고 이것은 학생이 적절한 지원을 받으면서 통합적인 환경에 참여할 기회를 가질 가능성을 증가시키기 위함이다. Yu, Spevack, Hiebert, Martin, Goodman, Martin, Harapiak 및 Martin(2002) 등은 중도 대 최중도 장애인이 일하는 동안과 여가활동 동안의 행복지수를 비교하고는 두 집단 모두 다 일하는 동안보다는 여가활동을 하는 동안에 더 큰 행복을 보여준다는 것을 알아냈다. 운동의 중요성은 전환교육 나이대의 학생에게는 특히 중요하다. 연구는 지적장애 학생이 장애가 없는 또래들보다도 더욱 빈약한 심장혈관의 건강을 보여주고 활발한 운동이 요구되는 활동에 참여할 기회가 훨씬 적다는 것을 보여준다. Gillespie(2003)은 지적장애 아동 30명과 비장애 아동 30명의 심장혈관의 건강을 비교하고는 비장애 학생이 유의미하게도 훨씬 더 큰 수준의 에어로빅 능력을 가지고 있다는 것을 알아냈다. Gillespie는 신체적응 교육과 장애올림픽과 같은 현존하는 기회들은 지적장애 청소년과 성인들이 적절한 건강수준을 유지하고 앉아만 있는 생활유형을 피하도록 돕는 데는 충분하지 않다는 결론을 내렸다. Kozub(2003)은 7일간에 걸쳐 7명의 지적장애 청년들의 활동유형을 조사하고는 그들이 한차례 짧은 기간 동안 운동에 임하는 것은 그들의 심장혈관계의 건강에 영향을 줄만큼 충분하지 않다는 것을 알아냈다. 운동부족은 또한 더욱 열심히 운동을 하겠다는 내적동기의 부족 때문에 영향을 받을 수도 있고, 청소년들이 앉아서 생활하는 생활양식을 확립함에 따라 운동은 실제로는 나이가 들어감에 따라 감소할 것이다. Braunschweig, Gomez, Sheean, Tomey, Rimmer 및 Heller(2004) 등은 다운증후군을 가진 지역사회에 거주하는 48명의 성인들을 사정하고는 89%가 과체중이고 비만이라는 것과, 54%는 허리가 과도하게 굵어졌고, 적절한 과일과 채소를 섭취하고 있는 사람은 아무도 없다는 것을 알아냈다. Yamaki(2005)는 1985~2000년에 걸친 전국건강면담조사(National Health Interview Survey)에서 나온 자료를 활용하여 지적장애 성인들의 비만, 과체중 혹은 건강 체중의 분포를 측정했다. 신체상태지수는 이 연구를 위해 몸무게 상태지수를 이용했다. 비만정도에서 지적장애 성인의 백분율은 전체 표집보다 높았고 연구시간이 경과함에 따라 증가되었다. 비장애 성인이 건강 한 체중을 유지하는 것보다도 훨씬 적은 소수의 지적장애 성인들이 자기 체중을 계속해서 유지했다. 연구자들은 이런 발견에 대한 네 가지 가능한 설명을 제공한다. ① 지적장애인이 자기 건강에 대한 위험성 인식을 못한다. ② 그는 지식을 획득할 기회가 훨씬 적다. ③ 지적장애인은 훨씬 낮은 소득수준으로 건강에 좋지 않은 음식을 먹을 수도 있다. ④ 지역사회 환경은 지적장애인에게 건강에 좋지 못한 패스트푸드 음식을 포함해서 선택조건을 증가시킬 수 있다. Ayvazoglu, Ratcliffe 및 Kozub(2004) 등은 지적장애 학생들의 운동할 기회부족에 대한 관심 및 그들이 성인이 되어감에 따라 이 운동부족은 늘 앉아서만 살아가는 생활유형을 가져온다는 결과를 개괄했다. 이들 연구자들은 또한 학생들을 보다 광범위한 종류의 활동에 노출을 증대시키는 방법을 논의하고 이들 중요한 영역들을 강조하기 위한 가족들과 협력을 위해 IEP계획과정의 활용에 도움이 되는 제안을 했다.

이런 연구들이 제기한 관심은 장애인 특히 지적장애인의 심장혈관계의 건강을 향상시키기 위한 방법에 관한 연구를 해 왔다. Rimmer, Heller, Wang 및 Valerio(2004) 등은 다운증후군을 가진 52명의 성인들에게 운동프로그램의 효과를 사정했다. 이 프로그램은 12주 동안 1주일에 3회씩 15분간 힘을 기르는 훈련으로 구성되었다. 통제집단과 비교해볼 때, 참가자들은 심장혈관계의 건강, 힘 및 지구력에서 유의미한 향상이 있었다. 또한 가벼운 체중 감소가 보고되었다. 관련연구에서 Heller, Hsieh 및 Rimmer(2004) 등은 다운증후군을 가진 53명 성인의 건강프로그램에서의 개인소견에 바탕을 둔 심리사회적인 성과를 측정했다. 이전에 보고된 연구와 함께 동일한 운동으로 구성된 프로그램은 운동의 이점을 참가자들에게 가르치고, 자기 효능감(self-efficacy)을 증가시키고, 그들이 목표를 설정하고 운동계획을 세우도록 돕기 위한 건강교육 구성요소들과 짝을 이루었다. 연구자들이 중재의 탓으로 돌린 태도에서 놀라운 세 가지 차이점을 보고했다: ① 실험집단은 운동에 대한 장애가 훨씬 적다고 인식했고; ② 이들 참가자들은 보다 높은 수준의 성과기대를 보고했고; ③ 운동을 수행하는 자기 능력에 대한 자신감 증가를 보고했다. 참가자들은 또한 삶에 대한 증대된 만족감을 보고했다.

몇몇 연구들은 장애인의 오락과 여가활동을 증진시킬 프로그램 및 전략들을 기술해 왔다. Schleien과 Ray(1997)는 Minnesota의 SCOLA프로젝트〔School + Community = Opportunity for Leisure Activity(학교 + 지역사회 = 오락과 여가를 보낼 수 있는 기회)〕 및 장애인 청소년 여가활동 증대를 위한 지역사회의 협력을 유도했다. 그들은 여가교육을 전환계획 과정에 통합하고 오락이 전형적인 여가프로그램에 제공되길 권장한다. 그들은 또한 긍정적인 의미의 건강 및 다른 이점이 있는 오락프로그램을 고안하는데 학교, 가족 및 지역사회기관들 간에 협력이 필수적이라는 것을 보여주었다. Stopka, Pomeranz, Siders, Dykes 및 Goodman(1999) 등은 지적장애를 가진 같은 나이 또래들과 함께 건강, 스포츠 및 오락을 수행하는 Florida종합대학교의 특수체육 교육프로그램을 기술했다. 장애 청소년들의 요구사항을 강조하기 위해 대학교 환경을 활용하고 있는 프로그램들은 오락과 여가의 성과를 증대시키는 동안에 장애인 및 비장애인의 상호작용을 촉진시키는 효율적인 방법 중 하나이다. McNulty와 그의 동료들(1995)은 이중의 감각장애를 가진 사람들의 여가와 오락의 선택사항을 확립하는 다섯 가지 지침들을 기술했다: ① 의사소통과 래포 확립; ② 사정방법으로 인간중심계획의 활용; ③ 지역사회의 오락과 여가활동 기회 사정; ④ 적절한 교수제공; ⑤ 지원을 찾아내고 제공하기 등이다. Ohtake(2004)는 팀이 함께 하는 스포츠 게임에 중도 및 중복장애 학생의 참여보장을 위한 수정된 게임의 기준을 살펴보았다. 이들에 대한 안내기준은 활동이 ① 도전적인 것이 되어야 하고, ② 적절한 안전규정이 있어야 하고, ③ 게임의 의도와 형식의 통합으로부터 이탈이 최소화되어야 하고, ④ 비용과 시간에 대한 부당한 부담감을 피해야 하고, ⑤ 장애 학생의 참여가 게임의 필수적인 부분임을 보장해주어야 한다는 것 등이었다.

결국 몇몇 연구자들은 통합적인 오락과 여가활동의 중요성을 기술했다(Moon, 1994; Schleien, Green, & Stone, 2003; Walker & Shoulltz, www.open.org). Walker와 Shoultz(www.open.org)는 오락을 통한 사회적 통합 촉진에 중요한 다섯 가지 요인들을 기술했다. 이들 요인들로는 ① 촉진자의 도움과 함께 다른 아동들의 참여, ② 촉진자를 통한 타인들에 대한 모델링, ③ 자신의 의도대로 일이 일어나게 뒤로 물러서기, ④ 활동 맥락에서 상호작용 관찰하기, ⑤ 우정이 생기게 해주는 기회 제공하기 등이다. Moon(1994)은 통합적인 오락프로그램의 구안에 중요한 아홉 가지 요소들을 기술했다:

- 자유시간 즐겁게 활용하기
- 선택
- 나이 적합성
- 가족참여
- 오락을 지원하기 위한 전문가들의 역할
- 오락기술을 증대시키기 위한 여가교육
- 신체적인 건강과 운동기술에 초점 맞추기
- 부분적인 참여
- 또래 관계에 초점 맞추기

Schleien과 그의 동료들(2003)은 세 가지 수준의 통합(신체적 통합, 기능적 통합 및 가장 높은 수준인 사회적 통합)을 기술했고 오락을 통한 사회적 통합을 촉진시키는데 내적 및 외적인 두 가지 전략들이 사용될 지도 모른다고 말했다. 내적인 전략은 개인내의 변화(예를 들면, 새로운 오락기술 가르치기)를 촉진시키도록 고안되었고 반면에 외적인 전략에는 오락 환경(예를 들면, 친구 관계망의 구축)을 변화시키

보조 도표 11.1

Stuart Schleien에 관한 역사적 조망

CTRS/CPRP인 Stuart Schleien 박사는 1997년 이래 Greenboro에 있는 North Carolina 종합대학교의 오락, 공원 및 여행학과의 교수이다. Schleien박사는 장애인을 위한 오락과 여가활동 질의 발전에 선구자가 되어 왔다. 특히, 장애인과 비장애인 간에 의미 있는 우정을 발생케 하는 기회를 가져오는 통합적인 오락 활동의 지속적인 옹호자였다. Schleien박사는 공인된 오락치료 전문가(Certified Therapeutic Recreation Specialist)이고 통합적인 활동과 여가활동이 발생케 허용하는 다양한 수준의 변화를 옹호하기 위해 이 분야에 관한 자기 전공지식을 활용해 왔다. 그는 지역사회 환경에서 장애인의 사회적 통합 및 오락과 우정의 발전에 관해 광범위한 책을 저술해 왔다. 그는 이들 토픽에 관해 7권의 책을 저술했고 전문서적과 책에 100편이 넘게 글을 게재했다. 그가 쓴 가장 최근의 교재는 『지역사회 오락과 장애인: 통합전략(*Community Recreation and People with Disabilities: Strategies for Inclusion*)』(제2판)이라는 제목인데 이 책은 통합적인 오락기회의 창조에 관해 전문가들과 가족들을 교육시키는데 광범위하게 사용되고 있다. 자신의 이런 경력을 통해 Schleien박사는 미국 전역과 전 세계에 널리 알려지게 되었다.

출처: From the website of the University of North Carolina at Greensboro, www.uncg.edu

도록 고안된 전략을 포함한다. 이들 연구자들은 또한 오락을 통한 사회적 통합을 촉진시키는데 가족들이 행하는 역할의 중요성을 기술했다.

이와 함께, 연구들은 위에서 가장 중요하다고 생각한 세 가지 문제들을 기술했다. 첫째, 성인생활의 오락 및 여가활동에 수많은 이점이 있다. 둘째, 장애인은 종종 그런 활동에 참여할 기회나 기술이 부족하다. 셋째, 통합적인 오락과 여가활동에 젊은 장애인이 직접 참여하는 계획은 사회적 통합과 잠재적인 우정의 발전이라는 결과를 가져올 수 있다. 장애인들을 위한 오락과 여가활동의 개발에 선구자인 Stuart Schleien의 이야기는 **보조 도표 11.1**을 참조하라.

2. 전환기 학생을 위한 오락과 여가

표 11.1에 제시된 것처럼 오락과 여가활동에 참여는 수많은 잠재적인 이점들이 있다. 여가활동은 지역사회 혹은 집에서 일어난다. 여기서 우리는 장애 학생에게 매우 유익할 수 있는 오락과 여가활동의 선택사항을 논의한다.

지역사회 오락을 위한 선택사항

대부분 지역사회에서 오락을 위한 선택사항은 다양하고 수도 많다. 대부분 지역신문을 처음부터 끝까지 읽는 것은 장애인이 활용할 수 있는 오락과 여가활동을 포함해서 지역사회의 시민들이 활용할 수 있는 매우 다양한 가능성을 가진 지역사회 내의 오락과 여가활동을 보여준다. 예를 들면, **표 11.2**는 지역사회와 그 주변의 지역신문을 조망함으로써 연구자들 중 한 사람이 확인한 오락과 여가활동을 보여준다. 비록 **표 11.2**에 나열된 몇 가지 종목들은 분명히 계절적인 활동이긴 하지만, 비슷한 다양한 유형의 활동을 1년 중 어느 때나 활용이 가능하다. 또한 부가적인 활동은 지역신문에 특정한 문제로 나열되지 않고 오히려 특정한 주에서 발생한다(예를 들면, 학교 스포츠 행사에 출석하기, 지역 빙고게임에 참여하기 등등). 만약 여러분이 살고 있는 지역사회에 그런 곳이 있다면, 그런 센터가 무엇을 제공해주는지 혹은 무엇을 추천해주는지를 알아내기 위한 다른 선택사항은 지역의 독립생활센터(Independent Living Center)와 논의하면 된다.

표 11.3은 New Hampshire주 장애 학생의 부모들을 위해 개발된 출판물에 나타난 잠재적인 활동의 목록을 보여준다(Hackett, 1994). 이 표는 종합적이고 학생과 가족들에게 청소년들이 어떤 활동을 해 오고 있고 어떤 활동을 하고 싶어 하는 지를 보여준다. 이것은 학생의 요구, 흥미 및 선호를 가장 잘 충족시켜 줄 지역사회의 오락 및 여가활동의 체계적인 선택을 촉진시켜 줄 우수한 계획 작성 도구 중 하나이다.

Dymond(2004)는 기능적 교육과정이란 맥락에서 장애 학생에게 지역사회 참여 기술을 가르치는 중요성을 기술한다. 그녀는 장애인들이 자신의 지역사회에서 전형적으로 임하는 비직업적인 여덟 가지 활동목록들을 나열한다.

표 11.2 2004년 10월 31일 The Pocono Record 신문에 게재된 지역사회 오락과 여가활동

■ 휴일의 퍼레이드	■ 오락을 위한 축구리그
■ 골프	■ 오락을 위한 볼링리그
■ 사냥	■ 오락을 위한 농구리그
■ 낚시	■ 오락을 위한 배구리그
■ 단풍구경하기	■ 스키클럽(다가오는 경기에 대한 공지사항)
■ 하이킹	■ 학교에 레슬링 홍보(공지를 위한)
■ 지역극장의 연극공연	■ 학교에 치어리딩(cheerleading) 홍보(공지를 위한)
■ 영화	■ 지역의 VFW(Veterans of Foreign Wars, 해외종군군인회)에서의 정당 환영회
■ 식당(아침, 점심, 저녁식사 등 외식하러 식당가기)	■ 체조학교(아동부터 성인까지를 위한)
■ 음악 연주회	■ 방학여행 준비와 짐 꾸리기를 어떻게 할 것인가에 관한 AAA(Americans Automobile Association, 미국자동차협회) 세미나.
■ 지역의 가게와 몰에 쇼핑가기	■ 지역 과수원에서 생산된 호박, 감자 기타 등등 판매
■ 미술과 공예품 축제	■ 건강과 스포츠 센터
■ 댄스 공연	■ 지역 박물관 및 역사 유적지
■ 스케이팅	
■ 미술 전시회	
■ 지역의 공연자(광대, 가수, 뮤지컬 그룹)	
■ 토너먼트 야구리그	
■ 책 전시회	

- 식당/간이식당에 외식하러 가기
- 식료품 가게에 가기
- 옷 가게, 약국, 스포츠 용품, 음악, 비디오, 애완동물 및 장남감과 취미가게 등과 같은 소매 가게에서 쇼핑하기
- 은행, 숍(이발소 및 손톱손질), 옷 드라이하기, 세탁소 및 내과의사 등과 같은 서비스 활용하기
- 도서관, 교회 및 우체국 등과 같은 공공시설 활용하기
- YMCA, 체육관, 박물관, 스케이트 장, 영화극장 및 게임센터 등과 같은 오락시설 활용하기
- 학교버스, 공공버스, 택시, 기차/지하철, 자전거, 걷기, 차에 편승하거나 혹은 차 운전 등을 포함한 교통수단.

표 11.3 잠재적인 오락과 여가활동 목록

Starter List of Community Recreation Opportunities

활 동	지금 참가	참가했음	참가하고 싶음	관심 없음
스포츠/외출/운동				
걷기				
골프				
낚시				
농구				
등산				
라켓볼				
라크로스				
미식축구				
배구				
배낭여행/캠핑				
배드민턴				
볼링				
사냥				
소프트 볼				
수영				
스케이팅				
스쿼시				
스키(산 아래로)				
스키(크로스컨트리)				
승마				
아이스하키				
양궁				
에어로빅				
요가				
웨이트 트레이닝				
유도/가라대/무술				
자전거타기				
조깅/달리기				
체조				
축구				

(다음 쪽에 계속됨)

표 11.3 잠재적인 오락과 여가활동 목록 (계속)

활 동	지금 참가	참가했음	참가하고 싶음	관심 없음
카누타기				
테니스				
필드하키				
하이킹				
항해				
T-ball				
기타:				
댄 스				
민속무용				
발레				
에어로빅				
재즈				
카드댄스				
탭댄스				
현대무용				
기타:				
예술/공예/취미				
걸쇠낚시				
그림그리기				
글쓰기(이야기, 시)				
나무에 조각하기				
노래				
도구 갖고 놀기				
도자기 제조				
도자기				
독서				
뜨개질				
목수				
사진술				

표 11.3 잠재적인 오락과 여가활동 목록 (계속)

활 동	지금 참가	참가했음	참가하고 싶음	관심 없음
새 관찰하기				
서예				
수집(우표, 동전)				
스케치				
요리				
음악 감상				
정원 가꾸기				
조각				
편물				
기타:				
게 임				
낱말 맞추기 게임				
다이아몬드 게임				
당구/수영				
도미노 게임				
비디오 게임				
빙고				
수수께끼				
쟁탈				
체스				
카드				
탁구				
기타:				
여행/사교계 행사				
문화행사				
바비큐 모임/소풍				
쇼핑				
스포츠 행사				

(다음 쪽에 계속됨)

표 11.3 잠재적인 오락과 여가활동 목록 (계속)

활 동	지금 참가	참가했음	참가하고 싶음	관심 없음
식당				
역사적인 행사				
연주회				
영화				
기타:				

출처: New Hampshire주의 발달장애협회가 저작권을 가진 Louise Kenndey Hackett가 1994년에 저술한 *Everybody Belongs: Tips for Including Your Child in Community Recreation*이란 책에서 따옴.

독자들은 Dymond(2004)가 나열한 활동들 중에서 얼마나 많은 것들을 대부분 사람들이 즐길 수 있는 것인지 즉 다시 말하자면 이들 중 얼마나 많은 것들이 오락과 여가활동인가를 주목해야 한다. 또한 지역사회에서 이들 활동에 임하도록 이동하고 여행할 수 있는 능력은 전환기 청소년들의 자기결정 의식형성에 공헌하는 주요한 하나의 요인임에 주목해야 한다(West, Wittig, & Dowdy, 2004).

West(2001)는 장애인은 볼링, 수영 혹은 예술과 공예 등과 같은 아주 좁은 범위의 활동에만 초점을 맞추거나 혹은 분리된 오락과 여가활동에 그들의 활동이 제한되어 왔다는 점을 주목한다. 장애인들이 오직 그런 활동에만 참여하기를 선택한다면, 이것은 분명히 적절한 활동일지도 모른다. West는 많은 장애인들이 그런 선택을 행하기 위한 제한된 경험과 선택목록을 가지고 있다고 계속해서 지적한다. 왜냐하면 이런 경험에 제한된 노출 때문에, West는 장애인들이 여가활동을 선택하고 여가활동에 임하도록 돕는데 아래와 같은 사항을 고려하라고 제안한다.

- 장애인은 특정한 오락과 여가활동에 대한 선호를 선택하기 전에 다양한 서로 다른 오락과 여가활동을 경험하고 실험해볼 필요가 있다.
- 다양한 범위의 집단 및 혼자 하는 활동이 제공되어야 한다.
- 장애인은 분명히 분리된 오락과 여가활동에 참여하기를 선택할지도 모르지만,

분리된 맥락에서 그들에게 동일한 혹은 유사한 활동에 참여할 기회가 제공되어야 한다.

이것을 고려하라! 지난달에 여러분은 지역사회의 어떤 오락 및 여가활동에 참여했습니까? 달력을 되돌려보고 이 기간에 여러분이 행한 모든 활동에 대한 목록을 만들고 그 활동들을 오락과 여가활동 유형(예를 들면, 스포츠 경기시청, 하이킹, 실외 스포츠 등등)에 따라 종류별로 만들어 보세요. 이제, 여러분이 참여했던 활동들을 회고해보고는, 이들 활동들 중 얼마나 많은 것이 특히 긍정적이거나 즐길만한 운동이었습니까? 여러분은 특히 이들 활동들이 왜 그렇게 긍정적인 활동이었다고 기억합니까?

영 희

영희가 고등학교 재학 중, 오락과 여가활동은 전형적으로 그녀 나이대의 다른 학생들의 활동과 같았다. 그녀와 가장 친한 친구들과 여기 저기 쏘다녔고, 쇼핑을 갔고, 학교가 행하는 과외활동에 참가했다. 또한 외식하러 가기, 영화 보러가기, 쇼핑가기 및 가족들과 하루 여행하기 및 하루 휴가가기 등을 포함해 가족들과 많은 활동을 했다. 그녀는 또한 교회활동도 했다. 영희가 대학으로 전환했을 때, 오락과 여가활동은 대학의 활동에 더욱 초점이 맞추어졌다. 그녀는 조기 아동교육을 전공하기 위해 학생 단체 활동에 참여했고 이런 단체 활동을 통해 지역사회의 자선단체 자금 모금 활동 및 서비스활동 등에 참여했다. 영희는 또한 새로운 친구들을 사귀었고, 함께 활동하기 위해 대학의 건강센터에서 그들을 만났고, 주말 혹은 공휴일에는 집으로 귀향을 했고, 가족들과 함께 지역사회의 오락과 여가활동에 계속 참여하고 싶어 했다.

철 수

한동안 철수는 자기 가족들 및 친척들과 함께 지역사회의 오락 활동에 참여해 왔다. 그는 몰에서 쇼핑을 하고, 지역의 공원으로 놀러가고, 맥도날드 가게에서 외식도 한다. 그는 또한 지역사회 시장에도 가고, 가족들과 영화를 보러가고 치료요법적인 승마에도 참여한다. 철수는 장애인 소프트볼 대회에도 참가하고 자기가 다니는 교회에도 참석하고 그 교회가 후원하는 활동에도 참여한다. 비록 철수의 가족들이 그의 이런 활동참여에 만족해하기는 하지만 그들은 지원받는 생활(supported living)을 통해 다른 장소로 이동할 때 혹은 그의 가족들이 그를 지역사회 행사장으로 데리고 갈 수 없는 미래에 누가 그의 참여를 지원할 것인가라는 문제에 당연히 관심을 갖고 있다. 하지만 현재 그들은 철수가 이런 다양한 활동들을 즐기고 있다는 것을 알고 있는데 왜냐 하면, 그는 분명히 그가 이런 활동들을 행하는 동안 더욱 마음이 편안하기 때문이고 그가 그런 활동들을 학수고대하고 있기 때문이다.

가정에서 오락을 위한 선택사항

가정에서의 오락을 위한 선택사항도 동일하게 중요하다. 이들 활동들은 장애인이 혼자 있을 때 혹은 타인과 함께 있을 때 오락이 발생토록 하고, 그런 활동은 전형적으로 지역사회의 오락 활동보다도 시간, 돈 혹은 에너지가 훨씬 적게 들게 해준다. 이런 활동은 장애인들로 하여금 신체적 및 정신적으로 그들 스스로 "재생산"이 일어나도록 허용해주고 그들 스스로 독특하고 흥미로운 추구를 하도록 한다. **표 11.4**는 가정에서 일어날 수 있는 오락과 여가활동을 나열한다. 이들 활동이 장애 청소년들을 위한 잠재적인 오락과 여가활동이다.

Francois는 50대이고 확장적인 지원이 요구되는 지적장애인이다. 그는 복잡한 발작장애를 지니고 있

표 11.4 가정에서 가질 수 있는 오락과 여가활동

■ 텔레비전 시청	■ 인터넷 탐색
■ 음악 감상	■ 그림 그리기
■ 악기연주 혹은 노래 부르기	■ 모형 쌓기 혹은 기타 공예 활동
■ 요리하기	■ 운동하기
■ 정원 가꾸기	■ 비디오 게임하기
■ 독서	■ 공통된 관심사인 물건 수집하기
■ 카드 혹은 다른 종류 게임하기	■ 뜨개질, 짜기 혹은 크로셰 뜨개질
■ 개인적으로 전화 혹은 이메일로 친구와 대화하기	■ 휴일을 위해 혹은 특별한 날을 위해 장식하기

고 몸의 왼쪽이 반신마비이다. Francois는 영어와 불어로 된 몇 개의 단어로 구성된 제한적인 언어능력을 지니고 있는데, 이것은 그가 프랑스계 캐나다인임을 보여주는 것이다. Francois는 3명의 다른 장애인들과 함께 집단 거주지에서 살고 있다. 그는 주간에는 재활시설에 다닌다(보호 작업장). 그가 집으로 돌아오면, Francois는 그가 무엇을 해야 할 지 결코 당황해하지 않는다. 그가 가장 좋아하는 활동은 삼베 바탕에 코바늘로 털실을 걸어 융단 짜기이고 그는 왼쪽 팔과 손으로 융단을 아래로 붙잡고 문양을 짜는 효과적인 방법을 개발했고 그래서 그의 오른손은 융단을 붙들고 베를 짜는 실을 끼워 넣는 데 자유롭다. 그는 자기가 짠 융단을 자랑스럽게 생각하는데, 왜냐하면 그는 도구를 이용하여 융단을 만들기 때문이고 그의 방바닥에는 몇 개의 융단이 깔려 있기 때문이다. Francois는 또한 교회에서도 활동적이기 때문에 비장애인 교인들이 매 일요일마다 그의 집단 거주지에서 교회로 그를 교대로 차를 태워오고 태워다 주는 것이 그들의 책임이라고 생각한다. 종합적으로 Francois는 오락과 여가활동에 만족하고 성취감을 느끼는 생활을 하고 있다.

친구 및 지역사회와 연관성

Condeluci(1996)는 "...관계는 상호의존에 핵심적인 요소이고 서로간의 차이점을 넘어서 우리의 능력에 실제로 존재하는 성장 능력 중 하나이다"(p. xxxv)라고 주장했다. 직장과 지역사회의 타인과의 연관성은 대부분 사람들에게 전반적인 삶의 질에 중요한 하나의 요소이다(Hughes, Copeland, Fowler, Church-Pupke, 2002). 대부분의 사람들에게 가족 및 친구들과의 만족한 관계는 행복하고 만족한 삶에 핵심적인 구성요소인데 이것을 Powell(2004)은 "아메리칸 드림(American Dream)"이라고 말한다. 우정은 가르치거나 조정할 수는 절대 없지만, 상호간 및 장기적인 상호작용을 통해 그리고 상호간에 흥미 있는 활동참여를 통해서만 우정이 생겨날 수 있다. 분명히 오락과 여가활동에 임하는 것은 잠재적인 우정발달에 이르는 중요한 방법이다.

특정 지역사회에서 장기간 살고 있는 장애인들은 그들의 지역사회와 관계를 발전시키기 시작한다. 이런 관계는 확장될 필요성은 없지만 자주 발생해야 한다. 전형적으로 장애인들은 특정한 지역사회의 가게, 식당 및 기타 장소에서 "자주 만나는(regular)" 사람으로 인식되기 시작한다. 지역사회 타인들이 장애인들을 인식할 때, 소속감이 생기는데, 즉 다시 말하자면 이것은 지역사회에서 한사람의 중요한 구성원이라는 인식이다. 관련이 있고 수용된다는 느낌이 이번에는 장애인들의 자긍심 형성에 공헌한다(Chandler & Pankaskie, 2004). 여기서 중요한 것은 지역사회의 오락과 여가활동에 자주 참여한다는 의식이 보다 심층의 지역사회 구성원이라는 인식으로 이끌 수 있다. 지역사회와의 장기적인 관계발달은 시간이 걸리지만 일부 장애인들에게는 이것이 보다 더 강렬한 지원이 된다. 예를 들면, Harlan-Simmons, Holtz, Todd 및 Mooney(2001) 등은 지역사회 참여를 통해 사회적인 관계발달을 위해 발달장애를 가진 나이 많은 성인들을 도와주기 위해 지역사회 구성원 만들기 계획(Community Membership Project)을 기술했다. YMCA, 지역노인회 및 지역사회 목재가공사 등과 같은 지역사회 활동에 참여를 포함해서 장애인들의 흥미와 선호에 바탕을 두고 각각 참여자들의 지역사회 활동이 선택된다. 비록 참여자들이 "지역사회 만들기(community builders)"라고 불리는 인사들의 지원으로 보다 더 많은 사회적인 관계가 발전되기는 했지만, Marlan-Simmons 및 그들의 동료들(2001)은 진정한 우정의 발전은 전형적으로는 보다 환상적이며 "올바른 대인관계에 대한 공감이라는 소박한 행운과 함께 발전하는데 많은 시간과 합의된 노력"이 요구된다(p. 179)고 지적한다.

교육과정을 통한 오락과 여가 강조

아마 가장 적절한 방법은 과외의 클럽들, 스포츠 활동과 기타 활동들 및 실질적인 교육과정을 통해서 오락과 여가활동을 강조하는 방법일 것이다. 오락과 여가활동은 종종 중학교와 고등학교 수준에서의 실제교육으로 통합되고 이들 활동들은 하루의 대부분을 앉아서 일하고 공부하는 장애 청소년들의 에너지와 스트레스를 해소하는 소중한 통로를 제공한다. 대부분의 중·고등학교들은 장애 청소년들의 잠재적인 활동인 학교가 후원하는 체육활동(축구, 미식축구, 필드하키 기타 등등)을 포함해 과외의 스포츠 활동을 제공한다. 하지만 그런 팀들은 보다 고득점을 얻기 위해 점점 더 경쟁적이 되어간다는 것에 주목해야 한다. 중·고등학교들은 또한 체스클럽, 미국 미래 사업지도자 클럽, 컴퓨터클럽, 드라마클럽, 다양한 학습 및 학습 콘테스트(예를 들면, 철자쓰기 혹은 수학 경연대회)와 클럽활동 등과 같은 매우 다양한 클럽과 조직을 제공한다. 이런 많은 선택 중 몇 가지는 특정 장애 학생에게는 적합할지도 모른다. 또 또래 친구프로그램도 종종 비장애의 같은 나이대의 또래지원을 받는 활동에 장애 학생을 참여시키는데 특히 효과적인 방법을 제공한다(Hughes & Carter, 2000). 또래 친구프로그램은 학점을 따기 위한 과목을 통해 서로 서로 장애 학생과 비장애 학생들이 함께 상호작용하기 위한 체계적인 방법을 창조해낸다. 예를 들면, New Jersey주의 한 고등학교 프로그램은 컴퓨터보조공학에 관한 1학점짜리 과목을 만들었고 장애 학생과 비장애 학생들은 그 반의 도와줄 특정 구성원을 찾아내고 두뇌를 짜내야 했다(E. Thayler, 개인적인 의사소통, 2000년 4월 20일).

적합한 오락과 여가활동을 찾아내는 과정

McNulty와 그의 동료들(1995)은 이중 감각장애(농-맹)를 가진 전환기 학생이 오락과 여가활동을 선택하는 다섯 가지 지침을 기술했다. 비록 이중 감각장애를 가진 학생에 관한 지침이 기술되긴 했지만, 이들 지침은 전환기의 광범위한 학생들의 고려사항이다. 다섯 가지 지침은 사용한 예와 함께 아래에 기술된다.

지침 #1: 의사소통과 래포(rapport)를 확립하라. McNulty와 그의 동료들(1995)이 권장한 첫 번째 지침은 전환기를 함께 할 사람들이 그들과의 의사소통과 래포를 형성하는 것이다. 예를 들면, Mike의 가족들은 그가 지역대학에 재학 중인 자원 봉사자인 "또래친구"와 광범위한 지역사회 활동에 함께 참여하길 원했다. 한번은 같은 대학의 또래친구인 Jarrod임이 밝혀졌는데 최초의 단계는 그가 Mike와 서로 알게 되도록 그와 함께 시간을 보내는 것이었다. 처음에 이런 일이 Mike의 집에서 Mike의 가족들이 있는 곳에서 수행되었고 Jarrod와 Mike는 그가 이미 하길 좋아하는 것을 함께 수행했다.

지침 #2: 사정기술로 인간중심계획을 활용하라. 2장과 4장에서 기술했듯이, 인간중심계획 전략은 장애 학생이 미래열망을 획득하도록 돕기 위해 장애 학생의 종합적인 개인 프로파일을 만들고 가족과 친구들을 조직화하는 것이 매우 효과적인 도움이 된다. Mike에게는 이미 자기를 후원해주는 사람들이 있었고 그래서 Jarrod가 참여해서 Mike가 구체적으로 좋아하는 것과 싫어하는 것 및 흥미파악이 쉬웠다. 이 정보는 Mike에게 아주 잘 어울리는 오락 활동을 연결시키는데 필수적이다.

지침 #3: 지역사회의 여가와 오락기회를 사정하라. 후원자들이 Mike가 Jarrod와 함께 지역사회에서 외출할 수 있는 새로운 장소를 찾아내도록 결정했다. Mike는 걷기를 좋아하고 맥도날드에서 외식하기를 좋아한다. 그는 또한 동물을 좋아하기에 Jarrod는 Mike가 좋아할 가까운 농장, 애완 동물원, 인근의 애완동물 가게 등이 있는 새로운 식당들을 기꺼이 찾아내려고 했다. 그의 생각은 Mike를 데리고 외식하러 나간 다음에 동물들을 구경하기 위해 지역사회의 그런 장소들을 방문하는 것이었다. Mike는 또한 음악과 영화를 좋아하기에 Jarrod는 음악 CD를 구경하고 Mike가 집에서 보도록 DVD가게의 영화를 살펴보기 위해 Mike를 백화점으로 데리고 갈 수가 있었다. Mike의 가족들은 그가 건강을 유지하고 체중이 늘어나지 않기를 간절히 원했기 때문에, 그들은 Mike가 걷기를 많이 하는 것이 중요하다고 말했다. 또한 그들은 Jarrod가 Mike에게 샐러드를 포함해 새로운 식당에서 보다 다양한 건강에 좋은 메뉴들을 소개시켜 주기를 원했다.

지침 #4: 적절한 교수를 제공하라. 일단 새로운 식당에 가서 Mike는 음식주문을 어떻게 하는지를 배울 필요가 있었다. 그는 식당직원들이 서비스해주는 맥도날드 가게에는 익숙했지만 다른 패스트푸드 식당 혹은 보다 전통적인 음식과 샐러드를 판매하는 지역에서 직접 음식을 요리하는 음식점에는 익숙하지 못했다(Burger King, Taco Bell, Subway 기타 등등). Jarrod는 이런 다양한 식당들의 메뉴판의 사진을 찍기로 했고 Mike의 집에서는 Mike에게 이들 식당사진들을 소개하기로 했다. 이런 방법으로 Mike는 이미 그가 새로운 식당에 갔을 때 그가 무엇을 선택할 것인가라는 문제에 다소 친숙하게 되었다. 또한 Jarrod는 Mike의 집에서 그가 선호하는 것을 사정할 때 Mike에게 새로운 음식들을 소개했다. Mike가 지역사회로 외출할 때 어떤 음식을 주문하고 먹을 것인가를 미리 아는 것을 훨씬 수월하도록 만들어주었다.

지침 #5: 지원을 알아내고 제공하라. Jarrod와 함께 한 지역사회의 활동들은 성공적이었고, Mike는 이런 새로운 외출을 학수고대했는데 이런 일이 한 달에 두 번씩 행해졌다. Mike의 가족들은 Jarrod가 언제 올 것인가를 Mike가 예측하기를 배우게 하려고 그 표시를 달력에 붙이기 위해 Jarrod의 사진을 찍었다. 하지만 Mike의 부모들은 Jarrod가 학생을 가르치는 교사가 곧 될 것이고 학교를 졸업할 것이라는 것을 알고 있었고 그래서 그는 내년에는 Jarrod가 Mike의 또래친구가 계속 될 수 없을 것이라는 것도 알고 있었다. Mike의 가족들은 일단 Jarrod를 더 이상 활용할 수 없게 되자 Mike를 위해 몇 가지 지역사회 활동들을 계속할 수 있도록 보장하기 위해 Mike와 Jarrod가 함께 시간을 보냈던 것처럼 새로운 또래친구를 마련하기 위한 조정을 하기 위해 대학의 최고 좋은 친구모임 조정자(Best Buddies coordinator)라는 단체와 접촉을 했다.

3. 건강한 생활유형 개발

건강한 성인생활 유형의 차원

건강한 성인생활의 유형은 신체적인 건강, 심리적인 건강과 사고 및 병의 예방이란 특징이 있다. 신체적인 건강의 유지는 적합한 약의 복용, 건강한 식사, 운동 및 적절한 건강 유지 기술 등에 대한 이해가 필요하다. 심리적인 건강은 스트레스 관리, 통제와 자긍심이란 의식, 삶에 대한 긍정적인 전망, 자신의 강점에 대한 이해와 자각 및 긍정적인 귀인 등이 포함된다. 정신건강은 또한 직업, 가정 및 대인관계 등에 대한 만족감을 포함한다. 병, 사건, 빈약한 음식섭취 혹은 음주습관, 정신적 행복에 대한 위협 등에 대한 예방도 또한 건강한 성인생활 유형에 핵심적인 것들이다.

Hughes와 그의 동료들(2002)은 삶의 질에 대한 잠재적인 차원들을 아래와 같이 요약했다. 이들은 삶의 질은 사람들마다 개별적으로 정의되어야 하고 그런 정의들은 사람들마다 매우 다양할 수 있다. 그들이 조망한 삶의 질에 관한 차원들에는 다음 내용들이 포함된다.

- 사회적인 관계
- 심리적인 안녕
- 고용

- 자기결정
- 오락과 여가
- 독립생활기술
- 주거환경
- 지역사회 참여
- 생활유형
- 타인으로부터 받는 지원
- 개인 및 가족이 가진 자원
- 개인의 발전
- 사회적인 수용
- 신체적 물질적인 안녕
- 시민권리 및 책임

생활의 질을 나타낼 수 있는 이들 목록들을 조망함에 있어 몇 가지가 신체적 및 정신적인 건강이 오락 및 여가와의 만족한 관계와 관련이 있다는 것을 주목하는 것이 중요하다.

건강생활에 대한 위협

전환기의 청소년들은 건강생활을 해칠 잠재적인 위험에 직면한다. 첫째, 빈약한 식사와 운동부족은 이후의 삶을 빈약한 건강으로 이끌 수 있다. 둘째, 위험을 무릅쓰는 행동은 사고를 야기 시킬 수 있고 어떤 경우에는 장애를 가져올 수도 있다. 예를 들면, 청년기 혹은 성인기의 젊은이는 엔진이 부착된 탈것들의 사고, 추락, 운동 도중 사고 등 때문에 외상성 뇌손상을 겪을 위험에 빠진다(Wehman, Keyser-Marcus, West, Targett, & Bricout, 2001). 셋째, 지역사회는 종종 위험한 낯선 사람, 보행자와 관련된 자동차 사고, 얼음바닥에 추락, 기타 등등과 같은 기타 위험들이 현존한다. 넷째, 최초로 자기 혼자 살아가고 있는 젊은이는 요리를 하다가 화재, 화상 혹은 절단, 혹은 침실에서의 사고 등에 노출될지도 모른다. 다섯째, 많은 작업장은 각자 나름대로 사고가 날 위험성을 지니고 있다. 여섯째, 술과 마약의 이용가능성은 스스로 결정할 수 있는 한계를 넘어서 자유를 만끽하는 또래의 청소년들에게 일련의 위험으로 현존한다. 마지막으로 성적(sex) 호기심이 많은 젊은이는 HIV과 AIDS 등을 포함해 성병을 옮길 위험에 직면한다(Agran, 2004). 대학에 재학 중인 장애 학생과 관련된 이들 문제들에 관한 논의를 위해서 7장의 "중등교육 이후 교육으로의 전환"을 살펴보라.

Agran(2004)은 청소년들이 직면하는 위험에도 불구하고 교육과정에서 무시되는 안전기술 교수영역에 관한 글을 썼다. Agran(2004)에 따르면 이런 간과는 몇 가지 요인들 때문일지도 모른다.

- 낮은 개연성을 가진 위험성 때문에 결과적으로 교육자와 부모들은 교육과정에서 직접 이것을 강조할 필요가 없다고 생각한다.
- 그들은 장애 청소년들이 그런 위험과 관련된 종종 미묘한 단서들을 이해할 수 없다고 생각할지도 모른다.
- 형식적인 교수 없이 청소년들이 이런 기술을 배울 지도 모른다고 생각해 왔을 수도 있다.

Agran(2004)은 그런 가정은 안전기술에 대한 직접교수를 무시하는 근거가 빈약한 이유라고 주장한다. 그의 주장은 보다 독립적인 성인생활로 전환중인 청소년들에게는 특히 중요하다.

교육과정을 통한 건강생활 강조

Agran(2004)은 아래 일곱 가지 영역들과 관련된 교육과정 내용을 통해 직접 안전기술 교수를 권장한다.

- 가정과 지역사회의 안전
- 작업장 안전
- 화재안전
- 범죄예방
- HIV/AIDS 예방

- 마약사용 예방
- 자기치료/건강돌봄

그는 이들 영역들이 초등학교 수준에서 시작되어 중학교와 고등학교 교육과정을 통해 기술 및 판단의 복잡성과 세련됨을 증대시킴으로써 전체 교육과정을 통해 장기간에 걸쳐 강조되길 권장한다. 예를 들면, 초등학교 수준의 학생은 처방된 약 복용의 기능을 확인하는 교육을 받는다. 중학교 수준에서는 약 복용 시 부작용에 대한 교육을 받을 수도 있고, 고등학교 수준에서는 너무 많은 약을 복용하거나 너무 적은 약을 복용할 때 어떻게 조력자를 찾고 관심을 끌어야 하는가를 교육 받는다(Agran, 2004). 많은 기능적인 기술들이 성공적인 성인생활과 연관될수록 그런 안전기술은 청소년들의 기술 일반화가 요구된다는 것에 주목해야 한다. 예를 들면, 적절한 약의 복용을 결정할 수 있는 능력은 우연히 마주칠 수 있는 어떤 유형의 약복용을 위해 일반화된 능력이 요구된다.

요 약

이 장에서 전환기 청소년들의 오락과 여가활동 기회개발의 중요성을 기술했다. 오락과 여가활동에 참여는 수많은 이점이 있고, 그런 참여는 신체적 및 정신적인 건강과 연관되고 나아가서 전반적 긍정적인 삶의 질과 연관된다. 오락과 여가활동은 가정에서 일어날 수도 있고 혹은 지역사회에서 일어날 수도 있다. 지역사회에서의 오락과 여가활동에 규칙적으로 자주 참여하는 것은 연관성 생성을 돕고 개인이 살고 있는 지역사회와 유대감 발생을 돕고 우정발달의 가능성을 열어준다. 이 장의 핵심은 전형적인 대부분의 지역사회에 토대를 두고 발생하는 오락과 여가활동의 기회가 많다는 것이다. 전환기 학생에게 그 자신의 흥미와 선호가 확립될 수 있도록 이들 광범위한 활동에 참가할 수 있는 기회가 주어져야 한다. 전환계획 팀은 또한 학생의 성인생활을 위한 계획에 목표를 맞추는 중요한 성과 중 하나로 오락과 여가활동을 강조해야 한다.

이 장에서 또한 건강한 성인생활 유형의 발달과 연관된 문제들을 강조했다. 특별한 관심사 중 하나는 장애 청소년들의 신체적인 건강을 유지하거나 증가시키는 오락과 여가활동의 개발이다. 또 전환기 학생은 식사와 영양, 병을 어떻게 다룰 것인가 및 지역사회 안전을 포함해 안전한 건강생활과 연관된 구체적인 기술을 배울 필요가 있다.

응용활동

아래 나열된 응용활동은 전환을 계획함에 있어 여러분의 지속적인 학습과 기술발달에 핵심적인 것들이다. 각각의 활동은 여러분의 시간과 에너지를 요구할 것이지만 이 분야에 전문적인 기술이 발달되도록 여러분을 도와줄 것이다.

실천과 이해 촉진을 위해

만약 여러분이 현재 학생을 가르치는 교사이거나 혹은 제도교육과 관련이 있다면 건강과 안전문제가 학교 교육과정의 어디서 강조되어야 하는지를 결정하기 위해 학교 교육과정을 조망하라. 어떤 학년수준에서 이들 문제가 강조되는가? 마약복용과 알코올 남용 혹은 성병 전염의 위험에 관해 학생이 장기적인 교수를 받고 있는가?

만약 여러분이 제도교육에서 일하고 있다면, 학교가 학생에게 제공하는 모든 학교클럽과 조직에 관해 알아보라. 서로 다른 클럽들과 조직에 구성원이 되는 기준은 무엇인가? 누구나 가입이 가능한가? 이들 클럽들과 조직 중 어떤 것이 장애 학생이 선택하기에 좋은 선택조건처럼 보이는가?

이전 활동에서 얻어낸 정보 활용을 안내삼아 여러분이 가진 개인적인 흥미에 맞는 장애 및 비장애 학생에게 소개하고 싶은 학교클럽과 조직에 가입을 고려해보라. 예를 들면, 5학년 선생님은 새 관찰하기 클럽을 시작했는데 왜냐하면 이 클럽이 그가 개인적으로 후원하는 클럽이기 때문이다(B. Butler, 개인적인 의사소통, 2001년 5월 5일). 이 클럽은 현재 광범위한 학생들에게 적절한 잠재적인 오락 선택 중 하나이다.

탐색을 하고 그런 다음에 여러분 학교 내의 또래친구 프로그램 시작을 고려하라. 이 세상에는 기술되어 온 여러분에게 안내를 제공할 수 있는 수많은 모델들이 있다(또래친구 프로그램의 기술을 위해 Hughes와 Carter, 2000을 참조하라). 비록 또래친구 프로그램이 많은 실질적인 문제들을 초래하겠지만, 장애와 비장애 학생이 잠재적인 우정을 발전시킬 수많은 기회를 가질 수 있다. 최소한 그들은 서로 서로에 관해 더 많은 것을 배울 것이다.

여러분의 포트폴리오를 위해

여러분이 살고 있는 지역사회에서 규칙적으로 할 수 있는 오락과 여가활동이 어떤 것이 있는지 조사해보라. 계약정보와 함께 이들 활동들, 만나는 시간과 위치, 기타 등등에 관한 종합적인 목록을 만들도록 하라. 학생의 개별흥미와 선호를 결정하기 위해 미래 학생이 찾아볼 이런 정보를 계속 가지고 있도록 하라.

만약 여러분이 현재 가르치는 교사라면, 학생이 오락과 여가활동을 수행하기 위해 자기 흥미와 선호를 결정하도록 학생을 조사하거나 면담하라. 그런 다음에 학생을 잠재적인 성인 지역사회의 오락 및 여가활동과 일치시키기 위해서 얻은 정보를 활용하라.

관련 자료와 웹사이트

아래 관련 자료와 웹사이트는 장애인이 살고 있는 지역사회에서 오락과 여가활동을 즐기고 접근하도록 어떻게 도울 것인가에 관한 여러분의 지식을 확장하도록 도와줄 것이다. 여러분의 포트폴리오에 이들 관련 자료의 포함을 고려하라.

American Therapeutic Recreation Association

오락 치료사를 위한 미국 오락 치료전문가 조직.
www.atra-tr.org

National Recreation and Park Association

임무는 모든 사람들의 삶의 질을 향상시키는 공원, 오락과 환경보호 노력을 진척시키는 것이다. 치료적인 오락과 관련된 책 출판도 포함된다.
www.nrpa.org

National Center on Accessibility

오락에 장애인의 접근을 촉진시킨다.
www.ncaonline.org

참고 문헌

Agran, M. (2004). Health and safety. In P. Wehman & J. Kregel (Eds.), *Functional curriculum for elementary, middle, and secondary age students with special needs* (2nd ed.) (pp. 357-384). Austin, TX: Pro-Ed.

Ayvazoglu, N., Ratliffe, T., & Kozub, R. (2004). Encouraging lifetime physical fitness. *Teaching Exceptional Children, 37*, 16-20.

Braunschweig, C., Gomez, S., Sheean, P., Tomey, K., Rimmer, J., & Heller, T. (2004). Nutrition status and risk factors for chronic disease in urban-dwelling adults with Down syndrome. *American Journal on Mental Retardation, 109*, 186–193.

Chandler, S., & Pankaskie, S. (2004). Socialization, peer relationships, and self-esteem. In P. Wehman & J. Kregel (Eds.), *Functional curriculum for elementary, middle, and secondary age students with special needs* (2nd ed.) (pp. 165–204). Austin, TX: Pro-Ed.

Condeluci, A. (1996). *Beyond difference.* Delray Beach, FL: St. Lucie Press.

Dymond, S. (2004). Community participation. In P Wehman & J. Kregel (Eds.), *Functional curriculum for elementary, middle, and secondary age students with special needs* (2nd ed.) (pp. 259–292). Austin, TX: Pro-Ed.

Gillespie, M. (2003). Cardiovascular fitness of young Canadian children with and without mental retardation. *Education and Training in Developmental Disabilities, 38*, 296–301.

Hackett, L. (1994). *Everybody belongs: Tips for including your child in community recreation.* Concord, Nil: New Hampshire Developmental Disabilities Council.

Harlan-Simmons, J., Holtz, P., Todd, J., & Mooney, M. (2001). Building social relationships through valued roles: Three older adults and the community membership project. *Mental Retardation, 39*, 171–180.

Heller, T., Hsieh, K., & Rimmer, J. (2004). Attitudinal and psychosocial outcomes of a fitness and health education program on adults with Down syndrome. *American Journal on Mental Retardation, 109*, 175–185.

Hughes, C., & Carter, E. (2000). *The transition handbook: Strategies high school teachers use that work!* Baltimore: Paul Brookes.

Hughes, C., Copeland, S., Fowler, S., & Church-Pupke, P (2002). Quality of life. In K. Storey, P. Bates, & D. Hunter (Eds.), *The road ahead: Transition to adult life for persons with disabilities* (pp. 157–171). St. Augustine, FL: TRN Publishers.

Kozub, E (2003). Explaining physical activity in individuals with mental retardation: An exploratory study. *Education and Training in Developmental Disabilities, 38*, 302–313.

McNulty, K., Mascia, J., Rocchio, L., & Rothstein, R. (1995). Developing recreation and leisure opportunities. In J. Everson (Ed.), *Supporting young adults who are deaf-blind in their communities: A transition planning guide for service providers, families, and friends* (pp. 159–184). Baltimore: Paul Brookes.

Moon, M. S. (1994). The case for inclusive school and community recreation. In M. S. Moon (Ed.), *Making school and community recreation fun for everyone: Places and ways to integrate* (pp. 1–13). Baltimore: Paul Brookes.

Ohtake, Y. (2004). Meaningful inclusion of all students in team sports. *Teaching Exceptional Children, 37*, 22–27.

Powell, T. (2004, October). Helping people with disabilities realize the American Dream. Presentation at the conference on disability, sponsored by the University of Scranton, Scranton, PA.

Rimmer, J., Heller, T, Wang, E., & Valerio, I. (2004). Improvements in physical fitness in adults with Down syndrome. *American Journal on Mental Retardation, 109*, 165-174.

Schleien, S., Green, F., & Stone, C. (2003). Making friends within inclusive community recreation programs. *American Journal of Recreation Therapy, 2*, 7-16.

Schleien, S., & Ray, M. T. (1997). Leisure education for a quality transition to adulthood. *Journal of Vocational Rehabilitation, 8*, 155-169.

Stopka, C., Pomeranz, J., Siders, R., Dykes, M., & Goodman, A. (1999). Transitional skills for wellness. *Teaching Exceptional Children, 31*, 6-11.

Strand, J., & Kreiner, J. (2005). Recreation and leisure in the community. In R. Flexer, T. Simmons, P. Luft, & R. Baer (Eds.), *Transition planning for secondary students with disabilities* (2nd ed.) (pp. 460-482). Upper Saddle River, NJ: Merrill.

The Pocono Record, October 31, 2004.

Walker, P., & Shoultz, B. *Supporting children and youth with disabilities in integrated recreation and leisure activities.* Retrieved on 9/1/05 from The Arc's Community Integration Report on Recreation and Leisure, www.open.org.

Wehman, P., Keyser-Marcus, L., West, M., Targett, P., & Bricout, J. (2001). Applications for youth with traumatic brain injury. In P. Wehman (Ed.), *Life beyond the classroom: Transition strategies for young people with disabilities* (3rd ed.) (pp. 449-490). Baltimore: Paul Brookes.

West, M. (2001). Independent living. In P. Wehman (Ed.), *Life beyond the classroom: Transition strategies for young people with disabilities* (3rd ed.) (pp. 261-274). Baltimore: Paul Brookes.

West, M., Wittig, K., & Dowdy, V. (2004). Travel and mobility training. In P. Wehman & J. Kregel (Eds.), *Functional curriculum for elementary, middle, and secondary age students with special needs* (2nd ed.) (pp. 245-258). Austin, TX: Pro-Ed.

Yamaki, K. (2005). Body weight status among adults with intellectual disability in the community. *Mental Retardation, 43*, 1-10.

Yu, D., Spevack, S., Hiebert, R., Martin, T., Goodman, R., Martin, T., Harapiak, S., & Martin, G. (2002). Happiness indices among persons with profound and severe disabilities during leisure and work activities: A comparison. *Education and Training in Mental Retardation and Developmental Disabilities, 37*, 421-426.

12

장애인의 전환서비스와 고용의 국제적인 이슈와 과제

〈 장의 목표 〉

1. 미국과 유럽, 몇몇 개발도상국들의 전환 및 훈련프로그램에 대한 정책과 법률적인 접근방법을 비교할 수 있다.
2. 미국과 개발도상국들의 전환 및 훈련프로그램에 대한 정책과 실천적인 접근방법을 논의할 수 있다.
3. 문화, 공공정책 및 장애라는 관점에서 개발도상국 장애인이 직면하는 많은 도전을 논의할 수 있다.
4. 개발도상국 2개국의 전환 및 진로개발을 위한 구체화된 프로그램을 기술할 수 있다.
5. 장애인의 진로에 국제적으로 초점이 맞추어진 세 가지 영역을 기술할 수 있다.
6. 다른 개발도상국들과 선진국들에 현존하는 전환과 고용정책, 도전 및 이슈와 친숙해질 수 있다. 또한 장애인을 위한 국제적 진로 기회에 관해 알게 된다.

장의 핵심 주제

- 국제화가 점점 더 증가되는 시대에 살고 있기 때문에, 개발도상국 장애인을 위한 경제정책 개발과 고용기회의 영향력을 고려해보라.
- 법과 규정은 장애인의 자기결정 실천에 토대를 제공한다. 왜냐하면 수많은 이

유 때문에 다른 나라에서는 이런 일이 발생하지 않았고, 특히 개발도상국들에서도 발생하지를 않았다. 이것이 장애인의 현존하는 고통을 얼마나 악화시키는가를 고려해보라.

- 장애인의 수많은 진로 기회 가운데 국제적인 활동무대는 거의 언급되지 않는다. 하지만 미국 국무부와 다른 기관들은 바로 그런 기회를 전문적으로 다루고 있다.

이전의 장들은 미국의 전환이슈와 과제만 한정적으로 다루었다. 하지만, 여행, 무역협정, 사업의 아웃소싱 및 해외 교육기회 등이 계속해서 증가함으로써 교육자들이 이들의 발전 및 선진국과 개발도상국 장애인의 삶에 미치는 영향에 관심을 기울이는 것이 중요하다. 장애인을 다루고 교육시키기 위한 많은 미국제도들이 처음에는 유럽에서 왔고 그런 다음 미국이 성장함에 따라 그런 제도들이 진보했고 공교육이 미국인의 삶에 주된 제도가 되었다. 유럽에서는 여러 국가들이 스칸디나비아로부터 출현한 보다 통합적인 모델과 함께 매우 다른 방식으로 접근했다(Ingstad & Whyte, 1995). 유럽연합의 출현과 함께 많은 국가들이 한 사람의 성인으로서 장애인이 보다 나은 생산적인 삶을 준비하도록 그들 스스로 입증된 최상의 실천방안들을 연구하고 있는 중이다(www.european-agency.org/transit/index.html#international 참조). 예를 들면 유럽연합(EU)은 맹인 혹은 시각장애인의 고용개선을 위한 5개국 프로젝트를 개발했다. 그 프로젝트는 "성인기 안내 및 고용에서 시각장애와 표준/시각장애인을 위한 고용 지원서비스(Visual Impairment and Standards in Adult Guidance and Employment/Employment Support Services for Visually Impaired People: VISAGE/ESPVIP)"는 영국, 이탈리아, 아일랜드, 프랑스, 덴마크 등 여러 국가의 기구들이 포함됐다. 다섯 가지 개발영역들이 있는데, 이것들에는 ① 직업안내 실천, ② 전문적 훈련과 개발, ③ 직업창조 및 지원, ④ 직업시장 지원계획과 직업유지, ⑤ 재활과 사정 등이다. 3년 안에(1997-2000), 그 프로젝트는 시각장애인, 고용주를 위한 직업배치 안내, 시각장애를 가진 노동자를 모집하는데 흥미가 있는 고용주에게 유럽의 웹사이트(www.aaa.dk/jobvision 참조) 등에 관해 조언하는 직업안내 실천가를 위한 안내책자를 만들었다. 이 프로젝트의 자료 및 널리 보급된 훈련은 프로젝트를 수행하고 있는 국가를 넘어서 다른 국가들에게도 이점을 제공했고 다른 유럽연합국들이 시각장애인과 맹인에게 성공적인 고용실천을 시작할 수 있게 했다(Roy, 2002).

학교에서 고용으로 전환: 유럽 16개국에서 특수교육을 받을 필요가 있는 학생이 직면하는 주요 문제, 이슈 및 선택사항〔Transition from School to Employment: Main problems, issues and options faced by students with special educational needs in 16 European countries(특수교육 요구발달을 위한 유럽기구), 2002〕이라는 광범위한 연구는 근본적으로 IDEA규정에 포함되어 있는 전환조항 중에서 많은 것을 권장했다. 즉, 다시 말하면, 학생과 부모들은 계획 작성에 적극적으로 참여해야 하고 그것이 직업선택과 준비를 해야 할 상황과 관련됨에 따라 그들 스스로를 위한 선택에 있어 강력한 자기 목소리를 내야 하는데 예를 들면, 직업학교, 사업체 위치 혹은 덜 통합적인 프로그램 시설 등이다. 그 외에도 진보가 있는 지 없는지 또 모든 당사자들은 자기들이 동의한 책임감을 수행하고 있는지를 평가하기 위한 개별화프로그램 계획이 있어야 한다. 비록 본질적으로 그 연구가 통합적이기는 하지만, 경도장애인을 주 대상으로 연구했고 특히 학습장애 아동을 대상으로 했다(특수교육 요구발달을 위한 유럽기구, 2002).

이것을 고려하라! 여러분이 1학기 동안 유럽에서 공부할 기회를 가진다고 가정해 보라.

- 여러분은 어떤 국가를 선택하고 왜 그 국가를 선택하겠습니까?
- 여러분은 특수교육, 직업교육, 재활서비스 정책 및 그 국가의 실천에 식견을 가지도록 어떻게 준비를 하겠습니까?
- 만약 여러분이 그 국가에서 직업연수를 할 기회를 가진다면, 여러분은 의무교육학교, 직업학교, 특수교육 학습센터, 장애인을 고용하는 회사, 혹은 그 이외에 어떤 다른 장소에 배치되길 원합니까?
- 여러분의 경험을 통해 무엇을 배우기를 희망합니까?

1. 유럽 국가들의 고용과 재활 실천

영 국

장애 학생과 특수교육 요구를 지닌 학생을 포함해 모든 학생들을 위한 전환이 계획된다. 학생은 중등학교 교육과정 내의 진로교육 프로그램에 등록한다. 이것은 종종 법령이 정하는 재학 중 최종 학년도에서만 행해지는 것이 아니라 기간이 확장되어 행해지는데, 학생이 16세에 도달하면 끝난다. 학생은 그의 진로선택에 관한 정보를 획득하도록 인터뷰를 하는 진로서비스(Career Services)에 소속되어 있는 전문가로부터 진로안내를 받는다. 학생은 진로활동계획(Career Action Plan)을 개발하는데 이것은 학생의 교육, 훈련과 고용 등이 포함된다. 계획수행을 위한 전략도 포함된다. 진로서비스부서는 학교의 독립된 단체이지만 청소년 장애인과 다른 특수교육 요구를 지닌 장애인들의 요구에 서비스하는 특별한 책임을 지니고 있다. 장애 학생을 위한 진로상담전문가는 건강담당부서, 사회적 서비스 및 지역 교육당국 등과 같은 하나 혹은 두 부서로부터 부수적인 지원과 자금지원을 얻어내는 매우 복잡한 과정도 익히 잘 알고 있다(전환정보 데이터베이스, 2004).

고용으로의 전환은 법령이 정하는 마지막 학령기 2년 및 직업학교 입학 전과 16세 이후의 직업과정을 거치는 동안에 학생이 일련의 직업경험을 완료하기가 포함된다. 특수교육 요구 실천규범(Special Educational Needs Code of Practice)이라는 규정에서 특수교육 요구를 지닌 사람으로 지정된 장애인들 특히 최중도 장애인들은 14세에 그들의 마지막 학령기 2년간에 걸쳐 전환과정을 완성할 계획을 세우기 위해 전환을 재검토한다. 이 재검토는 여러 기관들을 포함하고 학생의 장애와 지원에 대한 요구에 따라 광범위한 서비스제공자들이 포함된다. 이들 전문가 집단에는 학교대표자, 중등교육 이후의 교육, 지원서비스 배우기, 교육심리학자의 서비스, 진로서비스(Career Services), 사회적 서비스(Social Services), 건강담당부서(Health Authority) 등과 같은 각 기관들의 서비스도 포함될 수 있다. 부모들과 주요한 돌봄 제공자들이 온전히 포함된다. 이런 재검토의 성과는 학생이 목표를 성취하기 위해 서로 다른 기관들이 취한 조처 및 학생선호를 진술하는 하나의 전환계획이다.

전환과정의 일부로 장애 학생에게 법령이 정하는 마지막 학령기 2년간(즉, 14-16세)에 중등교육 이후 교육기관들과 협력으로 진로에 많은 특수학교들과 메인스트림(mainstream) 학교들이 "맛 감별사(taster)" 혹은 "연결고리(link)"역할을 제공한다. 이들 진로과정은 직업을 갖기 이전의 과정이고 일반적으로 독립 및 일반적인 기술에 초점을 맞춘다. 그런 과정은 대학(연관된 과정)에서 매주 규칙적으로 개최되거나 혹은 학생이 졸업 후 법령이 정하는 학교교육의 최종 계획을 세우도록 돕는 활동 및 만약 학생이 이미 그런 선택을 했다면, 특정 대학으로 이동을 쉽게 해주는 최종계획을 세우도록 돕는 활동, 서로 다른 학습 환경, 교사 등에 익숙하게 되도록 학생을 도울 수 있다. 내용 및 관련된 진로의 전달에 관해 법령이 정하는 학교와 대학간의 밀접한 협력이 있을 때에는 좋은 전환실천의 징후가 된다.

후속교육(Further Education)이란 용어는 학생의 자질이 정상수준 보다 하위이거나 혹은 학사학위 수준의 과정을 마칠 준비가 안 된 법령이 정하는 학교를 넘어서 하는 교육을 말한다. FE과정의 대다수는 직업적인 태생이지만 학생은 보다 상급수준의 과정에 입학자격 혹은 학사학위 과정으로 가는 학습수행 과정에 등록할 수 있다. FE직업과정은 전형적으로 국가직업자격(National Vocational Qualifications: NVQ)의 토대 안에서 자격과 관련된 직업으로 이끈다.

후속교육자금협회(Further Education Funding Council: FEFC)(스코틀랜드의 스코틀랜드 후속교육자금협회)는 잉글랜드, 웨일즈와 스코틀랜드 지역대학의 후속교육에 공식적으로 자금을 지원한다. FE는 독자적으로 행정을 펴고 지역 교육당국의 지도를 받지는 않는다. 중앙정부의 자금지원을 받는 모든 대학들은 장애인을 차별하지 않는다. 장애 학생에게 특별한 후속교육을 제공하는 독자적인 대학들이 있고 그런 대학들은 대개 자발적인 기관에 의해 운영된다. 이들 FE는 전문적인 대학들이라고 불리고 광범위한 지역출신의 학생들을 지원하고 일반적으로 숙식시설을 갖추고 있다.

정상적인 소개 자료와 과정에 관한 정보 이외에도, 모든 영국의 대학들은 장애 학생을 위한 정책과 서비스를 조정하는 공식적인 장애인변호기구(Disability Statement)를 갖출 것이 요구된다. 미국 주립대학들이 캠퍼스에서 장애 학생을 지원하기 위한 예산을 지원받아서 장애 학생을 위한 서비스를 수행하는 감독관처럼 각 대학은 장애 학생의 서비스를 조정하는 직원이 반드시 있어야 한다. 그래서 이론적으로 학생은 필요하면 지원과 특화된 장비를 지원받을 수 있어야 하지만 실천에는 명백히 대학들 간에 서로 다른 많은 변형된 지원들이 있을 수 있다.

잉글랜드, 웨일즈 및 북아일랜드에서는 학생이 19세가 될 때까지는 수험료를 지불할 필요가 없고, 스코틀랜드에서는 18세까지 학생이 수험료를 낼 필요가 없다. 대학은 19세가 넘으면 학생의 수험료를 줄이거나 포기할 재량권을 가진다(스코틀랜드에서는 18세). 이것은 장애 학생과 학생 부모들의 재정적인 부담을 줄일 수 있다.

지역 교육당국은 16세 이후에 LFA학교에 다니는 장애 학생에게는 교통수단 제공이 법령으로 정해져 있고 대학은 후속교육 대학에서 공부중인 학생에게도 동일하게 해주도록 되어 있다. 하지만 몇몇 경우에는 대학으로 오고 가는 교통수단은 국가의 사회복지 사업부를 통해 지불된다. 부가적으로 지역의 담당부서는 생계비와 자유재량 지원비로 16세 이후까지도 학생을 도와줄 수 있다. 또한 영국 전역에 걸쳐 이런 실천은 엄청난 다양성이 있다.

스웨덴

스웨덴의 고용정책은 "모든 이들에게 직업"이란 논지에 초점을 맞추고 있지만, 최근 몇 년간에 늘어나는 실업은 장애인이 고용될 기회를 감소시켰다. 스웨덴은 장애인의 작업장 환경과 지원준비를 겨냥한 두 가지 법률 조항이 있다. 구축과 계획법안(The Building and Planning Act)은 작업장을 위한 규정을 진술하고 작업환경법안(Work Environment Act)은 고용주가 실질적인 환경, 작업조직 및 장애인 수용 등과 같은 것을 장애인에게 적합하게 만들어주어야 한다고 규정한다. 공개경쟁시장에서 장애인이 직업을 찾는 것을 훨씬 수월하게 만들어주는 것을 목표로 한 수많은 고용정책 조처들이 있다. 만약 이것이 불가능하다면, 작업장, 집단거주지 및 직업안내 팀 등과 같은 대체 고용기회를 만들어내기 위한 유인책이 많다(전환정보 데이터베이스, 2004).

전국 노동시장 당국이 관리하는 고용적격성 심사기관(Employability Institutes)에서 작업능력, 직업재활과 직업안내 등에 대한 사정을 제공한다. 이들 기관들은 경제적 수행에 관한 뚜렷한 요구사항에 부합되게 보다 지방으로 분산되도록 최근에 재

조직되었다.

직종별 노동조합과 고용주들 간에 전통적인 단체교섭 협약 하에 임금협상과 계약조건으로 장애인 노동자를 모집하는 고용주에 의해 재정적인 기부가 행해진다. 장애인의 요구에 맞게 작업장을 개조하고, 기술적인 조력을 설치 · 제공하거나 혹은 고용안내원과 직업 코치를 두는 고용주는 이 기부금을 활용할 수 있다. 장애인을 위한 훈련은 사람을 채용하는 회사에 가채용으로 연결된다. 재활, 사회 및 직업훈련은 가능한 빨리 직업훈련을 받은 사람이 직업시장으로 들어가도록 촉진하기 위해 비교적 짧고 집중적인 시간에 걸쳐서 일어나야 한다.

독 일

독일은 이중 시스템 직업교육이 있다. 이 제도에서 직업학교는 이론적인 훈련을 제공하고 회사는 실제훈련을 제공한다. 직업훈련을 받는 학생은 직업훈련을 받는 2곳에 동시에 혹은 교대로 참석한다. 학습장애 학생 중 단지 소수만이 이중 시스템의 훈련 요구사항에 대처할 수 있다. 성공부족 때문에 프로그램은 유럽의 다른 국가로부터 개발되어 왔거나 혹은 "차용"되어 온 것을 선택한다.

주된 목적은 일반 고용시장에서 장애인이 직업능력을 갖추도록 하기 위해 가능한 많은 기술을 획득하도록 고무시킴으로써 직업통합을 이루는 것이다. 독일은 장애가 직업기술과 직업수행을 배우는데 어떤 영향을 주는가를 결정하기 위해 모델들을 다양하게 사정한다. 그들은 또한 직업행동과 사회적 상호작용을 포함해 개인과 직업 환경 간의 상호작용을 측정한다. 이 접근은 개인을 지원해줄 현장에서 수행된 권장된 훈련프로그램으로 끝난다. 독일의 몇몇 지역에서는 이런 과정이 진로사업소, 재활센터, 사회사업가, 교사, 의사 및 적절한 경험이 있는 타인들을 포함하는 협력적인 네트워크를 통해 수행된다. 이것은 의무교육을 받는 마지막 학년 동안 공동 프로그램을 계획하는 직업학교와 메인스트림(의무교육) 학교 간에 협력이 늘어나게 해준다. 전국의 고용사무소(Office of Employment)를 통해 자금지원을 받은 진로조언서비스(Careers Advice Service)가 그들의 노력을 돕는다. 진로조언서비스는 직업사정을 지원하고, 사전 직업훈련 프로그램에 등록하는 것과 재활서비스를 지원하는 것 등에 대한 책임이 있다.

사전 직업훈련 프로그램은 진로기술을 배우는 직업학교에 들어갈 준비를 하고 적절한 진로를 선택하는 성공적인 방법 중 하나라고 생각된다. 사전 직업훈련은 성공적인 직업습관, 회사와 직업훈련장소에 대한 방문 및 공공고용사무소의 진로안내부처(Department of Career Guidance in the Office of Public Employment)를 통한 계획 등에 관한 연구를 강조한다. 과거에 독일은 보호 작업장(sheltered workshops)을 통한 훈련과 고용에 많이 의존 했지만, 정상인과 함께 지역사회에 기반을 둔 작업환경에 장애인을 배치하고 이동시키려는 경향이 점점 더 늘어나고 있다.

직업훈련법(Vocational Training Act)은 모든 독일 시민들이 초기직업훈련, 사후훈련 및 필요할 경우 재훈련을 받을 수 있도록 보장한다. 이들 훈련 국면은 직업훈련수당을 포함해 가능한 정규적인 직업사이트에서 일어나야 하고 장애인을 위한 부가적인 지원을 보장해야 한다.

훈련국면이 끝났을 때에 비록 아무런 고용보장이 없더라도, 장애인 법률에 명시되어 있듯이 장애인이 전체 직업생활을 통해 직업배치와 다른 지원을 추구하도록 해주기 위한 지원서비스가 있다(전환정보데이터베이스, 2004).

여러분이 이들 정책과 프로그램 기술로부터 알 수 있듯이, 많은 유럽 국가들이 법률, 프로그램 및 장애인을 정규적인 직장에 포함시키는 기관 등의 발전에 선구적이다. 역사적으로 유럽의 형식적인 학교교육은 고등교육에 접근 및 가장 명성 있는 직업에 대한 접근은 계속 국가가 수문을 통제하는(국가가 조절하는) 과정이었다. 의무교육에서 수행을 잘하지 못한 사람 혹은 학교로부터 제외된 사람은 낮은 사회적 지위/낮은 봉급을 받는 직업만 활용할 수 있다(Barton & Armstrong, 2001). 유럽 국가들은 현재 장애 학생에게 적합한 교육제도를 더 많이 개발하려고 노력 중이고 직업시장도 유사하게 더욱 통합 되어가고 있다.

2. 개발도상국의 고용과 재활 이슈

1981년 이전에 개발도상국의 장애인들에게는 국제장애인의 해(International Year

of Disabled Persons: IYDP)는 거의 알려지지 않았다. 개발도상국은 대부분 유럽과 북미 이외에 멀리 떨어진 곳에 있는 국가들이라고 생각되었다(Ingstad, 2001). 하지만 아시아의 일부(예를 들면, 일본과 한국)와 호주는 선진국에 포함된다. 오늘날조차도 멀리 떨어져 있고 인프라구축의 미비는 장애인의 숫자파악, 장애유형 파악, 장애인 복지파악 등을 힘들게 만드는 개발도상국의 장애통계를 얻는 것을 어렵게 만들고 있다. 유행병, 전쟁, 기아 등이 전체 인구를 파괴하고 수 천 명을 죽이고 살아남은 많은 사람들조차도 장애인으로 남게 하는 것 등이 문제를 더욱 복잡하게 만든다. 또 이들 살아남은 많은 사람들은 교육, 직업훈련 및 고용 등의 기회가 거의 전혀 없는 난민 캠프로 추방되고 있다.

1983년 국제연합총회는 장애인에 관한 세계 행동프로그램(World Programme of Action Concerning Disabled Persons)을 만들어냈는데, 이것은 장애인 발전을 위한 십년간의 출발이었다(1983-1992). 행동을 하기 위한 세계 행동프로그램(World Programme of Action)의 목적은 아래와 같다.

> 장애예방, 재활과 장애인의 사회생활과 발달 및 "평등" 등에 장애인의 "완전참여"라는 목적의 실현을 위한 효율적인 조처의 촉진(국제연합, 1983, p.1).

이 기간 동안, 세계 많은 개발도상국들이 장애인의 권리와 다른 특별한 요구사항, 보호를 위한 정책, 법률 및 문서계획 등을 만들어냈다. 비록 이런 많은 법률제정이 법적으로는 허용되지 않았지만, 그러한 법률들은 장애인들에 대한 인식 및 그들의 지역사회 및 국가와의 연관성을 높이는 역할을 했다.

그럼에도 불구하고 개발도상국들은 재활프로그램을 수행하는데 많은 문제를 경험하는데 이들 문제들은 종종 국제연합 기관들 혹은 미국 혹은 유럽에 본부를 두고 있는 비정부단체 조직들이 개발한 모델들에 토대를 두고 있다. 이들 프로그램들은 거의 지역조건에 맞지 않기 때문에 조건을 개선시키는데 거의 제 역할을 하지 못한다(Ingstad, 2001).

장애는 만들어진 환경과 사회-경제적인 지위와 함께 맥락에서 상호작용한다는 것을 명심하는 것이 중요하다. 중등도의 장애는 북미의 교외지역 중산층 가정의 개인과 비교해볼 때 남미의 시골지역에 살고 있는 가난한 사람에게는 서로 다른 결과를 가져온다. 후자를 위해서는 교육, 훈련, 지원서비스, 재정적인 서비스, 고용을 위한 실질적인 기회 등이 있다. 전자를 위해서는 가족지원을 제외하고는 아무런 지원도 기대할 수가 없고 그것조차도 특정 문화적인 신념에 따라서 발생하지 않을 수도 있다(Schriner, 2001). 그럼에도 불구하고 장애인들이 어디에 살든지 그들은 실업자이거나 혹은 불완전고용 상태로 사회에서 경제적으로 불이익을 받는 사람들에 속한다는 것을 알고 있다.

많은 개발도상국에서 장애를 가진 여성과 아동의 조건은 남자 장애인의 조건보다 훨씬 도전적이다. 그들의 경제적 자급자족에 대한 전망은 건강관리와 교육 및 종교적, 문화적 기준에 대한 접근성 부족 때문에 복잡하게 되는데 이것이 그들의 일할 권리를 제한시킨다. 그들이 일하도록 허용될 때조차도 직업조건은 성취하기가 너무 어려울 수도 있고 종종 건강하지 못하고 신체적으로 안전하지 못하고 혹은 두 경우가 다 해당되는 환경이 될 수도 있다.

분명히 개발도상국에서 장애인 고용의 복잡한 하나의 요인은 선진국의 요인과 비교되는 작업의 본질이다. 개발도상국의 많은 사람들은 농업, 어업, 혹은 자영업 혹은 장인 등과 같은 생활수단이 되는 일들을 행한다. 선진국의 경제발전은 정보시대와 그 정보시대가 요구하는 기술에 순응한다. 이로 인해 생긴 직업들은 개발도상국의 대부분의 장애인들에게는 적합하지 않은데 왜냐하면 그들은 그런 고용에 대한 준비를 할 기회가 전혀 없고 또한 그들의 국가들은 이들 직업들을 지원할 인프라를 전혀 갖추고 있지 않기 때문이다(Schriner, 2001). 만약 그것이 수용할만한 비율로 어셈블리의 기준을 만족시킨다면 최상의 기회는 하드웨어 구성요소를 만드는 것에 놓여 있을 지도 모르지만 직업은 대부분의 개발도상국에서는 충분하지가 않기 때문에 장애인들은 경쟁에서 불이익을 당한다.

개발도상국의 성인들 및 장애 청소년들의 실업은 문화, 공공정책 및 장애라는 세 가지 강력한 요인들 때문이다(Schriner, 2001).

문 화

Groce(1993)에 따르면, 문화적인 영향을 이해하는 것이 장애의 사회적 정의와 장애인이 살아가는 조건을 이해하는데 필수적이다. 예를 들면, 윤회를 믿는 문화에서는 장애를 부모들 혹은 아이의 전생의 죄에 대한 처벌로 생각한다. 하지만, 다른 문화에서는 정신건강 문제 혹은 지적장애인은 "하나님의 은총"을 받았다고 생각할 수도 있고 관심과 존경을 가지고 그들을 다루어야 한다고 생각한다.

공공정책

장애인을 지원해줄 수도 있고 혼란을 야기 시킬 수도 있는 축적된 정책의 역사를 가진 선진국과는 달리 개발도상국은 특히 장애인을 섬기도록 확립된 정책프로그램에 자금 지원을 할 자원이 부족하다. 그들 장애인의 요구에는 아무 관심도 없는 경제발전, 교육 및 건강 돌봄 등의 기본적인 이슈에 주로 관심을 갖고 있다(Metts & Metts, 1998). 대부분의 자금과 인력지원은 국제적인 도움집단, 선교사 집단, 선진국이 지원하는 정부프로그램 등과 같은 비정부 기관들(NGO들)로부터 온다. 자금과 프로그램 요구사항 등은 외부기관들로부터 오기 때문에 개발도상국은 서비스 적격성과 전달을 위한 그들 나름대로의 생각으로부터 정책을 실제로 구성하는 일과는 아무런 관련이 없다.

장 애

장애란 개념은 선진국의 장애인을 위한 정책 및 서비스 프로그램을 설정하는데 핵심적인 역할을 한다. 하나의 구성개념으로써 장애는 고용주 혹은 사업장 혹은 두 가지 모두를 행하는데 요구되는 충분한 속도와 질을 가지고 일의 과제를 수행하지 못하는 장애인의 무능력 때문에 작업장에서 장애인을 분류하는데 사용되어 왔다. 그런 다음에 장애인이 자신의 장애가 장해가 안 될 수도 있는 분야에 고용될 건강관리 준비와 소득 등을 위해 사회적 안녕/재활에 참여할 자격을 부여한다(Gooding, 1994). 개발도상국에서 장애는 제조업과 기술 분야 밖에 현존하는 서로 다른 경제적 요인으로 생각된다. 주로 농업경제에 의존하는 시골지역 거주 인구가 많은 국가에서는 장애 호칭제도에 대한 필요성이 훨씬 적은데 왜냐하면 그런 장소는 보다 느린 발전 속도를 가지고 있고, 장애인이 훨씬 단순한 일을 하면서 자기 마을의 경제생활에 많은 장애인이 참여하도록 해주기 때문이다(Schriner, 2001).

Stephen은 남아프리카의 Western Cape지역에서 어머니, 숙모, 2명의 사촌들과 함께 살고 있다. 그는 경도 지적장애와 경도 뇌성마비를 지니고 태어났다. 1995년까지 Stephen은 다닐 학교가 없었다. 왜냐하면 그는 흑인이었고, 이전의 인종차별정책은 그로 하여금 백인 장애인을 위한 특수학교에 입학이 허용되지 않았고 흑인을 위한 지역 흑인학교에는 특수교육서비스가 없었기 때문이다. 그래서 Stephen은 집에 머물렀고 가끔 그를 시장으로 데리고 나가는 그의 사촌 중 한명이 그를 돌보았다. Stephen은 이 시간을 즐겼고 특히 작은 도구들과 자전거를 수리하는 남자가 운영하는 노점을 방문하길 좋아했다. 그는 그들을 유심히 관찰했고 시간이 지남에 따라 몇 가지 수리가 어떻게 이루어지는가를 알게 되었다. 수리공 가운데 한 사람이 Stephen을 좋아하게 되었고 그래서 그에게 자전거를 어떻게 수리하는 가를 가르쳐주었다. Stephen은 자기가 살고 있는 지역 주민들을 위해 자전거를 수리해주길 원했지만, 그에게는 수리를 하기 위한 아무런 도구도 벤치도 없었다. 몇 년간 Stephen의 기술과 일하려는 욕구가 허송세월을 보냈다.

마침내 남아프리카의 인종차별정책이 종결되었을 때, 전체 국민을 위한 통합교육제도를 보장하는 새 헌법이 서명되었을 때, Stephen은 Cape Town근처에 Village Work Centre에 다닐 기회를 가졌다. 그곳에서 그는 즐겁게도 그에게 새로운 기술을 가르쳐 줄 교사, 자전거와 휠체어 수리를 위한 완전히 장비를 갖춘 작업장이 있었다. Stephen은 그곳에 10년간 있었고 현재는 휠체어 재생소의 선임 수리공이다. 그 센터는 Western Cape전역을 통해 수동 혹은 엔진이 부착된 휠체어를 수리하는 최고 좋은 장소로 알려졌다. Stephen은 자신이 하는 일에 대한 대가로 월급을 받고 자기 가족의 생계비에 상당한 공헌을 하고 있다. 최근에 Stephen과 그의 어머니, 숙모, 사촌들이 좀 더 큰 집으로 이사를 했는데 왜냐하면 Stephen의 월급이 그것을 가능하게 만들어주었기 때문이다. 한때는 그의 가족들에게 힘든 도전이라고 여겨졌던, Stephen은 현재 그가 지닌 전문적인 고용기술 때문에 생산적이고 소중한 가족 구성원이 되었다.

3. 개발도상국의 고용과 재활과제

개발도상국은 그들의 장애, 교육 및 직업에 대한 함의, 건강 돌봄, 지역사회 통합 등에 대한 인식을 증대시켰다. 하지만, 이런 인식은 대부분 이들 국가들 밖에서 생겨났고 몇몇 고도로 발전된 지역을 가진 남아프리카를 제외하고는 장애인을 의무교육, 직업교육 혹은 전문훈련에 포함시키는 헌법상의 규정 혹은 법령을 시행하는 나라는 거의 없다. 그래서 아래 기술은 장애인에게 동등한 기회를 만들어내는 전 세계적인 법과 정책이라기보다는 개발도상국의 특별 프로그램에 더욱 초점을 맞추고 있다. 대만은 예외인데 대만은 1997년에 특수교육, 전환교육 및 고용 준비와 관련된 법을 통과시켰다(Lin, 2002).

필리핀

필리핀의 Las Pinas City에 있는 특수교육 돌봄 개발센터(Special Care Development Center: SCDC)는 특별한 학습 요구를 가진 아동을 교육하기 위해 1990년에 세워졌다. 목적은 특수교육을 통해 기능적 독립생활기술을 아동에게 제공하는 것이고 생활중심진로교육 프로그램(Life Centered Career Education Program: Brolin, 1992)을 통해 도전적인 요구를 가진 아동의 인간권리와 존엄성을 증진시키는 것이다. 이 프로그램을 통해 아동과 젊은 성인을 통합적인 지역사회 생활에 완전참여를 촉진시키는 일반적 기능적인 활동을 배운다.

센터의 학생은 경도장애에서 중등도에 이르는 지적장애, 행동 및 정서장애, 학습장애, 언어/의사소통문제, 신체 혹은 정형외과적인 장애, 자폐증, 청각장애, 중복장애를 포함해 모든 유형의 장애 학생들이 있다. 학생들의 발달을 촉진시키고 그들로 하여금 나름대로의 비율과 수준으로 일하는 것을 가능하게 해주는 자연적 환경(natural environment)에서 배우게 한다.

생활중심진로교육 프로그램은 교통수단을 활용한 이동, 지역사회 자원 활용 및 소비자 교육 등과 같은 보다 완전한 지역사회 통합을 지향해 장애 학생의 전반적인 발달을 촉진하는 활동을 제공한다. 학생은 또한 자신의 사회적 기술, 언어와 의사소통발달, 인지 및 자력기술, 미세/총체적인 운동 근육기술 등의 향상에 계속 노력한다.

특수교육과 전환서비스 이 외에도 SCDC는 심리교육적인 사정, 작업치료, 신체치료, 언어/말 의사소통 치료, 카운슬링, 행동치료, 치료요법적인 승마, 개인지도 등을 제공한다. 현장훈련 인턴십(internship)은 이런 저런 훈련 중인 피 훈련인 및 돌봄 제공자가 통합적인 지역사회에 토대를 둔 교육프로그램에서 일함으로써 배우는 것이 가능하도록 해준다(www.cec.sped.org/intl/progpract.html#spcare).

페 루

1979년에 Mayo-Ortega박사의 부모와 동료들에 의해 Centro Ann Sullivan del Peru(CASP)가 Liliana에 설립되었다. Mayo-Ortega박사가 센터를 시작했는데 왜냐하면 페루에는 중도와 최중도의 지적장애인과 자폐증을 위한 학교들 및 훈련센터들이 전혀 없었기 때문이다.

CASP는 비정부단체(NGO)로 중도 지적장애, 자폐증, 행동장애인을 위한 연구, 시범 및 훈련을 위한 모델로 공헌한 것으로 잘 알려졌다. 그 이름은 Hellen Keller의 혁신적인 교사였던 Ann Sullivan의 이름을 따서 명명했다. CASP직원들을 가르치고 상담하고 프로그램을 관찰하기 위해 많은 서로 다른 나라에서 전문가들이 왔다. 센터직원들을 위한 전문개발 프로그램은 이들 전문가들의 연구에 토대를 두고 있고, 그들 중 많은 전문가들이 해마다 혹은 2년마다 페루로 왔다. CASP는 Kansas종합대학교의 삶의 여생연구를 위한 Schiefelbusch연구소와 공식적인 협약을 맺고 Kansas종합대학교의 특수교육과 인간발달 및 가족생활학과의 교수단을 통해 전문적인 발달훈련을 받았다. Kansas종합대학교의 Judith LeBlanc는 그들의 특별 교육과정을 개발하는 CASP직원들과 함께 일하는데 도움을 제공하는 역할을 해 왔다. CASP의 직원들은 전체 페루와 남아메리카에서 온 교사들, 장애인 전문가들 및 부모들과 훈련을 공유한다. 그 외에도 CASP는 페루의 여러 지방 도시들과 마을을 위한 장거리 교육프로그램을 개발했다. 이런 사이트들의 숫자는 의사소통 네트워크가 성장함에 따라 해마다 증가했다. Lima중심부에 그들의 교육활동을 보여주기 위해 교육용 비디오와 활용 안내책자들이 CASP에 의해 만들어졌다. Telefonica Foundation사와 Telefonica Peru사는 페루와 다른 국가로 장거리 학습프로그램을 확장하는데 자금을 제공하고 있는 중이다. Latin아메리카의 페루와 다른 국가들에게 보다 더 잘 공헌하기 위해 스페인어로 된 온라인 수업과정을 수립하기 위한 계획이 개발되어 왔다.

대만(Taiwan)

특수학교에서 직장으로의 전환은 대만에서 중요한 이슈가 되었다. 1997년에 두 가지 중요한 법안이 통과되었다: 1997년의 특수교육법(Special Education Act)과 1997

년의 장애인보호법(Protection Act for Individuals with Disabilities)이다. 이 법은 교육권리, 직업재활 권리, 적절한 의료서비스의 권리, 장애인의 직업권리 등을 보장해주는 것이다(Lin, 2002). 특수교육법은 네 가지 주요한 전환; 유치원, 초등 6학년, 9학년까지의 중등교육, 12학년까지 고등학교 전환을 승인한다. 미국의 IDEA처럼 특수교육법은 개별화교육계획이 개발되는 동안에 전환계획이 완성되길 요구한다. 전환서비스는 교육, 생활, 고용, 심리적인 안내, 사회적 안녕 및 기타 전문적인 관련서비스이다(Lin, 2002). 1997년에 통과된 법에 기초를 두면, 전환서비스는 일련의 조정된 활동들인데 이것들에는 조기중재, 특수교육, 중등교육 이후 교육, 직업훈련, 통합고용, 계속교육 및 성인교육, 성인서비스, 독립생활/지역사회 참여 및 노인 돌봄 등이 포함된다. 이것들에도 불구하고, Lin(2002)은 대만의 장애인 중 78.9%가 실업자라고 말한다. 더욱, Lin은 청각장애가 있는 젊은 대만 성인들을 대상으로 행한 연구에서 표본(N=26)의 53.8%가 전혀 고용되지 않았고; 92.3%는 자신들이 다니는 학교의 전환계획 모임에 참석하질 않았고; 단지 7.7%만이 전환계획 모임에 초대만 받았다는 사실을 알아냈다.

유사하게 대만의 장애고등학생 202명을 대상으로 Chen과 Zhang(2003)이 행한 한 연구는 전환서비스에 대한 높은 요구가 있지만 그런 서비스가 실제로 전달되는 것과는 낮은 상관이 있다는 것을 발견했다. 가장 높은 전환요구 서비스는 ① 전문적인 안내, ② 작업/생활환경 적응, ③ 심리적인 안내, ④ 개인적인 일들, ⑤ 지역사회 생활, ⑥ 성인생활 등이었다. 이들 요구 서비스와 실제로 각각의 카테고리에 속하는 장애인이 받는 서비스와의 상관은 매우 낮았고 대만 장애인을 위한 가장 중요한 전환요구를 만족시키지 못하고 있는 상황을 예고했다. 미국의 IDEA처럼 장애인 보호를 반영하기 위해 대만에서 법이 제정되었음에도 불구하고, 이런 결과는 실망스러운 것이고 보다 강력한 법 시행이 경주되어야 한다는 것을 보여준다.

아프리카, 아시아 및 남아메리카의 많은 국가들이 유럽의 식민지였고, 몇몇 국가들은 20세기까지 이들 국가들의 식민지였으며, 학교제도는 유럽식 제도를 전적으로 따랐다는 사실을 주목하는 것이 중요하다. 몇몇 경우는 식민지 동안에 확립된 고등교육기관들이 전혀 없었고 대학교육을 받을 자격을 갖춘 이들 국가 출신 학생들은 해외에서 공부할 돈을 마련해야 했다. 오늘날조차도 개발도상국의 많은 대학생들은 미국, 유럽, 호주 등의 대학들에 다니고 있다. 이것 때문에, 교사교육을 위한 대학들은 모든 수준의 특수교육자들, 특히 그들이 고용과 지역사회 생활준비를 하도록 도와줄 교사들이 필요한 청년들과 젊은 성인들을 양성하기 위한 프로그램 개발준비를 하는데 속도가 느리다. **보조 도표 12.1**의 장애인의 독립에 공헌한 Judith Heumann의 이야기를 살펴보라.

4. 장애 학생의 국제적인 진로선택

아마 명확한 선택이 아닐지는 모르지만, 장애인들이 해외 및 주-단위의 국제적인 직위에 고용되어 일할 수 있는 기회들이 상당히 많다. 미국국제이동협회(Mobility International USA: MIUSA)/장애 및 교류에 관한 전국정보센터(National Clearinghouse on Disability and Exchange: NCDE)는 "국제적인 진로준비: 장애인들을 위한 오솔길(Preparing for an International Career: Pathways for People with Disabilities)"이라는 제목의 안내책자를 발간했다(2005). 장애 및 교류에 관한 전국정보센터는 미국국무부의 교육문화부가 후원한다. www.miusa.org/publications/books/pic에서 무료로 다운로드할 수 있는데 이 책은 진로선택, 직업전망, 고용자질, 고등학교의 국제적인 활동, 국제적인 학위 프로그램 및 대학의 교환학생 프로그램 및 국제적으로 고용에 임하는 사람들에게 조언 등을 다루고 있다. 교재 중 많은 부분이 미국이나 다른 나라에서 다양한 국제적인 직업에서 일한 장애인들의 개인이야기 형식이다. 모든 훌륭한 안내서들처럼 이것은 약간의 계획 작성을 위한 질문 제시라는 구조를 따른다. 개인이 해외에서 살아갈 의욕이 있는지 없는지 다른 나라 사람들과 직접 일을 하는지 혹은 미국의 국제 프로그램 행정가가 되는지 등에 대한 고려사항들이다. 몇 가지 선택에는 연방정부를 위해 일하기, 비영리 비정부기관에서 일하기, 교육기구에서 일하기 혹은 개인사업 혹은 카운슬링 분야에서 일하기 등이 포함된다. 이들 질문에 대한 대답에 따라 다음 선택사항이 적용될 수도 있다.

보조 도표 12.1

Judith Heumann에 관한 역사적 조망

Judith(Judy) Heumann은 1947년에 태어났다. 18개월 때 그녀는 소아마비에 걸려 그 이후 계속 휠체어를 사용하는 사람이 되었다. 1950년대에는 장애인을 위한 서비스가 거의 없었고 적절한 무상교육을 보장해주는 연방법도 전혀 없었다. 그녀가 사는 지역의 학교는 Heumann의 입학을 거절했는데, 그 이유로는 그녀가 입학하면 화재위험이 있다고 말했다. 그녀 어머니가 벌인 힘든 싸움이 있은 후에 Judy는 4학년에 입학이 허락되었다.

Heumann은 Brooklyn의 Long Island University에 입학했다. 그녀는 교사가 되길 원했고 성공적으로 모든 과정을 다 마쳤지만 New York시 교육청은 그녀가 장애를 가지고 있다는 이유로 그녀에게 교사 자격증 부여를 거절했다. 그녀는 교육청을 고소했고 결국 그녀가 소송에서 이겼다. Heumann은 3년간 초등학교에서 학생들을 가르쳤고 장애인들을 위한 시민권을 조정해주는 곳에서 일을 했다. 그녀와 몇몇 친구들이 New York시의 장애인행동대(Disabled in Action)를 창설했다.

장애인행동대는 Heumann이 중요하게 관여한 많은 조직 중 첫 번째였다. 1974년에 그녀는 미국 상원의 노동과 공공복지위원회의 법률자문위원장이 되었다. 이 기간에 Judy는 전장애아교육법(Education for All Handicapped Children Act)(현재는 IDEA라는 이름을 가진)이 된 법률의 초안 작성을 도왔다.

Ed Roberts(7장을 참조)가 1975년에서 1982년에 걸쳐 Heumann을 California주로 초청했고 그녀는 California의 Berkeley 독립생활센터의 원장으로 봉사했다. 그녀는 후에 California주 재활담당부서의 집행이사로 일했다. 1983년에 Roberts, Heumann 및 Joan Leon은 장애인세계기구(World Institute on Disabilities: WID)를 함께 창설했다(WID). 10년이 넘도록 그녀는 WID의 부의장이었고 독립생활부의 공공정책에 관한 연구와 훈련센터(Research and Training Center on Public Policy)의 이사장이었다. 그녀의 정책적인 승리 가운데는 미국장애인 법안 작성에 도움을 주었다. 1993년 Bill Clinton대통령은 그녀를 특수교육과 재활을 이끄는 교육부차관보로 임명했고 그녀는 2001년까지 그 직위를 유지했다. 그 후에 그녀는 세계은행의 인간발달네트워크의 장애 및 발달에 관한 자문으로 고용되었다. 이 직위에서 Heumann은 세계은행의 장애인에 관한 문제를 이끌었고 개발도상국의 장애인들을 완전히 고려하는 프로젝트들에 관해 고객 국가들과 정책 논의를 통해 통합을 이끌었다. 전 세계의 주류에서 밀려난 빈곤한 국가들의 장애인 인구의 요구사항을 강조하는 전략을 시작함으로써, Heumann의 일은 빈곤의 감소와 발전이라는 세계은행의 목표를 달성하는데 공헌을 할 것이다. Judy Heumann은 미국 장애인들의 독립에 많은 공헌을 했고 현재도 그녀는 장애인들이 살기 힘든 세상을 견디며 살아가고 있는 중이다.

국제교류

이 분야의 전문가들은 고등학교와 대학의 해외공부 프로그램을 지원한다. 그 프로그램은 국가의 국제교류 학생을 뽑고 지원하는 교육프로그램이 포함될 수도 있다. 다른 영역은 미국과 다른 국가들 간의 교사, 사업 전문가, 연구자 및 인턴의 교환이다.

국제적 일거리

이것은 외교, 무역협정, 협력적 모험적인 사업, 경제발전, 및 다른 해외업무 영역들을 통한 국제관계의 발전에 초점을 맞추었다. 그런 일은 조약, 동맹, 환경이슈, 인권 및 이민 등과 같은 보통 널리 퍼진 세계적인 관심사를 포함한다.

국제적 개발

국제적 개발에 관한 진로는 농업, 건강서비스, 교육, 기술, 인권, 고용과 경제적 진보, 교통 등의 영역에서 진보를 통해 보다 나은 인간조건을 창조하도록 돕는다. 그것들은 또 전쟁 후 재난구제, 기후와 관련된 재난, 기아 및 전염병 등을 계속 연구한다.

고용전망

장애인들의 국제적인 진로 안내인 MIUSA/NCDE에 따르면(2005), 위의 세 가지 영역 중 하나에 고용될 전망이 많고 그 가능성은 더욱 좋아지고 있다. 국제적 일거리에 학위를 가지고 2002년에 졸업한 88%의 학생들이 6개월 안에 고용되었다. 고용된 사람들 가운데 42%는 공공분야에서 직업을 찾았다. 미국국무부는 장애 학생이 높은 성취를 하게 해주는 노동력모집프로그램(Workforce Recruitment Program: WRP)을 제공한다. 그들의 웹사이트(www.careers.state.gov/student/programs/student-disability.html)에 따르면, 학생은 만약 그가 실제로 장애를 가진 미국 시민이라면 그 프로그램을 신청할 수 있고, 학생은 적어도 16세, 고등학교, 직업학교, 대학 학위 과정에 등록한다. 학교의 학생들이 그 프로그램에 수용되도록 학교가 WRP에 등록이 먼저 되어 있어야만 한다.

다음 몇 년간 국제개발 프로그램을 위해 사기업들로부터 몇 10억 달러가 넘는 돈과 연방정부의 재정지원이 50억 달러로 늘어날 것으로 기대된다. 국제교환 프로그램은 지난 십년간 배로 늘어났고 이런 핵심적인 영역에 더 많은 직원을 둘 필요성 때문에 늘어나는 속도를 계속 지속시켜 줄 것으로 기대된다. 학사학위를 가진 개인의 초임 봉급은 모두 합쳐서 28,000달러에서 36,000달러의 범위이다(MIUSA/NCDE, 2005). 국제적 직업선택을 탐구하고 싶은 사람들은 유급 및 무급 인턴제의 기회를 이용해야 하고 프로그램을 지원해야 한다. 위에서 언급된 미국국무부의 프로그램들 이외에도 여름에 1년 내내 프로그램을 운영하는 많은 단체들이 있다. 이들 단체들과 그들의 접촉에 대한 가장 두드러진 정보가 MIUSA/NCDE 출판물에 제공된다. 언급된 것들 중에 ASSE 국제학생교류프로그램(ASSE International Student Exchange Programs), 미국의 태평양상호문화교류회사(Pacific Intercultural Exchange-USA, Inc.), 국제교류프로그램(Program of International Exchange), 로터리클럽의 국제 젊은이 교류(Rotary International Youth Exchange), YMCA 국제프로그램서비스(YMCA International Program Services), 미국이해를 위한 청소년 단체(Youth for Understanding USA) 등이 있다. 이들 단체들뿐만 아니라 더 많은 단체들이 각 기관들과의 접촉 정보와 함께 MIUSA/NCDE(2005)에 의해 기술된다.

이것을 고려하라! 여러분이 교사준비 프로그램을 마친 후에 평화봉사단(Peace Corps)에서 봉사할 기회를 가졌다고 가정해보라.

- 여러분은 세계 개발도상국 중 어느 대륙의 어떤 국가를 선택하겠습니까?
- 여러분은 미국과 비교해서 문화, 경제, 교육, 건강관리의 차이점에 대비해 어떻게 자신을 준비하시겠습니까?
- 여러분은 다른 나라와 다른 문화에서 살고 있는 장애인과 함께 일하는데 가장 큰 장점이 무엇이라고 생각합니까?
- 여러분은 미국에서 계속 교사가 되기를 추구하는 것보다는 오히려 평화봉사단에서 봉사하는 것이 가장 큰 희생이라고 생각합니까?

요 약

미국처럼 유럽 국가들도 고용훈련과 배치를 위한 장애인의 권리를 보호하기 위한 정책을 개발하고 법을 제정했다. 그들은 또한 학교에서 직장으로 전환에 관한 프로그램을 지원하고 재정을 지원하기 위한 전국 및 지역기관들을 만들어냈다. 미국의 기관들처럼 이들 기관들은 도움이 되지만 그런 기관들의 지원의 질은 다양할 수 있고 또한 장애인과 그들 가족들에게 혼란을 야기 시킬 수도 있다. 유럽연합을 국가들은 어떻게 장애인의 성공을 돕기 위한 공정한 고용실천 수행 및 어떻게 장애인이 직업준비를 가장 잘 할 수 있는가라는 실천을 공유하기 위해 함께 일할 것처럼 보인다.

개발도상국들과 그들 국민들 모두를 위한 도전이 장애인이 직면하는 어려움을 복잡하게 만든다. 일반적으로 교육기회의 부족과 건강 돌봄에 불규칙적인 접근은 삶의 질이라는 관점에서 엄청난 문제들을 만들어낸다. 장애 청소년들과 장애 성인이 활용할 대부분의 프로그램은 NGO, 선진국, 국제연합으로부터 온다. 단지 몇 가지만이 국가정책이나 장애인들에게 봉사하는 프로그램이다. 비록 지난 20년간 장애인식이 높아지긴 했지만, 교육과 고용의 조건을 실질적으로 개선시키기 위해 성취된 것은 거의 아무것도 없다. 개발도상국들을 위해 다국적 회사들이 자신들의 사업을 토대로 계속해서 일하고 있기 때문에 국제적 옹호집단은 장애인이 훈련과 직업에 일반인들처럼 동등하게 접근할 수 있는 권한을 요구한다.

미국에서는 장애인이 국제 분야에 진로를 선택할 기회가 늘어나고 있는 중이다. 해외 프로그램으로 공부하는 인구가 증가하기 때문에 국제교류를 통해 활용할 직업이 더욱 많다. 무역과 외교에 영향을 미치는 더욱 큰 세계화 영향 때문에 국제무역에 활용할 수 있는 더 많은 직업들이 있다. 그리고 개발도상국들이 필요로 하는 서비스를 제공하고 교육시킬 프로젝트들과 인간권리 문제에 관여하는 보다 기구들 때문에 국제개발에 활용할 더 많은 일자리들이 있다. 국제적인 진로에 장애 학생이 자신의 흥미를 탐구하기 위한 다양한 여러 기관들 및 미국무부가 제공한 많은 프로그램들을 활용해야 한다.

응용활동

아래 나열된 응용활동은 전환정책과 실천에 있어 여러분의 지속적인 학습에 필수적이다. 각각의 활동은 힘과 시간을 요구하겠지만 이 분야에 전문적인 기술을 여러분 스스로 개발하도록 도와줄 것이다.

실천과 이해 촉진을 위해

국제프로그램에 자문을 담당하는 사람과 약속을 하고 선진국과 개발도상국에서 특수교육 전공을 위해 해외프로그램으로 공부하는 것에 관해 물어보라. 여러분이 그들의 국가에 관해 사람들에게 기꺼이 물어보려고 하는 국제교류 학생의 이름, 전화번호 및 이메일 주소 등을 물어보기 위해 그런 장소에 있는 동안에...

- 국제교류 학생의 직업훈련 인식과 장애인을 위한 고용기회에 관해 인터뷰하라.
- 만약 특수교육 혹은 교육에 관해 여러분의 캠퍼스에서 학위(아마 대학원 학생)를 따기 위해 공부하고 있는 국제교류 학생을 발견하게 되면, 그 나라의 전환서비스, 직업준비 및 장애인 고용 등에 관해 소개하기 위해 교실로 학생을 초대할 수 있는지를 교수에게 물어보라.

국제교류 특수교육 혹은 장애연구에 활용할 수 있는 어떤 잡지가 캠퍼스에 있는지를 도서관 사서에게 참고로 물어보라(여러분은 도서관 상호대출을 활용해야만 할 수도 있다). 또한 장애인의 훈련과 고용을 위한 국제연합의 프로그램에 접근할 수 있는지 여부도 알아보라.

여러분의 포트폴리오를 위해

다른 나라의 장애인에게 영향을 주는 더 많은 법과 규정에 관해 배우기 위해 경제학, 국제교류, 정치공학, 사회학, 장애연구를 검색하기 위한 대학 도서관, 인터넷 탐색엔진 등을 활용하라.

개발도상국의 특수교육, 직업훈련 프로그램, 장애인을 포함한 경제발전 등에 관해 개발도상국에 우리나라가 시도하고 있는 프로그램에 관한 정보를 찾아보기 위해서 미국국무부와 USAID 웹사이트를 공부하라.

참고 문헌

Barton, L., & Armstrong, F. (2001). Disability, education, and inclusion: Cross-cultural issues and dilemmas. In G. L. Albrecht, K. D. Seelman, & M. Bury (Eds.), *Handbook of dis-*

ability studies (pp. 693-710). Thousand Oaks, CA: Sage Publications.

Brolin, D. (1992). *Life centered career education.* Alexandria, VA: Council for Exceptional Children.

Chen, L-J., & Zhang, D. (2003). Transition services in Taiwan: A comparison between service need and services received. *Education and Training in Developmental Disabilities, 38*(3), 334-340.

Council for Exceptional Children. (2004). Retrieved from www.cec.sped.org/intl/prog-pract.html#spcare, December 22, 2004.

European Agency for Development in Special Needs Education. (2002). *Transition from School to Employment: Main problems, issues and options faced by students with special educational needs in 16 European countries.* Retrieved from www.european-agency.org, December 19, 2004.

Gooding, C. (1994). Disabling laws, enabling acts: Disability rights in Britain and America. London: Pluto.

Groce, N. (1993). Cultural and chronic illness: Raising children with disabling conditions in the culturally diverse world. *Pediatrics, 9*(5), 1049.

Ingstad, B. (2001). Disability in the developing world. In G. L. Albrecht, K. D. Seelman, & M. Bury (Eds.), *Handbook of Disability Studies* (pp. 772-792). Thousand Oaks, CA: Sage Publications Inc.

Ingstad, B., & Whyte, S. (1995). *Disability and culture.* Berkeley: University of California Press.

Lin, H-C. (2002). *Transition from school to work for youth with hearing impairments in Taiwan.* Paper presented at the eighth Asia-Pacific Congress on Deafness: For All the World to Hear, August 3-6, 2002, Taipei, Taiwan.

Metts, R., & Metts, N. (1998). USAJD, disability, and development in Ghana. *Journal of Disability Policy Studies, 9,* 31-57.

Mobility International USA/National Clearinghouse on Disability and Exchange (2005). *Preparing for an international career: Pathways for people with disabilities.* Eugene, OR: Author.

Roy, A. (2002). Supporting the transition of visually impaired adults to employment: European Union innovations. *Journal of Visual Impairment and Blindness, 96*(9), 645-654.

Schriner, K. (2001). A disability studies perspective on employment issues and policies for disabled people. In G. L. Albrecht, K. D. Seelman, & M. Bury (Eds.), *Handbook of disability studies* (pp. 642-662). Thousand Oaks, CA: Sage Publications.

Transition Information Database (2004). Retrieved from www.european-agency.org/transit/index. html, December 18, 2004.

United Nations. (1983). *World programme of action concerning disabled persons.* New York: Author.

에필로그

장애 학생의 성인생활로의 전환에 관한 후기

여러분은 장애 학생을 위한 효율적인 전환서비스 입문이라는 공부의 최종 목적지에 도달했다. 이것은 단지 입문에 불과하다는 것을 강조하는데 왜냐하면 장애 청소년들이 성인기에 성공적인 성과를 이룩하도록 돕기 위한 최고의 실천을 개발하고 수행하기 위해서는 연구자, 실천가 및 학생과 그의 가족들이 앞으로 수년간에 걸쳐 통일된 노력을 경주해야 하기 때문이다.

1. 질적인 전환서비스: 왜 그것이 가치 있는가?

이 책을 통해 우리가 논의해 온 많은 전략들이 실제로 시간과 노력이 들고, 그리고 그것을 실천하기는 결코 쉽지 않다. 전환기 및 일반사회에서 청소년들의 삶에 그런 질적인 서비스의 영향력을 간략하게 살펴봅시다. 그렇게 하기 위해 그들이 성인생활로 전환한지 10년 후에 영희와 철수의 미래를 살펴보기로 하자.

영 희

영희는 이제 노련한 교사다. 그녀는 28살이고 대학을 졸업한 지 6년이 되었다. 교사가 된 첫날부터 그녀는 15명의 자기 학생들을 기대에 차서 기다리면서, 계속 자기 교수기술을 개선시키고 연마했다. 학교의 다른 교사들도 그녀는 학생들과 그들 가족들로부터 믿음을 얻은 동맹자이고 매우 능력 있고 친절한 전문가라는 것을 알고 있다. 영희는 지금은 처음 교사가 된 사람의 멘토(mentor)인데, 그 일을 하면서 지난 6년간의 시간이 어떻게나 빨리 지나갔는지 놀라게 한다. 그녀가 교직을 시작한 것이 마치 어제 일처럼 느끼게 해준다.

영희는 이제 결혼했고 자기 집도 가지고 있다. 남편은 아이를 갖는 것을 신중하게 생각 중인데, 만약 아이를 갖게 된다면, 영희의 삶에 또 다른 전환의 시간이 될 것이다. 그녀 남편의 봉급과 자신의 봉급으로 영희는 재정적으로 더욱 안정되어 있다고 느끼고 있고, 그녀와 남편은 매년 여름마다 휴가를 갈 수 있고 그들의 새 가정에 필요한 물품을 살 수 있게 해준다. 영희는 자신이 전문가로 인식되기 때문이 아니라 지역사회의 여러 장소에 모습을 나타내기도 하고 여러 사람들과 통합되기도 하기 때문에 자기와 남편이 실제로 이제는 지역사회의 일원이라고 느낀다.

영희는 시련의 먼 길을 걸어 왔고 대학 1학년 이래로 삶은 여러 가지 많은 변화를 했다. 더 많은 변화와 전환이 그녀의 남은 일생 동안에 일어날 것이다: 부모가 되고, 그녀 부모들처럼 나이가 들어가고, 아이들이 아동기에서 성인기로 전환이 일어나고, 언젠가는 은퇴를 하게 될 것이다. 현재, 지금까지 그녀는 자신이 이룩한 업적과 즐거움 및 자신의 성인생활로의 전환에 성공을 돌이켜보면서 만족해한다.

철 수

철수는 성인서비스 체제로 전환이 일어난, 21세까지 특수교육 서비스를 받을 자격이 있었다. 이 일이 있은 지 10년이 지났고 철수는 현재 32세다. 철수는 지금 발달장애를 가진 다른 한사람과 함께 아파트에서 살고 있고, 철수는 그의 룸메이트와 함께 살면서, 철수와 그의 룸메이트를 지원하는 책임을 교대로 지고 있는 생활지원 전문가 팀으로부터 두 사람 모두 다 지원을 받고 있다. 철수의 집에서 그룹 홈(group home)으로의 전환은 힘들었고, 그의 혼란과 고통은 그의 침울하고 가끔은 공격적인 행동에 명백하게 잘 나타나 있었다. 그는 첫 번째 그룹 홈에 2년간 살았고, 그 다음에 다른 집단거주지로 6년간 이동했고, 현재 2년간 아파트에서 살고 있다. 주거 서비스제공기관 직원에게는 철수가 마침내 안락한 생활 주거지에 정착을 한 것처럼 보인다.

직원은 이곳이 왜 그런지 확신하지는 못하지만, 아마도 철수가 나이를 먹고 청년기의 스트레스에 이전보다 영향을 덜 받거나 혹은 더 조용한 아파트 환경이 그에게는 일하기가 더욱 좋은 곳이다. 어느 경우든지 간에, 그는 지금 더 행복해 보인다. 철수가 가족들이 살고 있는 집을 나간 이후로 철수를 지원하는 일에 능동적으로 참여해 오고 있는 철수의 부모들도 똑같이 그렇게 느끼고 있고 그들은 조심스럽게 현재로서는 적어도 철수가 긍정적인 방향으로 돌아섰다고 낙관적인 전망을 하고 있다.

다른 서비스 제공기관이 철수의 "주간" 서비스를 지원하고 있다. 그는 고용 전문가의 지원을 받아서 지원고용에서 일주일에 3일 일한다. 그는 지역의 몰(mall)에서 다른 장애인 노동자와 함께 수위를 한다. 물고기와 창 안의 화려한 잉꼬 새를 지켜보면서 그는 애완동물 가게의 일을 정말 즐기고, 그의 고용전문가는 그에게 계속해서 그 일을 하라고 격려해준다. 철수는 현재 2년간 몰에서 일을 해 오고 있는 중이고 모든 가게와 숍의 주인들도 이제는 그를 알아본다. 핫프레첼(hot pretzel)(과자이름) 가게에서 일하는 한 여성은 철수를 위해 철수의 휴식시간에는 어떤 종류의 프레첼(pretzel)을 준비해야 하는지를 알고 있고, 그가 돈을 세는 동안에 그녀는 인내심을 가지고 기다려준다. 유사하게 은행점원도 철수와 함께 일하는 동료를 알고 있고 그들이 급료를 현금으로 바꾸는 것을 도와주기를 학수고대하고 있다. 철수가 일이 없을 때, 그는 도움을 주는 기관의 시설로 돌아와서, 그 곳의 보호 작업장에서 일을 한다. 그는 이 일은 좋아하지 않는데 그의 행동이 이런 사실을 보여준다. 철수의 부모들은 그 기관과는 지속적으로 의견일치가 되지 않는데 왜냐하면 철수에게 일이 없는 날에는 철수가 지역사회 밖으로 나가는 것이 더 좋다고 생각하기 때문이다. 불행하게도 자금지원이 늘 문제인데, 그래서 기관들은 철수에게 일이 없는 날에는 1 대 1로 철수와 함께 일하는 사람을 배치할 수는 없다고 생각한다. 철수의 가족은 지역사회에서 철수와 함께 시간을 보내 줄 사람을 사적으로 고용하는 문제를 고려하고 있는 중이다. 기관들은 철수가 지역사회에서 일하는 시간을 증가시킬 수 있도록 하기 위해 철수에게 부수적인 일을 찾고 있는 중이다.

철수가 일하지 않을 때, 철수는 지역사회 여가활동에 능동적인 스케줄이 있다. 그의 생활을 지원하는 직원은 그를 자주 숍으로 데리고 나가고, 외식하러 나가고, 지역공원으로 시간을 보내러 나간다. 철수는 한 달에 한번 자기 가족들이 살고 있는 집으로 간다. 철수는 Orlando와 Disney World로 자기 룸메이트와 생활지원 담당직원 2명과 함께 장기휴가를 가기도 했다. 철수의 부모들은 그가 외출하는 전 기간 내내 걱정을 했지만, 그들이 돌아올 때 가지고 온 사진들은 철수가 미소 짓는 행복한 모습들을 보여주었다.

영희처럼 철수는 그의 지적장애의 정도가 중도이기 때문에 그의 남은 생애 동안에 부가적인 도전에 직면하게 될 것인데 그는 이 세상의 모든 일을 다 이해하지는 못할 것 같다. 그의 부모들은 살아 있는 한 늘 관심을 가지고 철수를 지켜볼 것이고 그들이 죽고 나면 어떻게 누가 철수를 돌볼 것인가를 걱정하고 있다. 그들은 철수를 위해 신탁자금에 돈을 저축하고 있는 중이고, 그들은 자신들이 철수를 위해 준비할 수 있는 최상의 장치를 마련하기 위해 변호사와 상담하고 있는 중이다. 이러는 동안에 철수는 직업도 있고 어울리면서 살 곳이 있고 진정으로 그를 걱정하고 있는 지역사회 사람들이 있다는 것을 알고 그들은 철수가 행복하다는 것을 안다. 아마 그것이 모든 사람들을 위한 최고 훌륭한 보호정책일 것이다.

잘 계획된 성인기로의 전환으로부터 철수와 영희는 많은 이득을 본 것처럼 보이지만, 대체로 사회는 어떻게 이익을 얻는가? 아래 방법을 고려해보라.

- 영희와 철수 두 사람이 다 현재 세금을 납부하는 사람들이다. 분명히 영희의 봉급과 종합소득세는 철수의 봉급과 종합소득세보다도 훨씬 많지만 두 사람 다 사회에 금전적인 공헌을 하고 있다. 비록 철수가 사회보장제와 주정부의 지적장애 및 직업재활 제도를 통해 지원을 받고 있기는 하지만, 그는 매주 일하는 부가적인 시간과 함께 더욱 독립적인 사람이 되어가고 있는 중이다. 그는 사회로부터 지원을 받지만 자기 세금을 통해 사회로 되돌려주고 있다.
- 영희와 철수 두 사람 다 그들이 행하는 일을 통해 사회에 공헌하고 있는 중이고, 두 사람에게 필요한 일은 보다 더 큰 지역사회의 이익을 위해 이바지 한다. 그들 주변의 사람들은 그들이 행하는 일에 가치를 부여하고 그 가치를 인식하고 있다.
- 영희와 철수 두 사람 다 그들이 살고 있는 지역사회 구성원으로 인식되고 있다. 두 사람이 다 이웃이고, 쇼핑하는 사람이고 지역사회의 다양한 장소에 규칙적으

로 모습을 나타내는 사람이다. 두 사람의 출현과 독특한 개성은 두 사람을 알고 있는 모든 사람들의 삶을 윤택하게 해준다.

2. 효율적인 전환 실천에 대한 조망

이 책을 통해 장애 청소년들을 위한 성인기로 성공적인 전환에 공헌할 수 있는 효율적인 실천에 관해 논의를 해 왔다. 본 교재를 통해 소개된 핵심사항을 강화시키기 위해 이 부분에서 간략하게 이들 실천사항을 조망한다. 이 조망은 효율적인 전환계획 작성의 범위를 강조하기 위해 아래의 토픽을 맥락 안에서 제시한다.

- 능동적인 학생참여
- 능동적인 가족참여
- 미래지향적이고 역동적인 계획
- 성인 서비스기관과의 협력
- 자연적 지원체제와의 연관
- 진로에 초점을 맞춘 고용경험
- 지속적인 중등교육 이후 교육을 통한 성공 성취
- 연관된 도전적인 교육과정
- 지역사회 생활에 초점
- 건강생활을 위한 오락 및 여가에 초점
- 국제사회에 대한 인식증가

능동적인 학생참여

능동적이고 지속적인 학생참여는 효율적인 전환계획 작성에 초석이다. 2장에서 우리는 자기결정의 중요성을 소개했는데 이것을 기술, 지식 및 태도 혹은 자신에 관한 신념과 자기 미래에 긍정적으로 영향을 미치는 능력의 결합체라고 기술했다. 전환기의 많은 청소년들이 계획에 능동적으로 참여하기가 어려울지도 모르지만 가족, 친구, 교사, 성인 서비스전문가 및 지역사회 구성원의 도움을 받아서 학생이 계획 작성 과정에 더욱 능동적인 역할수행을 배울 수 있고 그들 미래계획에 관한 주인의식을 개발할 수 있다.

능동적인 가족참여

가족들도 또한 능동적으로 참여해야 한다. 핵심은 많은 가족들이 특수교육 체제에서부터 성인 서비스체제로 전환을 협의하기 위해서 필요한 정보가 부족하다. 자기 아동의 전환은 종종 가족들에게는 스트레스를 주고 혼란스러운 시간이 되지만, 그들이 필요한 정보를 가지고 있다는 것을 확신시켜 줌으로써 가족들을 돕기 위한 교육자와 다른 전문가에게는 그것이 의무로 지워지는 것이 된다. 가족들이 계획과정에 능동적으로 참여하도록 격려되어야 한다. 학생참여의 촉진과 함께 보다 능동적인 참여 및 학교와 성인기관과의 보다 밀접한 제휴를 가져오는 앞을 내다보는 창조적인 전략들이 많이 있다.

미래지향적이고 역동적인 계획

성공적인 성인성과 달성은 오직 모든 핵심적인 팀 구성원들이 장기적으로 미래지향적인 방식으로 계획을 세울 때 발생한다. 학생이 경험을 얻고 결정하도록 허용하면서 가능한 빨리 계획 작성 과정을 시작할 필요가 있다. 개발된 계획은 역동적이어야 하고 청소년들이 경험을 얻음에 따라 청소년들에게서 나오는 결정의 변화를 반영해야 한다. 문서화된 계획은 명확하고 논리적이어야 하고 그 계획에 투입된 모든 사람들의 능동적인 참여를 반영해야 한다. 다른 무엇보다도 계획은 학생의 선택과 미래에 대한 개인비전을 반영해야 한다.

성인 서비스기관과의 협력

계획 작성 과정의 모든 당사자들은 젊은 장애인의 성공적이고 만족한 성인생활이라는 공동목표를 향해 함께 일해야 한다. 서로 다른 기관 출신의 사람들이 함께 일할 수 있기 전에, 그들은 다른 분야에서 일하는 자신들의 상대역 사람들에 대한 보다 더 큰 이해를 얻어낼 필요가 있다. 교육자는 성인 서비스체제에 관해 보다 더 잘 이해하려고 노력해야 하고, 이들 체제에서 일하는 전문가들은 특수교육 체제를 이해할 필요가 있다. 학생이 특수교육으로부터 보다 유연하게 전환해서 성인 서비스 세계로 나아가도록 돕기 위해 작용하는 전략을 창안해내기 위해 모든 전문가들이 함께 협력해야 한다. 그들은 또한 학생과 그들의 가족들이 두 가지 체제에서 함께 협력하는데 필요한 정보를 갖도록 보장해주는 데 필요한 조처를 취할 필요가 있다.

자연적 지원체제와의 연관

비록 성인서비스가 많은 청소년들의 성공에 필수적이기는 하지만, 이와 동일하게 중요한 것이 자연적 지원체제이다. 동료 노동자, 친구, 가족, 이웃, 심지어 친숙한 지역사회 구성원 모두가 성인기의 조력과 지원의 잠재적인 자원이다. 거의 모든 성공한 성인들은 자연적 지원 네트워크에 의존하고 장애를 가진 젊은 성인에게도 이것은 마찬가지이다. 되풀이되는 핵심사항은 자연적 지원의 강력한 네트워크 구축은 쉽게 이루어지거나 혹은 자동적으로 이루어지는 것이 아니고 그 대신에 실질적이고 장기적인 계획이 필요하다.

진로에 초점을 맞춘 고용경험

성공적인 진로는 성인생활에 핵심 요소이다. 장애인은 실업과 일자리 부족 등을 계속해서 겪고 있고 필수적인 성인생활을 경험할 기회가 거부되고 있다. 모든 사람들에게 지역사회에서 봉급을 받으면서 일할 기회가 주어져야 한다. 일부 사람들은 지속적인 중등교육 이후 교육과 훈련을 통해 이것을 성취하겠지만, 반면에 다른 사람들은 지원고용 서비스를 통해 장기적 지원을 요구한다. 핵심사항은 전환계획에 참여한 사람들이 통합적이고 유급의 지역사회 고용계획 작성과정에서 명확한 목표가 설정되어야 하고, 젊은이에게는 경험, 교수 및 그런 다음에 이런 성과를 성취할 지원체제가 제공되어야 한다.

지속적인 중등교육 이후 교육을 통한 성공 성취

지속적인 중등교육 이후의 교육은 성공적인 성인생활에 대한 다른 가능성을 열고, 많은 장애인들은 그런 교육에 대한 도전을 만족시킬 수 있다. 전환계획 작성의 다른 측면들과 함께 중등교육 이후 교육의 시작은 학습과 사회적인 성공을 보장하기 위해 향상된 준비, 자기결정훈련, 잘 조정된 지원체제를 만드는 것이다. 학생, 가족, 학교 및 대학교 직원 간의 협력이 필수적이다.

연관된 도전적인 교육과정

학생이 고등학교에 재학 중일 때, 장애 학생은 그가 성인이 되어서 그에게 좋은 편의를 제공해줄 기술을 배울 필요가 있다. 이들 기술 중 많은 것을 가족들이 학생에게 직접 가르칠 것이고, 반면에 다른 기술은 학교가 학생에게 가르친다. 2004년 IDEA(IDEA2004)와 낙제학생방지법(No Child Left Behind)은 모든 학생들이 학교에서 수업을 받도록 했다. 하지만, 관련 교육과정은 주정부가 제정한 학습기준을 넘어섰고, 고용주가 가치 있다고 생각하는 그런 기술 및 행동을 포함해 매일의 일상생활을 하기 위한 기능적인 기술을 포함한다. 다양한 학생들의 요구를 충족시켜 줄 적절하고 도전적인 교육과정 고안과정은 특수교육 체제에는 지속적인 도전이 된다.

지역사회 생활에 초점

전환계획 작성은 고용 이상에 초점을 맞추고 있다. 학생 및 그의 부모들과 우리의 협력적인 노력은 청소년들이 가족을 떠나 처음으로 자기 자신만의 가정으로 전환하도록 준비시켜야 한다. 이것은 자기 나름대로 살아가는데 필요한 광범위한 영역의 기술을 가르치는 것을 포함한다. 보다 확장적인 지원요구를 가진 일부 장애인에게는, 지원받는 생활로의 전환은 매우 도움을 주는 계획이 필요하다. 전환계획 작성의 다른 모든 측면들과 함께, 이것은 빠르면 빠를수록 더 좋다. 우리는 또한 장애인이 관계를 발전시킬 기회를 가질 수 있도록 사회에 공헌하고 가치 있는 시민이라는 것을 인식하도록 보다 더 큰 지역사회로 연결되도록 청소년들을 돕는 일에 관계해야 한다.

건강생활을 위한 오락 및 여가에 초점

이것은 아마 전환계획 작성의 영역 중에서 가장 무시되어 왔던 분야이지만 고용으로의 전환 혹은 독립생활로의 전환만큼이나 중요한 전환이다. 청소년들은 자신의 신체적 심리적인 건강을 어떻게 유지하는가를 배울 필요가 있다. 보다 만족한, 원만하고 행복한 삶의 유형으로 이끌어주는 방식으로 지역사회에 어떻게 참여하는가를 배울 필요가 있다.

국제사회에 대한 인식증가

마지막으로 오늘날 학생이 국제적인 의사소통과 통상에 점점 더 많은 토대를 둔 성인세계로 전환하고 있는 중이다. 우리가 살고 있는 사회는 계속해서 더욱 다양하게 바뀌고 있고 국제적인 유대관계를 가진 사업체에서 학생이 일할 가능성이 점점 더 증가하고 있다. 부가적으로 우리의 교육 및 성인 서비스체제는 다른 나라의 장애시민을 위한 서비스 질의 발달에 좋은 본보기 역할을 계속해야 할 것이다.

3. 상기: 전환기 학생을 돕는데 여러분의 역할

장애 청소년들이 생산적이고 성공적인 성인생활로 유연하게 전환하도록 돕는 일에 여러분이 역할을 하도록 어느 정도 준비하고 동기를 부여하도록 돕는다는 점에서는 이 책의 내용이 가치가 있다. 그래서 장애 학생이 특수교육 체제를 떠나 성인세계에 나아감에 따라 장애 학생의 성공에 공헌하는 여러분의 잠재적인 역할을 일깨워주는 것이 중요하다.

교육자와 학교 관련인사

초등학교 교사. 여러분이 이 책을 처음 읽기 시작했을 때의 토픽과 직업 책무성과는 거의 관련이 없다고 생각했을지도 모르겠다. 여러분이 제공하는 교육경험이 담당하는 학생의 이후 성인기 성공에 핵심적인 토대를 구성한다는 것을 이제는 인식했을 것이다. 특히, 기본적인 의사소통, 사회, 운동근육 및 학습기술 발달 이외에도 여러분은 학생의 자기결정을 발달시킬 수 있다. 학생이 그 자신의 장점과 요구를 알도록, 선택과 결정을 행하고 배우도록, 자신의 의견을 표현하도록 도와주는 것 등 모든 것들이 직접 보다 더 큰 자기결정 발달을 돕는데 공헌한다. 그 외에도, 초기 진로인식이 초등학교에서 시작될 수 있고, 직업기술에 대한 기초는 가정 혹은 교실 양쪽에서 혹은 개별적으로 책무성의 완성과 함께 시작될 수 있거나 혹은 협력집단의 일부로서 시작될 수가 있다. 결국 학생들을 미래에 대한 열망과 꿈을 가지도록 고무시킬 수가 있다.

중학교 교사. 초등학교 교사처럼, 여러분의 역할은 성인생활로의 전환에 강한 토대를 제공한다. 여러분이 나누어주는 지식과 기술은 더욱 세련되고 직접 성인생활의 요구와 관련된다. 학생의 요구, 강점 및 열망에 대한 지식은 중학교 수준에서 더욱 다듬어져야 한다. 초등학교에서 시작된 모든 기술은 지속되어야 하고 점차적으로 발달되어야 한다. 여러분의 일은 전환계획이 진지하게 시작될 필요가 있는 때인 전형적으로 학생이 그 나이(14세)에 도달하면 끝난다.

중등학교 교사. 여러분의 역할은 성공적인 전환계획에 중심이다. 특수교사이거나 혹은 일반교육 교사이거나 간에, 청소년들이 성인기에 성취하는 성과에 직접 영향을 미친다. 여러분 중 많은 사람들이 전환계획 작성과정에 능동적으로 참여할 것이고 이 책에서 우리가 논의한 거의 모든 것들이 장애 청소년들과 함께 일하는 여러분이 하는 일에 적용될 것이다.

행정가. 여러분의 역할은 효율적인 전환실천을 지원하는 것이 핵심이다. 일부 행정가는 교사의 지역사회에 토대를 둔 교수를 도와줌으로써 혹은 전환프로그램을 안내하고 조정하는 전환조정자 지위를 만들어냄으로써 이런 노력을 지원한다. 여러분은 또한 가족들과 함께 일하는 것과 가족들이 부여받은 특수교육 서비스 및 성인 서비스체제 간에 차이점 이해를 돕는데 핵심적인 역할을 할 것인데 주로 서로 다른 적합성 규준에 토대를 둔다.

전환조정자. 특수교육 교사와 함께, 여러분의 역할이 핵심적이고, 전환계획 조정에 대한 총괄적인 책임을 갖게 될 것이다. 여기서 우리가 논의한 모든 것이 여러분에게 적용된다.

성인 서비스전문가. 이것은 고용 전문가와 직업 개발자, 개인 도움제공기관 인력과 사회보장국의 대표를 포함한 직업재활 카운슬러, MR/DD 혹은 정신건강 담당부처의 사례 관리자/지원 조정자를 포함하는 광범위한 범주이다. 여러분의 직책이름과 책임에 따라 여러분 각자는 유연한 전환을 촉진시킴에 독특하고 중요한 역할을 지니고 있다. 첫째, 전환과정에서 기관이 무엇을 하고 여러분의 역할이 무엇인지를 장애인이 이해하도록 보장하기 위해 학교, 가족 및 젊은 장애인과 친밀하게 일할 필요가 있다. 이러한 일하는 관계가 더 친밀하면 할수록 더욱 성공적인 성과가 더 많이 발생할 것 같다. 여러분의 가장 중요한 책임 중 하나는 기관의 서비스와 그런 서비스에 언제 어떻게 가장 잘 접근할 수 있는가에 관해 가족, 학교 대표자와 다른 성인 서비스기관으로부터 온 대표자를 교육시키는 것이다.

가족구성원. 아동과 함께, 여러분은 전환계획의 성공과 도전을 매우 직접적으로 경험한다. 이 책 전반을 통해 우리가 기술해 왔듯이, 아동이 성인 서비스체제, 직업, 새로운 가정, 혹은 중등교육 이후 교육으로 전환하도록 계획을 세움에 있어 여러분은 학교와 성인 서비스기관과 능동적인 파트너가 되어야 한다. 여러분은 대부분의 서비스와 계획 작성을 조정하기가 쉽고 아들과 딸이 특수교육 제도를 떠난 후에도 계속해서 조정을 해야 할 것 같다. 여러분 중 일부가 떠맡을 것 같은 부가적인 역할 중 하나는 이제 막 전환계획 작성을 배우고 있거나 혹은 그 과정에서 열심히 분투하고 있는 다른 가족구성원에게 멘토(mentor)와 교육자의 역할을 하는 것이다.

학생. 간략히 말해서 이 책은 학생 여러분이 행복하고 성공적인 성인생활을 영위하도록 하기 위한 여러분의 열망을 명확히 돕는 것이다. 우리는 이 책 전반을 통해 여러분이 계획 작성 과정에 더욱 능동적으로 참여하면 할수록 미래목표에 더욱 도달하기가 쉽다는 것을 강조하려고 했다. 여러분의 장애본질과 장애의 정도에 관계없이, 계획 작성 과정에 능동적이고 중심적인 역할을 하도록 하는 수많은 방법들이 있다. 일은 여러분 자신의 삶에 책임질 필요가 있는 지식, 기술, 태도/신념 등을 발전시키는 것이다.

지역사회 구성원. 이것은 또 다른 광범위한 범주이고, 이웃, 친구, 지역사회 가게에서 일하는 사람, 참배하는 장소의 사람, 기타 등등을 포함한다. 여러분의 역할은 계획 작성 과정에 지엽적인 것이 될 수도 있고 지역사회에 그들의 참여를 통해 단순히 장애 청소년들을 알고만 있을 지도 모른다. 하지만, 여러분 중 일부는 노력투입, 지혜와 안내를 가치 있게 여기는 특정 장애 학생이 계획 작성에 더욱 능동적인 역할을 하도록 초대를 받을 지도 모른다. 만약 그런 일이 일어나면 적극적으로 반응하고 참여하라! 여러분의 참여는 청소년의 삶에 성공을 위한 필수적인 구성요소가 된다.

고용주. 여러분은 독특한 역할이 있는데, 청소년들이 보다 생산적이고 노동력에 공헌하는 구성원이 될 기회를 제공해줄 힘을 가지고 있다. 이것은 약간의 적응과 조정이 필요할 수도 있지만, 투자는 믿을 만하고 동기가 부여된 피고용인을 얻음으로써 보상이 된다. 장애인은 우리나라에 가장 미개발 노동력이 될 수도 있고, 여러분이 장애인의 진로성장과 진로발달에 공헌할 수 있는 것처럼 장애인도 여러분의 사업에 똑같이 공헌할 수 있다.

앞서 말한 각각의 참가자는 장애 학생을 위한 효율적인 전환계획 작성이라는 성과에 부여받은 관심과 역할이 있다. 그 일에는 우리 모두의 노력이 필요하고 한 사회의 구성원으로서 우리 모두는 시간, 에너지 및 우리가 사회에 행한 헌신으로부터 각자가 나름대로의 이익을 얻는다.

4. 제발 기억하세요.

효율적인 전환서비스의 영향은 특수교육 서비스가 종료되는 날짜를 넘어서 성인기로 확대된다. 효율적인 성인서비스는 장애 학생, 가족들, 그가 살고 있는 지역사회에 긍정적인 영향을 준다. 학교 관련인사, 성인서비스 전문가, 가족, 지역사회 구성원, 고용주 및 학생을 포함해 많은 사람들이 성공적인 전환노력에 결정적인 역할을 한다. 모든 시민들은 우리의 학교 교육제도를 떠나는 모든 학생들로부터 나오는 성공적인 성과의 획득에 확실한 관심을 가져야 한다. 이 책 전반에 걸쳐 논의된 전략들은 영희와 철수처럼 다양한 장애 학생을 위한 더 나은 전환성과를 가져 올 수가 있을 것이다.

기쁨이 가득하길 기원합니다.

Dan, Ernie와 Domenico

찾아보기

《ㅂ》

《ㅅ》

《ㅇ》

《ㅈ》

《ㅊ》

《ㅋ》

《ㅌ》

《ㅎ》

《ㅎ》

《A》

《B》

《C》

≪U≫

≪V≫

≪W≫

역자 소개

조인수

대구대학교 대학원 특수교육학과 박사

현, 대구대학교 특수교육학과 교수

〈저·역서〉

자기결정기술(2006, 대구대학교출판부)

자기결정 교수방략(2008, 대구대학교출판부)

전환사정(2010, 대구대학교출판부)

그 외 50여 편의 저서 있음.

이응훈

대구대학교 대학원 특수교육학과 박사

현, 대구대학교 교육대학원 강사

〈저·역서〉

자기결정기술(2006, 대구대학교출판부)

긍정적 행동지원(2007, 박학사)

자기결정 교수방략(2008, 대구대학교출판부)

특별한 교육적 지원 요구 학생을 위한

전환교육 실행 방략

발 행 일	2011년 2월 28일 초판 1쇄 발행
저 자	Daniel E. Steere·Ernest Rose·Domemco Cavaiuolo
공 역 자	조인수·이응훈
발 행 인	구본하
발 행 처	도서출판 박학사
주 소	서울시 마포구 서교동 460-26 동아빌딩 2층
전 화	(02)3142-3764~5
팩 스	(02)3142-3766
웹사이트	www.pakhaksa.co.kr
등록번호	제10-2230호

가격 22,000원 ISBN 978-89-91633-84-1